# Die Einheit von Körper und Seele

John R. Millenson

# Die Einheit von Körper und Seele

## Die Bedeutung der Psyche in der Ganzheitlichen Medizin

Deutsche Übersetzung von
Isolde Seidel

Verlag für Ganzheitliche Medizin Dr. Erich Wühr GmbH
Kötzting / Bayer. Wald

Die Deutsche Bibliothek - CIP-Einheitsaufnahme

**Millenson, J. R.:**

Die Einheit von Körper und Seele : die Bedeutung der Psyche in der Ganzheitlichen Medizin / J. R. Millenson. Dt. Übers. von Isolde Seidel. –

Kötzting/Bayer. Wald : Verl. für Ganzheitliche Medizin Wühr, 1998

ISBN 3-927344-43-5

Haftung: Sämtliche Angaben in diesem Buch sind nach bestem wissenschaftlichen Können des Autors gemacht. Eine Gewähr übernehmen der Verlag und der Autor nicht, insbesondere die Behandlung betreffend. Es bleibt in der alleinigen Verantwortung des Lesers, diese Angaben einer eigenen Prüfung zu unterziehen. Wenn er die Methoden, die in diesem Buch beschrieben sind, an Patienten anwenden will, so tut er dies auf eigene Verantwortung und Haftung.

ISBN 3-927344-43-5



Produktion: Satz & Grafik Ritter, Frühlingstraße 25, D-92711 Parkstein

# Inhaltsverzeichnis

## Kapitel 7



## Kapitel 8



## Kapitel 9

## Kapitel 10



## Kapitel 11



## Kapitel 12



## Kapitel 13

## Kapitel 14

# Vorwort

*Alles Leiden ist ein Aufruf, die Hintergründe zu erforschen.*

NISARGADATTA

Im November 1987 erkrankte ich an einer Erkältung. Ich lebte damals in der Findhorn-Gemeinschaft im Norden Schottlands und leitete dort ein Ausbildungsprojekt, das einen kleinen Kräuterladen, ein Café mit Vollwertkost-Zentrum für Naturheilkunde mit reichhaltigem Angebot umfaßte. Ich hatte gerade meinen Abschluß in medizinischer Pflanzenheilkunde gemacht und war dabei, meine Privatpraxis für Naturheilkunde zu erweitern.

Die Erkältung zog sich den ganzen Herbst jenes Jahres über hin, kam und ging, während ich meinen Pflichten als Direktor dieses aufregenden aber auch strapaziösen und oft aufreibenden Projekts nachging. Zu Weihnachten jenes Jahres fand ich mich im Bett wieder und stellte fest, daß ich damals so lange am Stück krank war wie nie zuvor in meinem Leben. Außerdem verdroß es mich, daß es mir mit all den natürlichen Mitteln und Therapien, die ich probiert hatte, nicht gelungen war, eine einfache Erkältung zu vertreiben, die sich bis Weihnachten zu einer hartnäckigen Grippe entwickelt hatte. Mein Plan, im neuen Jahr zum ersten Mal nach vielen Jahren nach Indien in Urlaub zu fahren (Findhorn ist eine Arbeitsgemeinschaft und ich brauchte dringend Urlaub) stand sehr auf der Kippe, denn ich wußte, es wäre tollkühn, mich in meinem derzeitigen Zustand den unbekannten Mikroben und dubiosen Sanitäranlagen des indischen Subkontinents auszusetzen.

Deshalb packte ich mich warm ein und flog an Silvester 1987 nach London, um den Verpflichtungen der Arbeit zu entkommen und mich vor meiner geplanten Reise bei einem Freund zu erholen. Doch oh weh, der Flug und die zweistündige Fahrt mit Bus und Bahn vom Flughafen zum Haus meines Freundes in einem Londoner Vorort in der bitteren Kälte waren ein weiterer schwerer Schlag für meinen bereits gequälten Körper und schwächten mein Immunsystem. Ich kam sehr krank an mit einer neuen und unerkennbaren Krankheit (die später als Mononukleose diagnostiziert wurde – Pfeiffersches Drüsenfieber, in meinem Fall ohne Fieber und ohne die charakteristischen geschwollenen Drüsen) und war von dem Zeitpunkt an für die nächsten drei Jahre überwiegend ans Bett gefesselt. Während der Wintermonate dieses Jahres verschlechterte sich mein Zustand trotz der besten medizinischen Behandlung mit der Schulmedizin (Allopathie) und einer Reihe von alternativen Praktikern und Heilern. Die offizielle Diagnose lautete post-virale Schwäche – nichts Ernstes, worüber man sich Sorgen machen müßte, wie jeder Arzt sagte – doch im Laufe der Monate traten mehr und mehr Symptome auf und immer mehr Körpersysteme wurden in Mitleidenschaft gezogen, ich wurde immer kränker und schwächer, trotz der Beteuerungen guter Ärzte. In meiner Verzweiflung und Verwirrung kreisten meine Gedanken um AIDS und einige seltene systemische Krebserkrankungen. Mein mentaler und emotionaler Zustand hatte sich ebenfalls verschlechtert und im Frühling dieses Jahres hatte ich das Interesse an allen Bereichen des Lebens verloren und dachte an nichts anderes mehr als daran, gesund zu werden. Mein IQ muß um 20 bis 30 Punkte nachgelassen haben. Ich fühlte mich verzweifelt, mutlos, verschreckt – kurz gesagt ein totales Wrack. Mein Kurzzeitgedächtnis war erheblich beeinträchtigt, und ich war so schwach, daß ich mich nur noch um das Lebensnotwendigste kümmern konnte. Und ich fühlte mich krank, ständig krank, genau so wie man sich mit einer akuten Grippe fühlt.

Erst als ich Gelbsucht bekam, konnte endlich eine klarere Diagnose gestellt werden, obwohl auch die kaum half, ein Rätsel zu lösen oder die Qual, die ich erlitt, zu lindern. Ich hatte myalgische Enzephalomyelitis (M.E., auch bekannt unter chronisches Müdigkeitssyndrom C.M.S.), eine relativ seltene Krankheit, die Mitte der 80er Jahre plötzlich gleichsam aus dem Nichts aufgetaucht war. In meinen medizinischen Studien war ich ihr nie begegnet, doch ich hatte kürzlich in der Zeitung darüber gelesen und wußte, daß es keine wirksame Behandlung oder Abhilfe gab. Als ich mich näher damit befaßte, fand ich bald heraus, daß sich ungefähr 25 % der Erkrankten innerhalb von zwei Jahren nach dem Ausbruch erheblich erholten, daß weitere 25 % in den zwei folgenden Jahren sich so halbwegs erholen und der Rest sich auf unbestimmte Zeit dahinschleppt, wobei einige nie wieder völlig gesund werden. Das war eine bedenkliche Prognose, eine, die meine eigensinnige und lösungsorientierte Persönlichkeit zu akzeptieren verabscheute. Also kämpfte ich die nächsten 12 Monate weiter den Kampf gegen die Invalidität, probierte eine Behandlung nach der anderen aus, reiste von einem Arzt und Heilpraktiker zum nächsten, nur um einen Hoffnungsschimmer zu finden – entweder eine esoterische Behandlung, die „funktionieren“ könnte oder eine andere Diagnose, für die es Abhilfe gab.

Im Sommer 1989 gab ich widerwillig die Hoffnung auf, eine heilende Substanz oder eine therapeutische Diät zu finden. Ich hatte keine andere Wahl als die Diagnose zu akzeptieren und fügte mich mit beträchtlichem Pessimismus meinem harten Schicksal: ich beschloß, mit M.E. zu leben und abzuwarten, in der Hoffnung, daß ich das Glück haben würde, zur ersten oder schlimmstenfalls zur zweiten der drei statistischen Kategorien von Patienten zu gehören. Schließlich wäre es entschieden besser, vier Jahre als den ganzen Rest meines Lebens körperlich und geistig invalide zu sein, so rationalisierte ich.

Mit dieser Einstellung zog ich mich in eine nette Herberge (was ich einem reglementierten Pflegeheim oder einer aufdringlichen Pflegeanstalt vorzog) in Oberägypten zurück, wo das Klima – ein wesentlicher Streßfaktor für meinen sensibilisierten und ausgezehrten Körper – das ganze Jahr über mild war und wo ich es mir leisten konnte, vom Erlös meines in Findhorn gezwungenermaßen verkauften Geschäftes zu leben. Im Laufe der Monate lernte ich Arabisch, nur um mich zu beschäftigen, obwohl ich mich wegen meiner Gedächtnisschwäche nur mit Mühe an das erinnern konnte, was ich mir tags zuvor mühsam eingeprägt hatte und ich wartete … und wartete, und wartete und wartete.

Als ich so im Bett saß und lag – gelegentlich auch im Garten, wenn ich die Kraft dazu hatte – hatte ich alle Zeit der Welt, auf mein Leben zurückzublicken und zu versuchen herauszufinden, warum gerade ich von allen Menschen und genau zu diesem Zeitpunkt von dieser bizarren und unheilbaren Krankheit außer Gefecht gesetzt wurde. Jahrelang hatte ich mich fettarm und vegetarisch ernährt, hin und wieder ein Stück frischen Fisch, ich hatte nie geraucht oder getrunken und war gewöhnlich weit vor Mitternacht zu Bett gegangen. In Findhorn joggte ich mehrmals in der Woche zwei Meilen, und von Mai bis Oktober schwamm ich in dem kalten aber belebenden Wasser der Nordsee. Zugegeben, die Apotheke war ein anstrengender Arbeitsplatz, da ich mich um alles selbst kümmerte, selbst kochte, die Buchführung machte, die Bücherecke und das Sortiment aufstockte, Studenten unterrichtete, die kamen, um über Naturheilkunde zu lernen, und auf die für Findhorn typische Art und Weise spirituell arbeitete. Aber obwohl ich sechs, manchmal sieben Tage in der Woche von 9 Uhr morgens bis 6 Uhr abends arbeitete und dann gewöhnlich noch die Bücher mit nach Hause nahm, um auf meinem PC die Buchführung zu machen, liebte ich das Projekt und die Gemeinschaft. Zugegeben, ich hatte keine Zeit für eine intime persönliche Beziehung; mein kreatives Leben war dennoch erfüllender als je zuvor in meinen zwei Jahrzehnten als Akademiker an verschiedenen Universitäten in Großbritannien und Nordamerika.

Schließlich begann ich einzusehen, daß dieser Lebensstil vielleicht doch nicht so ganz gesund für mich war. Ich hatte mich in ein visionäres Riesenprojekt gestürzt und eine Arbeitsbelastung mit finanzieller Verantwortung übernommen, die für eine ganze Gruppe gereicht hätte. Mehrere Jahre lang hatte ich wie Superman gearbeitet, aber auch mein Wissen über wirkungsvolle Heilkräuter genutzt, um auch unter Bedingungen noch weiterzumachen, die weit über die Belastbarkeit des menschlichen Körpers hinausgingen. Mit anderen Worten, ich hatte meine eigenen Grenzen eine ganze Zeit lang überschritten, deshalb kam es zu den entsetzlichen Konsequenzen, die ich nun erlebte. Ich sah ganz deutlich, daß es meine eigene Liebe zur Arbeit war, die es mir ermöglicht hatte, so lange weiterzumachen; dann, als mein Körper begann, mich mit relativ gutartigen Symptomen zu warnen (die anfängliche Erkältung, die sich zu einer Grippe entwickelte), arbeitete ich weiter.

Als mir diese Einsichten allmählich dämmerten, begann ich Medizin, Gesundheit und Krankheit in einem neuen Licht zu sehen. Obwohl ich die Theorie eines ausgewogenen Lebens gut kannte, die ein Schlüssel in allen großen alten Medizintraditionen ist – chinesische Medizin, Ayurveda und ebenso in unseren eigenen griechischen Wurzeln, im Corpus Hippocraticum – hatte ich sie ganz offensichtlich nicht völlig verstanden. Jetzt schon, ganz direkt. Jedoch vielleicht zu spät, denn mir war bewußt, daß nicht jeder die Gnade erlebt, von M.E. zu genesen. Schließlich faßte ich einen Entschluß: wenn ich je wieder gesund genug werden sollte, um klar und logisch zu denken und ein Buch darüber schreiben zu können, was ich über die komplexen und oft verborgenen seelischen Einflüsse auf Gesundheit und Krankheit erlebt hatte, dann würde ich mich anschicken, diese Information anderen mitzuteilen.

Viel feinsinniger als ich es bemerkt hatte („Heiler" hatten mich wohlmeinend aber recht unangebracht gefragt: „Warum halten Sie noch an dieser Krankheit fest?"), aber auch noch viel beherrschender sah ich meine eigenen chronischen Krankheitsfaktoren, die ich bislang nicht bemerkt oder nur ungenügend beachtet hatte. Hätte ich freilich vor meiner Erkrankung um die potentiell tödlichen Auswirkungen von Überarbeitung, zu viel Engagement, der Mißachtung meiner Bedürfnisse nach Intimität und nach Nichtstun gewußt, um all die Aktivitäten, die meine Arbeit erforderten, auszugleichen, wäre ich vorsichtiger gewesen.

Meine Geschichte geht gut aus, obwohl ich persönlich dafür nicht verantwortlich bin. Es genügt wohl zu sagen, daß ich bald im Jahr 1991 – in meinem vierten Krankheitsjahr – auf der Flucht vor dem Golfkrieg in einem Ashram in Indien (endlich kam ich zu meiner Reise) auf dem Totenbett endete. Ich war zu dem deprimierten Schluß gekommen (damals spuckte ich Blut beim Husten), daß ich wenigstens die zweifelhafte Genugtuung haben würde, als erster am chronischen Müdigkeitssyndrom zu sterben. An diesem tiefsten Punkt, gerade dann, als ich alle Hoffnung völlig aufgegeben und mich der Unausweichlichkeit meines Todes gefügt hatte, bekam ich Hilfe. Der Meister jenes Ashrams nahm sich meiner persönlich an und wies mir ein Bett in seiner Klinik zu. Nachdem er mich in den Zustand von vor drei Jahren zurückversetzt hatte, als die Erkältung/Grippe in C.M.S. überging, wies er mich genau an, was ich mit den einfachsten Naturheilmitteln tun sollte – was ich drei Jahre früher hätte tun sollen, wenn ich es gewußt hätte – um wieder gesund zu werden. Und so kam es, daß ich 17 Tage später, wie durch ein Wunder, diesen Ashram verließ, schwach, aber in einem deutlich anderen Gesundheitszustand als der, in dem ich gekommen war. Ich war nicht länger krank, hilflos, hoffnungslos oder mutlos, sondern hatte wieder ein starkes Gefühl von körperlichem und geistigem Wohlbefinden und das Wissen, daß der Lauf meines Lebens wieder weiterging. Ich kehrte wieder zu den Lebenden zurück.

Im Sommer 1991 kehrte ich nach Großbritannien zurück, erinnerte mich an meinen Entschluß und machte mich daran, ein kurzes Ausbildungsprogramm über Gesundheitspsychologie für Studenten der Kräuterheilkunde zu schreiben. Jener Lehrplan ist der Vorläufer dieses Buches. Meine methodische Forschung bestätigte meine Erfahrung mit chronischer Krankheit, daß psychische Faktoren zu einer Prädisposition, dem Ausbruch und der Fortdauer einer Krankheit auf unzählige verschiedene und versteckte Arten dazukommen können. Bezeichnenderweise ist viel von diesem Material dem durchschnittlichen Behandler nicht zugänglich, da es in wissenschaftlichen Zeitschriften und Handbüchern versteckt ist. Dieses Buch, das die Ergebnisse dieser Untersuchung zusammenfaßt, und von meiner eigenen Erfahrung mit einer chronischen Krankheit durchdrungen ist, stellt eine Einführung und einen Überblick über die beiden wichtigeren Bereiche der Wechselwirkung zwischen Psychologie und Medizin dar, und richtet sich direkt an den Behandler, den Studenten und Liebhaber der Naturheilkunde, der mehr darüber wissen will, welche Rolle die Psychologie in der Naturheilkunde spielen kann. Der Tenor des Buches ist wissenschaftlich, weil das meine Art ist. Aber ich hoffe, ich konnte vermitteln, daß humanistische Wissenschaft auch eine Kunst ist.

Gerade weil viel Material in diesem Buch wissenschaftlich ist und in wissenschaftlichem Stil geschrieben ist, wollte ich im Vorwort meine persönliche Reise wiedergeben. Ich empfand es als notwendig, das Persönliche mit dem Abstrakten ins Gleichgewicht zu bringen, eben weil die Medizin im Grunde eine Kunst bleiben wird. Im Umgang mit Leben und Tod sich sowohl der mechanischen Natur des physischen Körpers als auch des unsagbaren Mysteriums dessen, was den Körper durchdringt, äußerst bewußt, befindet sich der Arzt als symbolische Verbindung zwischen Geist und Körper. Zu anderen Zeiten und in anderen Kulturen war der Arzt Priester, Hexendoktor und Beichtvater. Wie sehr sich unsere Technologie auch weiterentwickelt, diese Rolle des Heilers wird bestehen bleiben und niemand, der sich mit Krankheit beschäftigt, kann ihr entgehen.

Viele Menschen halfen, dieses Buch entstehen zu lassen. Mary Gardner, F.R.H. unterstützte als erste meine anfängliche Idee, psychologische Einflüsse auf Gesundheit und Krankheit in den Lehrplan für Studenten der Naturheilkunde mit aufzunehmen, und Kevin Embling-Evans, Secretary of the General Council and Register of Consultant Herbalists, ermöglichte es. Professor Debbie Allen machte mich als erste auf das hervorschießende Gebiet der modernen Gesundheitspsychologie aufmerksam und teilte ihr Wissen mit mir. Dr. Leanna Standish und Dr. med. Kay Costley-White ermunterten und unterstützten mich, lasen Teile des Manuskripts und verbesserten dabei zahlreiche Fehler und Irrtümer. Meine immer loyale Lektorin Betsy Sandlin tat dasselbe und eliminierte so die unbeholfensten Stellen in meiner Prosa. Deshalb liegen die verbliebenen Irrtümer und Auslassungen in meiner Verantwortung, denn ich bin ein eigensinniger Autor, fest in meinem Schema. Schließlich muß ich meinen Dank ausdrücken dafür, daß ich das zweifelhafte Privileg hatte, an dieser langen, rätselhaften, unerwünschten, aber letztendlich transformierenden chronischen Krankheit gelitten zu haben, ohne die dieses Buch nie geschrieben worden wäre.

# 1

## Einleitung
## **Was ist psychologische Medizin?**

*Die Geschichte der Medizin ist eine Geschichte der dynamischen Macht der Beziehung zwischen Arzt und Patient.*

W. R. Houston[1]

Gesundheitspsychologie ist die klinische Anwendung des Wissens und der Methoden der Psychologie und der Verhaltensforschung zur Evaluierung, Behandlung und Prävention von Krankheit.[a] Sie ist also ein interdisziplinärer Bereich, der sich zum Teil mit der Identifizierung der Ursprünge und Gründe von Krankheit beschäftigt, die im psychologischen Bereich liegen. Sie umfaßt auch die klinische Psychotherapie und Verhaltenstherapie bei Patienten mit organischen Störungen, immer wenn für den Krankheitsverlauf bedeutende psychosoziale Faktoren bekannt sind oder vermutet werden.

Obwohl es Gesundheitspsychologie als eigene Disziplin erst weniger als 20 Jahre gibt, existieren bereits mehrere Lehrbücher. Einige orientieren sich am Verhalten, andere setzen eher am Verständnis an und einige wenige sind eklektisch, doch gehören sie alle der Hauptrichtung der westlichen Medizin an. Da ist der Arzt eine erfahrene Autorität für Diagnose, Pathologie und Therapie einer Unordnung im Körper, etwas, das Krankheit genannt wird, das nach Behandlung verlangt, die an einem relativ passiven, kranken Menschen, Patient genannt, durchgeführt wird. Krankheiten treten, so glaubt man, zum größten Teil in spezifischen Organen oder Geweben auf, obwohl einige, die sogenannten systemischen, auf den ganzen Körper übergreifen können. Die Krankheitsursachen sind eindringende äußere Auslöser (Bakterien, Viren, Parasiten), Mangel an essentiellen Vitaminen, Nährstoffen oder sogar Sauerstoff, Traumen, Umweltgefahren wie Verschmut-

---

a) Im Original „disease and illness". „Disease" bezeichnet eher die Krankheitseinheit als medizinischen Begriff, „illness" bezeichnet das subjektive Krankheitsgefühl. Diese Unterscheidung wird im englischen Text hin und wieder getroffen, im Deutschen ist sie nicht geläufig. (Anm. d. Ü.)

**Abbildung 1.1:** Körpermechaniker[2]

zung, Strahlung und Gifte, und Defekte in den üblichen Körperabläufen, genetische Abnormitäten genannt. Krankheit bedeutet in einer solchen Medizin einen schlecht funktionierenden Körperteil, und die Aufgabe des Arztes ist es, herauszufinden, wo etwas schief gelaufen ist, und das zu beheben (siehe Abbildung 1.1).

Seine – und diese biomechanische Medizin ist überwiegend patriarchal – hauptsächliche Werkzeuge sind *allopathische* Medikamente, die die Symptome und die Pathologie bekämpfen, und korrektive Operationen. Wenn der Körper nicht repariert werden kann, dann kann er oft mit dieser Medizin gestützt werden, so daß der Patient zumindest weiterhin funktionieren kann. Freilich gibt es viele Körpersysteme. Sie unterscheiden sich stark in ihrer Form und Funktion, weshalb es die Informationskapazität jedes Menschen übersteigt, das aktuelle technische Wissen komplett parat zu haben. Medizin ist deshalb bequemerweise auf Spezialisten verteilt, die sich mit bestimmten Körperteilen beschäftigen, z. B. die Lungen, Hals-Nasen-Ohren, Fortpflanzungsorgane, Gehirn, Bauchorgane u.s.w. Als machtvolles therapeutisches Werkzeug unter vielen ist Allopathie von unbestrittenem Wert besonders bei Infektionskrankheiten und medizinischen Notfällen. Aber Allopathie wurde zu einer Ideologie, ein vermeintliches Synonym für alles, was Medizin ist und sein kann.

In dieser Medizin werden die Einflüsse dessen, wie Menschen denken, fühlen und handeln, auf die Gesundheit nicht völlig außer Acht gelassen. Tatsächlich sind diese Einflüsse der Bereich einer anderen Spezialistengruppe. Klinische Psychologen bieten Beratungen an, um Menschen auf medizinische Stressoren vorzubereiten, da Patienten oft vor invasiven Techniken, besonders Operationen mit Vollnarkose schreckliche Angst haben. Krankenhäuser ganz allgemein sind eine Streß erzeugende Umgebung, weil sie den Menschen in eine abhängige, relativ hilflose, entpersonalisierte Lage versetzen. Spezialisten in Verhaltensmedizin, wie sie mittlerweile genannt wird, helfen Menschen auch dabei, sich Fähigkeiten und Haltungen anzueignen, um bei chronischen Krankheiten besser mit unvorhergesehener und möglicherweise fortschreitender Behinderung umgehen zu können. Durch Krankheit werden wir mit den Grenzen unserer persönlichen Macht konfrontiert und eindringlich an unsere Sterblichkeit erinnert. Es gibt also Raum für unterstützende Psychotherapie für diejenigen, die mit Depression, Angst oder sogar Panik auf ihre Krankheit reagieren.

Aber die Psychologie berührt tiefe Aspekte von Krankheit, die sich nicht leicht in einen spezialisierten Bereich der Medizin einordnen lassen. Wenn die gleiche Behandlung, die sich bei einem Patienten mit einer bestimmten Krankheit als wirksam erweist, bei einem anderen Patienten mit der gleichen Störung nicht wirkt, hat die biomechanische Medizin nicht leicht eine Antwort. Etwas an Patienten, über die körperliche Robustheit hinaus und jenseits davon – vielleicht ihr Charakter oder ihre Einstellung zu Krankheit und Gesundheit oder sogar der Lebenswille – scheint für die Wirksamkeit der

Behandlung eine Rolle zu spielen. Freilich haben Ärzte schon vor langer Zeit bemerkt, daß unerwartete Stressoren und chronische Belastungen in der Lebensweise – die Schleudern und Pfeile des entsetzlichen Schicksals – die Krankheitsanfälligkeit beeinflussen. Die charakteristische Art, wie ein Mensch damit umgeht – letztendlich seine Persönlichkeit – spielt in der Philosophie der westlichen Medizin schon mindestens seit dem zweiten Jahrhundert eine Rolle, als Galen das Prinzip der vier hippokratischen Säfte in die Diagnose und Behandlung mit einbezog. In der Tat schienen erst vor relativ kurzer Zeit die großartigen Erfolge der Theorie von Krankheitserregern und von moderner Chirurgie solche Einflüsse in den Hintergrund zu drängen. Um die Mitte dieses Jahrhunderts wurden Ärzte, die weiterhin mit psychologischen und emotionalen Faktoren in der Krankheitsätiologie arbeiteten, in eine spezielle klinische Abteilung aufgesplittert, *psychosomatische Medizin* genannt, die sich mit ein paar ungewöhnlichen Krankheiten beschäftigt, die sich der Schulmedizin widersetzten.

Trotz all ihrer Erfolge beim „Besiegen" von Krankheit und der Steigerung der Lebenserwartung „taumelt" die allopathische Medizin, während sie sich dem 21. Jahrhundert nähert. Unsere modernen Gesundheitseinrichtungen sind überfüllt, die Kosten im Gesundheitswesen sind immens und wachsen weiter, neue Krankheiten sind an die Stelle der bezwungenen getreten, und die Zahl anderer wie Krebs und Herzerkrankungen ist dramatisch gestiegen. Im Durchschnitt erscheinen wir keineswegs gesünder als unsere Großeltern. Im Rückblick hätten die Grenzen der Allopathie vorhergesehen werden können. Wenn erst Infektionskrankheiten, Mangelerkrankungen und Verletzungen mit Medikamenten, Asepsis, Sanitäranlagen und Hygiene unter Kontrolle gebracht sind, erhöht sich die durchschnittliche Lebenserwartung merklich. Dann tritt der Einfluß der chronischen Erkrankung, die immer im Hintergrund lauerte, in den Vordergrund. In den Industrienationen sind koronare Herzerkrankungen, Schlaganfall, Krebserkrankungen und Autoimmunkrankheiten an die Stelle von Tuberkulose, Virusgrippe, Polio, Diphtherie und Pocken als häufigste Todesursache getreten. Außerdem tauchten neue chronische Krankheiten auf wie AIDS, chronisches Müdigkeitssyndrom und unzählige Umweltallergien und -unverträglichkeiten, von denen einige vielleicht mit der modernen petrochemischen Verschmutzung in Verbindung gebracht werden können, andere mit vielfältigen Co-Infektionen mit zahlreichen Viren, mit denen sich der Körper früher niemals gleichzeitig auseinandersetzen mußte. Es scheint geradezu so, daß an die Stelle jeder von der Allopathie „bezwungenen" Krankheit eine neue getreten ist und ihren Platz einnimmt.

Diese entmutigende Tatsache unterstreicht die der Philosophie der allopathischen Medizin innewohnenden Grenzen. Der vielköpfigen Hydra Krankheit wachsen neue Köpfe, die sich von unserem unzureichenden Wissen über das Wesen von Krankheit an sich nährt. Resultiert Krankheit aus einem zufälligen Kontakt mit einem ansteckenden Erreger und von Zufallsfaktoren in unserer genetischen Blaupause? Oder ist Krankheit zum größten Teil auf die massive Disharmonie mit der Natur zurückzuführen – unserer eigenen und die der Umwelt – die wir, wenn sie erst erkannt ist, unter Kontrolle bringen könnten? Eine neue Medizin erwächst derzeit aus dem sich entwickelnden Bewußtsein, daß wir lernen müssen, mit unserem Planeten in Einklang zu leben, daß die Wissenschaft insgesamt ganzheitlicher werden muß.[3] Diese neue Medizin sieht nicht das Ende von Krankheit voraus, denn so lange es Leben gibt, wird der Entwicklungsprozeß weitergehen; zwangsläufig werden neue Disharmonien mit dem Bedürfnis nach neuer Ausgewogenheit auftreten. Dennoch ist Krankheit in dieser ganzheitlichen Philosophie eine Art Signal, das uns vor Ungleichgewicht warnt. Könnten wir auf die frühesten Zeichen achten, dann könnten wir tatsächlich Leiden verringern. Aber unser kurzsichtiges Gesundheitsbewußtsein ist noch auf der Stufe des Krisenmanagements, wo wir kaum etwas tun, auf der persönlichen wie auf der globalen Ebene, bevor wir nicht dazu gezwungen werden. Bei den chronischen degenerativen Erkrankungen zeigen sich diese Ungleichgewichte schonungslos im Bereich der Lebensführung und des Verhaltens. Hier können psychologische Faktoren für die Disposition, den Ausbruch und die Dauer organischer Erkrankungen nicht länger ignoriert oder beiseite geschoben werden.

Dieses Buch ist aus der Sicht einer ganzheitlichen Medizin geschrieben, die den individuellen Patientenmensch als einen integralen Bestandteil eines größeren Systems betrachtet, das die soziale, psychologische und materielle Umgebung mit einschließt. Dieser *biopsychosoziale* Rahmen und die systemische Betrachtungsweise von Krankheit sind jetzt der Schulmedizin hinreichend vertraut, nachdem sie von Professor George Engel vor ungefähr 15 Jahren in einem zukunftsweisenden Aufsatz vorgestellt wurden. Aber die Medizin hat diesen ganzheitlichen Ansatz nur langsam aufgenommen und nimmt nur widerwillig seine vollen Auswirkungen auf Theorie und Praxis wahr. Wenn die Medizin eine reine Wissenschaft und Technologie wäre, hätte die Akzeptanz des biopsychosozialen Ansatzes eine paradigmatische Revolution herbeigeführt. Aber die Medizin ist auch eine Industrie. Sie wird innerhalb einer fest etablierten Gesellschaft ausgeübt mit vielen Interessengruppen, die sich einem Wandel widersetzen. Es kann für uns tröstlich sein zu wissen, daß Sterilität bei Operationen, die im 18. Jahrhundert eingeführt wurde, anfangs als Aberglaube abgetan wurde, und es über 100 Jahre dauerte, bis sie als Verfahren akzeptiert wurde.

In eben dieser Nische, die durch den Abstand zwischen der Formulierung des neuen konzeptionellen Rahmens und seiner tatsächlichen Akzeptanz als Arbeitsgrundlage entsteht, blüht die Außenseitermedizin. Diese komplementären und alternativen Praktiken sind von ihrem Hintergrund her ganzheitlich; aber sie haben oft die dualistische Annahme über Seele und Körper und anti-intellektuelle Vorurteile, die sie von der Schulmedizin trennen. Ihr Wert bleibt deshalb unerkannt, sie bleiben oft ungeregelt und häufig versäumen sie, selbst innerhalb ihres eigenen begrenzten Gebietes ihren Anwendern ein akzeptables Maß an Wissen und Fertigkeiten mitzugeben. Dennoch sind sie die Vorläufer der kommenden Medizin. Im Laufe der Zeit, wenn mehr Ärzte mit Psychiatern zusammenarbeiten und Medizinstudenten grundlegende klinische Psychologie lernen, wird die orthodoxe Medizin der „Alternativmedizin" näherkommen; umgekehrt wird die Außenseitermedizin sich der Schulmedizin annähern, wenn Behandler, die mit komplementären Methoden arbeiten, beginnen, Grundlagen der Naturwissenschaften in ihre Ausbildung und ihre Philosophie aufzunehmen.

Anwender der ganzheitlichen Naturheilkunde sind u. a. Naturheilkundige, Phytotherapeuten, Akupunkteure, Polarity-Therapeuten, Aromatherapeuten, Fußreflex-Therapeuten, Anwender von Blütenessenzen, Osteopathen, Chiropraktiker, Masseure, Geistheiler, Körpertherapeuten, psychosomatische Psychotherapeuten, ganzheitliche Ernährungsberater und andere. Gesundheitspsychologie ist der naheliegende Begriff für den Bereich psychischer Einflüsse auf eine solche Medizin, aber er beinhaltet ein falsches Versprechen. Trotz all unserer Bemühungen wissen wir viel weniger darüber, wie man Gesundheit erlangen und erhalten kann, als darüber, wie man krank wird. Die meiste Arbeit im Bereich Psychologie, Verhalten und Medizin beschäftigt sich immer noch mit den psychologischen Faktoren von Krankheit, nicht von Gesundheit. Der israelische Medizinanthropologe Aaron Antonowski stellte fest, daß in Anbetracht der außergewöhnlichen Umbrüche, Frustrationen, Gefahren, Enttäuschungen, Risiken, Angriffe, Kümmernisse und Verluste, denen wir Menschen ausgesetzt sind, das eigentliche Wunder darin besteht, wie so viele es schaffen, gesund zu bleiben. Ja, in der Literatur wird gelegentlich auf eine „robuste" Persönlichkeit hingewiesen, die mit den Stressoren des Lebens gut umgehen kann. Antonowski spricht darüber, wie wichtig ein „Gefühl der Übereinstimmung" für die Gesundheit ist; Dr. Larry Dossey erinnert uns daran, daß Gesundheit ein seelischer, kein körperlicher Zustand ist; Abraham Maslow hat über den gesunden Menschen geschrieben, der sich selbst verwirklicht, und Carl Rogers drängte uns, zu erkennen, wie bedeutsam für die Gesundheit ein authentisches Empfinden und Leben der eigenen Gefühle ist.

Das tatsächliche Auftauchen einer Gesundheitspsychologie an sich als eigene Disziplin ist zu einem großen Teil der Entdeckung zweier Kardiologen zu verdanken, die in den 60er Jahren feststellten, daß ein bestimmtes toxisches Verhaltensmuster, bestehend aus aggressiver Feindseligkeit, Ungeduld, Raserei und ein hoher Stellenwert von Zeitplanung koronare Herzkrankheiten fördert. Die wahre Bedeutung dieser Entdeckung besteht darin, daß erstmals nachgewiesen wurde, daß Variablen in der Persönlichkeit für Krankheiten ebenso maßgeblich sind wie Rauchen für Lungenkrebs oder der Biß eines Moskitos, das das Protozoon für Malaria trägt. Seit dieser folgenreichen Entdeckung wurden Psychologen von Ärzten zunehmend in Behandlungspläne mit einbezogen. Verhaltensmedizin ist der neue Bereich, der sich mit den Beiträgen der Verhaltenstheorie für Behandlung und Prävention von Krankheit beschäftigt, und sie liefert mehr Hinweise und einige praktische Werkzeuge in Richtung auf eine Gesundheitspsychologie.

Als ich diesen Text vorbereitete, nahm ich so viel ich nur konnte von dieser beginnenden Gesundheitspsychologie, doch wie alle anderen Bücher handelt auch dieses hauptsächlich von der Psychologie von Krankheit. Weil ich nicht so tun will, als ob das schon Gesundheitspsychologie wäre, suchte ich nach einer anderen Begriffsbezeichnung und kam auf „psychologische Medizin". Seit Daniel Hack Tuke 1872 sein klassisches Lehrbuch über psychologische Medizin schrieb, ist dieser Begriff in der Psychiatrie und der Psychopathologie immer wieder aufgetaucht. Hack Tuke wählte seinen Begriff analog zur organbezogenen Medizin. So wie es körperliche Erkrankungen gibt, die sich auf die Organfunktion auswirken, so gibt es für Tuke seelische Erkrankungen, die sich auf den mentalen und emotionalen Bereich auswirken. Welcher Begriff wäre besser geeignet für eine Medizin, die sich mit „Geisteskrankheiten" (mental diseases) beschäftigt als psychologische Medizin? Dieser Begriff hat sich überlebt, aber eines der letzten Lehrbücher, das unter diesem Titel erschien, war das von Tredgold im Jahr 1945.[4] Lange vorher schon war „Psychiatrie" das bevorzugte Wort für psychologische Medizin geworden. Heute ist der Begriff in modernen Lexika der Psychologie oder Psychiatrie nicht zu finden, obwohl einige Zeitschriften mit diesem Namen weiterhin Artikel über Psychiatrie, Gesundheitspsychologie, Verhaltensmedizin, medizinische Psychologie, klinische Psychologie und Psychosomatik veröffentlichen. Psychologische Medizin scheint eine sehr passende Beschreibung zu sein für den Aspekt der Medizin, der sich mit den psychologischen Faktoren bei der Prädisposition, dem Ausbruch, dem Andauern und der Prävention von Krankheit befaßt.[5] Der Begriff läßt ein weites Feld an Diskussion zu über das Thema, favorisiert keine spezielle theoretische Position und stellt psychologische Medizin auf die gleiche Stufe mit chemischer und pflanzlicher Medizin, Ernährungslehre, homöopathischer, chirurgischer, physikalischer und anderen Richtungen der Medizin, die vom ganzen Spektrum an Behandlern und Ärzten angewandt werden.

Weil ich dieses Buch für Behandler und Studenten der Naturheilkunde und für eine allgemeine Leserschaft geschrieben habe, die niemals offiziell Psychologie studiert haben, füge ich ein Kapitel über die vier Hauptrichtungen der modernen Psychologie ein. Ich tue nicht so, als wäre dieses Kapitel ein Ersatz für einen Einführungskurs in Psychologie. Es dient nur dazu, einige grundlegende Begriffe einzuführen und eine Orientierung zu bieten, damit der Leser verstehen kann, wie unterschiedlich komplementäre Psychologierichtungen die Medizin betrachten. Dieser Überblick und meine eklektische Neigung gestatteten mir, eine Fülle von Quellen anzuzapfen. Viele Kapitel gehen, wie andere Texte der Gesundheitspsychologie, zurück auf zeitgenössische wissenschaftliche Literatur. So weit wie möglich habe ich versucht, die Forschungsergebnisse in einen ganzheitlichen Kontext einzubetten. Ich habe nicht versucht, die Aspekte der Gesundheitspsychologie oder der Verhaltensmedizin abzudecken, die spezifisch für allopathische Praxis und ergänzend oder antagonistisch zur Naturheilkunde sind.

Da dieses Buch als praktisches Nachschlagewerk für Behandler mit unterschiedlichem theoretischen Hintergrund gedacht ist, habe ich Verfahren und Techniken vom gesamten therapeutischen Spektrum aufgenommen. Dennoch war es mir nicht möglich, jede wertvolle Technik der psychologischen Medizin mit aufzunehmen. Der Leser wird feststellen, daß Neurolinguistisches Programmieren (NLP), Autogenes Training, die verschiedenen neo-Reichianischen Körpertherapien, Yoga-Atemübungen und andere bekannte Therapien fehlen, die zweifellos wertvoll sind. Aus Platzgründen mußte ich Auswahlkriterien treffen und am schlauesten schien mir zu sein, meine Darstellung auf Techniken und Therapien zu begrenzen, mit denen ich persönliche Erfahrung habe, sei es entweder als Behandler oder als Patient.

Psychologische Medizin, wie ich sie wieder ins Leben gerufen habe, ist das Anwenden der Psychologie bei Problemen, die sich hauptsächlich als somatische Störungen zeigen. Sie ist deshalb ungefähr gleichbedeutend mit der heute sogenannten Seele-Körper-Medizin (mind-body medicine). Ergänzend aber verschieden von der Seele-Körper-Medizin sind Therapien, die körperlich angewandt werden und einen starken Einfluß auf die mentale Funktion und auf emotionale Zustände haben und die deshalb treffend *Körper-Seele-Medizin* (body-mind medicine) genannt werden können. In der chinesischen Medizin beispielsweise steht jeder Meridian (Leitbahn) mit einem bestimmten emotionalen Zustand in Verbindung und die Akupunkturpunkte und die Heilkräuter werden teilweise auf der Basis der mentalen und emotionalen Symptomatik ausgewählt. Die Homöopathie geht psychologische Krankheitsaspekte mit oral verabreichten Mitteln an. Pflanzenheilkunde hat ihre nervenstärkenden Mittel, Beruhigungsmittel und Mittel zur Streßreduktion; auch Nahrungsergänzungen wirken enorm auf mentale und emotionale Symptome. So wichtig diese Körper-Seele-Behandlungsweisen auch sind, habe ich mich dafür entschieden, in diesem Buch nicht auf sie einzugehen. Obwohl diese beiden Medizinrichtungen sich ganz natürlich in eine ganzheitliche Praxis integrieren ließen, sind die Körper-Seele-Therapien in zahlreichen, dem Behandler leicht zugänglichen Quellen gut dokumentiert – im Gegensatz zu den Therapien, die aus der Gesundheitspsychologie stammen und vom Standpunkt der Naturheilkunde aus geschrieben sind.[6]

Indem ich umfassend auf wissenschaftliche Literatur verweise und sie Naturheilkundlern empfehle, betone ich, daß Alternativ- und Komplementärmedizin nicht weniger wissenschaftlich sein muß als Schulmedizin. In der Tat erlauben Achtsamkeit und Aufmerksamkeit für den individuellen Fall, die so typisch sind für diese Art von Medizin, einzigartige Beiträge für die Forschung der psychologischen Medizin beizusteuern, die zu lange eingeengt wurde vom dürftigen Auflösungsvermögen großangelegter Gruppenstatistiken, die sich mehr für landwirtschaftliche Versuche als für klinische Medizin eignen. Gleichzeitig zögere ich nicht, Konzepte und Theorien aus der Philosophie und Ätiologie der Medizin zu nutzen, die über den Bereich der derzeitigen experimentellen Wissenschaft hinausgehen, um den Sinn von Krankheit zu erörtern, mich von individuellen Fallbeispielen und Autobiographien inspirieren zu lassen und an die natürliche Heilkraft zu appellieren. Grundlegende Vorstellungen der humanistischen Psychologie und eine spirituelle Betrachtung von Krankheit und Gesundheit gehen über Wissenschaft hinaus und können von der Wissenschaft weder bewiesen noch widerlegt werden. Dennoch sind sie für die ganzheitliche Betrachtung der Naturheilkunde wesentlich.

Medizin bleibt teils eine intuitive Kunst und auch etwas Magie, wie Schamanen schon immer wußten. Die Vorstellung, daß eine moderne Disziplin solch mystische und irrationale Elemente anerkennt, beunruhigt unsere wissenschaftliche Vernunft. Aber unsere heutige Fließbandmedizin, bei der der Arzt „Lieferant" medizinischer Güter und Leistungen für den Patienten-„Verbraucher" ist, dessen Hauptrolle im therapeutischen Unternehmen darin besteht, sich den Anordnungen des Arztes zu fügen, ist das, was uns schockieren sollte. In diesem Buch habe ich versucht, eine Bilanz zu ziehen zwischen jener extremen Ansicht und einer ebenso unharmonischen New Age Ansicht, die behauptet, daß wir für all unsere Krankheiten voll verantwortlich sind, da wir sie ja hervorgebracht haben. Diese letztere Einstellung ist zweifellos stark vereinfachend. Doch indem wir „Schnellreparaturen" in Form von Tabletten und Operationen für unsere Krankheiten fordern, statt die Unausgewogenheiten in unserem Leben und in unseren gesellschaftlichen Institutionen anzuschauen und zu korrigieren, sind wir sicher für unser Gesundheitssystem verantwortlich.

Ein Buch wie dieses, das seine Fakten und Theorien aus einer Fülle von Quellen bezieht, spricht höchstwahrscheinlich Studenten und Behandler an, die offen genug sind, über die heutigen Platitüden egal welcher Heilungsversprechen hinauszugehen. Wenig ist neu in diesem Buch, aber, wie Pascal sagte, die Anordnung ist meine eigene.

## Projekt 1

## Psychologie als eine Weltanschauung: Das „Seele-Körper"-Tagebuch

Obwohl man in der naturheilkundlichen Praxis viel über die psychologische Medizin aus Büchern lernen kann, beziehen wir unser Wissen zu einem großen Teil aus unserer persönlichen Erfahrung, so ausgearbeitet, daß es allgemein genug ist, um für unsere Patienten nützlich zu sein. Indem wir herausfinden, was für uns selbst harmonisches und unharmonisches Leben bedeutet, indem wir aufmerksam werden für die Bedürfnisse und Rhythmen des Körpers, indem wir lernen, wie diese im guten und im schlechten unsere Gesundheit beeinflussen und indem wir unsere eigene einzigartige Persönlichkeit kennen- und schätzen lernen, entdecken wir die Prinzipien der medizinischen

Psychologie eines Menschen (nämlich von uns selbst) direkt. Zugegeben, unsere Bedürfnisse, Werte und psychologischen Voraussetzungen sind nicht mit denen anderer Menschen identisch, aber der Prozeß, wie wir darangehen, unsere eigene Gesundheitspsychologie zu entdecken, ist absolut allgemein. Wenn man ihn einmal kann, kann er leicht anderen mitgeteilt werden, besonders unseren Patienten.

Dennoch sind die Einflüsse und Empfänglichkeiten, die unsere persönliche Psychologie ausmachen, außerordentlich fein, interagierend und flüchtig. Zusätzlich werden wir täglich immerzu mit neuen Informationen, einzigartigen Situationen und neuartigen Herausforderungen bombardiert. Wie das Relevante vom nicht Relevanten trennen? Wie die Korrelationen, Muster und Regelmäßigkeiten erkennen, die eine Basis bilden für Vorhersagbarkeit und Kontrolle über zumindest unsere eigene Gesundheit? Um mit der Verschiedenheit und der Fülle der Informationen umzugehen, wird der Student der Naturheilkunde ermuntert, systematisch Aufzeichnungen zu machen in Form eines Seele-Körper-Tagebuchs. In dieses Tagebuch werden alle Beschreibungen und Umstände aller Krankheiten (der ernsten wie der Bagatellkrankheiten) notiert, die dem Schreiber auffallen, dazu der emotionale Hintergrund und die mögliche Streßauslöser zum jeweiligen Zeitpunkt, da sich herausstellen kann, daß sie mit der Krankheit zu tun haben. In das Seele-Körper Tagebuch sollen auch weniger offensichtliche disharmonische körperliche Zustände eingetragen werden – ein leichtes Müdigkeitsgefühl zu einer Tageszeit, zu der man sich normalerweise stark und vital fühlt, das Gefühl, ein bißchen „daneben" zu sein, verminderte Energie, erstaunlicherweise kein Verlangen danach, Aktivitäten nachzugehen, die man sonst gerne ausführt. Solche Anzeichen sind oft die frühen Warnsignale einer bevorstehenden Krankheit, die aus einer kaum bemerkten Disharmonie in unserem Leben entsteht. Indem wir unsere Aufmerksamkeit auf solch feine Zusammenhänge zwischen unserem Leben und unseren körperlichen Zuständen lenken, dient das Tagebuch dazu, unsere Sensibilität für Ereignisse zu erhöhen, die unsere Gesundheit beeinflussen und regulieren.

Bezüglich der Konzepte, die im nächsten Kapitel vorgestellt werden sollen, bietet das Tagebuch eine Gelegenheit, all die sogenannten biopsychosozialen Faktoren zu verfolgen, von denen wir feststellen, daß sie mit frühen Krankheitswarnsignalen korrelieren. Wenn wir ständig Daten sammeln und unsere Sensibilität wächst, gewinnen wir allmählich die Fähigkeit, Muster und Regelmäßigkeiten zu erkennen, wie unser Körper auf bestimmte Ereignisse in unserer Umgebung reagiert. Tagebuch zu führen, wird tatsächlich zu einer Methode der Selbstbeobachtung, die als Krankheitsprävention dienen kann.

Wenn in diesem Text Techniken und praktische Grundlagen vorgestellt werden, um Streß zu reduzieren, unsere Emotionen zu harmonisieren und einen erfüllenden und nährenden Lebensstil zu entwickeln, wird das Tagebuch eine nützliche Quelle für unsere persönlichen Experimente mit diesen Techniken und Übungen. Die Ergebnisse kleiner, kontrollierter Änderungen in unserer Lebensweise zu überprüfen und lückenlos aufzuzeichnen, wie sie sich auf mögliche Stressoren und die täglichen Mühen auswirken, kann uns verdeutlichen, wie verschiedene Strategien zur Streßbewältigung sich auf unsere Gesundheit auswirken.

In das Tagebuch können wir auch bedeutende Träume aufschreiben, denn diese geben oft Hinweise über fällige Veränderungen in unserem Leben und deuten auf unerfüllte Bedürfnisse hin, die uns im Wachzustand vielleicht nicht bewußt sind.

Das Seele-Körper-Tagebuch ist deshalb eine Art laufender, persönlicher „Laborbericht", wo alle neuen und unerwarteten Korrelationen notiert werden können zwischen unserer Gesundheit und all den anderen Faktoren, die in Abbildung 2.3 (Seite 24) aufgeführt sind. Zwangsläufig wird man beim Schreiben neue Faktoren entdecken, die nicht in diesem Schema aufgeführt sind, so daß das Tagebuch mit der Zeit zu einem Protokoll des eigenen bedeutenden persönlichen biopsychosozialen Feldes wird. So tragen das Tagebuch und das Schreiben dazu bei, eine Wissenschaft des Individuums zu schaffen, deren Komplexität und Einzelheiten schließlich weit über die Zeichnung der Abbildung 2.3 hinausgehen. Bei diesem fortwährenden und systematischen Sammeln von Wissen über sich selbst können sogar Studenten der Naturheilkunde in den Anfangssemestern Genugtuung finden, wenn sie wissen, daß sie helfen, die Grenzen des gegenwärtigen medizinischen Wissens zu erweitern. Tagebuchschreiben ist Wissenschaft in Aktion, zu der wir alle beitragen können, weil dazu keine umständliche Ausrüstung und kein Instrumentarium nötig ist, keine Zuschüsse der Regierung gebraucht werden, weil es nicht von der Autorität eines anderen Menschen abhängt und in der Freizeit ausgeführt wird.

## Kommentierte Bibliographie

Information über psychologische Medizin kommt aus vielen Quellen, die lose unter der allgemeinen Überschrift Seele-Körper-Medizin zusammengefaßt ist. Es gibt zahlreiche populäre Bücher in diesem Bereich; recht bekannte Autoren sind Dr. Bernie Siegel, Dr. Deepak Chopra und Dr. Larry Dossey. Übersichtsartikel, selbständige Forschung, Buchrezensionen und Diskussionen am runden Tisch sind in allen Fachzeitschriften der verschiedenen wissenschaftlichen Unterabteilungen zu finden.

Die kommentierte Liste umfaßt eine Auswahl von einigen der führenden wissenschaftlichen Zeitschriften, in der der Kliniker, der sich über die neuesten Erkenntnisse in diesem Bereich auf dem laufenden halten will, wertvolle Artikel finden kann unter Themen wie Streß, die emotionalen Dimensionen von Gesundheit, Krankheit, Verhaltensmedizin, Psychosomatik und ähnliche Titel. Obwohl diese Liste von Zeitschriften keineswegs umfassend ist, kann sie dem Kliniker und dem interessierten Laien ein nützlicher Einstieg in die wachsende Literatur in psychologischer Medizin sein. Der naturheilkundliche Behandler wird erfreut feststellen, daß Schulmedizin und Verhaltensforschung zunehmend die ganzheitliche Perspektive widerspiegeln.

**Advances: The Journal of Mind-Body Health.** Seit 1984 vierteljährlich herausgegeben vom John E. Fetzer Institut, Inc., 9292 West KL Ave, Kalamazoo, MI 49009-9398. Diese Zeitschrift veröffentlicht „Manuskripte zu allen Themen, über die Fähigkeit, körperliche Gesundheit mental zu beeinflussen."

**Alternative and Complementary Therapies.** Eine neue (seit September 1994) zweimonatliche Veröffentlichung für Behandler, die von Mary Ann Liebert, Inc. 1651 Third Ave, New York, NY 10128 herausgegeben wird. Sie verspricht, brandaktuelle Aufsätze und praktische Information über Seele-Körper-Medizin, ebenso wie Buchrezensionen, Leitartikel und Hinweise über Neuerscheinungen.

**Behavior Research and Therapy.** Erscheint seit 1963 achtmal im Jahr, herausgegeben von Elsevier Science, Ltd., Bampfyde St., Exeter, EX1 2AH, England. „Die Zeitschrift publiziert wissenschaftliche Aufsätze über die Erfahrung mit und die Modifizierung von abnormalem Verhalten und über medizinische Psychologie."

**Behavioral Medicine. An Interdisciplinary Journal of Research and Practice.** Seit 1974 vierteljährlich herausgegeben von Heldref Publications, 1319 Eighteenth St., NW, Washington, DC 20036-1802.

**Health Psychology.** Seit 1984 zweimonatlich herausgegeben von der American Psychological Association, 700 First St., NW, Washington, DC 20002-4242. „Eine wissenschaftliche Zeitschrift, die es sich zur Aufgabe macht, das Verständnis von wissenschaftlicher Beziehung zwischen Verhaltensprinzipien auf der einen und körperlicher Gesundheit und Krankheit auf der anderen Seite zu erweitern."

**Journal of Behavioral Medicine.** Seit 1978 zweitmonatlich herausgegeben von Plenum Publishing Corporation, 233 Spring Street, New York, NY 10013. „Es handelt sich um eine breit angelegte, interdisziplinäre Zeitschrift, die es sich zur Aufgabe macht, das Verständnis von körperlicher Gesundheit und Krankheit durch die Kenntnis und die Techniken der Verhaltensforschung zu erweitern." Zur Zeit werden u.a. Risikofaktoren untersucht (wie Rauchen, Übergewicht und Alkoholismus), Schmerzstudien, Therapien zur Selbst-Regulierung und Biofeedback.

**Journal of Clinical and Consulting Psychology.** Seit 1933 zweimonatlich herausgegeben von der American Psychological Association, 700 First St., NW, Washington, DC 20002-4242. Ein Großteil der Artikel in dieser Zeitschrift beschäftigt sich zwar mit gestörtem Verhalten, aber die Zeitschrift veröffentlicht auch eigene Übersichtsartikel aus Psychosomatik und Verhaltensmedizin.

**Psychological Medicine.** Seit 1970 vierteljährlich herausgegeben von der Cambridge University Press, 110 Midland Ave., Port Chester, NY 10573-4930. „Eine Zeitschrift hauptsächlich für die Veröffentlichung von selbständiger Forschung in der klinischen Psychiatrie und den damit verwandten Disziplinen. Diese umfassen nicht nur die verschiedenen Bereiche biologischer Untersuchungen, die traditionell mit Medizin assoziiert werden, sondern auch die verschiedenen psychologischen Disziplinen und Sozialwissenschaften, deren Bedeutung für die Medizin immer offenkundiger wird."

**Psychosomatic Medicine.** Seit 1939 zweimonatlich herausgegeben von Williams und Wilkins, 428 E. Preston St., Baltimore, MD 21202-3993. „Die Zeitschrift begrüßt eigene Forschungsartikel, Berichte und Fallbeispiele."

**Psychosomatics. The Journal of Consultation and Liaison Psychiatry.** Seit 1960 zweimonatlich herausgegeben von der American Psychiatry Press Inc., 1400 K.St., NW, Washington, DC 20005 für die Academy of Psychosomatic Medicine. Übersichtsartikel, selbständige Forschungsberichte, Trendartikel, Fallbeispiele, Buchrezensionen, Leserbriefe und Auszüge aus der medizinisch-psychologischen Literatur.

**Psychotherapy and Psychosomatics.** Seit 1952 achtmal im Jahr herausgegeben von S. Karger AG, Postfach, CH-4009, Basel, Schweiz für die International Federation for Medical Psychotherapy.

# 2

## Historischer und psychologischer Hintergrund medizinischer Modelle

*Die Ursache vieler Krankheiten ist den Ärzten von Hellas unbekannt, weil sie das Ganze nicht kennen. Denn der Teil kann nie gesund sein, wenn das Ganze nicht gesund ist. Dies ... ist der große Irrtum unserer Tage in der Behandlung des menschlichen Körpers.*

PLATON (427–347 V. CHR.)

Der große Irrtum damals vor 2300 Jahren im antiken Griechenland bleibt der große Irrtum heute in der modernen westlichen allopathischen (orthodoxen) Medizin. Seit der Entdeckung der Zellpathologie 1858 von Rudolf Virchow und der Entdeckung Louis Pasteurs Ende des 19. Jahrhunderts, nämlich daß Bakterien bei Infektionskrankheiten eine Rolle spielen, wird Krankheit im Rahmen der Lehre der sogenannten spezifischer Ätiologie oder einfacher der Schulmedizin betrachtet. Dieses Modell stellt zwei wichtige Postulate auf: 1. Krankheit (illness) kann in verschiedene Erkrankungen (diseases) eingeteilt werden, die durch eine identifizierbare Organpathologie charakterisiert werden. 2. Jede solche Erkrankung hat eine Hauptursache.[1] Dieses Modell ist tatsächlich ein *Paradigma*[2] oder eine Weltanschauung, bei der Krankheit aus einer organischen Fehlfunktion, einem Schaden oder einer Störung in der Maschinerie des Körpers entsteht. In diesem medizinischen Paradigma ist es die Aufgabe des Arztes, diese Maschine zu reparieren. Mit der Entdeckung dieser physiologischen Wege vieler Krankheiten hat die Biochemie eine riesige pharmazeutische Industrie ins Leben gerufen, die jedes Jahr tausende von chemischen Bestandteilen (Medikamente) synthetisiert, um diejenigen herauszufinden, die mehr oder weniger selektiv auf diese Krankheitsverläufe einwirken.

In der ersten Hälfte dieses Jahrhunderts erzielte das schulmedizinische Krankheitsparadigma – teilweise als Folge der Verabreichung chemischer Medikamente, Antibiotika und Impfungen – herausragende Erfolge bei der Überwindung vieler Infektionskrankheiten. Die Therapien, die im schulmedizinschen Modell (oft nur das medizinisches Modell genannt) entstanden, rotteten praktisch die wichtigeren tödlichen Krankheiten früherer Jahrhunderte aus: Lungenentzündung, Virusgrippe und Tuberkulose. Viele einst tödliche Krankheiten wie Diphtherie, Pocken, Gelbfieber, Lepra, Malaria und Scharlach sind entweder ausgerottet oder unter Kontrolle.[3]

Dennoch ist es genau der Erfolg des schulmedizinischen Paradigmas, der neue *iatrogene*[4] Gesundheitsprobleme mit sich brachte, die sich sehr schwer in Begriffe fassen und noch viel weniger behandeln lassen. Die Häufigkeit von Krebs, Schlaganfällen, Herzkrankheiten und Geisteskrankheiten ist im 20. Jahrhundert alarmierend gestiegen. Diese Zunahme ist teilweise zurückzuführen auf den Rückgang der Infektionskrankheiten, die viele in ihren 20er, 30er, oder 40er Jahren das Leben kosteten. Heute ist die durchschnittliche Lebenserwartung in der westlichen (zivilisierten) Welt beträchtlich gestiegen, so daß wir nun ein Alter erreichen, in dem degenerative Erkrankungen statistisch eher wahrscheinlich werden. Aber die gestiegene Anzahl chronischer Erkrankungen kann nicht völlig mit einer höheren Lebenserwartung erklärt werden; der weitaus wichtigste Grund sind psychische und soziale Faktoren und Faktoren im Verhalten, die außerhalb des Vorstellungsbereiches des schulmedizinischen Paradigmas liegen. Die Schulmedizin hat lange gebraucht, die Bedeutung dieser Faktoren anzuerkennen und sie in das Gesundheitssystem mit einzubeziehen.

## Unser westliches medizinisches Erbe

Seit dem Altertum hat man erkannt, daß Gewohnheiten, Überzeugungen, Einstellungen, Lebensweise und unsere materielle und soziale Umgebung eine entscheidende Rolle spielen für Krankheit und Gesundheit. Zahlreiche alte Medizinsysteme – das chinesische, indische, tibetische ebenso wie die üblichen Bräuche des Schamanismus und der Medizinmänner – identifizierten zumindest einige dieser Faktoren in ihren Behandlungen und Philosophien.[5]

Dennoch war es bis vor kurzem unmöglich, ein breit gefächertes Konzept, das viele zeitlich und räumlich entfernte Faktoren, Einflüsse und Zustände von Krankheit und Gesundheit mit einschließt, zu einem einzigen folgerichtigen Paradigma zu erweitern. Unser eigenes westliches medizinisches Erbe, das aus dem alten Griechenland und aus vorgriechischen medizinischen Verfahren und der Philosophie stammt, die im berühmten Corpus Hippocraticum bewahrt ist, verfügte jedoch über primitive ganzheitliche Tendenzen. Hippokrates selbst wurde ungefähr 460 v. Chr. auf der Insel Kos geboren, wo er eine Schule gründete, die berühmt wurde, weil sie Patienten mit rationalen Methoden heilte, die im Gegensatz zur damals orthodoxen Medizin stand, nämlich der magischen Tempelmedizin. Hippokrates selbst gilt als Autor verschiedener Bücher des Corpus; ein großer Teil davon wurde tatsächlich erst später verfaßt, sowohl von seinen Schülern als auch von seinen Kritikern. Die Schriften stellen deshalb verschiedene gedankliche Schulen dar, die während der Jahrhunderte nach Hippokrates ausreiften; sie sind einer der frühesten überlieferten Versuche, eine naturalistische oder wirklich wissenschaftliche Medizin zu verwirklichen.

Das Corpus Hippocraticum geht von drei fundamentalen Voraussetzungen aus, die wesentliche Vorteile gegenüber der früheren magisch-religiösen Heilungsphilosophie darstellen:

- Jede Krankheit ist zurückzuführen auf eine körperliche Fehlfunktion.
- Die Umgebung des Patienten muß genau untersucht werden, um zu einer zufriedenstellenden Diagnose und Prognose zu kommen.
- Unsere eigene Natur ist der Arzt unserer Krankheit.[6]

Die hippokratische Medizin sah den Menschen als eine Kombination der vier Körpersäfte: schwarze Galle (Kot), gelbe Galle (Urin), Blut und Phlegma (Schleim). Die vier Säfte waren die körperliche Entsprechung der vier Grundelemente der Materie: Luft, Erde, Feuer und Wasser. Wenn die vier Säfte im Gleichgewicht waren, resultierte daraus Gesundheit. Wenn aber einer oder mehrere der Säfte entweder zu stark oder zu schwach waren, resultierte daraus Krankheit. Man hielt sich an dieses Schema und auch die Mittel und die Arzneien selbst wurden je nach Anteil und Zusammensetzung in die vier Elemente eingeteilt. So wurde eine quasi-rationale Basis für Therapien geschaffen. Die geistig-seelische Ebene (Gedanken, Gefühle, Emotionen und Verhaltensweisen) und die Säfte interagierten und beide hingen direkt von den Abweichungen vom idealen gemäßigten Leben ab, der goldenen Mitte der Griechen – nichts im Übermaß. Die frühen griechischen Ärzte glaubten auch, daß die Säfte vom Klima, verschmutztem Wasser, Über- oder Unteraktivität, Mangel an Sonnenlicht und anderen Umweltbedingungen beeinflußt werden können. Die Haupttherapie des Hippokrates war in der Tat, was wir heute naturheilkundlich nennen würden: frische Luft, Sonnenbad und Schwimmen im Meer, Ruhe und Körperübungen in Maßen. Diese antike Medizin war insofern ganzheitlich, als Krankheit als Folge eines Ungleichgewichts im ganzen Menschen angesehen wurde. Ihr fehlten jedoch sprachliche Begriffe für die genaue Beschreibung und Untersuchung der verschiedenen Variablen in der Umgebung und Psyche eines Menschen, seiner Überzeugungen, Emotionen, Einstellungen und der Verhaltensmuster, die wir heute „Lebensstil" nennen würden.

600 Jahre später, im 2. Jahrhundert n. Chr., nahm Galen, ein griechischer Arzt, der in Rom schrieb und praktizierte, die Säftelehre als Basis für eine Theorie der Temperamente, die die verschiedenen menschlichen Charaktere den verschiedenen Mischungen der Säfte zuschrieb. Galen beschrieb vier grundlegende Persönlichkeitstypen; jeder von ihnen wurde mit dem Vorherrschen einer der vier Säfte in Verbindung gebracht. So führte das Dominieren von Blut zu einem freudigen, sanguinischen und rotbackigen Menschen. Zu viel schwarze Galle führte zu einer Neigung zu Depression und Melancholie. Dominanz von gelber Galle wurde mit einer ärgerlichen, verbitterten Persönlichkeit assoziiert, während das Vorherrschen von Phlegma eine apathische Person charakterisierte. Diese Persönlichkeitstypen bildeten eine weitere Basis für die Behandlung innerhalb der Säftelehre. Die Säftetheorie von Gesundheit und Krankheit kam und ging, doch Galens vier emotionale Persönlichkeitsaspekte – Optimismus, Depression, Feindseligkeit und Apathie sind auch heute noch Schlüsselaspekte, um das Verhältnis zwischen Persönlichkeit und Gesundheit zu verstehen. Wie er, glauben wir heute immer noch, daß eine sanguinische Persönlichkeit vor Krankheit schützt, während die anderen drei Typen jeweils auf gewisse Art mit Gesundheitsrisiken in Verbindung gebracht werden.[7]

Die Säftelehre der Medizin von Hippokrates und Galen war zweitausend Jahre lang enorm einflußreich. So lange sie naturkundlich und empirisch blieb, wie es bis zum Mittelalter der Fall war, bot sie ein Grundkonzept für rationale Therapie. Dennoch kann man rückblickend feststellen, daß die Lehre empirische Beobachtungen hemmte, weil die Verifizierung der relativen Zusammensetzung und Mischung der Säfte hypothetisch

**Abbildung 2.1:** Mittelalterliche Holzschnitte der vier Temperamente, die Galen dem Übermaß der vier Säfte zuschrieb. Von links nach rechts: der Mensch mit dem optimistischen, fröhlichen Temperament, der viel Blut hat; der melancholische Mensch, voll schwarzer Galle; der Mensch mit dem hitzigen Temperament, der zu viel Zorn oder gelbe Galle hat, und der schwerfällige Mensch mit zu viel Phlegma.[8]

blieb. Weil dem antiken griechischen Modell genau dieser Grundbestandteil fehlte, der die frühe Naturheilkunde hätte weiterbringen können, kam es nie zu einer systematischen Sammlung der beobachteten Beziehung zwischen Lebensstil, Gedankenmustern, Emotionen und Krankheit. Im Laufe der Jahrhunderte ohne empirische Messung der Säfte, wurde die Lehre schließlich dogmatisch, und was einst ein frühes ganzheitliches Paradigma war, stagnierte und begünstigte hauptsächlich Spekulationen über die Beschaffenheit und die Folgen der hypothetischen Säfte statt weitere Entwicklung von Wissen und Anwendungsmöglichkeiten.

Im Mittelalter wurde Krankheit wieder als das Produkt von Dämonen und bösen Geistern angesehen, ein Wiederaufleben der archaischen Medizin des alten Ägypten und Mesopotamien in theologischer Hinsicht, wo Krankheit als Strafe der Götter angesehen wurde. Dies kam einer Rückkehr zur Medizinphilosophie vor Hippokrates gleich. Es ist wichtig, zu verfolgen, wie die Charakterisierung von Krankheit – was wir Paradigma oder Modell nannten, innerhalb dessen natürliche Krankheitsphänomene gesehen werden – Therapien bewirkt und rechtfertigt. Obwohl die Alten das Gleichgewicht der Säfte, das sie als Gesundheit und Krankheit zugrundeliegend postulierten, nicht sehen oder messen konnten, konnten sie doch davon ausgehen, daß Mittel wie Wasser, Sonnenlicht, Ruhe und Entspannung die Säfte unterschiedlich beeinflussen konnten; und in diesem Sinn war die Säftelehre ein naturkundliches Modell. Wenn Krankheit aber als das Werk eines übernatürlichen Teufels angesehen wird, der irgendwie in den Körper gelangt ist, wird klar, warum die mittelalterliche Medizin Techniken wie Aderlaß, Ausleitungsverfahren, Abführmittel, sogar ausgesprochene Strafen anwandte, um die bösen Geister zu vertreiben. Die medizinischen Paradigmen beeinflussen ganz eindeutig die praktischen Therapieformen, die wir wahrscheinlich für sinnvoll halten.

Im Rückblick ist es sehr leicht, das antike, mittelalterliche und archaische Medizinsystem im Licht der Wissenschaft des 20. Jahrhunderts zu kritisieren. Dennoch zeigt die Geschichte, daß jedes vergangene und gegenwärtige Medizinsystem ein Korn Wahrheit über Gesundheit und Krankheit enthält. Die alten Griechen wußten wenig über Anatomie und Physiologie, nichts über Zellpathologie oder ansteckende Mikroorganismen, dennoch haben sie vor zwei Jahrtausenden ein ganzheitlicheres Gesundheitsbild entwickelt als die Schulmedizin heute.[9] Wie wird jedoch in einem Jahrhundert die Medizin Strahlentherapie, Chemotherapie, Elektroschocktherapie, die chirurgische Entfernung von tonsillarem Lymphgewebe, die routinemäßige Blinddarmentfernung und die Impfung mit lebenden Krankheitserregern beurteilen? Werden diese Therapien auch eines Tages als wenig mehr denn abergläubische, irrationale „Therapien" angesehen werden, die von einem falschen Krankheitsmodell herrührten?

Und bevor wir über die archaischen und mittelalterlichen Vorstellungen von Krankheit als Bestrafung für Sünden spotten, sollten wir uns bewußt sein, daß auch diese Vorstellung, ungeachtet all ihres überflüssigen moralistischen Drumherums, ein Körnchen wichtige Wahrheit enthält, die gerade jetzt erst anerkannt wird, nämlich daß wir selbst an unserer eigenen Krankheit Anteil haben. Wie Dr. Edward Bach[10], der walisische Homöopath, der die Bachblüten entdeckte, vor ungefähr 60 Jahren schrieb:

> ...solange unsere Seele und Persönlichkeit in Einklang sind, herrscht überall Freude, Friede, Glück und Gesundheit. Wenn unsere Persönlichkeit vom Pfad, der von der Seele festgelegt ist, abgelenkt wird, entweder von unseren eigenen weltlichen Wünschen oder durch die Überredung anderer, entsteht ein Konflikt. Dieser Konflikt ist die Grundursache von Krankheit und Unglück.[11]

Die mittelalterlichen Theologen verdrehten genau diese naturkundliche Lehre, die sie vom großen Meister aus Galiläa erbten, und fügten die überflüssige Vorstellung von Tadel, Schuld und moralischer Verachtung hinzu, vermutlich weil sie es für nötig hielten, die ursprünglich nicht-wertenden Lehren des Nazareners mit einer Prise sozialer Bestrafung anzureichern, für den Fall, daß die Herde nicht auf die natürliche Botschaft des Leidens achtete, das der Körper selbst bereiten würde. Die ursprüngliche Bedeutung des Wortes *Sünde* ist „sich irren, den Punkt verfehlen". In der ursprünglichen summarischen Bedeutung gibt es keinen Tadel, keine Schuld, keinen negativen Beigeschmack. Diese wurden lange nach der ursprünglichen Verwendung des Wortes hinzugefügt, um darauf hinzuweisen, daß wir tatsächlich vom Weg, *wirklich wir selbst zu sein*, abgekommen sind.

Einige der neuesten, meistversprechenden Programme für die Arbeit mit AIDS und Krebs beziehen mit ein, daß die Patienten ihre Krankheit sehr gründlich erforschen und sie im Zusammenhang ihres eigenen[12] Lebens untersuchen, um festzustellen, wie ihr Anteil an der Krankheit ist und wie sie möglicherweise dazu beitrugen, Umstände zu schaffen, die die Krankheit hervorbrachten. Der Zweck einer solchen Analyse ist mitnichten, Schuld zuzuweisen oder zu rügen, sondern besteht darin, dem Kranken ein sehr reales Gefühl von persönlicher Verantwortung zu geben, was in der Tat eine Möglichkeit von Kontrolle gibt. Wo wir zum Entstehen beitrugen, können wir vielleicht auch zum Verschwinden beitragen.

> Krankheit selbst ist gütig, und ihr Ziel ist, die Persönlichkeit wieder zum göttlichen Willen der Seele zurückzubringen; und so können wir erkennen, daß sie sowohl abwendbar als auch ... heilbar ist. Leiden ist ein Korrektiv, das uns auf eine Lektion hinweist, die wir anders nicht verstehen konnten und kann nie ausgerottet werden, bevor diese Lektion gelernt ist.[13]

## Dr. Edward Bachs ganzheitliche Gesundheitsphilosophie

Die Ideen, die der Homöopath und Pflanzenheilkundige Edward Bach vor mehr als einem halben Jahrhundert zum Ausdruck brachte, sind grundlegend für ein ganzheitliches Verständnis von Krankheit. Weil sie aber in spirituell formuliert waren, weil sie von der göttlichen Seele und den Aufgaben, die sie lernen muß, sprechen, ist die tiefe Wahrheit, die in seinen Schriften enthalten ist, kaum über esoterische Kreise hinausgekommen. Tatsächlich aber stimmen sie mit den neuesten Entdeckungen der modernen Teilchenphysik und der transpersonalen Psychologie ziemlich überein.

Bachs Philosophie von Gesundheit und Krankheit basiert auf drei miteinander zusammenhängenden Vorstellungen, die wir in den Worten der modernen Psychologie wiedergeben wollen:

- Krankheit resultiert *häufig*[14] aus einem Konflikt zwischen der angelernten (konditionierten) Persönlichkeit eines Menschen und seiner grundlegenden ererbten Natur.
- Wann immer ein Mensch so handelt, daß sein Handeln mit seiner zugrundeliegenden Natur im Einklang ist, dann ergeben sich daraus Gesundheit und Glück. Umgekehrt wird diese Harmonie gestört, wenn man auf eine Art und Weise handelt, die der eigenen Natur zuwiderläuft (entweder aufgrund von sozialen Einflüssen oder aufgrund von in der Kindheit erworbenen Ängsten). Das Unvermögen, die Harmonie und das Gleichgewicht wieder herzustellen, erhöht das Risiko krank zu werden.
- Wenn man krank ist, besteht der einzig sichere Weg, wieder gesund zu werden, darin, diese verlorene Harmonie zwischen eigenem Handeln und seiner wahren Natur wiederherzustellen.

Der Vollständigkeit halber müssen Bachs drei Prinzipien um zwei andere, zusätzliche, ergänzt werden:

- Es gibt zahlreiche natürliche Techniken, die dabei helfen können, die genaue Art der Disharmonie herauszufinden (wir würden sie Psychotherapien nennen, Beratungstechniken, psychologische Verfahren der „Bewegung der menschlichen Weiterentwicklung“, Körpertherapien aus der Schule des Psychoanalytikers Wilhelm Reich ebenso wie Yoga und Meditation), weil sie uns bewußt machen, wo wir uns irrten, und so eine Vision bieten, was wir tun müssen (oder aufhören zu tun), um das Gleichgewicht wiederherzustellen.
- Verschiedene Naturheilverfahren (Heilpflanzen in stofflicher Dosierung, Hydrotherapie, osteopathische Behandlungen, Homöopathie, Blüten-Essenzen) helfen dem Körper, wieder gesund zu werden, indem sie die Selbstheilungskräfte stärken, die Lebenskraft (*vis mediatrix naturae),* die nichts anderes ist als der innerste Kern unserer wahren Natur.

Wir können erkennen, wie sehr sich Bachs ganzheitliches Krankheitsmodell vom herrschenden schulmedizinischen unterscheidet, wenn wir untersuchen, wie die sehr häufige (und überwiegend moderne) Erkrankung Bluthochdruck (Blutdruck höher als 140/90 mmHg) von der modernen Schulmedizin behandelt wird. Wenn wir in *Mac Bryde's Signs and Symptoms* (1983) nachschauen, einem klassischen Lehrbuch der Pathophysiologie und klinischen Deutung und Behandlung für Medizinstudenten, finden wir eine umfassende Besprechung des Kreislaufsystems, der Hämodynamik von Bluthochdruck und der Folgen erhöhten Blutdrucks: unbehandelt erhöht Bluthochdruck das Risiko einer Nierenschädigung, kongestiven Herzversagens, Schlaganfalls und koronarer Herzerkrankung um das 2 bis 6-fache. Obwohl Bluthochdruck gelegentlich eine Sekundärfolge einer ursächlichen Erkrankung ist (Diabetes, Arteriosklerose, orale Kontrazeptiva), sind über 90% der Fälle „essentieller Hochdruck", was bedeutet „Patienten, die keine erkennbare (will sagen *organische)* Ursache für ihren erhöhten Blutdruck haben."[15]

Dies ist eine recht außergewöhnliche Aussage, wenn wir überlegen, wie viel über die Gewebspathologie und das Fortschreiten der Erkrankung bekannt ist (wovon das 34-Seiten-Kapitel über Bluthochdruck in *Mac Bryde's* zeugt). Wo aber könnten im schulmedizinischen Modell Ursachen gefunden werden? Wenn sie nicht in irgendeinem infektiösen Erreger, der Pathologie oder einem mechanischen Organdefekt gefunden werden, der vor dem Bluthochdruck auftrat, bietet das medizinische Modell keinen angemessenen Platz, wo der Arzt nach Ursachen suchen könnte. *Mac Bryde's Signs and Symptoms* erwähnt beiläufig, daß Bluthochdruck von Streß, Übergewicht, Salzkonsum, Zigarettenrauchen und Alkoholgenuß beeinflußt wird, und daß er durch Sport gesenkt werden kann. Abgesehen vom Salz (das den Blutdruck gemäß der offenkundigen physiologischen Gesetze der Osmose beeinflußt) ist der ganze Tenor der Besprechung, daß diese Faktoren ziemlich außerhalb des Zuständigkeitsbereichs des Arztes liegen, beinahe Nebensächlichkeiten sind. Daß sie außerhalb des schulmedizinischen Modells liegen, ist eine Tatsache; daß es nicht die Aufgabe des Arztes ist, sie in die Behandlung mit einzubeziehen, ist eine direkte Schlußfolgerung jenes Modells. Jedenfalls folgert *Mac Bryde's* „unglücklicherweise ist es schwierig, etwas gegen Streß zu tun." [16]

In diesem kurzen Satz wird ein ganzer Bereich psychologischer Kenntnisse, der über 50 Jahre hinweg von Hans Selye[17], einem Professor für experimentelle Medizin an der Universität von Montreal und seinen Mitarbeitern entwickelt wurde, über die Beschaffenheit von und den Umgang mit Streß (was wir in späteren Kapiteln ausführlich behandeln werden) für Medizinstudenten als unwichtig deklariert und abgetan.

## Ganzheitlichkeit und systemisches Denken

In vielerlei Hinsicht ist das schulmedizinische Modell nur ein Spiegel des viel größeren Paradigmas der Mechanik, das seit dem 18. Jahrhundert in der Philosophie und Technologie unserer westlichen Welt die Hauptrolle eingenommen hat. Descartes schuf in der Philosophie, Newton in der Physik und Darwin in der Biologie eine Vorstellung der Welt, in der alle Materie (belebt und unbelebt) als komplexe Teile einer Maschinerie erklärt wurde, die nach deterministischen Gesetzen funktioniert und in der Gott auf den Zufall reduziert wurde.

Die wissenschaftlichen und technischen Errungenschaften, die durch die Anwendung dieser mechanistischen Weltanschauung zustande kamen, sind uns allen sehr vertraut. Schauen Sie sich um. Wie viele dieser vertrauten Gegenstände, die wir als selbstverständlich ansehen und die Teile und Teilchen unseres täglichen Lebens sind, wären vor noch hundert Jahren vorhanden gewesen? Die mechanistische Biologie hatte nicht weniger Einfluß, denn sie machte und die Grundlagen der Vererbungslehre verständlich und befähigte uns, in Zellen hineinzuschauen, die die Bausteine unseres Körpers bilden.

Aber eben diese Entdeckungen der klassischen Wissenschaft zwingen uns jetzt zu einer neuen *systemischen* Anschauung der Welt und unserer selbst. Die klassische wissenschaftliche Prämisse, daß wir, wenn wir die Bestandteile eines Systems außerhalb seiner Umgebung unter kontrollierten Laborbedingungen analysieren, alles über seine Bedeutung lernen können, ist in der modernen Teilchenphysik, in der Biologie und jetzt schließlich in der Medizin zusammengebrochen. Das Ganze ist eben nicht die Summe

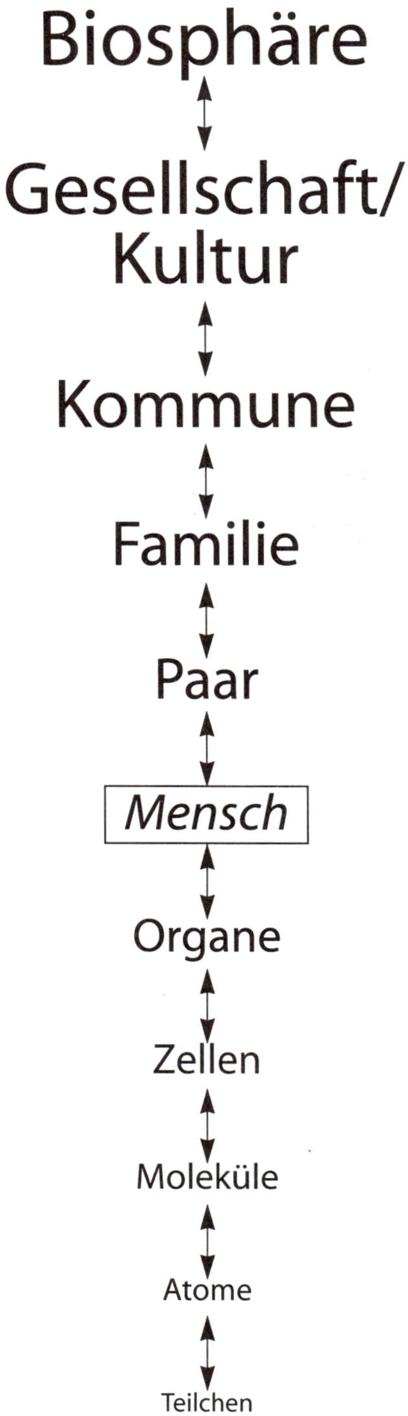


**Abbildung 2.2:**
Hierarchie natürlicher Systeme

seiner Teile. Weder ein physikalisches noch ein biologisches System kann auf eine Untersuchung seiner Einzelteile reduziert werden; denn wenn der Untersuchungsgegenstand isoliert wird, verliert er seine Proportionen. Schauen Sie sich Abbildung 2.2 an, eine Hierarchie der Systeme, mit dem Augenmerk auf *Mensch.* Der Mensch ist gleichzeitig die höchste Ebene der organismischen Hierarchie und die niedrigste Ebene der sozialen Hierarchie. Der Mensch besteht aus Organen und diese bestehen aus Zellen bis hin zur tiefsten Ebene der Teilchen, die, wie Physiker entdeckt haben, nichts anderes sind als anzunehmende Energiefelder.

> Umgekehrt ist der Mensch, wenn man in der Hierarchie nach oben geht, Teil eines Beziehungssystems, wo immer er mit einem anderen Menschen interagiert; er ist Teil einer Familie, einer Kultur und der Biosphäre, die an sich wieder so viele Merkmale eines lebenden Systems aufweist, daß Biologen ihr den Namen Gaia gegeben haben, die griechische Göttin der Erde.

Obwohl jede einzelne Ebene in Abbildung 2.2 ihre eigenen Gesetze und Konzepte hat, kann keine Ebene als wichtiger bezeichnet werden; denn jede Untersuchung einer Ebene erfordert, daß die Interaktionen die Leiter hinauf und hinunter mit berücksichtigt werden. Obwohl es eine Art gesetzmäßiger Beziehungen auf jeder der genannten Ebenen gibt, werden diese komplementär statt untergeordnet zu den Gesetzen sein, die auf anderen Ebenen feststellbar sind. Mit anderen Worten, kein Gesetz einer niedereren Ebene wird die Phänomene einer höheren Ebene erklären. Diese konzeptionelle Unabhängigkeit der Systeme in einer Hierarchie unterscheidet sich radikal von der klassischen Naturwissenschaft, die reduktionistisch war: alle Phänomene wurden letztlich auf physiochemische Vorgänge reduziert.

Einer der Gründe, warum die moderne Medizin so entmenschlichend wurde, liegt darin, daß der Arzt, bewußt oder unbewußt, im Rahmen der klassischen Newtonschen Mechanik handelt und dabei den Patienten als einen erkrankten Körper sieht. Die systemische Hierarchie bringt die fundamentale Idee zum Ausdruck, daß wir als Menschen aus Subsystemen bestehen, die in gewisser

Hinsicht wie Maschinen sind, dennoch auch Teil höherer Ordnungssysteme sind, die nicht mit mechanischen Prinzipien erklärt werden können. Diese Systeme der höheren Ebenen machen uns zu psychosozialen Wesen. In diese können die einem Uhrwerk gleichenden Prozesse der niedereren Systeme keinen Einblick geben. Es ist einfach unmöglich, daß wir als Menschen, mit den Gesetzen der Physik, Chemie, Molekularbiologie oder Anatomie und Physiologie vollständig verstanden werden können, obwohl diese Gesetze in uns wirken und obwohl unser Körper ihnen nicht zuwiderläuft, unabhängig davon, wie wir als soziale Wesen handeln.

Die systemische Anschauung ist nicht nur ein Gegenmittel zum Reduktionismus, sie erlaubt uns auch damit anzufangen, die einzigartigen Aspekte des Lebens zu verstehen, die völlig außerhalb der mechanistischen Wissenschaft liegen. Lebende Systeme sind selbstheilend, selbst-erneuernd, homöostatisch und anpassungsfähig. Das sind emergente Phänomene, die auf der untersten Ebene der Hierarchie einfach nicht feststellbar sind. Deshalb erfordert ihre Erforschung, das Augenmerk auf die Ebenen zu richten, auf denen diese Merkmale existieren. Das Leben kann nicht auf Physik reduziert werden.

> Die Merkmale eines Systems werden zerstört, wenn ein System entweder materiell oder konzeptionell in isolierte Elemente zergliedert wird. Die Schulmedizin hat sich, Descartes folgend, zu sehr auf die maschinenähnlichen Merkmale der lebenden Materie konzentriert und vernachlässigt, ihre organismische oder systemische Beschaffenheit zu untersuchen.[19]

In der Systemforschung wird die Wirklichkeit einer gegebenen Ebene sogar von der Aufmerksamkeit oder dem Interesse des Beobachters geschaffen. Wir wählen willkürlich einen individuellen Patienten für unser Augenmerk aus, aber wir werden seine Krankheit nicht verstehen, bis wir ihn in seiner Umgebung erforschen, d. h. alle Systeme, von denen er Bestandteil ist. In der Schulmedizin werden diese Systeme ignoriert, nur die Subsysteme sind von Interesse.

Der neue systemische Ansatz ist *ganzheitliche* Wissenschaft, weil jede Ebene aus vollständigen konzeptionellen Einheiten besteht, die nicht ohne ihre Identität zu verlieren zergliedert werden können. Er ist eine Wissenschaft mit breiter Perspektive, die die Komplexität und die Wahrscheinlichkeit des Untersuchungsgegenstandes erkennt und seine konzeptionelle Beschaffenheit. Geist und Materie sind nicht länger getrennt. Er ist eine Wissenschaft, die sehen kann, daß alles verbunden und gegenseitig durchdrungen ist, daß es keine einzelnen Ursachen gibt, weil das kausale Band ein saumloses Gewebe ist, ein Gewebe von Beziehungen, das nach oben, außen und unten verläuft in einer ineinanderpassenden Hierarchie von Systemen, in der jede Ebene ihre eigenen Gesetze hat, ihre eigene konzeptuelle Wirklichkeit, die eigene Methoden erfordert. Er ist eine Wissenschaft, die sich selbst erkennt als ein Produkt der Kultur, Tradition und unserem Bedürfnis, uns selbst und die Welt, von der wir ein Teil sind, zu verstehen. Und er erkennt an, daß Wissenschaft selbst nur einer von unzähligen Arten ist, zu verstehen. In den folgenden Kapiteln nutzen wir intensiv die Experimentalwissenschaft, besonders eine der neuesten Disziplinen – die Psychologie; aber wir werden dem systemischen Blick treu bleiben und das herausnehmen, was uns von unserem humanistischen Blickwinkel aus wertvoll ist und das Dogma beiseite lassen; auch erinnern wir uns immer daran, daß das Geheimnis des Lebens immer gerade außerhalb der wissenschaftlichen Grenzen bleibt, wie sehr wir diese auch ausdehnen.

## Vergleich zwischen dem ganzheitlichen und dem schulmedizinischen Modell

Überlegen Sie sich einen Moment lang, wie der ganzheitliche Ansatz und der schulmedizinische mit dem Bluthochdruck Patienten von oben umgehen. Um den Vergleich zu erleichtern werfen Sie einen Blick auf Tabelle 2.1, die zeigt, wie die beiden unterschiedlichen Krankheitsmodelle verschiedene Aspekte dieses Krankheitsgeschehens betrachten. Das schulmedizinische Paradigma ist uns sehr vertraut, weil es die vorherrschende Medizinphilosophie im Westen heute darstellt. Wir wollen es jetzt dem ganzheitlichen Ansatz gegenüberstellen und besonders dem Modell, das wir *biopsychosoziales*[20] Krankheits- und Gesundheitsmodell nennen wollen. Wie der Name schon sagt sind die entscheidenden Faktoren für dieses Paradigma von Gesundheit und Krankheit *Bio*logie, *Psycho*logie und unsere *sozialen* Beziehungen miteinander.

Wie Tabelle 2.1 andeutet, konzentriert sich der Ansatz des Schulmediziners bei der Diagnose und Behandlung auf die Senkung des Blutdrucks, der, wie er[21] festgestellt hat, außerhalb der statistischen Normwerte liegt. Für ihn *ist* der Bluthochdruck die Erkrankung. Deshalb konzentriert er sich auf das Kreislaufsystem. Er möchte irgendwelche Anzeichen einer Nierenbeeinträchtigung entdecken, bevor die Nieren irreversibel geschädigt sind. Er wird besorgt sein wegen Atheriosklerose, deshalb wird er eine salzlose Diät verordnen. Seine Behandlung wird sein, mit chemischen Mitteln in den Krankheitsverlauf zu *intervenieren*, die den diastolischen Blutdruck auf einen Wert unterhalb des als gefahrlos akzeptierten Gefahrenwertes von 100 mmHg drücken.

**Ursachenmodell**

| | BIOPSYCHOSOZIAL | SCHULMEDIZINISCH |
|---|---|---|
| *Betonung* | Gesundheit | Krankheit |
| *Priorität* | Vorbeugung | kurieren |
| *Fokus der Diagnose* | der ganze Mensch in seiner sozialen und psychologischen Umgebung | örtliche Störung im Gewebe und spezifische Erreger |
| *Behandlungsansatz* | Unterstützen der *Selbstheilungskräfte*; das Gleichgewicht im ganzen psychosomatischen System wieder herstellen | Eingreifen in den Krankheitsverlauf; symptomatisch |
| *militärisches Bild der Therapie* | die eigenen Truppen stärken | Eindringling suchen und zerstören |
| *Arzt/Patient-Beziehung* | kooperative Partnerschaft; stärkend | bevormundend; schwächend |

**Tabelle 2.1:** Vergleich zwischen dem biopsychosozialen und dem schulmedizinischen Paradigma

Der Patient wird zu ihm kommen, ähnlich wie Sie Ihr Auto in die Werkstatt bringen, damit der fehlerhafte Öldruck kontrolliert und hoffentlich repariert wird. Ähnlich ist die Rolle des Arztes die eines Experten der Körpermechanik: er wird Sie als Ihren Körper behandeln, von Ihnen nichts erwarten, außer, daß Sie seine Fragen beantworten, die nach einer organischen Ursache forschen. Wenn er dann zu einer Diagnose gelangt ist, erwartet er, daß Sie seine Anordnungen befolgen. Das bedeutet in Tabelle 2.1 Patient/ Behandler „Beziehung bevormundend". Einige Ärzte werden bereit sein, sich Zeit zu nehmen, den Zweck der Verordnung zu erklären und einige sagen Ihnen *vielleicht* sogar die Nebenwirkungen, falls Sie so mutig sind und die Verschreibung zu hinterfragen; aber weil eine moderne Praxis in der Tat sehr geschäftig ist, können Sie sich darauf nicht verlassen. Sicher wird der Arzt eine solche Diskussion nicht als nötigen Teil der Therapie betrachten. Patienten, die ihre Arznei hinterfragen und Einzelheiten über ihre Krankheit wissen wollen und Patienten, die am Heilungsprozeß beteiligt werden wollen, werden im allgemeinen von den beschäftigten Hausärzten oder sogar von vielen Fachärzten/Beratern nicht gerade wohlwollend betrachtet. Dies ist einer der Hauptgründe, warum sich Menschen mehr und mehr der alternativen Medizin zuwenden, weil die ganzheitlichen Behandler nicht nur bereit sind, sie ausreden zu lassen, sondern tatsächlich davon ausgehen, daß eine enge menschliche Beziehung zwischen dem Patienten und dem Behandler ein Teil des Heilungsprozeßes ist, ein Punkt, auf den wir in Kapitel 13 noch ausführlich zu sprechen kommen.[22]

In der Tat ist die Patienten ausreden lassen genau das, was wir als biopsychosoziale Behandler machen wollen; denn wenn Dr. Bachs Theorie der Hauptursache einer Erkrankung stimmt, dann werden wir wahrscheinlich dem Patienten helfen müssen, herauszufinden, welche Art von Konflikt oder Widerspruch zwischen seiner wahren Natur und seinen gegenwärtigen Gewohnheiten und seinem Lebensstil besteht. Natürlich wollen wir sicherstellen, daß diese „wahre Natur" nicht so vage und unerforschlich bleiben wird wie die Säfte der alten Griechen, wie komplex und subtil diese Vorstellung auch sein mag und wie einzigartig für jeden von uns. Es ist tatsächlich eben diese Detektivarbeit, bei der wir und unser Patient gemeinsam nach den Ursachen des verlorenen Gleichgewichts und der verlorenen Balance suchen, in der wir die Tiefe des neuen biopsychosozialen Paradigmas sehen. Denn dieses Modell erfordert, daß wir unseren Patienten nicht als Maschine ansehen, die einen mechanischen Schaden aufweist, sondern als einen Menschen, der in ein Familien-, ein kulturelles und soziales *System* eingebettet ist. Offensichtlich können wir nur aus der Beziehung heraus, die wir mit unserem Klienten eingehen, die Information elizitieren, die wir beide, der Patient und der Behandler, brauchen, um die kausale Verbindung der Krankheit ausfindig zu machen. Und diese Information ist entscheidend, weil die Krankheit gründlich und dauerhaft nur geheilt werden kann, wenn ihre Ursachen beseitigt sind.

In den folgenden Kapiteln werden wir auf die genauen Möglichkeiten, die Ursachen zu beseitigen, detaillierter eingehen. Hier genügt es, darauf hinzuweisen, daß so unterschiedliche Heilweisen wie Pflanzenheilkunde, Hypnose, Chirurgie und sogar das spirituelle Handauflegen zur Heilung alle mit Rückfällen nach offensichtlichem „Kurieren" gekennzeichnet sind, obwohl die Therapie zunächst „funktionierte", weil die zugrundeliegende Ursache (das Ungleichgewicht der Griechen, der Konflikt in der Theorie von Dr. Bach, eine andauernde Schwierigkeit irgendwo im System auf einer höheren als der körperlichen Ebene) nicht beseitigt wurde. Der Körper spiegelt diese Fortdauer des Ungleichgewichts schließlich in einem Rückfall wider. In gewisser Weise hat das mechanische Bild ein Gegenstück: Wenn Sie mit Ihrem Fuß beim Fahren ständig die Kupplung treten, wird die gute Arbeit Ihres Mechanikers, eine neue Kupplung einzubauen, bald wiederholt werden müssen.

## Unterschiedliche Arten ganzheitlicher Medizin

Um eine Vorstellung von dieser ausgeklügelten Erforschung der Gewohnheiten, Erfahrungen, Empfindungen, Überzeugungen und Wünsche des Patienten – mit einem Wort, seiner Psychologie – zu geben, die ein ganzheitliches Vorgehen erfordern kann, betrachten Sie dieses Untersuchungsprotokoll, das von Samuel Hahnemann, dem Begründer der Homöopathie, empfohlen wird:

> Wie ist die Beschaffenheit seines Stuhls? Wie ist sein Wasserlassen? Wie steht es tags und nachts mit seinem Schlaf? Wie steht es um seine Stimmung, seinen Humor, sein Gedächtnis? Wie steht es mit seinem Durst? Was für einen Geschmack hat er im Mund? Was für Speisen und Getränke mag er am liebsten? Welche am wenigsten? Hat alles seinen natürlichen Geschmack oder schmecken einige ungewöhnlich? Wie fühlt er sich nach dem Essen oder Trinken? Hat er etwas über seinen Kopf, seine Glieder, seinen Bauch zu sagen? ...Was hat der Patient erbrochen? Ist der schlechte Geschmack in seinem Mund faulig, bitter, sauer oder wie ist er? Vor, während oder nach der Mahlzeit? Zu welcher Tageszeit war es am schlimmsten? Wie ist der Geschmack des Erbrochenen? Wird der Urin nur trüb, wenn er steht oder ist er gleich nach dem Wasserlassen trübe?... Schreckt er im Schlaf hoch? Liegt er nur auf dem Rücken oder auf welcher Seite liegt er? Deckt er sich gut zu oder kann er keine Kleider an sich vertragen? Wacht er leicht auf oder schläft er zu fest? Wie fühlt er sich unmittelbar nach dem Aufwachen? Wie oft tritt dies oder jenes Symptom auf? Was ist die Ursache, die jedesmal zum Symptom führt? Tritt es auf während des Sitzens, Liegens, Stehens oder bei Bewegung? Nur wenn er fastet? ...wie der Patient sich während des Besuchs verhielt – ob er mürrisch, zänkisch, voreilig, weinerlich, ängstlich, verzweifelt, traurig, hoffnungsvoll oder ruhig etc. war. Ob er in einem schläfrigen Zustand war oder irgendwie schwer von Begriff. Ob er heiser sprach, leise oder unzusammenhängend, oder wie anders hat er geredet? Wie war die Farbe seines Gesichts, seiner Augen und seiner Haut ganz allgemein? Welcher Grad an Lebendigkeit und Kraft war in seinem Ausdruck und seinen Augen? Wie war der Zustand seiner Zunge, seines Atems, seines Geruchs aus dem Mund und sein Hören? Waren seine Pupillen erweitert oder verengt? Wie schnell und wie stark haben sie sich bei Licht und Dunkelheit verändert? Wie war sein Puls? Wie war der Zustand seiner Haut an diesem oder jenem Körperteil oder allgemein? Ob er mit zurückgebeugtem Kopf und halb oder ganz offenem Mund im Bett lag, die Arme über dem Kopf , auf dem Rücken oder in welcher Haltung? Welche Anstrengungen unternahm er, sich aufzurichten? Und alles andere an ihm, was dem Arzt als bemerkenswert auffällt.[23]

Hahnemanns akribische Methode, einen Fall aufzunehmen erinnert uns daran, daß zwischen den zahlreichen ganzheitlichen Ansätzen eindeutige Unterschiede bestehen. Hahnemanns Erstanamnese ist eine lebendige Illustration der Ganzheit der klassischen Homöopathie.[24] Weil der Homöopath bestrebt ist, das Symptombild mit einem bestimmten Arzneimittelbild aus vielen tausend möglichen Mitteln in Übereinstimmung zu bringen, muß er möglichst viele präzise Informationen auf allen grundlegenden Ebenen sammeln: der körperlichen, mentalen (Gedanken, Überzeugungen, Sehnsüchte, Absichten) und emotionalen (Gefühle, Stimmungen, Emotionen). Der Physiker und Analytiker lebender Systeme Fritjof Capra unterscheidet zwei Arten ganzheitlicher Gesundheitsbetrachtung. Bei der ersten kümmern wir uns nicht um ein einzelnes Organ oder Körpersystem, sondern um die ganze Körper-Seele (bodymind). Das ist die Ganzheitlichkeit der Homöopathie. Die körperliche Tatsache des Bluthochdrucks, um ein geläufiges Beispiel heranzuziehen, ist nur eines von unendlich vielen Anzeichen und Symptomen, die ein einzigartiges Bild oder eine Reflektion der Krankheit bedeuten. In der Tat ist das konkrete körperliche Symptom, das den Patienten zum Homöopathen führt, selten das entscheidende Symptom oder der entscheidende Hinweis, das diesen Fall vor dem allgemeinen Hintergrund der Erkrankung hervortreten läßt; deshalb richtet sich die Verschreibung (das Mittel) selten nach dem, was dem Patienten als das wichtigste Symptom erscheint.

Aber Capra unterscheidet noch eine zweite Art von ganzheitlicher Medizin, eine Ganzheitlichkeit, die darüber hinausgeht, eine einzelne Körperseele als eine untrennbare Einheit zu betrachten. Er betrachtet einen Menschen in seiner Umgebung als ganzheitliche Einheit. In dieser Ganzheitlichkeit wird der Mensch zu einem *System*, das Körper, Lebensstil, Persönlichkeit, seine Beziehungen zu anderen, zur Familie, zu Arbeit und Kultur und sogar zum Planeten mit einschließt. Ganz offensichtlich kann dieses System, dessen Mittelpunkt derzeitig der Patient steht, nicht verstanden werden, wenn man nicht berücksichtigt, wie das System dieses Menschen mit anderen interagiert, welche Art von Lebensstil dieser Mensch und sein primäres soziales Umfeld haben, wie diese speziell identifizierte Persönlichkeit des Patienten Gesundheit begünstigt oder wie sie krankheitsbegünstigende Konflikte anzieht. Diese Ganzheitlichkeit ist es, die am besten Dr. Bachs frühe Vorstellung von Krankheit erfaßt, Krankheit, die entsteht aus dem Konflikt zwischen unserer wahren Natur und unserer Persönlichkeit – sprich unserer systemischen und besonderen angelernten Art zu sein, Beziehungen einzugehen und uns zu verhalten.

## Das dargestellte biopsychosoziale Feld

In Abbildung 2.3, die erfolgreich das ganzheitliche Paradigma von Capra und Bach beinhaltet und verbindet, sieht man, daß das Individuum von drei äußeren Arten von Krankheitsauslösern beeinflußt wird. Es sind Umweltgefahren, Krankheitserreger und potentielle Stressoren, die auf der linken Seite des Paradigmas abgebildet sind. Für jede der drei Kategorien von kausalen, für Krankheit prädisponierenden Einflüssen sind typische Beispiele aufgeführt. Beachten Sie, daß die Existenz irgendeines Erregers nicht an sich eine Erkrankung hervorruft. In der Logik würden wir sagen, daß diese Erreger nötige, aber nicht ausreichende Ursachen sind. In der Medizin bezeichnen wir sie als prädisponierende Faktoren oder Einflüsse.

Die zentrale menschliche Gestalt in Abbildung 2.3 ist in drei Schichten dargestellt, die die unterschiedlichen Facetten des ganzen Menschen repräsentieren. Auch wenn wir sie manchmal als unterschiedliche „Ebenen" bezeichnen, ist es nicht so, daß eine Facette wichtiger ist als eine andere. Aus esoterischer Sicht könnten Sie sich diese drei Facetten als Auras vorstellen. Der innerste Kern repräsentiert unsere angeborenen Stärken und Schwächen. Wir wissen, daß viele Erkrankungen gern immer wieder in Familien auftreten und einige Krankheiten tatsächlich angeboren sind. Wie aber jeder andere Faktor im biopsychosozialen Modell ist auch die Komponente der angeborenen Konstitution nur eine Prädisposition; das tatsächliche Auftreten einer Erkrankung ist das Ergebnis mehrerer Faktoren. Die Neigung zu Herzerkrankungen, Diabetes, Arthritis oder Krebs liegt in der Familie, aber sie wird sich bei jemand, der gesund lebt, vielleicht nie manifestieren. Eine konstitutionelle Disposition ist eine Wahrscheinlichkeit, und eine Wahrscheinlichkeit, deren Wert nach oben oder unten beeinflußt werden kann von vielen anderen Faktoren; über einige von ihnen – wie Lebensführung, regelmäßige körperliche Betätigung und Ernährung – haben wir persönliche Kontrolle.

Die mittlere (leicht schattierte) Schicht der menschlichen Gestalt in Abbildung 2.3 repräsentiert einen Aspekt dessen, was mit gesunder Lebensweise gemeint ist. Dies ist die Domäne des Lebensstils. Hierunter gehören Ernährung, ob wir Ruhe und Aktivität in

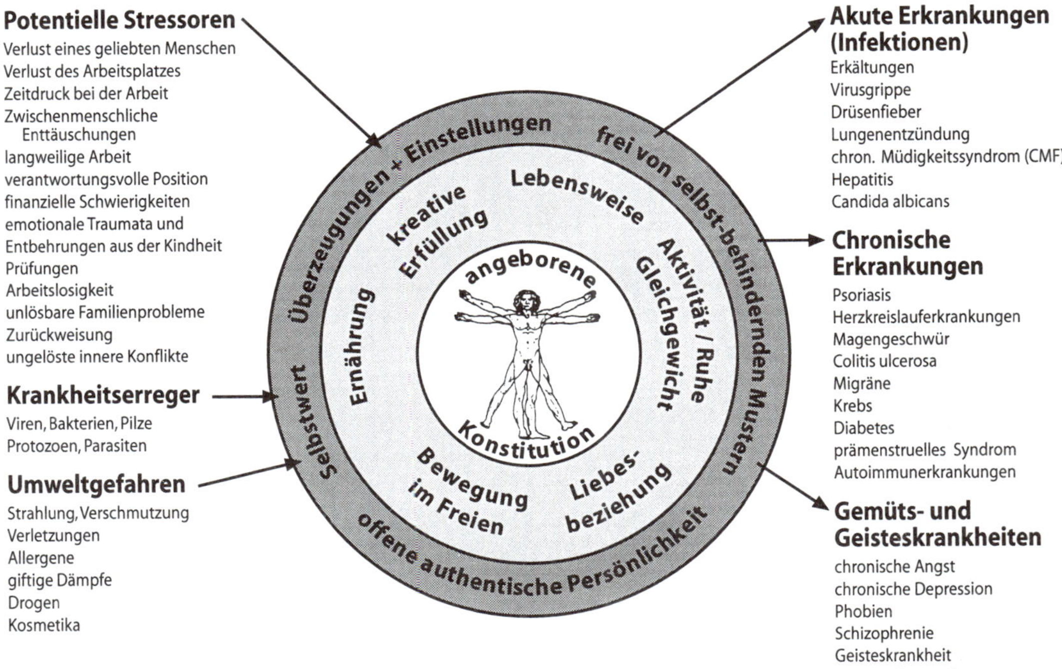


**Abbildung 2.3:** Das biopsychosoziale Krankheitsfeld

unserem Leben ausgewogen sind, bekommen wir für physischen Körper genügend aerobe Bewegung, ist unsere Arbeit schöpferisch befriedigend, haben wir enge, intime Beziehungen mit anderen und sind sie erfüllend? Die hippokratischen Ärzte waren sich dieser Einflüsse bewußt, doch 2000 Jahre waren nicht Zeit genug, um sie für die Gesundheit zu optimieren und zur täglichen Routine im Verhalten des Menschen im 20. Jahrhundert zu machen. Hier kommt für den Behandler eine der wichtigen Einsatzmöglichkeiten der Psychologie, denn die Verhaltensmedizin, die vom experimentellen Versuchslabor der Lernpsychologie kommt, kann uns Techniken anbieten, um ungesunde Gewohnheiten zu modifizieren und uns gesunde Verhaltensweisen, Ernährung und Lebensgewohnheiten uns anzueignen und beizubehalten.

Die äußere (dunkler schattierte) Schicht unseres Bildes in Abbildung 2.3 repräsentiert unsere Persönlichkeit. Hier beschreiben wir unsere psychische Art und Weise und unser Verhalten, wie wir mit anderen interagieren: wie offen und authentisch wir in Beziehungen sind, wie wir mit Autoritätspersonen umgehen, in welchem Ausmaß wir noch (wahrscheinlich unbewußte) Schutz- und Verteidigungsmuster aus der Kindheit an den Tag legen, die wir vor langer Zeit entwickelten, um mit Zurückweisung und einem Mangel an bedingungsloser Liebe umzugehen. Diese Muster waren nützlich, ja entscheidend, um in der Kindheit zu überleben, für uns als Erwachsene sind sie jetzt aber anachronistisch und behindern uns. In dieser Persönlichkeitsschicht liegen auch unser Selbstwert, unsere tiefsten Überzeugungen und Einstellungen zu uns selbst und zu anderen und, bedeutenderweise, wie wir auf potentielle Stressoren reagieren, wenn wir ihnen begegnen. Die Persönlichkeitsschicht kann auch mehr oder weniger gesund sein, mehr oder weniger geneigt, uns für Krankheit zu prädisponieren, nicht als Krankheitsursache *per se*, sondern als eine wahrscheinlich prädisponierende Komponente.

Der erfolgreiche naturheilkundliche Behandler wird also auch in der Lage sein müssen, dem Patienten ein einfühlsamer Berater zu sein. Er wird einigen Patienten helfen müssen, gesunde Arten zu entwickeln, Emotionen wie Furcht, Groll, Scham und Kummer auszudrücken und loszulassen. Er wird manchmal auch Lehrer[25] für grundlegende Gesundheitspsychologie sein müssen, um einem Patienten – vorsichtig und einfühlsam, aber bestimmt – zu zeigen, wie er immer noch ein emotionales Muster oder ein Glaubenssystem aus der Kindheit aufrechterhält, das seinen Interessen entgegenwirkt; denn diese Muster laden Streßreaktionen geradezu ein und sind deshalb Risikofaktoren für Krankheit. Ein Patient hält vielleicht immer noch an Gefühlen wie Schuld, Verzweiflung oder Groll fest, statt sie zu untersuchen und herauszufinden, was ein Teil seines Selbst einem anderen mitteilen will, wobei er noch nicht die Verantwortung für sein eigenes Leben übernommen hat und immer noch unbewußte Spiele spielt.[26] Viel des im Text vorgestellten Materials soll den Behandler mit grundlegenden Werkzeugen ausstatten, worauf er seine Arbeit aufbauen, oder in ungewöhnlich schweren Fällen erkennen kann, wann er einen Patienten zu einem erfahrenen Psychotherapeuten verweisen muß.

Abbildung 2.3 ist also ein Versuch, das kausale Feld der biopsychosozialen Medizin darzustellen. Die Ursachen, oder genauer die prädisponierenden Faktoren sind in der Umwelt in drei Klassen (potentielle Stressoren, Krankheitserreger und Umweltgefahren); und sie befinden sich im Menschen in drei weiteren Klassen (konstitutionelle Stärken und Schwächen, erworbene oder erlernte Lebensgewohnheiten und teils erworbene, teils ererbte Persönlichkeitsmerkmale). Das tatsächliche Auftreten einer Erkrankung (auf der rechten Seite von Abbildung 2.3 dargestellt) hängt von einer komplexen Interaktion all der Faktoren auf der linken Seite ab. Wie gezeigt, können auch Krankheiten gut in diese drei Klassen eingeteilt werden: akute Erkrankung (typischerweise die kurze Dauer von Infektionskrankheiten), chronische Erkrankung (die länger dauernden Erkrankungen, die, wenn sie ungeheilt bleiben, degenerativ werden und schließlich zum Tod führen) und die dritte Klasse, die sogenannten Geisteskrankheiten, deren vorherrschende oder hervorspringende Symptomatologie kognitiv, verhaltensmäßig und affektiv ist. Das komplexe Modell, das in Abbildung 2.3 dargestellt ist, ist nur eine Art, unsere Erfahrung von Ursachen und Folgen bei Krankheiten darzustellen und miteinander in Verbindung zu bringen. Es dient vor allem dazu, uns an die Komplexität des Krankheitsgeschehens zu erinnern.

## Alternative, komplementäre und ganzheitliche Medizinrichtungen

Das ausführliche ganzheitliche Bild in Abbildung 2.3 ist auch eine nützliche Landkarte, um den unkritischen Gebrauch des Modewortes „ganzheitlich" zu prüfen, denn das vollständige Modell zeigt uns recht genau, auf welche Einflußbereiche eine Behandlung oder Technik eingehen muß. Nur weil Methoden alternativ oder komplementär zur allopathischen Medizin sind, garantiert das nicht ihre Ganzheitlichkeit. Beispielsweise ist es recht gut möglich, ein Pflanzenheilmittel gegen Bluthochdruck zu verschreiben, genau wie ein allopathischer Arzt Diuretika, Beta-Blocker oder gefäßerweiternde Mittel verschreiben würde, und nie die Lebensgeschichte des Patienten zu hinterfragen, um nach den Gründen für den erhöhten Blutdruck zu suchen. Abgesehen von Notfällen oder bei akuten Erkrankungen, die sofortige Behandlung erfordern, sollte der ganzheitliche Behandler auf die Kernursache(n) der Krankheit eingehen, die, wie die Abbildung 2.3 und das Zitat von Hahnemann andeuten, wahrscheinlich weit außerhalb des Körpers liegen.

Das heißt nicht, daß nicht in vielen Fällen Naturheilmittel allein ausreichen können, um die Selbstheilungskräfte, die *vis medicatrix naturae*, des Patienten anzuregen, die für sich selbst ausreichen kann, um die Gesundheit des Patienten wiederherzustellen. Letztendlich ist es der Patient, der sein eigenes Gleichgewicht und seine Harmonie wiederherstellt. Natürlich können uns Naturheilmittel und Naturheilverfahren oft dabei helfen, die nötigen Schritte in unserem Leben zu unternehmen, um das vorübergehend verlorene Gleichgewicht wiederherzustellen, ja sie können uns sogar dabei helfen, die notwendigen Änderungen in unseren Lebensgewohnheiten und in unserem Denken durchzuführen. Das ist schließlich genau die Basis der Homöopathie und der Bachblüten: irgendwie führt das richtige Mittel von innen eine psychosomatische Reaktion herbei, die den Prozeß in Gang setzt, der Harmonie und Gesundheit im System wiederherstellt. Letztlich ist es der Patient, der die Heilung herbeiführt und Heilung muß nicht unbedingt ausdrückliche psychologische Methoden enthalten.

Zu glauben, daß ein Ungleichgewicht nur durch Psychologie ausgeglichen werden kann, würde bedeuten, zum entgegengesetzten Extrem der Schulmedizin zu gehen und die Psychologie auf ein unverdientes Podest mit inflationärem Ansehen zu erheben. Wir wollen nicht ein Dogma durch ein anderes ersetzen. Wieder einmal ist das griechische Ideal des goldenen Mittelweges unser bester Führer. Psychologische Medizin ist nur eine Reihe von wertvollen Techniken und eine Orientierung zur ganzheitlichen Behandlung hin, die die verschiedenen Therapierichtungen, die der Naturheilkundler anbieten mag, wirkungsvoll ergänzt.

## Projekt 2

### Die multi-kausale Betrachtungsweise auf Symptome anwenden

Gehen Sie zurück in Ihrem eigenen Leben und wählen Sie eine oder zwei Krankheiten aus, unter denen Sie litten. (Falls Sie nie krank waren, wählen Sie einen engen Freund oder einen Verwandten.) Wenden Sie die ganzheitliche Betrachtungsweise von Krankheit auf Ihre eigenen Symptome an, schreiben Sie die verschiedenen prädisponierenden und ursächlichen Faktoren auf. Wie spielten diese zusammen, um so eine multi-kausale Betrachtungsweise der Krankheit zu ergeben? Gab es psychogene oder iatrogene Faktoren? Wie können Sie die Ursache und die schließliche Heilung in bezug auf die Krankheits- und Gesundheitsphilosophie von Dr. Edward Bach verstehen, die im Text beschrieben und ausgeführt ist?

#### Kommentierte Bibliographie

**Bach, Edward** und **F. J. Wheeler**: *The Bach Flower Remedies.* London: C. W. Daniels, 1979. Enthält Bachs kleine Abhandlung „Heal Yourself", die die ganzheitliche und moderne vitalistische Medizinphilosophie zusammenfaßt.

**Capra, Fritjof:** *The Turning Point.* New York: Simon & Schuster, 1982. Dt. Wendezeit, Scherz Verlag, Bern u. München, 1983. Capras Kapitel „Ganzheit und Gesundheit" wurde ein Klassiker. Aber das ganze Buch ist recht lesenswert, um zu erkennen, wie unsere Alternativmedizin in das sich verändernde Weltbild paßt, in dem das Newtonsche mechanistische Modell einem systemischen Blickwinkel weicht.

**Capra, Fritjof:** *Uncommon Wisdom.* Simon & Schuster, 1988. Dt. Das neue Denken, Scherz Verlag, Bern u. München 1990[2]. Eine eher informelle Darstellung als *The Turning Point,* in der Capra beschreibt, wie er zu seiner neuen Synthese kam. Es enthält viele Gespräche mit herausragenden Denkern der Gegenwart; eines der besten davon ist das mit Carl Simonton (er entwickelte mit Stephanie Matthews-Simonton die Technik, Visualisierungen einzusetzen, um Krebszellen anzugreifen) über seinen systemischen Ansatz bei Krebs und chronischen Krankheiten allgemein.

**Capra, Fritjof:** *The Web of Life.* Dt. Lebensnetz. Ein neues Verständnis der lebendigen Welt. Scherz Verlag, Bern und München 1996.

**Cousins, Norman:** *Anatomy of an Illness.* London: W. W. Norton, 1979. Dt. Der Arzt in uns selbst. Wie Sie Ihre Selbstheilungskräfte aktivieren können. Neuausgabe, Rowohlt Verlag, Reinbek 1996. Ein außerordentliches Selbstporträt eines Mannes, der von einer angeblich unheilbaren, tödlichen Krankheit befallen war. Die Geschichte seiner Genesung und seines unbezwingbaren Lebenswillens illustriert Punkte von beinahe allen Kapiteln dieses Buches.

**Sobel, David S.:** *Ways of Health.* London: Harcourt Brace Jovanovich, 1979. Eine Fülle von Kapiteln über ganzheitliche Wege zur Gesundheit, antike Heilweisen, Techniken der Selbstregulation und ökologische Ansichten über Gesundheit. Das Kapitel über Homöopathie von Harris Coulter ist eine hervorragende Zusammenfassung der Philosophie und Anwendung der klassischen Homöopathie.

**Vithoulkas, George:** *Science of Homeopathy.* New York: Grove, 1980. Dt. Die wissenschaftliche Homöopathie. Burgdorf-Verlag, Göttingen 1993[5]. Eine exzellente Darstellung der Krankheitstheorie von einer Koryphäe des 20. Jahrhunderts.

# 3

## Die Logik der modernen Psychologie

*Nasrudin fühlte sich nicht ganz wohl. Er rief einen Arzt.*
*„Du brauchst ein Abführmittel“ sagte der Arzt.*
*„Ich möchte eine zweite Meinung hören“, sagte Nasrudin.*
*„Eine Operation“ sagte der zweite Arzt.*
*„Laß noch einen Arzt kommen“ sagte Nasrudin.*
*„Massage ist in solchen Fällen das einzig Richtige“ sagte der dritte.*
*„Jetzt haben wir die Verschreibung“ sagte Nasrudin.*
*„Ein Drittel Operation, ein Drittel Abführen und ein Drittel Massage. Das klärt die ganze Sache!“* [a]

Wir kommen nun dazu, die psychischen Einflüsse auf Krankheiten zu untersuchen, da wir behaupten, daß Körper und Seele nicht getrennt sind. Und in der Tat stellten wir fest, daß der Ursache-Wirkungsbereich in der Medizin ein breites Spektrum umfaßt von Krankheitserregern, Umweltgefahren und potentiellen Stressoren bis hin zu Risikofaktoren aufgrund der Persönlichkeit und der Lebensgewohnheiten. All diese Verursacher – besser gesagt Prädispositionen – spielen bei der Manifestation von Krankheiten und verkrüppelnden emotional/intellektuellen Störungen eine wichtige Rolle.

### Der Begriff Seele (mind)[1]

Was aber ist diese „Seele“ genannt, die den Körper auf unzählige Arten und auf jeder Ebene beeinflussen und von ihm beeinflußt werden kann? Wir verbinden die Seele, den Geist mit dem Gehirn, weil wir uns zweifellos Gedanken nicht ohne Gehirn vorstellen können. Dennoch ist das Gehirn nicht mit dem Geist identisch, wie die Tatsache beweist, daß mentale Phänomene Teil ihrer und meiner täglichen Erfahrung sind, wohingegen die

a) Der englische Begriff „mind“ wird im folgenden meist – je nach Zusammenhang – als Seele, Geist oder Verstand übersetzt. (Anm. d. Ü.)

Gehirnfunktion nur von Neurochirurgen und Spezialisten in Labors gesehen wird. Egal wieviel wir über Gehirnverbindungen entdecken, müssen wir dennoch mentale Phänomene für sich selbst verstehen, weil die beiden Systeme – Gehirn und Geist – ganzheitliche Einheiten sind, die auf unterschiedlichen Vorstellungsebenen existieren (siehe Abbildung 2.1, Kapitel 2).

Wir sprechen vom Geist als ob er eine Stelle wäre, an der sich unsere Gedanken, Erinnerungen, Bilder, Wünsche und Absichten befinden, wie in der Aussage „es kam mir in den Sinn (it came to my mind), daß ich zuerst über die Definition von Geist sprechen sollte." Unser Geist soll auch die treibende Kraft für unsere Handlungen sein und, wie Abbildung 3.1 zeigt, stellen wir ihn uns in unserem Kopf vor. Tatsächlich kann der Geist aber nicht lokalisiert werden, weil er kein Gegenstand ist. Zweifellos nutzen wir einige Teile unseres Gehirns, wenn wir denken, urteilen, wahrnehmen, fühlen, argumentieren und uns etwas vorstellen. Aber ebenso benutzen wir unser Gehirn, wenn wir Klavier spielen oder radfahren und diese Aktivitäten finden nicht in unserem Kopf statt. Die Beispiele scheinen anders zu sein, weil unsere Handlungen im Raum stattfinden, unsere Gedanken nicht.

Wenn wir denken, fühlen, wahrnehmen, urteilen, wollen und wünschen, sagen wir, wir „benutzen" unseren Geist, aber vielleicht benutzt unser Geist uns, weil wir uns nicht einmal all unserer mentalen Prozesse bewußt sind. Die Vorstellung von Geist als eine Art private Werkstatt, in der all unsere mentalen Prozesse zusammengesetzt und ins Bewußtsein verschifft werden, ignoriert die Entwicklungsgeschichte des Denkens. Wir vergessen, daß Denken für uns eine erworbene Fähigkeit ist. Das Kind, das ermahnt wurde „denk bevor du sprichst" und das antwortete „Wie soll ich wissen, was ich denke, bevor ich es sage?" erinnert uns deutlich, daß wir als Kinder *erst* sprechen lernten und danach lernten, still zu sprechen. Vielleicht täten wir gut daran, Denken als *verborgenes Verhalten* zu betrachten, um seine Kontinuität mit dem Rest unserer Handlungen hervorzuheben.

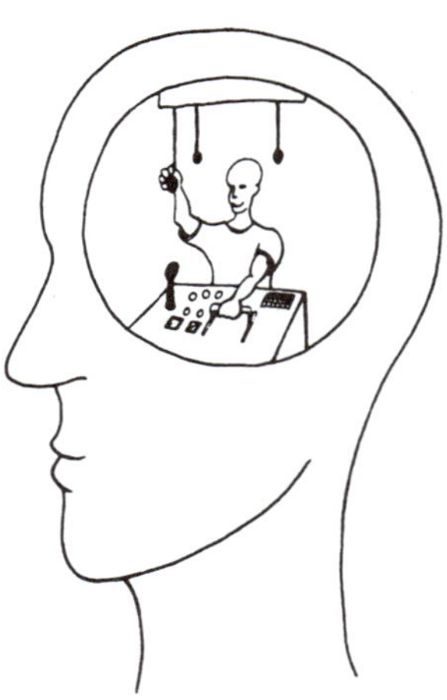

**Abbildung 3.1:** Der Geist in der Maschine

Wenn wir das Lexikon zu Rate ziehen, finden wir, daß der Geist eine Stelle ist, an der *mentale* Prozesse stattfinden (die Werkstatt), *oder* die Prozesse selbst sind (die fertigen Ergebnisse der Werkstatt). Wenn wir zur Klärung „mental" nachschlagen, verweist uns das Lexikon nur zurück auf „vom Geist ausgeführt oder im Geist existierend". Wir drehen uns im Kreis. Ein anderes sehr ernstes Problem in bezug auf den Begriff Geist ist das in Abbildung 3.1 inhärente. Dieses Männchen (das unseren Geist darstellt) in unserem Kopf soll die wirkliche Ursache unseres Verhaltens sein. Wenn das aber so ist, wer oder was bewirkt dann *sein* Handeln. Wir scheinen gezwungen, eine unendliche Rückwärtsbewegung kleiner Männchen in unserem Kopf (*homunculi* genannt) zu postulieren. Recht unbefriedigend. Diese Theorie, bekannt als „Geist in der Maschine", ist eine Art logische Fiktion, weil es unsere Absichten und Motive so darstellt, als kämen sie von einer einzigartigen Beobachtungssphäre, wo sie doch in Wirklichkeit Vorstellungen sind, die von bestimmten charakteristischen Aspekten oder Eigenschaften unseres alltäglichen, zweckgerichteten Verhaltens sind.

Um die falsche Beschaffenheit solcher Geistersphären zu erkennen, stellen Sie sich eine Analogie aus der alltäglichen Welt der Gegenstände vor.[2] Stellen Sie sich einen Besucher vor, der zum ersten Mal auf einen Universitätscampus kommt. Wir führen ihn herum zu den Colleges, Büchereien, Sportplätzen, Museen, den naturwissenschaftlichen Fachbereichen und den Verwaltungsbüros. Dann sagt er uns: „Sehr eindrucksvoll. Ich habe gesehen, wo die College-Studenten und Dozenten leben, wo der Archivar arbeitet, wo die Wissenschaftler ihre Versuche machen und den Rest. Zeigen Sie mir jetzt bitte die *Universität.*" Wir müssen unserem naiven Besucher dann erklären, daß die Universität nicht aus einer zusätzlichen Fakultät oder Institution besteht, die er noch nicht gesehen hat, sondern daß er, indem er die Colleges, Laboratorien und Büros gesehen hat, in der Tat die Universität gesehen hat. Sie ist nicht mehr als die Organisation oder die Summe all der Elemente, die er bereits gesehen hat; deshalb unterscheidet sie sich nur auf der Abstraktionsstufe von den Elementen, aus denen sie besteht und enthält für die Betrachtung nichts Neues mehr.

Die Auffassung vom Geist als einem Gegenstand oder einem Ort entsprechend einem anderen lokalisierbaren Gegenstand, Körper genannt, und der den Geist- in- der Maschine beherbergt, der unsere Handlungen verursacht, ist eine ähnliche Fehlerkategorie. Dazu kommt es, weil wir wissen, daß die Gesetze der Physik, Chemie und Physiologie nicht ausreichen, um das Denken, Fühlen und planvolle Handeln eines Menschen zu erklären. Deshalb sehen wir uns genötigt, diese Aktivitäten anders als die oder zumindest zusätzlich zu den Einheiten und Dimensionen der Physik und Biologie darzustellen. *Dies zuzugeben bedeutet jedoch nicht, daß wir eine fiktive Macht oder einen Verwahrungsort für die Ursachen menschlichen Handeln ersinnen müssen.* Genau wie der menschliche Körper eine komplex organisierte Einheit ist und als Feld biomechanischer Ursachen und Wirkungen fungiert, so muß der Geist ein anderes Feld von Ursachen und Wirkungen darstellen. Im wesentlichen bezieht sich das Wort Geist auf die außergewöhnliche *Art,* das zu tun, was wir tun, die außerordentlich komplexe *Art,* wie wir fühlen, wenn wir etwas erleben. Wie die Universität durch die verschiedenen Bestandteile, aus denen sie zusammengesetzt ist, definiert wird, so wird der Geist durch die verschiedenen Bestandteile definiert, die unser planvolles Verhalten und unser tägliches Erleben ausmachen.[3]

Wir müssen deshalb über den alltäglichen Standpunkt hinausgehen, der besagt, daß wir so handeln, wie wir handeln, weil wir unsere Handlungen wünschen oder sie ausführen wollen. Diese Aussagen sind nicht falsch: sie sind eine andere Art zu sagen, wir tun das, was wir tun, weil wir es tun. Einst ging man davon aus, daß wir aus der Vernunft heraus handeln, und falls wir ja einmal auf eine Art handeln, die in Kapitel 2 als selbstbehindernd beschrieben ist, so würde ein Appell an unsere Vernunft ausreichen, unser irrationales Verhalten zu modifizieren. Aber schon seit Freud müssen wir diese stark vereinfachende rationale Betrachtungsweise aufgeben. Wir wissen, daß Leute weiterhin rauchen, sich überessen, eine überwiegend sitzende Lebensweise haben und sich auf jede erdenkliche Art selbstzerstörerisch verhalten, obwohl eindeutig bewiesen ist, daß diese Gewohnheiten ernste, sogar tödliche Risikofaktoren für die Gesundheit darstellen. Solche Widersprüche zur Rationalität rufen ganz wörtlich die wissenschaftliche Psychologie auf den Plan, denn sie unterstreichen die Aufgabe, die Ursachen unserer Gefühle und Handlungen herauszufinden, wo sie auch immer zu finden sind. Der Geist und mentale Phänomene können von einer Wissenschaft untersucht werden, die sich mit den Gedanken von Menschen, ihren Gefühlen, Sehnsüchten und Wünschen zueinander beschäftigt und nach unabhängigen Ereignissen in der Welt um uns. Wegen der beschriebenen begrifflichen Schwierigkeiten werden wir uns dennoch selten auf „Geist“ zu auf „Geist“ beziehen, obwohl wir sicherlich auf die intrinsischen Merkmale des Denkens und der Emotionen eingehen und auf die bedeutende Rolle, die sie im Bereich der biopsychosozialen Einflüsse auf Gesundheit und Krankheit spielen.

## Das Spektrum der modernen Psychologie

Psychologie kann einerseits als die Wissenschaft von der Seele beschrieben werden, aber in der Praxis ist sie das Studium von Verhalten und Erfahrung. Die behavioristische Kritik gegen die introspektive Psychologie des letzten Jahrhunderts erwuchs genau aus der Schwierigkeit, aus einem persönlichen Bewußtsein ein durchgängiges Wissenssystem zu schaffen. Die Kritik wird auch heute noch geäußert, denn sie hat auch heute noch Bestand in der modernen Verhaltenstheorie, wo sie ein wichtiges Gegenmittel gegen vage Spekulation darstellt. Sie zwang Psychologen, sich auf das zu konzentrieren, was verifizierbar und reproduzierbar ist.

Was wir feststellen, wenn wir untersuchen, was Psychologen tun (im Gegensatz zu dem, was sie sagen, daß sie tun) ist, daß sie untersuchen, wie Menschen denken, lernen, unterscheiden, urteilen, wahrnehmen, sich erinnern und wie und wann sie dazu kommen, so zu wünschen, fürchten und fühlen, wie sie es tun, wie sie zu ihrer Meinung und zu ihren Einstellungen kommen und diese ändern, wie diese Meinungen und Einstellungen wiederum ihr Denken, Tun und Fühlen verändern. Manchmal untersuchen Psychologen, wie normale Menschen ganz unterschiedliche Fertigkeiten lernen und manchmal untersuchen sie emotional stark gestörte Menschen. Einige Psychologen fragen, nach der Wechselbeziehung zwischen den Motiven von Menschen und woher diese Motive kommen. Es wird also dauernd untersucht, welche Bereiche von Verhalten und Erfahrung durch Konditionierung und Lernen erworben und welche hauptsächlich angeboren sind. Ein anderer wichtiger Bereich der Psychologie beschäftigt sich mit dem Messen komplexer Begriffe wie Intelligenz, Persönlichkeitsmerkmale und zwischenmenschliche Kommunikation. Andere Psychologen dressieren Tiere, oder programmieren Computer, intelligent zu handeln, weil diese „einfacheren“ Systeme, die sie nicht über Sprache kommunizieren können, ihre Programmierer dazu zwingen, die Prinzipien intelligenten und zielgerichteten Handelns so gut zu verstehen, daß sie solches Verhalten hervorbringen können.

Bei all diesen unterschiedlichen Tätigkeiten und Interessen der Psychologen, die sich über ein solch breites Beobachtungsspektrum erstrecken, ist es kaum verwunderlich, daß es nicht dieses eine großartige abstrakte Paradigma gibt, das diesem Durcheinander an Details Sinn gibt. Im Gegenteil, unterschiedliche Modelle, Methodologien, unterschiedliche psychologische Schulen beherrschen unterschiedliche Bereiche des Terrains und diese zahlreichen Richtungen der Psychologie lesen sich manchmal wie Berichte von völlig unterschiedlichen Planeten. Wir werden als Naturheilkundler gezwungen sein, ob wir das nun mögen oder nicht, der Psychologie gegenüber eine eklektische Haltung einzunehmen wie der weise Narr Nasrudin den Ärzten gegenüber. Pflanzenheilkundige, Naturheilkundler, Osteopathen, Akupunkteure und andere werden ein bißchen von hier und ein bißchen von da nehmen und bereit sein, die Prinzipien einer beliebigen psychologischen Schule anzuwenden.

Dieses Kapitel trägt den Titel „die Logik der modernen Psychologie“, einfach weil es kein einzelnes abstraktes Paradigma gibt, das das ganze Feld vereint. Diese Sachlage rechtfertigt eine Untersuchung der grundlegenden Konzepte der vier derzeitigen Hauptrichtungen der Psychologie. Wir beginnen mit Sigmund Freud, denn selbst wenn die reine Psychoanalyse heute nur noch eine recht kleine Enklave bildet, verdankt doch jede moderne Schule der Psychologie dem deterministischen und funktionellen Standpunkt, den Freud als erster vertrat, sehr viel. Als zweites die Verhaltenstheorie; sie demonstriert begeistert, daß ein großer Teil des Geistes nichts als Verhalten ist, liefert damit die Basis für die medizinische Psychologie und hat sich im Bereich Erziehung, Therapie und Selbsthilfe zu einer imposanten Verhaltenstechnologie entwickelt. Als drittes werden wir die Schule des Denkens, die *kognitive* Psychologie, betrachten, der über 80 % der modernen Psychologen angehören. Beeinflußt vom digitalen Computer als Gedankenmodell untersucht die kognitive Psychologie Gedächtnis, Wahrnehmung, Sprache und Informationsverarbeitung allgemein. Wie die kognitive Psychologie mit dem Verhältnis zwischen Überzeugungen, Imagination und Emotion umgeht, wird für Behandler von besonderem Interesse sein, weil diese Prozesse eine so bedeutende Rolle in unserem Umgang mit Stressoren im Leben spielen. Sie bestimmen nämlich das Maß, in dem wir Streßreaktionen an den Tag legen, die uns für Krankheiten prädisponieren. Als letztes werden wir uns der humanistischen Psychologie zuwenden, die manchmal „die dritte Kraft" in der Psychologie genannt wird (die ersten beiden sind Psychoanalyse und Verhaltenstheorie). Die humanistische Psychologie gab den Anstoß, der zu den Encounter-Gruppen der 60er Jahre führte und fördert auch heute noch die Bewegung der menschlichen Weiterentwicklung. Hier werden wir, gemischt mit anderen „New Age" Ideen, die teilweise aus östlichen Lehren stammen, die genaueste Aufmerksamkeit für die speziell menschliche Motivation und für Überlegungen, was es heißt, eine selbst-aktualisierte, gesundheitsfördernde Persönlichkeit zu entwickeln.

Die Behavioristen halten uns auf dem Boden der Welt der Beobachtung, die Psychoanalytiker lassen uns nie unser tiefstes, finsterstes Unbewußtes vergessen, die Kognitivisten arbeiten aus der Black Box des rationalen Menschen die Einzelheiten heraus und die Humanisten folgen der Intuition, daß wir mehr sind, als wir wissen, mehr als wir jemals wissen werden, immer einen Schritt über die Grenze unserer eigenen Wissenschaft hinaus.

## Freud und die Psychoanalyse

Sigmund Freud wurde 1856 in einer kleinen Stadt in Mähren, dem heutigen Tschechien geboren. Er studierte Medizin in Wien, wo er bis 1938 lebte, bis er vor der drohenden Nazi-Besetzung nach London floh. Dort starb er ein Jahr später. Freuds Karriere als Arzt begann im Jahr 1885, als er nach Paris ging, um bei dem führenden Medizinprofessor J. M. Charcot zu studieren, der mit der Anwendung von Hypnose bei Hysterie experimentierte.[4] Nach seiner Rückkehr nach Wien begann Freud Hypnose einzusetzen bei Patienten mit rätselhaften körperlichen Symptomen (Wahrnehmungsverlust in den Gliedern, Blindheit, Lähmung), für die keine organische Ursache gefunden werden konnte. Freud erkannte, daß seine Patienten unter Hypnose spontan Erinnerungen und Phantasien von vergangenen emotionalen Traumata hatten, die gewöhnlich in der frühen Kindheit lagen und üblicherweise mit Sexualität zu tun hatten. Bedeutsamerweise verschwanden die hysterischen Symptome häufig, nachdem Patienten diese Erinnerungen wieder-erlebt hatten.

Obwohl er von diesem frühen Erfolg beeindruckt war, fand Freud die Hypnose unbefriedigend. Nicht alle Patienten konnten hypnotisiert werden und bei denen, bei denen es möglich war, hielt die Heilung nicht unweigerlich an. Freud suchte nach und fand eine andere Methode, die mittlerweile klassische Technik der freien Assoziation. Der Patient liegt auf einer Couch und assoziiert frei und spontan, welche Gedanken ihm auch immer in den Sinn kommen, mit der Anweisung, keinen Gedanken zu beurteilen. Der Therapeut sitzt ohne Blickkontakt hinter dem Patienten, macht vielleicht Notizen und kommentiert von Zeit zu Zeit interpretierend ohne jedoch zu werten. Aus dieser sehr einfachen Situation entwickelte Freud ein ganzes Psychologiesystem, dessen Grundvoraussetzung *funktional* ist: Alles, was ein Mensch tut, sagt oder denkt, so wird angenommen, hat sowohl eine Bedeutung als auch ein Motiv, auch wenn sich der Patient der tieferen Bedeutung, was häufig der Fall ist, nicht bewußt sein mag. Freud fand heraus, daß die Ursprünge der heutigen Probleme des Patienten eindeutig in der frühen Kindheit liegen. Repräsentationen dieser Kindheitserlebnisse bleiben, auch wenn sie weit zurückliegen, in der gegenwärtigen Persönlichkeitsstruktur eines Menschen verkörpert. Die Therapie besteht darin, widersprüchliche Wünsche, unterdrückte schmerzhafte Erinnerungen und erschreckende Gedanken ins Bewußtsein zu bringen und zu ermöglichen, daß die angemessenen Emotionen wie Furcht, Wut, Kummer, Schule und Frustration – die nie vollständig losgelassen wurden – in der Gegenwart erlebt werden. Die Rolle des Therapeuten ist es, ein nicht-urteilender Zuhörer zu bleiben, der gelegentlich mögliche Verbindungen und Widersprüche zwischen der Vergangenheit und der Gegenwart andeutet oder auf sie hinweist. Die nicht-urteilende Atmosphäre soll die Behandlungssituation so sicher gestalten, daß der Patient es riskieren kann, negative Emotionen loszulassen und Ideen auszudrücken, die vielleicht gesellschaftlich nicht akzeptiert sind. Dieses emotionale Loslassen (oder *Katharsis)* und die *Einsichten* des Klienten in seine Vergangenheit sind die nötigen Bestandteile einer Heilung.

Um seinen Beobachtungen Sinn zu verleihen, konstruierte Freud eine riesige und beeindruckende Persönlichkeitstheorie, mit einer Dreiteilung: (1) die unbewußten Motive für Lust, Zerstörung und Aggression, *Es* genannt; (2) ein teils bewußtes, teils unbewußtes System, *Ich* genannt, das rational mit der Realität umgeht; und (3) ein Teil der Persönlichkeit, *Über-Ich* (Gewissen) genannt, das elterliche und soziale Verbote enthält. Freud stellte fest, daß bei Patienten ständig unterdrückte sexuelle Phantasien aus der Kindheit auftauchten – und in einigen Fällen Erinnerungen – von Verführung, oft von anderen Familienmitgliedern. Diese Beobachtungen schienen zu bestätigen, daß der Kern der Probleme der Patienten sexueller Art war.

Wenn wir Freuds Beitrag zur medizinischen Psychologie einschätzen wollen, müssen wir die neuen und wertvollen Erkenntnisse, Vorstellungen und Methoden von der pittoresken Theorie unterscheiden, die Freud konstruierte, um diese Erkenntnisse zu erklären. Als ein Begründer, ein Pionier in einem Land, das niemand vor ihm erforscht hatte, war Freud einer von denen, die, wie Kopernikus und Darwin (Männer, mit denen er sich selbst verglich) unsere Art, uns selbst und die Welt zu betrachten, revolutionierten. Diese folgenreichen Beiträge werden weiterbestehen, wenn sein Hydraulikmodell[5] der Seele und seine psychosexuelle Persönlichkeitstheorie längst vergessen sind.

In der Tat sind sie heute nur noch historische Relikte. Andererseits bleibt die Vorstellung, daß Widersprüche zwischen unterschiedlichen unbewußten Motiven zu Konflikten führen können, die uns sowohl davon abhalten, unsere Bedürfnisse zu befriedigen als auch gleichzeitig zu chronischer Angst, Schuld und negativem Selbsturteil führen, ein bleibender Beitrag zur *Psychogenese.* Ähnlich zweischneidig muß auch der Begriff „Neurose" beurteilt werden, der so salopp als eine Ursache chronischer Angst, widersprüchlicher Emotionen, schwankenden und sinnlosen Verhaltens verwendet wird. Eine Neurose ist kaum die Ursache von irgend etwas. Sie ist vielmehr eine Abkürzung, die das ganz offensichtliche Leiden und die bemitleidenswerte Sinnlosigkeit zusammenfaßt, die Menschen in solchen Zuständen charakterisiert. Weil der Begriff aber mittlerweile eine pejorative Konnotation hat und ganz eindeutig in die Richtung auf einen urteilenden Pol zugeht, den Sünde vor über 2000 Jahren erreicht hat, ist es am schlauesten, auf den Begriff ganz zu verzichten. Sicher behindert man sich mit einer langfristigen Depression selbst, genauso wie mit chronischer Angst, wenn diese Emotionen uns davon abhalten, Dinge zu tun, die wir tun wollen und die nicht wirklich gefährlich sind. Schuld ist ebenfalls nicht hilfreich, wenn sie nur bewirkt, daß wir uns schlecht fühlen, ohne daß wir uns daraufhin angemessen verhalten. Der Behandler, der eine Haltung einfühlsamer, aufmerksamer Beobachtung der tatsächlichen Details und Umstände der negativen Gefühle und der sinnlosen Reaktionsmuster eines Patienten kultiviert, wird dies für die Heilung das viel hilfreichere Klima finden, als Patienten als „neurotisch" abzustempeln. Solche Etiketten verbergen immer die Komplexität des Prozesses eines Menschen und können deshalb entmenschlichend sein.

Einer der großartigsten Beiträge von Freud war, uns zu zeigen, daß unser Verhalten oft von Motiven bestimmt wird, mit denen wir nicht in Verbindung sind. Das ist gemeint, wenn gesagt wird, daß Freud das Unbewußte entdeckt hat. Natürlich ist seit Millionen von Jahren bekannt, daß wir uns nicht all der Dinge, die wir tun und wissen, bewußt sind, aber vor Freud war das Unbewußte eine Art Papierkorb, der sich außerhalb des Blickfeldes unter unserem rationalen Geist-Schreibtisch befand, ohne offensichtliche Verbindung zu irgend etwas Wichtigem. Freuds Genialität bestand darin, das Unbewußte mit *Motiven* auszustatten und zu zeigen, wie diese Motive, indem sie miteinander kämpfen und wetteifern, direkten Einfluß auf alles ausüben, was wir tun und erleben.

Freud nahm nichts, was seine Patienten sagten, als zufällig hin: weder wie sie auf die Behandlungssituation, noch auf den Therapeuten, noch auf den Inhalt ihrer Träume, noch auf ihre offenkundig harmlosen Versprecher reagierten. Parallel zu Darwins Funktionalismus in der Biologie arbeitete Freud mit der Vorstellung, daß *alles*, was ein Mensch tut, sagt und fühlt, einen funktionalen Wert haben muß, sonst wäre es nicht aufgetreten. In Kapitel 12, das sich mit der Bedeutung von Krankheit beschäftigt, werden wir untersuchen, wie dieser Ansatz eine Form von zweckdienlicher oder *teleologischer* Erklärung für Krankheiten bietet, die im biopsychosozialen Rahmen nur schwer exakt eingegliedert werden können. Freud war es, der das erste großartige Symbolwörterbuch für die Bedeutung von Träumen zusammenstellte. Zugegeben, er sah sie hauptsächlich als Ausdruck unterdrückter sexueller Bedürfnisse und übertrieb sicher die Universalität des Phallussymbols. Dennoch war er der erste, der versuchte, die Vorstellung, daß *Träume eine bedeutsame psychologische Sprache sprechen*, in eine wissenschaftliche Theorie zu bringen, die systematisch entziffert werden kann, wenn der Therapeut und der Patient zusammen die Schlüssel entdeckt haben.

Die gleiche Art von doppeltem Urteil – in gewisser Hinsicht für den Behandler nützlich, in anderer Hinsicht irreführend und verdreht – trifft auf Freuds ganz offen sexistische Theorie der Persönlichkeitsentwicklung. Heute erkennen nur sehr wenige Freuds drei Stadien der Kindheitsentwicklung an: die orale Phase (0-18 Monate), die anale Phase (Alter 18 Monate bis 3 Jahre) und die phallische Phase (Alter 5-6 Jahre). Und außer für hartnäckige Psychoanalytiker ist der Ödipuskomplex (unerlöstes sexuelles Interesse in der Kindheit am gegengeschlechtlichen Elternteil) nur noch von historischem Interesse.

Was sich aber als klar, eindeutig, stark und lebensfähig herausstellt, ist Freuds großartiger Beitrag, daß unsere Identität als Erwachsene in direktem Zusammenhang damit steht, wie wir in unserer Kindheit Kompromisse schlossen, indem wir *Abwehrmechanismen* gegen unsere eigenen Gefühle aufbauten, um zu versuchen, die Liebe unserer Eltern zu „kaufen". Im Erwachsenenalter hindern uns diese anachronistischen Abwehrmechanismen aus der Kindheit daran, offen und authentisch zu sein und uns selbst so zu akzeptieren, wie wir sind, und verhindern so optimale Gesundheit. Diese Abwehrmechanismen aus der Kindheit müssen ins Bewußtsein gebracht werden und bewußt neu gewählt oder als unangemessen losgelassen werden, damit sie nicht zu ernsthaften Gesundheitsrisiken werden, indem sie körperliche Einschränkungen erzeugen, die zu Körperpanzer und Organschwächen führen. Freud war es, der uns als erster lehrte, darauf zu achten, wie unsere Vergangenheit in der Gegenwart internalisiert ist.

Selbst Freuds Behandlungssituation – freie Assoziation in Gegenwart eines nichturteilenden anderen – so offensichtlich einfach, war eine bedeutende Entdeckung, denn sie stellte eine neue Art des Zuhörens dar, eine neue Art, die Gedanken, Phantasien und Gefühle eines anderen zu akzeptieren. Modifizierte freie Assoziation ist die Basis für moderne nicht-direktive Beratung, auch wenn die Berater es heute vorziehen, ihren Patienten (die sie im allgemeinen Klienten nennen, um die kooperative, unhierarchische Natur des therapeutischen Unternehmens zu betonen) von Angesicht zu Angesicht gegenüber zu sitzen und einfache, beschreibende und eher neutrale Rückmeldung zu geben als traditionelle Freudsche Interpretationen. Auch Freuds Entdeckung, daß Patienten eine charakteristische emotionale Beziehung mit dem Therapeuten entwickeln, in der der Patient sich so verhält als ob der Therapeut ein Elternteil wäre, bleibt die Basis für viele therapeutische Einsichten. Diese *Übertragung* einer Emotion, die von einem Elternteil der Kindheit auf den Therapeuten in der Gegenwart projiziert wird, findet man häufig in intensiven Beratungen und sie dient als Demonstration dafür, wie der Patient noch wie ein Kind auf die Welt reagiert. Auf diese Weise kann Freuds therapeutische Situation innerhalb der vier Wände des Behandlers ein wahrer Mikrokosmos für das tatsächliche Leben des Patienten werden.

Freuds Methode bestand darin, den Patienten zu unterstützen (unser Wort Therapeut stammt vom griechischen Wort *therapeuein*, unterstützen, ab) Einblick in seine tiefen Konflikte zu gewinnen. Einsicht und Katharsis bilden die Grundlage der Heilung, was Freiheit von Beherrschtwerden von negativen Emotionen bedeutet, die von vergangenen Verletzungen und frühen emotionalen Wunden herrühren. Als Methode war die Psychoanalyse nicht überragend erfolgreich. Sie dauert Jahre (selbst bei Erfolg), ist ziemlich teuer und folglich nur für relativ wenige zugänglich. Zweifellos sind dies wichtige Gründe, warum jetzt eine Reihe anderer Psychotherapieformen das Feld beherrschen. Dennoch bleiben Freuds grundlegende Einsichten (erhöhte Selbstwahrnehmung selfawareness) und Katharsis (tiefes, intensives emotionales Loslassen) für die meisten modernen Psychotherapien zentral.

Im Rückblick veränderte und formte Freud den Charakter der modernen Psychologie. Seine Beiträge werden überall auf diesem Gebiet enthalten sein, selbst wenn die Einzelheiten seiner Theorien längst vergessen sind. Eine Reihe von Freuds berühmtesten Schülern und Studenten fuhren fort, ihre eigenen Systeme zu erschaffen, die seine zukunftsweisenden Beiträge modifizierten, erweiterten und darauf aufbauten. Aus der Arbeit dieser Männer und Frauen kamen zwei Entwicklungen, die für den naturheilkundlichen Behandler von bleibendem Interesse sind. Eine war die Formulierung der psychosomatischen Medizin, der ersten systematischen Theorie, wie psychogene Faktoren zu organischen Krankheiten führen konnten. Die zweite war die Entdeckung Wilhelm Reichs, daß die emotionalen Abwehrmechanismen, die in der Kindheit errichtet wurden, um das Überleben zu sichern und Zurückweisung zu verhindern, über die Persönlichkeit hinausgehen und in den Muskeln und im Bindegewebe des Körpers selbst stecken in Form einer Art *Körperpanzer*, der uns von uns selbst abschirmt, und unsere Gesundheit und unser Wohlbefinden beeinträchtigen kann.

## Verhaltenstheorie

Während Freuds Arbeit im Rahmen der europäischen Medizin entstand, entwickelte sich die Verhaltenstheorie[6] aus der akademischen Psychologie in Amerika als Reaktion auf die Spekulationen und die Undurchführbarkeit, die auftritt, wenn man das Bewußtsein mit Introspektion untersucht. John B. Watson an der Universität von Chicago nannte sich als erster Behaviorist und sein Programm forderte, daß die Psychologie eine Naturwissenschaft über Verhalten ist. Geist, Bewußtsein und Erfahrung, sollten, falls diese Worte überhaupt etwas bedeuten, nicht Untersuchungsgegenstand der Psychologie sein. Psychologie sollte vielmehr eine Naturwissenschaft sein wie Physik, Chemie und Biologie, die sich mit den Gesetzen des Verhalten beschäftigt.

1920 waren die Beobachtungen des russischen Nobelpreisträgers und Physiologen Iwan Pawlow so ungefähr die einzigen reproduzierbaren allgemeinen Datenreihen, die so etwas wie einem wissenschaftlichen Gesetz ähnelten, das Watson für sein Programm nutzen konnte. Pawlow hatte gezeigt, daß neutrale Reize, Ereignisse wie Töne und Licht, hungrige Hunde dazu brachten, Speichel abzusondern, wenn diese Reize wiederholt und zuverlässig mit Füttern verknüpft wurden. Er zeigte, daß eine physiologische Funktion (Speichelabsonderung) von einem Umweltfaktor (konditionierender Reiz) kontrolliert werden kann und deshalb kann Pawlow ein früher Vorläufer der Seele-Körper-Medizin genannt werden. In diesem Prinzip des Konditionierens sah Watson ein Modell für Lernen durch Assoziieren, das, so glaubte er, auf alle Arten von Fähigkeiten und auch auf Sprache generalisiert werden könne. Diese Art von Konditionierung hat einen mechanischen Charakter an sich und man könnte Watsons Programm einen Versuch nennen, pseudo-mechanisches Verhalten zu erzeugen. Der Versuch schlug fehl, obwohl Watson und seine Studenten zeigen konnten, daß Emotionen wie Angst und Lust durch Pawlows Verfahren tatsächlich mit neuen Reizen verknüpft werden können.

So wichtig solche Entdeckungen auch waren, so konnten sie doch den Ursprung unseres täglichen Handelns nicht sehr erhellen. Das Problem besteht in Wirklichkeit darin, daß das, was wir abwechselnd zielgerichtetes, willkürliches und Wahlverhalten nennen, einfach nicht mit dem Muster von Reflexverhalten wie Speichelabsonderung und angeborene gefühlsmäßige Reaktionen übereinstimmt. Erst mit der Arbeit des mittlerweile berühmten amerikanischen Behavioristen B. F. Skinner, der in den späten 30er Jahren begann und die nächsten 50 Jahre fortfuhr, konnte die Verhaltenstheorie ein widerspruchsfreies Modell für willkürliches Handeln formulieren. In Experimenten, die zuerst mit höheren Lebewesen durchgeführt und später auf Menschen ausgedehnt wurden, zeigte Skinner, daß das entscheidende Prinzip, das unser Wahlverhalten oder unser zielgerichtetes Verhalten steuert, nicht Pawlows Konditionierung war, sondern eine Variante von Darwins natürlicher Auslese. Indem er Wahlverhalten untersuchte, das ein Individuum *an den Tag legte* – ursprünglich aus unbekanntem Grund, der vor dem Experiment bestand – wurden Verhaltensweisen, die zu günstigen oder wünschenswerten

Konsequenzen in der Umgebung führten (Nahrung, Wasser, Paarung) anders verstärkt, gelernt und in dieser Situation beibehalten. Skinner nannte diesen Auswahlprozeß *Verstärkung* und sah ihn als das großartige Prinzip an, das zielgerichtetes Verhalten steuert. Und weil Verstärkung ebensogut oder sogar noch leichter bei Ratten, Tauben und Affen als bei Menschen untersucht werden konnte, nahm Skinner es als die Aufgabe der Verhaltenstheorie an, die Gesetze der Verstärkung im Tierlabor zu entdecken.

Die Entdeckungen von Skinner und seinen Mitarbeitern, die für die psychologische Medizin interessant sind, waren einige allgemeine Prinzipien über das Lernen und das Beibehalten von Verhalten, die für das tägliche Verhalten von normalen Menschen gelten. Es ist die Art von Verhalten, das auf die Umwelt wirkt, deshalb nannte Skinner es *nicht reizgebundenes (operant behavoir)* Verhalten, um nebulöse Geist-in-der-Maschine Themen zu vermeiden, wenn man die kausale Wirkung von Verhalten zuordnen oder identifizieren will, die die Begriffe freiwillig oder zielgerichtet zu erfordern scheinen. Operantes Verhalten ist einfach Verhalten, das durch Verstärkung *geformt* (*shaped)* und beibehalten werden kann, und seine Domäne sind Handlungen wie Sprechen, Gehen, Lesen – Fähigkeiten aller Art, kurz, recht alltägliche Tätigkeiten. In diesem Schema werden Motivation und Emotion als zwei recht bedeutende Arten von Kontrolle angesehen, die solch gelernte Tätigkeiten an- oder ausschalten und ihre Stärke steuern. Dies ist so, weil das Auftreten oder die Stärke der Neigung, eine Handlung auszuführen, vom gegenwärtigen Wert des Verstärkers abhängt, d.h. wie sehr die Belohnung oder Verstärkung für diese Handlung gerade gewünscht wird. Und dies wiederum hängt von Faktoren ab, die traditionell im Bereich Motivation und Emotion angesiedelt werden. Wenn Sie beispielsweise keinen Hunger haben oder sich fürchten, dann ist es unwahrscheinlich, daß Sie Schritte in Richtung Essen unternehmen werden, selbst wenn sie das können (d. h. gelernt haben, was Sie tun müssen, um an Nahrung zu kommen). Umgekehrt wird Ihre Motivation, einen Spaziergang zu machen, wenn Sie den ganzen Tag im Raum verbracht haben, die Wahrscheinlichkeit erhöhen, daß Sie spazierengehen und ihre Neigung dazu wird auch von Ihrer allgemeinen emotionalen Stimmung zu dieser Zeit beeinflußt. Allgemein gesagt beinhaltet in der Sprache der Verhaltenstheorie jede Handlung, von der einfachsten bis zu komplexesten, drei Aspekte. Erstens gibt es eine erlernte Fähigkeit, die von einer Geschichte der Verstärkung mit geformt wurde, bewußt oder unbewußt. Als nächstes muß die Umwelt das Auftreten dieser Fähigkeit fördern. Und der damit einhergehende Verstärker (Motiv) muß schließlich genügend Anziehungskraft ausüben. Wenn Sie z. B. gerne tanzen, dann werden Sie das höchstwahrscheinlich dann tun, wenn Sie (1) die Schritte zur Musik gelernt haben; Sie (2) die Gelegenheit haben (einen angenehmen Partner, gute Musik), und (3) Ihr Motiv (Wunsch) zu tanzen stark ist – d.h. der Verstärkungswert des Tanzens ist in diesem Moment hoch.

Diese Prinzipien, die von der Verhaltenspsychologie in Begriffe gefaßt wurden, sind außerordentlich praktisch:

- Um Verhalten beizubehalten, soll es am besten unmittelbar nach der Handlung verstärkt werden.
- Ob die Person weiß, daß die Verstärkung für ein bestimmtes Verhalten kommt, ist nicht so wichtig wie die Tatsache, daß das in der Vergangenheit tatsächlich der Fall war. Die Handlung der Verstärkung hat sozusagen etwas Automatisches an sich.
- Um neue Verhaltensweisen zu kreieren, die die Person nie vorher zeigte, beginnt der Lehrer mit einem bereits existierenden Operanten (sagen wir einem kleinen Sprung)

und verstärkt diesen nach und nach abhängig von einer zunehmenden Reihe von Operanten (immer größere Sprünge). Dieses zunehmende *Formen* (shaping) des Verhaltens ist der Schlüssel dafür, komplexe neue Verhaltensweisen zu kreieren.

- Die *wenn-dann* Verhaltensverstärkung, die durch die natürliche Struktur der Umgebung bestimmt sein kann oder künstlich von der Gesellschaft oder einem Lehrer erschaffen sein kann, wird *Verstärker-Kontingenz* (*reinforcement contingency)* genannt. Wenn man die genauen Verstärker-Kontingenzen kennt, die in der Welt eines Menschen existieren, bietet das eine Möglichkeit, zu verstehen, was die Verhaltensmuster dieses Menschen aufrechterhält.
- Wenn eine bestimmte Verstärker-Kontingenz nur unter einer bestimmten Umweltbedingung wirkt, dann wird schließlich das Vorhandensein oder Fehlen dieses Umweltzustandes über dieses Verhalten entscheiden. Wenn Sie feststellen, daß Unkrautjäten im Garten nach einem Regen am einfachsten ist, dann werden Sie warten, bis es geregnet hat, bis Sie Unkraut jäten. Wenn Sie von einigen Leuten Mitgefühl bekommen, wenn Sie sich über Ihre Rückenschmerzen beklagen, von anderen aber nicht, dann werden Sie Ihre Klagen recht schnell selektiv an die richten, die sie verstärken (ihnen Aufmerksamkeit schenken).
- Unverstärkte Handlungen nehmen in ihrer Wahrscheinlichkeit ab oder *werden gelöscht*; die Zeit, bis sie völlig verschwinden, hängt sowohl davon ab, wie stark die Verhaltensweisen waren als auch davon, wie stark die damit verbundenen Motive waren.
- Wenn Sie verschiedene Verhaltenseinheiten verknüpfen wollen wie z. B. wenn Sie einem Kind beibringen wollen, seine Schuhe zu binden, lautet ein anderer nützlicher Grundsatz, daß es besser ist, mit dem Ende zu beginnen und es ihm vom Ende her beizubringen.
- Ein wichtiger Grundsatz trat zutage, als die Verhaltenstheoretiker versuchten, nur einige, nicht alle Bestandteile eines ausgewählten Verhaltens zu verstärken. Sie entdeckten, daß von Tauben sehr viel Arbeit mit nur geringer Belohnung verlangt werden kann, wenn nur jedes 10., 100. oder 1000. Picken zu Nahrung führte.
- Verhaltenstheoretiker untersuchten auch Bestrafung, gewöhnlich in Form von garstigen, kurzen Elektroschocks an die Krallen der Versuchstiere, die in kleinen Kästen eingesperrt waren. Allgemein stellte man fest, daß Bestrafung für das Lernen an sich kein nützliches Prinzip war, wenn es unterdrückend auf die vorher gelernten Handlungen wirkte. Bestrafung mußte auf unbestimmte Zeit beibehalten werden, um Verhalten zu unterdrücken, und rief immer Emotionen hervor (Angst und Aggression), die das neue Lernen störten.

Ungefähr Mitte des 20. Jahrhunderts begannen die Behavioristen eine Theorie über menschlichen Verhaltens zu entwickeln, die auf ihren Ergebnissen aus den Versuchslabors mit Tieren basierten. Ganz allgemein betrachteten sie die Welt als voll Verstärker-Kontingenzen; die Ursachen unseres Verhaltens seien zurückzuführen auf unsere persönliche Geschichte mit diesen Kontingenzen, unsere individuelle Persönlichkeit bestehe aus unserer einzigartigen Geschichte der operanten Konditionierung. Auch unsere schlecht angepaßten Gewohnheiten – die wir neurotische Züge und selbstbehinderndes Verhalten nannten – seien von unseren früheren sozialen Verstärkern aufgebaut, die, selbst wenn recht sie recht subtil und vielleicht nicht in Worten auszudrücken, dennoch weiterhin in der Gegenwart wirken. Wenn also ein Kind die Aufmerksamkeit seiner Eltern nur bekam, wenn es Theater machte, dann könnte es erwachsen werden und immer noch Aufmerksamkeit bekommen – wenn auch negative Aufmerksamkeit – wenn dieser Mensch die Rolle des hilflosen Opfers spielt, sich aggressiv verhält, Unruhe stiftet, der destruktive Kritiker ist u.s.w. Weil durchaus einige Situationen des täglichen Lebens, besonders Akkordarbeit in Fabriken, den Bedingungen der Laborexperimente ziemlich ähnelten, schien die Verhaltenstheorie eine Möglichkeit, im großen und ganzen viele alltägliche menschliche Handlungen in der Welt zu interpretieren und erklären.

Behavioristen wird oft vorgeworfen, daß sie der ererbten oder angeborenen genetischen Struktur eines Menschen nicht genügend Beachtung schenken. Tatsächlich hat Skinner die Bedeutung der natürlichen biologischen Auswahl, die uns zu dem formte, was wir sind, anerkannt. Weil diese *phylogenetische* Selektion in der sehr fernen Vergangenheit unserer Vorfahren liegt, und somit schon vorherbestimmt ist, folgerte Skinner, daß sie in einem praktischen Programm zur *Verhaltenstechnologie* vernachlässigt werden könne. Ein solches Programm mit dem Ziel, wünschenswerte persönliche Gewohnheiten und soziale Verhaltensweisen zu erzeugen und beizubehalten, wäre gezwungen, sich auf die relevanten funktionalen Faktoren zu konzentrieren, die momentan kontrolliert und manipuliert werden können. Diese befinden sich natürlich in der unmittelbaren Umgebung eines Menschen. Dieser pragmatische *Environmentalismus* scheint jedoch nahezulegen, daß alles, was wir nicht unter Kontrolle haben, am besten ignoriert wird. Dennoch wäre das in der Tat ein recht schlechter Holzschnitzer oder Steinmetz, der die Beschaffenheit seines Materials ignoriert, nur weil sie nicht in seiner Macht liegt und er nicht damit umgehen kann.

Viel von diesem Fokus auf die Umgebung stammt von Skinners Ansicht, daß der Wert der Verhaltenstheorie direkt in Verbindung steht mit ihrer Macht, eine neue Technologie des Verhaltens zu kreieren. Die im Tierlabor systematisierten und geklärten Prinzipien müßten, so glaubte er, helfen, die Erziehungspraktiken zu verbessern, auf die Kindererziehung Einfluß zu nehmen, sie auf die Psychotherapie zu übertragen und sogar auf die soziale Organisation. Um einige Möglichkeiten vorzustellen, wie Verstärkung beitragen könnte, Gemeinschaften und ideale Gesellschaften hervorzubringen, schrieb er einen Roman *(Walden II)* über eine beabsichtigte hypothetische Gesellschaft, in der detaillierte Verstärker-Kontingenzen für jeden erwünschten Aspekt des Verhaltens eines jeden Menschen eingesetzt wurden. Weniger extrem bietet die Verhaltenstheorie tatsächlich wertvolle Grundsätze für die Anwendung in der Medizin, wie wir in Kapitel 6 über Verhaltensmedizin sehen werden. Die Verhaltenstheorie gibt uns auch eine objektive Möglichkeit, auf die Seite zu schauen, die wir mit unseren Freunden im Tierreich gemeinsam haben. Jedoch wurden recht schwerwiegende und legitime Bedenken erhoben gegen die Restriktion und damit über die Generalisierbarkeit der Laborsituation, aus der die Grundsätze stammen. Und die Betonung in der Verhaltenstheorie auf *Kontrolle* über das Verhalten (gewöhnlich das anderer Menschen) kann zu leicht als Rechtfertigung für autoritäre und unterdrückende soziale Kontrolle dienen.

Menschen reagieren häufig auf zwei Arten, wenn sie erstmals von der Verhaltenspsychologie hören. Zunächst scheint die Schilderung der Prinzipien nichts Neues zu sein. Schließlich kennt jeder Trainer im Sport und jeder Tierwärter die Prinzipien der Verhaltensformung und des Verkettens; Belohnung und Strafe wurden Tausende von Jahren eingesetzt und wer will schon eine Psychologie, die Fabriken mit Akkordarbeit rechtfertigen (oder sogar verbessern) kann. Um fair zu sein, Verstärkung ist genauer mit *Feedback* beschrieben als mit Belohnung, wie das einfache Beispiel beweist, wenn man

Dartspielen lernt und dabei die Zielscheibe sieht und auch nicht. Häufig zeigen Menschen eine andere heftige Reaktion: wenn diese Grundsätze wirklich wahr sind, dann ist Verhaltenstheorie sehr gefährlich, denn es öffnet der wissenschaftlichen Gehirnwäsche und den grausigen Visionen vom Orwellschen Großen Bruder (Big Brother), der jeden Aspekt unseres Lebens kontrolliert, Tür und Tor.

Skinners ständige Antwort auf das Thema Kontrolle war, daß es besser sei, die Variablen, nach denen Verhalten funktioniert, zu kennen als in Unwissenheit darüber zu bleiben und zuzulassen, daß Verhalten unter dem Vorwand des freien Willens manipuliert wird. Wenn wir erst einmal die wissenschaftlichen Grundsätze von Verhalten kennen, sind wir in einer Position, sie für gute Zwecke einzusetzen: z. B. laßt uns eine Gesellschaft erschaffen, in der die Menschen glücklich, produktiv sind und sich gut verhalten (eine Auswahl von Skinners Zielen).

Ohne die Verhaltenstheorie zu karikieren, ist es wichtig zu verstehen, was ihrem Menschenbild fehlt. Wenn es andere psychologische Prinzipien gibt, die nur auf die Menschen zutreffen, dann wird diese Psychologie, die sich auf die Tiermodelle als Quelle ihrer Prinzipien konzentriert, sie sicher nicht finden. Der hervorragende britische Neuroanatom Grey-Walter stellte einmal fest, daß ein Schale Gelee ein gutes Modell des Gehirns ist, so weit es reicht (was eindeutig nicht sehr weit ist); und das selbe kann man über die Verstärkungstheorie sagen. Nicht daß Menschen nicht von Verstärkern wie Nahrung, Wasser und Geld nicht beeinflußt werden; nicht, daß unsere Verhaltensabläufe nicht von Einheit zu Einheit durch detaillierte Verstärkung zusammengehalten werden. Aber es gibt mehr zwischen Himmel und Erde als diese Philosophie sich träumen läßt. Existentielle Themen wie Sinn, Tod, Freiheit, Isolation, unsere Träume, unsere menschliche Einzigartigkeit finden in diesem Schema keinen Platz. Und weil die Ausrichtung auf die Umwelt, wo man nach den Ursachen unseres Verhaltens schauen muß, so stark ist, kann nur sehr wenig gesagt werden über ein dauerhaftes Konzept, das in der Geschichte der vitalistischen Medizin (vitalistic medicine) immer wieder auftaucht – nämlich unser wahres Selbst, unser angeborenes Wesen als Mensch, unser „Kern", wenn Sie so wollen. Es gibt die implizite Annahme, daß jeder die selbe Menge von angeborenen Verstärkern hat, die einzigen Unterschiede zwischen uns liegen in der Konditionierung. In der Tat sind genetisch ererbte individuelle Unterschiede ganz beträchtlich. Tiere, die außerhalb der eingeschränkten Bedingungen der Skinner Box beobachtet werden, verhalten sich falsch: angeborene Verhaltensweisen, die nicht vorhergesagt werden oder leicht in der eingeschränkten Situation untersucht werden können, treten auf und beginnen, die Verstärker-Kontingenzen zu überrollen. Außerhalb der Box werden sogar Tiere „sie selbst".

Verhaltenstheorie bleibt dann eine nützliche Quelle für Ideen und Grundsätze, ein Korrektiv gegen die Naivität, die dem Geist-in-der-Maschine Denken innewohnt. Lassen Sie diese Grundsätze Ihnen als Erinnerung dienen, daß alle diese Einflüsse im psychobiosozialen Feld auf Krankheit und Wohlbefinden – wie fern auch immer in Raum und Zeit – anschaulich beschrieben werden müssen. Wenn sich eine Gelegenheit ergibt (was sicher der Fall sein wird), bei der wir Skinners Verstärkung oder Pawlows Konditionieren anwenden können, um Leiden zu lindern und dabei die menschliche Würde wahren, dann werden wir bestimmt nicht zögern. Wie die Osmose, Schwerkraft und Oxidation wird die Verstärkung von Verhalten – Krankheitsverhalten inbegriffen – immer und überall wirken, wo es möglich ist.

## Kognitive Psychologie

Ungefähr 80 % der akademischen Psychologen beschreiben ihren Zugang zu diesem Gebiet als *kognitiv.* In scharfem Kontrast zur Verhaltenstheorie, für die der Verstand (mind) bestenfalls ein Gleichnis oder ein kategorischer Fehler ist, begrüßt die kognitive Psychologie den Verstand freudig als ihr eindeutiges Forschungsobjekt. Das Wort „kognitiv" hat zu tun mit Wissen und Gedanken. Deshalb beschäftigt sich diese Psychologierichtung hauptsächlich mit Denken, Urteilen und Problemlösung. Daher befaßt sich die kognitive Psychologie viel mit sprachlichem Verhalten. Aber auch Bilder *(imagery)* oder Denken in Bildern sind ein wichtiges Thema. Kognitive Visualisierungstechniken wurden entwickelt, zur Linderung von Schmerzen, zum Umgang mit Streß und noch bemerkenswerter, zur Bekämpfung von Krankheitsprozessen bei Krebs und AIDS.

Kognitive Psychologie beschäftigt sich auch mit Wahrnehmung: wie wir unser Wissen erlangen, wie wir es repräsentieren, und vor allem, wie wir Informationen über die Welt verarbeiten, um Wissen über die Welt zu schaffen. Eine bemerkenswerte Leistung der kognitiven Psychologie war, zu demonstrieren, daß Kinder beim Erwerb ihrer ersten Sprache nicht Reihen spezieller Operanten lernen. Vielmehr lernen sie *Regeln* darüber, wann sie die verschiedenen Bestandteile der Sprache, Substantive, Pronomina, Verben u.s.w. verwenden. Der Erwerb dieser Regeln – tatsächlich die Tendenzen und Wahrscheinlichkeiten, auf spezielle Art und Weise zu reagieren, manchmal auch *Verhaltensdispositionen* genannt – ermöglicht uns, eine unendliche Vielzahl grammatikalisch korrekter Sätze zu bilden.

Die Entwicklung des digitalen Computers gab der kognitiven Psychologie ihren Impuls; denn vor dem Entstehen des Computers blieb viel Theoretisieren darüber, wie wir Information verarbeiten und die Stimuli draußen in der Welt um uns repräsentieren, spekulativ, faktisch unmöglich zu verifizieren. Der Computer jedoch gab den Psychologen ein konkretes Modell, auf das sie ihre Theorien aufbauen konnten: Indem sie Computerprogramme entwickelten, die Probleme lösten, Muster erkannten, Handlungen planten und ausführten, über die Umgebung lernten und sich an sie anpaßten, fanden sich die kognitiven Psychologen erstmals in einer Position, ihre Theorien darüber, wie Menschen dies tun, zu testen. Eine der sehr heilsamen Auswirkungen des Versuchs, einen Computer dazu zu bringen, irgendein komplexes Problem zu lösen, das Intelligenz erfordert, – z. B. Schach zu spielen – ist, daß der Programmierer als der Theoretiker dabei das Problem in Teilfähigkeiten aufteilen und versuchen muß, herauszufinden, was gewöhnliche Spieler und Schachmeister tun, wenn sie spielen. Bei solchen Versuchen entdeckten kognitive Psychologen unterschiedliche Strategien, die sich als generalisierbar auf viele verschiedene intelligente Computerprogramme zur Problemlösung erwiesen. Ein solches Prinzip kann als Versuch-und-Irrtum Faustregel (*Heuristik* genannt) beschrieben werden, die eine Lösung zwar nicht garantiert, aber wahrscheinlicher macht. Diese Heuristik wird – natürlich unterschiedlich für jede Art von Problem – angewandt, um Wege zu untersuchen, die mögliche wertvolle Schritte in Richtung Teilziele bei der Lösung eines Problems oder eines Teilproblems darstellen. Jeder mögliche Zug – und bei der Entscheidung, welcher beim Schach der beste ist, kann es Millionen geben – wird dann nach unterschiedlich gewichtete Kampfstrategien evaluiert: Bei den komplexesten Programmen lernt der Computer tatsächlich aus seinen Fehlern, schafft und bewertet seine eigene Heuristik. Es scheint sehr wahrscheinlich, daß das menschliche Gehirn analoge Prinzipien benutzt, wenn wir Rätsel und Probleme intelligent lösen.

Heuristische Problemlösung, das Erkennen komplexer Muster und die Verarbeitung menschlicher Sprache durch Computer sind wichtige Gebiete im Bereich der *künstlichen Intelligenz,* die von der natürlichen Intelligenz profitiert und diese wiederum bereichert. Der digitale Computer in der Entwicklung mit seiner integrierten Hard- und Software ist tatsächlich eine sehr verlockendes Modell des menschlichen Verstandes. Je raffinierter Computer werden mit schnellerer paralleler Verarbeitung und enorm vergrößerten Speichern, je mehr fortschrittliche, problem-orientierte Software entwickelt wird, und je kleiner und je leichter die Geräte für jedermann zugänglich werden, desto mehr simuliert der Computer außerdem die Dinge, die wir tun und intelligent nennen.[7]

Der Naturheilkundler nutzt aus der kognitiven Psychologie die Analyse der *Einstellungen und Glaubenssätze,* um die spezielle Art und Weise zu verstehen, wie Patienten auf neuartige emotional belastende Situationen und Umstände reagieren. Glaubenssätze sind entscheidend, um zu verstehen, wie wir mit möglichen Stressoren umgehen, weil unsere Überzeugungen bestimmen, wie wir emotional auf Herausforderungen und Veränderungen in unserem Leben reagieren. Dieses bestimmte emotionale Reaktionsmuster, bekannt als Streß (recht ausführlich in späteren Kapiteln beschrieben) ist für die psychologische Medizin höchst wichtig, da es, wenn es ungelöst ist, ein beträchtliches Gesundheitsrisiko darstellt. Einige Erfahrungen, wie extreme Temperaturen, Lärm und Licht, körperliche Angriffe, Strahlung, Infektion und Verschmutzung sind an sich stark beanspruchend. Aber die überwiegende Mehrheit unserer Stressoren *wurde* irgendwie anstrengend, weil wir gelernt haben, auf sie mit streßvollen Emotionen zu reagieren. Laut der kognitiven Psychologie sind es in Wirklichkeit die *Überzeugungen* hinter diesen streßvollen Emotionen, die wir lernen, und die unsere Emotionen bestimmen. Das bedeutet, auf einen bestimmten Glaubenssatz über ein Ereignis – z. B. ob wir etwas für bedrohlich, herausfordernd oder belanglos halten – folgen unsere Emotionen automatisch. Dann sollte offensichtlich sein, daß jegliche Änderungen, die wir in unserem Glaubenssystem vornehmen können, direkte Auswirkungen darauf haben, wie ein tatsächliches Ereignis wahrgenommen wird. Da die sogenannten „negativen Emotionen" wie Angst, Scham, Schuld und Depression zu Gesundheitsrisiken werden, wenn sie chronisch werden und unaufgelöst bleiben, ist die Bedeutung psychologischer Prinzipien, die in dieser pathologischen Sequenz intervenieren können, nicht zu unterschätzen. Die direkte Verbindung zwischen Überzeugung und Streß bildet die Basis für ein wichtiges, mögliches gesundheitsförderndes Prinzip, obwohl es alles andere als neu ist. Im Alten Rom erkannten die Stoiker Epiktet und Mark Aurel, daß unrealistische Überzeugungen (Erkenntnisse) die Menschen ängstlich und unglücklich machen und daß sie heiter und glücklich werden könnten, wenn ihre Einstellungen und ihr Glaubenssystem geändert werden könnten.

Um zu erkennen, wie der Glaube auf Emotionen wirkt, stellen Sie sich eine scheußliche, belastende Situation vor: der Verlust des Arbeitsplatzes, von einem neuen Freund zurückgewiesen werden oder das Durchfallen in einer Prüfung. Nennen Sie diesen Umstand das aktivierende Ereignis (**A**). Was ist die emotionale Reaktion, die auf A folgt? Es kann Ärger sein, Depression, Angst oder sogar Gleichgültigkeit; was es auch ist, es wird durch unsere Einstellung oder Überzeugung (**B**) über dieses Ereignis vermittelt. Diese ABC-Theorie (**A**ctivating event, **B**eliefs, **C**onsequent response) der Emotionen besagt, daß die folgende Reaktion **C** (**C**onsequent response) tatsächlich ein Ergebnis unseres eingeschalteten Glaubenssystems ist, egal wie schnell oder automatisch oder offensichtlich unkontrolliert wir auf eine aktivierende Situation (A) reagieren. Deshalb ist unsere emotionale Reaktion, **C**, potentiell unter unserer Kontrolle, weil die Änderung der Überzeugung **B** über **A** auch **C** verändert, wie wir reagieren.

Jemand wirft uns die Tür vor der Nase zu und wir werden wütend. Warum? Weil wir glauben, daß wir Respekt verdienen, sogar verlangen. Wir bekommen eine Arbeitsstelle nicht und wir verlieren den Mut. Warum? Weil wir glaubten, wir *bräuchten* diesen Job für unser Glück. Ein Partner verläßt uns ohne Vorwarnung und wir reagieren mit Groll und dann Depression. Warum? Weil wir glaubten, wir *sollten* besser behandelt werden und wir nehmen dann die Zurückweisung als Bestärkung unseres Glaubens, daß wir nichts wert sind, kein wertvoller Mensch, *nicht OK*.

All die kursiv gedruckten Worte im letzten Absatz beziehen sich auf das, was die kognitive Psychologie unrealistische oder irrationale Glaubenssätze nennen würde, die meistens auch noch unbewußt sind. Solche Überzeugungen bewirken Reaktionen, die über eine gesunde, angemessene Antwort auf die tatsächliche Situation hinausgehen. Kognitive Psychotherapeuten sagen uns, daß es zwar zweifellos hunderte von individuellen unrealistischen Überzeugungen gibt, daß sie aber alle einer der drei Grundkategorien angehören: (1) *Fordern (demandingness)* (von Anerkennung, Leistung, Trost), (2) *Schwarzsehen (catastrophing)* (eine scheußliche Situation aufblähen und zu einer unerträglichen machen) und (3) *ein negatives Selbstbild verstärken* (was geschah ist nur ein weiterer Beweis dafür, daß ich nicht gut genug bin). Diese drei Kategorien von Glaubenssätzen haben eine Art, sich selbst am Leben zu halten. Wenn sie in Fleisch und Blut übergegangen sind, dann bewahrheitet die Welt sie wahrscheinlich immer wieder; und gegenteilige Erfahrungen werden nur als Ausnahmen wahrgenommen, die die Regel bestätigen. Die schlechte Nachricht ist, daß viele von uns – Behandler wie Patienten – unbewußt solch unrealistische Glaubenssätze haben; die gute Nachricht ist, daß sie zugänglich sind für Veränderungen. Möglichkeiten dafür sind z. B. der Weg des Buddha, der „die Kultivierung eines Geistes, der sich an nichts festhält“ empfahl; oder der Weg der großartigen *Bhagavad Gita*, die lehrt, daß Leiden immer aus einem Verhaftetsein an unsere Wünsche resultiert; „handle nicht wegen des Ergebnisses einer Handlung, handle um der Handlung willen“.

So wie Glaubenssätze Emotionen vorhersagen, so impliziert die Wechselbeziehung, daß Emotionen verborgene Überzeugungen aufdecken können. Wenn wir auf eine unerwartete Situation mit überraschend heftigen oder schmerzlichen Gefühlen reagieren, können wir diese negativen Gefühle analysieren und sie auf die festen Überzeugungen zurückführen, von deren Existenz wir vielleicht nichts wußten. Diese Symmetrie der Umkehrbarkeit zwischen Emotionen und Überzeugungen ist die Grundlage des alten Ausspruchs: „Das Herz hat Gründe, die der Verstand nicht kennt.“ Und ist diese Aussage nicht nur eine andere Art, ein grundlegendes naturheilkundliches Prinzip zum Ausdruck zu bringen – daß das Leiden und der Schmerz einer Krankheit ein Aufruf sind, die Hintergründe zu untersuchen und erforschen?

## Humanistische Psychologie

Jede der drei Richtungen in der Psychologie – die Freudsche, die Verhaltenspsychologie und die kognitive – betrachtet das Wesen des Menschen auf eine eigene, implizierte Art und Weise. Wir möchten diese Sichtweisen deutlich machen, weil nach der immer gültigen Philosophie der ganzheitlichen Medizin ein entscheidender, aber oft vernachlässigter Krankheitsfaktor der Konflikt ist zwischen unserer tiefen, angeborenen Natur, unserem wahren *Selbst*, und unserer erworbenen oder konditionierten Persönlichkeit, die sich aus der Anpassung und soziale und kulturelle Normen entwickelt.

In dieser Hinsicht kann die Freudsche Betrachtungsweise der menschlichen Natur treffend als pessimistisch beschrieben werden. Das *Es*, jenes große Reservoir an unbewußten, instinkthaften Trieben und Motiven, wurde mit einem Pfuhl voll asozialer Impulse wie Aggression, ungezügelter Lust und Wettbewerb, mörderischem Haß und Eifersucht verglichen. Obwohl das erworbene *Ich* und das *Über-Ich* zusammenarbeiten, um diese Impulse des *Es* zu zügeln und zu kanalisieren, läßt Freuds Theorie dem Menschen wenig Raum, seine dunkle Natur einerseits und die Konditionierungen der Kindheit andererseits zu transzendieren. Das Ziel der Psychoanalyse war bescheiden, nämlich uns zu einem besseren, aber immer noch faulen Kompromiß im Konflikt zwischen unserer Natur und den gesellschaftlichen Forderungen zu verhelfen.

Die Verhaltenstheorie vertritt eine ähnlich deterministische Ansicht der menschlichen Natur; was aber die Möglichkeiten des Menschen anbelangt kann sie als optimistisch beschrieben werden, weil ihr extremer Environmentalismus ein höchst formbares Wesen impliziert. Indem wir Kontrolle über Umweltvariablen gewinnen, auf die der Mensch mit seinem Verhalten reagiert, können wir Menschen unendlich formen und gestalten. Gleichzeitig bleibt unklar, welche einzigartigen Merkmale, falls überhaupt welche, menschliches Verhalten aufweist, die Menschenaffen nicht haben. Außerdem kann die Verhaltenstheorie wenig sagen über oder anbieten für die einzigartig persönlichen und individuellen Seiten eines jeden von uns, die sicher für das Behandler/Patienten-Verhältnis sehr wichtig sind.

Kognitive Psychologen scheinen keine einheitliche Betrachtungsweise der menschlichen Natur anzubieten, außer daß wir Information und Symbole außerordentlich komplex verarbeiten, daß unsere Fähigkeit, diese zu verarbeiten und die Welt sprachlich darzustellen, eine Funktion einer eingebauten genetischen Struktur ist (ein vorgestelltes Nervensystem) dessen Eigenheiten wir schließlich recht genau werden erkennen können.[8] Aus der beobachteten Tatsache, daß viele Menschen in der Therapie anscheinend irrationale und unrealistische Überzeugungen haben, die ihren negativen Emotionen zugrunde liegen, haben einige kognitive Psychotherapeuten[9] den Schluß gezogen, daß es auch in der Natur des Menschen liegt, aus sehr wenig Input unrealistische Glaubenssysteme aufzubauen.

In der humanistischen Psychologie finden wir die vorteilhafte und optimistische Vorstellung der menschlichen Natur, eine Natur, die sich in Richtung Gesundheit und Ganzheit entwickelt. Diese Natur zu respektieren, pflegen und ehren sind wichtige Bestandteile der humanistischen Psychologie, die dadurch ausdrücklich ihre Aufmerksamkeit auf den Bereich der Werte richtet. Zwei Männer – beide Amerikaner, die im ersten Jahrzehnt dieses Jahrhunderts geboren wurden – werden mit der Entwicklung der humanistischen Psychologie assoziiert: der Persönlichkeits- und Motivationstheoretiker Abraham Maslow und der Psychotherapeut Carl Rogers. Aus ihrer Arbeit bildete sich die „Bewegung der menschlichen Entwicklung" des 20. Jahrhunderts, die Encounter-Gruppe und eine sehr charakteristische Einstellung zur Wissenschaft. Sie versucht das große Paradox zwischen dem wissenschaftlichen Determinismus und dem unveräußerlichen Gefühl des freien persönlichen Willens in Einklang zu bringen, ein Gefühl, das jeder von uns als Teil der Essenz, Mensch zu sein, empfindet.

Aus Studien mit besonders kreativen, erfüllten und optimistischen Menschen – Personen, die er *selbst-verwirklicht* (self-actualized) nennt – formulierte Maslow ein Modell

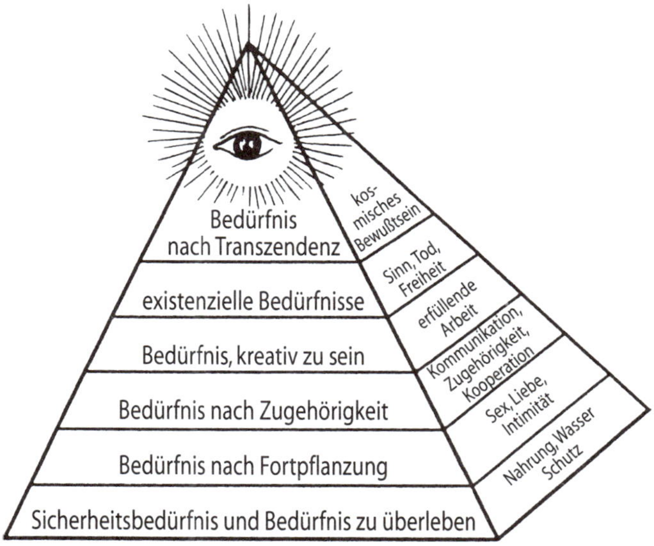


**Abbildung 3.2:** Maslows Bedürfnispyramide

menschlicher Motive, das unter Maslows Hierarchie bekannt wurde.[10] Die Pyramide in Abbildung 3.2 ist eine modifizierte Darstellung von Maslows Theorie.

An der Basis der Pyramide sind die grundlegenden körperlichen Bedürfnisse nach Überleben und Sicherheit, die wir mit den anderen Lebewesen im Tierreich teilen. Sie sind nach Maslow deshalb an der Basis, weil Organismen (in diesem Fall die Person) nicht in der Lage sind, viel Energie darauf zu verwenden, Ziele (Bedürfnisse) höher oben in der Pyramide zu erreichen, solange die Grundbedürfnisse nicht befriedigt sind.

Wenn diese Grundbedürfnisse jedoch erst einmal gewährleistet sind, können wir beginnen, die Pyramide nach oben zu steigen. Unsere Bedürfnisse nach Fortpflanzung werden durch Sex, Liebe und Intimität erfüllt. Wir befriedigen unser Bedürfnis nach Zugehörigkeit, indem wir mit Bekannten und Verwandten kommunizieren, uns mit ihnen verbinden und kooperieren. Auf den unteren Ebenen mag eine produktive Tätigkeit nur Schutz, Nahrung und Fortpflanzung befriedigen, wenn diese Bedürfnisse jedoch erst einmal erfüllt sind, hat Arbeit einen eigenen intrinsischen schöpferischen Wert. Noch höhere Werte sind das existentielle Bedürfnis, einen Sinn in unserem Leben zu finden und das Streben, mit der eigenen Sterblichkeit und dem existentiellen Alleinsein zurechtzukommen. An der Spitze der Pyramide steht das höchste Ziel im Leben, Einheit mit dem Kosmos und dem kosmischen Bewußtsein, was Maslow Gipfelerlebnisse nennt, was die Yogis Blitze der Erleuchtung nennen, und was Psychologen als Reich des Transpersonalen bezeichnen.

Obwohl diese Hierarchie einfach ist, bietet sie mehr Differenziertheit als die Anschauungen über die menschliche Natur der anderen drei Psychologierichtungen. Die Hierarchie ist sicher stark vereinfacht, weil sie mit ihrer statischen Form zu implizieren scheint, daß ein Mensch, der mit der Armut kämpft, nicht auch an Kreativität oder Erleuchtung interessiert sein könnte; was sich sicher mit der Tradition großer Meister in Indien, einem der ärmsten Länder der Erde, nicht in Einklang bringen läßt. Die Struktur läßt sich auch nicht auf stark kollektive Gesellschaften anwenden, in denen die Gruppe die Grundbedürfnisse des einzelnen nach Nahrung und Schutz erfüllt, und so in der

Hierarchie das Bedürfnis nach Zugehörigkeit und das Bedürfnis nach Sicherheit und Überleben vertauscht.

Trotz all ihrer Mängel stellt die Bedürfnispyramide einen wertvollen Schritt in die Richtung auf den Versuch dar, die außerordentliche Komplexität menschlicher Motivation darzustellen. Als Maslow diese Hierarchie konstruierte, untersuchte er ausgesprochen kongruente, glückliche, kreative und gesunde Menschen. Allein schon das war ein Durchbruch in den Sozialwissenschaften, die ihr Material üblicherweise in Labors mit Ratten, unter Psychopathen und Neurotikern fanden. Maslow nannte seine Versuchspersonen *selbst-bestimmt*, womit er ausdrücken wollte, daß sie das potentielle Selbst waren, das sie werden konnten: sie befriedigten die Bedürfnisse von vielen, vielleicht von allen Ebenen der Pyramide.

Es gibt keine spezielle Form der Selbstverwirklichung. Was für einen Menschen kreativ ist, ist es nicht notwendig für einen anderen. Man kann aus jeder sozialen Schicht stammen, sich mit allem möglichen beschäftigen und sich dabei selbst verwirklichen. Das impliziert natürlich, daß es eine Art *wahres Selbst* gibt, das sich von einem anderen, gesellschaftlich erworbenen und konditionierten unterscheidet; und daß ein Teil des Selbstverwirklichungsprozesses darin besteht, von der falschen Persona wegzukommen und mehr und mehr in seinem wahren Selbst zu leben.

Diese Vorstellung des wahren Selbst ist ganz entscheidend in der humanistischen Psychologie und ein Kernbereich in der Tradition der vitalistischen Medizin. So verlockend es oberflächlich auch aussieht, das „wahre Selbst" ist in Wirklichkeit eine Vorstellung, die nur schwer faßbar ist, wenn man sie festmachen will. In der humanistischen Psychologie wird der menschliche Organismus als ein System betrachtet, das sich instinktiv in Richtung Gesundheit entwickelt, so wie eine Pflanze auf das Licht zuwächst. Das ist eine kühne und transzendente Betrachtungsweise, denn sie impliziert, daß jeder von uns ein einzigartiges Potential hat, um sich auf das zu zu entwickeln, was uns als menschliche Wesen optimiert. Aber trotz all der Schönheit dieser Vorstellung ist es sehr schwierig festzustellen, was das wahre Selbst ist auf das wir zu- oder in das wir hineinwachsen. Eine Andeutung wird in einem Bericht eines Gastes in einem amerikanischen Yoga-Zentrum gemacht:

> Sie lernen z. B. zu wissen, wann es Zeit ist, sich auszuruhen, bevor sie völlig müde werden; zu essen als eine Reaktion auf Hunger, nicht auf gesellschaftliche Erwartungen oder Angst hin; Liebe und Wertschätzung dann auszudrücken, wenn sie sie spüren; andere wissen zu lassen, wenn sie sich in einer Beziehung ängstigen; fähig zu sein, emotional loszulassen; festzustellen und anzuerkennen, wenn sie aus Furcht heraus reagieren.[11]

Aus seiner Erfahrung mit psychotherapeutischen Beziehungen stellte Carl Rogers fest, daß Menschen besser mit Streß umgehen konnten, sich mehr auf Sozialisation zu bewegten, autonomer wurden, der Person, die sie sein wollten, ähnlicher wurden, sich selbst und andere mehr akzeptierten, offener und expressiver wurden. Menschen waren weniger abwehrend, weniger rigide, entdeckten immer mehr, daß sie ihrem Organismus trauen können und sie waren besser in der Lage, ihre Bedürfnisse zu erfüllen.

Maslow sagte über diese wahre Selbst:

> Wir haben, jeder von uns, ein grundlegendes inneres ...Wesen, das instinkthaft, intrinsisch, gegeben, „natürlich" ist, d. h. mit einer schätzenswerten angeborenen Determinante... Dieser innere Kern ist schwach, auch wenn er auf der Biologie beruht und instinkthaft ist... Alles, was wir noch haben, sind Reste dieses Instinkts ... Authentisches

> Selbst-sein kann definiert werden als fähig zu sein, die Impuls-Stimmen im eigenen Inneren zu hören, d. h. zu wissen, was man wirklich will und was nicht, wofür man geeignet ist und wofür nicht.[12]

Auch wenn es keine eigentliche Definition gibt, so gibt es doch eine Tendenz, eine Richtung, die sowohl auf Rogers Beobachtungen aus der Psychotherapie als auch auf Maslows außergewöhnlich gesunde Menschen und die amerikanischen Yogis zutrifft. Wir wissen vielleicht nicht genau, wo diese Pflanze, die unser Selbst ist, wächst, aber wir können zumindest einen Blick von der Richtung erhaschen.

Der britische Psychologe Michael Daniels warnte jedoch davor, daß dieses Konzept auch als Rezept für zügellosen Hedonismus und exzessiven Individualismus verstanden werden könnte, auch wenn es uns für unsere eigene Erfahrung und unsere verborgenen Talente sensibilisieren kann. Einer der Auswüchse von Encounter-Gruppen ist sicher eine Vorliebe für Sich-Gehenlassen; unglücklicherweise kann ein unkritisches Verständnis der humanistischen Psychologie einen abbringen von einer kooperativen Lebensweise, weg von der Rücksicht auf andere und den Planeten. In Kapitel 2 betonten wir, daß ganzheitliche Medizin nur ein Teil des breiten Spektrums ist, das dem ganzen Leben gegenüber vorherrschen muß. Die Psychologie, die wir uns zu eigen machen, darf davon nicht ausgenommen sein. Unser Handeln hier betrifft jeden und letztlich sind wir alle in ein System eingebunden, in dem das Wohl des einzelnen nicht mehr vom Wohl des Ganzen unterscheidbar sein darf.

Vielleicht sollte die Vorstellung davon, das wahre Selbst zu verwirklichen, als ein *Mythos* angesehen werden: die Verwirklichung und die Suche nach dem wahren Selbst ist nichts anderes als die Suche jedes Menschen nach dem Gral. Auch wenn ein Mythos nicht empirischen wissenschaftlichen Beweisen widersprechen braucht, muß er sich doch auch nicht den strengen Kriterien einer wissenschaftlichen Theorie entsprechen, d. h. testbar und beweisbar sein. Bei einem Mythos fragen wir nicht, ob er wahr oder falsch, sondern ob er gut oder schlecht ist. Ein guter Mythos hat nützliche und wertvolle Folgen. Der Mythos der Selbstverwirklichung ist gut, wenn er dazu führt, daß Menschen menschlicher werden, wenn er in der Lage ist, uns bei unserem Streben nach Gesundheit und Ganzheit zu leiten und zu unterstützen, und wenn er das Gemeinwohl steigert, indem er uns in Kontakt damit bringt, mit allem in der Natur verbunden zu sein.

Selbstverwirklichung enthüllt das einzigartige Potential für psychologische Theorien, zu sich selbst erfüllenden Prophezeiungen zu werden. Die medizinische Psychologie muß außerordentlich vorsichtig sein, wie sie die Natur des Menschen darstellt, denn Menschen neigen dazu, das zu werden, was sie zu sein glauben. Das besondere Verhältnis zwischen Patienten und Behandler bedeutet, daß die Sichtweise des Behandlers von der menschlichen Natur die Überzeugungen des Patienten beeinflussen kann, ja sogar seinen Lebenswillen. Es gibt beunruhigende Beweise[13], daß die eingeschränkte Sichtweise der Verhaltenstheorie von der menschlichen Natur als Fabrik die Tendenz hat, sich zu bewahrheiten. Die Psychologie muß sich zu Herzen nehmen, was moderne Physiker gerade entdecken: wissenschaftliche Theorien sind weder an sich richtig noch falsch, nur *nützlich*. In anderen Bereichen der Wissenschaft bedeutet nützlich, um die Welt um uns herum vorherzusagen und zu kontrollieren. In der Psychologie wird nützlich immer auf ein Wertesystem bezogen werden müssen, das zwangsläufig außerhalb der Wissenschaft liegt. Nützlich für wen? Nützlich für welches Ziel? Wessen Ziel? In der psychologischen Medizin bedeutet nützlich nützlich für den Wunsch des Patienten nach Gesundheit und Ganzheit.

Mehrere andere bemerkenswerte Richtungen der Psychologie, deren Ansichten wertvolle Erkenntnisse für die psychologische Medizin liefern, können unter humanistische Psychologie subsumiert werden. Besonders das Werk des Schweizer Analytikers C.G. Jung, der sich mit Freud entzweite über das Unbewußte. Jung fand bei seinen Patienten, was er für Beweise für machtvolle, positive, einzigartig menschliche Archetypen hielt, die uns direkt an die Schwelle des kosmischen Bewußtseins bringen können, wenn sie tief genug erforscht werden. Sowohl in Träumen als auch in seiner Würdigung des Unterbewußten fand Jung das Gegenmittel zur Dunkelheit und zum Pessimismus von Freuds *Es*. Jungs symbolische Darstellungen haben besonders die Therapeuten beeinflußt, die am Sinn von Krankheit interessiert sind.

Existentialpsychologie ist ein weiterer Zweig der Psychologie, die zu recht humanistisch genannt wird. Hier werden die Themen Tod, Sinn des Lebens, unsere existentielle Isolation und unser Ringen, wie wir die Freiheit nutzen können, um uns für alternative Handlungsweisen zu entscheiden als Quelle ausschließlich menschlichen Handelns und Fühlens angesehen. Die Existentialisten glauben, daß niemand wirklich gesund werden kann, bevor diese Themen nicht angeschaut und gelöst sind und daß Krankheit umgekehrt oft ein Symptom des Scheiterns ist, solche Lösungen zu finden. Zur humanistischen Richtung gehören auch die transpersonalen Psychologen, die veränderte Bewußtseinszustände untersuchen, die mit dem Praktizieren von Meditation und Yoga-Disziplinen einhergehen. Das Erleben solcher Zustände und der Friede, die Harmonie und die Ruhe, die damit assoziiert werden, ist ein Teil des menschlichen Potentials, die höchste Stufe der Maslow Pyramide, der Inbegriff körperlicher und seelischer Gesundheit. Die Transpersonalisten stehen als äußerster Vorposten der Psychologie genaue an der Schwelle zur Brücke, die über Wissenschaft und Medizin hinausführt ins Spirituelle.

### Schlußfolgerung

Drei ewige Fragen aus dem philosophischen Erbe der modernen Psychologie bleiben noch in der Methode und Theorie in jeder der vier psychologischen Hauptrichtungen bestehen. Der naturheilkundliche Behandler kann diese folgenreichen psychologischen Themen bezüglich der Lösung der drei großen Dichotomien nicht außer Acht lassen: Natur *versus* Pflege, Seele (mind) *versus* Körper, freier Wille *versus* Vorbestimmtheit. Die erste Dichotomie ist die allgegenwärtige Frage, wie stark wir durch unsere angeborene genetische Struktur bestimmt sind und wie stark von unserer Sozialisation, unseren erlernten Gewohnheiten und der Konditionierung durch die Umwelt.

Die zweite Dichotomie stellt die Frage, ob es möglich ist, eine sinnvolle Unterscheidung zwischen körperlich und seelisch zu machen. Stehen diese Pole für zwei relativ unabhängige, aber miteinander in Verbindung stehende Aspekte der Natur? Sind sie nur zwei Arten, um den selben Prozeß zu betrachten? Oder kennzeichnen sie in Wirklichkeit eine Illusion, eine Art begriffliches Doppelbild? Die letzte große Dichotomie repräsentiert die Verwirrung, wie die Psychologie eine recht manierliches Mitglied im Wissenschaftsklub sein kann, der ausschließlich gesetzesähnliche Beziehungen zwischen Phänomenen feststellt, und immer noch die promiskuitive Bremse sein kann, die ihren Menschen die persönliche Freiheit zugesteht, das Leben in jedem Moment frei zu wählen.

Keine der vier Schulen kann diese ollen Kamellen definitiv beantworten, aber jede liefert auf ihre Art stichhaltige Beweise für die eine oder andere Seite der Dichotomie und erweitert so unsere Wissensgrundlage und zwingt die nächste Generation von Denkern, das Problem mit noch größerer Differenziertheit, mit noch größerem Einblick aufzuwerfen. Letztendlich muß jeder einzelne Behandler seine eigene existentielle Lösung finden. Die nützlichen und wertvollen Ideen, Methoden und Standpunkte der verschiedenen Psychologierichtungen wird er in seine Praxis aufnehmen und anwenden. Der stark gedrängte Überblick dieses Kapitels kann die fundamentalen Probleme und Möglichkeiten nur vorstellen, den unterschiedlichen psychologischen Dialekt zeigen und auf die Ungewißheiten, Vorurteile, Stärken und Schwächen der Traditionen hinweisen, aus denen die praktischen Werkzeuge der psychologischen Medizin stammen.

**Abbildung 3.3:** Aufgrund von Umständen, die außerhalb meiner Kontrolle liegen, bin ich Meister meines Schicksals und Herr meiner Seele.[14]

## Projekt 3

### Der Vorstellung von der Seele auf der Spur bleiben

Stellen Sie sich vor, Sie sind ein Privatdetektiv und von Ihrem angemessen professionellen Körper geheuert, um die fehlende Identität eines flüchtigen Geheimagenten aufzuspüren, der unter dem Decknamen „Seele“ auftritt. Hinweise auf seine Identität kommen durch ständiges Erwähnen von „Seele“ oder „Seelen“, die Sie im Fernsehen, in den Zeitungen, in bekannten Zeitschriften, Büchern, sehen und hören können und aus flüchtigen Gesprächsbemerkungen Ihrer selbst oder anderer mithören können. Ihre Aufgabe ist es zu spionieren und eine Liste all dieser Erwähnungen zusammenzustellen, inklusive der, die Behandlern und Patienten am meisten vertraut ist: „Ihre Krankheit existiert nur in Ihrem Kopf (mind).“

Entschlüsseln Sie jede Bemerkung und übersetzen Sie sie in einfaches Deutsch, streichen Sie den Begriff „Seele“ aus jeder Bemerkung, in der Hoffnung, genug Botschaften zu bekommen, um seinen Kode zu knacken. Stellen Sie Ihren Bericht in Ihrem Seele-Körper Tagebuch zusammen und ziehen Sie daraus über den Aufenthaltsort und die Identität dieses Geheimagenten alle möglichen allgemeinen Schlüsse (wenn es überhaupt welche gibt).

Zum Vergleich könnten Sie sich vielleicht auch überlegen, was geschehen wäre, wenn sich dieses Projekt auf sein angeseheneres Double konzentriert hätte, das unter dem Namen „Körper“ läuft.

## Kommentierte Bibliographie

**Brown, James A. C.:** *Freud and the Post-Freudians.* Harmondsworth: Pelican, 1961

**Daniels, Michael:** „The Myth of Self-actualization." *Journal of Humanistic Psychology* 28 (1988): 7-37; **Andrew Neher,** „Maslow's Theory of Motivation: A Critique." *Journal of Humanistic Psychology* 31 (1991): 89-112; **Stephen Wilson,** „The Real Self Controversy." *Journal of Humanistic Psychology* 28 (1988): 39-65; **Willard Mittleman,** „Maslow's Study of Self-Actualization." *Journal of Humanistic Psychology* 31 (1991): 114-35. Diese vier Aufsätze ergänzen Maslows und Rogers Vorstellung des wahren Selbst und der Selbstverwirklichung; sie weisen auf die Schwierigkeiten mit den ursprünglichen Vorstellungen hin und machen Vorschläge, wie diese Vorstellungen wachsen und sich entwickeln müssen.

**Jaynes, Julian:** *The Origin of Consciousness in the Breakdown of the Bicameral Mind.* Boston: Houghton-Mifflin, 1976. Dt.: Der Ursprung des Bewußtseins. Rowohlt Verlag, Reinbek 1993. Die ersten drei Kapitel bieten eine lesenswerte Diskussion über das Bewußtsein und die Versuche von Psychologen, es in ihre Wissenschaft einzugliedern.

**Johnson-Laird, Phillip:** *The Computer and the Mind.* Cambridge, MA: Harvard University Press, 1988; Dt.: Der Computer im Kopf, dTV Verlag, München 1995. **Daniel Dennett,** *Consciousness Explained.* Boston: Little-Brown, 1991; Dt.: Philosophie des menschlichen Bewußtseins, Hoffmann und Campe Verlag, Hamburg 1994. **Roger Penrose,** *The Emperor's New Mind.* New York: Oxford University Press, 1989. Dt.: Computerdenken, Spektrum Akademischer Verlag, Heidelberg 1991. Drei Quellen über die Pros und Kontras vom Verstand als Computermodell.

**Nye, Robert D.:** *Three Views of Man: Perspectives from Sigmund Freud, B. F. Skinner and Carl Rogers.* Monterey, CA: Brooks Cole, 1975.

**Rogers, Carl R.:** *On Becoming a Person.* Boston: Houghton-Mifflin, 1961. Dt.: Entwicklung der Persönlichkeit, Klett Verlag, Stuttgart, 1973. Der Titel trifft es genau. Eine schöne und lesenswerte Darstellung der Prinzipien der humanistischen Psychologie von einem der Begründer der Schule.

**Schwartz, Barry:** *The Battle for Human Nature.* London: W.W. Norton, 1986. Ein verständlicher Bericht über die moderne Verhaltenstheorie und die entstehenden Gefahren, wenn ihre Interpretationen der menschlichen Natur extrapoliert werden. Der Bericht ist besonders zwingend, weil der Autor in Verhaltenstheorie ausgebildet ist und bemerkenswerte Beiträge für sie leistete, bevor er die sich selbst erfüllenden Implikationen des eingeschränkten Blicks über die Natur des Menschen erkannte.

# 4

## Die Psychobiologie des Streß

*Die Menschen werden nicht durch die Dinge selbst beunruhigt, sondern dadurch, wie sie die Dinge sehen.*

EPIKTET

*Nur durch den Tod kann man Streß vermeiden.*

HANS SELYE

Zweitausend Jahre vergingen zwischen den Aussagen der beiden oben zitierten Herren und in der Zwischenzeit wird unsere Beunruhigung über Dinge, teilweise dank Hans Selye selbst, nun „Streß" genannt. In der Tat liegen wir nicht falsch, wenn wir sagen, daß der Streß des Lebens genau der Faden ist, aus dem der Stoff „psychosomatische Medizin" gemacht ist. Doch bis 1944 tauchte das Wort Streß in den abstrakten Zeitschriften der professionellen Psychologie nicht auf. Moden aber ändern sich schnell, selbst in der Wissenschaft. Nur ein Jahrzehnt später gab Selye, Professor der Endokrinologie an der Universität von Montreal, einen jährlichen Überblick über circa 6000 Artikel über Streß heraus, und Ende der 70er Jahre umfaßte die Streß-Literatur über 110.000 Artikel. Die meisten waren Tierversuche, die physiologische Auswirkungen in einer Reihe von Körpersystemen auf eine Vielzahl biophysikalischer Stressoren untersuchten. Jetzt kann man sicher sagen, daß im letzten Jahrzehnt des 20. Jahrhunderts Streß in der Psychophysiologie eines der populärsten Forschungsthemen ist und Bücher zum Thema Streß einen großen Prozentsatz der psychologischen Selbsthilfe-Literatur ausmachen.

### Die Entwicklung des Streß-Konzepts

Trotz intensiver interdisziplinärer Forschungsbemühungen und unserer starken Intuition, daß bei Krankheitsprozessen Streß mit im Zentrum der Seele-Körper-Interaktion stehen muß, ist es vielleicht erstaunlich, daß „nach 35 Jahren niemand eine Definition von Streß formulieren konnte, die wenigstens eine Mehrheit von Streßforschern zufriedenstellt."[1] Es scheint, daß die Vorstellung so eindeutig ist, daß eine Definition in der Tat selbstverständlich ist. Wir alle können potentielle Streßursachen definieren – körperliche Verletzung, extreme Temperaturen, Überfüllung, anhaltender, lauter Lärm, eine enttäuschende Liebesbeziehung, ein Zusammentreffen mit der Justiz, Streit am Arbeitsplatz oder zu Hause, Arbeitslosigkeit – und dennoch wirft jede Aufzählung sofort die Frage auf, was die verschiedenen Punkte in der Liste gemein haben. Außerdem ist auch recht klar, daß für *bestimmte* Menschen, zu *bestimmten Zeiten, bestimmte* Punkte nicht als Streßfaktoren wirken. Der Lärm lauter Rockmusik letzte Nacht in der Wohnung meiner Nachbarn war sicher ein Streßfaktor für mich, aber offensichtlich nicht für sie. Nicht jede Scheidung oder gar jeder Todesfall eines Partners ist notwendigerweise ein Streßfaktor, besonders wenn die Anwesenheit des Partners zu Lebzeiten einer war.

Selye gab ursprünglich (1956) zwei eindeutig unterschiedliche Definitionen für Streß. Eine war „das Ausmaß der Abnutzungserscheinung im Körper"; die andere, eine ziemlich abstrakte medizinische Definition: „der Zustand, der sich durch ein bestimmtes Syndrom manifestiert, das aus all den nicht-speziell herbeigeführten Veränderungen innerhalb eines biologischen Systems besteht." Die erste Definition ist wirklich eher poetisch als beschreibend, denn der Körper ist nicht so ganz wie eine Maschine, die sich mit der Zeit abnutzt. In der Tat streben wir nach der optimalen Nutzung, und nutzen wahrscheinlich ebenso schnell ab, wenn wir unseren Körper nicht genug benutzen, wie wenn wir ihn zu viel benutzen. Im nächsten Abschnitt werden wir einige nicht-spezifische Änderungen aus der zweiten Definition untersuchen, aber um die Schlußfolgerung schon vorwegzunehmen, es gibt in der Tat keine einzelne Reaktionsweise, die, wenn sie hervorgerufen wird, *das* Streßsyndrom darstellt. Vielmehr gibt es außerordentlich viele neuroendokrine und emotionale Bestandteile und solche des Verhaltens, die in einem höchst komplexen Netzwerk negativer Feedbackschleife von chemischen Abläufen und Vorgängen im zentralen Nervensystem, die unglaublich unterschiedlich auf positiv und negativ eingestufte[2] Reize reagieren.

Selye führte seine Arbeiten ursprünglich mit Mäusen aus, die körperlicher Einschränkung, extremen Temperaturen, überfüllten Käfigen, aufgezwungener Bewegung und ansteckenden Mikroorganismen ausgesetzt waren. Diese biophysikalischen Stressoren riefen oft eine spezielle, unspezifische Reaktionstriade hervor, bestehend aus Nebennierenhypertrophie, Geschwüre im Duodenum und einer Atrophie des Thymus und der Lymphgefäße. Als die Forscher sich aber den viel interessanteren und komplexeren psychosozialen Stressoren der Menschen zuwandten, wurde das Bild viel unklarer als Selyes ursprüngliche Beobachtungen vermuten ließen. Es ist nicht klar, wie sich Streß von emotionaler Aufregung unterscheidet, deshalb muß die Definition so allgemein sein, daß sie manchmal alles einzuschließen scheint, was einem widerfahren kann. Selye ist teilweise selbst verantwortlich für dieses Definitionsdilemma. Denn in seinen frühesten Arbeiten sprach er von Streß als einer Reaktion auf schädliche Stimuli, später hingegen erweiterte er seine Definition, schloß auch starke positive Reize mit ein und nannte diese Triade der Streßreaktion *Allgemeines Anpassungssyndrom*, was impliziert, daß es die Gruppe der nicht-spezifischen Wirkungen war, die auftraten, wann immer irgendwelche Anforderungen an den Organismus gestellt wurden.

Das Wort „Streß" geht in das 14. Jahrhundert zurück, wo es „Mühsal, Not, Unglück oder Kummer" bedeutete. Drei Jahrhunderte später gab der Physiker Robert Hooke dem Wort eine technisch-wissenschaftliche Bedeutung, indem er es auf die Kraft pro Einheit bezog, die auf ein Objekt einwirkt. Dehnung (strain) war die resultierende Deformation oder Verdrehung des Objekt aufgrund dieser Kraft. Wenn Sie ein Gummiband dehnen, dann üben Sie Spannung aus und die resultierende Veränderung in der Form ist Dehnung:

KRAFTEINWIRKUNG (stress) ⟶ DEHNUNG (strain)

Aber in der Psychobiologie ist Streß eine Art, wie ein Organismus auf einen Reiz reagiert und nimmt dabei die Form an

STRESSOR ⟶ STRESS

Während in der Physik und im Ingenieurwesen Krafteinwirkung (stress) die vorangehende Variable ist und Dehnung das Ergebnis, ist in der Psychobiologie Streß das Ergebnis, nicht die vorausgehende Ursache. Selye selbst prägte das Wort „Stressor" für die vorausgehenden Ursachen des Streß.

Was aber sind genau die Merkmale der dem Streß vorausgehenden Ereignisse? Tatsächlich scheint es keine unabhängige Möglichkeit zu geben, einen Stressor zu definieren außer zu sagen, daß es das ist, was immer das charakteristische Reaktionssyndrom hervorruft, das wir Streß nennen. Mit anderen Worten, es gibt keine allgemeingültigen Merkmale von Stressoren. Um es anders auszudrücken: trotz einer ungeheuren Datenmenge, die in diesem Bereich über ein halbes Jahrhundert gesammelt wurde, existiert keine einheitliche Streßtheorie. In der Tat ist das Problem so erschreckend, daß nur wenige versuchten, eine solche Theorie aufzustellen[4]. Nachdem wir die ernsthaften Schwierigkeiten mit dem Streßkonzept dargelegt haben, – das Unvermögen, im voraus unabhängig zu wissen, was für einen bestimmten Menschen ein Stressor ist und was nicht und das Unvermögen, eine einheitliche Reaktionsweise zu finden, die Streß spezifisch definiert – können wir nun den vorläufigen Versuchscharakter des derzeitigen Streßmodells von Krankheit und Gesundheit eher wertschätzen.

## Die Physiologie der Streßreaktion

Die moderne Vorgeschichte der Streßreaktion beginnt in Wirklichkeit mit dem Nobelpreisträger und Physiologen aus Harvard, Walter B. Cannon, der früh im 20. Jahrhundert die Physiologie der *Kampf- oder Flucht*reaktion als eine charakteristische Art des Organismus beschrieb, auf eine Lebensbedrohung zu reagieren. Wenn man z. B. einem Räuber begegnet, reagiert das Individuum mit einer starken *Alarm*erregung, die in erster Linie das sympathische Nervensystem und das endokrine System mit einbezieht. Einige Hauptmerkmale dieser Alarmreaktion sind in Abbildung 4.1 rechts dargestellt. Der bedrohliche Reiz (der dem Stressor in Abbildung 4.1 entspricht) wird über (sagen wir) den visuellen Kanal (die Augen) aufgenommen und in den zerebralen Kortex weitergeleitet. Dort wird er als Bedrohung dekodiert und dann werden Impulse zum limbischen System gesandt, wo die Emotionen Furcht oder Wut erzeugt werden.

Die Impulse erreichen dann den Hypothalamus, das Hauptganglion des Sympathikusastes des autonomen Nervensystems. Der Sympathikus aktiviert gleichzeitig viele Systeme, darunter Muskeln, Herz, Leber, Lunge, Verdauung und periphere Durchblutung.

Innerhalb von wenigen Dutzend Millisekunden schlägt der Hypothalamus im gesamten sympathischen Nervensystem überall Alarm und der Körper wird schnell auf Handeln vorbereitet. Die Katecholamine *Noradrenalin* und (meistens) *Adrenalin* werden

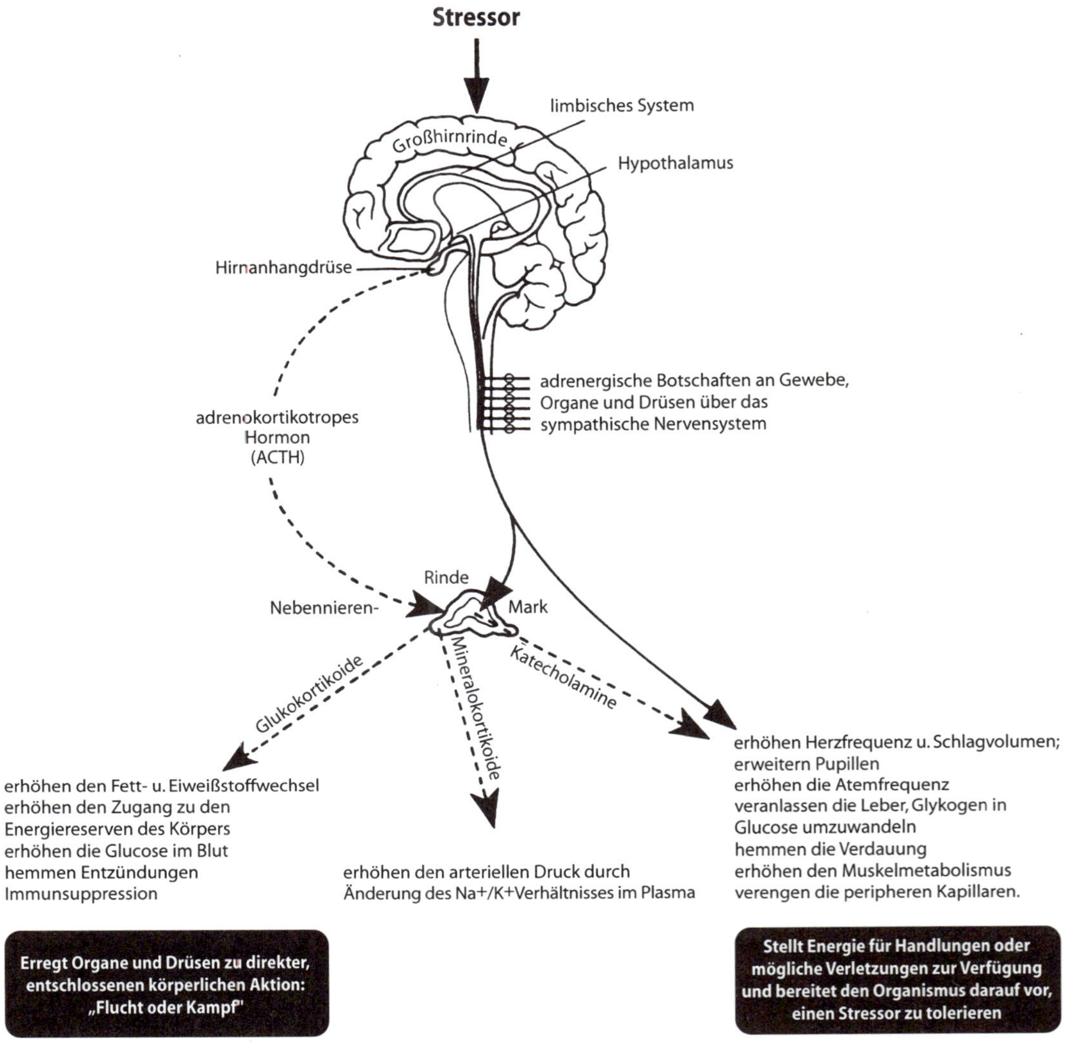


**Abbildung 4.1:** Zwei Achsen der Streßreaktion. Die Wege des autonomen Nervensystems sind mit durchgezogenen Linien dargestellt, die hormonellen Wege im Blut durch gestrichelte.

entlang des Sympathikus an den Nervenenden ausgeschüttet. Dabei kommt es zu Pupillenerweiterung, Muskelanspannung, erhöhter Herzfrequenz und erhöhtem Schlagvolumen mit einer Verengung der peripheren Blutgefäße, was zu erhöhtem Blutdruck führt. Gleichzeitig wandelt die Leber Glykogen in Glucose um und gibt sie ans Blut ab, die Verdauung ist eingeschränkt, Blut wird anderswo in die Muskeln und ins Gehirn gelenkt und das Nebennierenmark wird angeregt, Adrenalin in das Blut auszuschütten, ein weitreichender Vorgang, der für die gesamte Sympathikusreaktion zuständig ist und sie verstärkt. All diese Veränderungen sind wunderbar angepaßt, denn sie erregen den Organismus sofort und stellen ihm für Kampf oder Flucht Energie zur Verfügung.

Diese Beschreibung ist ein idealisiertes Muster. Es gilt bei Menschen immer noch allgemein, wenn auch mit individuell unterschiedlichen Mustern und Schwerpunkten. Wir alle haben diese Kampf- und Fluchtreaktionen erlebt, wenn etwas passierte, was „unser

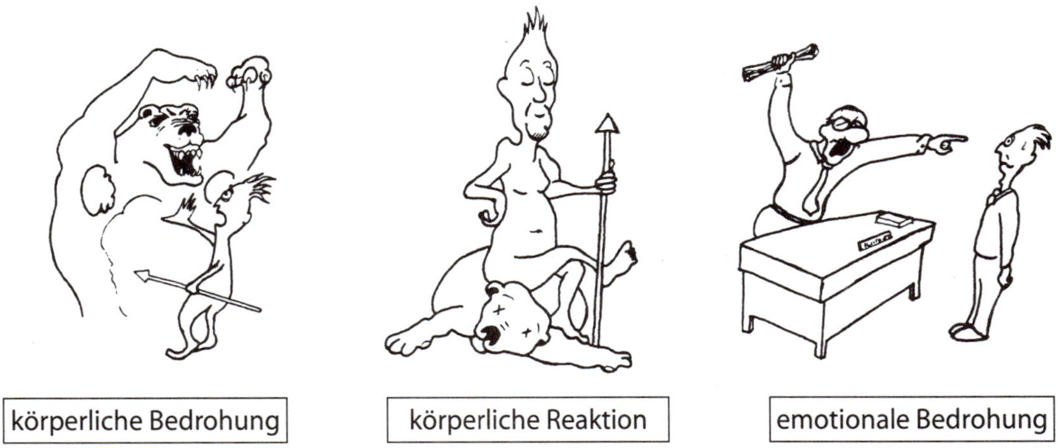


**Abbildung 4.2:** Körperliche Bedrohung, körperliche Reaktion, emotionale Bedrohung

Blut in Wallung brachte" oder wenn wir in einen schlimmen Autounfall verwickelt waren, oder bei einem Nah-Toderlebnis. Die Adrenalinimpulse in einer beängstigenden Situation sind eine häufige Erscheinung. Doch ist es einer der anachronistischen Aspekte der biologischen Kampf-Fluchtreaktion, daß in unserem sozialisierten Leben Kampf oder Flucht keine adäquaten Reaktionen mehr sind, wie der Cartoon oben zeigt.

Die Kampf-Flucht-Reaktion in der Zeit, als wir noch in Höhlen lebten und heute[5]

Was passiert, wenn unsere Biologie uns auf eine Art von Reaktionsmuster vorbereitet, unsere Gesellschaft aber mittlerweile etwas ganz anderes sanktioniert? Wenn wir keine Möglichkeiten finden, die freigesetzten Katecholamine (durch Sport, Bewegung, psychotherapeutische Katharsis und körperliche Arbeit) abzubauen, dann hält der Zustand körperlicher Erregung und die Muskelspannung in uns unvermindert an, d.h. wir bleiben in einem Streßzustand, der, wenn er über einen längeren Zeitraum hinweg besteht, äußerst gesundheitsschädlich ist. Und tatsächlich haben Experimente mit Ratten, Hunden und Affen[6] gezeigt, daß es Magengeschwüre hervorrufen kann, lange angsterzeugenden Bedingungen ausgesetzt zu sein. Der Dauerzustand des Kampf-Flucht-Syndroms behindert offensichtlich normal Sekretion von Schutzfaktoren, die das Magengewebe davor bewahren, von seinem eigenen Salzsäuremilieu aufgelöst zu werden.

Aber die Kampf- Flucht-Reaktion (über die Sympathikus-Nebennierenmark-Achse) ist nur ein Teil der Geschichte der Streßreaktion. Ein anderer Teil ist verbunden mit der Hypothalamus-Hypophysen-Nebennierenrinden-Achse (die linke Seite von Abbildung 4.1) und das ist die Geschichte von Hans Selye. Selye setzte Mäuse einer Reihe biophysikalisch schädlicher Situationen aus: extreme Temperaturen, erzwungene Bewegung auf einer Tretmühle, Eingesperrtsein und Injektion von virulenten ansteckenden Mikroben ebenso wie Gifte (Formaldehyd). Selye stellte eine Triade von Reaktionen auf solch schädliche Stimulation fest: 1. Vergrößerung der Nebennieren, 2. Schrumpfen des Thymus und anderen Lymphgewebes und 3. Streßgeschwüre im Magen und Zwölffingerdarm. Diese Wirkungen werden hauptsächlich von Hormonen ausgelöst (Glucokortikoide und Mineralokortikoide), die von der Nebennierenrinde ausgeschüttet werden als Reaktion auf das adrenokortikotrope Hormon (ACTH), das von der Hypophyse im Gehirn ausgeschüttet wird. ACTH selbst wird getriggert durch einen neurochemischen Botenstoff aus dem Hypothalamus, der Kortikoliberin (CRH) genannt wird. Die Glukokortikoide sorgen dafür, daß Fette ins Blut gelangen, wo sie aufgenommen, in Glucose umgewandelt und ins Blut zurückgegeben werden können für den schnellen Transport in die Gewebe, die Glucose als Energielieferant verwenden. Glukokortikoide reduzieren auch Entzündungen und allergische Reaktionen, indem sie den Ausstoß von Zellen aus den lymphatischen Organen unterdrücken. Die Mineralokortikoide erhöhen den Blutdruck, indem sie Salz- und Wasserretention durch die Nieren und Schweißdrüsen bewirken.

Selye war erstaunt über die unspezifische Art der Streßreaktion, die durch das Hypothalamus-Hypophysen-Nebennierenrinden-System ausgelöst wurde: die selbe vertraute Triade wurde von einer Vielzahl unterschiedlicher Herausforderungen und Forderungen an den Organismus hervorgerufen. Ja, es scheint so, daß sie eigentlich von allen schädlichen oder feindlichen Reizen hervorgerufen wird. Das Bild der Streßreaktion beinhaltet bisher zwei getrennte, doch interagierende physiologische Systeme, die zusammenwirken und ein integriertes Reaktionssyndrom hervorrufen, das den Organismus auf Kampf und Flucht vorbereitet und darauf, Bedrohungen seiner Unversehrtheit zu widerstehen. Diese Vorstellung vom Widerstand gegen einen Stressor fügt Selyes Vorstellung vom Allgemeinen Anpassungs-Syndrom die entscheidende zeitliche Dimension hinzu (siehe Abbildung 4.3) .

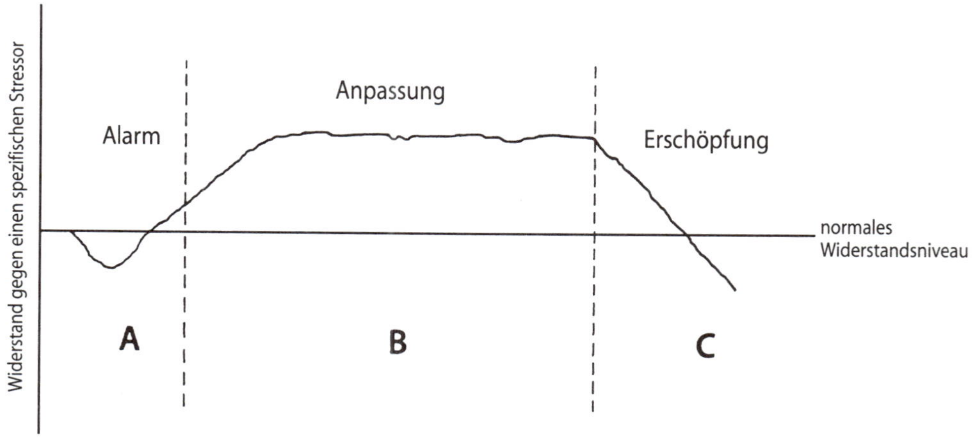


**Abbildung 4.3:** Die drei Phasen des Allgemeinen Anpassungssyndroms (nach Selye, 1956)

Phase A der Abbildung 4.3 stellt die Alarmreaktion dar, die akute Reaktion des Körpers auf einen Stressor oder eine Bedrohung. Zu diesem Zeitpunkt werden die Hormone und Neurotransmitter ausgeschüttet wie oben beschrieben. Gleichzeitig ist die Abwehr des Individuums gegen diesen Stressor zeitweise vermindert, und wenn der Stressor stark genug ist (ernste Verbrennungen, extreme Temperaturen, starker Schock), kann der Stressor zum Tod führen. Phase B ist das Stadium der *Anpassung* oder des *Widerstandes*, das auftritt, wenn das Individuum der Bedrohung oder dem Stressor lange genug ausgesetzt ist. Die körperlichen Anzeichen, die mit der ursprünglichen Alarmreaktion einhergehen, verschwinden und der Widerstand gegen einen bestimmten Stressor steigt über das Normalmaß (gegenüber irgendwelchen neuen und anderen gleichzeitigen Stressoren wird er herabgesetzt sein). Phase C ist das Stadium der *Erschöpfung*, das schließlich auftritt, wenn das Individuum dem Stressor lange permanent ausgesetzt ist. Wenn der Widerstand gegen den Stressor sinkt, tauchen die Zeichen der anfänglichen Alarmreaktion kurz wieder auf, aber sie können ein Nachgeben des Organismus nicht verhindern, denn alle physiologischen Reserven wurden erschöpft. Dieses physiologische Streßmodell, das Cannons Sympathikus-Nebennierenmark-Achse und Selyes Hypothalamus-Hypophysen-Nebennierenrinde-Achse verbindet, hilft, die Anpassung des Körpers an biophysikalische Bedrohungen zu erklären. Wenn psychosoziale Stressoren ähnlich wirken wie biophysikalische, dann könnten die drei Phasen des Allgemeinen Anpassungssyndroms einen Weg bieten, die Auswirkungen von beliebigem anhaltenden Streß zu verstehen.

Selyes zukunftsweisende Untersuchungen über den Ablauf der Streßreaktionen wurden anfangs mit biophysikalischen Reizen ausgeführt – extreme Temperaturen und extremer Lärm, Überfüllung, erzwungene Bewegung, Röntgenstrahlen, mechanischen Verletzungen und körperliche Angriffe. Es ist eine Folgerung, daß psychosoziale Stressoren, deren Wirkung von der kulturellen Konditionierung und der persönlichen Lerngeschichte abhängt, ähnliche Wirkung zeigen. Eine Langzeitstudie über 15 Jahre, die die konditionierten und die Verhaltensaspekte untersuchte und von John Mason und seinen Mitarbeitern am Walter Reed Institute of Research durchgeführt wurde, weist darauf hin, daß eine umfassendere Beschreibung der Streßreaktion viele Merkmale aufweist, die spezifisch für einen Stressor sind.[7] Masons Experimente mit Affen und Menschen haben gezeigt, daß qualitativ unterschiedliche Stressoren sehr typische Muster und recht unterschiedliche physiologische Reaktionsprofile hervorriefen, wenn eine Vielzahl neuroendokriner Systeme zusätzlich zu den beiden in Abbildung 4.1 gezeigten Achsen untersucht werden. In Masons Studie wurde die hormonelle Aktivität bei verschiedenen Stressoren in einer Reihe unterschiedlicher Systeme gemessen[8], neben den Nebennieren die Schilddrüsenhormonausschüttung, die Insulinproduktion, die Hypophysenwachstumsfaktoren und Sexualhormone.[9] Alle diese Systeme wirken bei der Streßreaktion mit;[10] die Art und Weise, wie sie das tun, hängt teils von der Art des Stressors ab und teils von den einzelnen Tieren oder der Biochemie des Individuums.[11] Gemessen wurden die Konzentration von 17-Hydroxykortikosterol im Blutplasma und im Urin, von Adrenalin und Noradrenalin, Testosteron, Insulin, Thyroxin und anderer Hormone und dabei stellte man bei Affen, die akuter Hitze, anhaltender Bewegung und Fasten ausgesetzt waren, höchst unterschiedliche endokrine Profile fest.[12]

Wie können nun diese Erkenntnisse der sehr spezifischen Reaktionsprofile auf unterschiedliche Stressoren mit Selyes allgemeinem, unspezifischen AAS in Einklang gebracht werden? Erinnern Sie sich, daß alle biophysikalischen Stressoren von Selye schädlichen (aversiven) Charakter hatten. In den Worten der Verhaltenstheorie enthalten sie alle die Präsentation unkonditionierter, aversiver Reize – d.h. machtvolle, biologisch-negative Verstärkungen. Ich habe an anderer Stelle dargelegt[13], daß die Präsentation von sowohl konditionierten *als auch* unkonditionierten negativen Verstärkern massive emotionale Störungen hervorruft. Wenn diese Ereignisse lebensbedrohlich sind und Unwohlsein oder Schmerz beinhalten, dann reagieren Organismen – Menschen und Tiere – angemessen mit einer erhöhten Erregungsreaktion, die u. a. die unter Streß untersuchten neuroendokrinen Systeme mit einbezieht. Die unspezifische Reaktion auf einen

Stressor scheint nicht mehr oder weniger zu sein als eine allgemeine Erregung auf jeglichen feindlichen Reiz hin, egal wie er ist. Mit dieser unspezifischen Reaktion geht ein spezifisches Anpassungsmuster einher, das von der Art des Stressors abhängt und das offensichtlich für jeden Menschen anders ist, wie sein Fingerabdruck.[14] Dies hat wichtige Auswirkungen für die Klinik, denn es bedeutet, daß Menschen auf Stressoren höchst unterschiedlich reagieren. Ebenso wie Haltung, Gang, Gesichtsausdruck und Gesten grundlegende Persönlichkeitsmerkmale zum Ausdruck bringen, so auch die Art, wie jeder von uns auf Stressoren reagiert. Einige Unterschiede sind auf unsere individuelle Sozialisation und unser kulturelles Lernen zurückzuführen, aber andere rühren zweifellos von unserer individuellen genetischen Disposition her.

Im wirklichen Leben enthält ein feindlicher Reiz/Stressor sowohl einen allgemeinen emotionalen Erregungsfaktor *als auch* spezifische, fein abgestimmte physiologische Elemente und solche des Verhaltens. Bei der Untersuchung der spezifischen Auswirkungen von biophysikalischen Stressoren sind spezielle Techniken im Labor nötig, um die bedrohlichen oder angstauslösenden Aspekte des Stressors zu minimieren. So können extreme Temperaturen unmerklich eingeführt werden, plötzlicher Nahrungsentzug mit dem Streß zu Verhungern kann getarnt werden, indem die Tiere mit kalorienfreien Kügelchen gefüttert werden und erzwungene Bewegung in einer Tretmühle kann allmählich über einen längeren Zeitraum aufgebaut werden.

> Wenn bestimmte Vorkehrungen getroffen sind..., um psychologischen Reaktionen in der Untersuchung physikalischer Reize wie Hitze, Nahrungsentzug und gemäßigte Bewegung zu minimieren, dann erscheint es jetzt, daß das Hypophysen – Nebennierenrinden-System nicht auf unspezifische Weise stimuliert wird durch diese Stimuli, die allgemein als „schädlich", „fordernd" oder als das homöostatische Gleichgewicht merklich störend gelten.[15]

Die unspezifische Reaktion auf einen Stressor ist mit anderen Worten fast sicher auf den *konditionierten* Aspekt zurückzuführen, nicht auf die Merkmale einer biologischen Störung.[16] Das ist eine radikale Schlußfolgerung, weil sie nahelegt, daß die entscheidende Frage nicht lautet: wirken psychosoziale Stressoren so wie biophysikalische? Sondern: ist in der Natur jemals ein biophysikalischer Stressor von einem psychologischen d. h. von bedrohlichen, angstauslösenden Komponenten getrennt?" In diesem auf den Kopf gestellten konzeptionellen Rahmen bilden die *konditionierten* feindlichen Reize – von denen die psychosozialen die wichtigsten Beispiele sind – die notwendigen Bedingungen, um das Allgemeine Anpassungssyndrom hervorzurufen. Sie tun dies, weil sie – in der Physiologie, im Verhalten und der Motivation – den allgemeinen emotionalen Erregungszustand hervorrufen können, der mit jeder plötzlichen und ungünstigen (negativ bewerteten) Veränderung in der Umgebung eines Organismus einhergeht. Eine Veränderung, an die sich der Organismus stark anpassen muß und für deren Bewältigung er kein Verhalten zur Verfügung haben könnte. Die mit solchen Zuständen der Unsicherheit einhergehenden Emotionen sind typischerweise Furcht, Frustration, Hoffnungslosigkeit, Verzweiflung, Angst und Wut – mit einem Wort *Dis-Streß*.

Diese Konzeptualisierung nimmt den unspezifischen Aspekt von Streß erfolgreich aus der Biologie heraus und ordnet ihn direkt der Psychologie zu. Während eine allgemeine unspezifische Alarmreaktion auf der physiologischen Ebene befremdlich erschien (warum sollten extreme Hitze *und* extreme Kälte die gleiche physiologische Reaktion hervorrufen?), ergibt eine allgemeine *Dis*-Streßreaktion auf der Verhaltensebene viel mehr Sinn in Form einer Anpassung bei jeder wahrgenommenen Bedrohung oder Herausforderung an den Organismus. Denn es ist wahrscheinlich zweckdienlich, den Körper auf ein motorisches Verhalten jeglicher Art optimal vorzubereiten, damit er mit der Herausforderung umgehen kann. Emotionale Erregung wurde ganz offensichtlich über die Zeit der Evolution hin entwickelt als eine Möglichkeit, die Wahrscheinlichkeit zu erhöhen, mit unvermittelten, negativen Veränderungen in der Umwelt erfolgreich umzugehen.

## Die Reaktionen der Skelettmuskulatur[17]

Es gibt handfeste Beweise, daß die Streßreaktion typischerweise mit einer Erhöhung der Muskelspannung einhergeht. Ja, schon der Begriff „Anspannung" (tension) impliziert sowohl eine psychologische Bedeutung (Disstreß) als auch einen muskulären Zustand (Kontraktion). Man hat verschiedene Methoden angewandt, um Muskelkontraktion zu messen, eine davon ist der Nachweis von Laktat im Urin, da dies ein Abbauprodukt der Muskelaktivität ist. Die gängigste Messung jedoch ist die elektrische Aktivität des Muskels, die von Elektroden abgenommen wird, die über der ausgewählten Muskelgruppe auf der Haut angebracht werden. Ein elektronisches Gerät speziell für diesen Zweck integriert diese Signale und liefert eine kontinuierliche Aufzeichnung, das als Elektromyogramm (EMG) bekannt ist. Das EMG variiert im Meßbereich meist linear mit der isometrischen Kontraktion der Skelettmuskulatur und es korreliert mit den Aussagen der Personen über ihre Muskelspannung.

Typischerweise wird das EMG eingesetzt, um die Kontraktionen an einer bestimmten Muskelstelle oder einer Muskelgruppe zu messen. So kann das EMG z. B. den Frontalis, den Trapezius, den Quadrizeps und den Bizeps aufzeichnen. Obwohl der Körper leicht aber eindeutig dazu neigt, die Muskeln überall ungefähr gleich anzuspannen, ist eine allgemeine Aktivität begrenzt. Ebenso wie Profile und Muster der autonomen und endokrinen Reaktionen auf Stressoren existieren, so gibt es auch eine *Reizspezifität* für Muskeln. Zudem neigen Menschen dazu, auf Stressoren auf ihre bevorzugte Art zu reagieren, wenn verschiedene Muskelgruppen gleichzeitig untersucht werden und zeigen dann eine Hauptspannung in einer bestimmten Muskelgruppe. Es gibt also eine *Reaktionsspezifität* in den Muskeln, die ähnlichen Erkenntnissen für das neuroendokrine System bei Streß entspricht.[18] Außerdem existiert diese Spezifität mit einer Tendenz zur allgemeinen Muskelanspannung als Streßreaktion, analog wie das Hormonprofil mit dem AAS korreliert.[19]

Emotionale Stressoren jeglicher Art werden nachweislich mit Muskelanspannung assoziiert. Ärger, Frustration und besonders Angst korrelieren stark mit chronischer Muskelspannung. Diese Tendenz der Muskeln, allgemein zu reagieren, ist nicht stark, so daß die Untersucher im Labor oft Muskelgruppen suchen müssen, die auf den untersuchten Stressor reagieren. Außerdem ist die empfindliche Stelle von Mensch zu Mensch verschieden. Im allgemeinen tritt bestehende Muskelspannung sehr häufig bei Störungen auf, bei denen Angst mit im Spiel ist. In der Tat korrelierte das Ausmaß der Angst bei Psychiatriepatienten in einer Versuchsgruppe stark mit dem Grad erhöhter Muskelspannung auf gutartige Reize. Muskelspannung ist so eng mit Angst verknüpft, daß systematische Techniken zur Desensibilisierung, die in der Verhaltenstherapie für Angstneurosen eingesetzt werden, teilweise auf einer Herabsetzung der Muskelspannung basieren. Augenscheinlich hat die Beteiligung der Skelettmuskulatur an der Streßreaktion in Form von Muskelspannung wichtige klinische Auswirkungen. Nicht nur Spannungskopfschmerz, sondern auch Störungen der Skelettmuskulatur wie Rheumatismus, rheumatoide Arthritis und möglicherweise Parkinson werden vielleicht durch Streß verstärkt. Auch wenn das nun gesagt ist, muß eine genaue Beschreibung der Wege und Mechanismen, die als Verbindung zwischen chronischer Muskelanspannung und Gewebspathologien wirken, erst noch ausgearbeitet werden.

## Psychoneuroimmunologie

*Das Immunsystem.*[20] Allgemein kann das menschliche Immunsystem in Komponenten eingeteilt werden, die *unspezifisch* gegen eine große Vielfalt von Mikroorganismen oder Toxine gerichtet werden und die, die *spezifisch* Eindringlinge erkennen, sich an sie erinnern und sie bekämpfen. Unspezifische Komponenten sind in der Phylogenese am ältesten und stellen die *angeborene Immunität* dar. Spezifische Immunität wiederum entwickelte sich erst vor relativ kurzer Zeit bei den Wirbeltieren. Weil diese Immunität bedeutet, daß für jeden speziellen Eindringling eine spezifische Reaktion entwickelt oder erworben wird, die zur Zeit der Invasion noch nicht vorhanden war, wird sie *erworbene Immunität* genannt.

Die Vorläuferzellen sowohl der erworbenen als auch der angeborenen Immunität entstehen (siehe Abbildung 4.4) als Stammzellen im embryonalen Knochenmark. Die Stammzellen sind zunächst undifferenzierte Zellen, die differenziert werden, bevor sie sich in Lymphozyten verwandeln können. Einige werden im juvenilen Thymus differenziert, andere in der Leber des Fötus, so nimmt man an. Differenzierte Zellen wandern ins Lymphgewebe und in die Körperorgane und bilden so ein Reservoir von Lymphozyten, die fähig sind, bei Bedarf spezielle Funktionen zu entwickeln, was erworbene Immunität bedeutet.

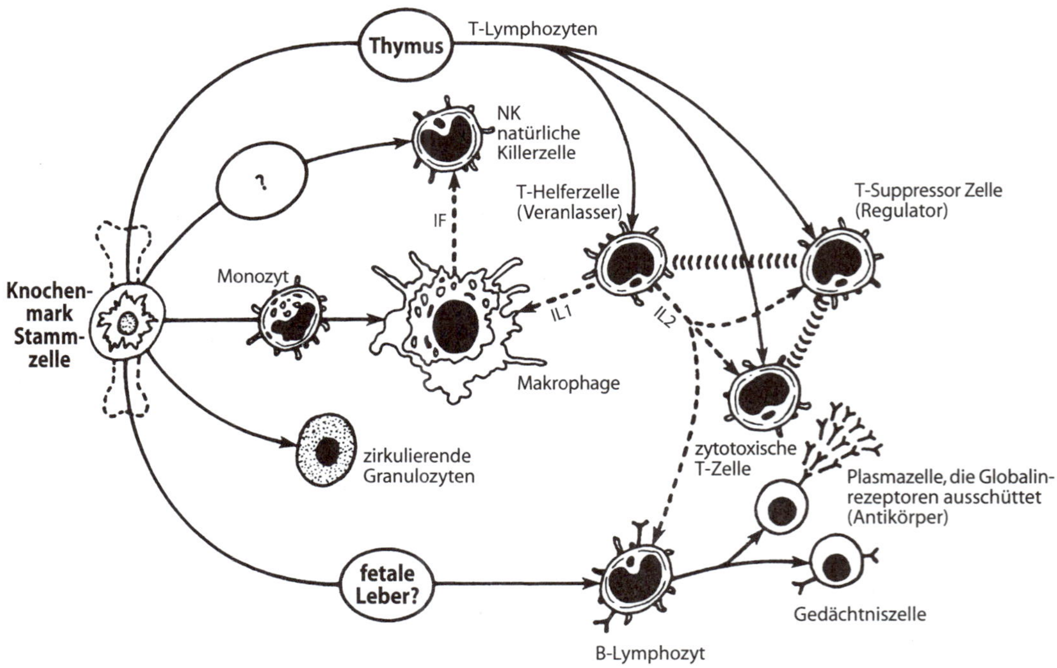


**Abbildung 4.4:** Vorläuferzellen und chemische Botenstoffe (Zytokine: IL1, IL2, IF) des Immunsystems

Hauptsächliche Komponenten des Immunsystems sind – dargestellt in Abbildung 4.4 – zirkulierende weiße Blutkörperchen, die als Granulozyten, Monozyten und möglicherweise natürliche Killerzell-Lymphozyten (NK) bekannt sind. Granulozyten und Monozyten sind amöboide Zellen, die fremde Zellen umschließen (Phagozytose) und „fressen“ können. Sie können sich durch die Poren der Blutgefäße pressen, die im Durchmesser viel kleiner sind als sie selbst, und so in den interzellulären Raum gelangen, um dort nach Viren, Parasiten, Bakterien und Zellresten zu suchen und sie zu zerstören. Monozyten bleiben üblicherweise nur 4-8 Stunden im Blutstrom; danach wandern sie ins retikuläre Endothelgewebe, wo sie lauernd auf fremde Eindringlinge warten. Wenn sie sich erst stationiert haben, reifen sie zu riesigen Makrophagen heran und schwellen auf das 4- oder 5fache ihrer früheren Größe an. Dies ermöglicht ihnen, gleich 100 Bakterien aufzunehmen. Makrophagen können in ihrer Funktion als Phagozyten mehrere Monate alt werden.

Die natürlichen Killerzellen (NK) üben ebenfalls eine unselektive Verteidigungsfunktion aus. Wie die anderen Lymphozyten entstehen sie aus den Stammzellen im Knochen, aber wo sie differenziert werden, bleibt unklar. NK Zellen wirken unspezifisch, und sondern tödliche chemische Stoffe ab gegen nur schwach differenzierte Zellen, daher ihre Anti-Tumor-Funktion. Sie spielen auch im Widerstand gegen Virusinfektionen eine Rolle; hier wirken sie in der ersten Verteidigungslinie, bevor die langsamere erworbene Immunität ins Spiel kommt. Es ist nicht klar, wie NK Zellen ihre Ziele erkennen. Wahrscheinlich werden sie durch einen chemischen Botenstoff, als *Interferon* (IF) bekannt, auf Viren aufmerksam gemacht. Dieses Interferon wird ausgeschüttet, wenn Körperzellen (wie Makrophagen, s. Abbildung 4.4) durch die Invasion von Viren, Bakterien oder Pilzen auf den Plan gerufen werden.

Die spezifische (erworbene) Immunität umfaßt T- und B-Lymphozyten in Interaktion mit Bestandteilen der angeborenen Immunität, besonders Makrophagen. Obwohl T- und B-Lymphozyten unter dem Mikroskop nicht zu unterscheiden sind und sich beide in lymphatischem Gewebe (Milz, Mandeln, Peyer'sche Plaques, Lymphknoten) aufhalten, haben sie ganz unterschiedliche Aufgaben. Jeder T- oder B-Lymphozyt hat auf seiner Oberfläche Rezeptoren, die unter den entsprechenden Umständen ein und nur ein mögliches für fremd erkanntes Molekül, Antigen (abgeleitet von Erzeuger (*gen*erator) von *Anti*körpern) genannt, an sich binden kann. Stellen Sie sich diese Verbindung zwischen dem Rezeptor des Lymphozyten und dem Antigenmolekül wie einen Schlüssel vor, der in ein Schloß paßt. Die Kraft eines solchen Systems liegt in seiner Fähigkeit zu erkennen: der Körper hat quasi für jedes denkbare Antigen einen Schlüssel. Dieses phantastische Repertoire hat seinen Preis. Das Immunsystem braucht Zeit, genauer einige Tage, um einen konzertierten Angriff auf ein spezifisches Antigen zu starten, das von einer T- oder B-Zelle erkannt wird; in dieser Zeit stellt es aus einigen wenigen Vorbildern mit dem entsprechenden Rezeptor eine Schar von identischen T- und B-Zellen her (klonen).

Das erste Stadium des Prozesses ist das Andocken oder die Verbindung eines B-Lymphozyten mit seinem passenden Antigen. Diese Verbindung zielt darauf ab, die B-Zellen zu veranlassen, sich rasch zu vermehren, ihre Zellnachkommen sollen sich zu Plasma- und Gedächtniszellen differenzieren (siehe Abbildung 4.4 rechts unten). Gedächtniszellen haben eine lange Lebensdauer und ihre Aufgabe besteht darin, sicherzustellen, daß die Reaktion sehr viel schneller erfolgen kann, wenn das bestimmte Antigen in Zukunft wieder auftaucht. Gedächtniszellen verhindern, daß wir die meisten Kinderkrankheiten nur einmal bekommen.

Plasmazellen andererseits beginnen damit, Moleküle mit den entsprechenden Rezeptoren (Globulinmoleküle, jetzt Antikörper genannt) rasch ins Blut und in die Lymphe abzusondern. Diese Antikörper sind für dieses Antigen spezifisch, und wann immer sie irgendwo im Körper mit diesen Antigenen in Kontakt kommen, binden sie sie an ihre Oberflächenrezeptoren. In einigen Fällen kann diese Antikörper-Antigen-Verbindung das Antigen direkt neutralisieren oder zerstören. Häufiger jedoch lockt diese Verbindung (durch eine Kaskade chemischer Vorgänge, *Komplement*system genannt) Granulozyten und Makrophagen an und sensibilisiert sie, den Antigen-Antikörper-Komplex zu „fressen". Wie Blut im Wasser Haie anzieht und erregt, so ziehen die Bestandteile der Komplementkaskade Phagozyten an und erregen sie.

Weil die Sekretion (von Antikörpern) so wichtig ist für die Tätigkeit der B-Lymphozyten, wird ihre Aufgabe in der Abwehr *humorale* Immunität genannt. Die humorale Immunität ist aber nur ein Teil des Bildes der erworbenen Immunität. Erinnern Sie sich, daß jeder T-Lymphozyt auf seiner Oberfläche einen bestimmten von vielen Milliarden möglichen Antigen-Rezeptoren trägt. Wenn T-Zellen aber nicht sensibilisiert (wir werden gleich sehen, wie das geschieht), bleiben sie untätig. Es gibt jedoch eine Ausnahme. T-Helferzellen *können* sich an ein Antigen anbinden, wenn es ihnen in einer aufbereiteten Form von einer Makrophage präsentiert wird, die einen Antigen-Antikörper-Komplex phagozytiert hat. Sobald diese Präsentation und die darauffolgende Anbindung stattgefunden haben, kommt ein dramatischer Prozeß in Gang.

Er beginnt damit, daß die antigengebundenen T-Helferzellen einen chemischen Botenstoff ausstoßen, *Interleukin 2* (IL2) genannt, der a) B-Lymphozyten mit dem entscheidenden Rezeptor stimuliert, Plasma- und Gedächtniszellen zu produzieren, b) die Vermehrung und Reifung eines Typs von T-Zellen (Zytotoxin) fördert, der spezialisiert und sensibilisiert ist, das spezielle Antigen zu bekämpfen, und c) seine Verbindung mit den T-Suppressorzellen mitteilt, die schließlich die Immunreaktion zum Abschluß bringen, wenn der Kampf gegen den Eindringling gewonnen ist (siehe die gestrichelten Linien, die die chemische Verständigung in Abbildung 4.4 darstellen).

Während der nächsten paar Tage erhöht sich der Titer der zytotoxischen T-Zellen, die den entscheidenden Oberflächenrezeptor tragen, beträchtlich. Diese zytotoxischen T-Zellen, von den T-Helferzellen durch IL 2 sensibilisiert, sind direkte Killerzellen, die Mikroorganismen und sogar körpereigene Zellen töten können. Wenn sie auf ihr Antigen treffen, binden sie es an sich und setzen dann zytotoxische Substanzen direkt in die angegriffenen Zellen frei. Haben sie eine Zelle getötet, wandern sie weiter und töten oft viele einzelne Zellen, ohne selbst Schaden zu nehmen. Zytotoxische T-Zellen sind besonders erfolgreich gegen Viruspartikel, die Zellen befallen haben, sie können aber auch Krebszellen zerstören. Weil dieser Teil der Immunabwehr Zellen verwendet, die Antigene direkt angreifen, wird er *zell-vermittelte* Immunität genannt.

***Psychoimmunologie***. Damit Vorgänge wie psychosozialer Streß die erworbene Immunität mit ihrem komplizierten Netzwerk von verwobenen und voneinander abhängigen Elementen beeinflussen können, muß das Immunsystem mit dem Gehirn physisch oder chemisch in Kontakt stehen. Bis vor recht kurzer Zeit nahm man an, daß das Immunsystem, das als Überwachung und Angriffssystem gegen fremde Eindringlinge und unberechenbare Krebszellen dient, eine relativ autonome Einheit ist. Diese Ansicht wurde in Frage gestellt durch die Demonstration, daß Immunreaktionen durch klassische Pawlowsche Methoden konditioniert werden können. Eine Vielzahl von Wirkstoffen

(Zuckerlösungen, Lichter, Töne) können, so hat sich gezeigt, die Fähigkeit erlangen, Antikörperreaktionen auf Antigene unterdrücken, wenn sie wiederholt mit immunsuppressiven Medikamenten verbunden werden.[21] Das ist ein sicheres Ergebnis, in vielen Labors bestätigt, erst mit Tieren und dann übertragen auf Menschen.

An welchen Stellen koppeln sich das Immunsystem und das Gehirn, um die Konditionierung von Verhalten zu ermöglichen? Zuerst einmal innerviert das sympathische Nervensystem die Immunorgane Thymus, Knochenmark, Milz und die Lymphknoten. Die sympathischen Nerven schütten ihre Katecholamine aus (siehe Abbildung 4.1) in diese Organe und die dort ansässigen Lymphozyten haben Rezeptoren dafür.[22] So besteht ein direkter Weg zwischen dem zentralen Nervensystem und den Lymphknoten.

Daß T- und B-Zellen solche Rezeptoren für Katecholamine haben, bedeutet, daß die Sympathikus-Nebennierenmark-Achse der Streßreaktion auch vom Immunsystem wahrgenommen werden kann. Zusätzlich haben die T- und B-Zellen Rezeptoren für die Glukokortikoide, die von der Hypothalamus-Hypophysen-Nebennierenrinden-Achse ausgeschüttet werden, und Kortikosteroide sind tatsächlich immunsuppressiv.

Diese Verbindungen bedeuten, daß das Gehirn Immunreaktionen auf die gleiche Art und Weise kontrollieren kann, wie die anderen Körperorgane. Daß es das auch tut, legen zahlreiche Experimente nahe, bei denen Verletzungen und elektrische Stimulierung des Hypothalamus, ebenso wie Sympathikusblockaden zu massiven Veränderungen der Immunfunktion führten.[23]

***Streß und Immunität.*** Bei der engen Verbindung zwischen den Zellen des Immunsystems und dem sympathischen Nervensystem und den bei einer Streßreaktion ausgeschütteten neurosekretorischen Stoffen ist es nicht weiter verwunderlich festzustellen, daß psychosoziale Stressoren die Immunität beeinflussen können. Die Liste der Stressoren, die den einen oder anderen Bereich der Immunfunktionen (bei Tieren) beeinträchtigen können, umfaßt Elektroschocks, Zerbrechen des Sozialgefüges, Trennung von der Mutter, Wechsel des Käfigs, der Geruch eines gestreßten Artgenossen, Eintauchen in kaltes Wasser, Eingesperrtsein, Berührung, intraperitoneale Salzinjektionen und Lärm. Bei Menschen beinhaltet diese Liste akademische Prüfungen, Schlafmangel, Scheidung und Trennung, Betreuung von Alzheimer-Patienten, eine zerrüttete Ehe und Tod des Ehepartners.[24]

Im letzten Jahrzehnt sind die Untersuchungen über die Verbindung zwischen Stressoren und Immunität sprunghaft angestiegen. Doch die Neuheit dieses Arbeitsfeldes bedeutet, daß zahlreiche Fallgruben in den Methoden und Vorgehensweisen erst noch umgangen werden müssen. Außerdem bedeutet dieses Flickwerk an empirischen Ergebnissen und das Fehlen eines allgemeinen integrativen Rahmens, daß es zur Zeit sehr schwierig ist, den Wald vor lauter Bäumen zu sehen.[25] Deshalb ist es eine Sache, zu zeigen, daß bei psychosozialem Streß ein oder mehrere Bereiche des Immunsystem quantitativ beeinträchtigt werden; es ist jedoch etwas ganz anderes, zu verstehen, was diese Ergebnisse im Hinblick auf eine allgemeine Anpassungsfunktion dieses höchst vernetzten Systems bedeuten. Wie beispielsweise nützt es dem Organismus, wenn sein Immunsystem während des Stresses unterdrückt ist? Ist dies Anpassung auf eine Art, die wir noch nicht verstehen? Oder ist es nur eine ungewöhnliche Folge davon, wie das Immunsystem und die Streßphysiologie beschaffen sind? Ich schließe daraus, daß beim derzeitigen Wissensstand in der Psychoneuroimmunologie den Interessen des Behandlers am besten mit einigen Darstellungen der Art der durchgeführten Experimente gedient ist. So lernt er die verschiedenen ergriffenen Maßnahmen kennen und bekommt eine kurze Aufzählung einiger provokativer Fragen für die Gesundheitspsychologie, die die Psychoneuroimmunologie aufwirft.

In diesem Sinn betrachten wir eine Reihe von Experimenten, die sich mit den Auswirkungen des allgemeinen Stressors akademische Prüfungen auf das Immunsystem beschäftigen. Dieser relativ schwache und gelegentlich auftretende Stressor unterdrückt eine Reihe von Immunfunktionen und erweckt so den Eindruck, als könne die Prüfung ein leichtes Gesundheitsrisiko darstellen, besonders für Menschen, deren Immunsystem bereits geschwächt ist.

Ronald Glaser und Janet Kiecolt-Glaser, ein Team von Immunologie-Psychologen an der Ohio State University, führten eine Reihe von Untersuchungen über die Auswirkungen von akademischen Prüfungen auf verschiedene Aspekte der Immunfunktion durch.[26] Ihre Versuchspersonen waren Medizinstudenten, die freiwillig an einer Untersuchung über Streß und die Immunreaktion teilnahmen. Die Medizinerausbildung an der Ohio State University sieht vor, daß Studenten während des akademischen Jahres sieben oder acht Dreitagesblöcke mit Prüfungen haben. Da diese Daten zu Beginn des akademischen Jahres bekannt sind, ist es leicht, Studien zu planen, die die Immunreaktionen in Zeiten relativ niedrigen und hohen Stresses vergleichen. Deshalb wurden vier bis sechs Wochen vor den Prüfungen (niedrige Streßgrundlinie) und an einem Tag während des Prüfungsblocks (Zeit hohen Stresses) Blutproben für die immunologische Untersuchung entnommen.

Zur Zeit der Blutentnahme bekamen die Versuchspersonen auch einen Stift und eine Checkliste, um Informationen zu sammeln über zahlreiche Körpersymptome und Grade des Disstreß. Weil irgendwelche Veränderungen in der Immunreaktion während der Examenszeit auch indirekte Auswirkungen von Schlafmangel, Änderung der Ernährungsgewohnheiten oder erhöhtem Kaffeekonsum sein konnten, wurden außerdem Daten über diese Faktoren erhoben.

Die Ergebnisse dieser Experimente können knapp zusammengefaßt werden. Erstens, die Checkliste bestätigte, daß die Prüfungszeiten mit einem höheren, selbstfestgestellten Grad an Angst einhergehen. Zweitens, die Statistik der Häufigkeit der T-Lymphozyten, die Aktivität der Natürlichen Killerzellen, die Reaktion der zytotoxischen T-Zellen auf mitogen [27] Stimulierung und einen latenten Epstein-Barr Virus und das Level einiger anderer wichtiger chemischer Botenstoffe, durch die sich die Immunzellen selbst regulieren, waren während der Prüfungszeit alle deutlich verändert. Statistische Tests wiesen übereinstimmend nach, daß die Ergebnisse unabhängig waren von den Änderungen der Eß- und Schlafgewohnheiten und des Kaffeekonsums während der Prüfungen. Der relativ leichte Stressor akademischer Prüfungen kann also bei gesunden jungen Studenten eine Immunschwäche hervorrufen.

***Die biologische Bedeutung von streßinduzierter Immunsuppression.*** Im Zusammenhang mit den Ergebnissen zahlreicher anderer Experimente mit Menschen und Tieren über die Verbindung zwischen Beziehungen von Streß und Immunfunktion ist die Bedeutung dieser Beweise klar. Psychosoziale Stressoren können das Immunsystem unterdrücken und tun es. Aber warum? Ist das nur eine biologische Absonderlichkeit, vielleicht darauf zurückzuführen, daß der Fluchtkampf-Alarmmechanismus sich phylogenetisch viel früher entwickelte als die erworbene Immunität? Oder hat die Anpassung für den Organismus einen Wert, wenn sein Immunsystem während Herausforderung und Bedrohung geschwächt ist?

Stephen Maier und seine Mitarbeiter an der University of Colorado haben überzeugend argumentiert, daß es für den Organismus durchaus nützlich ist, beim Auftreten eines Stressors die Immunreaktion herunterzufahren.[28] Wenn der Organismus einer Bedrohung ausgesetzt ist, setzt die Alarm-Streß-Reaktion, dargestellt in Abbildung 4.3, eine Reihe von neurochemischen Vorgängen in Gang, die in einer deutlichen Änderung der Energieverteilung resultieren, weil die Glukose im Blut zu den Muskeln und ins Gehirn gelenkt wird. Diese Energie muß zeitweise von anderen Körpersystemen abgezogen werden, wie der Verdauung, den Sexualfunktionen *und* dem Immunsystem. Diese verschiedenen Funktionen des Immunsystems sind äußerst energieintensiv – der Aufbau einer Immunantwort auf ein Antigen, die Entwicklung einer lokalen Entzündung bei Gewebsschaden, das Herabsetzen der Schmerzschwelle, die normalerweise die Aufmerksamkeit des Organismus bei Infektionen auf sich lenkt, und der Start systemischer Veränderungen bei den chemischen Botenstoffen des Immunsystems, die Fieber verursachen und das Gefühl von Unpäßlichkeit und Krankheit.

Der Flucht/Kampf Mechanismus und das Immunsystem benötigen also die Mobilisierung von ungewöhnlich viel Energie. Die Energie wird jedoch in den beiden Systemen an sehr unterschiedliche Stellen geleitet und muß dort sehr unterschiedliches Verhalten auf den Plan rufen und unterstützen. Während eines Flucht/Kampf-Notfalls wäre es kaum sinnvoll, daß Energie für eine Entzündung und die mit Krankheit einhergehenden Unpäßlichkeit zur Verfügung steht. Die herabgesetzte Schmerzschwelle einer kompletten Immunreaktion könnte einen im Kampf verletzten Organismus ablenken und die Chancen verringern, erfolgreich zu fliehen oder kämpfen. Es ist also biologisch sehr plausibel, daß das Immunsystem in Streßzeiten herabgesetzt ist und dies scheint eine der Hauptaufgaben der Glukokortikoide zu sein, die von der Nebennierenrinde ausgeschüttet werden.[29] Dennoch war diese veränderte Verteilung der Energiereserven nicht als Dauerzustand geplant. Andauernd chronischer Streß der Art, wie er mit den modernen sozialen Zwängen verbunden ist und zu einer chronischen Unterdrückung des Immunsystems führt, stellt eine neue Herausforderung für diese fein abgestimmte Energieverteilung dar. Mit Streß in Verbindung stehende Erkrankungen könnten sehr wohl ein Zeichen der Natur sein, daß diese Mechanismen noch nicht an diese häufigen und andauernden, für psychosoziale Stressoren charakteristische Streßperioden angepaßt sind.

***Folgen für die Gesundheit.*** Von welcher klinischen Bedeutung sind die immunologischen Änderungen bei Streß wohl? Eine Studie in der Prüfungsreihe von Medizinstudenten stellte einen signifikanten Anstieg bei selbst-festgestellten Erkrankungen der oberen Luftwege im Zusammenhang mit den Prüfungszeiträumen fest.[30] Das ist sicher eine provokative Erkenntnis, die nahelegt, daß sich bei Patienten, alten Menschen oder Menschen, die schon mit einer chronischen Krankheit oder Neoplasmen kämpfen, mäßiger psychosozialer Streß ernst auf die Gesundheit auswirken könnte. Die Ergebnisse dieser und vieler anderer Experimente zeigen, daß das Immunsystem auf psychosoziale Stressoren anfällig reagiert. Daraus ergeben sich grundlegende Fragen, die sicher weiter erforscht werden:

- beeinflußt Streß die Ätiologie oder die Schwere von Krankheiten, die durch das Immunsystem getragen werden, z. B. Autoimmunerkrankungen, Immunschwächen, Infektionskrankheiten und Allergien?

- Drücken sich Persönlichkeitsmerkmale (wie Widerstandsfähigkeit gegen Streß, außerordentliche Reizbarkeit oder zu Ärger neigend) in unterschiedlicher Anfälligkeit des Immunsystems für Streß aus?
- Kann man nachweisen, daß die Immunkompetenz durch streßlindernde Techniken wie Entspannung, Biofeedback, Meditation und die Induktion positiver emotionaler Zustände verbessert wird?

## Schlußfolgerungen

Die Psychobiologie des Streß ist für den Kliniker wichtig, weil sie die konzeptionelle Basis bietet, die grundlegenden Möglichkeiten zu verstehen, wie ein psychosoziales Ereignis (ein möglicher Stressor) Körperabläufe (Organpathologie) beeinflussen kann. Wir müssen zwar noch viel darüber lernen, wie ein besonders streßvolles Ereignis wie Tod, die ständige Monotonie einer langweiligen Arbeit oder ein Angriff auf unseren Selbstwert dazu beitragen kann, eine besondere körperliche Erkrankung auszulösen; doch die Erforschung der in diesem Kapitel beschriebenen Systeme bieten mögliche suggestive Mechanismen. Wenn die Mediatoren, die die Streßreaktion ausmachen, mit all ihren komplexen Auswirkungen auf Verhalten und Physiologie geklärt sind, werden die Grundzüge der Verbindung zwischen psychosoziale Stressoren und Erkrankungen Gestalt annehmen. Dabei wird viel von dem Geheimnis des uralten Rätsels: „Wie kann die Seele als etwas Nicht-Materielles, den materiellen Körper in Gesundheit und Krankheit beeinflussen?“ gelöst werden. Tatsächlich ist die Frage schlecht gestellt, denn sie impliziert, daß Bedrohungen Emotionen auslösen, die physiologische Veränderungen bewirken; und diese wiederum bewirken Organ- und Gewebspathologie. Tatsächlich sind aber die Erfahrung (einschließlich der Emotionen) und die Physiologie *nicht* getrennte, miteinander verbundene Vorgänge. Vielmehr sind sie beide Teil einer integrierten Reaktion auf Bedrohungen, die sowohl spezifische *als auch* unspezifische Aspekte hat, die genau an die Art der Stimulation angepaßt sind. Ein Teil dieser integrierten Reaktion enthält die Wege der Psychoneuroendokrinologie. Die Abnutzung von Organsystemen durch die Ausschüttung von Katecholaminen und Kortikosteroiden in Zeiten andauernden und intensiven Stresses stellt einen sehr realen pathogenen Faktor dar. Außerdem legt chronische, durch Streß ausgelöste Immunsuppression nahe, daß Infektionskrankheiten und Autoimmunerkrankungen und vielleicht auch Krebs sehr wohl von Streß beeinflußt werden können. Deshalb läuft die Frage, wie die Seele im Zusammenhang mit Streß und Krankheit den Körper beeinflußt darauf hinaus, die Verbindung zwischen der Geschichte, die besonderen Ereignissen im Umfeld eines Menschen Wichtigkeit und Bedeutung beimißt und der beobachteten Reihe von Reaktionen zu suchen – Reaktionen im Verhalten, in der Physiologie, in den Neurosekretionen und schließlich in Gewebsveränderungen – Krankheit genannt – auf diese Ereignisse.

Das verhedderte Netz dieser Beziehungen und ihre Interaktionen läßt vermuten, daß es am besten ist, Streß nicht als Krankheitsursache zu betrachten, sondern als eine Art psychisches „Pathogen“, das die Anfälligkeit für Erkrankungen beeinflußt.[31] Viren und Bakterien wirken auf bekannte Art und Weise und können zu Krankheit führen. Doch weil viele andere Faktoren die Krankheitsanfälligkeit mit beeinflussen, werden nicht alle Organismen tatsächlich krank, die diesen Pathogenen ausgesetzt sind. Ebenso können Streßreaktionen, die sich auf die hier beschriebene Art entwickeln (so wie auf Arten, die noch zu erhellen sind), möglicherweise zu Krankheit führen. Ob sie das im Einzelfall auch tun, hängt von einer Reihe von weiteren Faktoren im biopsychosozialen Bereich ab, die eine Anfälligkeit begünstigen.

# Projekt 4

## Den Streß an Ihrem Arbeitsplatz messen[32]

Fühlen Sie sich an Ihrem Arbeitsplatz mehr gestreßt als vor einem Jahr?

- ☐ ja
- ☐ nein

Welche körperlichen Anzeichen treten auf, wenn Sie sich gestreßt fühlen?

- ☐ Kopfschmerzen
- ☐ Magen-/Verdauungsprobleme
- ☐ Schmerzen in der Brust
- ☐ häufige Infektionen
- ☐ Schlafstörungen
- ☐ Gewichtszu- oder -abnahme
- ☐ nachlassende Libido
- ☐ andere (bitte genauer ausführen)

Durch welche psychischen Anzeichen manifestiert sich Streß?

- ☐ Launenhaftigkeit, Reizbarkeit
- ☐ Müdigkeit
- ☐ Apathie
- ☐ Depression
- ☐ Angst
- ☐ Frustration
- ☐ Unentschlossenheit
- ☐ Langeweile
- ☐ Schuldgefühle
- ☐ Konzentrationsmangel
- ☐ andere (bitte genauer ausführen)

Durch welche Anzeichen im Verhalten manifestiert sich Streß?

- ☐ Neigung zu Unfällen
- ☐ Alkoholmißbrauch
- ☐ Drogenmißbrauch
- ☐ Aggressivität
- ☐ Beziehungsprobleme
- ☐ Abwesenheit
- ☐ andere (bitte genauer ausführen)

Wie wirkt sich Streß in Ihrem Privatleben auf Ihr Befinden am Arbeitsplatz aus?

- ☐ überhaupt nicht
- ☐ ein wenig
- ☐ ziemlich stark
- ☐ sehr stark

Wie wirkt sich Streß am Arbeitsplatz auf Ihr Privatleben aus?

- ☐ überhaupt nicht
- ☐ ein wenig
- ☐ ziemlich stark
- ☐ sehr stark

Was sind für Sie Hauptursachen von Streß?

- ☐ Arbeitsüberlastung
- ☐ mangelnde Ressourcen
- ☐ Probleme mit Kollegen
- ☐ Probleme mit Vorgesetzten
- ☐ persönliche Schwierigkeiten
- ☐ Sorge über die Sicherheit des Arbeitsplatzes
- ☐ andere (bitte genauer ausführen)

Welche Möglichkeiten werden an Ihrem Arbeitsplatz angeboten, die Ihnen helfen, mit Streß umzugehen?

| | angeboten | genutzt |
|---|---|---|
| Beratungsservice | ☐ | ☐ |
| Unterstützung durch eine Gruppe | ☐ | ☐ |
| Erholungsmöglichkeiten | ☐ | ☐ |
| andere | ☐ | ☐ |

Welche anderen Strategien nutzen Sie, die Ihnen helfen, mit Streß umzugehen?

- ☐ Entspannung/körperliche Betätigung
- ☐ mit Kollegen sprechen
- ☐ Pausen einplanen
- ☐ Arbeit nicht mit nach Hause nehmen
- ☐ Rauchen
- ☐ Alkohol
- ☐ Kaffee oder Tee
- ☐ andere Drogen
- ☐ andere (bitte genauer ausführen)

Wie schätzen Sie Ihre Fähigkeiten ein, mit Streß umzugehen?

- ☐ schlecht
- ☐ durchschnittlich
- ☐ überdurchschnittlich
- ☐ sehr gut

Wie viele Tage waren Sie im letzten Jahr krank?

Wie viele davon hatten mit Streß zu tun?

Bitte füllen Sie den Fragebogen aus, um Ihre derzeitigen Stressoren und Ihre Art, mit ihnen umzugehen, einzuschätzen.

## Kommentierte Bibliographie

**Dobson, Clifford B.:** *Stress: The Hidden Adversary.* Ridgewood, NJ: Bogden & Son, 1983. Eine nützliche Einführung in das Thema Streß wie er in den frühen 80er Jahren verstanden wurde. Gut verständlich für den Anwender ohne wissenschaftlichen Hintergrund.

**Henry, James P.,** and **Patricia M. Stephens:** *Stress, Health and the Social Environment.* Berlin: Springer Verlag 1977. Das erste Kapitel bietet eine sehr verständliche Einführung in die Geschichte des Streßkonzepts und die Verbindung zu Krankheit.

**Newberry, Benjamin H.** et al.: „Stress and Disease: An Assessment." In *Human Stress,* Bd. 2, herausgegeben von James H. Humphrey. New York: AMS Press, 1987. Ein sehr lesenswerter Bericht über die konzeptuellen und methodologischen Probleme für die Streßforschung mit einer nützlichen Einführung in die Psychoimmunologie.

**Rossi, Ernest L.:** *The Psychology of Mind-Body-Healing.* London: W. W. Norton, 1986. Alle Themen dieses Kapitels werden hier ausführlicher behandelt. Zusätzlich werden Hypnose, zustandsabhängiges Lernen und der Placeboeffekt im gleichen neurophysiologischen Rahmen dargestellt.

**Selye, Hans:** *The Stress of Life.* 1956. Nachdruck. New York: McGraw-Hill, 1990. Das ist der Klassiker vom Vater der Streßforschung. Selye läuft zu Höchstform auf, wenn er beschreibt, wie die medizinische Forschung oft mit mehr Glück als Verstand Fortschritte erzielt, wenn sich herausstellt, daß sie ebenso Kunst wie Wissenschaft ist.

**Solomon, George F.:** „The Emerging Field of Psychoneuroimmunology, with a Special Note on AIDS." *Advances* 2 (1985): 6-19. Eine leicht verständliche Einführung in das sich neu entwickelnde Gebiet der Psychoneuroimmunologie.

# 5

## Streß und Krankheit bei Menschen

Das Interesse des Behandlers an der Psychobiologie von Streß und Krankheit ist an sich pragmatisch: welche Art von Stressoren beeinflussen Gesundheit, wann, wo und wie? Unsere Intuition sagt uns – und die tägliche Praxis bestätigt es – daß Streß und wie Patienten damit umgehen, sicher einer der Hauptrisikofaktoren für Krankheit ist. Was können uns Verhaltensforscher über diese Intuition hinaus sagen? Um diese Frage zu beantworten, müssen wir einen Gedankengang untersuchen, der damit beginnt, wie Verhaltensforscher psychosozialen Streß gemessen haben. Vielleicht kann sich der Behandler einige dieser Meßinstrumente für seinen Einsatz ausleihen. Wenn es eine Möglichkeit (oder Möglichkeiten) gibt, Streß zu messen, dann gibt es vielleicht auch gleichmäßige Korrelationen zwischen dem Grad des gemessenen Streß' und dem Auftreten (oder Ausmaß) der berichteten Krankheit.

Diese Hypothese erscheint ganz einfach, doch müssen eine Reihe methodologischer Probleme gelöst werden, um sie bei Menschen zu untersuchen. Diese Probleme führen zu einer Überprüfung, wie die *Forschung angelegt* ist, die Psychologen benutzen, um die verschiedenen Faktoren herauszufiltern, die zu einer Beziehung zwischen Persönlichkeitsmerkmalen, Streßreaktionen und der Art der Stressoren beitragen. Wenn wir erst eine Beziehung zwischen Streß (wie auch immer festgestellt) und Krankheit (wie auch immer definiert) feststellen, müssen wir versuchen, Schlüsse zu ziehen, wie psychische Ereignisse körperliche beeinflussen.

### Die Messung von psychosozialem Streß

Wir sprechen oft sehr unkritisch über „Streß", als ob er eine einheitliche, alles-oder-nichts Variable ist. In Wirklichkeit aber haben Stressoren viele Dimensionen, ganz unabhängig von der speziellen Situation und dem Kontext: akut (zeitlich begrenzt) oder langfristig, er kann eine Folge von Stressoren in Gang setzen, an die man sich nach und nach anpassen muß, er kann chronisch andauernd und unaufhörlich oder chronisch intermittierend sein. Einige Beispiele der verschiedenen *Typen* von Stressoren sind in Tabelle 5.1 aufgeführt.

| Arten von Stressoren | Beispiele |
|---|---|
| akut (zeitlich begrenzt) | Zahnarztbesuch mit Bohren, eine Wespe kommt während der Autobahnfahrt ins Auto, eine Frau wartet auf das Ergebnis einer Brustbiopsie, Langstreckenflug |
| folgend | Ehe, Scheidung, Tod der Partners, Verlust des Arbeitsplatzes, Schwangerschaft, räumlicher Umzug, bedeutender finanzieller Gewinn oder Verlust, Altern |
| chronisch intermittierend | Prüfungen, unangenehme, immer wiederkehrende Treffen mit unangenehmen Kollegen, planmäßige Arzt- oder Zahnarztbesuche mit schmerzhaften Behandlungen, monatliche Fristen |
| chronisch andauernd | schwächende Krankheit, andauernder Beziehungsstreit, langfristig Umweltgefahren oder Berufsrisiken ausgesetzt sein, ständige Fristen und nie endender Zeitdruck, Armut, nutzlose, langweilige Arbeit, akademischer Druck wie „Veröffentlichung oder Fliegen" (publish or perish), unterdrückender Arbeitgeber |

**Tabelle 5.1:** Typen von Stressoren mit Beispielen

Zusätzlich zu den Streßarten gibt es Unterschiede in der *Ursache* des Streß. Stressoren können *biogenisch* sein; davon gibt es zwei Arten: *biophysikalisch* (auf dem Zebrastreifen von einem Auto angefahren werden, ein Skiunfall, eine schwere Verbrennung) oder *somatopsychisch* (eine ernstlich behindernde oder tödliche Krankheit, der Verlust motorischer oder sensorischer Funktionen). Zusätzlich können Stressoren *sozial* sein (unerwartete Entlassung, sinkender Grundstückswert wegen einer in der Nähe gebauten Autobahn), *zwischenmenschlich* (plötzliche Trennung von einem Partner), *persönlich* (keinen Verleger für ein Buch finden, ein lukrativer Geschäftsabschluß wird nicht erreicht), oder auch *spirituell* (Sinnverlust, Ausgebranntsein, „ewiger Trott"). Die großen Unterschiede in der Art und dem Ursprung von Stressoren muß in Betracht gezogen werden, wenn man sich mit Forschung beschäftigt, die vorgibt, die Beziehung zwischen Streß und Krankheit aufzuzeigen. Wir müssen immer fragen: „Welche Art von Streß, wie intensiv und wie lang andauernd, auf welche Arten von Krankheit?"

Wenn man an Streß denkt, ist es wichtig zu bemerken, daß, abgesehen von biophysikalischen Stressoren, kein Ereignis im Leben für sich den Wert eines Stressors hat. Nur wenn ein Ereignis von einem Menschen wahrgenommen und als gefährlich eingeschätzt, oder als Bedrohung für den Selbstwert oder als Verlust persönlicher Ressourcen beurteilt wird, löst ein Stressor Disstreß aus. Dieser persönliche Faktor hat sich für eine systematische Klassifizierung und die Messung universeller Stressoren als zähes Hindernis erwiesen. Er ist aber ein Schlüssel für den Umgang mit Streß, denn die Einschätzung und Beurteilung von Ereignissen im Leben kann prinzipiell geändert werden. Wenn das, was einmal ein Stressor war, in eine Herausforderung umgewandelt werden kann, die Energie und Engagement freisetzt, dann kann Streß durch eine neue, wahrscheinlich gesündere Reaktion ersetzt werden.

## Kürzlich erlebte bedeutsame Ereignisse

Vor ungefähr 30 Jahren entwickelten Prof. Thomas Holmes und R. H. Rahe, zwei Ärzte und Streßforscher an der University of Washington, eine Liste von 42 potentiell streßvollen Lebensereignissen, die ein Klassiker wurde.[1] Diese reichen von umwälzenden Ereignissen wie der Tod des Partners oder Entlassung zu weniger schlimmen, aber immer noch problematischen Situationen wie Umzug, Arbeitsplatzwechsel und Zusammenstöße mit der Polizei. Die meisten der 42 Ereignisse sind schädlich, obwohl auch einige darunter sind, die normalerweise positiv angesehen werden wie Ehe, Urlaub und ungewöhnlicher finanzieller Erfolg. Sie wurden in die ursprüngliche Liste mit aufgenommen, weil stark positive Ereignisse eine Anpassung brauchen (erinnern Sie sich and Selye's Definition von Streß); denn Anekdoten berichten von Menschen, die bei einem Lotteriegewinn zusammenbrachen.[2] Jedem der 42 Vorkommnisse ist ein Anpassungswert zugeordnet. Dabei rangiert der Tod des Partners mit 100 an erster Stelle in der Skala, die weniger schlimmen Ereignisse haben weniger als 20 (d.h. sie erfordern im Durchschnitt weniger als 1/5 der Anpassung im Vergleich zum Tod des Partners). Der Punktwert für die einzelnen Themen wurde eingestuft auf der Basis, wieviel man in seinem Leben wegen des Ereignisses verändern muß. Jeder Aspekt des Lebens ist zerrissen, wenn man den Partner verliert, aber nur einige wenige Aspekte werden durch unbedeutendere Ereignisse unterbrochen.

In der Originalforschung von Holmes und Rahe mit ihrer *Aufstellung der bedeutenden gegenwärtigen Lebensereignisse* berichteten tausend Angestellte der US Marine die Häufigkeit jedes der 42 Ereignisse im Laufe eines Jahres. Die Anzahl der genannten Ereignisse multipliziert mit dem geschätzten Anpassungswert für jedes Ereignis wurde addiert. So stellte man fest, daß Seeleute mit über 300 Punkten durchschnittlich eine doppelt so hohe Wahrscheinlichkeit hatten, in den nächsten sechs Monaten krank zu werden, als die, die unter 150 Punkten hatten. Nehmen Sie zur Kenntnis, daß bei dieser Studie ein Test vorgegeben und bepunktet und dann herangezogen wurde, um Krankheit *vor* ihrem Auftreten vorherzusagen. Das ist ein Beispiel für eine *prospektive Versuchsanordnung.* In einer anderen *Studie*[3] wurde die Liste der bedeutenden gegenwärtigen Vorkommnisse an Patienten im Krankenhaus gegeben und an Gesunde, die, was Alter, Geschlecht, Ehestatus, soziale Schicht und Einkommen betrifft, den einzelnen Patienten entsprachen. Hier waren die Testergebnisse bei den Patienten deutlich höher als bei den entsprechenden gesunden Kontrollpersonen. Diese zuletzt genannte Art von Untersuchung ist ein Beispiel für eine *retrospektive* Versuchsanordnung, weil das Streßniveau nach Auftreten der Krankheit bestimmt wurde. Die retrospektiven Studien hatten die Schwierigkeit, daß Menschen häufig glauben, daß Streß mit Krankheit in Verbindung steht und deshalb dazu neigen, in der Erinnerung zu suchen und etwas zu finden, was nach Auftreten ein bedeutendes Lebensereignis war. Ein gesunder Mensch andererseits wird dieses Thema vielleicht nicht einmal als bedeutendes Lebensereignis ansehen, weil er es nicht mit Krankheit in Verbindung bringt. Außerdem ist bekannt, daß recht gesunde Menschen dazu neigen, vergangene Ereignisse häufiger zu vergessen als kranke.[4]

Die Liste der bedeutenden jüngsten Lebensereignisse ist zusammen mit dem Bewertungsschlüssel in Abbildung 5.1 dargestellt. Beim Auswerten der Punkte nach diesem Vorgehen, denken Sie bitte daran, daß eine hohe Punktzahl (über 300) nicht notwendig bedeutet, daß Krankheit bevorsteht oder unausweichlich ist. Diese Liste ist eine *statistische* Vorhersage. Außerdem sagt eine hohe Punktzahl nichts über die Schwere einer

Krankheit aus, die auftritt, denn eine Erkältung, Diabetes, Verstopfung und Krebs im Endstadium wurden beim Erstellen der Liste alle gleich gewertet. Eine hohe Punktzahl deutet an, daß das Leben im vergangenen Jahr voll Ereignissen war, an die sich die meisten Leute anpassen müssen. So jemandem kann empfohlen werden, einige der Streßreduzierungstechniken aus Kapitel 6 und 7 zu erwägen, um die ungewöhnlich hohe Anzahl der momentanen potentiellen Stressoren auszugleichen. Umgekehrt garantiert eine niedrige Punktzahl keine Gesundheit. Diese Einschränkungen der Liste von Lebensereignissen sind typisch für die Ungenauigkeit von Gruppenstudien, die durchschnittlichen Gruppenstreß mit durchschnittlicher Krankheitshäufigkeit gleichsetzen.

In einer anderen Studie wurde eine durchgängige Beziehung zwischen kürzlichen Lebensänderungen und plötzlichen Herzanfällen festgestellt, als 279 Überlebende eines Myokardinfarktes und die Partner von 226 Opfern eines akuten Herzversagens interviewt wurden.[5] Die Überlebenden und die verwitweten Partner bestätigten einen deutlichen Anstieg der Lebensänderungen bei sich selbst und den Opfern beziehungsweise in den sechs Monaten vor dem Infarkt im Vergleich zur gleichen Zeitspanne ein Jahr früher. In einer zweiten Studie wurden 18 Männer und Frauen mit Myokardinfarkt, die schließlich an der Erkrankung starben, mit 18 entsprechenden Personen verglichen, die sechs Jahre später noch lebten. In der Gruppe der Erkrankten war eine auffallend höhere Punktzahl an Vorkommnissen.[6]

Obwohl die Liste der Veränderungen im Leben beliebt ist, weil sie einfach und direkt ist, so ist sie doch tatsächlich eine recht ungenaue Krankheitsvorhersage. Das überrascht kaum, weil die Punktwerte auf einer *allgemeinen* Reaktion basieren. Tatsächlich aber reagiert jeder unterschiedlich auf seine „Lebensereignisse“, je nachdem was diese Situation für ihn persönlich bedeutet. Keines der 42 Streßthemen auf der Liste ist an sich streßvoll. Die wirklichen Streßwerte für einen speziellen Menschen sind einzigartig für diesen Menschen. Die Aussagekraft dieser Liste erhöht sich beträchtlich, wenn Persönlichkeitsmerkmale wie „die Neigung zu reagieren“ oder „Widerstandsfähigkeit“ in das Interview mit einbezogen werden.[7] Wenn also der Hang zu reagieren gering ist oder die Widerstandsfähigkeit gegen Streß hoch, dann kann eine Person viele gleichzeitige Änderungen erleben, ohne unter pathophysiologischen Streßfolgen zu leiden.

Weil die Liste davon ausgeht, daß die Ereignisse für jeden gleichermaßen streßvoll sind (eindeutig falsch), haben andere Streßforscher persönlichere Einstufungen entwickelt. Diese sind so entworfen, daß sie die unbedeutenderen idiosynkratischen Anspannungen, Anstrengungen und Vergnügen im Leben eines Menschen erfassen, die in blumiger Sprache als „die täglichen Mühen und Höhen“ bezeichnet werden.[8] Der als Projekt 4 im letzten Kapitel vorgestellte Fragebogen zum Erfassen von Streß am Arbeitsplatz ist ein weiteres Beispiel einer eher persönlichen Streßbestandsaufnahme. Einige Kliniker fanden es sehr nützlich, ihn an Patienten zu verteilen.

## Streß am Arbeitsplatz

Für viele Menschen ist Arbeit streßvoll. Eine amerikanische Untersuchung von Hochschullehrern stellte fest, daß ihr Milchsäurespiegel im Serum (ein Anzeichen für die Aktivität streßbedingter Muskelspannung) um so höher war, je mehr sich die Dozenten unter Leistungsdruck fühlten.[9] Wenn die Arbeitsüberlastung und der Druck mit Verantwortung für Menschenleben einhergehen statt Verantwortung nur für Produkte, steigt das Streßpotential. Angestellte im Flugsicherheitsdienst waren häufig Versuchspersonen in der Streßforschung, weil sie unter sehr hohem Druck stehen und sehr viel Verantwortung haben. Die Krankheitshäufigkeit Angestellten im Flugsicherheitsdienst und Piloten der Luftwaffe wurden häufig verglichen. Obwohl beide Jobs eine große Herausforderung darstellen, haben die Kontrolleure eine hohe Verantwortung für andere Menschen, während die Piloten für sich selbst und ihre Ausrüstung verantwortlich waren. Bluthochdruck trat bei den Flugsicherheits-Leuten viermal so häufig auf; Diabetes und Magengeschwüre doppelt so häufig. All diese Erkrankungen wurden bei den Kontrollen häufig in deutlich jüngerem Alter festgestellt. In einer der wenigen Studien, in der quantitative Unterschiede bei den Stressoren untersucht wurden, hing die Krankheitshäufigkeit außerdem eindeutig mit dem Verkehrsaufkommen auf ihrem Flughafen zusammen. Die verkehrsreichsten Flughäfen waren ein höheres Gesundheitsrisiko als die ruhigen Provinzflughäfen.[10]

Eine hohe Verantwortung und ein hohes Arbeitspensum scheinen zwar Gesundheitsrisiken zu sein, aber auch monotone, langweilige Routinearbeit. Die Erforschung vom Streß am Arbeitsplatz wurde von einer Gruppe von schwedischen Forschern sehr vorangetrieben, die überzeugend gezeigt haben, daß nicht über Überarbeitung, sondern auch *zu wenig* Arbeit ein mächtiger Stressor sein kann. Außerdem haben ihre Studien demonstriert, daß ein Arbeitsumfeld, das Gefühlen der Machtlosigkeit und Entfremdung Vorschub leistet, für die Mehrzahl der Arbeiter intrinsischen Streß bedeutet.[11] In einer klassischen Studie über Sägewerkarbeiter, die hobelten, schleiften, sortierten, monotone Arbeit, die schnelle Entscheidungen erforderte, aber wenig soziale Kontakte bot und keine Kontrolle über den Arbeitsablauf, wurde festgestellt, daß die Urinanalyse der Arbeiter erhöhte Werte von streßbedingten Stoffwechselnebenprodukten aufwies; besonders erhöht waren Katecholamine, die auf eine Überaktivität des Sympathikus und des Nebennierenmarks hinweisen. Verglichen mit anderen Arbeitern im selben Sägewerk, die eine kreativere und interessantere Arbeit hatten, hatten die Arbeiter mit der sich wiederholenden Tätigkeit häufiger Kopfschmerzen, Bluthochdruck und gastorintestinale Störungen, inklusive Geschwüre.[12]

Können wir irgendwelche allgemeine Schlußfolgerungen ziehen aus dem Streß der *Überarbeitung* der Leute vom Flugsicherheitsdienst, deren berufliche Verantwortung sehr hoch ist und häufige Entscheidungen erfordert und die ebenso streßreiche *unterfordernde* Arbeitsumgebung der schwedischen Sägewerksarbeiter, in der Anforderungen anderer Art hoch sind, doch die Kontrolle über den Arbeitsablauf gering ist? Der beste allgemeine Schluß, den wir momentan ziehen können, ist, daß extreme Werte der Arbeitsanforderungen (hoch *oder* gering) mit hohen Streßwerten assoziiert werden, wie durch erhöhtes Kortisol und Krankheitsanfälligkeit gemessen wurde; diese Neigung kann durch geringe Kontrolle über die Arbeitsbedingungen verstärkt werden. Umgekehrt ist ein Arbeitsplatz mit mäßiger bis hoher Arbeitsanforderung, der mit einem Gefühl, etwas zu leisten, assoziiert wird und relativ streßfrei ist, und wenn der Arbeiter die Arbeitsumgebung stark beeinflussen kann,wahrscheinlich der Entwicklung förderlich.[13]

## Klinische Beobachtungen und Fallbeispiele

Die vorangegangenen Abschnitte zeigen, wie Verhaltensforscher und Epidemiologen, psychosozialen Streß zu messen versuchen und ihn zu körperlicher Krankheit in Beziehung zu setzen. Es sollte betont werden, daß die Verbindungen, die zwischen Erkrankungen und Variablen wie bedeutende Lebensereignisse, die Anzahl täglicher Reibereien oder Anforderungen am Arbeitsplatz festgestellt wurden, rein korrelativ sind. So vielsagend die Ergebnisse solcher Studien auch sein mögen, sie können nie eindeutig kausale Verbindungen zwischen Streß und Erkrankung herstellen, aus dem einfachen

Grund, weil einige andere, unbemerkte Variablen, die mit dem Variablen des Experiments in Zusammenhang stehen, die Basis für die Korrelation bilden könnten. Obwohl die Studien mit den Leuten in der Flugsicherung beispielsweise darauf hinzuweisen scheinen, daß der Druck am Arbeitsplatz pathogen wirkt, kann die Möglichkeit nicht ausgeschlossen werden, daß einige andere ungemessenen Variablen (wie die erhöhte Luftverschmutzung an verkehrsreichen Flughäfen) die wirklich ursächliche Variable für das beobachtete Gesundheitsrisiko ist.

Kann der Allgemeinarzt selbst, der ja das Leben und die Familiensituation des Patienten oft gut kennt, ein Programm zur Streßforschung auf der Basis einer gründlichen Analyse des Einzelfalles durchführen? Sicher kann der Kliniker oft vielsagende Streßfaktoren herausgreifen, die mit der derzeitigen Krankheit des Patienten in Verbindung stehen. Desmond O'Neill legte eine Reihe von Fällen im Zusammenhang mit Streß (!) aus seiner eigenen Familienpraxis vor, die den allgemeinen Ansatz zeigen. Sie umfassen zahlreiche Leiden, von Bauchschmerzen über prämenstruelles Syndrom, Migräne zu Erkrankungen der oberen Luftwege. Traditionell wird die erzählende Fallgeschichte von Sozialwissenschaftlern nur als Anekdote oder naheliegende Offenkundigkeit angesehen, die an sich keine Ursache-Wirkung-Beziehung beweisen kann. Doch kann man Fallbeispiele nicht leichtfertig von der Hand weisen, besonders wenn sie von erfahrenen Behandlern berichtet wurden, die sich um objektive Berichterstattung bemühen. Tatsächlich stammen die meisten unserer Hypothesen über Streß und Krankheit aus solch „anekdotischen" Beobachtungen. Auch wenn O'Neill seine Patienten allopathisch behandelt, so hat seine durchgängige psychosomatische Sichtweise viel mit unserem psychobiosozialem Rahmen gemeinsam. Naturheilkundliche Behandler können viel von so altmodischen Familienärzten lernen. Einige von O'Neills Fällen sind unten kurz beschrieben, um das Einfühlungsvermögen und die Art des Einzelfalles zu vermitteln.[14]

***Nasalsymptome.*** Das Syndrom Niesen, eine laufende Nase, eine verstopfte Nase und Kopfschmerzen stellen für manche Menschen eine Streßstörung dar. Wenn die Symptome in der Zeit des Pollenfluges auftreten, wird die Störung oft als „Heuschnupfen" bezeichnet, doch dieser Name ist irreführend, weil er besagt, daß der einzig kausative Faktor darin besteht, dem Antigen, den Pollen, ausgesetzt zu sein.

> Eine 30jährige Frau litt seit ihrem 14. Lebensjahr jedes Jahr von Mai bis August unter „Heuschnupfenanfällen". Sie stammte aus Nordengland und im Gespräch gab sie zu, daß sie sich in London sehr unglücklich und frustriert fühlte. Sie wurde einige Monate lang beobachtet und man stellte fest, daß sie nur in London „Heuschnupfen"-Symptome hatte, nicht aber, wenn sie bei ihren Verwandten im Norden war.[15]

***Hautprobleme.*** Jucken ist ein häufiges und wichtiges Symptom bei Hauterkrankungen. Ja, für viele Patienten ist es die eigentliche Krankheit. Nur wenige Menschen mit Ekzemen würden sich die Mühe machen, in die Klinik zu kommen, wenn ihre Haut nicht jucken würde. Bei anderen Hautkrankheiten ist es der kosmetische Aspekt, der die Leute stört.

> Eine 50jährige Frau bemerkte das plötzliche Auftreten von Akne necrotica nach einem Kampf ihres Hundes mit einem seiner Feinde; nachdem sie die Treppe heruntergefallen war, nachdem sie ihre kranke Schwester gepflegt hatte und nach einer Phase von Depression und Schlafstörungen aufgrund von häuslichen Schwierigkeiten. Sie sagte: „Wenn ich mich aufrege, treten die Pickel auf und beginnen zu jucken."[16]

Ein 36jähriger Mann, Taxifahrer, sagte über seine Psoriasis: „Ich fühle mich deswegen befangen. Das ist die Wurzel der ganzen Geschichte. Ich fühle mich elend und angespannt." Obwohl die Flecke nicht groß waren, war er sicher, daß die Leute sie bemerken würden. In der Öffentlichkeit glaubte er, er falle auf, fühlte sich deshalb sehr unwohl und kratzte. Die Psoriasis wurde schlimmer, wenn er depressiv war und besser, wenn er zufrieden war. Es war nicht leicht, eindeutig festzustellen, was die Ursache und was die Wirkung war. Im großen und ganzen schien der Stimmungswandel zuerst aufzutreten. Tiefer Schlaf und keine Sorgen machten die Läsionen heller. Schlechtes Geschäft und Geldsorgen machten die Haut röter und die Läsionen breiteten sich aus. Auch wenn er die Ausschläge bemerkte und sich deswegen schuldig fühlte, verschlechterte die Krankheit.[17]

***Bluthochdruck.*** Der folgende Fallbericht zeigt, wie eine Situation des Grolls bei einer medizinischen Untersuchung einen Blutdruckanstieg bewirken kann.

Ein 29jähriger Werbefachmann in einem großen Konzern wurde überwiesen, weil festgestellt wurde, daß sein diastolischer Blutdruck 105 mmHg betrug, als er sich um die Stelle bewarb. Bei einem weiteren Besuch einen Monat später war sein Blutdruck 138/80 und sein Kreislaufsystem normal. Es stellte sich heraus, daß sein früherer Arbeitgeber, ein Choleriker, ihn mit Arbeit eindeckte und ihn mit Versprechungen auf eine hohe Belohnung bei der Stange hielt, es aber immer vermied, ihm einen sicheren Vertrag zu geben. Diese Täuschung hatte den Zorn des Patienten erregt, so daß er sich schließlich entschloß zu kündigen. Das Vorstellungsgespräch für die neue Stelle war lang, aber sehr freundlich. In einer letzten Sitzung unmittelbar vor der medizinischen Untersuchung, bei der der hohe diastolische Wert zutage kam, bekam er plötzlich eine beunruhigende Frage gestellt – was war mit seiner jetzigen Stelle, daß er mit dem Gedanken spielte, eine schlechter bezahlte anzunehmen? An diesem Punkt in seiner Erzählung, als er seinen Groll gegen seinen früheren Arbeitgeber wieder erlebte, wurde festgestellt, daß sein Blutdruck auf 170/104 gestiegen war.[18]

## Tierversuche zu Krankheiten

Tierversuche zu Humanerkrankungen stellen eine andere, recht unterschiedliche Möglichkeit dar, die Beziehung zwischen Streß und Krankheitspathologie zu untersuchen. Obwohl solche Experimente stark unter der Verallgemeinerung leiden, können uns solche Studien helfen, die Psychogenese menschlicher Krankheiten besser zu verstehen. Wir stellten fest, daß Menschen physiologisch höchst unterschiedlich auf Streßereignisse in ihrer Umgebung reagieren. Die Streßreaktionen sind gleichbleibend und können sogar ererbt sein. Eine Reihe exemplarischer Tierversuche untersuchte die Beziehung zwischen ererbten Faktoren und umweltbedingten bei der Entstehung von Bluthochdruck bei Ratten.[19] Zwei genetisch verschiedene Arten von Ratten wurden von einzelnen Ratten aufgezogen, die entweder (a) sehr empfänglich für oder (b) sehr unempfindlich gegen Bluthochdruck waren, der durch salzhaltiges Futter, Verabreichung von Hormonen der Nebennierenrinde oder durch Verschluß der Nierenarterien hervorgerufen wird. Hungrigen Ratten aus beiden genetischen Arten *a* und *b* wurde beigebracht, einen Hebel zu drücken, um Futterpellets zu bekommen; alle Tiere verdienten sich ihre tägliche Futterration durch das Drücken des Hebels. Nachdem das Hebeldrücken gründlich erlernt war, wurde die Verstärkung durch Futter reduziert und unvorhersagbar gemacht. Ein Futterpellet war dann im Durchschnitt nur ungefähr einmal pro Minute für ein Hebeldrücken zu bekommen. Gleichzeitig jedoch wurde das Hebeldrücken unvorhersagbar mit kurzen, schmerzhaften Elektroschocks auf die Pfoten kombiniert; durchschnittlich kam mit

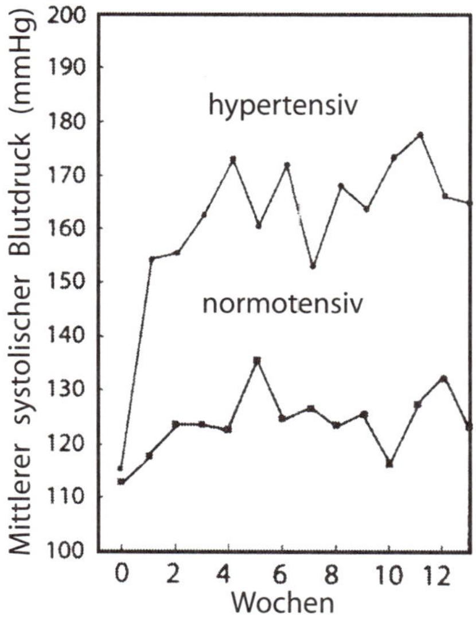


**Abbildung 5.1:** Erhöhter Blutdruck bei Ratten über 13 Wochen Konflikttraining

jedem 8. Hebeldrücken ein Elektroschock. Die Versuchstiere waren also in einer Konfliktsituation: sie mußten sich ihre tägliche Futterration erarbeiten, doch bei dieser Arbeit zogen sie sich selbst-herbeigeführte Elektroschocks zu. Die metaphorische Ähnlichkeit dieser Lebensweise mit vielen Arbeitsbedingungen für Menschen ist recht augenfällig.

Das Experiment dauerte 13 Wochen; das Ergebnis ist in Abbildung 5.1 dargestellt. Während der ersten Woche des Experiments, als keine Elektroschocks durchgeführt wurden, zeigte sowohl die für Bluthochdruck anfällige Art (*a*) als auch die gegen Bluthochdruck resistente Art (*b*) (in Abbildung 5.1 normwertig genannt) vergleichbare (niedrige) Blutdruckwerte. Zu Beginn der zweiten Woche, als der Konflikt auftrat, erhöhte sich der Blutdruck der anfälligen Art drastisch und erreichte seinen höchsten Punkt in der fünften Woche, wo er die restlichen acht Wochen des Experiments blieb. Drei Monate nach Beendigung des Experiments waren die Blutdruckwerte der streßanfälligen Art wieder auf den Normwert gesunken.

Dieser Tierversuch hebt die Interaktion von zwei Hauptvariablen hervor, die, so glaubt man, mit essentiellem Hochdruck in Verbindung stehen: (1) ererbte Unterschiede, auf Streß zu reagieren und (2) eine Umgebung mit Streßereignissen (die Elektroschocks in Verbindung mit der Anforderung, sich die tägliche Nahrung zu erarbeiten).

Obwohl Tierversuche höchstens vielsagende Anzeichen für die Pathogenese menschlicher Krankheiten sein können, verstärkt dieses eindeutige Experiment mit guten Vergleichswerten[21] unsere Vermutung über die ursächliche Rolle des Konfliktstreß bei Bluthochdruck.

## Mechanismen, die Streß und Krankheit verbinden

***Durch Streß ausgelöste Verhaltensweisen.*** Vorausgesetzt andauernder oder intensiver Streß (Dis-Streß) kann für körperliche Erkrankungen prädisponieren, auf welchem Weg findet diese Interaktion statt ? Einmal durch die Verhaltensweisen, mit denen Menschen Streß lindern, die an sich schon Gesundheitsrisiken sind. Alkohol zu trinken, um die Sinne zu betäuben, und dabei den wahrgenommenen Streß zu reduzieren und den empfundenen Disstreß zu verringern, kann zu Alkoholabhängigkeit führen mit folgendem Leberschaden und erhöhter Anfälligkeit für viele weitere Krankheiten. Streß kann zu Ängstlichkeit und Depression führen, die beide Aktivität und die Motivation, sich körperlich fit zu halten, herabsetzen, und wieder die Möglichkeit einer Erkrankung erhöhen. Bekanntlich bewältigen manche Menschen Streß durch Überessen, werden auf diese Weise fettleibig mit den dazugehörigen Risiken und erhöhtem Auftreten von Krankheiten. Andere wiederum ernähren sich schlecht, vernachlässigen die Ernährung und setzen sich so einem Risiko aus. Ganz allgemein neigen Menschen unter Streß zu schlechten Gewohnheiten für die Gesundheit. Vielleicht rauchen sie mehr, ernähren sich schlecht, trinken mehr Alkohol und schlafen weniger, was alles die Immunreaktion beeinflussen kann.[22] Gesundheitsfördernde Verhaltensweisen im Umgang mit Streß werden später ausführlicher besprochen. Jetzt bleibt als entscheidender Punkt festzustellen, daß die Krankheitssymptome eines Patienten leicht mit seinen schlechten Gewohnheiten zusammenhängen können, wie er mit den Streßfaktoren und den Anstrengungen des modernen Lebens umgeht.

***Direkte physiologische Verbindungen.*** Essentieller Bluthochdruck bei Menschen ist definiert als dauerhaft erhöhter diastolischer arterieller Blutdruck über 100 mmHg mit unbekannter Ursache und ist ein ernster Risikofaktor für koronare Herzerkrankungen und Schlaganfall. Frühe psychoanalytische Studien charakterisierten den Hypertoniepatienten als voll unausgedrückter (unterdrückter) Feindseligkeit und Ärger. Diese Menschen wagten nicht, ihre Gefühle auszudrücken, weil – so glaubte man – sie in der Kindheit erlebten, daß sie die Liebe ihrer Eltern verlieren würden, wenn sie ihren Ärger zeigten. Als Erwachsene kommen die unterdrückten ärgerlichen Emotionen selten an die Oberfläche, sondern führen zu geringfügiger chronischer Spannung und Aktivität des sympathischen Nervensystems, und eine Folge davon ist erhöhter Blutdruck. Jedoch der zugrundeliegende Konflikt zwischen dem Wunsch, den Ärger auszudrücken, und der Angst davor, ist nicht völlig versteckt. Er zeigt sich in gesteigertem Ärger über unbedeutendere Ereignisse wie die Schwierigkeit, einen Parkplatz zu finden, im Supermarkt in der Schlage zu stehen, Münzen, die der Münzfernsprecher nicht annimmt, Verzögerungen im Verkehr und an Flughäfen. Die Neigung zu solchen Streßreaktionen wurde in einer *Liste täglicher Ärgernisse* zusammengefaßt.[23]

Hypertoniepatienten neigen auch dazu, emotionaler, reizbarer, mit mehr Schuldgefühlen, ängstlicher, unsicherer und sexuell gehemmter zu sein als Patienten mit normalen Blutdruckwerten. Sie erscheinen anderen gegenüber allzu rücksichtsvoll, ängstlich und angespannt. Je mehr sie diese Eigenschaften an den Tag legen, desto höher werden ihr Widerstand in der Peripherie und ihre Blutdruckwerte. Wenn sie emotional gereizt werden, steigt ihr diastolischer und systolischer Blutdruck stärker an als bei normalen Menschen. Die Hochdruckpatienten, die Interesse an Vertretern des anderen Geschlechts ausdrücken, haben eine stark erhöhte Herzfrequenz und diastolische Blutdruckwerte. Es scheint auch so, daß der typische Hypertoniker relativ wenige enge und vertraute zwischenmenschliche Beziehungen hat. Ganz offensichtlich fühlt sich der Hypertoniker in Gesellschaft weniger wohl als jemand mit normalem Blutdruck. Ein Grund dafür könnte sein, daß die anderen Menschen den Kampf des Hypertonikers, Feindseligkeit und wütende Aggression zu unterdrücken, mitkriegen, die dann dazu neigen, sich zurückzuziehen und dem Menschen Intimität verweigern. Falls das so ist, könnte das als eine positive Feedbackschleife fungieren und zu zusätzlicher Frustration führen, die erwartungsgemäß das bereits erhöhte Spannungsniveau des Menschen noch weiter erhöht.[24]

Die Untersuchungen über essentiellen Hochdruck belegen, daß der typische Hypertoniker mit einer starken Tendenz zu unterschwelligem Streß lebt, der sehr wohl ein ätiologischer Faktor für seinen Zustand sein kann. Der oben besprochene Tierversuch ist ein weiterer zufälliger Beweis, daß ein Konflikt eine latente Anfälligkeit für hohen Blutdruck hervorrufen kann. Wie könnte also chronischer Streß tatsächlich zu essentiellem Bluthochdruck führen? Cannons Seite der Streßreaktion (siehe Kapitel 4) beinhaltet die Aktivierung des Nebennierenmarks mit erhöhter Adrenalinausschüttung. Dies führt direkt zu einem erhöhten Schlagvolumen des Herzens und erhöhtem Widerstand in den Kapillaren, was beides den Blutdruck erhöht. Aber auch Selyes Hypophysen-Nebennierenrinden-Achse trägt dazu bei, weil Mineralokortikoide (Aldosteron) bewirken, daß die Niere Salz und Wasser zurückhält, was ebenfalls den Blutdruck erhöht. Falls der Streß länger anhält oder wiederholt auftritt, was zur Widerstandsphase des Allgemeinen Anpassungssyndrom führt, werden Fette in den Blutstrom abgegeben, teils um dem Organismus Energie zur Verfügung zu stellen. Fette sind aber auch Vorläufer der Cholesterinplaques, die produziert werden, um mikroskopische Risse in den peripheren Blutgefäßen zu reparieren; denn diese sind dem erhöhten Druck ausgesetzt, der durch den hohen Blutdruck verursacht wird. Doch diese Plaques verengen die Blutgefäße und sorgen so für einen möglichen Mechanismus für eine dauerhafte Veränderung des Blutdruck-Setpoint; die ist charakteristisch für die allmähliche Entwicklung von Bluthochdruck beim Menschen, der sich schleichend über viele Jahre entwickelt. Während die Beschreibung von eben spekulativ ist – es besteht eine Kontroverse über die exakte Rolle des neuronalen, renalen und vaskulären Feedbackmechanismus – wird er doch hier vorgestellt, um zu zeigen, daß an der Art, wie psychogene Faktoren die Ätiologie körperlicher Erkrankungen beeinflussen, im Prinzip nichts Esoterisches oder Mysteriöses ist.

***Das Immunsystem drosseln.*** Bedenken Sie folgenden Fall. Norman Cousins, der frühere Herausgeber des *Sunday Review*, erkrankte an einer schlimmen Autoimmunerkrankung des Bindegewebes, Spondylarthritis ankylosans. In Zusammenarbeit mit seinem Arzt (dessen Aufgabe hauptsächlich darin bestand, die medizinische Bürokratie aufzuklären), entwickelte Cousins seinen eigenen Behandlungsplan. Der ging von der Annahme aus, daß seine Erkrankung das Ergebnis von Streß war und daß deshalb energetisierende, positive Emotionen seine Genesung unterstützen sollten. Cousins ordnete an, daß an seinem Krankenhausbett Filme von Charlie Chaplin und Laurel und Hardy gezeigt wurden und untersuchte die Blutsenkung vor und nach diesen lustigen Filmen, die ihn trotz seiner Krankheit schallend lachen ließen. Die Blutkörperchensenkungsgeschwindigkeit sank systematisch und ständig nach jeder Filmvorführung und Cousins wurde vollkommen gesund und schrieb ein Buch über seine Erfahrung.[25] Cousins Experimente an sich selbst stellen ein faszinierendes Beispiel einer wissenschaftlichen Studie eines Einzelfalles dar, bei der der Forscher gleichzeitig sein eigenes Forschungsobjekt ist; das ist ein neuartiges Vorgehen, das sich uns in der Naturheilkunde empfehlen sollte. Die einzige Folgestudie bisher, die von solch faszinierenden Ergebnissen berichtet, zeigt, daß Lachen tatsächlich das Immunglobulin A im Speichel erhöhen kann, was impliziert, daß die Aktivität von B-Lymphozyten durch positive Emotionen gefördert werden kann.[26]

In Kapitel 4 besprachen wir die Anzeichen, die die Behauptung unterstreichen, daß psychosozialer Streß tatsächlich zu Immunsuppression führen kann. Wie dort festgestellt, zeigen Medizinstudenten bei ihren Prüfungen nicht nur dauerhafte Veränderungen in ihrer Immunfunktion, sondern sie berichteten auch von einem gleichzeitigen Anstieg von Infektionen der oberen Luftwege zu Prüfungszeiten.

Über einen Zeitraum von Jahren hinweg einen Verwandten mit seniler Demenz oder Alzheimer zu betreuen und pflegen wurde als besonders streßvoll charakterisiert.[27] Die Pflege eines Familienmitgliedes mit progressiver Senilität bedeutet, mit schwerwiegenden Verhaltensproblemen wie z. B. Umherwandern, Inkontinenz und die nachlassende Fähigkeit, mit vertrauten Familienmitgliedern zu kommunizieren oder sie zu erkennen, umzugehen. Solche Betreuer haben das Unglück, zu erleben, wie ein geliebter Mensch über einen Zeitraum von Jahren immer mehr verfällt. Erwartungsgemäß ist der Streß enorm, mit anzusehen, wie sich ein Partner von einem sorgenden, liebenden Menschen in eine leere Hülle eines menschlichen Wesens verwandelt.

Zusätzlich zur anstrengenden Pflege zieht die Betreuung, auch viele andere Facetten des Lebens des Betreuers in Mitleidenschaft. Eine Studie stellte fest, daß Betreuer von Alzheimer-Erkrankten durchschnittlich acht Stunden am Tag mit der Pflege beschäftigt sind und deshalb wenig Zeit haben, ihren eigenen Aktivitäten nachzugehen. Mit fortschreitender Demenz ist immer mehr Pflege notwendig und es überrascht nicht, daß bei den Betreuern häufiger Depressionen festgestellt werden als bei Nicht-Pflegenden und daß die Immunfunktion betroffen ist. Eine Studie vom Glaser/Kiecolt-Team in Ohio zeigte, daß Betreuer von Alzheimerpatienten bei drei Messungen Immunfunktion eine Verringerung der Immunfunktion aufwiesen im Vergleich zu einer entsprechenden Kontrollgruppe. Im Vergleich zu den Nicht-Pflegenden dauerten die Infektionen der oberen Luftwege bei den Pflegenden länger, was deutlich mehr Arztbesuche zur Folge hatte; dies wiederum impliziert, daß die Infektionen schlimmer waren.[28]

Vierzig Medizinstudenten im ersten Studienjahr wurden ein akademisches Jahr lang auf Erkältungen, Grippe und allgemeine Erkrankungen der oberen Luftwege hin überwacht. Die Studenten berichteten von mehr akuten Infektionskrankheiten, die ihre Aktivität einschränkten, während der Examenszeiträume als zu Zeiten ohne Prüfungen. Andere retrospektiven Studien belegen, daß Menschen häufiger in die Praxis kommen und ernstere Atemwegserkrankungen haben, wenn ihre Punktzahl der einschneidenden Vorkommnisse (siehe Projekt 5) steigt. Mindestens eine Studie belegt, daß drei bis vier Tage vor einer Atemwegsinfektion erhöhter Streß berichtet wurde, was gut zur 24–72stündigen Inkubationszeit vieler häufig vorkommender Erkältungserreger paßt.[29]

Eine Reihe von Untersuchungen legen nahe, daß Streß ein Risikofaktor ist für die Entwicklung und den Rückgang von Herpesinfektionen. Die zelluläre Immunität gilt als entscheidender Faktor sowohl für das Ausbrechen der Infektion als auch für die nachfolgende klinische Symptomatologie. Geschwächte zelluläre Immunität, wie bei AIDS-Patienten oder Patienten, die sich einer Chemotherapie unterziehen, wird mit der Reaktivierung von latenten Herpesviren in Verbindung gebracht. Daß dies auf die herabgesetzte Immunität zurückzuführen ist, belegt die charakteristische Erhöhung von Antikörper Titern. Diese weisen auf den Versuch der humoralen Abwehr hin, die reduzierte Kraft des zellulären Immunsystems auszugleichen.[30]

Der Epstein-Barr Virus (EBV), ein Vertreter der Herpesfamilie, ruft die gewöhnliche infektiöse Mononukleose hervor. Wie andere Pathogene muß der EBV nicht zur Erkrankung führen. Dennoch haben beinahe 90 % der Erwachsenen im Alter von Mitte 20 IgG Antikörper gegen den Virus, was auf eine kontrollierte Immunreaktion auf das Vorhandensein des Virus in der Vergangenheit hinweist.[31] In einer prospektiven Studie über psychosoziale Risikofaktoren bei der Entwicklung von infektiöser Mononukleose, wurden die medizinischen Berichte von einer Gruppe von 1400 Kadetten der U.S. Militärakademie vier Jahre lang überprüft.[32] Das Vorhandensein oder Nichtvorhandensein von Antikörpern gegen den Epstein-Barr-Virus wurde genutzt, um rückblickend die Kadetten, die bereits eine erworbene Immunität gegen Mononukleose besaßen, von denen zu unterscheiden, die noch potentiell anfällig für die Krankheit waren. Neuinfektionen wurden durch das Auftreten der Epstein-Barr Antikörper festgestellt. Man entdeckte, daß Kadetten unter starkem Streß aufgrund von einer Kombination von hoher Motivation und schlechten akademischen Leistungen wahrscheinlicher den Virus aufschnappten, wahrscheinlicher Mononukleose entwickelten, wenn sie ihn aufschnappten und dann längere Krankenhausaufenthalte hatten als Kadetten, die diese Kombination von Stressoren nicht hatten.[33]

Wir beschließen diese kurze Darstellung von Studien über psychosoziale Stressoren für das Immunsystem *und* gesundheitliche Veränderungen mit der Feststellung, daß es eigentlich keine Informationen über bakterielle Infektionen und Streß beim Menschen gibt. Gegenwärtig können wir als Arbeitshypothese annehmen, daß psychosoziale Stressoren, die durch Immunmechanismen wirken, die Gesundheit beeinflussen. Streß kann selbstverständlich nicht Ursache einer Infektionskrankheit sein. Er kann jedoch die Wirksamkeit des Immunsystems beeinträchtigen durch seine Fähigkeit, Energievorräte anderswo im Körper zu konzentrieren und so viele grundlegende Immunmechanismen zu unterbrechen. Indem die psychoneuroimmunologische Forschung weitere Klarheit in diese Mechanismen bringt, hoffen wir, mit einiger Genauigkeit, die biologischen Wege der Streßreaktionen zu verfolgen, und so einzuwirken auf die Wahrscheinlichkeit, die Schwere und den Verlauf nicht nur von Infektionskrankheiten, sondern von allen anderen Krankheiten, die durch eine veränderte Immunfunktion beeinflußt werden.

## Soziokultureller Streß, Gesundheit und Krankheit[34]

Manchmal kann man die Auswirkungen von psychosozialem Streß auf eine ganze Gesellschaft oder Subkultur sehen, die gerade einen rapiden sozialen Wandel durchmachen. Harold G. Wolff zeichnete die Bedingungen in Indien auf, wo die Gesellschaft nach der Unabhängigkeit einen jähen Wandel vollzog. Eine wachsende Anzahl von Indern war relativ wohlhabend, wohlgenährt, gebildet, sich der Hygiene bewußt und westlich geworden. Die Lebensbedingungen für diese aufsteigenden Inder in den sich entwickelnden Randbezirken waren weit besser als die von Indern, die in den verarmten Dörfern und den überfüllten, unhygienischen Ghettos der Städte lebten. Dennoch herrschten Erkrankungen wie Diarrhö, Darmgeschwüre und Asthma unter diesen reicheren Indern. Anscheinend hatten viele Menschen bei ihrer Anpassung an die neuen Umstände und die westlichen Werte die Sicherheit des alten Sozialsystems verloren, aber keinen Gemeinschaftssinn in der neuen Sozialordnung gefunden. Es herrschten Spannung und Ängstlichkeit, und viele Menschen zeigten offensive oder defensive Verteidigungsmuster in ihrem Verhalten, was auf ein hohes Maß an Streß hinwies; das machte sie anfälliger für psychosomatische Erkrankungen.

Navajo Indianer, die man von ihrem Land vertrieben und in nur einige Meilen entfernte Reservate umgesiedelt hatte, starben dann dort erschreckend häufig an Tuberkulose. Obwohl die neue materielle Umgebung ihrer ursprünglichen stark ähnelte und Nahrung, Hygiene, Kleidung und Häuser tatsächlich besser waren, überlastete die soziale Auflösung die Anpassungsfähigkeit vieler dieser Menschen, die ernstlich erkrankten. Ähnliche Ergebnisse wurden in Südafrika festgestellt, wenn Bauern vom Land in die Barackenghettos in überfüllten Städten umgesiedelt wurden.

Auf der anderen Seite kann eine sehr geschlossene Gemeinschaft ihre Mitglieder manchmal vor Streß schützen. Roseto, Pennsylvania, wurde 1882 von italienischen Einwanderern gegründet. Von ihren angelsächsischen Nachbarn geschnitten hatten sie engen Kontakt miteinander und unterstützten sich gegenseitig und bildeten jahrelang eine eng verbundene, homogene und relativ geschlossene Gemeinschaft. Die Einwohner von Roseto hielten sich an viele ihrer alten Bräuche und hatten die Tendenz, sich von den

Veränderungen, die in der amerikanischen Kultur ringsum stattfanden, abzuschotten. Weil sie sich gegenseitig sehr unterstützten und wegen ihrer engen Familienbande waren Verbrechen und Armut in ihrer kleinen Subkultur beinahe unbekannt. Im Laufe der Jahre waren viele Einwohner von Roseto erfolgreich und brachten es zu Wohlstand, doch daraus entstand keine Klassentrennung. Jeder in Roseto kleidete sich ähnlich und beteiligte sich rege am sozialen Leben; überschüssiger Wohlstand wurde wieder in die Gemeinschaft investiert. 1962 führten Verhaltensforscher eine Studie über diese inselartige Gemeinschaft durch und stellten fest, daß diese Menschen trotz eines hohen Konsums von tierischen Fetten und weitverbreiteter Fettleibigkeit im Vergleich zur umliegenden Gegend nur halb so häufig an Myokardinfarkt und koronaren Herzerkrankungen starben. Umgekehrt wiesen Rosettaner, die in die nahen Städte weggezogen waren, die dort übliche hohe Krankheitshäufigkeit auf. Offensichtlich ist in der sozialen Homogenität und dem System der sozialen Unterstützung von Roseto, wo der Platz eines Menschen im Leben und in seiner Beziehung zu anderen wohl definiert und akzeptiert ist, der psychosoziale Streß erheblich reduziert mit sehr positiven Auswirkungen auf die Gesundheit.

## Versuchsanordnung für den Nachweis einer Beziehung zwischen Streß und Krankheit

| Vorteile | Nachteile | Beispiele |
|---|---|---|
| *Tierversuche:* | | |
| unabhängige Variablen, die gemessen und beeinflußt werden können; äußere Faktoren kontrollierbar | Probleme, Ergebnisse auf den psychosozialen Streß bei Menschen zu übertragen | Tierversuch des Bluthochdrucks als Funktion einer angeborenen Disposition und einem Konflikt |
| *Retrospektiv:* | | |
| natürliche Umgebung, Versuchspersonen ungestört durch willkürliche Versuchsbedingungen | liefert nur Korrelationen, keine Ursache-Wirkung; eine gewisse Tendenz, daß die Forschungshypothese die gemessenen Variablen beeinflußt; Streß kann durch die Krankheit entstanden sein statt umgekehrt | Die Persönlichkeitsfaktoren von Menschen untersuchen, die bereits Bluthochdruck haben |
| *Prospektiv:* | | |
| wie oben | Große Gruppen nötig; nur Korrelationen | Punktzahl einschneidender Lebensereignisse sagt bei Seeleuten bis zu 6 Monaten nach dem Test Krankheiten vorher |
| *Gruppenexperiment:* | | |
| Unabhängige Manipulation von vorangehenden und folgenden Variablen lassen kausale Störungen zu; Doppelblindversuche mit entsprechenden Kontrollgruppen möglich | Stressoren unter Laborbedingungen müssen nicht mit Stressoren im wirklichen Leben vergleichbar sein; statistische Ergebnisse treffen nicht auf jeden zu | In diesem Kapitel wurde keine Studie mit Gruppen von Versuchspersonen besprochen |

| Vorteile | Nachteile | Beispiele |
|---|---|---|
| *Anekdotisch, spekulativ:* | | |
| Natürliche Umgebung, Behandler kann Daten im Laufe der normalen Behandlung sammeln | Befangenheit des Forschers/Behandlers, der mit der zu testenden Forschungshypothese verbunden ist; Wiederholung schwierig; Scheinkorrelationen möglich | Fälle von Desmond O'Neill, der den Lebensstreß bei Patienten mit zahlreichen Beschwerden untersucht |
| *Experimentelle Einzelfälle:* | | |
| Eine Versuchsperson wird gründlich untersucht; flexibler Behandlungsplan gestattet die Untersuchung jeglicher potentieller einflußreicher Variable(n) | Exakte Wiederholung der speziellen Behandlungsfolge schwierig; von Fehlschlägen wird selten berichtet; Rolle des Streß bei der Erkrankung abgeleitet | Norman Cousins Behandlung seiner eigenen Spondylitis ankylosans mit Lachen (plus hohe Dosen an Vitamin C intravenös) |

**Tabelle 5.2:** Verschiedene Versuchsanordnungen aus der Medizin und der Verhaltensforschung

Dieses Kapitel bietet wissenschaftliche Studien, die die Rolle von Streß bei Humanerkrankungen identifizieren und klären sollen. Der Beweis wurde von einer Reihe unterschiedlicher Versuchsanordnungen aus der Medizin und der Verhaltensforschung gezogen, deren Vorzüge und Schwächen in der Tabelle 5.2 zusammengefaßt sind.

Die Forschung in der Komplementärmedizin steckt noch in den Kinderschuhen, teils wegen der geringen Forschungsgelder und teils wegen des Mangels an qualifizierten Forschern. Behandler neigen dazu, Forschung wenig Bedeutung beizumessen, obwohl sie, wie oben bemerkt, oft am besten dazu in der Lage sind. Zweifellos wird sich dieser Zustand ändern, wenn die komplementären und ganzheitlichen Standpunkte in die etablierte Medizin Einzug zu halten beginnen. In schulmedizinischen Zeitschriften, Nachschlagewerken und Lehrbüchern und in der Literatur über Gesundheitspsychologie und Verhaltensmedizin findet der ganzheitliche Behandler viel wertvolle Information. Um diese Literatur und die wissenschaftlichen Untersuchungen über Streß und andere psychosoziale Faktoren auf Krankheit und Gesundheit einschätzen zu können, müssen Naturheilkundler ebenso wie ihre eher orthodoxen Kollegen gewisse Fähigkeiten erwerben, die gängigen medizinischen Versuchsanordnungen, die in Tabelle 5.2 auftauchen, zu interpretieren.

## Projekt 5

## Liste der Lebensereignisse in letzter Zeit

### Teil A

Anweisung: Erinnern Sie sich an jedes der unten aufgeführten Lebensereignisse und entscheiden Sie, ob Sie es im vergangenen Jahr erlebten. Wenn ja, kreuzen Sie das Kästchen daneben an.

☐ 1. Viel mehr oder viel weniger Ärger mit dem Chef.
☐ 2. Eine einschneidende Änderung der Schlafgewohnheiten.
☐ 3. Eine maßgebliche Änderung der Eßgewohnheiten (viel mehr oder viel weniger oder ganz andere Essenszeiten oder -umgebung)
☐ 4. Ein Revidieren persönlicher Angewohnheiten (Kleidung, Manieren, Freundschaften etc.)
☐ 5. Eine maßgebliche Veränderung in der üblichen Art und / oder Zeit an Erholung
☐ 6. Eine maßgebliche Veränderung in Ihren gesellschaftlichen Aktivitäten (Vereine, Tanzen, Filme, Besuche etc.)
☐ 7. Eine wichtige Änderung Ihrer kirchlichen Aktivitäten
☐ 8. Eine entscheidende Veränderung in der Anzahl Ihrer Familientreffen
☐ 9. Eine entscheidende Veränderung Ihrer finanziellen Situation (viel schlechter oder viel besser)
☐ 10. Ärger mit dem Gesetz
☐ 11. Eine entscheidende Änderung der Anzahl der Auseinandersetzungen mit Ihrem Partner (viel mehr oder viel weniger als gewöhnlich über Kindererziehung, persönliche Gewohnheiten etc.)
☐ 12. Sexuelle Schwierigkeiten.

**Teil B**

Anweisungen: Geben Sie in dem Kästchen an, wie oft jedes aufgeführte Ereignis Ihnen im Laufe der letzten zwei Jahre zustieß.

☐ 13. Schwerwiegende persönliche Verletzung oder Krankheit
☐ 14. Tod eines engen Familienmitgliedes (nicht der Partner)
☐ 15. Tod des Partners
☐ 16. Tod eines engen Freundes.
☐ 17. Ein neues Familienmitglied bekommen (durch Geburt, Adoption, ein älterer Mensch zieht ein etc.)
☐ 18. Wichtige gesundheitliche Änderung oder Verhaltensänderung eines Familienmitglieds
☐ 19. Umzug
☐ 20. Gewahrsam im Gefängnis oder in einer anderen Einrichtung
☐ 21. Kleinere Gesetzesübertretung.
☐ 22. Größere geschäftliche Veränderung (Fusion, Reorganisation, Bankrott etc.)
☐ 23. Heirat
☐ 24. Scheidung
☐ 25. Trennung vom Ehepartner
☐ 26. Herausragende persönliche Leistung
☐ 27. Sohn oder Tochter verläßt das Haus (Hochzeit, weg für das College oder die Universität etc.)
☐ 28. Ruhestand
☐ 29. Größere Änderung bei Arbeitszeit oder Arbeitsbedingungen.
☐ 30. Größere Änderung hinsichtlich der Verantwortung am Arbeitsplatz (Beförderung, Degradierung, Versetzung)
☐ 31. Entlassung
☐ 32. Größere Veränderung der Lebensbedingungen (Hausbau, Hausumbau, Verschlechterung der Wohnsituation oder der Nachbarschaft)
☐ 33. Ehepartner beginnt oder beendet die Arbeit außerhalb von Zuhause
☐ 34. Eine Hypothek aufnehmen
☐ 35. Eine geringe Hypothek aufnehmen
☐ 36. Eine Hypothek oder ein Darlehen kündigen
☐ 37. Urlaub
☐ 38. Die Schule wechseln
☐ 39. Den Beruf wechseln
☐ 40. Formaler Schulbeginn oder Schulabschluß
☐ 41. Eheliche Versöhnung
☐ 42. Schwangerschaft

Der „Bedeutungswert" für jedes Lebensereignis der letzten Seite ist unten aufgeführt. Für die Punkte in Teil A notieren Sie bitte den Bedeutungswert für jedes Lebensereignis, das Ihnen widerfuhr. Für die Punkte in Teil B multiplizieren Sie den Bedeutungswert mit der Anzahl des Auftretens dieses Ereignisses und addieren Sie die Summe. Dann addieren Sie die Summen von A und B.

| Lebensereignis | Bedeutungswert | Ihre Punkte | Lebensereignis | Bedeutungswert | Ihre Punkte | Lebensereignis | Bedeutungswert | Ihre Punkte |
|---|---|---|---|---|---|---|---|---|
| 1 | 23 | ______ | 13 | 53 | ______ | 28 | 45 | ______ |
| 2 | 16 | ______ | 14 | 63 | ______ | 29 | 20 | ______ |
| 3 | 15 | ______ | 15 | 100 | ______ | 30 | 29 | ______ |
| 4 | 24 | ______ | 16 | 37 | ______ | 31 | 47 | ______ |
| 5 | 19 | ______ | 17 | 39 | ______ | 32 | 25 | ______ |
| 6 | 18 | ______ | 18 | 44 | ______ | 33 | 26 | ______ |
| 7 | 19 | ______ | 19 | 20 | ______ | 34 | 31 | ______ |
| 8 | 15 | ______ | 20 | 63 | ______ | 35 | 17 | ______ |
| 9 | 39 | ______ | 21 | 11 | ______ | 36 | 30 | ______ |
| 10 | 29 | ______ | 22 | 39 | ______ | 37 | 13 | ______ |
| 11 | 35 | ______ | 23 | 50 | ______ | 38 | 20 | ______ |
| 12 | 39 | ______ | 24 | 73 | ______ | 39 | 36 | ______ |
| | | | 25 | 65 | ______ | 40 | 26 | ______ |
| | | | 26 | 28 | ______ | 41 | 45 | ______ |
| | | | 27 | 29 | ______ | 42 | 40 | |
| | | | | | | | **Gesamt** | ______ |

Je mehr Veränderungen Sie haben, desto wahrscheinlicher werden Sie krank. Von den Personen mit einer Punktzahl über 300 im letzten Jahr werden beinahe 80 % in der nahen Zukunft krank; mit einer Punktzahl von 150 bis 299 werden ungefähr 50 % in naher Zukunft krank; und mit einer Punktzahl von weniger als 150 werden nur ungefähr 30 % in naher Zukunft krank. Je höher Ihre Punktzahl ist, desto mehr sollten Sie sich bemühen, gesund zu bleiben.

**Vorbeugende Maßnahmen:** Die folgenden Vorschläge können Ihnen helfen, die Liste der bedeutenden Lebensereignisse dazu benutzen, gesund zu bleiben und Krankheiten zu verhindern.

1. Machen Sie sich vertraut mit den Lebensereignissen und dem erforderlichen Grad an Veränderung.
2. Bringen Sie die Liste an einer Stelle an, an der Ihre Familie sie mehrmals täglich leicht sehen kann.
3. Mit etwas Übung erkennen Sie, wann ein Lebensereignis eintritt.

4. Überlegen Sie sich die Bedeutung des Ereignisses für sich und versuchen Sie, Ihre Gefühle dazu zu spüren.
5. Überlegen Sie sich verschiedene Möglichkeiten, wie Sie sich am besten mit dem Ereignis arrangieren können.
6. Nehmen Sie sich Zeit für Ihre Entscheidungen.
7. Sehen Sie, falls möglich, Lebensänderungen vorher und planen Sie sie gut im voraus.
8. Zügeln Sie sich. Sie können das auch tun, wenn Sie in Eile sind.
9. Betrachten Sie das Erfüllen einer Aufgabe als einen Teil Ihres täglichen Lebens und vermeiden Sie, eine solche Leistung als „Haltepunkt" oder eine Zeit des Sich-Gehenlassens zu betrachten.

## Kommentierte Bibliographie

**Everly, George S. Jr.:** *A Clinical Guide to the Treatment of the Human Stress Response.* New York: Plenum Press, 1989. Ein exzellentes Quellenwerk für eine gründliche Darstellung der Themen dieses und der nächsten beiden Kapitel. Einzigartig auf die ganzheitliche klinische Praxis ausgerichtet. Für jeden Behandler, der psychologische Medizin in seine klinische Praxis mit aufnehmen will, höchst empfehlenswert.

**Harvey, Peter:** *Health Psychology.* London: Longmans, 1988. Ein kleines Taschenbuch mit einem kurzen und lesenswerten Kapitel über Psychoneuroimmunologie.

**Norton, James C.:** *Introduction to Medical Psychology.* New York: Collier Macmillan, 1982. Die meisten der in diesem Kapitel behandelten Themen sind hier aus der Sicht der Verhaltensmedizin ausführlicher dargestellt.

**O'Neill, Desmond:** *A Psychosomatic Approach to Medicine.* London: Billing & Sons, 1955. (Neu erschienen unter *Doctor and Patient.* Philadelphia: Lippincott, 1955). Ein exzellenter Zugang über Fallbeispiele aus der Sicht des Allgemeinmediziners. Die Fälle zeigen überzeugend, wie Streß bei praktisch jeder Art von Krankheit eine Rolle spielen kann.

**Pelletier, Kenneth:** *Mind as Healer, Mind as Slayer.* New York: Dell, 1977. Etwas alt, mittlerweile bietet dieser Klassiker einen wertvollen, nicht-technischen Bericht über Streß und Krankheit aus ganzheitlicher Sicht.

# 6

## Verhaltensmedizin

*Gib mir den Mut, das zu ändern, was ich ändern kann,*
*die Gelassenheit, das hinzunehmen, was ich nicht ändern kann*
*und die Weisheit, zwischen beiden zu unterscheiden.*

FRANZ V. ASSISSI

Verhaltenstheorie und Verhaltensmodifikation wenden die Prinzipien und Methoden der experimentellen Verhaltensanalyse in der Psychopathologie, Erziehung und Rehabilitation an. Die weitere klinische Anwendung auf die Diagnose, Prävention und Behandlung von Krankheiten brachte die Verhaltensmedizin hervor. Obwohl die Wurzeln der Verhaltensmedizin in der Lernpsychologie und Konditionierung liegen, erweitert sich das neue interdisziplinäre Feld rasch und schließt Elemente der Sozialpsychologie, der physiologischen und der kognitiven Psychologie ebenso mit ein wie Epidemiologie. Die große Stärke und das Versprechen der Verhaltensmedizin besteht darin, den Behandler mit einer praktischen Methodologie auszustatten, um Patienten zu unterstützen, ihr Verhalten und ihre Einstellungen zu ändern und diese Änderungen beizubehalten, die entscheidend sind, um einen gesunden Lebensstil zu entwickeln.

Dieses und das nächste Kapitel untersuchen eine Fülle von Behandlungstechniken und therapeutischen Gesichtspunkten, die aus den Labors der experimentellen Psychologie bis hin zu östlichen spirituellen Disziplinen stammen. Was ihnen allen gemein ist, ist der Versuch, auf die eine oder andere Art Krankheit zu lindern oder Gesundheit zu fördern, indem sie Verhaltensänderungen herbeiführen. Deshalb können sie zu Recht unter den Bereich Verhaltensmedizin gerechnet werden.

### Biofeedback

Biofeedback entstand aus den Laboruntersuchungen der experimentellen Psychologie darüber, operantes Konditionieren (Bestätigung) auf physiologische Systeme auszudehnen. Diese Systeme, darunter Variablen wie Herzfrequenz, Blutdruck, Gehirnwellen, Muskelspannung und Hauttemperatur, galten gemeinhin als „unwillkürlich" und wurden lange als an sich jenseits direkter Kontrolle des Menschen angesehen. Doch

Computer ermöglichten neue Experimente, bei denen externe auditive oder visuelle Information über den jeweils momentanen Zustand dieser biologischen Variablen als *Rückmeldung (Feedback)* an die Versuchspersonen zurückgegeben wurde. Dieses *Biofeedback* bestand aus von Computern erzeugten Tönen, Lichtern, digitalen Anzeigen und Bildern auf einer Leinwand, die einem dasitzenden oder daliegenden Patienten laufend aktuelle Informationen über ein oder mehrere seiner Körpersysteme lieferten. Unter diesen Bedingungen der Selbstbeobachtung stellte man fest, daß Menschen auf ihre eigene Physiologie tatsächlich beträchtlichen Einfluß ausüben konnten. Eine typische Biofeedback Situation ist in Abbildung 6.1 dargestellt.

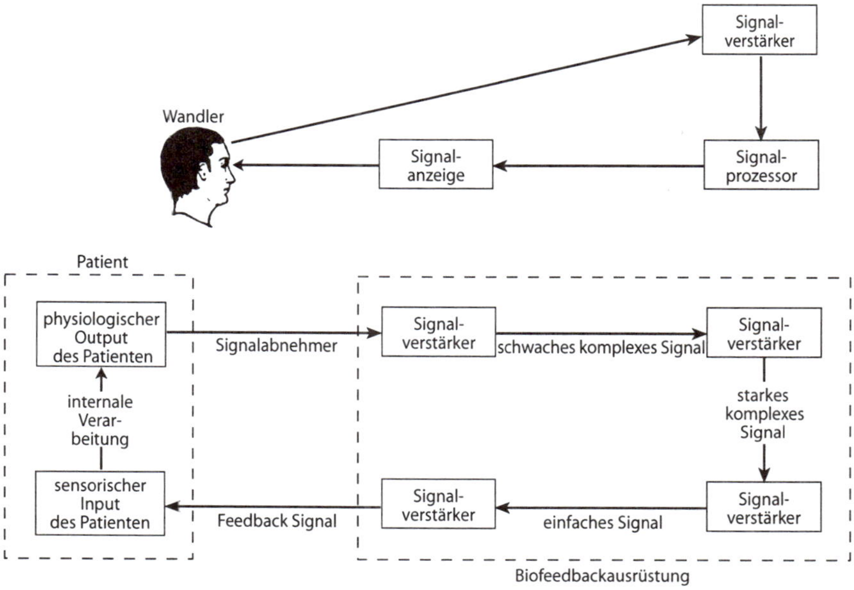


**Abbildung 6.1:** Elemente eines Biofeedback-Systems[1]

Der Begriff Biofeedback kommt von „bio“ – was bedeutet, daß die Information biologisch ist und „feedback“ – was bedeutet, daß die Information direkt an den Gesichtssinn oder das Gehör des Menschen zurückgegeben wird. In Abbildung 6.1 nimmt ein Wandler, der an der Stirn der Versuchsperson befestigt ist, die elektrische Aktivität des Stirnmuskels auf, die gefiltert und von einem speziellen Verrechnungssystem verarbeitet wird, das sie dann als Muster auf einem Bildschirm der Versuchsperson anzeigt. Anweisungen leiten die Versuchsperson an, den angezeigten Wert so weit wie möglich zu senken. Analoge Vorrichtungen werden verwendet, um Herzfrequenz, EEG, Alpha-Wellen, Hautwiderstand in der Handfläche, somatomotorische Aktivitäten, Fingertemperatur und Blutdruck festzustellen und abzubilden. In all diesen Fällen ist die visuelle oder auditive Information, die der Versuchsperson zurückgeleitet wird, zeitlich genau mit dem derzeitigen Zustand des Körpersystems gekoppelt.

Für eine Rückmeldung über den Blutdruck wird eine Druckmanschette an den Oberarm angelegt und ein Kristallmikrophon über der Arteria brachialis befestigt. Die Manschette wird automatisch aufgepumpt genau bis zu dem Druck, wenn ein Korotkow Ton vom Mikrophon aufgenommen wird, der dann verstärkt und an die Kopfhörer, die der Patient trägt, zurückgeleitet wird. Die Versuchsperson hört immer dann Töne, wenn der

Blutdruck gerade über dem Niveau des Manschettendrucks liegt. Sie wird angewiesen, zu versuchen, die Häufigkeit der gehörten Töne zu reduzieren. Jedesmal, wenn die elektronische Schaltung einen Korotkow-Ton aufnimmt, reduziert sie automatisch den Manschettendruck ein wenig. Wenn sie ein oder zwei Sekunden lang keinen Ton aufgenommen hat, erhöht sie automatisch den Manschettendruck leicht. Dieser ständige automatische Prozeß läßt den Manschettendruck genau um den Punkt herum oszillieren, an dem ungefähr die Hälfte der Herzschläge gehört werden und die andere Hälfte zu gering an Druck ist, um erfaßt zu werden. In dem Maß, in dem die Versuchsperson diesen Punkt der Oszillation senken kann, ist es ihr gelungen, ihren eigenen systolischen Blutdruck zu senken.

Genau so wurde Biofeedback als Behandlungsmöglichkeit für Patienten mit essentiellem Bluthochdruck und Spannungskopfschmerz eingesetzt. Es wurde aber auch bei einer Reihe anderer Störungen angewandt (siehe Tabelle 6.1 unten). Eine tragbare Ausrüstung für zu Hause und für die Praxis wurde entwickelt und manche Hardware gestattet, unabhängige Aufzeichnung und Feedback von mehreren verschiedenen Körpersystemen. Bis heute können die klinischen Ergebnisse von Biofeedback wie folgt zusammengefaßt werden:

- Unter optimalen Bedingungen können gewisse Veränderungen in die gewünschte Richtung von den Patienten herbeigeführt werden.
- In einigen (aber nicht allen) Fällen halten die erzielten Veränderungen auch über die Trainingssituation hinaus an und bleiben auch während der langfristigen Nachbehandlung bestehen.
- Gleichartige Veränderungen können auch mit anderen Techniken erreicht werden wie Entspannung, Visualisierung, tiefe Zwerchfellatmung und Hypnose (ganz zu schweigen von Drogen), wofür kein teueres und aufwendiges Instrumentarium nötig ist.

| **Erkrankung** | **Biofeedback System** |
|---|---|
| Asthma | Atemwiderstand |
| Bluthochdruck | EMG des Unterarms und des M. frontalis<br>Hautwiderstand<br>Diastolischer Blutdruck<br>Systolischer Blutdruck |
| Herzarrhythmic | Herzschlag |
| Epileptische Anfälle | Ausgeatmete $CO_2$-Menge<br>EEG-Regulierung |
| Migräne | Fingertemperatur<br>Vasodilation der A. temporalis<br>EEG $\alpha$-Wellen |
| Spannungskopfschmerz | EEG $\alpha$-Wellen<br>EMG M. frontalis |
| Morbus Raynaud | Fingertemperatur |

**Tabelle 6.1:** Repräsentative Störungen, für die positive Ergebnisse mit Biofeedback bekannt sind[2]

Biofeedback Sitzungen erfordern vom Patienten beträchtliche Motivation und vom Behandler beträchtliche Ausbildung. Zuletzt stellt sich die Frage, wie die Versuchsperson eigentlich über das physiologische System Kontrolle ausübt. Der beste Beweis, den wir zur Zeit haben, ist, daß die Versuchsperson über Entspannung und Visualisierung, d. h. durch tatsächliches „Loslassen" ihre Physiologie „kontrolliert". Es scheint deshalb möglich, daß Biofeedback in vielen Fällen nur eine sehr aufwendige Methode ist, die gleichen Veränderungen herbeizuführen, die traditionelle Entspannung und meditative Techniken hervorrufen. Paradoxerweise kontrolliert man seine Physiologie indem man die Kontrollmechanismen, die man gewohnheitsmäßig und unbewußt aufrecht erhält, losläßt.

## Therapeutische Imagination

Der Einsatz der Imagination für Heilungszwecke dürfte die älteste bekannte Technik sein, denn sie liegt schamanistischen Praktiken in allen alten Kulturen zugrunde. Es gibt archäologische Hinweise in der Höhlenmalerei, daß diese Praktiken, die in Asien, Afrika, Nord- und Südamerika und Europa erstaunlich ähnlich sind, mindestens 20 000 Jahre alt sind.[3] Die Ursprünge unserer eigenen westlichen Medizin sind eng mit Visualisierungen verknüpft. In den berühmten Asklepios-Tempeln, die als die ersten ganzheitlichen Behandlungszentren gelten[4], beruhten Diagnose und Behandlung auf geführter Traumimagination.

Die Bilder kommen und gehen mit den Zeiten und mit den Kulturen, aber es bleibt ein gemeinsamer Kern: der Glaube des Behandlers und des Patienten an die Wirksamkeit eines komplexen Rituals, das Suggestion und Imagination im Zusammenhang mit Autorität und Mysterium mit einschließt. Später (in Kapitel 13) werden wir die Möglichkeiten, wie Überzeugungen schaden und heilen können und die Macht der Beziehung zwischen Behandler und Patienten für das Heilen genauer untersuchen. Jetzt betrachten wir ein paar klinische Anwendungsmöglichkeiten von Visualisierungen.

Philosophen und Wissenschaftler bemühten sich gleichermaßen, das Bild zu definieren.[5] Die Schwierigkeit ist, daß ein Bild, genau wie Schmerz, persönlich ist. Was immer wir auf die Anweisung hin, „stellen Sie sich ein Haus vor", tun, wissen nur wir allein. Unglücklicherweise fällt es uns nicht leicht zu sagen, was wir wissen, da Sprache mindestens zwei Beobachter erfordert, die in der Lage sind, auf den selben Gegenstand oder die selbe Eigenschaft zu zeigen und ihm / ihr ein Wort zuzuschreiben. Trotz aller epistemologischen Schwierigkeiten stellen die Visualisierungsverfahren erstaunlich wirkungsvolle Werkzeuge aus der kognitiven und der Verhaltenstherapie dar. Wir wissen vielleicht nicht, wie und warum sie wirken, noch wie stark sie mit dem Placebo-Effekt vermischt sind, aber ihre Wirksamkeit faszinierte Behandler aus einem breiten Spektrum an Disziplinen. Verhaltenstherapeuten lassen Klienten sich in einem Entspannungszustand eine Reihe immer stärker furchterregender Szenen vorstellen. Dieses Vorgehen, bekannt als *systematische Desensibilisierung*, ist höchst wirkungsvoll, um viele Angststörungen zu lindern. Wellness-Berater weisen ihre Klienten an, sich selbst gesund und entspannt in einer wunderbaren Umgebung mit Wiesen, Bergen, Bächen, Meeresküsten und Dünen vorzustellen. In der bekannten Imaginationsarbeit der Simontons stellten sich Krebspatienten vor, wie natürliche Killerzellen (NK) die Krebszellen angriffen und wie Makrophagen Metastasen auffressen. Patienten, die dauerhaft mit diesen Bildern arbeiteten, hatten durchschnittlich eine doppelt so hohe Überlebensdauer als statistisch erwartet.[6]

Die verschiedenen, für die Medizin bedeutsamen Visualisierungen können nach ihrem Zweck kategorisiert werden: diagnostisch, als Behandlung und als Übung. Bei allen drei kann die Imagination mehr oder weniger *gelenkt* sein. Visualisierung als Wiederholung spielt eine wichtige Rolle in der Verhaltensberatung (siehe unten) und beim Streß-Impfungs-Training (siehe Kapitel 7), weil es dem Patienten eine Möglichkeit gibt, geschützt verschiedene verordnete Änderungen in der Lebensweise oder Streßbewältigungstechniken zu Hause auszuprobieren, bevor er sie in Situationen des täglichen Lebens anwendet. Das geschützte Üben beispielsweise, sich vorzustellen, in einer vorgestellten Streßsituation einen Kaugummi zu kauen statt eine Zigarette zu rauchen, hat eine entscheidende Auswirkung darauf, das Rauchverhalten in der tatsächlichen Situation zu reduzieren. Wiederholte Imagination ist auch hilfreich in pränatalem Training, um die künftige Mutter darauf vorzubereiten, die Wehenkontraktionen vorwegzunehmen und in der Vorstellung zu üben, die Atemtechniken vor der tatsächlichen Geburt anzuwenden.

Diagnostisch werden Imaginationstechniken eingesetzt, um wertvolle Information zu bekommen, die durch die routinemäßige Aufnahme der Krankheitsgeschichte nicht zu bekommen ist. Der Patient kann also zuerst in einen entspannten Zustand versetzt werden und dann aufgefordert werden, seine freie Imagination zu verwenden, um ein Symbol oder ein Bild zu finden, das mit einem Symptom oder mit der Krankheit insgesamt korrespondiert. Wenn das Symbol erst gefunden ist, kann der Patient aufgefordert werden, „ihm eine Stimme zu geben, zu fragen, was es will und was die Folgen wären, wenn es bekäme, was es wollte?“[7] So zeigt sich häufig der größere Zusammenhang oder die Bedeutung des Symptoms.

Eine weitere Möglichkeit, Imagination zu verwenden, um mehr diagnostische Informationen über eine Krankheit zu bekommen, besteht darin, sich in der Vorstellung an einen „inneren Berater“ zu wenden. In einem entspannten Zustand wird der Patient aufgefordert, seine Augen zu schließen und ein weises Wesen in seiner Vorstellung auftauchen zu lassen. Diese Wesenheit könnte ein weiser Mensch, eine historische Person oder sogar eine Pflanze oder ein Tier sein. Wenn sich der Patient diesen inneren Berater vorstellen kann, können angemessene Fragen über die Krankheit gestellt werden. Die überraschend aufschlußreichen und kreativen Antworten, die oft kommen, sollen das Unbewußte anzapfen, mit anderen Worten sie sind durch die üblichen Fragetechniken durch einen selbst oder durch andere nicht zu ermitteln. Die zwei Fallgeschichten von Dr. Martin Rossman in Kapitel 14 erläutern die Technik des inneren Beraters ausführlich.

Bei allen Imaginationstechniken gilt, je lebendiger, detaillierter und dauerhafter das Bild ist, desto wirkungsvoller ist das Vorgehen. Aus diesem Grund ist es wünschenswert, sowohl die Lebendigkeit und als auch die Kontrollierbarkeit der Bilder zu üben.[8] Beim Visualisierungstraining schaut der Patient einen Gegenstand kurz an. Dann soll er den Gegenstand mit geschlossenen Augen genau beschreiben. Mit wiederholter Übung verbessert sich die Fähigkeit, Details zu beschreiben. Das Training kann erweitert werden auf Situationen allgemein, bei denen die Wahrnehmungen von Berührung, Geräusch, Geschmack und Emotion erinnert werden müssen. Die Kontrollierbarkeit der Imagination kann gesteigert werden durch versteckte positive Bestätigung, d. h. mit einem Signal, das unmittelbar folgt, wenn die Person angehalten wurde, sich bestimmte Szenen oder Verhaltensweisen vorzustellen, und das sie auffordert, sich eine weitere, höchst erfreuliche Szene vorzustellen.

Gelenkte Imagination als Behandlung wurde in den späten 70er Jahren durch die Simontons populär gemacht. Krebspatienten imaginierten eine Reihe von Bildern von

NK-Zellen und zytotoxischen Zellen, die sich an Krebszellen anheften und diese dann zerstören.[9] Die ursprünglichen Erkenntnisse über die durchschnittliche Überlebenszeit, die beinahe doppelt so hoch war wie die der Kontrollgruppe[10] sind in der Tat recht schwierig zu interpretieren wegen der Überschneidung mit vielen anderen Variablen, wie z. B. besonderes Interesse und Aufmerksamkeit des Behandlers und die Erwartung positiver Ergebnisse. Die für Forscher interessante Frage ist, ob das Immunsystem tatsächlich durch solche Bilder beeinflußt werden kann. Obwohl die Beweise mit Vorsicht zu betrachten sind, weisen die neueren Studien darauf hin, daß Krebspatienten, die regelmäßig (üblich ist zweimal am Tag) visualisieren, eine deutliche Immunveränderung zeigen: erhöhte Reaktion der T-Zellen auf bei der Mitose auftretende Reizung, erhöhte Titer der IgM und IgG Antikörper Produktion, erhöhte Aktivität der NK-Zellen und erhöhte Interleukin-2-Werte.[11] In einer anderen Studie konnten gesunde Versuchspersonen sowohl die Adhärenz der Blutgefäße als auch das lokale Auftreten von Neutrophilen verändern, indem sie sich diese Veränderungen vorstellten.[12] Ferner waren diese bemerkenswerten Ergebnisse nur unter folgenden Bedingungen möglich:

- Versuchspersonen müssen glauben, daß sie ihre Immunfunktionen beeinflussen können.
- Genaue physiologische Kenntnisse über die zellulären Bestandteile und ihre Rolle in der Immunabwehr sind nötig, um die Neutrophilen erfolgreich zu kontrollieren.
- Versuchspersonen müssen in Entspannung / gelenkter Imagination geübt sein.

Trotz dieser provokativen Erkenntnisse sollte der Kliniker solche Ergebnisse mit Vorsicht betrachten. Zum einen wurden in diesen immunverändernden Untersuchungen keine wirklichen Gesundheitsziele gemessen, so daß wir die klinische Bedeutung dieser zellulären Veränderungen nicht genau kennen. Außerdem weiß niemand sicher, ob das menschliche Immunsystem wirklich eine wichtige Rolle spielt bei der Bekämpfung von Krebs.[13] Diese Unsicherheit erweckt die beunruhigende Möglichkeit, daß die angewandte Imagination klinisch wirksam sein könnte (die Ergebnisse der Simontons), obwohl die Veränderungen des Immunsystems gar nichts damit zu tun haben. Mindestens ein Reporter merkte an, daß die Art, wie Bilder in der Psychotherapie wirken (wenn sie wirken) hauptsächlich darauf zurückzuführen sein kann, daß Patienten und Behandler „glauben, daß bestimmte Bilder verursachend sind."[14] Diese Folgerung trifft wahrscheinlich auch auf ihren Gebrauch in der psychologischen Medizin zu. Falls das so ist, kann die Wirkung der Visualisierung auch „aus Gründen auftreten, die mit dem Bild nichts zu tun haben."[15]

Solche Überlegungen führen uns wieder zurück zur Magie der Schamanen. Wissenschaft ist die Religion unserer Zeit, deshalb müssen unsere therapeutischen Bilder NK-Lymphozyten, Antikörper, Rezeptorbindende Stellen und phagozytierende Neutrophile sein. Unsere Magie muß auf den jüngsten Forschungsergebnissen beruhen und unsere Schamanen können weiße Laborkittel tragen.

Worin besteht letztlich die Wirkung der Bilder? Alle Berichte von Visualisierungen, frühere und heutige,

- vermitteln sowohl Hoffnung als auch ein Gefühl von erlebter Kontrolle über den Krankheitsprozeß
- ersetzen ängstliche Sorge (Streßreaktion) durch positive gelenkte Bilder
- fördern den Zustand niedriger Erregung, Entspannung genannt.

Hoffnung, erlebte Kontrolle, Streßreduktion und Entspannung sind an sich schon wirkungsvolle psychologische Medizin. In der abschließenden Analyse können diese Visualisierungen einfach eine ausgesprochen machtvolle Möglichkeit sein, sie für die Heilung zu nutzen.

## Umgang mit sich selbst

Ein Leitprinzip der ganzheitlichen Medizin und des biopsychosoziologischen Modells von Krankheit und Gesundheit ist, daß der Umgang mit Krankheiten und ihre Prävention stärker der Kontrolle des einzelnen unterliegen als gewöhnlich angenommen. Unsere Ernährung, wie viel Sport wir treiben und die Einstellungen, die unsere Streßreaktionen bestimmen, hängen alle direkt mit unserer Gesundheit zusammen. Obwohl sicherlich konstitutionelle Schwäche und globale ökologische Ungleichgewichte langfristige Wirkung haben, die unserer persönlichen Kontrolle Grenzen setzt, sehen wir doch immer mehr, daß Krankheit häufig das Ergebnis davon ist, daß gesundheitsfördernde Verhaltensweisen fehlen. In der Tat sind sich die naturheilkundlichen Behandler generell einig, daß ein gesundheitsfördernder Lebensstil eine vernünftige Ernährung beinhaltet, daß heißt vor allem wenig gesättigte Fette, Zucker, rotes Fleisch und raffinierte, behandelte, tote Nahrungsmittel und statt dessen viele natürliche Vitamine, Mineralien, Ballaststoffe aus biologisch angebauten Produkten und Proteine hauptsächlich pflanzlichen Ursprungs. Regelmäßige Betätigung im Freien ist für den menschlichen Körper ebenfalls wichtig, um die sitzenden Tätigkeiten auszugleichen, die in den Ländern der westlichen Welt vorherrschen. Und weil Herausforderungen, Anforderungen und die daraus resultierende Spannung im Leben des Menschen endemisch ist, muß ein gesunder Mensch wirksame Ressourcen mit Streß umzugehen entwickeln, um angemessen auf potentielle Stressoren zu reagieren und so den Streß gut im Griff zu haben. Die ganzheitliche Medizin fordert deshalb den Einzelnen auch auf, die Verantwortung dafür zu übernehmen, seine Gesundheit zu erhalten, indem er eine gesunde Lebensweise entwickelt und praktiziert.

Obwohl der Trend in Richtung persönliche Verantwortung im Hinblick auf die Gesundheit relativ neu ist, ja die Bewegung der Komplementärmedizin ist selbst ein Teil dieser neuen, im 20. Jahrhundert auftauchenden Anschauung – ist der Glaube, daß Selbsterkenntnis wertvoll ist steinalt. Der hohe Wert der Selbstentwicklung wurden von Platon, Shakespeare, Spinoza, Goethe und Buddha, um nur einige historische Persönlichkeiten zu nennen, gerühmt. Auch in der Medizingeschichte wurde die enge Beziehung zwischen Verhalten und Krankheit immer wieder erwähnt. Doch bis vor kurzem waren die Methoden, um unser eigenes Verhalten in Richtung langfristiger, wünschenswerter Gesundheitsziele zu beeinflussen, unsicher und bemerkenswert unzuverlässig. Nachdem uns die Vorzüge von Sport, Vollwerternährung und einem ausgewogenen Leben gepredigt und gebetsmühlenartig eingebleut wurden, werden wir mit dem Appell an den gesunden Menschenverstand oder unsere Willenskraft, um diese netten Philosophien umzusetzen, alleine gelassen. Beweise aus der Welt um uns legen nahe, daß diese inneren Werte entweder nur von begrenztem Nutzen sind oder nur selten vorhanden. Die schrecklichen Warnungen vor Lungenkrebs auf den Zigarettenpackungen und in den Anzeigen und das allgemeine Wissen, daß Bluthochdruck ein hohes Risiko für koronare Herzerkrankungen darstellt, hat weder die Tabakfirmen pleite gehen lassen noch grundlegende Änderungen in unseren aggressiven, wettbewerbsorientierten und rasenden Arbeitsgewohnheiten bewirkt. Naturheilkundliche Behandler können sich nicht auf die

Wahrscheinlichkeit verlassen, daß die Willenskraft des Klienten oder sein gesunder Menschenverstand schon die Oberhand behalten. In der Naturheilkunde haben wir schon lange nach Möglichkeiten gesucht, wie wir Patienten unterstützen können, die von uns propagierte gesunde Lebensweise sich anzueignen und zu praktizieren. Die Grundlagen des Selbstmanagements, die aus der Verhaltensmedizin stammen, bieten praktische Werkzeuge und eine wirksame Methodologie, womit individuelle Programme zusammengestellt werden können, die darauf abgestimmt sind, gesundheitsfördernde Änderungen im Lebensstil, einzuprägen. Die Aufgabe des Klinikers in einem Selbstmanagement (Selbstkontroll-) Behandlungsplan besteht darin, den Prozeß zu leiten und sicherzustellen, daß er mit dem Patienten eine gute, fürsorgliche Beziehung (Partnerschaft) entwickelt. Der Behandler fungiert als ein zuverlässiger Berater, der Information und Ressourcen anbietet, Konzepte lehrt und Techniken vorschlägt. Der Klient hingegen entscheidet letztlich über den Behandlungsplan und führt die aktiven Interventionen in seinem Leben aus. Obwohl der Behandler in den frühen Stadien eines Programms vielleicht sehr lenkend sein muß beim Training und dabei, den Klienten bei seinen Verhaltensänderungen aktiv zu unterstützen, muß er auch bereit sein, diese lenkende Rolle nach und nach aufzugeben, wenn die Änderungen des Klienten eigenständig werden und in ihrer Langzeitanwendung unabhängig vom Behandler werden sollen. Ein Selbstmanagementprogramm oder Programm zur Selbstkontrolle in der Verhaltensmedizin beginnt damit, daß der Klient sein eigenes Verhalten beobachtet (self-monitoring) und fährt fort mit der Reihe der fünf unten aufgeführten Schritte. Der gesamte Prozeß kann Wochen oder Monate in Anspruch nehmen, wenn neue Fertigkeiten und Einstellungen geübt und allmählich gelernt werden.

***Selbstbeobachtung.*** Achtsamkeit, Einsicht und wachsende Bewußtheit werden in vielen psychologischen Behandlungsmodellen von Gestalttherapie über die Selbsthilfe-Bewegung hin zur Psychoanalyse betont. Bei der Kontrolle des eigenen Verhaltens bedeutet ein gesteigertes Bewußtsein Selbstbeobachtung oder das Betrachten von bestimmten Verhaltensweisen und nimmt die Hinweise, Reize oder Situationen wahr, die diese Verhaltensweisen auslösen. Golfzähler, Zeitmeßgerät am Handgelenk, Taschennotizbücher und sogar Perlen sind Werkzeuge, die den Herzschlag verfolgen, die Minuten des Joggens, die verbrauchten Kalorien, auftauchende Gedanken, wenn man drauf und dran ist, Schokolade in sich hineinzustopfen, Streßsituationen, die Momente, wenn man sich eine Zigarette anzünden will und so weiter. Es ist vielleicht nicht offensichtlich, daß auch Selbstbeobachtung eine Fähigkeit ist, die man lernen muß wie Tennisspielen oder eine Fremdsprache. Als Berater des Patienten ist es die Aufgabe des Behandlers, die gewählten Techniken zu erklären und zu zeigen und bei den folgenden Terminen die Aufzeichnungen sorgfältig zu prüfen und zu schauen, ob sie gewissenhaft durchgeführt werden. Äußere Verstärker – z. B. Privilegien oder Belohnungen der einen oder anderen Art zu bestimmen, wenn bestimmte Erfolgskriterien erfüllt werden – können wahlweise als Teil des Vertrages zwischen Behandler und Patient hinzugenommen werden. Ein Verhaltenstagebuch, das die Zeit und den Ort kritischer vorangegangener Momente und die Folgen aufzeichnet, ist wünschenswert. Selbstbeobachtung war ursprünglich konzipiert als eine Art, vorbereitende Informationen zu sammeln und vor der Behandlung die Verhaltensweisen einzuschätzen, die geändert werden sollen, doch bald stellt sich heraus, daß es schon an sich heilsam ist, wenn Patienten ihr eigenes Verhalten beobachten. Selbstwahrnehmung hat an sich schon therapeutische Wirkung, weil manche Verhaltensweisen allein dadurch geändert werden können, daß man genau auf sie achtet und sie dann aufzeichnet.

***Ziele spezifizieren.*** Grundlegende Änderungen in der Lebensweise bedürfen natürlich mehr als nur sorgfältiger Beobachtung. Der nächste Schritt des Behandlers und des Klienten ist, konkrete Ziele zu setzen. Hierfür muß der Berater sicherstellen, daß die Ziele als Verhaltensziele spezifiziert werden. Ein Klient wird was tun, wo und wann und unter welchen Umständen. Beachten Sie, daß die Betonung darauf liegt, was *getan wird,* nicht, was nicht getan wird. Die Aufgabe des Behandlers ist zu helfen, die Verhaltensziele so deutlich und realistisch wie möglich zu machen und dabei in Erinnerung zu behalten, was er über die Muster des Klienten weiß, die sich bei der Selbstbeobachtung in der vorangegangenen Phase zeigten. Klienten mit dem Wunsch abzunehmen kommen vielleicht sehr enthusiastisch und wollen in zwei Monaten 20 Kilo abnehmen. Der Behandler muß die Kraft sein, die die Ziele realistisch hält, weil er weiß, daß Hungerdiäten kein Ersatz sind für dauerhafte Änderungen der Lebensweise. Der Behandler wird auch *Verhaltensweisen* betonen müssen, da Ziele (20 Kilo abzunehmen) keine Mittel spezifizieren. Ein bestimmter Klient will vielleicht mit dem Rauchen aufhören; der Behandler wird zusammen mit dem Klienten genau ausarbeiten müssen, welche Verhaltensweisen er erwerben will, die das Rauchen ersetzen. Wenn ein Entspannungsprogramm empfohlen ist, wird es die Dauer der täglichen Übung genau bestimmen müssen. Diese muß realistisch sein und der Klient muß zustimmen, sie darf nicht nur einfach verschrieben werden. Verhaltensmedizin ist eine Herausforderung für unsere traditionelle paternalistische Rolle des „der Arzt weiß es am besten“. Mag das für einen Behandler auch anfangs frustrierend sein, so wird er doch langfristig davon profitieren, weil er weiß, daß er ein Geburtshelfer ist, der den Patienten unterstützt und befähigt, sein Leben grundlegend und dauerhaft zu ändern.

***Situationskontrolle.*** Ein Schlüsselkonzept aus dem Versuchslabor ist, den Reiz oder die einem Verhalten *vorangehende Situation* festzustellen. Verhalten findet nie in einem Vakuum statt; es wird unweigerlich von Umständen und Situationen, in denen es sich entwickelt, gesteuert. So ist eine Tasse Kaffee die Situation, die das Anzünden einer Zigarette steuern kann, eine frustrierende Situation am Arbeitsplatz kann zu einer Junkfood-Freßorgie führen und regelmäßig eine bestimmte Zeit einzuplanen für Yoga oder Meditation kann dazu führen, daß das der Stimulus für stille Kontemplation und Gelassenheit wird. Der Behandler wird oft Interventionen vorschlagen, die die bisherigen, mit den ungesunden Gewohnheiten einhergehenden Situationskontrollen unterbrechen sollen. Er wird den Patienten unterstützen, neue Situationen zu schaffen, die zu neuen, gesundheitsfördernden Verhaltensweisen führen. Ein sehr erfolgreiches Verhaltensprogramm, das Richard Stuart durchführte, bei dem Patienten durchschnittlich beinahe 20 Kilo an Gewicht abnahmen und dieses neue Gewicht auch langfristig hielten, nutzte eine Analyse der Kontrollstimuli; diese basierte auf einer schriftlichen Aufzeichnung der täglichen Nahrung und der Beurteilung des Vorankommens, indem wöchentlich das zu- oder abgenommene Gewicht beobachtet wurde.[16] Die Kalorienaufnahme wurde reduziert, dadurch daß die Situationen, in denen Essen genehmigt war, eingeschränkt wurden (z. B. nur am Tisch zu essen, sich auf das Kauen der Nahrung konzentrieren, keine Ablenkung durch Bücher, Zeitungen oder Fernsehen beim Essen) und die Kontrolle über die Stimuli vergrößert wurde (z. B. Einkauf von Lebensmitteln *nach* einer Mahlzeit statt vorher, der Kühlschrank und die Speisekammer durften nicht mit hochkalorischen Snacks gefüllt werden). Es wurden wünschenswerte Verhaltensweisen (langsames, konzentriertes Essen, auf die Anzeichen von Magenhunger hin) gelehrt und die Hinweise auf Überessen (unaufmerksames Essen, Einkaufen mit Hunger, nachts am Kühlschrank essen) wurden ausgeschaltet. In anderen Behandlungen wurde Schlaflosigkeit behandelt, indem mit den Klienten vereinbart wurde, das Schlafzimmer nur zum Schlafen und für Sex zu verwenden, niemals um zu lesen, streiten, fernsehen oder arbeiten.

***Veränderungen durch Anreize.*** Menschen können sich selbst auf unzählige Arten verstärken. Greifbare Belohnungen – vorbereitete, beim Therapeuten hinterlegte Pfänder, die man zurückfordern kann, Geschenkscheine, die Erlaubnis, ein Wochenende wegzufahren – sind manchmal hilfreich, obwohl es schon eine Belohnung an sich ist, die wünschenswerten Veränderungen in Gesundheit und Fitneß zu sehen. Oft wird der Therapeut den Klienten ermuntern, seine Familie und Freunde mit einzubeziehen, um die soziale Unterstützung der neuen Verhaltensweisen sicherzustellen, so daß jeder im Leben des Patienten die neuen Stimulus-Kontrollen verstehen und verstärken kann und die neuen Verhaltensweisen geübt werden. Auch der Klient wird aufgefordert, zusätzliche soziale Anreize zu suchen, wie einen Freund zu suchen, mit dem er Sport treiben kann.

***Üben.*** Das ist der entscheidende Teil vieler Programme in der Verhaltensmedizin. Das Üben kann in der Praxis des Behandlers „geschützt" stattfinden in Form von Visualisierungen der erwünschten Verhaltensweisen und den daraus resultierenden guten Gefühlen, wenn der Patient sich vorstellt, auf eine Waage zu steigen und einen Gewichtsverlust festzustellen. Bei einem Programm zur Streßbewältigung kann man den Klienten bitten, sich vorzustellen, wie sich eine potentielle Streßsituation zu Hause oder am Arbeitsplatz entwickelt und sich dann vorzustellen, wie er eine gelernte Technik zur Streßreduzierung ausführt (Entspannung, kognitives Neustrukturieren, positive Affirmationen) und sich schließlich einen erfolgreichen Ausgang vorstellt. In der Verhaltensmedizin nimmt der Behandler die Rolle eines Lehrers oder Coaches an, der dem Klienten hilft, Fähigkeiten zu erwerben und zu üben, die dieser mit hinaus nimmt ins tägliche Leben und nutzt, um seine gesunden Gewohnheiten zu fördern. Diese Fähigkeiten sind nötig, um die Wirkung von künftigem Streß und von der Anziehungskraft (der Werbung, der Medien, des sozialen Drucks) hin zu ungesunden Verhaltensweisen, einer Anziehungskraft, die in unserer Gesellschaft immer noch vorherrschen, entgegenzuwirken. Eindeutig muß die Behandlung außerordentlich praktisch sein, leicht zu verstehen und anzuwenden, in der Lage, sofort Wirkung zu zeigen und Veränderungen herbeizuführen, die über das gegenwärtige Gesundheitsproblem, das den Patienten in erster Linie zum Behandler führte, hinausreichen.

## Verhaltensberatung[17]

Verhaltensberatung bietet dem Berater in einer Naturheilpraxis eine praktische Methode, die oben beschriebenen Selbstmanagement-Prinzipien durchzuführen. Bei der Verhaltensberatung arbeiten der Behandler und der Patient zusammen und beraten gemeinsam, wie ein Risikoverhalten durch gesundheitsförderndes Verhalten ersetzt werden kann. Bei der Behandlung chronischer Erkrankungen wird der Naturheilkundige wahrscheinlich Änderungen in vier Hauptbereichen vorschlagen, die wohl Änderungen in der Lebensweise mit einschließen und folglich das Erlernen neuer Verhaltensmuster:

- Änderungen in der Ernährung
- Aufgeben oder Reduzieren von Substanzenmißbrauch, wie Trinken oder Rauchen
- Erstellen eines Bewegungsplans
- Erwerben von Techniken zur Streßreduzierung.

Indem der Patient gesundheitsgefährdende Verhaltensmuster aufgibt und neue Fähigkeiten in einem der vier Bereiche lernt, kann er seine Gesundheit positiv beeinflussen.

Verhaltensberatung im Bereich Gesundheit basiert auf den empirisch erwiesenen Verhaltensprinzipien, die im Abschnitt über Verhaltenstheorie in Kapitel 3 beschrieben wurden, und unten weiter ausgeführt werden. Durch Verhaltensbeobachtung müssen der Kliniker und der Patient zuerst zusammen ein Verständnis für die Faktoren entwickeln, die ein bestimmtes Gesundheitsverhalten in einem der vier grundsätzlichen Bereiche eher fördern oder eher unterdrücken. Dann wird das Team aus Patient und Behandler einen Verhaltens-Behandlungsplan oder eine Interventionsstrategie entwickeln, die darauf abzielt, altes Risikoverhalten durch neue, gesundheitsfördernde Verhaltensmuster zu ersetzen. Die gemeinsame Anstrengung im Interventionsprogramm ist entscheidend für die Erhöhung der Wahrscheinlichkeit, daß das Ziel erreicht wird. Wenn es erst aufgestellt ist, wird das Programm vom Behandler sorgfältig beobachtet. Auftauchende Schwierigkeiten werden in den folgenden Konsultationen angesprochen und der Plan entsprechend modifiziert. Bei einem erfolgreichen Programm, das Wochen oder Monate dauern kann, kann der Behandler nach und nach seine aktive Unterstützung zurücknehmen, und so den Patienten sich selbst überlassen, wenn er in der Lage ist, die Veränderungen unbegrenzt beizubehalten.

Diese ganz direkten Schritte, die für die Verhaltensberatung charakteristisch sind, grenzen sie auch von psychotherapeutischen Beratungsansätzen ab, die weiter unten in Kapitel 8 besprochen werden. Verhaltensberatung zum Thema Gesundheit konzentriert sich ausdrücklich auf ein oder mehrere bestimmte Zielverhaltensweisen und untersucht nicht in erster Linie, wie das Risikoverhalten entstand. Es wird einfach angenommen, daß das Verhalten jetzt beibehalten ist wegen der Faktoren, die derzeit im täglichen Umfeld des Patienten bestehen. Gesundheitsberatung versucht diese Faktoren zu identifizieren, mit dem Ziel, eine Intervention zu entwickeln, um sie zu reduzieren oder auszuschalten. Gleichzeitig zielt der Behandlungsplan auf neue, gesundheitsfördernde Verhaltensweisen ab, die die alten Risikomuster ersetzen.

In der Verhaltensberatung zum Thema Gesundheit muß der Behandler eine Verhaltensdiagnose stellen, die die medizinische Diagnose ergänzt. Diese Verhaltensdiagnose beinhaltet eine Analyse der verschiedenen Risikoverhalten des Patienten, der verschiedenen Umwelteinflüsse und der kognitiven Überzeugungen, auf denen diese Verhaltensweisen beruhen. Um diese Diagnose stellen zu können, muß der Behandler mit dem Patienten in echter Partnerschaft eng zusammenarbeiten. Schließlich ist es der Patient, der die genauen Informationen über seine täglichen Aktivitäten und seine zwischenmenschlichen Beziehungen hat. In der Verhaltensberatung nimmt also der Patient eine sehr aktive Rolle ein, und trägt dazu bei, das Gesundheitsproblem zu identifizieren und zu lösen. Diese aktive Rolle erhöht nicht nur die Chancen, daß der Patient bei dem Programm bleibt, sondern verstärkt auch eines der Hauptziele der Verhaltensberatung, nämlich die Fähigkeit zum Selbstmanagement zu entwickeln. Wenn der Behandler die ganze Aufgabe der Verhaltensanalyse und -diagnose übernimmt, und dazu noch den

Behandlungsplan aufstellt, wird das Potential der Verhaltensberatung, Selbstverantwortung zu fördern, erheblich abgestumpft.

***Verhaltensweisen in bezug auf die Gesundheit: eine funktionelle Analyse.*** Verhalten in bezug auf die Gesundheit sind Handlungen oder Tätigkeiten, die ein Mensch ausführt, die die Gesundheit beeinflussen. Einige Verhaltensweisen fördern Gesundheit, andere dagegen unterminieren sie direkt oder stellen Risikofaktoren dar, die die Krankheitswahrscheinlichkeit erhöhen. Rauchen, Alkohol- und Drogenmißbrauch, eine sitzende Lebensweise und eine Ernährung mit gesättigten Fettsäuren, raffinierten Kohlenhydraten, rotem Fleisch und Zucker sind weitverbreitete Beispiele gesundheitlicher Risikofaktoren. Auf der anderen Seite sind regelmäßiger Sport im Freien, eine Ernährung mit natürlichen Ballaststoffen, unraffinierten Kohlenhydraten und vielfach ungesättigten Fettsäuren und die Anwendung von Techniken zur Streßreduktion gesundheitsfördernde Verhaltensmuster.

Gesundheitsbewußte Verhaltensweise funktionieren genauso wie andere menschliche Tätigkeiten wie z. B. Laufen, Sprechen und Klavierspielen. Sie werden auf die gleiche Art erworben, beibehalten und kontrolliert wie jedes andere Verhalten. Verhalten ist ein Begriff, der verwendet wird, um eine beliebige erkennbare Einheit einer Tätigkeit zu beschreiben, die aus dem laufenden Strom von Aktivität identifiziert werden kann und die menschliches Leben charakterisiert. Verhaltenseinheiten können relativ lange Sequenzen von Aktivitäten sein wie Handlungen, die ausgeführt werden, wenn man einen Treppenabsatz hinaufgeht, diesen Abschnitt liest, eine Mahlzeit kocht oder einen Brief schreibt. Verhaltenseinheiten können auch sehr kurz und getrennt sein wie das Zwinkern mit den Augen oder das kurze Drücken eines Lichtschalters. Außerdem hat Verhalten eine inhärente hierarchische Qualität, d. h. lange Sequenzen können auf Wunsch willkürlich in kleinere Einheiten aufgeteilt werden. Ein homöopathisches Mittel einzunehmen kann eine Verhaltenseinheit sein, aber diese setzt sich wiederum aus kleineren Einheiten zusammen wie die Flasche zu öffnen, das Medikament herausnehmen ohne es zu berühren, es unter die Zunge legen und es dort zu lassen bis es sich aufgelöst hat.

Wenn typische gesundheitsfördernde Verhaltensweisen – ideale Ernährung, regelmäßige Bewegung im Freien, Streßbewältigungstechniken – auch sehr komplexe Handlungsabläufe beinhalten, so kann man doch davon ausgehen, daß sie – wie jedes Verhalten – gesetzmäßig mit den Ereignissen ringsum zu tun haben. Die Hauptereignisse, die solche Aktivitäten bestimmen, sind die Bedürfnisse (z. B. Abbildung 3.2), auf denen sie beruhen, die vorangehenden Situationen, die sie ermöglichen, und die Folgen (Vorteile, Gewinne, Belohnungen), die sie aufrechterhalten. Die genauen Verbindungen, *Kontingenzen* genannt, zwischen einem bestimmten gesundheitsbewußten Verhalten und diesen Ereignissen kann komplex und undurchsichtig sein; dem Patienten können viele dieser Verbindungen nicht bewußt sein. Ja es ist die Aufgabe des Behandlers, dem Patienten dabei zu helfen, diese Verhaltens-Kontingenzen zu identifizieren und zu bestimmen, unter welchen Bedingungen sie wirken. Im Fall von Risikoverhalten bildet eine solche Identifizierung und Bestimmung die Verhaltensdiagnose.

Generell kann der Behandler Ereignisse oder Aktivitäten in der täglichen Umgebung des Patienten identifizieren, die das Verhalten zum jeweiligen Gesundheitsthema direkt beeinflussen. Eine Zigarette zu rauchen ist beispielsweise häufig damit verknüpft, vorher eine Tasse Kaffee zu trinken. Rauchen kann auch mit der Spannung verknüpft sein, die der Patient erzeugt, wenn er an eine bevorstehende streßvolle Situation am Arbeitsplatz denkt. In diesen beiden Beispielen wird das Risikoverhalten zumindest teilweise von den *vorangehenden* Ereignissen, die in der Umgebung des Patienten identifiziert werden können, kontrolliert. Aber Verhalten – auch gesundheitsbezogenes Verhalten – wird zweifellos auch stark von den nachfolgenden Ereignissen beeinflußt. Diese *Folgen* können entweder positiv (erfreulich) oder negativ (aversiv oder unangenehm) sein. Verhalten, dem positive Konsequenzen folgen oder das negative Situationen beseitigt, wird verstärkt und hat die Tendenz, erlernt und dann beibehalten zu werden. Umgekehrt wird Verhalten, das negative Folgen nach sich zieht oder positive Situationen entfernt, bestraft und wird deshalb eher unterdrückt. Eine Zigarette anzuzünden führt zu einer positiven Konsequenz des angenehmen Geschmacks und dem Gefühl von Entspannung und führt außerdem zu einer Reduzierung negativer Spannung. Raucher haben diese Sequenz auf der Basis solcher positiven und negativ-vermindernden Folgen gelernt, die sie in der Vergangenheit erlebt haben. Auch wenn beträchtliche Detektivarbeit nötig sein mag, um solche Details zu entdecken, so geht man davon aus, daß eine ähnliche Analyse jeder Sequenz menschlichen Verhaltens zugrunde liegt, wie komplex oder langwierig es auch ist.

Das Konzept der Kontrolle durch das Vorausgehende und die Folgen, die menschliches Handeln umgeben und durchziehen, ist im Prinzip unkompliziert. Das typische Risikoverhalten jedoch ist in einen komplexen Kontext eingebettet, in dem die bestimmenden Folgen und Vorläufer außerordentlich schwierig zu ermitteln sind. Doch genau das müssen der Patient, der über sein eigenes Leben Bescheid weiß, und der in Verhaltensanalyse geübte Behandler als Team herausarbeiten. Zweifellos muß der Patient auch genügend darüber lernen, denn der Behandler muß ihm die maßgeblichen psychologischen Prinzipien beibringen, damit beide ein Programm entwickeln können, das entweder die Vorläufer oder die Folgen des gegenwärtigen unerwünschten Verhaltens so weit ändern kann, daß das alternative gesundheitsfördernde Verhalten attraktiver wird.

| | **Unmittelbare Auswirkungen** | | **Langfristige Auswirkungen** | |
|---|---|---|---|---|
| | + | – | + | – |
| *gegenwärtiges Risikoverhalten* | **viele** | wenige | wenige | viele |
| *wünschenswertes, gesundheitsförderndes Verhalten* | wenige | **viele** | viele | wenige |

**Tabelle 6.2:** Vergleich von positiven und aversiven Auswirkungen für den Patienten, der ein Risikoverhalten durch ein gesundheitsförderndes ersetzen will. Die wirkungsvollsten Kontingenzen sind fett gedruckt.[18]

Einer der Gründe, warum Patienten es oft schwierig finden, gesundheitsschädliche Gewohnheiten zu verändern, selbst wenn sie es möchten, und selbst wenn sie sich der Risiken dieser Gewohnheiten sehr bewußt sind, ist wegen der relativen Macht, die die *sofortigen* Verhaltensauswirkungen haben im Vergleich zu den *späteren* oder verzögerten Folgen. Tabelle 6.2 z. B. zeigt die Schwierigkeiten, die beispielsweise auftreten, wenn ein derzeitiges Risikoverhalten durch ein wünschenswertes gesundheitsförderndes ersetzt wird. Das typische gegenwärtige Risikoverhalten, sei es Ernährung, Mißbrauch von Substanzen, eine sitzende Lebensweise, der Lebensstil von der Hochdruckpersönlichkeit Typ A oder was auch immer, hat viele positive sofortige und wenig negative sofortige Auswirkungen. Deshalb werden solche Verhaltensweisen unbegrenzt beibehalten, selbst wenn der Patient weiß, daß sie Gesundheitsrisiken darstellen. Die vielen langfristigen negativen aversiven Auswirkungen liegen einfach so weit in der Zukunft, daß sie das Verhaltensmuster nicht unterbrechen können. Zusätzlich ist es schwierig, ein neues, selbstfürsorgliches Verhalten zu lernen, weil, wie Tabelle 6.2 darstellt, jedes neue Verhalten wahrscheinlich wenig sofortige positive Auswirkungen hat, und die anfängliche Mühe des Lernens ist an sich eine unmittelbare negative Auswirkung. Wenn jedoch ein neues selbstfürsorgliches Verhalten irgendwie entwickelt und dann unterstützt werden *kann*, – vielleicht zuerst durch die Ermunterung durch den Behandler, eine sofortige positive Auswirkung – werden sich langfristig positive Auswirkungen einstellen, die das Verhalten aufrechterhalten. Während der ersten Zeit, wenn das neue Muster eingeübt wird, sind die Ermutigung und die Unterstützung des Behandlers, um das neue Verhalten zum Laufen zu bringen, entscheidend für den langfristigen Erfolg.

***Schritte in der Verhaltensberatung.*** Die Prinzipien der Verhaltensberatung können bei allen Gewohnheiten, die mit Gesundheit zu tun haben, oder bei allen erwünschten Änderungen der Lebensweise angewandt werden. Es gibt zwar wichtige Unterschiede in der Betonung und in den Einzelheiten, abhängig davon, ob das Verhalten mit Ernährung, Sport, Streßreduktion oder das Aufgeben von Substanzenmißbrauch zu tun hat, doch die Abfolge, die in Abbildung 6.2 als Ablaufdiagramm dargestellt ist, beschreibt die allgemeinen Schritte.

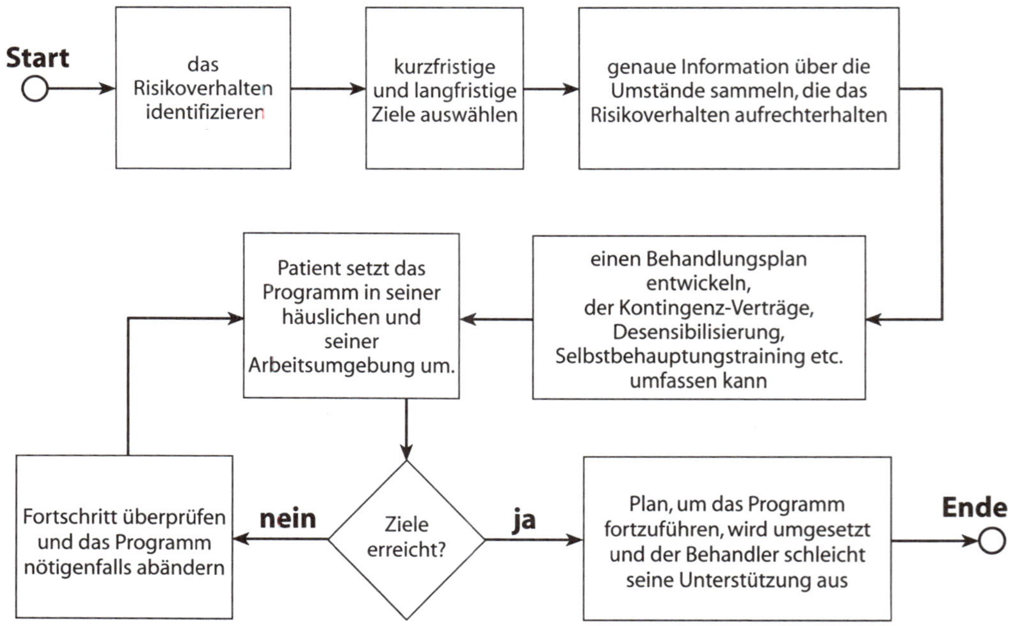


**Abbildung 6.2:** Ablaufdiagramm für das Einführen erwünschter, gesundheitsfördernder Verhaltensweisen. Bei jedem Schritt arbeiten der Patient und der Behandler als Partner zusammen, wenn sie das Verhalten analysieren und Entscheidungen treffen.

Als erstes identifizieren das Team aus Behandler und Patient das problematische Risikoverhalten. Dann besprechen sie die wünschenswerten Ziele – kurzfristige und langfristige – die ein Verhaltensprogramm realistischerweise über einen gegebenen Zeitraum erreichen kann. Wenn der Behandler und der Patient sich über diese Ziele einig sind, beginnt die Phase der Selbstbeobachtung. In der nächsten Sitzung untersucht das Team die Ergebnisse der Selbstbeobachtung und entwickelt die Verhaltensdiagnose. Diese Diagnose beinhaltet die Verhaltensanalyse der entscheidenden Kontingenzen. Aufgrund dieser Diagnose wird ein angemessener Plan für Interventionen und Behandlung erstellt, der darauf abzielt, neue, angemessene, gesunde Fähigkeiten hervorzurufen und zu unterstützen anstelle der alten, unangemessenen, ungesunden. In einigen Fällen wird das Verhalten zwar in der Praxis geübt, doch die Hauptarbeit wird vom Patienten geleistet, der den Plan in sein tägliches Leben umsetzt. In späteren Sitzungen überprüft der Behandler mit dem Patienten zusammen den Fortschritt, identifiziert die Blockaden oder Schwierigkeiten und schlägt bei Bedarf Modifikationen des Behandlungsplans vor. An dem Punkt, wenn die Ziele des Behandlungsplans fast erreicht sind, entwickelt das Team einen Plan, um die Ziele beizubehalten und der Behandler zieht sich mit seiner Unterstützung nach und nach zurück. Typischerweise wird der chronisch Kranke, der in der Naturheilkunde Rat sucht, gleichzeitig eines von zahlreichen medizinischen Behandlungsprogrammen, während er gleichzeitig zur Verhaltensberatung geht.

***Beispiel: Ein Programm für körperliche Fitneß entwickeln.*** Der Prozeß der Verhaltensberatung läßt sich am besten konkret beschreiben. Da die Naturheilkunde davon ausgeht, daß viele chronische Krankheiten durch eine sitzende Lebensweise hervorgerufen oder verschlimmert werden, schlagen Behandler ihren Patienten oft vor, sich an der frischen Luft zu bewegen.[19] Viele Patienten sind grundsätzlich damit einverstanden, scheinen aber de facto nicht in der Lage zu sein, ein regelmäßiges Trainingsprogramm mit geeigneter Bewegung in ihren Tagesablauf einzupassen. Genau diese Art von Problem, die sich für die Anwendung der Verhaltensmedizin in Form von Verhaltensberatung eignet.

Nach dem Ablaufdiagramm in Abbildung 6.2 wird das Risikoverhalten als Mangel an körperlicher (aerober) Aktivität identifiziert, der zu Übergewicht oder einer Reihe anderer somatischer Beschwerden beigetragen haben kann. Körperliche Fitneß an sich wird mit der herabgesetzten Möglichkeit, an kardiovaskulären Krankheiten zu erkranken, assoziiert. Regelmäßiger Sport unterstützt die Behandlung von Schlafstörungen und Diabetes, trägt bei zu Gewichtsverlust, dadurch daß der Appetit unterdrückt wird und Kalorien verbraucht werden, was sich wiederum positiv auf den Blutdruck auswirkt. Ein Bewegungsprogramm fördert Gefühle des Wohlbefindens und ist eine wertvolle Ressource für die Streßreduktion.

Falls der Behandler ein Fitneßprogramm empfiehlt und der Patient zustimmt, muß das Team aus Behandler und Patient ein realistisches Ziel auswählen. Anhand einer Liste wie der in Tabelle 6.3 prüfen beide die möglichen aeroben und nichtaeroben Tätigkeiten und wählen die aus, zu denen sich der Patient hingezogen fühlt und die realistischerweise in den Tagesablauf des Patienten eingegliedert werden können. Der Patient kann auf Veröffentlichungen hingewiesen werden, die die Vorzüge von aerober Bewegung beschreiben. Der Kliniker wird sich nach Wochenenden, Ferien und Reisen erkundigen, um ein Programm zusammenzustellen, das sich an die Veränderungen im Tagesablauf anpassen läßt. Typischerweise könnte das Team entscheiden, daß ein langfristiges Ziel aerobe Aktivitäten drei- bis viermal in der Woche umfaßt. An dieses Ziel muß sich jedoch der Patient nach und nach annähern durch eine Reihe von zunehmend anstrengenderen kurzfristigen Teilzielen.

Der Patient könnte beispielsweise als langfristiges Ziel drei- bis viermal wöchentlich 45 Minuten zu joggen in Erwägung ziehen. Das erste kurzfristige Ziel jedoch kann sein, einfach zwei- oder dreimal in der Woche 15 Minuten spazierengehen. Wenn er das erreicht hat, kann er die nächsten Wochen das Tempo und die Dauer auf 30 Minuten raschen Laufens steigern, durchsetzt mit einigen Minuten Joggen. Allgemein wird nur eine Steigerung von 10 % pro Woche empfohlen, um dem Körper Zeit zu geben, sich an jedes Teilziel zu gewöhnen.[21]

| **Aerob** | **Anaerob** |
|---|---|
| Gehen | Baseball |
| Laufen (joggen) | Bowling |
| Radfahren | Golf |
| Bergsteigen | Volleyball |
| Schwimmen | Football |
| Radfahren auf dem Heimtrainer | Tennis |
| Eislaufen | Segeln |
| Skilanglauf | Haus- oder Gartenarbeit |
| Seilspringen | Gewichtheben |
| Aerobic-Tanz | Surfen |
| Basketball | Einkaufen |
| Fußball | Reiten |
| Kajakfahren, Rudern, Kanufahren | Wasserskifahren |
| Eishockey | Jagen oder Fischen |
| Gymnastik | Motorrad-Geschicklichkeitstraining |

**Tabelle 6.3:** Beispiele aerober und anaerober Aktivitäten[20]

Die gestaffelte Steigerung des Sportplans verdeutlicht auch einen allgemeinen Grundsatz: praktisch jede Veränderung in der Lebensweise muß in kleinen Schritten eingeführt werden. Der Behandler muß sicherstellen, daß die Schritte nicht zu groß sind, denn wenn das der Fall ist, wird der Patient vielleicht sein Teilziel nicht in einem vernünftigen Zeitrahmen erreichen, entmutigt werden und mit dem Behandlungsplan aufhören. Ja, ein Patient kann auch mit einer Geschichte solcher Fehlschläge von anderen, weniger systematischen Programmen her kommen, und diese Geschichte muß erst einmal vom Behandler erfragt werden, so daß über etwaigen Pessimismus und negative Erwartungen gesprochen werden kann. Der Behandler kann erläutern, daß das Programm mit einer sehr leichten Anforderung beginnt und daß das letztendliche Ziel Schritt für Schritt erreicht wird und dieses Erreichen völlig vom Patienten kontrolliert wird, und so negative Erwartungen zerstreuen.

Wenn sich der Patient für eine oder mehrere Aktivitäten entschieden hat, wird er aufgefordert, sich vorzustellen, wie er sie in sein tägliches Leben einbauen kann. Man trifft eine grobe Vereinbarung, ein „Verhaltensrezept“ (siehe Abbildung 6.3) wird erstellt und der Patient wird angewiesen, Daten für die nächste Sitzung zu sammeln. Diese Datensammlung muß nur die Aufzeichnung sein, wann und wie lange er in einer Woche der Tätigkeit nachging.

In der folgenden Sitzung wird das Team die Aufzeichnungen über die Aktivität prüfen und die aufgetretenen „Macken" herausarbeiten. Der Patient kann sich beispielsweise vorgenommen haben, morgens vor dem Frühstück spazierenzugehen, doch in der Praxis festgestellt haben, daß dafür zu wenig Zeit war. Auf seine Fragen hin erfährt der Behandler vielleicht, daß Frühstück bedeutet, den Wirtschaftsteil der Tageszeitung zu lesen. Wenn ein Patient neue Verhaltensweisen in sein Leben aufnimmt, müssen dafür ganz offensichtlich andere Verhaltensweisen reduziert oder aufgegeben werden. Vielleicht kann die Tageszeitung drei Tage in der Woche ausgelassen werden. Möglicherweise kann der Patient 30 Minuten früher Schlafengehen. Oder vielleicht muß die Zeit für Sport neu geplant werden.

Im Laufe der Sitzungen beobachtet das Team den Fortschritt im Sportprogramm aufmerksam. Manchmal wird die ursprüngliche Übungsaktivität langweilig, so daß der Behandler mehr Abwechslung vorschlagen und den Patienten auffordern kann, sich ein oder zwei andere Aktivitäten aus der Liste in Tabelle 6.2 auszusuchen. Eindeutig passen einige Aktivitäten in bestimmte Jahreszeiten, deshalb kann das Programm mit den Jahreszeiten variieren.

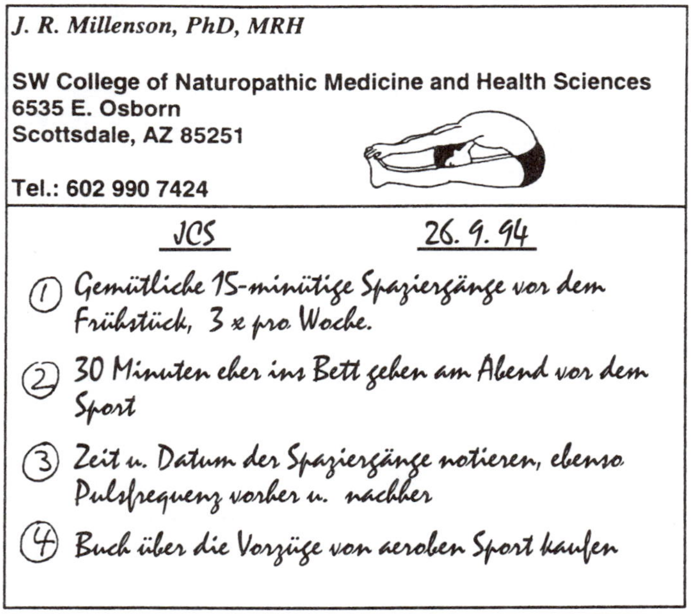

*J. R. Millenson, PhD, MRH*

SW College of Naturopathic Medicine and Health Sciences
6535 E. Osborn
Scottsdale, AZ 85251

Tel.: 602 990 7424

JCS 26. 9. 94

(1) Gemütliche 15-minütige Spaziergänge vor dem Frühstück, 3 x pro Woche.

(2) 30 Minuten eher ins Bett gehen am Abend vor dem Sport

(3) Zeit u. Datum der Spaziergänge notieren, ebenso Pulsfrequenz vorher u. nachher

(4) Buch über die Vorzüge von aeroben Sport kaufen

**Abbildung 6.3:** Beispiel für ein Verhaltensrezept

Im Gegensatz zu Diät, Aufhören zu rauchen oder den Alkohol- oder Kaffeegenuß zu reduzieren, kann ein Bewegungsprogramm üblicherweise sofortige positive Auswirkungen haben. Andere Programme zur Verhaltensänderung gehen typischerweise mit einer Anfangszeit einher, in der unmittelbare aversive Konsequenzen auftreten, z. B. Nikotin- oder Koffeinentzug, die Umstände, die Mühe und die Zeit, die darauf verwendet werden müssen, neue Rezepte zu lernen und ungewohnte Lebensmittel einzukaufen und oft einige soziale Brüche. Während der Anfangszeit der meisten Programme zur Verhaltensänderung sind die langfristigen, künftigen, positiven Auswirkungen (Gewichtsverlust, sich besser zu fühlen, mehr Energie zu haben) noch nicht eingetreten. In einem Bewegungsprogramm jedoch gibt es jedoch bereits von Anfang an mögliche positive Auswirkungen in Form von gesteigerter Wachheit, gesteigertem Wohlbefinden und die pure Freude an der Bewegung. Diese natürlichen Konsequenzen von Sport sind unmittelbare Anreize, die die Patienten ermuntern, bei dem Fitneßprogramm zu bleiben. Wenn Fehlschläge auftreten, dann gewöhnlich nicht, weil der Patient Schwierigkeiten hat, ein neues Verhalten anzunehmen, sondern wegen der Probleme, die Lebensgewohnheiten so weit zu ändern, daß Sport hineinpaßt.

***Häufige Probleme.*** Eine Reihe häufiger Probleme muß verhindert werden. Einige Patienten haben Schwierigkeiten, mit ihrem Fitneßprogramm zu beginnen. Der Behandler sollte sicherstellen, daß die gewählten Aktivitäten wirklich Spaß machen und nicht nur ausgewählt wurden, weil der Patient glaubt, sie seien „gut für ihn", oder weil er merkt, daß andere sie tun. Ein formaler oder informeller Vertrag mit sich selbst, der ihm eine Belohnung gestattet, wenn er das Programm eine Woche erfolgreich durchgeführt hat, oder umgekehrt, eine Strafe an eine unliebsame Organisation zu bezahlen, wenn er seinen Wochenplan nicht eingehalten hat, kann gelegentlich von Nutzen sein. Einige Patienten brauchen die Unterstützung einer Gruppe, und sollten ermuntert werden, einen Freund oder eine Gruppe zu finden, mit dem oder der sie mindestens einmal in der Woche trainieren können.

Negative Auswirkungen des Sports – Muskelkater, Übermüdung – sollten angesprochen werden. Der Behandler kann angemessene homöopathische Mittel in niedrigen Potenzen verschreiben und Arnika oder Schwarzwurzsalbe für die Muskelbeanspruchung, Aromatherapiemassage oder Fußreflexzonenmassage zur Entspannung und dem Patienten raten, mit dem Sport aufzuhören, bevor die extreme Müdigkeit auftritt.

Manchmal wird der Patient das Programm zwar beginnen, es dann aber langweilig finden. Wieder sollte der Behandler die gewählten Aktivitäten überprüfen und vielleicht mehr Abwechslung während der Woche vorschlagen. Die angenehmen Aspekte davon, mit einem Freund oder einem Familienmitglied zu trainieren, sollten hervorgehoben werden. Manche Patienten joggen gern an verschiedenen Orten, andere joggen gerne auf der Aschenbahn. Generell sollten Patienten nicht aufgefordert werden, einen Sport weiterzumachen, der sie nur langweilt.

Wenn ein Patient keine Zeit findet, sein Übungsprogramm durchzuführen, muß der Behandler sicher sein, daß diese Beschwerde nicht bedeutet, daß der Patient das Interesse an dem Programm verloren hat. Er sollte in einem Gespräch Ziel, Zweck und der Grundlage der Behandlung überprüfen, um zu gewährleisten, daß der Patient noch innerlich verpflichtet ist (committed). Verhaltensmedizin braucht während des gesamten Behandlungsplans die volle Unterstützung des Patienten.

Wenn der Behandler sichergestellt hat, daß das Problem in der Zeitplanung liegt, muß das Team den Tagesablauf des Patienten erneut prüfen, um festzustellen, ob der Übungszeitraum zur optimalen Zeit angesetzt ist, dann, wenn die Möglichkeit, daß Konflikte mit anderen wichtigen Verpflichtungen möglichst gering sind. Jede Tageszeit – morgens, mittags und abends – hat Vor- und Nachteile, und die sind für jeden Patienten unterschiedlich. Deshalb muß der Behandler die Pros und Kontras der Übungszeit mit dem Patienten besprechen, um sich auf eine optimale Trainingszeit zu einigen. Es ist hilfreich, ein 'Backup' oder eine zweite Trainingszeit einzuplanen, falls die erste an einem

Tag nicht eingehalten werden kann. Eine andere flexible Strategie ist, einen Alternativsport zu haben, der zu jeder Zeit ausgeübt werden kann: Laufen auf der Stelle, Seilspringen, rasches Gehen. Die Selbstbeobachtung sollte selbstverständlich unabhängig von der Tätigkeit durchgeführt werden. Der Behandler muß immer dafür sorgen, daß das Programm leicht einzuhalten ist. Weniger wichtige Probleme wie geeignete Kleidung und Schuhe sollten vorher angesprochen und dafür Vorkehrungen getroffen werden. Der Ort der Aktivität sollte klar sein: der Park, das Schwimmbad oder der Sportverein.

***Das Programm fortführen.*** Wenn der Patient das Programm ungefähr sechs Wochen lang erfolgreich eingehalten hat, sollte der Behandler einen Plan entwickeln, um zu gewährleisten, daß das Programm auch ohne seine Unterstützung unbegrenzt fortgeführt wird. Der Behandler kann die Behandlungstermine sehr weit auseinander ansetzen und alle speziellen Vertrags-Kontingenzen aufhören (z. B. dem Patienten bestimmte Belohnungen für sich selbst gestatten, wenn er das Wochenpensum geschafft hat), die eingeführt wurden, um das Programm in die Wege zu leiten. Er kann den Patienten auch bitten, mögliche künftige Probleme vorherzusehen (Familienurlaube, Jahreszeitenwechsel, Veränderungen am Arbeitsplatz), die das Programm unterbrechen könnten und den Patienten auffordern, im voraus funktionierende Lösungen auszuarbeiten. So wird die Abhängigkeit vom Behandler nach und nach ausgeschaltet.

## Das aktive Mitmachen beim Gesundheitsplan

In der Darstellung der Verhaltensberatung lag die Betonung auf dem Patienten, der mit dem Behandler eng und aktiv zusammenarbeitet. Ein Grund für diese Betonung besteht darin, den Patienten zu befähigen, für so viele, die Gesundheit beeinflussenden Faktoren, wie es machbar ist, die persönliche Verantwortung zu übernehmen. Ein anderer Grund dafür ist, daß die Wahrscheinlichkeit, daß der Patient das Programm aktiv mitmacht, enorm steigt, wenn er Partner im Behandlungsplan ist.

Programme zur Verhaltensänderung, die mit Änderungen in der Lebensweise einhergehen, sind komplexe Interventionen. Sie erfordern die Änderung lang bestehender Gewohnheiten, die über viele Jahre hinweg entwickelt und aufrechterhalten wurden. Neue, gesundheitsfördernde Verhaltensweisen in Ernährung, Sport und Streßabbau sprengen die eingefahrenen Muster eines Menschen. Zudem sind viele dieser Behandlungsprogramme mit Änderungen in mehreren Bereichen der Lebensweise gleichzeitig verbunden. In solch komplexen und weitreichenden Änderungen besteht immer die Gefahr, daß die Behandlung nicht mitgemacht wird und die Patienten „aussteigen".

Nicht-Einhalten der Behandlung ist in der Schulmedizin endemisch[1] . Verschiedene Studien zeigen, daß 20 bis 50 % der Patienten nicht zu den vereinbarten Terminen erscheinen, 20 bis 80 % die Medikamente falsch einnehmen, 25 bis 60 % die Medikamente vorzeitig absetzen und 20 bis 80 % der Patienten Programme zur Änderung der Lebensweise aufhören.[22] Es stehen zwar keine vergleichbaren Daten für die Komplementärmedizin zur Verfügung, doch ich habe den Eindruck, daß das Mitmachen bei den

---

1) Der Autor unterscheidet zwischen dem aktiven Mitmachen des Patienten (engl. adherence), d. h. der Patient steht zur Behandlung und macht deshalb mit und dem Befolgen/Einhalten (engl. compliance) d. h. der Patient hält sich an die Verordnungen, ist aber nicht unbedingt davon überzeugt. (Anm. d. Ü.)

Behandlungsempfehlungen alles andere als perfekt ist. Das Problem, daß die Verschreibungen und Vorschriften des Arztes nicht eingehalten werden, ist nicht neu. Vor 2000 Jahren erwähnte es Hippokrates in seinem Werk *Decorum* und riet dem Arzt, auf die Schwächen der Patienten zu achten, die sie lügen oder abstreiten lassen, daß sie ihre verschriebenen Medizin nicht eingenommen haben.

Zwei Begriffe wurden verwendet, um die Tendenz eines Patienten zu beschreiben, eine empfohlene Behandlung korrekt durchzuführen: Befolgen und aktiv mitmachen. *Befolgen* hat den Beiklang von Konformität und Einwilligung in die Autorität eines Mediziners. *Aktiv mitmachen* legt nahe, daß der Patient sich aus eigenem Antrieb heraus entscheidet, eine vereinbarte Behandlung durchzuführen. Wann immer es möglich ist, arbeitet die ganzheitliche Medizin mit dem Patienten zusammen und betont die Selbstfürsorge und Selbstverantwortung für die Gesundheit. Deshalb hat der Begriff „Befolgen" wenig Platz in der Praxis der Naturheilkunde. Andererseits muß der ganzheitliche Behandler darum bemüht sein, die Bedingungen zu optimieren, daß der Patient den von beiden gemeinsam ausgearbeiteten Behandlungsplan aktiv mitmachen kann.

Beide Begriffe, Befolgen und aktives Mitmachen, scheinen nahezulegen, daß es für den Patienten am besten ist, sich an die Behandlung zu halten. Doch aufgrund der Geschichte von Launen und Modeerscheinungen in der Medizin, der einst gutgeheißenen Anwendung von Giften (Merkurius, Arsen und Strychnin) und verletzenden Behandlungsweisen (Aderlaß, Brechmittel und Abführmitteln) spricht auch viel für intelligentes Nicht-befolgen.[23] Patienten sind zurecht argwöhnisch gegenüber neuen Medikamenten, deren Nebenwirkungen schlimmer sein können als die Krankheiten, gegen die sie verschrieben wurden, oder dagegen, auf unbestimmte Zeit von Medikamenten abhängig zu bleiben, deren langfristige Wirkung noch nicht bekannt ist. Interessanterweise befolgen Ärzte selbst, wenn sie Patienten sind, die Anweisungen noch weniger als der Durchschnitt der Patienten. Wissen sie etwas, was andere nicht wissen? Die Befolgung der Anweisungen durch die Patienten überzubetonen heißt, sich der falschen Vorstellung von ärztlicher Allwissenheit anzuschließen.

Zwei Variablen beeinflussen hauptsächlich das aktive Mitmachen bei der Behandlung. Die erste, die in Kapitel 13 ausführlich besprochen wird, ist das Maß, in dem der Patient mit seinem Behandler zufrieden ist, also mit dem Grad an Rapport in der Patient/Behandler-Beziehung. Die zweite ist die Art und Weise, wie die Behandlung vom Behandler präsentiert und dann unterstützt wird. Die oben besprochenen komplexen Programme zur Änderungen in der Lebensweise enthalten häufig wichtige eingebaute Kontingenz-Provisionen, um das Mitmachen zu begünstigen. Wir sprachen schon darüber, wie laufende Probleme mit einem Programm in der Verhaltensberatung in Zusammenarbeit gelöst werden können. Aber die Fragen des Mitmachen bei einer Behandlung gehen in der Naturheilkunde weit über diese Programme hinaus hin zu einer Fülle von Prozeduren, die die Patienten durchführen sollen: viele Behandler empfehlen eine ganze Reihe von Nahrungsergänzungen, die zu genauen Zeiten im Verhältnis zu den Mahlzeiten eingenommen werden müssen; Phytotherapeuten verschreiben Tinkturen, Tees, Dekokte, Kapseln und Reizmittel; Naturheilkundler empfehlen Bäder mit speziellen Salz- und Mineralienzusätzen, Kompressen, Güsse, Kaffee-Einläufe und Packungen mit Rizinusöl; Aromatherapeuten verschreiben Selbstmassagen und Bäder mit Ölessenzen; homöopathische Mittel müssen zu bestimmten Zeiten eingenommen werden und auf eine bestimmte Art und manchmal in Verbindung mit sich ändernden Symptomen; Blütenessenzen sollten drei- oder viermal am Tag genommen werden, oft mit Affirmationen, die dazu wiederholt werden. Diese verschiedenen Naturheilmittel, Medikamente und Behandlungen erfordern einen beträchtlichen Aufwand, Zeit und Kosten, einige sind lästig (die Packungen mit Rizinusöl, Kaffeeklistiere) und andere sind schädlich (unangenehm schmeckende Kräuter). Ganz offensichtlich werden natürliche Behandlungsweisen ebenso wie orthodoxe unterschiedlich gründlich mitgemacht.

Naturheilkundler sind im allgemeinen bestrebt, ihre Patienten die Notwendigkeit der empfohlenen Behandlung, Medikamente und Verschreibungen aufzuklären. Untersuchungen hingegen zeigen, daß Patienten viel von dem vergessen, was ihnen gesagt wird, und je mehr ihnen bei einem einzigen Besuch gesagt wird, desto mehr vergessen sie. Die Information aufzuschreiben erhöht ihr Erinnerungsvermögen nicht. Über je mehr medizinisches Wissen ein Patient andererseits verfügt, an um so mehr wird er sich erinnern.[24] Die Behandlung kann nicht mitgemacht werden aufgrund von äußeren Faktoren wie die Kosten der Medikamente oder der Behandlung und ebenso aufgrund von Schwierigkeiten, den Behandlungsplan in den täglichen Rhythmus zu integrieren. Nichtmitmachen kann aber auch auftreten, weil der Patient von der Wirksamkeit der Behandlung nicht völlig überzeugt ist oder weil er eine andere Anschauung oder Meinung über seine Krankheit hat als der Behandler.

Generell kann der Naturheilkundler das Mitmachen bei der Behandlung nicht als selbstverständlich ansehen. Wenn er dieses Thema im Erstgespräch anschneidet und zu verstehen gibt, daß es aus verschiedenen Gründen zum Nichtmitmachen kommen kann, und wenn er das nicht beurteilt, wird der Patient wahrscheinlich ehrlicher sein und darüber sprechen, wenn er die Behandlung nicht aktiv durchführt. In diesem Klima der Offenheit kann das Nichtmitmachen gelöst werden wie jedes andere Verhaltenssymptom, nämlich dadurch, daß die Behandlungsgrundlage noch einmal angeschaut wird, die über den Zustand inklusive Diagnose und Prognose informiert, und versucht wird, die vorausgehenden und Folgesituationen zu verändern, um das Gleichgewicht in Richtung Mitmachen zu ändern.

Selbstbeobachtung an sich ist oft genug, um die Waage in Richtung zufriedenstellendes Mitmachen zu neigen. Wenn der Patient die Zeit jeder Gabe von Pflanzenheilmitteln oder homöopathischer Mittel aufzeichnet und die Aufzeichnung in der nächsten Behandlungssitzung besprochen wird, wird auch das Mitmachen fördern. In einer Studie über die Wirkung von Vitamin C bei Erkältungen, in der viermal täglich eine Tablette über einen Zeitraum von drei Wochen verschrieben war, schafften es beinahe 80 % der 71 Versuchspersonen nicht, die Behandlung zufriedenstellend mitzumachen.[25] Als die selben Versuchspersonen jedoch angewiesen wurden, einfach die Zeit der Vitamineinnahme aufzuzeichnen (Selbstbeobachtung) und auch eine kleine Geldeinlage verloren, wenn sie sich nicht daran hielten, konnten bemerkenswerte Verbesserungen erzielt werden.

Der Patient, der ständig ablehnt, den vom ihm zugestimmten Behandlungsplan mitzumachen und dauernd verspricht, es zu tun, kann ausgesprochen frustrierend sein. Der Behandler wünscht sich dann vielleicht, wieder die die Rolle des Verwalters zu übernehmen und dadurch andeuten, daß er auch bereit ist, aktiv teilzunehmen, wenn der Patient bereit ist, sich innerlich auf seinen Plan zu verpflichten. Bis dahin läßt er dem Patienten die Tür offen, ganz in seine Rolle als aktiver Teilnehmer zurückzukehren. So ist die Haltung, wenn man sich in der Naturheilkunde an die Verantwortung des Patienten als gleichwertiger Partner in der Behandlung hält. Freilich sollte der Patient nie zu einer Behandlung gezwungen werden, aber der Behandler sollte erwarten, daß der Patient die

Aufgaben ausführt, auf die sich das Team einigte; das wird wahrscheinlich das Gleichgewicht und die Harmonie wiederherstellen, die Gesundheit begünstigen. Diese Erwartung nicht zu setzen würde eine ganzheitliche Medizin Lügen strafen, die nicht nur die Symptome einer Erkrankung, sondern auch ihre Ursachen angeht, die oft im psychosozialen Bereich wurzeln.

## Projekt 6

## Ein Selbstmanagement-Programm entwerfen

Entwerfen Sie mit Hilfe der im Text beschriebenen Strategie der fünf Phasen der Selbstkontrolle (!) (Selbstbeobachtung, genaue Zielbeschreibung, Stimulus-Kontrolle, Bestimmung der Anreize und Üben) ein Selbstmanagement-Programm für eines Ihrer Gesundheitsprobleme, das die Lebensweise betrifft (oder für ein Gesundheitsproblem eines Ihrer Patienten).

### Kommentierte Bibliographie

**Antonovsky, Aaron:** *Health, Stress, and Coping.* London: Jossey-Bass, 1979. Im Gegensatz zu einem Großteil der medizinischen Literatur – Naturheilkunde ebenso wie allopathische Medizin – geht Antonovsky von der lange vernachlässigten Frage aus: „Was macht gesund?“ (Salutogenese) statt von der Frage: „Was macht krank?“ (Pathogenese). Seine Unterscheidung zwischen Spannung und Streß und seine Konzeptualisierung der allgemeinen Ressourcen im Widerstand gegen Streß sind grundlegend.

**Doleys, Daniel M., Ron L. Meredith,** und **Anthony R. Ciminero:** Hrsg. *Behavioral Medicine: Assessment and Treatment Strategies.* London: Plenum Press, 1982. Eine exzellente Quelle für Hinweise für den Behandler, der Information sucht über die vielen Themen, die Verhaltensmedizin jetzt umfaßt. Das Kapitel über Schmerz ist zu empfehlen, aber es gibt auch nützliche Kapitel über Übergewicht und Anorexie, Biofeedback, Mißbrauch von Substanzen und Sucht.

**Pomerleau, Ovid F.,** und **John P. Brady**: Hrsg. *Behavioral Medicine: Theory and Practice.* Baltimore: Williams and Wilkins, 1979. Der erste Text und Klassiker auf diesem Gebiet. Die Kapitel über Selbstmanagement, Rauchen, Übergewicht und Biofeedback sind bemerkenswert wegen der Klärung der Schlüsselthemen.

**Russell, Michael L.:** *Behavioral Counseling in Medicine.* New York: Oxford University Press, 1986. Ein sehr praktischer Text für den Behandler, der sich dafür interessiert, Patienten darin zu unterstützen, ihre Risikoverhaltensweisen zu reduzieren und gesundheitsfördernde Verhaltensweisen zu entwickeln. Gesprächstechniken, Verhaltensanalyse von Problemverhalten, Formulierung von Behandlungsplänen und -zielen und die fortlaufende Beobachtung von Verhaltensänderungen werden beschrieben, um die Einhaltung und den Erfolg von Ernährungsumstellungen, aerober Bewegung und Streßabbau zu steigern.

# 7

## Umgang mit Streß und Schmerz

*Nach einer von freiverkäuflichen Schlaftabletten unterstützten, wegen Schlafschwierigkeiten aufgrund von erhöhtem Koffeinkonsum während des World Cup im Fernsehen eingenommenen Nachtruhe nahm Jones Eier mit Speck und Kaffee zum Frühstück zu sich. Er war spät dran, deshalb rannte er zum Auto, zündete sich eine Zigarette an und fuhr mit tausenden anderen zur Arbeit (er brauchte 40 Minuten für 25 km, obwohl der größte Teil der Strecke Autobahn war). Auf dem Weg zur Arbeit verspürte er Schmerzen in der Brust und eine leichte Benommenheit. Er fuhr zu seinem Stellplatz in der Tiefgarage (voller Kohlenmonoxyd), fuhr dann mit der Rolltreppe zum Hauptaufzug des großen Bürogebäudes, in den er sich mit 15 anderen gequetscht hatte, von denen fünf trotz des Rauchverbotes rauchten. Er gelangte schließlich in sein Büro, zündete sich eine dritte Zigarette an, nahm sich eine Tasse Kaffee und begann zu arbeiten. Im Laufe des späten Vormittags ließ ihn sein Chef zu sich in das Hauptbüro kommen, um sich dort über eine noch unerledigte Arbeit zu beschweren. Nachdem er den größten Teil des Vormittags an seinem Schreibtisch sitzend verbracht hatte, ging er zum Mittagessen. Es bestand aus einem Schinken-Käse-Sandwich mit Weißbrot, Pommes Frittes und einem Stück Kuchen. Jones kehrte an seinen Arbeitsplatz zurück und saß den Rest des Tages an seinem Schreibtisch, abgesehen von einer Kaffeepause am Spätnachmittag und einem Streit mit einem seiner Kollegen über die Verantwortung für eine noch nicht erledigte Aufgabe. Unmittelbar nach dem Disput hatte er Sodbrennen, das er ignorierte. Nach der Arbeit fuhr er mit dem Lift und der Rolltreppe zu seinem Auto, fuhr im Berufsverkehr nach Hause und betrat ein Haus voll schreiender Kinder. Er aß spät zu abend und setzte sich mit einer Tasse Kaffee und einem Stück Schokoladenkuchen vor den Fernseher. Sein Tag endete um 0.30 Uhr, und er hatte wieder Einschlafschwierigkeiten.*[1]

Die obige Beschreibung aus „Ein typischer Tag im Leben eines „'gesunden westlichen Menschen'" karikiert die Situation keinesfalls so wie sie sollte. Mit einer solchen Lebensweise können wir auf jeden Fall die Frage von Antonovsky wiederholen: „Wie bleibt irgend jemand von uns gesund?" In den letzten drei Kapiteln betrachteten wir die Psychophysiologie des Streß, wie Streß Krankheit erzeugen kann und die Grundlagen, wie man Möglichkeiten zum Umgang mit Streß entwickeln kann. Wir wenden uns nun sehr praktischen Möglichkeiten zu, wie wir solche Ressourcen schaffen können, um mit Spannung umzugehen und zu verhindern, daß sie zwangsläufig zu Streß führt. Da chronische Schmerzen eine der Hauptbeschwerden in der naturheilkundlichen Praxis sind, und weil viele der bei Streß hilfreichen Techniken auch bei chronischen Schmerzen nützen, werden einige Beiträge der Verhaltensmedizin zur Theorie und den Umgang mit Schmerzen gewürdigt.

## Modell zum Umgang mit Streß

Die Eigenart der Streßreaktion und ihre enge Verbindung zu Krankheit fordert die Psychologie heraus, ein Verfahren für den Umgang mit Streß zu entwickeln, auf das Ärzte zurückgreifen können. Die streßvermindernden Ressourcen jeglicher solcher Psychoverfahren müssen aus einer der drei grundlegenden Strategien kommen, die Menschen anwenden, um mit Streßumständen/-situationen umzugehen:

- Stressoren können manchmal vermieden werden, entweder direkt oder durch Änderung der äußeren Situation, in der sie auftreten. Dem Streß einer verschmutzten Stadt kann man entgehen, indem man aufs Land zieht. In einer streßvollen Beziehung oder einem solchen Arbeitsplatz wird ein Ende dadurch erreicht, daß der Mensch sich entscheidet, die Situation zu beenden. Auf einer anderen Ebene können wir darauf hinarbeiten, ein politisches System zu verändern, das die Umwelt ignoriert und globale Streßquellen erzeugt. Solche Bewältigungsstrategien sind *problem-orientiert.*
- Wenn der Stressor selbst nicht beseitigt oder reduziert werden kann, ist es immer noch möglich, *Gegenmaßnahmen zu ergreifen*, um unsere Reaktionen zu minimieren oder mildern. Entspannungstraining, Meditation, Yoga, Biofeedback, gesündere Ernährung, mehr Bewegung, früh ins Bett gehen, sich massieren lassen sind alles wichtige Ressourcen für die Streßreduktion. Keine davon betrifft die äußere Situation, aber sie sind alle hilfreich, um ihre Auswirkungen zu verringern. Diese Bewältigungsstrategie ist *emotions-orientiert.*
- Schließlich kann man daran arbeiten, *sich selbst zu ändern*, indem man neue Fertigkeiten lernt, die dazu beitragen, die Situation besser zu ertragen und sie zu kontrollieren, oder indem man seine Einstellung zur streßerzeugenden Situation ändert. Diese Bewältigungsstrategie ist *selbst-orientiert.* Eine herausfordernde Situation am Arbeitsplatz kann also zunächst streßvoll sein. Wenn die Person lernt, mit den Anforderungen der neuen Arbeit umzugehen, nimmt der Streß ab und kann schließlich ganz aufhören. Wenn man sich verpflichtet fühlt, an einem verhaßten Arbeitsplatz auszuharren, eine schwierige Phase mit einem Partner zu durchleiden oder sich einer finanziellen Not zu beugen, ist es immer noch möglich, die Art zu ändern, wie man auf solche Probleme reagiert. Menschen können lernen, das zu akzeptieren, was sie nicht ändern können; sie können lernen, ihre kreative Energie in neue Bereiche zu lenken und sich selbst beibringen, viele ihrer Erwartungen *loszulassen*, daß die Welt auf eine bestimmte Art sein muß, damit sie glücklich sein können.[2]

Das Leben ist zwangsläufig voller Herausforderungen, Anforderungen und Bedrohungen. Die ursprüngliche Reaktion auf diese allgegenwärtigen Ereignisse ist *Anspannung* – die erste Alarmreaktion des Körpers auf eine Anforderung, Selyes erste Phase des Allgemeinen Anpassungssyndroms. Diese erste Phase der Anspannung ist an sich kein Gesundheitsrisiko. Ja, wir blühen bei Herausforderungen auf und zu wenige davon sind wahrscheinlich auch wieder ein Stressor. Erst wenn starke Anspannung andauert, aufgrund der Unfähigkeit der Person, mit ihr umzugehen oder sie zu bewältigen, sprechen wir von Streß. Streng genommen sollte der Bereich Umgang mit Streß richtig Umgang mit Spannung genannt werden, denn bewältigen bedeutet idealerweise, daß sich die Anspannung nicht zu Streß entwickelt.

Was können wir allgemein darüber sagen, ob ein potentieller Stressor tatsächlich zu Streß führt? Sicher hängt die Wirkung psychosozialer Stressoren von unserer Interpretation und Bewertung ab. Aber diese Ansicht über den *Verlauf* von Streß, der von der Situation und dem Menschen abhängt, ist zu allgemein, um im Umgang mit Streß eine große praktische Hilfe zu sein. Der Behandler wünscht sich allgemein nützliche *Hilfen im Umgang mit Streß* (Antonovsky, 1979), die den Patienten helfen, sich ihren Weg durch die steinigen Gefilde des Lebens zu bahnen.

**Abbildung 7.1:** Modell des Gesundheitsrisikos[3]

Die Verfügbarkeit solcher Ressourcen wird ein Gegengewicht zu den Stressoren bilden. Die Waage in Abbildung 7.1 zeigt symbolisch einige der zwingenden Faktoren, die in der Lebenssituation eines Menschen wirken und zu jedem Zeitpunkt den Grad des Gesundheitsrisikos bestimmen. In der linken Waagschale sind alle dysfunktionalen Persönlichkeitsmerkmale eines Menschen, alle kritischen derzeitigen oder kürzlichen Ereignisse im Leben (siehe Projekt 5), Gesundheitsrisiken in der Lebensweise und alle möglichen gleichzeitigen ökologischen Stressoren.

Diesen Risikofaktoren gegenüber stehen gesundheitsfördernde und streßresistente Faktoren in der rechten Waagschale: anpassungsfähige Persönlichkeitsmerkmale, die helfen, Anforderungen in positive Herausforderungen zu verwandeln, Elemente einer gesunden Lebensweise, die Unterstützung, die daher rührt, ein geschätztes und integriertes Mitglied einer Gemeinschaft von Freunden und Verwandten zu sein und alle speziellen Strategien zum Umgang mit Streß wie Wissen, Fähigkeiten und Informationen, die jemand mitbringt, um der gegenwärtigen Herausforderung die Stirn zu bieten.

Wenn die Faktoren des Widerstandes die der Anfälligkeit übersteigen, neigt sich die Waage nach rechts und das Krankheitsrisiko ist am niedrigsten (Abbildung 7.2). Wenn die Anfälligkeitsfaktoren umgekehrt die Widerstandsfaktoren übersteigen, neigt sich die Waage nach links und das Krankheitsrisiko steigt (Abbildung 7.3).

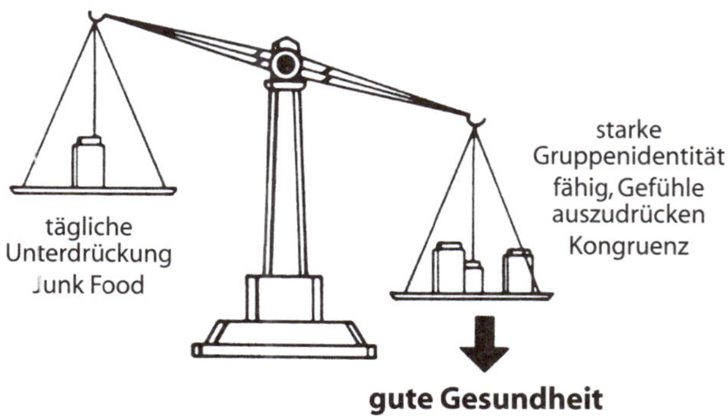


**Abbildung 7.2:** Widerstandsfaktoren übersteigen die Anfälligkeitsfaktoren

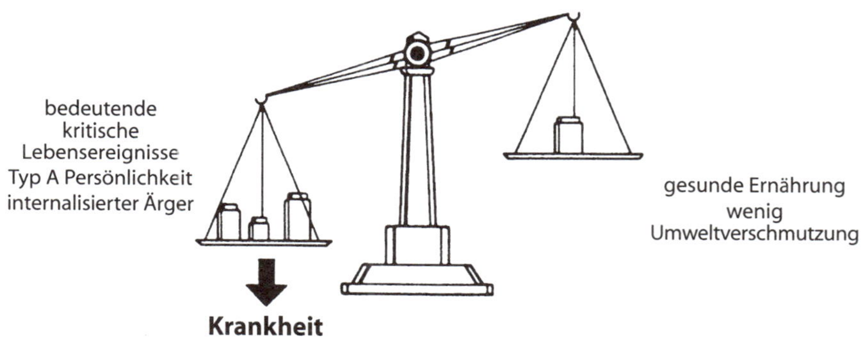


**Abbildung 7.3:** Anfälligkeitsfaktoren übersteigen die Widerstandsfaktoren

Der Behandler möchte die Patienten unterstützen können, Mittel gegen Streß zu entwickeln, denn nach dem Modell der Waage wird das dem Patienten helfen, gesundheitliche Risikofaktoren zu verringern. Eine der wichtigsten dieser Ressourcen ist in der Tat die fürsorgliche, vertrauensvolle Beziehung, die der Behandler mit dem Patienten aufzubauen bestrebt ist. Der Behandler sollte eine Ressource werden, zu der Klienten in Zeiten erhöhten Streß kommen und bei ihm praktische Hilfe und Unterstützung für den Umgang mit Streß suchen können. Der informierte Behandler muß deshalb entweder über das Wissen und die Fertigkeiten im Streßmanagement verfügen, um direkt mit den Klienten zu arbeiten oder genug über die Möglichkeiten wissen, um die Patienten an qualifizierte Spezialisten der Verhaltensmedizin verweisen zu können.

## Progressive Entspannung

Eine der Techniken zum Streßmanagement, die allgemein am nützlichsten und leicht anzuwenden ist, ist progressive Muskelentspannung.[4] Das Prinzip hinter der Entspannung, als Gegenreaktion auf Streß, ist leicht verständlich. Die physiologische Reaktion auf einen Stressor umfaßt, neben den verschiedenen von Selye und Cannon beschriebenen Maßnahmen, einen Zustand muskulärer Spannung in der Skelettmuskulatur. Dies ist ein perfekter Anpassungsmechanismus, der uns auf Flucht oder Kampf vorbereitet. Wenn die Stressoren aber psychosozial sind und die Spannung nicht mehr losgelassen wird, können wir zu Recht von einer Spannung sprechen, die sich zu Streß entwickelt hat. Die Entspannungsreaktion bildet den physiologischen Gegenpol zur Spannung. Ein Muskel kann nicht gleichzeitig entspannt und angespannt sein. Deshalb trägt das Erlernen der Fähigkeit, einzelne Muskelgruppen zu entspannen, zur Fähigkeit der Streßreduktion bei.

Dies ist die theoretische Grundlage, und der Beweis für den praktischen Wert der Entspannung unterstützt die Theorie dahinter sehr. Im allgemeinen hat sich gezeigt, daß für eine Reihe von Beschwerden im Zusammenhang mit Streß Entspannungsprogramme so gut sind wie oder besser als Biofeedback, Meditation, Hypnose und einige Formen der Psychotherapie; zusammen mit Biofeedback und kognitiv-behavioralen Selbstmanagement-Programmen steigern sie deren Wirkung. Progressive Entspannung in der im folgenden beschriebenen verkürzten Version wurde alleine angewandt bei Kindern und Erwachsenen oder in Verbindung mit anderen Techniken, um allgemeine Anspannung, Schlaflosigkeit, erhöhtem Blutdruck, Asthma, Migräne, Ticks und andere Störungen zu behandeln. Natürlich ist Entspannung kein Allheilmittel, da nicht alle Klienten die für konsequentes Üben erforderliche Motivation aufbringen, wenn die Technik anhaltend und allgemein streßreduzierend wirken soll, d. h. eine allgemeine Hilfe im Umgang mit Streß werden soll. Wann immer die körperlichen Probleme eines Patienten im Zusammenhang mit Streß zu stehen scheinen, denkt der Kliniker als erstes daran, die Muskelentspannung auszuprobieren; da sie kein Instrumentarium erfordert, die Anweisungen einfach und leicht zu befolgen sind, ist sie ein günstiges und angenehmes Verfahren und es gibt, falls überhaupt, nur wenig Kontraindikationen. Die Richtlinien unten erläuternd. Jeder Therapeut wird das Material auf seine Art präsentieren.

Der Patient sollte zuerst eine kurze theoretische Grundlage der Entspannung erhalten, wie eben beschrieben. Dabei wird die Komplexität und die Wechselbeziehung der Skelettmuskulatur als Ganzes erklärt – es gibt über tausend verschiedene Muskeln, von denen jeder zu jedem Zeitpunkt in einer gewissen Spannung sein kann. Ein Teil der Technik besteht darin, dem Patienten die Spannung bewußt zu machen, die er in den verschiedenen Muskelgruppen festhält. Allgemein wird das Bewußtsein auf eine Muskelgruppe gelenkt und Spannung und Entspannung gelehrt, indem einige Dutzend oder mehr Muskelgruppen identifiziert werden. Dabei beginnt man mit der dominanten Hand und dem Unterarm und arbeitet sich dann allmählich den Körper entlang, wählt dabei eine Gruppe nach der anderen aus und spannt zuerst die Muskeln in dieser Gruppe so stark wie möglich an, hält diese gesteigerte Spannung ungefähr 8–10 Sekunden lang und läßt sie dann für eine längere Zeitspanne von ungefähr 30 Sekunden völlig los. (Einige herausragende Gruppen und die Methode der Anspannung sind in Tabelle 7.1 gezeigt.)

| Muskelgruppe | Art der Anspannung |
|---|---|
| *Hand und Unterarm* | Eine Faust machen. |
| *Oberarm* | Den Ellenbogen gegen Stuhl drücken. |
| *Stirn* | Augenbrauen heben so hoch wie möglich. |
| *Obere Wangen und Nase* | Augen eng zusammenkneifen und die Nase rümpfen. |
| *Brust, Schultern* | Tief einatmen, Atem anhalten, Schulterblätter zusammenziehen. |
| *Bauch* | Bauch herausstrecken und gleichzeitig versuchen, ihn einzuziehen. |

**Tabelle 7.1:** Beispiele von Muskelgruppen und die Art, übertriebene Spannung zu erzeugen

Es hilft, dem Patienten vorzuschlagen, daß der Muskel sich beim Loslassen in einen Zustand der Nullspannung entspannen darf und dann durch die Nullspannung auf die negative Seite überwechseln darf: noch entspannter als er so entspannt wie er war. Allgemein wird der Behandler nacheinander ungefähr ein Dutzend Muskelgruppen durchgehen und dabei die Anweisungen für Spannung und Loslassen für jede Gruppe circa dreimal wiederholen. 10 Sekunden für die Anspannung, 30 Sekunden zum Loslassen, drei Wiederholungen und 15 Muskelgruppen ergibt eine 45-Minuten-Sitzung, die völlig ausreicht. Generell werden Patienten aufgefordert, zweimal täglich jeweils 15 – 20 Minuten lang progressive Muskelentspannung zu üben. Einige Patienten werden feststellen, daß es ihnen schwerfällt, eine bestimmte Muskelgruppe völlig zu entspannen. Ihnen sollte versichert werden, daß lebenslängliche Spannung mehr als eine Sitzung brauchen kann, um verlernt zu werden, aber daß sie den Nutzen, selbst von teilweiser Entspannung, sehr bald sehen werden.

Nach einigen Sitzungen, wenn die Patientin lernt, in einer beliebigen ausgewählten Muskelgruppe volle Entspannung herbeizuführen, kann sie aufgefordert werden, Muskelgruppen in verschiedenen Körperteilen zu kombinieren und mit den sich entspannenden Muskelgruppen zu experimentieren, wann immer sie im Laufe des Alltags Anforderungen erlebt. Die Patientin sollte in der Lage sein, sich ohne die vorangehende Anweisung zur Anspannung zu entspannen, wenn sie die feinen Körpersignale eines entspannten Zustandes kennenlernt. Geübt werden kann, wenn die Patientin sich potentiell streßvolle Situationen vorstellt. Schließlich können die Muskelgruppen in vier große Klassen zusammengefaßt werden: (1) Arme und Hände, (2) Gesicht und Nacken, (3) Brust, Schultern, Rücken und Bauch, und (4) Beine und Füße. Nach und nach kann das Stadium der Anspannung im Training insgesamt weggelassen werden und die Patientin kann sich auf Zählen hin (z. B. „1, 2, 3, 4, 5 völlig entspannt") entspannen. Ungefähr zehn Sitzungen sollten ausreichen, um ein zufriedenstellendes Leistungsniveau zu erreichen.[5] Als weiteren Anreiz zum Üben für zu Hause stellen einige Behandler für ihre Patienten individuelle Übungskassetten her.

## Meditation und Yoga

Die Zeugnisse über Meditationspraktiken reichen Jahrtausende zurück. Obwohl es viele Meditationsformen gibt, sind im Westen die Transzendentale Meditation (abgekürzt: TM), und die verschiedenen Formen, die Gautama Buddha in Nordindien vor 2500 Jahren lehrte, am bekanntesten. In der östlichen Tradition arbeiten die Meditierer auf einen veränderten Bewußtseinszustand hin, ja einen Zustand jenseits des Bewußtseins, bekannt unter verschiedenen Namen wie Satori, Inana oder Erleuchtung. Solche wahren und engagierten Sucher gibt es zwar auch im Westen, ist für viele, die in die Meditationspraxis eingeführt wurden, ein viel bescheideneres Ziel, das Herbeiführen von Ruhe und Gleichgewicht in einer andernfalls hektischen und betriebsamen Lebensweise; mit einem Wort, Meditation als Streßreduktion.

In der Meditationspraxis wählt man ein „Objekt" aus, auf das man die Aufmerksamkeit richtet. In der TM ist das Objekt ein wortähnlicher Laut, *Mantra* genannt. In einer Form der TM wird der Klang aus 16 Klängen ausgewählt (die meisten davon sind widerhallende Klänge / Töne, für den westlichen Menschen ohne Bedeutung wie nama, ram, omm...). Der Ton wird rhythmisch 20 Minuten lang immer wieder wiederholt, während man bequem, aber aufrecht und wach dasitzt. In einer anderen Form der TM ist der Ton das englische Wort „one"; es wird still bei jedem Einatmen und bei jedem Ausatmen wiederholt. Bei den beiden bekannten buddhistischen Meditationen (Zen aus Japan und Vipassana aus Südostasien) sitzt der Meditierer gewöhnlich auf einem Kissen mit übereinandergeschlagenen Beinen (die schwierige Lotushaltung oder die einfache Burmesische Art), oder auf einem niedrigen Bänkchen oder sogar auf einem Stuhl mit gerader Lehne. Sowohl im Zen als auch bei der Vipassana-Meditation ist das Meditationsobjekt zunächst das Heben und Senken des Bauches beim Atmen. Wenn der Meditierer dann in der Lage ist, seine Aufmerksamkeit ständig beim Atem zu halten, wird die Aufmerksamkeit erweitert und schließt alle auffallenden Reize mit ein, z. B. Straßenlärm, visuelle Ereignisse, nahe Stimmen, Ach und Wehwehchen, Gedanken und Gefühle. Die Meditationsübung besteht darin, zu versuchen, unbeteiligt und dabei bewußt zu bleiben, was immer geschieht und nicht von Träumereien über diese Reize abgelenkt zu werden oder in sie einzutauchen. Die ganze Zeit über versucht man, den Körper komplett stillzuhalten und von allen auftauchenden und wieder vergehenden Gedanken, Empfindungen oder Emotionen distanziert zu bleiben. Ein Grund, warum das Üben genannt wird, ist, weil es Übung erfordert. Der Anfänger verbringt die meiste Zeit der Meditation damit, seine Aufmerksamkeit ständig sanft aber bestimmt zum Meditationsobjekt zurückzulenken. Für die meisten von uns geht der innere Dialog ständig weiter, größtenteils außerhalb unserer Kontrolle. Nach und nach und mit Übung jedoch beginnen die Gedanken nachzulassen und dieses Auftauchen der willentlichen Kontrolle über das Denken kann eine der wichtigsten Wirkungen der Meditation als Streßkontrolltechnik sein.

Alle Varianten der meditativen Praxis führen einen Zustand herbei, der als „entspannte Wachheit" charakterisiert werden könnte. Aus der Sicht der Verhaltenstheorie ist Meditation eine Form von selbst-induzierter Auslöschung (Selbst-Desensibilisierung)[1]. Man erlaubt allen Bilder, Empfindungen und Gedanken, die aufsteigen, zu kommen und zu gehen wie sie wollen, man tut nichts damit, bewertet sie weder, noch verurteilt man sie, läßt sich nicht von ihnen mitreißen und vertreibt sie auch nicht bewußt. Das ist praktisch ein Auslöschungsprozeß, bei dem diese innerlichen Handlungen überhaupt nicht verstärkt werden; stattdessen wird alles mit einem Zustand der Entspannung verbunden. Natürlich erfordert ein solcher Zustand für die meisten beträchtliche Übung und Durchhaltevermögen. Viele Meditationsdisziplinen empfehlen ein- oder zweimal täglich 20minütiges oder längeres Üben, obwohl es Beweise gibt, daß schon einmal in der Woche auf diese Art still zu sitzen eine wirkungsvolle Streßreduktion ist.

---

1) Gemeint ist wohl die Auslöschung bisheriger Reaktionsmuster oder Verhaltensweisen. (Anm. d. Ü.)

Die zwei beschriebenen Praktiken sind für Menschen im Westen geeignet, weil sie das kultische und kulturelle Drum und Dran recht gering halten, das viele Formen der östlichen Religion an sich haben. Die ruhige und friedvolle Umgebung einer Rückzugsmöglichkeit tragen auch zum Erfolg bei, bei seiner Aufmerksamkeit zu bleiben und fördern die Ruhe des Meditierenden. Das Abbrennen von Räucherwerk und das wiederholte Singen fremder Klänge können auch als Reizkontrolle wirken, die die meditative Situation einleiten und so, durch Konditionierung, mit dem für Meditation charakteristischen Zustand entspannter, wacher Bewußtheit verbunden werden. Wenn eine solche Konditionierung stattgefunden hat, kann dieses Drumherum der Meditation selbst den meditativen Zustand herbeiführen.

Untersuchungen bestätigen, daß der Körper während der TM-Meditation in einen Zustand tiefer Ruhe eintritt, der treffend als hypometabolischer Zustand beschrieben wird. Der Sauerstoffverbrauch ist in diesen 20 Minuten der Meditation auf ein Level reduziert, das normalerweise erst nach sechs Stunden Schlaf erreicht wird. Herz- und Atemfrequenz sinken, die Hauttemperatur erhöht sich (kennzeichnend für die parasympathische Entspannung), und die Laktatkonzentration im Blut nimmt ab, was auch eine tiefe Entspannung der Skelettmuskulatur hinweist. Das EEG weist nach, daß der meditative Zustand die einzigartigen Eigenschaften von Schlaf und Wachheit verbindet. Es gibt auch Beweise, daß Meditation zu einer Änderung der Hemisphärendominanz führt, was meist ein Hochkommen rechtshirniger Intuition und ganzheitlicher Gedanken bedeutet. Eine Reihe von Krankheiten, die mit Streß in Verbindung gebracht werden, werden durch Meditieren positiv beeinflußt: Verbesserung des Atemmusters bei Patienten mit Bronchialasthma, eine Reduzierung des Blutdrucks bei Hypertonie, herabgesetzte vorzeitige Kammerkontraktionen bei Patienten mit ischämischen Herzerkrankungen, Herabsetzung des Cholesterinspiegels bei Patienten mit Hypercholesterinämie und eine Besserung bei Stottern.[6] Diese vorteilhaften Auswirkungen können das Ergebnis einer oder eine Kombination mehrerer der bekannten Meditationswirkungen sein. So kann der ruhende Meditationszustand die Energie bewahren, die später für die Heilung verwendet werden kann. Die geübte Haltung des Nicht-urteilens kann auf das Alltagsleben übertragen werden, so daß der Meditierer von früher streßvollen Situationen weniger durcheinander gebracht wird. Wenn die in der Meditation erlernte Fähigkeit, die Aufmerksamkeit zu fokussieren und sie gerichtet zu halten, auf das Leben außerhalb des Kissens generalisiert werden kann, sollte das auch die Fähigkeit des Meditierenden steigern, sich in Situationen des Bedarfs an die Werkzeuge von Selbstmanagement-Programmen zu erinnern. Interessanterweise scheint schon die schiere Selbstdisziplin, 20–60 Minuten unbeweglich mit gerichteter Aufmerksamkeit dazusitzen zu lernen, die Willenskraft zu stärken. Die daraus resultierende Fähigkeit, bei seinen persönlichen Vorsätzen zu bleiben, ist für den Menschen in jedem anderen Lebensbereich nützlich, z. B. die Entschlossenheit zu steigern, mit dem Rauchen aufzuhören, gesünder zu essen und Zeit für Sport einzuplanen.

Meditation ist also eine sehr allgemeine Verhaltensmedizin, die der naturheilkundliche Behandler Patienten, die gesünder leben wollen, vorschlagen kann. Die grundlegenden Anweisungen sind einfach und können in einer Sitzung umgesetzt werden; aber sie müssen vorzugsweise von einem anerkannten Meditationslehrer erteilt werden oder zu allermindest von jemand, der ausreichend meditiert hat, um wenigstens eine leichte Ahnung vom möglichen Nutzen zu haben.[7] Weil die Arbeit beim Patienten liegt, spricht die Technik wahrscheinlich diejenigen mit einen unabhängigen und forschenden Geist an, die bereit sind, die Verantwortung für ihre Gesundheit zu übernehmen. Ein gesunder

Skeptizismus ist hilfreich, doch muß er natürlich mit geistiger Offenheit gepaart sein.[8] Viele Meditationsschüler finden es wegen der Gruppenunterstützung hilfreich, sich einer wöchentlichen Gruppe anzuschließen, und auch wegen der Anregungen des Lehrers, der einige Jahre lang ausgiebig geübt hat. Streng religiösen Patienten sollte versichert werden, daß eine nicht-kultische Übung in keiner Weise mit ihren persönlichen Überzeugungen kollidiert und in der Tat sind die im Westen bekanntesten Meditationsformen mit allen Formen der organisierten Religionen vereinbar.

Meditation kann intensive Emotionen hervorrufen und, wenn auch selten, zu furchterregenden Halluzinationen führen, deshalb ist es hilfreich, einen erfahrenen Meditierer zu haben, den man bei Schwierigkeiten konsultieren kann. Der allgemeine Rat für alle Phänomene ist „einfach beobachten" und sich nicht verwickeln lassen. Für Patienten, bei denen starke negative Gefühle hochkommen, ist es jedoch wahrscheinlich klug, sie nicht länger als 15–20 Minuten sitzen zu lassen, bis sie gute Grundkenntnisse haben. Die Ziele der Meditation gehen selbstverständlich weit über die Streßreduzierung hinaus, aber der Schüler kann frei wählen, welchen Grad er erreichen will. Viele Meditierende sind vielleicht zufrieden, wenn die Technik sich als hilfreich erweist, Streßsymptome zu lindern und die anderen verschriebenen Techniken zum Umgang mit Streß ergänzt und verstärkt.

Meditation ist aber kein Allheilmittel und hat auch Kontraindikationen. Viele Menschen nutzen Meditation zur Entspannung, doch wenn jemand eigentlich extrovertiertes, soziales Leben braucht, könnte Meditation das Problem verschlimmern. Für solche Menschen kann wahlloses Meditieren die Gelegenheiten, mit anderen zu interagieren, weiter verringern und so Einsamkeit und Isolation verstärken.

*Hatha Yoga* kombiniert eine Reihe von exakten Körperhaltungen, bekannt als *Asanas*, mit Entspannung und gelenktem Atmen, und kann als eine besondere Art der Meditation betrachtet werden. Die resultierende Beweglichkeit und das Körperbewußtsein können eine Reihe von Beschwerden im Bewegungsapparat lindern. Außerdem massieren und trainieren viele Yogastellungen einzelne Organsysteme so, daß sie ein vollständiges medizinisches Behandlungsystem für den Körper darstellen. Yogatherapie ist, so wurde festgestellt, eine nützliche Ergänzung bei der Behandlung von Bronchialasthma, Schlaflosigkeit, Kopfschmerzen, Stottern und dem Umgang mit Spannungen. Im Gegensatz zu einfachen Entspannungstechniken und Meditation jedoch bedürfen die Stellungen des Hatha-Yoga zumindest am Anfang einer gründlichen Supervision; bei Patienten mit Hypertonie und anderen Herz-Kreislauferkrankungen ist Vorsicht geboten und besteht eine Kontraindikation.[9] Yoga macht man am besten mindestens 90 Minuten nach einer leichten Mahlzeit. Die Übungszeit kann üblicherweise 15–20 Minuten täglich betragen. Gelegentliche Gruppensitzungen mit einem erfahrenen Lehrer sind nützlich, um Probleme zu korrigieren und einen zusätzlichen Anreiz zu bieten. Eine der einfachsten und doch nützlichsten Haltungen ist die „Totenstellung"; man liegt dabei flach auf dem Rücken, der Körper ist ganz ausgestreckt, der Atem ist langsam, tief und regelmäßig. Wie bei anderen Meditationstechniken ist die Aufmerksamkeit auf einen Gegenstand gerichtet und wird dort gehalten – häufig auf den Atem oder die Muskeldehnung in der Stellung – für eine Zeit zwischen einigen Sekunden bis einige Minuten. Die Technik ist sanft und geht schrittweise vorwärts, insofern als der Übende, in die Haltung atmend, mit einer Dehnung, die ihm noch behaglich ist, beginnt. Im Laufe der Zeit wird der Übende der klassischen Form der Asana immer näher kommen, auch wenn das manchmal Jahre der

Übung erfordert. Die Wirkung geht weit über körperliches Training hinaus, denn Hatha Yoga zielt, wie alle Yogaformen, darauf ab, auf ein Einheitsbewußtsein herzustellen.

*T'ai chi ch'uan* ist eine klassische chinesische Art von Bewegungsmeditation. T'ai chi hat seine Wurzeln in der Philosophie und Medizin des Taoismus, der mit dem legendären Lao tse in Verbindung gebracht wird, der 604 v. Chr. geboren sein soll. Für die alten Taoisten bestand Weisheit und Gesundheit darin, der Natur zu folgen und nicht gegen sie zu handeln. Deshalb betont T'ai chi – die aus dieser Tradition stammenden Übungsreihen – weiche, natürliche Bewegungen, fließendes, müheloses Atmen, einen guten Kontakt mit dem Boden, die Aufmerksamkeit ausschließlich darauf gerichtet, die Abfolge der Bewegungen zu einer einzigen Bewegung werden zu lassen. Beim T'ai chi geht es darum, die Gedanken auf diese Bewegungsabfolge zu lenken und gleichzeitig eine Bewegung in die nächste übergehen zu lassen, um so ein Gefühl für kontinuierliche Bewegung zu erzeugen. Diese Bewegungsmeditation soll einen Zustand entspannter Ganzheit vermitteln, der durch die Veränderung und die Bewegung Leere und Fülle umfaßt. Wie bei anderen Meditationen profitiert im Laufe der Zeit die Gesundheit; die Übung ist leicht zu lernen, kann überall ausgeführt werden und ist für jedes Alter gut geeignet.[10]

## Anti-Streß-Training[1]

Dieser anschauliche Begriff – Impfung gegen Streß – stammt aus der kognitiven Therapie und verbindet Elemente der sokratischen Lehre, der kognitiven Neustrukturierung von Überzeugungen und Einstellungen, dem Üben aus der Verhaltenstherapie, der Selbstbeobachtung und der Problemlösung. Das Training soll Menschen gegen Streßsituationen „impfen", indem es „psychologische Antikörper" erzeugt, d. h. allgemeine kognitive und behaviorale Fähigkeiten im Einsatz gegen potentielle psychosoziale Stressoren. Das Training ist eine Art „Fülle erlernter Ressourcen", wie man erfolgreich mit dem angemessenen Streßniveau umgehen und so ein Verteidigungssystem aufbauen kann, das künftig in noch stärkeren Streßsituationen zur Verfügung steht.

Es wurde entwickelt, um pathologische Streßauswirkungen zu lindern – chronische Kopfschmerzen, Reizkolon, Magengeschwüre, Bluthochdruck und andere funktionelle Beschwerden –, ja Anti-Streß-Training ist eine Art Beratung (counseling). Das Training besteht aus drei größeren Phasen. In der Anfangsphase arbeiten der Behandler und der Patient zusammen, um als Partner das Streßproblem zu *konzeptualisieren*. Der Behandler bemüht sich, die Streßquellen im Umfeld des Patienten auszumachen und kann den Patienten auf einige Prinzipien dieses oder der vorangegangenen Kapitel hinweisen. Die Vorstellungen von Mitteln gegen Streß und der Tatsache, daß die Möglichkeit, wie potentielle psychosoziale Stressoren zu Streß werden, von der eigenen Einschätzung und Bewertung der Situation abhängen, helfen, den Patienten zu zeigen, daß sie mehr Kontrolle über den Streß haben als allgemein angenommen.

In der zweiten Phase, *Erwerben und Einüben von Fähigkeiten*, arbeitet der Behandler mit dem Patienten daran, ihm eine Vielzahl von Bewältigungsstrategien beizubringen und diese einzuüben. Die genauen Fähigkeiten, die gelehrt werden, sind ganz unterschiedlich und hängen vom jeweiligen Problem ab, das in der Phase der Konzeptualisierung gemeinsam erarbeitet wurde. Gestreßte Eltern könnten wirkungsvolle Kommunikationsfähigkeiten lernen; jemand mit Streß am Arbeitsplatz könnte einfache Fertig-

1) Wörtlich: Streß-„Impfungs"-Training (Anm. d. Ü.)

keiten zur Selbstbehauptung lernen. Jemand in einer Beziehungskrise – ein beträchtliches Gesundheitsrisiko – kann Fertigkeiten zur Konfliktlösung lernen. Viele Patienten werden Entspannung lernen. Aber zusätzlich zu diesen Verhaltensweisen wird der Behandler neue, positive Überzeugungen über den Selbstwert lehren.

Psychosozialer Streß zeigt sich gewöhnlich in Mustern, die häufig ein gemeinsames Thema haben, wenn sie sich auch in den Einzelheiten von Fall zu Fall unterscheiden. Der Behandler stellt fest, welche sich-selbst-erfüllenden Prophezeiungen der Klient hat, die für das Erleben der Welt dysfunktional sind:

- Es fällt mir schwer, neue Leute kennenzulernen.
- Man braucht viel Geld, um glücklich zu sein.
- Niemand kümmert sich um dich, wenn du nicht deinen Wert beweisen kannst.
- Ich bin nicht attraktiv, deshalb kann ich keine intime Beziehung eingehen.

Wenn ein Mensch beginnt, solch negative Urteile zu glauben, wirken diese Überzeugungen in der Tat so, daß sie dauerhafte Konsequenzen nach sich ziehen und diese die Überzeugungen verstärken. Mit solchen Überzeugungen kann man leicht genau die Situation und die Bedingungen herbeiführen, die man am meisten fürchtet.

Eine wichtige Möglichkeit, solche sich-selbst-erfüllenden Prophezeiungen festzustellen, damit der Behandler sie als ersten Schritt in Frage stellen kann, besteht darin, die Patienten zu bitten, von ihrem „Selbstgespräch" zu erzählen, d. h. was sie sich selbst sagen, wenn sie tatsächlich unter Streß stehen. Wenn der innere Dialog streßerzeugend oder streßverstärkend ist, z. B.

- Ich bin nicht so gut wie andere.
- Alles was ich tue, mißlingt mir.
- Was bringt das?
- Das Leben ist sinnlos.
- Ich kann nichts tun, um es/sie zu kontrollieren.
- Es ist wieder alles meine Schuld.

Dann weist der Behandler auf die faktischen Fehler in diesen allgemeinen Urteilen hin und fordert den Klienten auf, diese Urteile bei ihrem Auftauchen durch positive und korrekte zu ersetzen:

- ...kann ich wirklich ganz gut.
- Gestern kochte ich ein hervorragendes Gericht, das mir wirklich gut gelang.
- Es gibt eine Reihe von Dingen, die ich tun kann, die eine Wirkung hervorrufen.
- Das Leben hat den Sinn, den ich ihm zu geben wähle.
- Ich kann es/sie vielleicht nicht kontrollieren, aber ich kann kontrollieren, was ich darüber/über sie denke und wie ich folglich darüber/über sie empfinde.

Bei dieser Arbeit doziert der Behandler nicht nur über die Vorteile eines positiven Selbstwertes oder über eine realistische Betrachtung des Lebens, sondern arbeitet mit dem Klienten ganz detailliert daran, diese neuen Überzeugungen über sich selbst zu *üben und zu proben.*

Die letzte Phase der Streßimpfung ist die Anwendung über das tatsächlich bestehende Problem hinaus. In der Phase zwei fand die Entwicklung und das Üben der Fähigkeiten meist in der Praxis oder in der Klinik statt. Jetzt in der dritten Phase werden durch Hausaufgaben die erworbenen Fähigkeiten in den Alltag des Klienten übertragen. Unter anderem wird dem Patienten beigebracht, einen potentiellen psychosozialen Stressor im

Entstehen zu erkennen, die positiven Auswirkungen der verschiedenen Bewältigungsstrategien zu beobachten und das in Phase 2 erworbene, positive Glaubenssystem ohne die Unterstützung des Behandlers beizubehalten.

Streßimpfungstraining ist für den Behandler recht geeignet zur Ergänzung der für das jeweilige Problem verschriebenen natürlichen Medikamente und Behandlungen. Das Training kann für einen Klienten, der kurz vor einem bekannten Stressor steht, eine Sitzung betragen (z. B. Krankenhausaufenthalt mit einer Operation) oder 20 bis 40 Sitzungen für Patienten mit tiefsitzenden und multikausalen Problemen wie chronische Rückenschmerzen. Folgesitzungen helfen, das Merken und die kontinuierliche Anwendung der Fähigkeiten sicherzustellen, so daß sie in das Leben integriert werden. Das Training ergänzt sich gut mit all den schon beschriebenen Streßreduzierungstechniken.

## Schmerz

Eine beträchtliche Anzahl der Patienten, die sich an die Naturheilkunde wenden, kommen wegen chronischer Schmerzen. Fast per definitionem sind das die Fälle, in denen die Schulmedizin nicht helfen konnte. Oft litten diese Patienten monate- oder jahrelang, bekamen Sedativa, milde Beruhigungsmittel oder Blocker oder die Nerven wurden chirurgisch durchtrennt, und deren Leben war massiv beeinträchtigt durch ihren ständigen unwillkommenen Begleiter. Chronischer Schmerz wird üblicherweise definiert als Schmerz, der schon mindestens sechs Monate besteht. In vielen Fällen steht er nicht mehr eindeutig mit einer zugrundeliegenen Pathologie in Verbindung, selbst wenn er von einer Verletzung herrührte oder früher eine nachweisbare organische Komponente hatte. Deshalb besteht bei chronischem Schmerz häufig entweder ein negativer medizinischer Teufelskreis oder eine gleichbleibende Pathologie (siehe Fallbeispiel).

Trotz des offensichtlichen Fehlens einer Pathologie bei solch chronischen Schmerzzuständen können die erfahrenen Hände eines Behandlers der Komplementärmedizin oft Ungleichgewichte und blockierte Energien feststellen.[12] In vielen Fällen sind naturheilkundliche Verfahren allein ausreichend, um zu spürbarer Erleichterung oder gar zum Verschwinden des Schmerzes zu führen. Akupunktur und Osteopathie sind bekannt für ihre Wirksamkeit in der Schmerzarbeit. Phytotherapeuten haben eine Fülle nervenstärkender Mittel und pflanzlichen Beruhigungsmitteln, die oft helfen. Viele homöopathische Mittel haben ganz bestimmte Schmerzen als Leitsymptom. Und schließlich bleibt noch ein Rest von Patienten, deren Leiden nicht gelindert wird. Für sie können Methoden aus der Verhaltensforschung und der Psychologie natürliche Therapien hilfreich unterstützen.

In unserer Kultur neigen wir dazu, Schmerz als eine durchweg negative Erfahrung zu betrachten, etwas das möglichst vermieden und so schnell wie möglich wieder beseitigt werden muß. Diese Einstellung erklärt den enormen Absatz freiverkäuflicher Schmerzmittel. In Wirklichkeit ist Schmerz das Signal der Natur an einen Organismus, daß irgendwo etwas schief läuft. Was da verkehrt läuft, kann ein Gewebsschaden sein oder auch nicht. Schmerz ist unser Warnsignal, entsprechend dem roten Licht, das aufleuchtet, wenn der Öldruck in unserem Auto gefährlich niedrig ist. Wären wir damit zufrieden, daß Problem in unserem Auto zu lösen, indem wir den Ölstandsanzeiger verkleben oder die Verbindung zum Öltank durchschneiden? Ja, das ist das Gegenstück dazu, Aspirin einzunehmen oder Nerven chirurgisch zu durchtrennen wegen eines Schmerzes, dessen Ursprung und Umstände für sein Bestehen wir noch nicht feststellen konnten.

### Fallbeispiel der Auswirkung von chronischem Schmerz auf die Lebensweise

Ruby, eine 42jährige Frau, litt seit drei Jahren an starken Schmerzen, die nach einem Schleudertrauma bei einem Autounfall auftraten. Der Schmerz war schlimm genug, alle Bereiche ihres Lebens zu beeinträchtigen. Ruby berichtete, daß sie wegen der Schmerzen nachts schlecht schlafen konnte. Als Folge davon war sie die meiste Zeit erschöpft. Sie vernachlässigte ihren Mann, ihre Kinder, Freunde und ihr Heim.

Ihr Mann Jack hatte die Nase voll von ihren Klagen. Die Kosten von Rubys Medikamenten und medizinischen Behandlungen erschöpften das Familienbudget und schränkten den Urlaub und andere Vergnügungen ein. Ruby hatte kein Interesse mehr an Aktivitäten, die ihr früher Freude bereitet hatten, auch an Sex. Sie wollte in Ruhe gelassen werden.

Rubys Kinder im Teenager-Alter, Jennifer und Roy, waren auch beunruhigt über ihr Verhalten. Sie empfanden sie als wäre sie seit dem Unfall ein anderer Mensch geworden und waren durch ihr unvorhersagbares Verhalten demoralisiert. Sie setzte sie ohne ersichtlichen Grund herab und sie hatten das Gefühl, sie könnten sie nicht zufriedenstellen. Verwirrt und verärgert begannen die Kinder, so viel wie möglich von zu Hause wegzubleiben.

Dann war Ruby verärgert, weil sie wegblieben und beschuldigte sie, sich nicht genug zu kümmern. Sie war deprimiert und fühlte sich wegen ihres Verhaltens schuldig.

Jack, der Verkäufer war, verbrachte auch mehr und mehr Zeit außer Haus und meldete sich oft freiwillig für lange Geschäftsreisen. Seine Unnahbarkeit führte bei Ruby zu mehr Ärger. Die unaufhörlichen Streitereien dienten dazu, Jack noch weiter weg zu treiben.

Frühere Freunde von Jack und Ruby besuchten sie nicht mehr, weil Ruby ständig über ihre Schmerzen und ihr Leid sprach und sich darüber beklagte, daß niemand sie verstand. Freunde hörten auf, das Paar zum Weggehen einzuladen, weil Rubys Schmerz nicht vorhersagbar war und sie oft in letzter Minute von Vorhaben absprang.

Rubys Leben war „zusammengebrochen" (um ihre Worte zu gebrauchen). Sie verbrachte ihre Zeit damit, dazuliegen, in ihrem Bett oder neue Behandlungsformen zu suchen. Die Grenzen ihrer Existenz waren auf ihr Zuhause, Arztpraxen und Krankenhäuser beschränkt.[11]

Bei der Behandlung von Schmerz wird der Behandler, wie üblich in einer ganzheitlichen Behandlung, versuchen, die zugrundeliegenden Ursachen aufzudecken, die die chronischen Schmerzen eines Patienten auslösten und weiterhin aufrechterhalten, sei es nun Spannungskopfschmerz oder Migräne, rheumatische Schmerzen in den Gelenken, Ischias, Kreuzschmerzen, Schmerzen in der Schläfe und dem Kiefer, Trigeminusschmerzen, Neuralgie oder was auch immer. Wenn der Arzt nach ausgedehnten Laboruntersuchungen keine zufriedenstellende pathologische Erklärung liefern kann, wendet er sich wahrscheinlich an die Schmerzpsychologie um weitere Hilfe.

***Die Schwellentheorie des Schmerzes.*** Die Schmerzpsychologie beginnt mit einer Widerlegung der sehr einfachen und weit verbreiteten Meinung, wonach das Erleben oder das Empfinden von Schmerz aus einer eins-zu-eins-Entsprechung mit der Reizung bestimmter, auf Schmerz spezialisierter peripherer Nervenfasern herrühren soll. Obwohl es durchaus richtig ist, daß es Nervenfasern gilt, die speziell Schmerz melden, und obwohl es auch stimmt, daß eine starke Reizung anderer sensorischer Nervenfasern zu Schmerz führen kann, ist doch das Schmerzerleben viel komplexer und mit viel mehr Faktoren bestimmt als es so eine vereinfachende Sichtweise erklären kann.

Wir wissen, daß es keine eins-zu-eins-Entsprechung mit Gewebeschaden gibt, weil ein einfacher Schnitt schmerzhafter sein kann als ein tiefsitzender invasiver Krebs. Auch kennen wir alle die Erfahrung, uns selbst im Eifer des Gefechts verletzt und es erst viel später gemerkt zu haben. Kürzlich berichtete die Zeitung von einem Kind, das in eine Straßenschlacht geriet und von einem Maschinengewehr in den Bauch getroffen wurde, das heimkam und bevor es zusammenbrach, sagte: „Mami, mir geht es nicht so gut." (Glücklicherweise genas sie nach der Notoperation völlig.) Während des Zweiten Weltkrieges wurden verwundete Soldaten untersucht und man stellte fest, daß sie weniger Morphium brauchten und von weniger Schmerz berichteten als ähnlich schwer verwundete Zivilisten. Im allgemeinen waren verletzte Soldaten erleichtert und in Hochstimmung, weil ihre Verwundung bedeutete, daß ihre sichere Rückkehr nach Hause garantiert war. Die entsprechende Verletzung eines Zivilisten bedeutete einen Einschnitt und eine Beendigung des normalen Lebens, mit Angst und Furcht vor finanziellen, sozialen und persönlichen Konsequenzen einer langen Genesung und einer möglichen Behinderung.

Es scheint große Unterschiede von Mensch zu Mensch im Schmerzerleben bei ähnlicher Pathologie zu geben aufgrund von Faktoren, die wir nur raten können. Allgemein summiert oder potenziert sich emotionaler Disstreß aufgrund von sozialen, zwischenmenschlichen und spirituellen Ursachen mit körperlichem Schmerz und erzeugt so das Empfinden von *völligem Schmerz*, oder was wir einfach leiden nennen könnten.

Schmerz ist also eine komplexe Erfahrung mit zahlreichen Determinanten, mit *sensorischen*, und *affektiven* (gefühlsmäßigen) Komponenten und solchen der eigenen *Einschätzung*. Die sogenannte *Schwellentheorie* des Schmerzes ist ein Modell, das diese Komplexität und diese Zusammenhänge zu erfassen sucht.[13] Die Schwellentheorie erkennt, daß die über bestimmte Nervenfasern hereinkommenden Reize das Potential besitzen, eine Schmerzerfahrung auszulösen, *wenn* die Impulse dieser Fasern die Erlaubnis bekommen, einen „Schwellenmechanismus" zu überschreiten, der in den Hinterhörnern des Rückenmarks sitzt und den Impulsen gestattet, weiter nach oben in die Großhirnrinde zu gelangen. Doch die Schwelle kann offen, geschlossen oder teilweise offen sein, je nach den verschiedenen in Tabelle 7.2 aufgelisteten Faktoren.

| | **Faktoren, die die Schmerzschwelle öffnen** | **Faktoren, die die Schmerzschwelle eher schließen** |
|---|---|---|
| *körperliche Faktoren* | Stelle und Außmaß einer Verletzung | Beruhigungsmittel |
| | Bereitschaft des Nervensystems, Schmerzsignale zu senden | Gegenstimulation (z. B. Massage, Akupunktur) |
| | Muskelspannung | Muskelentspannung<br>Gehirnendorphine |
| *emotionale Faktoren* | Angst und Sorge<br>Depression | Ruhe, Gelassenheit<br>positive Emotionen (Freude, Optimismus) |
| *kognitive Faktoren* | sich auf den Schmerz konzentrieren<br>zu wenig am Leben teilnehmen<br>Katastrophenphantasien haben wegen des Schmerzes | Ablenkung<br>am Leben teilnehmen<br>sich anpassen |

**Tabelle 7.2:** Faktoren, die die wahrgenommene Schmerzintensität beeinflussen[14]

Die Schwellentheorie hilft erklären, warum negative Emotionen wie Angst, Sorge und Depressionen Schmerz verstärken können; und entsprechend bietet sie eine konzeptuelle Struktur, das Verfahren wie Entspannung, Gegenstimulation und kognitive Neubewertung vorschlägt, die das Tor wahrscheinlich schließen und so tatsächlich die empfundene Intensität des Schmerzes verringern.

Der Begriff *Endorphin* erscheint in Tabelle 7.2. Dabei handelt es sich um opiat-artige neurosekretorische Stoffe, die erst kürzlich im Gehirn festgestellt wurden und stark stimmungsverändernd wirken; eine Wirkung ist analgesierend, schmerzlindernd. Endorphine – die Kurzform von *endogene Morphine* – sind vom Körper natürlich produzierte Schmerzmittel. Obwohl sie zuerst im Gehirn entdeckt wurden, wurden sie auch in beträchtlicher Konzentration im Immunsystem, im endokrinen System und in anderen Geweben festgestellt. Da praktisch jede Zelle im Körper Rezeptoren hat, um Endorphine aufzunehmen und auf sie zu reagieren, entwickelt sich derzeit die Ansicht, daß sie die Botenstoffe eines komplizierten interzellulären Kommunikationsnetzwerkes sind; dieses ist dafür verantwortlich, im ganzen Körper emotionale und motivierende Zustände zu erzeugen und weiterzuleiten.[15] Wir fangen gerade erst an, über die Endorphine zu lernen, aber wir wissen bereits, daß ihre Konzentration während Entspannung, Meditation und nach aerobem Sport ebenso wie nach anderen Streßreduzierungstechniken höher ist.

| eingestufte subjektive Intensität | Sensorisch | | Affektiv | eigene Einschätzung | beschreibend | subjektiv |
|---|---|---|---|---|---|---|
| 1<br>2<br>3<br>4<br>5 | flatternd<br>zitternd<br>pulsierend<br>pochend<br>schlagend<br>hämmernd | zerrend<br>ziehend<br>stauchend | ermüdend<br>erschöpfend | ärgerlich<br>störend<br>elend<br>stark<br>unerträglich | sich ausbreitend<br>ausstrahlend<br>durchdringend<br>stechend<br>kühl<br>kalt<br>eisig | mild<br>unangenehm<br>bedrückend<br>fürchterlich<br>qualvoll |
| 1<br>2<br>3<br>4<br>5 | springend<br>aufblitzend<br>schießend | heiß<br>brennend<br>verbrühend<br>sengend | Übelkeit<br>erregend<br>erstickend | nervenaufreibend<br>widerlich<br>Höllenqualen<br>fürchterlich<br>marternd | eng<br>taub<br>ziehend<br>drückend<br>reißend | kurz<br>momentan<br>flüchtig<br>rhythmisch<br>wiederkehrend<br>intermittierend<br>kontinuierlich<br>unveränderlich<br>konstant |
| 1<br>2<br>3<br>4<br>5 | pieksend<br>eindringend<br>bohrend<br>stechend<br>lanzierend | kitzelnd<br>juckend<br>abgegrenzt scharf<br>stechend | furchtbar<br>schrecklich<br>fürchterlich | 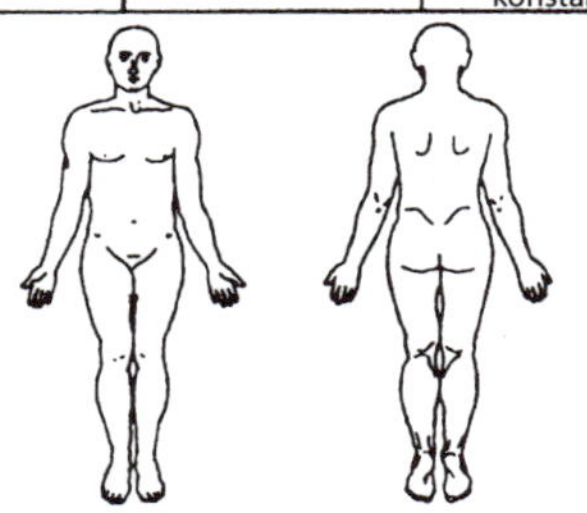 | | |
| 1<br>2<br>3<br>4<br>5 | scharf<br>schneidend<br>tief<br>einschneidend | dumpf<br>wund<br>schmerzend<br>weh tuend<br>schwer | bestrafend<br>zermürbend<br>grausam<br>scheußlich<br>mörderisch | Bitte markieren Sie den/die Bereich/e mit **oberflächlichem** Schmerz rot, den/die mit **tiefem** Schmerz blau. | | |
| 1<br>2<br>3<br>4<br>5 | kneifend<br>drückend<br>nagend<br>krampfartig<br>zermalmend | empfindlich<br>angespannt<br>reizend<br>spaltend | miserabel<br>blind machend | ***Bemerkungen***<br>**Name** **Datum** | | |

**Abbildung 7.4:** Der McGill-Schmerzfragebogen. Streichen Sie zur Beschreibung Ihres Schmerzes nicht mehr als ein Wort pro Kästchen an. (Hinweis: Alle Kästchen außer dem in der Ecke rechts oben können frei gelassen werden.)[16]

***Schmerz messen.*** Kliniker brauchen eine Methode, um die verschiedenen Ausmaße von Schmerz zu messen, um die Auswirkungen jeglicher durchgeführter Interventionen einzuschätzen. Abbildung 7.4 ist ein Fragebogen, der von einem der Mit-Erfinder der Schmerzschwellentheorie, Professor Ronald Melzack aus Kanada, entworfen wurde. Der Fragebogen enthält eine Tabelle von ungefähr 87 Eigenschaftswörtern, die in Kästchen in vier Haupterlebniskategorien angeordnet sind. Die drei grundlegenden, oben beschriebenen Schmerzkategorien – sensorisch, affektiv und nach eigener Einschätzung – nehmen die ersten vier Spalten der Tabelle von links nach rechts ein. Beachten Sie, daß die Adjektive in den Kästchen eine Linie bilden mit dem genauen Ausmaß ihres eingeschätzten Wertes von 1 bis 5.

Woher stammen diese eingeschätzten Werte von 1 bis 5? Schauen Sie nach rechts oben in das schattierte Kästchen. Es enthält eine Skala von 1 bis 5 (leicht bis unerträglich), die eine große Gruppe von Schmerzpatienten und ihre Ärzte benutzten, um jedem Begriff in den drei Kategorien Zahlen zuzuweisen. Diese Worte wurden bei einem durchschnittlich angegebenen Wert eingetragen. Wenn also beispielsweise ein Patient den McGill Fragebogen ausfüllt und pulsierend (2,4), schießend (3,9) und tief einschneidend (4,0) in der sensorischen Spalte 1, prickelnd (2,0) aus der sensorischen Spalte 2, furchtbar (3,5) aus der affektiven Spalte 3, und elend (2,7) aus der Spalte „eigene Einschätzung" 4 ankreuzt, dann werden diese sechs Zahlen addiert und dann durch 6 dividiert und ergeben einen Durchschnitt von 3,08 für den vom Patienten eingestuften Schmerz. Natürlich überprüft der Patient auch das schattierte Kästchen rechts oben in der Ecke und dieser Wert ergibt einen zweiten persönlichen Schmerzindex. (Beachten Sie, daß es zwei Spalten ohne Skala gibt, die *beschreibende* und die untere, dreistufige *persönliche*), einfach weil sie in erster Linie neutrale, beschreibende Adjektive enthalten.)

Aus diesem Fragebogen ergeben sich drei Zahlen: 1, der persönliche Schmerzindex, der die Schmerzstufe auf einer Skala von 0 bis 5 angibt und rechts oben im schattierten Kästchen markiert ist; 2, die Gesamtzahl der Wörter, die in den 3 Kategorien angekreuzt wurden (in unserem Beispiel 6); und 3, der durchschnittlich eingestufte Wert der angekreuzten Begriffe (3,08 in unserem Beispiel). Die bisherige Forschung stellte fest, daß diese Variablen jeweils bevorzugt auf bestimmte Verhaltenstechniken reagieren: Hypnose, Entspannung, Biofeedback, Verstärkung der Verhaltensweisen für Wohlbefinden und kognitive Verhaltenstherapie.[17] Freilich ist es wichtig, langfristige Nachuntersuchungen (bis zu einem Jahr oder länger) zu betreiben, um die Langzeitwirkung der gewählten Behandlung(en) zu beobachten.

***Schmerzverhalten.*** In vielen Fällen von chronischem, jahrelangen Schmerz hat der Patient Verhaltensweisen angenommen, durch die der Schmerz ein integraler Bestandteil der Lebensweise wurde. So scheint es bei Ruby aus dem Fallbeispiel von oben geschehen zu sein (siehe Kasten). Familienmitglieder gehen dazu über, den Patienten mit Samthandschuhen anzufassen und die Behinderung wird für den Patienten zu einem Teil seines Wesens. Doch wenn der Patient mit dem Wunsch nach Behandlung kommt, kann man davon ausgehen, daß seine Lebensweise nicht wirklich funktioniert. Was man gewöhnlich entdeckt, wenn man die Familie und die Lebenssituation des Patienten betrachtet, ist, daß die Verhaltensweisen des Patienten, die er aufgrund des Schmerzes annahm (einen wehen Muskel zu schützen, das Gesicht verziehen, zucken, den Schmerz ausdrücken, Klagen, eingeschränkte Bewegungen), schließlich zu seiner Reaktion auf die Welt wurden; diese Verhaltensweisen werden durch die Aufmerksamkeit der anderen verstärkt (selbst wenn es negative Aufmerksamkeit ist wie in Rubys Familie).

Deshalb arbeiten viele Schmerzkliniken daran, dieses Schmerzverhalten *auszulöschen* und Verhaltensweisen für Wohlbefinden zu *verstärken*: über andere Themen sprechen, mehr Aktivität und Sport, wieder arbeiten, wieder Hobbys nachgehen, anderen helfen. Generell setzt die Klinik systematisch im Laufe von zwei Monaten die Schmerzmittel des Patienten ab, da die Abhängigkeit von den Schmerzmitteln als Teil des Schmerzsyndroms angesehen wird. Es ist wichtig, sich daran zu erinnern, die Leidenserfahrung nicht für ungültig zu erklären, wenn diese Verhaltensweisen für Wohlbefinden gefördert werden. Denn niemand außer dem Betroffenen selbst weiß, wieviel Schmerz er empfindet. Das ist das Merkmal einer rein persönlichen Empfindung, für die Schmerz ein typisches Beispiel ist. Hilfreich ist es, dem Patienten zu versichern, daß zwar die genaue Ursache des Schmerzes vielleicht nicht gefunden wird, daß aber ein kombiniertes Programm, das Verhaltensweisen für Wohlbefinden fördert und mit den Faktoren arbeitet, die die Schmerzschwelle schließen, ihn dennoch unterstützen wird, mit seinem Leid umzugehen. Wenn wir Schmerz in einem philosophischen Zusammenhang betrachten, machen uns vielleicht die Worte eines berühmten Mannes Mut, der jahrelang unter Kieferkrebs und vielen Operationen litt. Als er gefragt wurde, wie er mit dem Schmerz arbeiten könne, antwortete Sigmund Freud: „Eine winzige Insel des Schmerzes ist umgeben von einem Meer der Ruhe."

***Hypnose.*** Hypnose hat etwas recht Mystisches an sich, einmal wegen der sensationellen Bühnenwirkung, die immer wieder erzielt wird, und zum anderen, weil es der Wissenschaft bisher nicht gelungen ist, das Phänomen in eine stimmige Theorie einzuordnen, die mit der Psychologie im großen und ganzen übereinstimmt. Zweifellos ist Hypnose eine der wissenschaftlichen Anomalien, die eines Tages, wenn sie ganz verstanden ist, hilft, unsere Denkweise über das Bewußtsein zu revolutionieren. Jetzt aber läßt es sich vielleicht am besten so ausdrücken, daß Hypnose zwar am besten als veränderter Bewußtseinszustand angesehen wird, der sich durch tiefe, ruhige und höchst fokussierte Aufmerksamkeit und erhöhte Beeinflußbarkeit manifestiert, der sich aber nur qualitativ unterscheidet von ähnlichen Zuständen, in die man auf weniger sensationelle Art durch andere Entspannung und Visualisierungstechniken gelangt.

Jedenfalls besteht seit 1829, als der französische Chirurg Dr. Cloquet erfolgreich eine Mastektomie ohne Verwendung von Anästhetika an einer 64jährigen, hypnotisierten Frau durchführte, kein Zweifel daran, daß der hypnotische Zustand unter optimalen Bedingungen Schmerz blockieren kann. Während der Operation wurden Einschnitte von der Achselhöhle zur Innenseite der Brust durchgeführt, und als ein maligner Tumor entfernt wurde, waren die Herzfrequenz und die Atmung der Patientin stabil, sie unterhielt sich normal mit dem Chirurgen und zeigte keinerlei Anzeichen einer Schmerzempfindung.

Warum wird dann Hypnose nicht generell bei Schmerz eingesetzt? Unglücklicherweise ist nur ein kleiner Teil der Bevölkerung fähig, für Meisterstücke wie das von Dr. Cloquet tief genug in Trance zu gehen. Doch als ein Werkzeug in der Werkzeugkiste des Behandlers kann Hypnose nützlich sein, besonders wenn sie mit anderen therapeutischen Verfahren kombiniert wird.

Der hervorragende amerikanische Hypnotherapeut Theodore X. Barber beschrieb die Anwendung von Hypnose bei der Behandlung von Spannungskopfschmerz. Im Erstgespräch sammelt der Therapeut Informationen über die typischen Vorläufer der Kopfschmerzen. Er erklärt dem Patienten, daß Selbsthypnose, oder selbst-herbeigeführte Entspannung, wirkungsvoll sein kann, um die typischen Reaktionen des Patienten auf Streß zu verändern und induziert dann eine Trance oder einen tiefen Entspannungszustand. Hier sind typische Vorschläge für eine tiefe Entspannung, leicht abgewandelt von Barber:

> Setzen oder legen Sie sich entspannt hin. Erlauben Sie sich einfach, sich ganz ruhig, entspannt und völlig gelöst zu fühlen. Schließen Sie dann Ihre Augen, und atmen Sie tief ein und halten Sie den Atem für einen Moment an... Jetzt lassen Sie ihn davonfließen, und während Sie das tun, merken Sie, wie all die Spannung des Tages mit dem Atem davonfließt... Und während Sie jetzt ruhig und friedlich atmen, beginnen Sie, all die Spannung loszulassen, alle Sorgen und Bedenken, und alle Frustrationen bleiben zurück... Und Sie werden noch ruhiger. Stellen Sie sich vor, wie sie auf einem weichen Wolkenteppich dahinschweben/wie Sie an einem warmen, sonnigen Strand liegen/wie Sie auf warmem, weichen Gras liegen/wie Sie in einem Kanu einen trägen Fluß entlangtreiben... und dabei fühlen Sie sich noch wohler, noch gelöster, ruhig und heiter... Während Sie langsam und weich atmen, beginnen Ihre Gedanken langsamer zu werden... die Zeit vergeht langsamer, viel Zeit, so viel Zeit... Ihr Geist und Ihr Körper werden langsamer, völlig gelöst... die Arme lassen los, die Beine lassen los, auch Ihr Gesicht... Körper und Geist gelöst... warm und behaglich... völlig im Frieden jetzt, immer gelöster werden, schläfrig werden... die Glieder sind schwer... friedlich, ruhig, still, und gleiten immer und immer tiefer... und noch tiefer... völlig gelöst jetzt.[18]

In dem resultierenden Zustand der Ruhe kann der Therapeut dann die Umstände ansprechen, die vorher mit dem Klienten ausgearbeitet wurden, die typischerweise dem Einsetzen des Spannungskopfschmerzes vorausgehen: von einem wichtigen Menschen zurückgewiesen werden, Streit mit einem der Kinder, eine schwierige Interaktion mit einem Arbeitskollegen, ein Verkehrsstau, Zeitdruck bei der Arbeit u.s.w. Der Therapeut schlägt vor, daß der Klient sich in seiner tiefen Entspannung eine potentiell streßvolle Szene vorstellt, und weist dann darauf hin, wie ruhig, gelöst und ohne Spannung sich der Klient in dieser Situation fühlt, nicht das leiseste Anzeichen von Kopfschmerzen. Der Therapeut kann auch vorschlagen, daß der Klient sich auf die gleiche Art entspannt, wenn es zu so einer potentiellen Streßsituation kommt, und daß er die Spannung vermeidet, die zu Kopfschmerzen führt. Die Sitzung enthält vielleicht noch eine Reihe solcher Visualisierungen und Vorschläge für die Zukunft; danach leitet der Therapeut den Klienten behutsam zurück zu seinem Tagesbewußtsein:

> Ich fange jetzt an, von 10 nach 1 zu zählen und während ich zähle, werden Sie langsam in diesen Raum zurück kommen, in Ihren Wachzustand: zehn, neun – Sie beginnen, sich leicht zu bewegen – acht, sieben – verlassen (den Strand/die Wolke/die Wiese/den Fluß) ... sechs ... kommen allmählich zurück (der Therapeut kann etwas lauter und nachdrücklicher sprechen) fünf, vier, drei... Ihren Körper auf dem Stuhl wahrnehmen... zwei die Beine fest auf dem Boden ... eins! GANZ HIER, während Sie Ihre Augen öffnen, sich strecken und sich im Raum umsehen und sich dabei wach, aktiv und erfrischt fühlen.

Üblicherweise wird der Therapeut eine sieben- bis zehnminütige Entspannungskassette (auch Selbsthypnose genannt) für den häuslichen Gebrauch des Klienten aufnehmen, damit er die Entspannung/Trance üben kann.[19]

### Medizin für Wohlbefinden und Präventivmedizin

Durch das Anbieten von Ressourcen zur Streßbewältigung betreibt der Komplementärmediziner Vorbeugung. In unserer Kultur ist das relativ selten, denn wir fragen gewöhnlich: „Warum bin ich krank?" und nur selten: „Warum bin ich gesund?" Gesundheit und Krankheit sind die beiden Pole des Spektrums, aber auf welchen Pol wir uns konzentrieren, ist entscheidend. Unsere westlichen „Gesundheits-Institutionen" sind in Wirklichkeit „Krankheits-Institutionen". Als solche beschäftigen sie sich weit mehr mit den Krankheitsmechanismen als mit gesundheitsfördernden Zuständen. Dieses Kapitel schreibe ich in den Magazinen einer medizinwissenschaftlichen Bibliothek an einer renommierten westlichen Universität. Wenn ich mich umschaue, sehe ich Bücher über Infektionskrankheiten, die Geschichte der Geschlechtskrankheiten, pathologische Anatomie, Psychopathologie, Geisteskrankheiten, Gehirntumore, Umgang mit juvenilem Diabetes, Lehrbücher zur Inneren Medizin. Im Gegensatz zu dem, was der Name an der Bibliothekstür vermuten läßt, sind hier nur wenig Bücher über oder Ressourcen für Gesundheitswissenschaft.

Das Augenmerk auf Gesundheit, oder *Wohlbefinden (wellness)* zu richten, heißt, neue Fragen zu stellen. Einige bekannte gesundheitliche Risikofaktoren sind Krankheit und starke soziale Spaltungen, doch in jeder entrechteten und verarmten Gruppe bleibt ein beträchtlicher Anteil der Menschen gesund, ganz egal, wie schwierig das Leben zu sein scheint. Warum? Was erhielt einige KZ-Überlebende gesund und ausgeglichen? Die Armen und Unterdrückten auf der ganzen Welt sind größeren Gesundheitsrisiken ausgesetzt, doch überstehen viele Menschen harte und brutale Lebensbedingungen gesund und wohlbehalten. Warum? Wenn Sie an die Stressoren denken, mit denen jeder von uns ständig bombardiert wird, ist das keine triviale Frage, wie überhaupt jemand von uns gesund bleibt.

In Kapitel 9 werden wir den Persönlichkeitstypus besprechen, der *streß-resistente Persönlichkeit (stress-hardy personality)* genannt wird aufgrund seiner Fähigkeit, mit Anforderungen und Herausforderungen gut umzugehen. Für jetzt aber können wir, durch unsere Intuition und aus der Forschung zur Kenntnis nehmen, was eine der wirkungsvollsten allgemeinen Ressourcen für die Streßunempfindlichkeit einer solchen Persönlichkeit zu sein scheint. Diese Ressource wird zu Recht *ein Gefühl von Kongruenz (sense of coherence)* genannt: die Überzeugung, daß man, wie steinig der Weg auch sein mag, „ein dynamisches Gefühl des Vertrauens behält, daß die innere und äußere Umgebung vorhersagbar ist und daß die Wahrscheinlichkeit sehr hoch ist, daß sich die Dinge gut entwickeln, so gut wie man vernünftigerweise davon ausgehen kann."[20] Es ist wahrscheinlich nicht übertrieben zu sagen, daß der relative Erfolg jeder Streßbewältigungstechnik von dem Grad abhängt, wie sehr sie dazu beitragen kann, Lebensprobleme in neuem Licht und ganzheitlich zu betrachten.

> Für jeden Menschen hat das Leben unerwünschte Aspekte. Altern und Tod sind für mich, für dich und für jeden Menschen, der uns am Herzen liegt, unausweichlich. Auch werden entweder wir oder Menschen, die wir lieben, Geburtsfehler, Lähmung... starke Schmerzen, körperliche Verunstaltung und viele andere lästige Vorkommnisse erleben. Jeder Mensch wird auch anderes Unerwünschtes erleben wie den Verlust des Arbeitsplatzes oder Verlust der finanziellen Sicherheit, von Eltern, Liebhabern, Kindern oder Freunden zurückgewiesen werden; unangenehme Begegnungen mit anderen... die nicht so sind, „wie wir sie haben wollen" und Begegnungen mit vielen unerfreulichen äußeren Ereignissen (von unfreundlicher Witterung über Verkehrsstaus zu Kriegen oder einer Welt in

Aufruhr). Die erste und wichtigste Facette der Weisheit und der Fähigkeit, glücklich zu sein, ist, auf einer sehr tiefen Ebene völlig zu akzeptieren, daß das Leben unweigerlich Probleme mit sich bringt und daß wir praktisch jeden Tag Vorkommnisse und Verhaltensweisen anderer erleben, die wir überhaupt nicht mögen und von denen wir wünschen, sie hätten sich nie ereignet. Diese philosophische Haltung, die bei Menschen zu finden ist, die Weisheit erlangt haben und die Fähigkeit, sehr bewußt zu leben, unterscheidet sich ziemlich von der impliziten Philosophie, die sich die Mehrzahl der Menschen zu eigen gemacht hat.[21]

## Projekt 7

### Ein persönliches Anti-Streß-Programm erstellen

Im Umgang mit ihren eigenen potentiellen Stressoren haben Behandler die Gelegenheit, ihren Patienten als Beispiel erfolgreicher Streßbewältigung voranzugehen.

Jeder von uns muß sein eigenes spezielles Programm entwickeln, das wir anwenden, wenn wir vor entscheidenden Herausforderungen in unserem Leben stehen. Unser persönliches Programm spiegelt unsere eigenen Stärken und Schwächen wider.

Der erste Schritt besteht darin, unsere eigenen Streßreaktionen zu beobachten. Wir müssen feststellen, welche Situationen wir am strapazierendsten finden und dann genau bestimmen, wie unser Körper auf solche Situationen reagiert. Was sagen wir zu uns selbst (unser „innerer Dialog"), wenn diese Situationen auftreten und wie verstärkt dieser Dialog den Streß statt ihn zu verringern? Was sind unsere persönlichen Streßmuster?

Dann müssen wir genau hinschauen, welche Rolle wir selbst dabei spielen könnten, daß es zu Streßsituationen kommt. Oft haben sie mit einem Konflikt zu tun, z. B. diese Arbeit ist anstrengend, langweilig und unerfüllend, aber ich möchte nicht die Scherereien haben, mich nach einem neuen Job umzuschauen oder auf ungewisse Zeit arbeitslos sein."

Aber selbst wenn keine Konflikte im Spiel sind, Herausforderungen und Forderungen gibt es überall im Leben. Wie gleichen wir den Streß aus? Der Text beschreibt einige Techniken und Ressourcen. Welche sprechen Sie persönlich an? Projekt 7 lädt den Leser ein, eine persönliche Liste zu erstellen von sowohl allgemeinen als auch speziellen Ressourcen im Umgang mit Streß, und zu beschreiben, wie und wann diese angewandt wurden. Es ist empfehlenswert, daß der Leser sich eine bestimmte Technik aus diesem Kapitel (Meditation, Yoga, Entspannung, Autogenes Training, Selbstkontrolle, Selbsthypnose, Visualisierungen...) auswählt, die ihn intuitiv anspricht, sich mehr Informationen darüber verschafft, sie ausprobiert und aufzeichnet, wie erfolgreich sie sich bei der persönlichen Streßbewältigung erweist.

Beginnen Sie damit, die drei grundlegenden Arten zu wiederholen, wie man mit einer Forderung umgehen kann:

1. Was kann ich tun, um die Situation zu verändern?
2. Was kann ich tun, um meine eigene Streßreaktion zu reduzieren und auszugleichen?
3. Was kann ich tun, um mich zu ändern: entweder indem ich neue Fähigkeiten im Umgang mit der Herausforderung entwickle oder indem ich mein Denken verändere?

## Kommentierte Bibliographie

**Antonovsky, Aaron:** *Health, Stress and Coping.* London: Jossey-Bass, 1979.

**Daniel A. Girdano und George S. Everly:** *Controlling Stress and Tension: A Holistic Approach.* Englewood Cliffs, NJ: Prentice-Hall, 1979. Ein sehr praktisches Buch mit Übungen, Illustrationen und Techniken, die für den interessierten angehenden Behandler ausführlich genug beschrieben sind.

**Hoffmann, David:** *Successful Stress Control the Natural Way.* Wellingborough, Northamptonshire: Thorsons, 1986. Dt. Mit Kräutern jung bleiben. Knaur, 1995 München). Ein ganzheitlicher Ansatz zum Streßmanagement mit der Betonung auf pflanzlicher Medizin. Die meisten „alternativen" Techniken, die sich als wertvoll erwiesen haben für die Streßlinderung, sind beschrieben. (Dt. Titel wahrscheinlich, nicht sicher. A. d. Ü.)

**Kabat-Zinn, Jon:** *Full Catastrophe Living.* New York: Bantam-Doubleday-Dell, 1990. Dt. Heilsame Umwege. Meditative Achtsamkeit und Gesundung, Piper, 1995 München. Ein praktisches Lehrbuch, das die Macht der Meditationsübung „Achtsamkeit" als Quelle zur Streßreduzierung und für die Medizin allgemein darstellt. (Dt. Titel wahrscheinlich, nicht sicher. A.d.Ü.)

**Meichenbaum, David:** *Stress Inoculation Training.* xford: Pergamon Press, 1985. Bietet das Wesentliche über ein Trainingsprogramm für kognitives Verhalten, das entwickelt wurde, um Menschen grundlegende Bewältigungsstrategien beizubringen. Die Absicht ist nicht nur, Menschen zu helfen, spezielle akute Probleme zu lösen, sondern eine Reihe von allgemeinen Bewältigungsstrategien anzubieten, damit sie mit künftigen Herausforderungen umgehen können.

**Pelletier, Kenneth R.:** *Mind as Healer, Mind as Slayer.* New York: Dell, 1977. Die Kapitel über Biofeedback, Meditation, Entspannung und Autogenes Training sind alle wichtig für den Umgang mit Streß und behandeln diese Themen gründlich genug, um dem Behandler ein Gefühl dafür zu vermitteln, wie er sie anwenden kann.

**West, Michael, A. (Hrsg.):** *The Psychology of Meditation.* Oxford: Clardon, 1987.

**Woolfolk, Robert L.,** und **Paul M. Lehrer (Hrsg.):** *Principles and Practice of Stress Management,* 2. Auflage New York: Guilford, 1993. Nützliche Kapitel über Entspannung, Yoga-Therapie, Biofeedback, Autogenes Training und Hypnose.

# 8

## Psychologische Beratung

*Wenn ein Mensch nicht mit seinen Gefährten Schritt hält, kommt das vielleicht daher, daß er einen anderen Schlagzeuger hört. Laß ihn zu der Musik gehen, die er hört, wie sie auch gezählt wird oder wie fern sie auch ist.*

HENRY DAVID THOREAU 1841

Jeder Naturheilkundler behandelt zahlreiche Patienten, deren Symptomatologie mit einer entscheidenden emotionalen Dysfunktion einherzugehen scheint. Die Patienten klagen über Rückenschmerzen, Kopfschmerzen, chronische Verstopfung, Arthritis, Rheuma, Asthma, Bluthochdruck oder chronische Müdigkeit, doch wird beim ersten Besuch oder etwas später klar, daß im emotionalen Bereich nicht alles OK ist. Der Patient ist vielleicht besorgt wegen scheinbar unlösbarer Probleme an seinem Arbeitsplatz, wegen andauernder häuslicher Schwierigkeiten mit dem Partner und den Kindern, wegen eines Mangels an einem erfüllenden, sinnvollen Leben, einer enttäuschenden Liebesbeziehung oder vielleicht überhaupt keines Liebeslebens, wegen des Todes – kürzlich oder auch schon vor längerer Zeit – eines geliebten Menschen, den man nicht überwinden kann oder wegen einer ungelösten Midlife-crisis.

Wenn solche Gefühle auch nicht die Vorläufer körperlicher Krankheit sind, sind sie doch häufig ein Nebenprodukt. Ein plötzlicher Schlaganfall oder ein Herzinfarkt, der einen früher starken und aktiven Menschen teilweise zu einem Krüppel macht, beeinflußt alle Aspekte des Lebens und eine Depression ist eine natürliche Reaktion auf den Verlust körperlicher und intellektueller Fähigkeiten. Nicht weniger schwächend sind chirurgische Operationen, die die körperliche Erscheinung verändern oder solche, deren Langzeitprognose einen Menschen im Ungewissen läßt. Schwächen wie Arthritis und Diabetes schränken die eigenen Fähigkeiten mehr und mehr ein und werden mit ständig zunehmendem Schmerz und mit Unbeweglichkeit assoziiert. Diese und andere langwierige, chronische Krankheiten, die die Fähigkeit des Patienten beschränken, viele Arten produktiver Arbeit auszuführen, oder die seine Kraft so weit reduzieren, daß sie die Möglichkeit ausschließen, Aktivitäten nachzugehen, die einem früher Freude machten, bringen oft nicht nur körperliche, sondern auch psychische Belastungen mit sich.

Da Körperliches und Emotionales so eng zusammenhängen, kommt der Behandler bei den Problemen vieler Patienten nicht umhin, die Rolle emotionaler Faktoren und die psychosoziale Ätiologie zu hinterfragen. Abgesehen vom Homöopathen, der diese Faktoren ganz selbstverständlich in seine Erstanamnese mit einbezieht und teilweise seine Wahl des Mittels davon abhängig macht – wird jeder andere Naturheilkundler entscheiden müssen, wie er, wenn überhaupt, auf die jeweiligen emotional/psychischen Aspekte reagiert.[1] In vorangehenden Kapiteln wurde dargestellt, wie psychosoziale Faktoren in der Tat Gesundheitsfaktoren sein können, denn die Ernährung, Lebensgewohnheiten und Persönlichkeiten können entweder relativ gesund oder relativ pathogen sein. Die Kapitel 5 bis 7 betonten, daß eine ständige Streßreaktion auf Herausforderungen und entscheidende Ereignisse im Leben über die Nerven, das Endokrinum und das Immunsystem wirkt und definitiv ein Gesundheitsrisiko darstellt. Wenn sich der naturheilkundliche Behandler ausdrücklich den emotionalen Aspekten des Ungleichgewichts eines Patienten verschreibt, wird er einige Funktionen eines Beraters oder Psychotherapeuten übernehmen. Das nannten die alten Griechen „Medizin durch Worte" oder einfacher, psychologische Medizin.

In diesem Kapitel werden wir erst erörtern, wie man anfängt, dann kurz die Unterschiede zwischen Beratung (counseling) und Psychotherapie besprechen und dann unsere Einleitung zu Ende führen mit dem Hauptaugenmerk auf empathischem Zuhören, eine Fähigkeit, die praktisch allen Beratungsrichtungen zugrunde liegt. Mit diesem Hintergrund werfen wir einen genaueren Blick auf die fünf modernen Psychotherapieschulen. Diese fünf – die personen-zentrierte von Rogers, Gestalttherapie, Realitätstherapie (Reality Therapy), Multimodale Verhaltenstherapie und die Existenztherapie (Existential Therapy) – umfassen eine repräsentative Auswahl aus einem Spektrum, das buchstäblich Dutzende von derzeitigen Modeschulen und psychotherapeutischen Systemen umfaßt. Diese Präsentation soll dem Behandler ein Gefühl für die sehr unterschiedlichen Möglichkeiten geben, mit psychologischer Medizin zu arbeiten. Die Auswahl dieser fünf aus vielen verfügbaren Systemen bedeutet nicht, daß diese die „besten" oder notwendigerweise die grundlegendsten sind. Es sind einfach die, deren Wert ich durch Lehren und in meiner eigenen Praxis erlebt habe.

## Der Anfang

Dem Patienten einfach empathisch zuhören mit fürsorglichem Interesse und großer Aufmerksamkeit, sich die Zeit nehmen, den Zusammenhang und die Auswirkungen seiner körperlichen Symptome ganz zu verstehen, ist schon ein erster und sehr wichtiger Schritt im Beratungsprozeß. Wenn der Behandler den leidenden Patienten als ganzen Menschen betrachtet und nicht nur auf einen erkrankten oder dysfunktionalen Anteil seiner Physiologie achtet, praktiziert er bereits elementare psychologische Medizin. Ja das Bedürfnis, angehört und verstanden zu werden, ist ein wichtiger Grund, warum der Patient in erster Linie gekommen ist. Da die Religion ihre Lebendigkeit und ihre Verbindung mit dem wirklichen Leben verliert, übernehmen Ärzte immer mehr die traditionelle Rolle, die einst ausschließlich von Priestern und dem Klerus ausgeübt wurde. Unglücklicherweise bereitet die technisch-wissenschaftliche Ausbildung der Schulmediziner auf diese Aufgabe nur wenig vor, und das institutionalisierte Gesundheitssystem mit seiner Fließbandabfertigung erlaubt dafür keine oder nur wenig Zeit. Also kommen viele

Patienten – bewußt oder unbewußt – zu alternativen oder komplementären Behandlern in der Hoffnung, dort ein offenes Ohr zu finden. Häufig erwarten Patienten, daß Alternativmediziner ihnen helfen, Einblick zu gewinnen, was in ihrem Leben verkehrt läuft, denn sie ahnen schon, daß die derzeitige körperliche Schwierigkeit nur die annehmbare Spitze eines ansonsten furchterregenden und unverständlichen Eisberges von Schwierigkeiten sein könnte. Da es ein Teil der Aufgabe des ganzheitlichen Behandlers ist, dem Patienten zu helfen, den „inneren Heiler" zu finden, wird es Zeiten geben, in denen Verfahren der Komplementärmedizin von Psychotherapie nur schwer zu trennen sind.

Doch auch wenn die Neigung zur Beratung da ist, wie ist der Behandler dafür ausgebildet? Zum Glück muß der Naturheilkundler nicht Jahre auf die formale Ausbildung verwenden, um einen Abschluß in klinischer Psychologie oder Psychiatrie zu erwerben, um den Patienten helfen zu können. Wie der Onkologe Carl Simonton feststellte, können wir von großem Wert sein, wenn wir nur lernen zuzuhören, unserem Patienten versichern, daß seine „negativen" Gefühle wie Ärger, Ängstlichkeit oder Depression sehr natürlich sind, der Situation, in der er sich befindet, sehr angemessen und nicht etwas, was aus Scham versteckt oder unterdrückt werden muß.

> Grundlegende Fähigkeiten für die Beratung sind nicht schwer zu erwerben. Den Menschen beispielsweise grundlegendes Selbstbewußtsein beizubringen ist eine wichtige Fähigkeit, die leicht gelehrt werden kann. Der Umgang mit Groll ist relativ leicht zu erlernen; oder der Umgang mit Schuldgefühlen. Es gibt quasi Standardtechniken für diese Situationen. Und, was am wichtigsten ist, einfach mit jemand über seine Probleme sprechen können, ist unendlich hilfreich. Es führt einem aus dem Gefühl der Hilflosigkeit heraus, die so vernichtend ist.[2]

In dem Maß, wie es uns selbst gelingt, offen, akzeptierend und wirklich menschlich zu sein, und wir uns nicht hinter unserer professionellen Rolle verstecken, können wir die Arten von Attributen nachahmen, die – wie die psychotherapeutische Forschung herausfand – positive Veränderungen im Selbstwertgefühl des Klienten herbeiführen, ihre Fähigkeit, mit potentiellen Stressoren zurechtzukommen, erhöhen, angesichts unvorhersagbarer Ereignisse im Leben zu größerer Flexibilität führen und den Klienten zu größerer Selbstakzeptanz verhelfen. Es ist genau diese Akzeptanz und die Integration unserer eigenen Lebenserfahrungen, die Kongruenz zwischen unseren eigenen Gefühlen und unserem Verhalten, und unser eigener Selbstwert – kurz gesagt unser eigenes Wesen – statt irgendwelcher Techniken, die sich als der wertvollste Faktor erwiesen haben, wenn man Menschen bei ihren Lebensproblemen unterstützt.

Behandler arbeiten unterschiedlich gern mit Patienten direkt an den mit der Krankheit einhergehenden emotionalen Themen. Außerdem muß die Beratung vereinbart sein. Einige Patenten sind ganz begierig darauf, die für sie persönlich schwierigen Bereiche ihres Lebens zu erforschen und sind recht offen für die Vorstellung, daß es zwischen ihren körperlichen Symptomen und den emotionalen Themen eine Verbindung geben könnte; ja, sie kommen vielleicht sogar selbst damit. Andere hingegen werden sich bis zum bitteren Ende der Vorstellung, daß es eine Beziehung zwischen beiden gibt oder geben könnte, widersetzen. Unglücklicherweise hat im allgemeinen Sprachgebrauch schon das Wort *„psychosomatisch"* den Beiklang von „eingebildet" und „moralische Schwäche". Einen Patienten, der unwillig oder nicht dazu bereit ist, eine Verbindung zwischen Seele und Körper zu akzeptieren, die er nicht spüren kann oder sich nicht auszudenken wagt, wird vergeblich und wahrscheinlich kontraproduktiv sein. Doch für einige alternative Behandler ist die psychologische Medizin (d. h. die Medizin mit Worten) so wichtig wie ihre eigenen therapeutischen Heilmittel, und sie unterstützen die Behandlung routinemäßig mit Beratung. Andere werden finden, daß die emotionalen Themen des Patienten keiner besonderen Beachtung bedürfen, sondern glauben, daß sie sich gleichzeitig mit der körperlichen Symptomatik lösen werden ohne besondere Aufmerksamkeit oder Techniken. Gelegentlich wird ein Fall auftauchen, bei dem der emotionale Aspekt so eindeutig pathologisch ist oder der Patient so eindeutig realitätsfern, daß der Behandler sich gezwungen fühlte, den Patienten zu einem qualifizierten ganzheitlichen Psychotherapeuten oder Psychiater zu schicken.

Letztlich ist es die eigene gesunde Persönlichkeit und die gesunde Lebensweise, das eigene Selbstwertgefühl und die Selbstannahme des Behandlers, die die wichtigsten „Techniken" für Beratungen sind. Nachdem das nun gesagt ist, haben sich eine Reihe nützlicher Eigenschaften und Konzepte entwickelt, die eine erfolgreiche Klienten-Berater-Beziehung charakterisieren und die wirkungsvoll gelehrt werden können. Diese therapeutischen Attribute stammen aus einer Vielzahl von verschiedenen Psychotherapie-„Schulen"; die meisten von ihnen haben sich in den letzten 25 Jahren entwickelt. Vor noch nicht so langer Zeit gab es im Westen nur eine Schule für die Behandlung: Psychoanalyse, gelegentlich kombiniert mit Hypnose.[3] Jetzt, im ausgehenden 20. Jahrhundert gibt es buchstäblich hunderte von verschiedenen Schulen und Theorien in der Psychotherapie, von denen viele ihre eigenen Patentrezepte recht chauvinistisch hinausposaunen. Wir werden hier einige grundlegende Einstellungen zu Lebensproblemen betrachten und das Ungleichgewicht, das von einer repräsentativen Handvoll von derzeit einflußreichen Schulen stammt. So ein vergleichender Ansatz zeigt die gemeinsamen Fäden, aus denen alle Therapie gestrickt ist. Außerdem bietet er eine Auswahl für die Beratung nützlicher Eigenschaften, Techniken und Einstellungen, aus denen sich jeder Behandler seinen eigenen therapeutischen Werkzeugkasten zusammenstellen und die auswählen kann, die ihm am wertvollsten erscheinen und ihm am meisten zusagen.

## Beratung und Psychotherapie

Wenn jemand psychologische Medizin ausübt, macht dann der Naturheilkundler Beratung oder Psychotherapie? Auch wenn das Gegenteil der Fall zu sein scheint, in Wirklichkeit gibt es keinen grundlegenden Unterschied zwischen der Tätigkeit von Beratern und der von Psychotherapeuten. Der Begriff Berater ist freilich viel umfassender, weil in diesem Bereich viele Berufe vertreten sind, von Schulberatern, Sozialarbeitern, Berufsberatern , dem Klerus, Psychologen und Psychiatern, bis hin zu Scheidungsanwälten und Vermittlern in Streitfällen. Trotz dieser Bandbreite an Berufen sind die Unterschiede zwischen den einzelnen Beratern größer als die Unterschiede zwischen den speziellen beruflichen Sparten, in der der Berater jeweils arbeitet. Dies legt nahe, daß Beratung ein höchst individuelles Unterfangen ist. Beratung hat den Beiklang von kurzzeitig und nicht so „tief" zu gehen wie Psychotherapie, doch diese Unterscheidung wird nicht von der tatsächlichen Arbeit getragen.

Ja, der Unterschied zwischen Psychotherapie und Beratung stellt sich bei genauer Betrachtung als quantitativer Unterschied heraus, wie Berater und Psychotherapeuten ihre Zeit in den Sitzungen mit den Klienten verwenden. Die entsprechenden Vergleiche werden in Tabelle 8.1 angeführt. Berater und Psychotherapeuten führen die gleichen Tätigkeiten aus. Berater verbringen mehr Zeit damit, Ratschläge zu geben, zu informieren und zu erklären, Psychotherapeuten hören mehr zu, unterstützen und spiegeln das Gehörte wider. Wir könnten den Unterschied so charakterisieren, daß wir sagen, durchschnittlich sind Berater direktiver und neigen stärker dazu, Ratschläge und Erklärungen zu geben, während Psychotherapeuten eher nondirektiv sind, mehr zuhören und erheblich weniger Ratschläge und Erklärungen geben. Trotz des Durchschnitts gibt es viele nondirektive Berater und durchaus einige direktive Psychotherapeuten. Jeder Berater und Therapeut entwickelt seinen eigenen Stil, der erheblich von den in Tabelle 8.1 gezeigten Durchschnittswerten abweichen kann.

| Tätigkeit | Psychotherapeuten | Berater |
|---|---|---|
| Zuhören | 60 | 20 |
| Fragen | 10 | 15 |
| Unterstützen | 10 | 5 |
| Einschätzen | 5 | 5 |
| Erklären | 5 | 15 |
| Interpretieren | 3 | 1 |
| Informieren | 3 | 20 |
| Ratschläge geben | 3 | 10 |
| Verschreiben/Anordnen | 1 | 9 |

**Tabelle 8.1:** Relative Prozentzahlen, worauf Berater und Psychotherapeuten ihre Zeit verwenden

## Aktives Zuhören

Die Tabelle 8.1 zeigt, daß Psychotherapeuten viel von ihrer Zeit auf Zuhören verwenden. Ein beträchtlicher Anteil dieses Zuhörens ist einfach passives Zuhören. Sie haben guten Blickkontakt und sind sehr aufmerksam dem zugewandt, was der Patient sagt oder tut, nicken gelegentlich und machen a-ha und hm, hm. Passives Zuhören ist nicht zu unterschätzen, weil ein Mensch mit Problemen oft nur ein offenes Ohr braucht. Nur zu wissen, daß ein anderer Mensch interessiert genug und bereit ist, zuzuhören, kann Gefühlen erlauben hochzukommen; hernach ist die Person sehr oft in der Lage, ihre eigenen intelligenten Lösungen für das Problem zu finden ohne Hilfe des Beraters oder jemand anderes. Passives Zuhören wird ergänzt durch verschiedene, neutrale, einladende „Türöffner“ wie:

- „Was geht Ihnen heute durch den Kopf?“
- „Worüber würden Sie gerne sprechen?“
- „Ich würde gerne hören, wie Sie das empfinden.“
- „Erzählen Sie mir mehr.“
- „Manchmal hilft es, es sich einfach von der Seele zu reden.“

Passives Zuhören und Türöffner sind wertvoll, um eine Kommunikation in Gang zu bringen, doch es gibt eine andere Art von speziellem Zuhören für Therapeuten, die viel aktiver ist; es handelt sich um eine Fähigkeit, die sich Berater allgemein erarbeiten müssen. Diese besondere Art des Zuhörens ist unter *aktivem* oder *empathischem Zuhören* bekannt. Ihre Bedeutung für die therapeutische Beziehung wurde als erstes von Carl R. Rogers, dem berühmten humanistischen Psychologen betont.

Beim aktiven Zuhören hört der Berater nicht nur *auf* die Worte, sondern hört *durch* die Worte *hindurch* auf das Gefühl oder die Emotion hinter den Worten. Hat er dieses Gefühl wahrgenommen, spiegelt der Berater es dem Sprecher zurück. Wie funktioniert das? Das es unmöglich ist, in die Haut eines anderen Menschen zu schlüpfen, erinnern Sie sich, denken Sie daran, daß niemand, nicht einmal der einfühlsamste und vertrauteste Freund, Liebhaber oder Berater genau weiß, was ein anderer Mensch genau erlebt. Wenn man jedoch genau auf das Gehörte achtet und darauf, was und wie etwas gesagt wird, auch genau auf die Gesten und nonverbalen Signale achtet, die man vom Patienten empfängt, ist man in der Lage, plausible Schlußfolgerungen über die Gefühle eines anderen zu ziehen. Stellen Sie sich einen Moment lang den Patienten als Sender in einem Kommunikationssystem vor und sich selbst als einen Empfänger. Er hat ein Erlebnis oder eine Gefühl, das er Ihnen mitteilen will, deshalb muß er zuerst die passenden Worte auswählen, die einen *Code* darstellen, der diese inneren Gefühle repräsentiert. Wenn Sie diese Worte hören, müssen Sie als Empfänger die Worte dekodieren, um das Erleben des Senders zu erraten oder zu folgern.

**Abbildung 8.1:** Aktives Zuhören: Das Gefühl hinter den Worten erfassen

Im Beispiel 8.1 spricht eine Patientin gerade von Ihrem Arbeitsplatz und erklärt, wie schwierig es für sie in der letzten Zeit ist, mit der neuen und sehr kritischen Vorgesetzten zurechtzukommen. Ihr Türöffner: „Wie fühlen Sie sich innerlich?“ leitete das Gespräch ein und bisher haben Sie mit einigen „hm“ und „ahas“ passiv zugehört. Ganz unvermittelt sagt Sie zu Ihnen mit sehr verärgerter Stimme: „Was bringt es, zu versuchen, diese Dinosaurier hier überall zu ändern!“

Wenn der Zuhörer zurückspiegelt, was er dekodiert hat, bekommt der Sender einen faßbaren Beweis für sein Zuhören (siehe Abbildung 8.1). Der Sender kann die Botschaft bestätigen („Ich bin entmutigt, das stimmt“) oder sie verbessern („Eigentlich bin ich eher verärgert als entmutigt“), doch in jedem Fall wird die Antwort des Zuhörers mehr enthüllen und tiefere Gefühle öffnen.

Wenn aktives Zuhören nur eine Fertigkeit wäre, die gewährleistet, daß Sprecher und Zuhörer wirkungsvoll miteinander kommunizieren, dann wäre es ein wertvolles Werkzeug, um Mißverständnisse zu reduzieren. Doch es ist noch viel mehr. Aktives Zuhören fördert zwei der wichtigsten Bestandteile für jegliche wachstumsfördernde oder gesundheitsverbessernde menschliche Beziehung. Diese Bestandteile sind *Empathie* – die Fähigkeit, sich in die Situation des anderen zu versetzen und dessen persönliche Welt verstehen – und *Akzeptanz.* Wenn wir wissen, daß wir verstanden und akzeptiert werden, erlaubt uns das, uns zu öffnen und noch tiefere Gefühle zu erforschen; dabei kommen wir leichter mit unseren rationalen, intellektuellen Ressourcen für das Lösen von Problemen in Kontakt.

Warum müssen wir als Berater aktives Zuhören *lernen*? Warum kommt das nicht automatisch? Ein Grund ist der allgemeine Mangel an emotionaler Bildung in unserer Kultur. Wir beschreiben zwar unsere Umgebung mit einer Fülle von abwechslungsreichen Adjektiven, unterscheiden genauestens und deuten feine Bedeutungsnouancen an, doch wir verwenden selten viele Worte, um unsere Gefühle zu beschreiben. Wie oft fragen wir einen Patienten: „Wie fühlen Sie sich heute?“ und bekommen Antworten wie: „Okay“, „Gar nicht so schlecht“, „Nicht so gut“. Wir sprechen als ob ein Mangel an Gefühlswörtern herrschte. Um aktives Zuhören zu üben, ist es deshalb hilfreich, Gefühle in zwei, oder besser drei beschreibenden Emotionswörtern anzugeben. (Abbildung 8.2 unterstützt diesen Prozeß, denn sie stellt eine Vielzahl von Emotionen dar und siehe auch Anhang A zu diesem Kapitel, der eine Bandbreite von emotionalen Wörtern auflistet.)

Abgesehen von einem allgemeinen Mangel an emotionaler Bildung, ist unsere typische, kulturell erlernte Reaktion auf einen Menschen, der ein Problem in emotionaler Sprache zum Ausdruck bringt, gewöhnlich alles andere als empathisch und akzeptierend. Viel wahrscheinlicher reagieren wir automatisch mit einer von einem Dutzend typischen Reaktionen, die allgemein unseren Wunsch ausdrücken, die andere Person zu beeinflussen oder zu *ändern* in einer Weise, die wir für geeignet halten. Diese Reaktionen stammen gewöhnlich aus unserem eigenen Bedürfnis, den anderen Menschen dazu zu bringen, seine Art zu denken, fühlen oder sich zu verhalten zu ändern und mit dem konform zu gehen, was wir für angemessen halten. Manchmal reagieren wir einfach so, weil wir uns mit ihren Gefühlen unbehaglich fühlen. Weil diese typischen, automatischen Reaktionen: 1. einen Menschen daran hindern, tiefer mit seinen Gefühlen in Kontakt zu kommen; 2. seine natürliche Fähigkeit, Probleme zu lösen, hemmen und 3. oft Groll und Ärger hervorrufen, die sich auf den Zuhörer richten, weil dieser versucht, zu kontrollieren, werden diese Reaktionen treffend Hindernisse der Kommunikation genannt. Zwölf davon wurden identifiziert.[5] Sie behindern auch das Entstehen Beziehung zwischen Patient und Behandler mit einem heilsamen Klima und optimal ist, daß sich der Patient an seinen Behandlungsplan hält. Deshalb ist es entscheidend, diese Hindernisse zu erkennen und, wo immer möglich, zu vermeiden.

Wollen wir die *Kommunikationshindernisse* untersuchen auf den Ausdruck unserer verärgerten Patientin hin, der als Mitteilung über die Dinosaurier kodiert war, obwohl es doch eindeutig nicht um Biologie geht.

1. **Anordnen, dirigieren**
   „Ergreifen Sie selbst die Initiative und hören Sie auf, sich über andere um sich herum Gedanken zu machen.“

2. **Warnen**
   „Wenn Sie nicht eine positivere Einstellung entwickeln, dann fliegen Sie, soviel ist klar.“

3. **Moralisieren**
   „Hören Sie, Sie können froh sein, heute in dieser schwierigen Zeit noch einen Job zu haben.“

4. **Ratschläge erteilen**
   „Warum setzen Sie sich nicht mit Ihrer Vorgesetzten zusammen und sagen Ihr genau, was Sie empfinden. Sie ist schließlich auch ein Mensch und ich bin sicher, daß Sie Verständnis haben wird und Ihnen helfen wird, das Ganze rational zu lösen.“

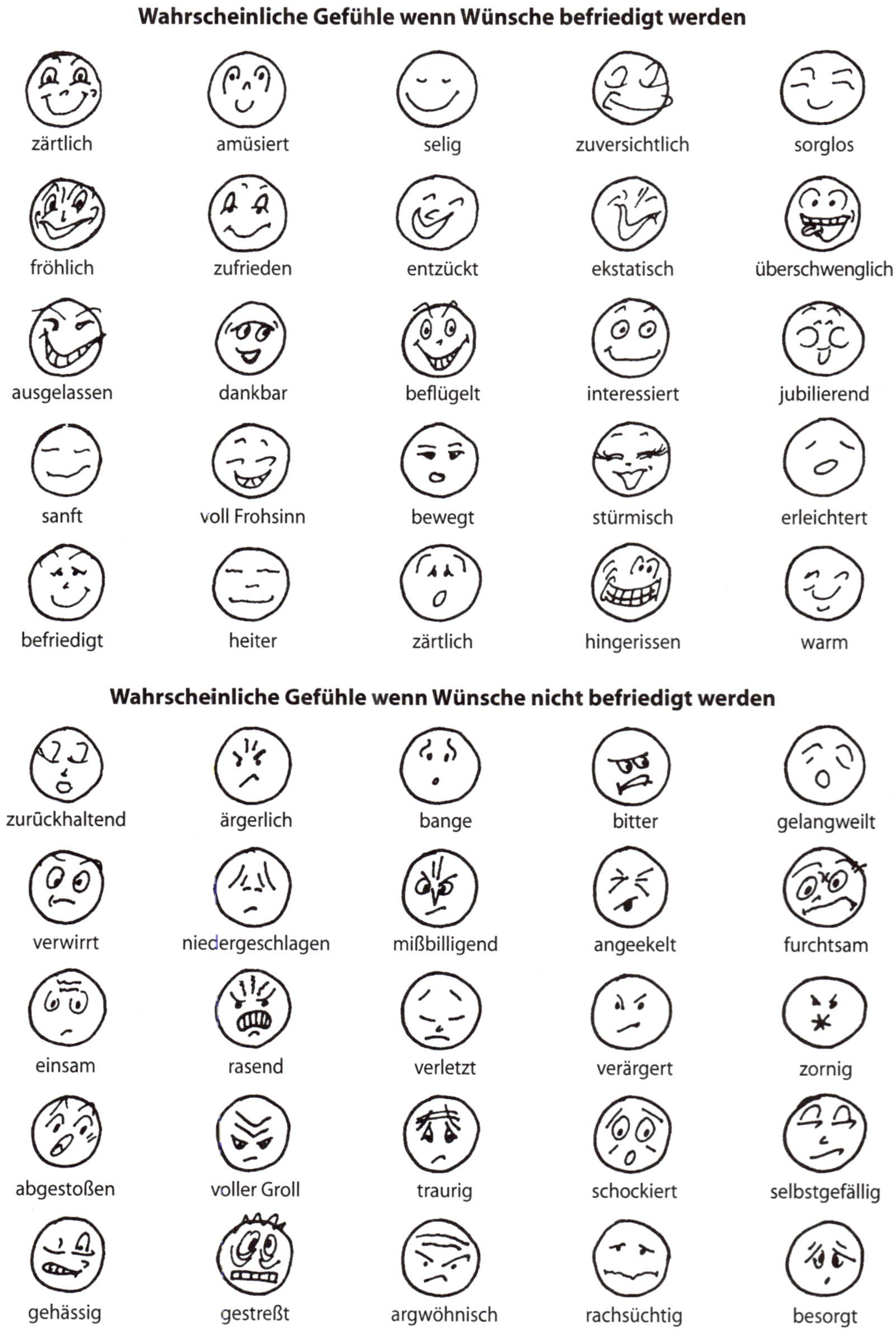


**Abbildung 8.2:** Wie fühlst Du Dich?

5. **Logik**
„Na wenn Sie recht haben, dann wird sie bestimmt irgendwann dazu übergehen, die Sache so zu sehen wie Sie."

6. **Urteilen, kritisieren**
„Offen gesagt, jemand, der sich so viel beschwert wie Sie, muß mit Schwierigkeiten rechnen."

7. **Loben, übereinstimmen**
„Ich bin völlig Ihrer Meinung. Das mag ich an Ihnen, Sie nehmen so viel wahr. Sie ist bestimmt eine miese Vorgesetzte und man muß Ihnen Glück wünschen, daß Sie den Mut haben, ihre geringe Sensibilität zur Sprache zu bringen."

8. **Beschimpfen**
„Aha! Noch so ein Großmaul, der das Büro aufmischen will und der jedem, sich selbst eingeschlossen, das Leben schwer macht."

9. **Analysieren**
„Kein Zweifel, die Vorgesetzte erinnert Sie an Ihre Mutter und ruft deshalb diese infantilen Reaktionen der Unzulänglichkeit in Ihnen hervor, die Sie noch ausleben."

10. **Beruhigen**
„Nun, heute erscheint es zwar hart, aber morgen haben Sie die ganze Geschichte völlig vergessen. Die Zeit heilt Wunden, wie Sie ja wissen."

11. **In Frage stellen, aushorchen**
„Ist das das erste Mal, daß Sie solche Schwierigkeiten haben? Worüber ärgern Sie sich sonst noch?"

12. **Ablenken, abschweifen**
„Denken Sie an die Herausforderung, die Sie Ihnen da bietet. Das erinnert mich an einmal, als ich..."

Es ist lehrreich, die zwölf Reaktionen sorgfältig zu lesen und sich selbst spüren zu lassen, wie wir uns fühlen würden, wenn jemand so auf eine Aussage von uns, die der der Patientin in Abbildung 8.1 ähnelt, reagiert hätte. Höchstwahrscheinlich fühlen wir uns in die Enge getrieben, wollen uns verschließen oder nach der Person, die die Aussage gemacht hat, schlagen. (Das trifft sogar für die Aussagen 7 und 10, Übereinstimmen und Beruhigen zu.) Doch sind das alles ganz geläufige Reaktionen auf Freunde, Kollegen, Bekannte und Fremde. Nicht nur das, die Hindernisse enthalten die typischen Reaktionen der Ärzte in der Kommunikation mit ihren Patienten, Ratschläge und Beruhigung.[6] So lange jedoch keine intensiven und unerlösten Emotionen hinter den Worten des Sprechers stehen, sind diese 12 Antworten *nicht* unbedingt Hindernisse. Wenn Affekte oder *emotionale Ladung* in den Worten des Sprechers liegen, dann werden diese Antworten zu Hindernissen und teilen Nichtakzeptanz mit. Natürlich gibt es Gelegenheiten, bei denen Beruhigung über eine Diagnose oder eine Prognose genau das Richtige ist. Und es gibt andere Gelegenheiten, wenn Patienten unbedingt die Ratschläge ihrer Behandler akzeptieren, die sie befragt haben als Experten der Naturheilkunde. Wenn ein Behandler absichtlich von einem problemlösenden, lösungsorientierten Modus in einen „Berater-Modus" überwechselt, dann muß er äußerst vorsichtig sein, daß er nicht Botschaften der Nichtakzeptanz aussendet. Denn jedes Hindernis vermittelt die Intention des Zuhörers an den

Sprecher *ändere dich*, nicht die des *Akzeptierens*. Solch eine Atmosphäre der Nichtakzeptanz ist für persönliches Wachstum, für die Entwicklung und die emotionale Gesundheit nicht zuträglich, denn wenn sich Menschen beurteilt, analysiert oder herabgesetzt fühlen, gehen sie in Abwehrhaltung, verschließen sich und widersetzen sich Veränderungen. Der Heilung ist dies nicht förderlich, und wenn der Patient Streßsymptome zeigt, deshalb, weil der Behandler seine Gefühle nicht akzeptiert, kann das körperliche Probleme sich auf jeden Fall verschlimmern.

Hier liegt ein ganz grundlegendes Paradoxon vor und bildet die Basis zu dem, was treffend als „Beratungs- Modus" im Gegensatz zum „Reparier-Modus" (fix-it mode), aus dem der Behandler oft (und zu Recht) arbeitet. Mit der inneren Verpflichtung, den Heilungsprozeß unseres Patienten zu unterstützen, um die Ganzheit wiederherzustellen, *wollen* wir ja Veränderungen in Gang setzen, die ihm helfen, sich in Richtung psychische und körperliche Gesundheit hin zu entwickeln. Ganz zweifellos wurden die verschiedenen Naturheilverfahren und Naturheilmittel entwickelt, um körperliche und emotionale Veränderungen in Richtung Gesundheit herbeizuführen. Doch wenn wir als Berater im emotionalen Bereich diese zwölf Hindernisse wie Bulldozer einsetzen, ist es sehr unwahrscheinlich, daß wir eine helfende Beziehung aufbauen. Umgekehrt schaffen wir genau die Atmosphäre für die erwünschten Änderungen, in dem Maß, wie wir lernen können, aktiv zuzuhören, empathisch sind und den Patienten dort akzeptieren, wo er momentan steht. Das ist keine spezielle Magie. In dieser Atmosphäre des empathischen Zuhörens und der Akzeptanz entfernen wir einfach die Hindernisse, die dem inneren Arzt des Patienten, der Lebenskraft (*vis mediatrix naturae)* beim Wirken im Weg stehen.

### Personen-zentrierte Psychotherapie

Anfang der 40er Jahre begann der amerikanische Psychologe Carl Rogers zu entwickeln, was zunächst unter *nondirektive Beratung* bekannt wurde – eine Reaktion auf die damals vorherrschenden, direktiven und interpretatorisch psychoanalytischen Therapien. Es war eine Herausforderung für die landläufige Weisheit, daß es „der Arzt am besten weiß", denn Rogers Beratungsansatz betonte, eine Atmosphäre der Offenheit zu schaffen, der Echtheit, der Akzeptanz, der bedingungslosen Anerkennung und der Empathie. Außer Reflektion, Paraphrase und (besonders) aktivem Zuhören wandte der Therapeut wenig Techniken an und mied all die gemeinhin anerkannten Ratschläge, Vorschläge, Überredung, Belehrung, Diagnose und Interpretation völlig. Wie wir oben gesehen haben, versucht der Berater beim aktiven Zuhören, sich in die Situation des Klienten zu versetzen, die Welt so zu sehen und sich so vorzustellen wie der Klient, aus seiner Perspektive. In diesem aufrichtigen Versuch des Therapeuten, empathisch zu sein, schafft er eine Atmosphäre der Sicherheit, des Vertrauens und der Akzeptanz zwischen sich und dem Klienten, das eine nötige Bedingung ist für therapeutische Veränderung und persönliches Wachstum.

Die Grundvoraussetzung hinter Rogers nondirektivem Beratungsansatz ist, daß die Patienten in Schwierigkeiten (Klienten[7]) alles in sich tragen, was sie brauchen, um ihre Probleme zu lösen, ihre Bedürfnisse zu befriedigen und ganz zu werden. Die Aufgabe des Therapeuten besteht nur darin, die Barrieren, die die Selbstverwirklichung behindern, aus dem Weg zu räumen. Weil der Therapeut nicht beurteilen kann, was für den Klienten am besten ist, oder was in der Therapie geschehen soll, wird der nondirektive Ansatz am besten als *personen-zentrierte Therapie* beschrieben. Der Klient bestimmt sowohl die Richtung als auch die Dauer der Therapie, nicht der Therapeut.

In eine medizinische Praxis kommt ein Patient mit einer körperlichen Erkrankung, doch aus dem ein oder anderen Grund haben wir uns entschieden, neben anderen Naturheilverfahren ihm Beratung als geeignete Intervention anzubieten. Vom personenzentrierten Standpunkt aus ist etwas im natürlichen Selbstverwirklichungsprozeß schief gegangen, und wenn wir dem Klienten helfen können, auf den Weg zurückzukommen, ganz er selbst zu sein, wird dies seine Gesundheit sehr fördern. Warum bleiben manche Menschen „stecken" in ihrem Wachstum und führen ein unerfülltes Leben, voll von Angst, Spannung, ohne Sinn, voll überwältigender Depressionen und beladen mit chronischem Streß, dem gegenüber sie sich als hilfloses Opfer fühlen? Die Frage ist entscheidend für die Gesundheitspsychologie, denn diese Konstellation aus Streß und Hilflosigkeit ist ein ernstes Gesundheitsrisiko. Die personen-zentrierte Theorie geht davon aus, daß der Kern des Problems eines leidenden Menschen in der frühen Kindheit beginnt, wenn das Kleinkind versucht, seinen Eltern zu gefallen. In einer gesunden Entwicklung weicht diese Tendenz einem Gleichgewicht mit dem eigenen Bedürfnis nach Authentizität und relativer Unabhängigkeit von anderen. Wenn aber die normale Entwicklung aus irgend einem Grund behindert wird, fährt man vielleicht im Erwachsenenleben damit fort, zwanghaft anderen zu gefallen, mit dem Versuch, so zu sein, wie die anderen einen haben möchten, nicht wirklich man selbst. Auch wenn es Jahre her ist, die schattenhaften Figuren unserer frühen Autoritätspersonen liegen tief in uns, und ziehen uns noch manchmal dahin, das zu sein, was wir nicht sind.

Die Rolle des personen-zentrierten Therapeuten unterscheidet sich grundlegend davon, wie wir uns gewöhnlich Berater vorstellen. Ja, die Rolle des personen-zentrierten Therapeuten besteht genau darin, keine Rolle zu haben! In der personen-zentrierten Beratung sind Techniken weniger wichtig als *die Art,* mit den Klienten *zu sein,* die ihn unterstützt, mit seiner eigenen tiefen Erfahrung und dem Wissen seines Organismus in Kontakt zu kommen, d. h. in Kontakt damit, wer er wirklich ist.

Was ist so eine unterstützende Art zu sein? Carl Rogers unterschied drei gesundheitsfördernde Eigenschaften: 1. die Fähigkeit des Therapeuten, echt, authentisch, *kongruent* zu sein; 2. die fürsorgliche, *bedingungslose Anerkennung,* die Würdigung, der Respekt und die Akzeptanz des Klienten und 3. das Maß, in dem es dem Therapeuten gelingt, „sich in die Welt des Klienten zu versetzen", in *der Empathie* mit dem Klienten. Von diesen drei Attributen schätzt Rogers die Aufrichtigkeit am höchsten ein. Der personen-zentrierte Therapeut versteckt sich nicht hinter einer professionellen Rolle; das eigene Verhalten muß mit den eigenen Gefühlen so kongruent wie möglich sein. Allem voran bedeutet dies ein wirkliches Interesse von seiten des Therapeuten, den Klienten zu kennen, da zu sein, dem Klienten zuzuhören und zu beobachten, wie er sich entwickelt und wächst. Gelegentlich kann es auch bedeuten, daß der Therapeut die eigene Unsicherheit und das eigene Unbehagen, den Ärger oder die Frustration über die Therapie zeigt, auch wenn diese Gefühle zeitweilig mit der bedingungslosen Anerkennung kollidieren. Freilich würde ein Therapeut, der feststellt, daß er einen Klienten dauernd verurteilt, diesen Klienten an einen Kollegen verweisen. Auch bedeutet echt zu sein nicht, daß der Therapeut den Klienten mit seinen eigenen persönlichen Problemen belastet. Es bedeutet auch nicht, daß der Therapeut impulsiv mit irgendwelchen Gefühlen herausplatzt, die gerade bei ihm auftauchen.

> Diese Betonung auf Echtheit beinhaltet ganz im Gegensatz zu früheren Vorstellungen über therapeutische Beziehungen manchmal Aussagen wie: „Ich höre Ihnen heute nicht sehr aufmerksam zu, weil mir einige Probleme im Kopf herumgehen und ich mich nicht

> konzentrieren kann." „Ich habe im Moment Angst vor Ihnen – Angst davor, was Sie mir antun könnten." „Mir geht es nicht gut mit dem, was Sie sagten." In jedem Fall mache ich eine Aussage über ein Gefühl in mir, nicht über eine Tatsache oder eine Vermutung oder ein Urteil über meinen Klienten. Zu sagen „mir ist im Moment langweilig. Ich wünschte, ich würde mich nicht so fühlen, aber es ist so" fällt kein Urteil über meinen Klienten als eine langweilige Person. Eine solche Aussage bringt nur die grundlegenden Informationen über meine Gefühle in die Behandlung ein. Wenn ich diese Langeweile und meine Gefühle des Abstandes von ihm mitteile, ändern sich meine Gefühle. Mir ist bestimmt nicht langweilig, wenn ich mich auf diese Art mitteile. Ja, ich bin recht feinfühlig und neugierig, die Antwort meines Klienten zu hören. Wenn der Kontakt zu ihm wieder hergestellt ist, erlebe ich wieder mein empathisches Verständnis. Echt zu sein bedeutet Barrieren in einer Beziehung abzubauen. Mein Klient wird wahrscheinlich merken, daß er selbst kongruenter spricht, weil ich es gewagt habe, echt mit ihm zu sein. Es wird jetzt eine echte Mensch-zu-Mensch Beziehung zwischen zwei unvollkommenen Menschen.[8]

In einer therapeutischen Atmosphäre von Echtheit, aufrichtigem Interesse, Akzeptanz und Empathie werden das Vertrauen und die Sicherheit des Klienten gefördert und er bekommt ein Modell für seine eigene Echtheit, für Ehrlichkeit sich selbst gegenüber, für die Akzeptanz aller Teile und Seiten in ihm. Weil ein anderer Mensch, der Therapeut, ihn akzeptiert und respektiert, echt mit ihm ist, wird das Selbstwertgefühl des Klienten in einer erfolgreichen Therapie gesteigert. Zudem beginnt der Klient sich zu erlauben, alle Aspekte von sich zu erleben und so beginnt er, autonomer zu werden in seinem Urteil, seiner Meinung über sich selbst, weniger abhängig davon, was andere über ihn denken. Er kann seine eigenen Polaritäten bereitwillig annehmen, wenn er hört, daß Liebe und Haß nebeneinander existieren können, daß Schwäche Stärke nicht ausschließt. Er beginnt, seine Vorstellung davon, wer er ist, zu ändern, und wird dadurch der Welt gegenüber offener, flexibler im Umgang mit ihr, lebt mehr in der Gegenwart, ist jeden Moment stärker in Kontakt mit seinen Gefühlen, kann besser mit Streß umgehen, kann Erfolg und Versagen akzeptieren, seinem eigenen Wesen vertrauen und seine Einzigartigkeit schätzen. Kurz gesagt bessert sich die emotionale und psychische Gesundheit des Klienten merklich, und optimiert so die Wahrscheinlichkeit, daß sich auch die körperliche Gesundheit verbessert.

Die wirkliche Arbeit des personen-zentrierten Therapeuten besteht in aktivem Zuhören, in die Welt des Klienten furchtlos und enthusiastisch einzutreten. Doch die Worte des Klienten zu verstehen bedeutet mehr als nur den Inhalt der Worte zu erfassen. Es bedeutet auch, die Gefühle aus dem Tonfall und den Gesten des Klienten wahrzunehmen und Reaktionen zurückzuspiegeln, die die momentanen Gefühle des Klienten reflektieren, ebenso wie die Gefühle, die gerade unter der unscharfen Wahrnehmungsschwelle liegen. Wir würden dies den Klienten behutsam, versuchsweise und vorsichtig in immer tiefere eigene Bewußtseinsschichten zu „führen" (leading) nennen – denn aktives Zuhören ist immer auch ein Stück weit raten – zu Erkenntnissen und Entdeckungen, die genau hinter dem äußersten Rand des Bewußtseins liegen. Die Reflexionen des Therapeuten werden nicht immer richtig sein, doch wo Aufrichtigkeit herrscht, wo der Klient erlebt, daß der Therapeut ernsthaft versucht, sich in seine Welt und sein Erleben zu versetzen, da werden Ungenauigkeiten unmittelbar vom Klienten richtiggestellt und in die Gelegenheit umgewandelt, tiefere Erfahrungen zu machen. Aktives Zuhören ist eine wirkliche Fertigkeit, die Anfänger oft als einfaches Paraphrasieren abtun. Der Unterschied zwischen einer nüchternen und einer wirklich empathischen Antwort ist die Art, wie der

Klient auf eine nüchterne Bemerkung hin antwortet: „Ja, das habe ich gerade gesagt" statt einem warmen: „Genau, *das* habe ich eigentlich gemeint. Und außerdem..."

Das folgende Beispiel aus einer Therapiegruppe beleuchtet den drastischen Unterschied zwischen einem nüchternen Aushorchen und einer empathischen Reaktion und zeigt die befreiende Wirkung, voll und ganz verstanden zu werden, wenn die empathische Antwort endlich gefunden ist. Doug, ein 38jähriger Freiberufler hat der Gruppe gerade erzählt, daß er seine Firma verloren hat, seine Frau, seine Kinder und seine Glaubwürdigkeit in der Gesellschaft und dann, nach einigen Jahren des schmerzlichen Kampfes, sein Unternehmen wieder aufbaute und sich seinen Weg zurück in die Liquidität erarbeitete.

## Therapeutischer Gruppendialog[9]

Dialog: Kommentare und **Hindernisse:**

**1. Gruppenmitglied**: Du erwähntest die Scheidung und die Trennung von deinen Kindern und die Traurigkeit, die das mit sich bringt. Mir scheint, du hast einige Komplexe, von denen du uns nichts sagst.

Achten Sie auf das implizite **Urteil** in „Komplexe".

**Doug:** Das war nun mal eine sehr schmerzliche Erfahrung in meinem Leben und ich habe versucht, das zu berichten, was geschehen ist. Für mich war es sehr traurig und wird es immer traurig sein, aber ich glaube, ich konnte diese Erfahrung überwinden und habe daraus gelernt.

**2. Gruppenmitglied:** War es deinem Empfinden nach ein Mangel an Stärke, der zu diesem Zusammenbruch führte?

Wieder ein **Urteil** und Doug beginnt, sich zu winden und die Stirn zu runzeln.

**3. Gruppenmitglied:** Mir kommt es so vor, als trägst du eine Last seit diesem Ereignis, die dich zurückhält. So als hättest du nicht Frieden damit geschlossen – eine Narbe, an der du reibst. Es scheint so, als hättest du eine Menge Schmerz unter der Oberfläche.

Jetzt beginnt das 3. Gruppenmitglied zu **analysieren.** Das Ergebnis ist, daß Doug die Beine übereinander schlägt, die Arme verschränkt und distanziert und desinteressiert schaut.

**Doug:** In gewisser Weise hast du wahrscheinlich recht. Ich bin ein recht unbeständiger Mensch. (*Leise)* Ich fühle mich immer noch schuldig wegen meiner Kinder, da ich aus einem puritanischen Elternhaus stamme.

**2. Gruppenmitglied:** Ich frage mich, wie sehr du dir gestattest, den Schmerz zu fühlen... läßt du ihn dich ganz fühlen?

Die Gruppe rät jetzt und **horcht aus** und versucht so, ihn dazu zu bringen, seinen „offenkundigen" Schmerz oder seine Gefühle auszudrücken. Doug ist in diesem Augenblick seinen Gefühlen nicht nahe. Statt dessen verteidigt er sich immer mehr und entfernt sich mehr und mehr, seine tiefsten Gefühle der Gruppe gegenüber zum Ausdruck zu bringen.

**1. Gruppenmitglied:** Hat deine Frau dich verlassen? Ist sie von dir weggelaufen?

**2. Gruppenmitglied:** Wie empfindest du darüber?

Die Gruppe **fragt** und **horcht** weiter **aus**. Nach Gefühlen zu **fragen** ist nicht das gleiche wie aktiv auf sie zu hören.

**Doug:** (ohne Emotionen) Wir hatten es eine Zeit lang schwer.

**3. Gruppenmitglied:** Warum hat sie dich verlassen?

Weiteres **Fragen.**

**Doug:** Ich habe mein ganzes Geld verloren und sie glaubte, sie könne nicht in der Gesellschaft bleiben und den Gläubigern ins Gesicht sehen, deshalb hat sie sich getrennt... Ich entschied mich zu bleiben und die ganzen Schulden zurückzuzahlen – wieder aufzubauen. Sie bevorzugte einen bestimmten Lebensstil. Sozial akzeptiert zu sein war für sie sehr wichtig – wichtiger als für mich.

Trotz ihrer Hindernisse gibt Doug zu verstehen, daß er verstanden werden möchte. Deshalb versucht er zu erklären.

**2. Gruppenmitglied:** Du scheinst noch eine Menge Schmerz zu haben. Er scheint für dein Wesen wichtig zu sein. Du hast ihn noch nicht losgelassen.

Aber Mitglied 2 kommt zurück zu einer **Meinung, Analyse** und einem **Urteil.**

**1. Gruppenmitglied:** Wie lange ist das her?

Hier lenkt das 1. Mitglied noch weiter ab mit unwichtigen **Fragen.**

**Doug:** Vier Jahre.

**1. Gruppenmitglied:** Wow, eine lange Zeit, den Schmerz mit herumzutragen.

Das ist die **Projektion** des 1. Mitglieds, wie es sich für ihn anfühlen würde. Er ist jedoch nicht in Dougs Welt.

**3. Mitglied:** Hast du irgendwelche anderen Beziehungen gehabt?

Mehr nebensächliches **Fragen.**

**Doug:** Ja.

**Mitglied:** Wie laufen die so?

**Doug:** Gut (*sehr verteidigend*). Ich glaube die Gruppe hat recht über meinen Ärger und meinen Schmerz. Aber ich fühle mich gut. Ich habe mich mit meiner Ex-Frau auseinandergesetzt und mit meinem Ärger. Ich fühle mich nicht so schlecht, wie ihr es suggeriert.

Das **Aushorchen, Fragen** und daß die Gruppe ihre Gefühle auf Doug **projiziert**, führte zu wenig Empathie und keiner therapeutischen Bewegung.

**Therapeut:** Es muß dich enormen Mut und Kraft gekostet haben, dir deinen Weg zurückzukämpfen und dein Leben wieder aufzubauen, nachdem du so ruiniert warst.

An diesem Punkt greift der Therapeut, der das ganze vorherige Gespräch über ruhig geblieben hat, mit empathischem aktivem Zuhören und einfühlendem „führenden" Raten.

**Doug:** Weißt du, es war verdammt schmerzlich (*seine Augen werden feucht*), der emotionale und körperliche Schmerz. Meine ganze Welt ist zusammengebrochen... von der Gesellschaft zurückgewiesen... nachdem sie mich verlassen hatte. Schon allein die verdammte *Anstrengung* ein paar Jahre lang wieder Fuß zu fassen... (*schluchzt jetzt und erzählt die Geschichte wieder...*). Erst im letzten Jahr war ich wieder fähig zu lachen und mich finanziell sicher zu fühlen. (*Mit Ärger...*). Und ich habe die ganze Zeit hindurch meine Kinder unterstützt und mache das auch jetzt noch!

Einfach Dougs Gefühle zu verstehen brachte die Erleichterung, die die Gruppe nicht aus ihm hervorlocken konnte, ganz egal wie gut sie es meinten.

Dieser Dialog lohnt eine gründliche Betrachtung für den Behandler, der mit dem Gedanken spielt, Patienten zu beraten. Wir sind alle vertraut mit Aushorchen und Fragen und uns vorzustellen, wie wir uns in der Situation fühlen würden, die uns der Patient beschreibt. Doch Beratungen durchzuführen erfordert, daß wir zurücktreten und die Welt so sehen wie der Patient. Das Exzerpt zeigt, wie es nicht funktioniert; und dann, am Ende, mit dramatischer Wirkung, wie es so einfach, so elegant, ist. Die Vignette zeigt auch den grundlegenden Unterschied zwischen der eigenen Meinung auf einen Patienten zu projizieren („Du hast den Schmerz nicht rausgelassen“ sagt Mitglied 2) und ein einfühlsames „führendes“ Raten („Es muß dich enormen Mut gekostet haben“ sagt der Therapeut), das den Patienten unterstützt, mit einer tieferen Schicht von Gefühlen in Kontakt zu kommen.

## Gestalttherapie

Gestalttherapie wurde von dem in Berlin geborenen Fritz Perls (1893 – 1970) begründet; er war Arzt und ursprünglich in Psychoanalyse ausgebildet. Wie viele Neuerer der modernen Therapieschulen wurde Perls unzufrieden mit der Betonung der Kindheit des Patienten und mit dem, was er als das begrenzte Ziel der Psychoanalyse ansah, nämlich Menschen dabei zu helfen, sich an eine kranke Gesellschaft anzupassen. Perls begann, sich auf die Gegenwart zu konzentrieren, das Hier und Jetzt, und entwickelte nach und nach eine einzigartige Perspektive auf den therapeutischen Prozeß, der kreative „Übungen“ und „Experimente“ beinhaltete, die der Klient durchführte. Diese Techniken wurden entwickelt, um dem Patienten zu helfen, mit uneingestandenen und nicht integrierten Seiten seines Selbst in Kontakt zu kommen. Durch Dialoge kommen die Klienten mit opponierenden und entfremdeten Seiten ihrer Persönlichkeit in Kontakt: z. B. der autoritäre „du solltest“-Topdog versus der weinerliche, armes Ich, „Underdog“ mit dem Opferbewußtsein; Klienten lernen, die entgegengesetzten Polaritäten in sich anzunehmen wie Liebe und Haß, Schwäche und Stärke, Wut und Trauer, Kummer und Freude. Perls betonte, daß der Patient alle Aspekte dieser Erfahrung im Hier und Jetzt ins Bewußtsein bringen und annehmen muß und führte so die Vorstellung ein, daß ein gesunder Mensch eine komplette „Gestalt“ ist, d. h. ein integriertes, ganzes Wesen. Umgekehrt waren die Dysfunktion und die Pathologie nur Folgen von Fragmentierung und Entfremdung von Teilen seiner selbst. Deshalb besteht die Rolle der Therapie darin, die Teile zurück ins Bewußtsein zu bringen. Die Integration erfolgt natürlich, wenn wir uns erst einmal unseres ganzen Wesens bewußt sind.

Gestalttherapeuten bestehen darauf, daß ihre Therapie nicht nur diese Techniken und Übungen zur Bewußtwerdung sind. Vielmehr fördert die Gestalttherapie eine gegenwart-zentrierte, prozeßorientierte (im Gegensatz zu inhaltsorientiert) *Art zu sein.* Dennoch ist die Gestalttherapie eindeutig durch ihre einzigartigen Techniken charakterisiert, die Psychotherapeuten und Berater mit verschiedenen therapeutischen Orientierungen frei für sich abgewandelt haben. Nachstehend sind einige charakteristische Gestaltübungen zur Förderung der Bewußtheit beschrieben:

- Im *Dialog mit dem leeren Stuhl* führt der Patient ein Gespräch mit den Polaritäten seiner Persönlichkeit, z. B. spricht das Topdog-Selbst mit dem imaginierten Underdog-Selbst, das gegenüber auf einem leeren Stuhl sitzt. Der Patient bewegt sich zwischen den Stühlen hin und her und versetzt sich selbst dabei jeweils in die entsprechende Person/den Persönlichkeitsanteil auf dem Stuhl. Die Aufgabe des Therapeuten besteht darin, den Patienten in der Gegenwart zu halten und ihn immer wieder daran zu erinnern, bei seinem Erleben zu bleiben, statt darüber zu reden.
- Der Klient wird gebeten, an jede seiner Aussagen „und ich übernehme die Verantwortung dafür“ anzuhängen. Zum Beispiel „Ich fühle mich gekränkt und verletzt und ich übernehme die Verantwortung dafür.“ „Ich habe die Schnauze voll und ich übernehme die Verantwortung dafür.“ Die Vorstellung, die Verantwortung für die eigenen Gefühle, Handlungen, Gedanken und ihre Folgen in der Welt zu übernehmen, ist

grundlegend in der Gestalttherapie, denn sie bildet das Gegenstück zum Opferbewußtsein und dem Gefühl der Hilflosigkeit, welche die Grundlage der eigenen Rechtfertigungen sind.

- Man könnte Klienten bitten, *ihre Projektionen auszuagieren,* indem sie ihre Eltern, Partner oder ihre Kollegen spielen. Dabei agieren sie von einem internalisierten Bild aus, (*Introjekt* genannt), das sie auf andere projizieren.
- Oder sie werden gebeten, *das Gegenteil von dem, wie sie sich fühlen, auszuagieren,* als eine Möglichkeit festzustellen, wie es sich anfühlt, auf der anderen Seite zu stehen. Oft kann tiefes emotionales Loslassen (*Katharsis*) erlebt werden, wenn man das Gegenteil eines momentanen Gefühls ausspricht, denn, wie unterdrückt auch immer, das Potential für das Gegenteil ist auch in uns.
- Manchmal fordert der Therapeut den Klienten auf, *ein Gefühl, einen Gedanken oder eine Aussage zu übertreiben oder zu betonen.* Angenommen die Patientin unterhält sich mit ihrem Topdog-Selbst im leeren Stuhl gegenüber und sagt: „Ich möchte, daß du mich in Ruhe läßt." Der Therapeut könnte sie dann bitten, es lauter zu sagen, mit mehr Gefühle und mit körperlichem Ausdruck: „Laß mich in Ruhe!" wiederholt die Klientin. Der Therapeut schreit: „Laß mich in Ruhe!" und auch die Klientin schreit: „Verflucht, laß mich in Ruhe!" Wieder besteht das Ziel darin, sich bewußt zu werden, wie es sich anfühlt, wirklich für sich einzutreten, ganz in der Gegenwart zu sein und persönlich die Verantwortung für ein Gefühl zu übernehmen.
- Gestalttherapeuten arbeiten unaufhörlich daran, den Patienten in einen hier-und-jetzt-Zustand zu bringen. Deshalb kontert der Therapeut der Tendenz des Patienten, „über" Dinge zu sprechen, darüber zu sprechen, daß „der eine dies und der andere das tut", darüber zu sprechen, wie er sich gestern fühlte oder letzte Woche oder irgendwo außerhalb der Praxis, immer indem er den Patienten auffordert, aus dem Blickwinkel „ich fühle" zu sprechen, um eine Diskussion darüber, wie er sich gestern mit seinem Partner fühlte dadurch zu ersetzen, wie er sich jetzt gerade fühlt, hier mit dem Therapeuten, in diesem Raum, genau in diesem Augenblick. Wenn über andere Menschen gesprochen werden muß, dann werden diese Personen „in die Gegenwart gebracht" und auf dem leeren Stuhl plaziert und ihre Projektionen können für sie selbst sprechen.
- Traumarbeit läßt sich im situationsorientierten Dialog besonders wirkungsvoll ausagieren. Der Patient erzählt einen Traum nicht wie eine Geschichte, die sich in einer vergangenen Nacht abspielte, sondern er agiert die Personen aus oder sogar die Gegenstände aus seinem Traum, läßt sie im Hier und Jetzt miteinander reden. Die Idee dahinter ist, daß alles, was wir geschaffen haben, ein Fragment oder ein Stück von uns reflektiert und diese Stücke in der Therapiesitzung zusammenzubringen ist eine Art, ganz zu werden, unsere eigene persönliche Gestalt zu vervollständigen.

Die Einstellung der Gestalttherapie ist humanistisch, denn sie sieht den leidenden Menschen oder den Menschen mit seinem Symptom als in seinem Wachstum blockiert. Die Funktion der Therapie besteht einfach darin, ihm zu zeigen, daß er nichts braucht (inklusive der Therapie!), was er nicht schon hat. Die Philosophie der Gestalttherapie ist der östlichen Mystik eng verwandt in der Ansicht, daß nur die Gegenwart wirklich ist und daß das einzig wirklich nötige therapeutische Werkzeug Bewußtheit ist, dessen was ist. Die Vergangenheit ist nur insofern real, als wir sie in die Gegenwart bringen, was Sinn aller

Übungen ist. Genauso ist die Zukunft nur eine Probe in unserer Vorstellung und die vorrangige Beschäftigung mit Proben hält uns davon ab, die Frische des Augenblicks zu erleben, die heilende Qualität dessen, was hier und jetzt in uns und um uns ist. *Über* eine bedrückende, trostlose Kindheit mit Mißbrauch zu sprechen wird als eine Art angesehen, wie Patienten in ihrem Opfer-Bewußtsein steckenbleiben und warum sich die Gestalttherapie auf den Prozeß und auf den Körper konzentriert, der nicht lügt. Haltungen beinhalten eine Botschaft und der Therapeut bittet vielleicht die gefalteten Arme des Patienten, die übereinandergeschlagenen Beine oder die hochgezogenen Augenbrauen, für sich selbst zu sprechen.

Die meisten Ziele der personen-zentrierten Therapie gelten auch für die Gestaltarbeit zu – erhöhte Selbstakzeptanz, Flexibilität und Wachsamkeit – und dazu eine unabhängigere Persönlichkeit, weniger abhängig von äußerer Unterstützung. Wie personenzentrierte Therapeuten ist der Gestalttherapeut vor allem kongruent und echt. Aber die Empathie der Gestalttherapie nimmt die Form der Intuition des Therapeuten darüber an, was die nonverbalen Hinweise des Klienten mitzuteilen versuchen. Gestalttherapie wurde als narzißtisch kritisiert, weil sie Menschen ermuntert, sich auf Kosten anderer auszuleben, doch diese Tendenz ist eine Übertreibung einer frühen Therapiephase, die ein Korrektiv ist für die üblichere Tendenz von Menschen, anderen zu gefallen auf ihre eigenen Kosten, mit verheerenden Auswirkungen auf ihren Selbstwert und auf ihre Gesundheit. Wenn wir stärker in Kontakt kommen mit der Komplexität all unserer Teile und wenn wir in der Lage sind, unsere Widersprüche, Gegensätze und Polaritäten anzunehmen, in aller Komplexität menschlicher zu werden, kommen wir tatsächlich dazu, uns selbst als ein Teil der irdischen Gestalt zu sehen mit unserer eigenen, einzigartigen kooperierenden und höchst sozialen Rolle, die wir zu spielen haben. Unser soziales Selbst ist nur ein anderer Teil unseres Selbst und einer, den wir nicht völlig annehmen können, bis wir seinen polaren Gegenpol, unsere Individualität erleben und akzeptieren.

## Realitätstherapie (Reality Therapy)

In den frühen 60 Jahren dieses Jahrhunderts begann der Psychiater William Glasser ein neues Psychotherapiemodell zu entwickeln.[10] Bei seiner Arbeit zunächst mit straffälligen Jugendlichen und später mit Alkoholikern und Drogenabhängigen wurde Glassers Aufmerksamkeit auf das immer wieder auftretende Phänomen gelenkt, daß seine leidenden, unglücklichen, unbefriedigten und sozial scheiternden Klienten sich wirklich ohne Ausnahme als machtlose Opfer der Umstände zu fühlen schienen, die außerhalb ihrer Kontrolle liegen. Freilich kamen viele aus zerrütteten Familien, viele waren als Kinder mißbraucht worden und andere waren tief in dysfunktionale Familiensituationen verstrickt, aus denen sie kein Entkommen sahen. Trotzdem kam Glasser zu der Überzeugung, daß der Weg für seine Klienten zurück zu emotionaler und körperlicher Gesundheit in der Erkenntnis lag, daß ihre Vergangenheit, wie fürchterlich sie auch gewesen sein mag, ein für allemal vorüber ist. Glasser vertrat die existentielle Position, daß jeder Mensch sich in jedem Moment entscheidet, sein Leben so gut er kann zu kontrollieren, selbst wenn der fortwährende Entscheidungsprozeß durch die Überzeugungen des Patienten eingeschränkt wird; die Überzeugung nämlich, daß er hilfloses Opfer der Umstände ist.

Als er von dieser Position aus arbeitete, begann Glasser zu sehen, daß die Menschen in ihren sinnlosen und selbst-behindernden Verhaltensmustern steckenblieben; steckenblieben in Gefühlen von Angst, Depression, Schuld und Groll – alles Gefühle, die sie, wie sie sagten, nicht wollten, aber sie fühlten sich außerhalb der Kontrolle – weil dies tatsächlich der beste Weg war, den die Patienten kannten, um ihre Grundbedürfnisse zu befriedigen. Dadurch, depressiv zu sein, Angst zu haben, Selbstvorwürfe und eine Vielzahl an psychosomatischen Beschwerden zu entwickeln gelang es einem solchen Menschen, etwas Aufmerksamkeit, Sympathie und Verbindung zu anderen zu bekommen. Doch gleichzeitig verstärken solche Verbindungen auch die machtlose Haltung, prägen sie ein, und halten den Menschen davon ab, gesunde Beziehungen, einen gesunden Umgang mit der Welt zu haben. So werden die grundlegenden Bedürfnisse, sich frei zu fühlen, und das Gefühl zu haben, die Welt zu meistern und für unsere Stärke geschätzt zu werden, kompromittiert, weil wir glauben, wir werden durch die Vergangenheit und durch äußere Umstände kontrolliert.

Um diesen Teufelskreis des Opferbewußtseins zu durchbrechen, so merkte Glasser, war eine Therapie nötig, die Patienten beibrachte, ihre Grundbedürfnisse erfolgreich befriedigt zu bekommen in der Welt wie sie ist. Dieser Fokus auf *die Welt, wie sie ist* und den Patienten mit seinen einzigartigen Fähigkeiten und Grenzen *als der Mensch, der er ist* umfaßt die Essenz einer Therapie, die ultrarealistisch genannt werden kann, oder, wie Glasser sie schließlich nannte, *Realitätstherapie.* Dieser Ansatz ist sehr utilitaristisch. Sie beschäftigt sich hauptsächlich damit, wie die Grundbedürfnisse und Wünsche der Patienten befriedigt werden können und ihnen zu helfen, zu erkennen, daß sie allein verantwortlich dafür sind, sich in der Welt so zu verhalten, daß diese Bedürfnisse erfüllt werden. Wirklichkeitstherapie betont vor allem die persönliche Verantwortung. Damit ist gemeint, daß jeder von uns fähig ist, sein Handeln zu wählen und die Wahl dafür zu nutzen, so auf die Welt einzuwirken, daß unsere Bedürfnisse in einer Weise befriedigt werden, die andere nicht davon abhält, ihre Bedürfnisse befriedigt zu bekommen. Im Gegenteil, wir können das Verhalten eines anderen Menschen nicht kontrollieren. Deshalb müssen wir mit dem Kampf aufhören, die anderen dazu zu bringen, so zu sein, wie wir sie haben wollen. Das beste, was wir mit irgend jemand in einer freien Welt tun können, ist so zu handeln, daß wir sie prädisponieren, uns in Betracht zu ziehen, indem wir Verhalten wählen, daß ihre Bedürfnisse befriedigt werden.[12]

Der Verlauf dieser Therapie kann ganz einfach beschrieben werden, doch die Fähigkeit, das Einfühlungsvermögen und die Ausdauer zu entwickeln, um Wirklichkeitstherapie mit Menschen durchzuführen, erfordert gewöhnlich eine zweijährige Ausbildung. Im Verlauf einer Therapie, die Wochen oder Monate dauert, werden sieben grundlegende Schritte durchgeführt. Diese Schritte folgen grob aufeinander, doch jede Sitzung kann Elemente jedes der sieben Schritte enthalten.

1. Die Therapie beginnt damit, daß der Therapeut sich mit dem Klienten sich bekannt macht. Dies geschieht durch aktives und passives *Zuhören*, und dadurch, daß der Therapeut erfragt, was der Klient mag, was ihm Freude bereitet, und wodurch er sich wirklich erfüllt fühlt. Insofern über die Vergangenheit gesprochen wird, dann hier in dieser ersten Phase und dann nur, damit der Therapeut feststellen kann, was im Leben des Menschen gut gewirkt hat. Alle Versuche des Klienten, darüber zu sprechen, wie schlimm sein Leben ist und war, werden vom Realitätstherapeuten geschickt pariert, der die Aufmerksamkeit konsequent darauf lenkt, was im Leben des Patienten funktioniert *hat*, welche Fähigkeiten er *hat*, wann er glücklich *war.* Über Gefühle wird in der Realitätstherapie gesprochen, doch sie werden nicht zum Prozeß gemacht oder ermuntert wie in der Gestalt- oder der personen-zentrierten Therapie. Vielmehr

werden negative Gefühle als Anzeichen angesehen, daß Grundbedürfnisse unerfüllt blieben und daß etwas getan werden muß, damit sie erfüllt werden. Wenn diese Bedürfnisse erfüllt sind, verschwinden die Gefühlssignale von selbst. Sich auf die emotionalen Signale selbst zu konzentrieren ist, wie wenn man sich im Auto auf das rote Warnlicht am Armaturenbrett konzentriert. Worauf wir uns konzentrieren müssen, ist nicht das Licht (die Gefühle) sondern der Ölmangel (Bedürfnisse). Kurz, dieses erste Stadium der Therapie ist nur das Herstellen einer warmen, vertrauensvollen, empathischen Beziehung, die, wie wir erkannten, die Grundvoraussetzung jeglicher Psychotherapie ist, egal welche spezielle theoretische Richtung.

2. Als nächstes erkundet der Therapeut die Wünsche, Bedürfnisse und Sehnsüchte des Patienten und dessen Sicht der Welt. Bedürfnisse werden nach der Bedürfnispyramide – siehe Kapitel 3 – betrachtet. Sie sind allen Menschen gemeinsam und existieren auf verschiedenen Ebenen. Wünsche und Sehnsüchte sind die speziellen Dinge und Beziehungen, die jeder von uns sucht, um diese Bedürfnisse zu befriedigen. Sicherheit, Geborgenheit, Liebe und Identität sind universelle Bedürfnisse; jeder von uns findet unterschiedliche und in gewissen Maß einzigartige Wege, um diese Bedürfnisse zu erfüllen, deshalb ist die Liste der Wünsche, Sehnsüchte und Werte von Mensch zu Mensch unterschiedlich.

3. Der Therapeut und der Patient prüfen dann, wie der Klient zur Zeit lebt, was er tatsächlich tut, um diese Grundbedürfnisse zu erfüllen. Hier besteht die Aufgabe des Therapeuten darin, den Patienten davon zu überzeugen, daß seine dysfunktionalen Verhaltensweisen, seine negativen Gefühle und die psychosomatischen Symptome alle seine persönliche Wahl sind und nicht etwas, was ihm von außen widerfährt, ohne seine Kontrolle. Dieses *Umdeuten (reframing)* der Art des Patienten zu sein ist in der Tat ein Beispiel, was allgemein in der Psychotherapie *Interpretation* genannt wird. Den Klienten zu einer Interpretation solcher Art hinzuführen, daß er sie sich zu eigen macht, daß er sie als grundlegende Wahrheit ansieht und die Implikationen anerkennt, kostet viel Überredungskünste, Ausdauer und Geduld in Verbindung mit Empathie, bedingungsloser Anerkennung und einem Sinn für Humor.

4. Jetzt kommt der entscheidende und charakteristische Schritt der Wirklichkeitstherapie: der Therapeut muß den Klienten dazu bringen, die Wirksamkeit seiner Art der Bedürfnisbefriedigung anzuerkennen. Wenn die Therapie Fortschritte machen soll, muß der Klient von sich aus zugeben, daß diese Wege in der Tat nicht sehr erfolgreich sind. Dieses persönliche Urteil muß auch eine gewisse entscheidende Einsicht enthalten, zu der der Therapeut den Patienten hinführen sollte, und dann geduldig warten sollte, bis er diese Erkenntnis voll und ganz annimmt.

5. Wenn der Klient klar der Meinung ist, daß das, was er tut, für ihn nicht funktioniert, dann ist die Voraussetzung für den Therapeuten geschaffen, dem Patienten vorzuschlagen, zu planen, wie er sich neue, wahrscheinlich wirkungsvollere Verhaltensweisen aneignen könnte. Es darf keinen Zwang des Therapeuten geben, einen Plan einzubringen, an den sich der Therapeut in seinem Leben hält, weil die Werte und Sehnsüchte des Therapeuten andere sein werden als die des Klienten. Die Rolle des Therapeuten besteht darin, eine fähige Ressource-Person zu sein, die in der Lage ist, die Realität des Patienten in dieser Welt zu sehen, wie sie ist, und bereit zu sein, Informationen und Rat zu geben. Dennoch ist es der Klient, der wählen muß, was er tun will.

6. Wenn ein Plan ausgearbeitet ist, wird der Therapeut auf einer Vereinbarung bestehen, daß der Plan Stück für Stück vom Patienten umgesetzt wird. Ein Patient, der Angst davor hatte, mit einem Menschen anderen Geschlechts auszugehen, könnte sich verpflichten, einen Kontakt mit einer bestimmten Person zu einer bestimmten Zeit und an diesem oder jenem Tag in die Wege zu leiten. Ein Patient, der am Tag 12 Tassen Kaffee mit Milch und drei Löffel Zucker trinkt, verpflichtet sich, seine Menge auf fünf Tassen am Tag zu reduzieren und damit morgen anzufangen. Diese getroffenen Vereinbarungen sind recht spezifisch. Vielleicht wird in der Praxis des Therapeuten das Verhalten geübt, und üblicherweise gibt es Hausaufgaben (z. B. „sprechen Sie mit fünf fremden Menschen über das Wetter oder etwas anderes Belangloses vor der nächsten Sitzung“ oder „ersetzen Sie zwei Tassen Kaffee am Tag durch Kräutertee“ oder „gehen Sie am Montag, Mittwoch und Freitag der kommenden Woche jeweils drei Kilometer spazieren“). In dieser Phase überprüft der Therapeut in jeder Sitzung, wie der Plan funktioniert und schlägt bei Bedarf Änderungen und Verbesserungen vor. Realitätstherapie ist sehr bestimmt und Ausreden für das Nichteinhalten der Vereinbarungen werden nicht akzeptiert, ja nicht einmal besprochen. Der Therapeut muß ein unfehlbares Modell für die Verantwortung der persönlichen Wahl und für die Ansicht, daß der Patient erfolgreich auf die Welt einwirken kann. Entschuldigungen zu akzeptieren, selbst die aller harmlosesten, würde nur mit der alten Überzeugung des Patienten konform gehen, daß er ein Opfer der Umstände ist und seine persönliche Einflußnahme verzögern.
7. Der Therapeut wird nicht nur keine Ausreden für nicht eingehaltene Vereinbarungen akzeptieren, sondern er bleibt auch beständig in seiner inneren Verpflichtung (commitment) dem Klienten gegenüber. Er wird den Klienten nie wegen eines Versagens bestrafen oder negativ beurteilen. Das würde die „Versager-Identität“ des Klienten verstärken, die nach der Realitätstherapie letztlich die Ursache aller psychologischen, emotionalen und psychosomatischen Probleme ist. Er wird einfach freudig auf einer neuen, realistischen Verpflichtung für die nächste Sitzung bestehen, und ihre Überzeugung beteuern, daß auch dieser Patient, wie jeder Mensch, erfolgreich auf die Welt einwirken kann, um seine Grundbedürfnisse erfüllt zu bekommen.

Die Realitätstherapie hat vielleicht von allen therapeutischen Richtungen die eindeutigste Verbindung zwischen Psychosomatik und Beratung. Glasser sieht die auftauchenden Emotionen, wenn unsere Grundbedürfnisse nicht erfüllt werden als kreative Möglichkeiten, die unser Nervensystem in Jahrmillionen entwickelt hat, um physiologische und sensorische Effekte in uns hervorzurufen, die uns helfen, unsere Grundbedürfnisse zu erfüllen. Wenn wir uns also ärgern oder wenn wir frustriert, ängstlich werden, wenn wir im Begriff sind, einen geliebten Menschen zu verlieren oder keine Liebe bekommen können, wenn wir uns schuldig fühlen, weil wir andere verletzen, oder depressiv, wenn wir Menschen, materiellen Besitz verlieren, Gelegenheiten verpassen, dann erhöhen diese Gefühle (und die damit einhergehende Physiologie) die Wahrscheinlichkeit, daß wir neue Verhaltensweisen entwickeln, die unsere Bedürfnisse in der neuerlich geänderten Situation besser befriedigen. Ärger fokussiert unsere Aufmerksamkeit und gibt uns Energie für eine starke innere Verpflichtung und Ausdauer auf ein Ziel hin, an das wir stark glauben, Furcht hält uns davon ab, uns in Gefahr zu begeben, Scham gewährleistet, daß wir das nächste Mal kooperativer sind, Depression dämpft das derzeitige Handeln und ermuntert uns, eine Pause einzulegen und neu über ein Problem nachzudenken, in dem wir feststecken. Doch wie wir in den Kapiteln über Streß besprachen, können sich körperliche Krankheiten entwickeln, wenn diese Emotionen zu lange andauern oder wenn sie letztlich nicht zu wirksamen Verhaltensweisen führen, die unsere Grundbedürfnisse erfüllen. Das geschieht ganz einfach aufgrund der dem Körper „eingebauten“ Struktur, daß Emotionen mit Geweben, Organen und dem Immunsystem verbunden sind. Wenn wir Symptome haben und dann noch Mitleid, Aufmerksamkeit und zwischenmenschliche Verbindungen bekommen, wenn wir darüber klagen, dann wird Krankheitsverhalten verstärkt und aufrechterhalten. So wird eine psychosomatische Erkrankung eine pervertierte Art, wie unser Bedürfnis nach Zuwendung, menschliche Betroffenheit und Verbindung mit anderen teilweise erfüllt wird, wenn auch auf Kosten unseres Bedürfnisses nach Freiheit, persönlicher Macht und Glücklichsein.

## Eklektische Multimodale Therapie

Die in den letzten drei Abschnitten beschriebenen psychotherapeutischen Schulen und Techniken sind eine kleine Auswahl aus buchstäblich Dutzenden von verschiedenen Systemen. Kein praktizierender Kliniker kann hoffen, in jeder Technik und mit jedem Standpunkt vertraut, geschweige denn darin erfahren zu sein. Doch spricht viel für die lästigen Menschen, die aus allen Quellen, die nützliche Ideen und Techniken bieten, auswählen können. Denn menschliche Besorgnis erscheint in vielen Formen, deshalb reagieren sehr unterschiedliche Persönlichkeiten höchst unterschiedlich auf verschiedene Behandlungsstile. Manche Patienten reagieren gut auf aktives Zuhören und die einfühlsame, passive, bedingungslose Anerkennung des personen-zentrierten Ansatzes. Anderen wird die Hemmung genommen durch die Bewußtheits-Übungen der Gestalttherapie, wieder andere brauchen eindeutig die Verantwortung und das Grenzensetzen von mehr konfrontierender Beratung wie die Realitätstherapie.

Im Grund bezeichnet sich die Mehrheit der Berater und Psychotherapeuten als „eklektisch“, d. h. die meisten nehmen ihre therapeutischen Techniken aus verschiedenen Quellen. Vielleicht ist der am eindeutigsten definierte und am konsequentesten integrierte eklektische Ansatz der des in Südafrika geborenen Psychotherapeuten Arnold A. Lazarus. Als einer der ursprünglichen Pioniere der Verhaltenstherapie war Lazarus beunruhigt aufgrund der Daten aus langfristigen Folgeuntersuchungen nach erfolgreicher Therapie, die darauf hinwiesen, daß der Nutzen der Verhaltenstherapie allein oft nur von kurzer Dauer war. Nur wenn das ganze Spektrum der Verhaltensweisen, Gefühle, Empfindungen, Überzeugungen und Denkprozesse des Patienten evaluiert und ausdrücklich in den Behandlungsplan des Patienten mit aufgenommen wurden, war der Nutzen der Therapie von Dauer. Lazarus machte von der traditionellen psychologischen Anschauung Gebrauch, daß die Persönlichkeit eines Menschen aus Verhalten, Affekten, Empfindungen, Vorstellungen, Kognitionen, zwischenmenschlichen Beziehungen und biologischen Faktoren besteht und erweiterte die Verhaltenstherapie so, daß sie alle diese sieben grundlegenden Modalitäten mit einschließt. Die daraus resultierende *multimodale Therapie* besteht aus einer umfassenden Einschätzung und einer eklektischen Behandlung einer oder aller dieser sieben Modalitäten, die dysfunktional, unzulänglich oder schlecht entwickelt sind. Die ersten Buchstaben jeder dieser Modalitäten bilden das Akronym BASIC I.D. Wenn wir die biologische Modalität „D“ für „Drogen“ nennen, aber in Erinnerung behalten, daß sie Ernährung, Hygiene, Sport mit einschließt, ebenso wie Medikamente, Behandlungen und körperliche Eingriffe, die die Persönlichkeit beeinflussen, dann bekommen wir das ansprechendere Akronym BASIC I.D.

Die sieben Modalitäten, die einen einzigartigen Menschen definieren helfen, bilden kein statisches Portrait, sondern greifen ineinander. Stellen Sie sich einen Patienten vor, der über Kopfschmerzen ohne organische Ursache klagt. Im Erstgespräch werden die charakteristischen Arten, wie der Patient auf die sieben BASIC I.D. Modalitäten reagiert, festgestellt. Sagen wir, es stellt sich heraus, daß der Patient, wenn er Kopfschmerzen hat (Empfindung), ruhig wird und sich zurückzieht (Verhalten), daß er sich ängstlich fühlt (Affekt), sich den Schmerz wie einen „inneren Hammer" vorstellt mit heißen Spitzen, „die in seinen Schädel eingeschlagen werden" (Vorstellung) und sich vorzustellen beginnt, daß er im selben Alter wie sein Vater an einem Gehirntumor stirbt (mehr Vorstellung), während er sich selbst überredet, daß die Ärzte wahrscheinlich etwas Ernstes übersahen. In so einem Fall ist die Abfolge der Modalitäten SBAIC und der Behandlungsplan richtet sich nach dieser Sequenz. Denn es ist wichtig, die Kette der dysfunktionalen Ereignisse – eine positive Feedbackschleife – zu unterbrechen, die einen kleinen, akuten Schmerz in einen größeren, chronischen verwandelt.

Ein BASIC I.D. Profil zu erstellen bedeutet im wesentlichen eine psychotherapeutische Diagnose zu erstellen, doch eine viel detailliertere, persönlichere und nützlichere als die entmenschlichenden Kategorien (z. B. neurotisch, Persönlichkeitsstörung, hysterisch, paranoid schizophren) der bekannten *Diagnostic and Statistical Manual of Mental Disorders* (DMS-IIIR), die als Analogie zu körperlichen Kategorien entwickelt wurden. Wie in Kapitel 2 besprochen, versäumt das schulmedizinische Modell hinter einer solchen Diagnose nicht nur, die vielen Ursachen von Krankheit zu erkennen, sondern ihm entgehen auch all die subtilen, doch überall vorhandenen Interaktionen zwischen Körper und Seele. Obwohl die BASIC I.D. Diagnose umgekehrt kein einzelnes, einfaches diagnostisches „Namensschild" liefert, wird sie doch, wenn sie kompetent und gründlich erstellt wurde, ein komplexes und getreues Abbild der wichtigen Modalitäten ergeben, die den ganzen Menschen ausmachen.

Die BASIC I.D. wird im Erstgespräch durch folgende Fragen (Lazarus, 1981) erhoben:

**B** 1. Welche Verhaltensweisen stehen Ihrem Glück im Weg? Was würden Sie gerne zu tun beginnen? Womit würden Sie gerne aufhören? Was würden Sie gerne mehr tun (Zunahme)? Was würden Sie gerne weniger tun (Abnahme)? Was schätzen Sie als einige Ihrer Stärken oder Vorzüge ein?

**A** 2. Was bringt Sie zum Lachen? Was bringt Sie zum Weinen? Was macht Sie traurig, wütend, froh, was macht Ihnen Angst? Wie *verhalten* Sie sich, wenn Sie sich so fühlen (z. B. traurig, verrückt, froh oder ängstlich)? Leiden Sie unter Angst, Ärger, Depression, Schuld oder irgend welchen anderen „negativen Emotionen"?

**S** 3. Was sehen, hören, schmecken, berühren *und* riechen Sie besonders gerne? Was sehen, hören, schmecken, berühren und riechen Sie nicht gern? Leiden Sie unter häufigen oder ständigen unangenehmen Empfindungen (wie Wehwehchen, Schwindel oder Zittern)? Was „turnt" Sie Ihre Sinnlichkeit und Sexualität an, was „turnt" sie ab? Welche Auswirkungen haben Ihre Empfindungen auf Ihre *Gefühle* und Ihr *Verhalten?*

**I** 4. Was sehen Sie sich selbst in naher Zukunft tun? Wie würden sie ihr „Selbstbild" beschreiben? Wie ist ihr Körperbild? Was mögen Sie und was nicht an der Art wie Sie sich wahrnehmen? Wie beeinflussen diese Bilder Ihr Verhalten, Ihre Stimmungen und Empfindungen?

**C** 5. Was sind einige Ihrer am meisten gehegten Überzeugungen und Werte? Was sind Ihre hauptsächlichen „sollte“ und „müßte“? Was sind Ihre hauptsächlichen intellektuellen Interessen und Beschäftigungen? Welchen Einfluß haben Ihre Gedanken auf Ihre Emotionen?

**I.** 6. Wer sind die wichtigsten Menschen in Ihrem Leben? Was erwarten andere von Ihnen? Was erwarten Sie von anderen? Wie gehen wichtige Menschen in Ihrem Leben mit Ihnen um? Wie Sie mit ihnen?

**D.** 7. Welche Bedenken haben Sie in bezug auf Ihren Gesundheitszustand? Wie sind Ihre Gewohnheiten bezüglich Ernährung, Sport und körperliche Fitneß? Nehmen Sie irgend welche Medikamente oder Drogen?

Tabelle 8.2 unten faßt die Ergebnisse einer typischen Bestandsaufnahme mit einigen angezeigten Behandlungen für einen Mann mit Alkoholabhängigkeit zusammen.

| **Modalität** | **Problem oder Schwäche** | **vorgeschlagene Behandlung** |
|---|---|---|
| Verhalten (**b**ehavior) | vermeidet Konfrontation mit den meisten Menschen; | Selbstbehauptungstraining; |
| | negative Selbstaussagen; | Arbeit an positiven Selbstgesprächen; |
| | trinkt exzessiv, wenn er abends allein zu Hause ist; schreit die Kinder an | soziale Betätigungsfelder entwickeln; aktiv zuhören lernen und bei den Kindern anwenden |
| **A**ffekt (**a**ffect) | unterdrückt Ärger (außer bei den Kindern); Angstreaktionen Depression | Selbstbehauptungstraining; Gestaltübungen, um Ärger auszudrücken; Selbsthypnose |
| Empfindung (**s**ensation) | Schmetterlinge im Bauch Spannungskopfschmerz | Bauchatmen; Entspannungsübungen, Biofeedback |
| **V**orstellungen (**i**magery) | als Kind im Schlafzimmer eingeschlossen sein | geführte Meditation mit Visualisierungen |
| Denken (**c**ognition) | Selbstgespräch über niedrigen Selbstwert viel Bedauern | positive Affirmationen als Hausaufgabe Wirklichkeitstherapie für Grundbedürfnisse |
| Zwischenmenschliche Beziehungen (**i**nterpersonal relationships) | ambivalente Reaktionen auf Frau und Kinder heimlichtuerisch und argwöhnisch | mögliche Familientherapie; Selbsthilfegruppen wie AA Bibliotherapie (Bücher lesen über die Kraft der Selbstfindung) |
| Drogen/biologische Faktoren (**d**rugs/biology) | Alkoholabhängigkeit, um Depression, Angst und Spannung zu lindern; Junk-food Ernährung; kein Sport | Meditation, Entspannungsübungen, Programm zum Selbstmanagement; Ernährungsberatung, Kontingenzvertrag für ein Sportprogramm |

**Tabelle 8.2:** BASIC I.D. Modalitäten-Profil eines Mannes mit Alkoholabhängigkeit

Sobald die Daten der BASIC I.D. gesammelt sind und das Profil zusammengestellt ist, können der Therapeut und der Patient einen kooperativen, detaillierten Behandlungsplan ausarbeiten, der auf die Schwächen, Dysfunktionen und Exzesse im Profil eingeht. (Siehe rechte Spalte in Tabelle 8.2 oben.) Sowohl die Bestandsaufnahme als auch die vorgeschlagene Behandlung werden in aktiver Zusammenarbeit mit dem Patienten durchgeführt; der Patient kann sogar selbst angewiesen werden, sein eigenes BASIC I.D. Profil zu erstellen und mitzubringen, damit es mit dem, das der Therapeut beim Erstgespräch erstellt hat, verglichen werden kann.[14]

Wenn man den Fall und die vorgeschlagene Behandlung in Tabelle 8.2 gründlich betrachtet, kann man feststellen, daß der eklektische Therapeut Techniken aus all den oben beschriebenen Psychotherapien heranzieht, und auch vom Programm zum Umgang mit Streß in Kapitel 7. Der eklektische multimodale Therapeut muß flexibel genug sein, verschiedene Techniken zu verwenden ohne notwendigerweise ihren theoretischen Unterbau gutzuheißen. Beim Erstellen eines Behandlungsplans wird der Behandler die einzigartigen Stärken, Fähigkeiten, Schwächen und Grenzen eines jeden Patienten erkennen und so Behandlungen auswählen, die maßgeschneidert sind für die Persönlichkeit und die Bedürfnisse des bestimmten Klienten. Die Struktur, die von der multimodalen Therapie gegeben wird, bietet dem Naturheilkundler einen grundlegenden ganzheitlichen Handlungsrahmen, ohne die Wahl der Behandlung oder die Heilungsphilosophie einzuschränken.

### Der existentielle Ansatz

Existenztherapie ist kein spezieller technischer Ansatz, der eine neue Reihe von Therapieregeln aufstellt. Vielmehr führen Berater und Therapeuten der Existenzpsychologie die Therapie immer wieder zurück auf grundlegende Fragen darüber, was es heißt, Mensch zu sein und auf Angst, Verzweiflung, Kummer, Einsamkeit, Sinn und Isolation an sich. Der Ansatz beschäftigt sich in erster Linie mit den fundamentalen Fragen der Kreativität und Liebe. Aus dem Verständnis des Sinns dieser menschlichen Erfahrungen entwickelten Existenztherapeuten eine Ansicht über den Therapieprozeß, der über bestimmte Techniken hinausgeht und die therapeutischen Schulen transzendiert.

> Der Geist der existentiellen Psychotherapie hat nie die Bildung spezieller Institute gefördert, weil sie sich mit den Voraussetzungen beschäftigt, die jeder Therapieart zugrunde liegen. Ihr ging es hauptsächlich um die Vorstellungen über Menschen und nicht um spezielle Techniken. Das führt zu dem Dilemma, daß die existentielle Therapie recht einflußreich ist, doch in dieser Therapieart gibt es recht wenig geeignete Ausbildungskurse, weil es sich nicht um eine Ausbildung in Techniken handelt.[15]

Existentialistisch orientierte Therapeuten identifizieren vier Grundthemen, die in tiefgehender Psychotherapie immer wieder auftauchen: Tod, Freiheit, Isolation und Sinnlosigkeit. Daß der Patient jedes dieser grundlegenden menschlichen Themen konfrontiert und löst bildet den existentialistischen Rahmen: „Tod … verfolgt den Menschen wie nichts sonst. Er rumort ständig unter der Membran des Lebens. In einem frühen Alter ist das Kind vorherrschend mit dem Tod beschäftigt, und eine der wichtigen Entwicklungsschritte des Kindes ist, mit dem Schrecken ausgelöscht zu werden, zurechtzukommen.“[16] Um mit diesem Schrecken umzugehen, entwickeln wir Verdrängungsmechanismen gegen das Wissen vom Tod. Doch letztendlich müssen wir uns mit der Realität des Todes arrangieren, denn Psychopathologie ist großenteils das Ergebnis einer verfehlten Transzendenz des Todes. Symptome und unangemessene Verhaltensweisen haben ihren

Ursprung im Schrecken des Individuums vor dem Tod. Weil der Mensch für seinen eigenen Lebensplan verantwortlich ist und sein Leben selbst gestaltet, kann die Freiheit selbst erschreckend sein. Wenn alle Autoritäten und alle sozialen Strukturen nur in dem Maß wahr sind, wie wir ihnen Macht einräumen, dann werden wir den Sinn unseres Lebens uns für uns selbst herausarbeiten müssen. Einer Autorität zu folgen heißt, sich an etwas zu klammern, das selbst, wie wir auch, Füße aus Lehm hat. Niemand kann uns sagen, welchen Sinn Leben hat; in dieser Freiheit sind wir allein, und nur wir können für uns unseren Sinn des Lebens zurechtlegen. Doch dieses alles durchdringende Alleinsein bedeutet auch, daß jeder Versuch, uns an einen anderen zu binden wegen unseres eigenen Lebenssinns schließlich scheitern muß, und wir müssen uns mit unserem existentiellen Alleinsein aussöhnen, vor dem uns keine Beziehung, wie eng sie auch sein mag, retten kann. Auch hier sind alle Versuche des Patienten, dieses existentielle Alleinsein zu verdrängen durch zwanghafte Sexualität, durch den Versuch, mit einem Partner zu verschmelzen oder sogar durch das Gegenteil, nämlich den Versuch, zu zeigen, daß er völlig unabhängig von anderen existieren kann, das alles sind Mittel, mit denen wir versuchen, unser existentielles Alleinsein zu leugnen. Letztlich müssen wir eine Lösung finden für die Dilemmata Tod, Isolation, Freiheit und dem Paradox, einen Sinn zu finden in einem Universum, das keinen inhärenten Sinn hat, außer dem, den wir finden. Das sind die Fragen, die Existentialtherapeuten immer im Bewußtsein haben bei ihrer Arbeit mit Patienten, ganz egal auf welche Techniken man sich geeinigt hat und auf welche Behandlungsziele. Der Behandler selbst kann nur in dem Maß, in dem er selbst diese existentiellen Fragen gelöst hat, anderen bei diesen großen menschlichen Dilemmata und Paradoxa helfen.

Existentielle Beratung beinhaltet zwar kein Set formaler Techniken, doch das heißt nicht, daß es keine Richtlinien gibt in der Arbeit mit Klienten. Ganz im Gegenteil arbeiten Existentialberater, wie die europäische Existentialberaterin Emmy van Deurzen-Smith betonte, aus einem sehr genauen Rahmen von Werten und Annahmen. Wie van Deurzen-Smith darlegte, ist Existenzialberatung mit dem Anliegen, Klienten zu unterstützen, ihre eigenen Werte, Annahmen und Absichten zu klären, einer philosophischen Untersuchung des Lebens eines Menschen verwandt, und die Sitzungen ähneln einem sokratischen Dialog.[17] Die Grundannahme dieser philosophischen Beratung ist, daß es immer möglich ist, dem Leben einen Sinn zu geben, zu entdecken, wie ein Mensch in jedem Augenblick seine eigene Erfahrung schafft, wie unangenehm und scheinbar unerwünscht diese Erfahrung auch zu sein scheint. Wenn der Berater dem Patienten dabei helfen kann, genau die Implikationen seiner Wahl und Kreation zu erkennen, tauchen auch die Möglichkeiten für einen Sinn und ein Gefühl für die Absicht wieder auf.

Der Existentialberater ist wahrscheinlich nicht an Techniken zur Verhaltensänderung interessiert und auch nicht daran, Gefühle empathisch widerzuspiegeln. Vielmehr liegt die Betonung auf einer leidenschaftlosen Untersuchung, wie der Patient sein Leben führt, welche versteckten Annahmen und unerkannte Absichten zugrunde liegen und zu zeigen, wie das Individuum dabei beträchtliche persönliche Macht ausübt und zahlreiche positive Stärken und Ressourcen anwendet, die ihm vielleicht nur vage bewußt sind. Van Deurzen-Smith vergleicht eine Sitzung in existentieller Beratung mit einem Einzelunterricht in Lebenskunst, bei dem der Berater ein Experte ist, Schwierigkeiten zu entwirren, Widersprüche und versteckte Annahmen aufzuzeigen, und die positiven Ressourcen eines Klienten wahrzunehmen, die in der bisherigen Lebensweise implizit sind. Bei dieser Art von Untersuchung spiegeln die körperlichen Beschwerden eines Patienten oder seine negativen Emotionen die Schwierigkeiten wider, gegenwärtige Lebensprobleme zu lösen, und sind nie das Hauptaugenmerk der Interventionen in der Behandlung. Vielmehr werden diese Symptome und die quälenden Emotionen als Zeichen angesehen, daß der Klient seine Lebensweise neu überprüfen muß, mit dem Ziel einzuschätzen, inwieweit er authentisch lebt und sich an seinen tiefsten und echten Werten orientiert. Die Rolle des Beraters ist es, ein authentisches Leben zu fördern und den Patienten daran zu erinnern, daß die Welt immer voller Paradoxa bleiben wird, mit unauflöslichen Polaritäten und inhärenten Grenzen, wo sowohl Erfolg als auch Versagen möglich und wahrscheinlich sind.

Freilich sind Verhaltensänderungen und eine höhere Wertschätzung und Akzeptanz von Emotionen in all ihrer Tiefe und Bandbreite sehr wahrscheinliche Ergebnisse einer erfolgreichen existentiellen Beratung, einfach weil der Klient mehr er selbst wird und so lernt, konsequenter nach seinen persönlichen Werten zu handeln und seine Gefühle als existentielle Lebensrichtlinien zu schätzen. Doch keine dieser Änderungen wird dem Klienten vom Berater aufgeschwatzt, denn in Wirklichkeit kann der Berater nicht wissen, welche Lösung für die Lebensprobleme des Klienten die besten sind. Alles, was er tun kann, ist, das Gefühl von Autorität der Klienten für ihr Leben zu nutzen und sie zu unterstützen, die Richtung ihres eigenen Schicksals zu finden, ihnen zu helfen, zu entdecken, wer sie sind, und dabei fest den Glauben zu behalten, daß sie selbst am besten herausfinden können, wie sie ihr Leben mit Sinn und Wichtigkeit führen können.

## Projekt 8

### Mit Hilfe des BASIC I. D. Formats ein Erstgespräch führen und einen Behandlungsplan entwickeln

Erfinden Sie oder beschreiben Sie ein eigenes psychosomatisches Fallbeispiel: führen Sie ein hypothetisches Erstgespräch und wenden Sie dabei für Ihren realen oder hypothetischen Patienten das BASIC I.D. Format an, sowohl um die derzeitige(n) Dysfunktion(en) festzustellen als auch um einen entsprechenden Behandlungsplan zu entwerfen. Es wird empfohlen, dies gründlich und mit genügend Einzelheiten durchzuführen, um den Fall wahrscheinlicher und plausibler zu machen.

# Anhang A

## Liste von Wörtern für Gefühle oder Emotionen

Wahrscheinliche Gefühle, wenn Wünsche befriedigt sind:

versunken
abenteuerlustig
Zuneigung
zärtlich
wachsam/wach
lebendig
erstaunt
amüsiert
lebhaft
Wertschätzung
erregt
erstaunt
selig
atemlos
schwungvoll
ruhig
sorglos
fröhlich
gemütlich
selbstzufrieden
gelassen
beschäftigt mit
zuversichtlich
zufrieden
cool
neugierig
verblüfft
entzückt
eifrig
ekstatisch
sprudelnd
begeistert
elektrisiert
ermutigt
energetisch
vertieft
Vergnügen
angekurbelt
enthusiastisch
exaltiert
aufgeregt
aufgeheitert
aufgeschlossen
erwartungsvoll
überschwenglich
fasziniert
frei
freundlich
erfüllt
lustig
froh
ausgelassen
ruhmvoll
leuchtend
gut gelaunt
dankbar
Genugtuung
klasse
glücklich
hilfreich
hoffnungsvoll
wißbegierig
beflügelt
inspiriert
konzentriert
interessiert
neugierig gemacht
gestärkt
in Anspruch genommen
freudig
erfreulich
jubilierend
nervös
Liebe
liebend
sanft
spaßhaft
Frohsinn
bewegt
Optimismus
überwältigt
übererfreut
friedlich
angenehm
Vergnügen
stolz
still
strahlend
stürmisch
erfrischt
Erleichterung
erleichtert
befriedigt
Befriedigung
sicher
heiter
empfindsam
gebannt
lebhaft
glänzend
stimuliert
überrascht
zärtlich
Zärtlichkeit
heilfroh
hingerissen
berührt
seelenruhig
Vertrauen
warm
Wärme

Wahrscheinliche Gefühle, wenn Wünsche nicht befriedigt werden:

sich fürchten
beschwert
Erschütterung
Alarm
zurückhaltend
ärgerlich
Qual
Feindseligkeit
Ärgernis
bange
aggressiv
apathisch
besorgt
erregt
Aversion
schlecht
schlagen
bitter
fad
melancholisch
trostlos
gelangweilt
atemlos
untröstlich
verdrossen
kalt
betroffen
verwirrt
kühl
mürrisch
leichtgläubig
niedergeschlagen
depressiv
Verzweiflung
verzagt
distanziert
enttäuscht
entmutigt
verstimmt

angeekelt
mutlos gemacht
desinteressiert
Abneigung
entsetzt
mutlos
ungehalten
beunruhigt
in Not
gestört
deprimiert
mutlos
große Angst
gleichgültig
schnippisch
verlegen
verbittert
aufgebracht
erschöpft
ermüdet
Furcht
furchtsam
zappelig
einsam
erschrocken
frustriert
rasend
trübsinnig
Kummer
schuldig
Haß
schwer
hilflos
zögernd
voller Abscheu
schrecklich
feindlich
erbost
eintönig

verletzt
ungeduldig
indifferent
träge
in Wut versetzt
aufdringlich
unsicher
unempfindlich
angespannt
zornig
verärgert
irritiert
eifersüchtig
Bammel haben vor
aufgeregt
Mattigkeit
faul
im Stich gelassen
Lethargie
lustlos
allein
verrückt
gemein
Melancholie
erbärmlich
Trübsal blasen
nervös
gereizt
überwältigt
passiv
bestürzt
Pessimismus
pessimistisch
provoziert
sich den Kopf zerbrechen
haßerfüllt
widerwillig
Widerwille
abgestoßen

voller Groll
ruhelos
traurig
erschreckt
empfindlich
wackelig
schockiert
skeptisch
schläfrig
sorgenvoll
betrübt
sauer
ohne Schwung
gehässig
aufgeschreckt
überrascht
Argwohn
lau
zu Tode erschrocken
vereitelt
müde
geplagt
Langweiligkeit
unbehaglich
unbeteiligt
beklommen
teilnahmslos
unglücklich
entnervt
aus dem Gleichgewicht
aus der Fassung
zugeknöpft
gepeinigt
überdrüssig
zurückgezogen
jammervoll
besorgt
dürftig

## Kommentierte Bibliographie

**Corey, Gerald:** *Theory and Practice of Counseling and Psychotherapy.* Pacific Grove, Kalifornien: Brooks-Cole, 1991. Eine grundlegende Einführung in Beratung und Psychotherapie aus der Sicht von neun verschiedenen Therapieschulen. Das Kapitel über Ethik sollte jeder lesen, der regelmäßig Beratungen durchführt. Es ist unschätzbar, um den Behandler auf die derzeitige Rechtslage des Patienten und die Verpflichtungen des Therapeuten aufmerksam zu machen in bezug auf Schweigepflicht und Offenlegung in psychologischer Beratung.

**Corsini, Raymond,** und **Danny Wedding:** *Current Psychotherapies.* Itasca, Illinois: Peacock, 1989. Handbuch der Psychotherapie; Psychologie Verlagsunion, Weinheim 1994[4]. Dieser Überblick behandelt die meisten derzeit populären Psychotherapieformen recht gründlich. Jedes Kapitel ist von einem hervorragenden Vertreter oder Begründer der Therapieschule geschrieben.

**Gordon, Thomas:** *P. E. T. Parent Effectiveness Training.* Solana Beach, Kalifornien: Effectiveness Training Inc., 1976. Dt. Familienkonferenz, Hoffmann & Campe, Hamburg, 1972. Das ist der Klassiker über aktives Zuhören, entwickelt von Dr. Thomas Gordon, einen früheren Schüler von Carl Rogers. Zusätzlich zu aktivem Zuhören ist das Buch eine exzellente Einführung in allgemeine Kommunikationsfähigkeiten, z. B. Gefühle durch „Ich-Botschaften" auszudrücken, mit einem nützlichen Abschnitt über Konfliktlösung. Auch wenn die Beispiele aus der Kindererziehung sind, sind die Prinzipien auf menschliche Beziehungen im allgemeinen anwendbar.

**Hoffmann, David:** *Successful Stress Control the Natural Way.* Wellingborough, Northamptonshire: Thorsons, 1986. Das Buch ist von einem zeitgenössischen Phytotherapeuten geschrieben und enthält einen kurzen Abschnitt über Beratung, ebenso eine nützliche Einführung in die Verwendung von Blütenessenzen bei emotionalen Problemen.

**Rogers, Carl:** *On Becoming a Person.* Boston: Houghton-Mifflin, 1961. Das Grundlagenwerk, um die Wurzeln der humanistischen Psychologie zu verstehen. In diesem Dauerbrenner legt der Begründer der personen-zentrierten Psychotherapie die Essenz seiner Lebensphilosophie dar.

**Wedding, Danny:** *Case Studies in Psychotherapy.* Itasca, Illinois: Peacock, 1989. Fallbeispiele sind wichtig, um die Feinheiten zu verstehen, wie Beratung und Psychotherapie in der Praxis tatsächlich durchgeführt werden. Viele Fälle in diesem Buch sind klassisch, deren gründliche Lektüre sich sehr lohnt. Weil es keine aktuelle Sammlung von Fallbeispielen für hauptsächlich körperliche Beschwerden gibt, haben wir in Kapitel 14 einige angefügt.

# 9

## Psychosomatik: Persönlichkeit und Erkrankung

*Manchmal ist es wichtiger zu wissen, welche Art von Mensch erkrankt ist, als zu wissen, woran ein Mensch erkrankt ist.*

Sir William Osler

Die fundamentale Idee von Psychosomatik – daß körperliche Erkrankung von Emotionen und Temperament beeinflußt wird – ist in der Tat schon sehr alt. Wie wir in Kapitel 2 sahen, stellen die vier Temperamente (genannt Säfte) der griechischen Medizin den ältesten überlieferten Versuch in der westlichen Medizin dar, Persönlichkeitsmerkmale mit Gesundheit und Krankheit in Verbindung zu bringen, und waren ein wichtiger Fortschritt nach allen vorangegangenen übernatürlichen Sichtweisen. Im ersten Jahrhundert entwickelte Galen die vier Säftelehre des Hippokrates weiter und fügte Kummer, Ärger, Lust und Furcht als eine Klasse von Krankheitsursachen hinzu, die diagnostiziert und behandelt werden mußte. Galens Ansicht hatte einen bleibenden Einfluß auf die westliche Medizin. Im 17., 18. und 19. Jahrhundert finden sich zahlreiche Zitate in den medizinischen Lehrbüchern, die auf emotionale Krankheitsursachen anspielen.[1] J. Archer, ein englischer Arzt des 17. Jahrhunderts, schrieb 1673 über „die große Unzufriedenheit, die aus einer Traurigkeit des Geistes resultiert" als die eigentliche Ursache der meisten Krankheiten. Ein Jahrhundert später beschrieb der holländische Medizinprofessor Gaubius die schädlichen Auswirkungen von Schrecken, unerwiderter Liebe und übermäßiger Freude auf den Körper, aber auch (bedeutsamerweise) von den verheerenden Auswirkungen *unterdrückten* Kummers: „wenn er fest im Körper steckenbleibt, werden davon der Körper nicht weniger wie der Geist aufgezehrt und zerstört." 1818 wurde der Begriff *Psychosomatik* erstmals von dem deutschen Psychiater Hienroth für die Beschreibung der Ursache von Schlaflosigkeit verwendet. 1872 verfaßte der englische Psychiater Daniel Tuke das erste Handbuch der psychologischen Medizin, eine Enzyklopädie klinischer Anekdoten, die den Einfluß der Seele auf den Körper in Gesundheit und Krankheit belegen.

## Psychogenese

Die anekdotischen Beobachtungen der Ärzte (ebenso wie die der viktorianischen Romanciers, die über Krankheit und Tod aufgrund von Trauer, unerwiderter Liebe, Treulosigkeit und finanziellen Ruin schrieben) waren zwar faszinierend, doch gelang es ihnen nicht, einen systematischen theoretischen Rahmen zu liefern, von dem wirksame, praktische Behandlung abgeleitet werden konnte. Daß die Psychophysiologie von Emotionen unbekannt war, machte es schwierig, diese Beobachtungen in die neue wissenschaftliche Medizin zu integrieren, die im 19. Jahrhundert an Bedeutung gewann. Virchows Lehre von der Zellpathologie, Pasteurs und Kochs Theorie der Krankheitserreger und wichtige Entwicklungen in den medizinischen Grundwissenschaften – Mikrobiologie und Biochemie – führten dazu, daß Krankheit als Ausdruck eines schlecht funktionierenden Biomechanismus angesehen wurde; die Aufmerksamkeit war auf das fehlerhafte Organsystem gerichtet.

Doch im Hintergrund der Schulmedizin fanden äußerst wichtige Ereignisse statt in dieser Zeit, die einem neuen Zugang zur Seele-Körper-Behandlung Vorschub leisteten. Einen Teil dieses Bildes besprachen wir bereits in Kapitel 4, z. B. die Arbeit von Pawlow, Walter Canon, H. G. Wolff und Hans Selye, die die autonomen und neuroendokrinen Mechanismen beleuchteten, die wichtige emotionale Vorgänge mit Körperabläufen verknüpfen. Der andere Tribut beginnt, wie so vieles in der modernen Psychologie, mit Sigmund Freud. 1893 veröffentlichten Freud und Breuer einen Bericht über einen Patienten, der einen unbewußten sexuellen Konflikt in ein symbolisches Körpersymptom der hysterischen Lähmung „konvertierte". Freud selbst entschied sich nicht dafür, diese vielversprechende Richtung weiter zu verfolgen, weil es ihn mehr zur Erforschung der neurotischen Symptomatologie hinzog. Doch seine frühen Beobachtungen erwiesen sich als zukunftsweisend, denn sie wurden von anderen Ärzten und Psychoanalytikern aufgegriffen und erweitert. 1917 berichtete Dr. Georg Groddeck in Baden-Baden von Fällen organischer Erkrankungen, die durch psychologische Ereignisse ausgelöst wurden und die er erfolgreich mit Psychoanalyse behandelte. Groddeck extrapolierte Freuds „Konversions"-Theorie auf organische Fehlfunktion. Dabei ging er davon aus, daß Krankheitssymptome eine symbolische, unbewußte „Bedeutung" haben, die nur der Patient in enger Zusammenarbeit mit dem Analytiker/Behandler aufspüren konnte. Groddeck behauptete, daß die Symptome verschwinden würden, wenn der Patient Einsicht in ihre Bedeutung erlangt hätte, weil sie dann nicht länger nötig wären.

In den 40er Jahren dieses Jahrhunderts begannen Franz Alexander und seine Kollegen am Chicago Psychoanalytic Institute mit einer fast zwei Jahrzehnte dauernden monumentalen Studie über die charakterologischen Grundlagen bei sieben häufigen Erkrankungen, deren organische Ursachen unbekannt waren: Asthma, Hypertonie, rheumatoide Arthritis, Zwölffingerdarmgeschwür, Neurodermitis, Hyperthyreose und Colitis ulcerosa.[2] Diese Arbeit der Gruppe um Alexander in Chicago und eine wachsende Zahl von Laboruntersuchungen über die Psychophysiologie der Emotionen kamen unter der Rubrik *psychosomatische Medizin* zusammen. Alexander initiierte eine konzertierte Aktion, um die Hypothese zu prüfen, daß die ursächliche Basis zumindest dieser sieben Erkrankungen ein spezifischer, innerseelischer Konflikt aus der frühen Kindheit war.

Wir wiesen bereits früher auf die Wichtigkeit psychischer Faktoren wie Streß und Lebensweise auf Gesundheit und Krankheit hin. Abbildung 2.3 in Kapitel 2 faßt die multikausale Anschauung von Gesundheit und Krankheit zusammen. Nach diesem biopsychosozialen Konzept muß jede Krankheit als komplexes Produkt von Einflüssen gesehen werden, die von ererbten Konstitutionsschwächen über Umweltursachen wie Verschmutzung, saurer Regen und Strahlung aufgrund der dünner werdenden Ozonschicht zu andauernden Streßsituationen und täglichen Reibereien reichen. Aber Abbildung 2.3 zeigt auch eine Persönlichkeitsschicht, die entscheidend ist für die Krankheitsätiologie. Ob ein Mensch einen potentiellen Stressor in tatsächlichen Streß umsetzt oder in eine positive Herausforderung, hängt vom Menschen ab. Gibt es dann eine „zu Krankheiten neigende Persönlichkeit" und hängen bestimmte Erkrankungen mit bestimmten pathogenen Persönlichkeitsmerkmalen zusammen? Mit diesen Fragen hängt die Suche nach der „Bedeutung" der Symptome zusammen. Sprechen körperliche Symptome eine Art „Körpersprache", deren Bedeutung, wenn wir sie entschlüsseln könnten, eindeutig auf bestimmte Ungleichgewichte oder Konflikte hinweisen würde, deren sich der Patient nicht bewußt ist?

Wir schieben eine gründliche Besprechung der Bedeutung von Krankheit auf bis Kapitel 12 und konzentrieren uns hier auf die Wirkungen der Persönlichkeit bei Krankheit. Zur bequemeren Darstellung und um in einem gewissen Maß der geschichtlichen Entwicklung zu folgen, führen wir absichtlich die Persönlichkeitseinflüsse auf Krankheit unter der Überschrift Psychosomatik an. Ja, psychosomatische Medizin ist nicht mehr und nicht weniger als ganzheitliche Medizin an sich[3], und dieser ganze Text ist eine Abhandlung über Psychosomatik. Psychogene Einflüsse auf Krankheiten wurden lange in diesem Jahrhundert von der Medizin ignoriert und blieben das Gebiet einer offensichtlich spezialisierten Disziplin, psychosomatische Medizin genannt. Jetzt, im letzten Jahrzehnt des 20. Jahrhunderts, wird die Psychosomatik von der Schulmedizin als das anerkannt, was sie ist: „die Untersuchung der Interaktion von körperlichen uns psychischen Faktoren für das Aufrechterhalten der Gesundheit und der Ursache von Krankheit".[4]

Bevor wir Persönlichkeit und Krankheit ausführlich besprechen, müssen wir auf bestimmte häufige, aber recht irreführende Konnotationen des Begriffs „Psychosomatik" verzichten. Erstens scheint das Wort eine dualistische Sichtweise zu implizieren, in der psychische Ereignisse körperliche Vorgänge verursachen.[5] Wie der einflußreiche, in Polen geborene Psychiater und Medizinphilosoph Z. G. Lipowski vom Clark Institut in Toronto so prägnant bemerkte: „Es ist sinnlos zu sagen, daß Emotionen Krankheiten verursachen; sie verursachen überhaupt nichts. Ebenso falsch ist es, davon auszugehen, daß irgend eine andere psychische Variable Krankheiten verursacht; sie kann nur die Krankheitsanfälligkeit erhöhen durch die Vermittlung neuroendokriner Prozesse, die vom Gehirn kontrolliert werden."[6] So wie die psychophysiologischen Wege, die emotional bedeutsame Lebensereignisse mit Körperorganen verbinden, nach und nach klarer werden, so wird es auch unser Verständnis der Vermittlung zwischen psychischen Faktoren und Krankheit.

Ein zweites Mißverständnis über Psychosomatik ist, daß *bestimmte* Krankheiten (z.B. die „heiligen sieben" von Alexander) *ipso facto* psychosomatisch sind und daß diese von anderen (organischen oder „echten") Krankheiten unterschieden werden müssen. Ja *alle* Erkrankungen sind multifaktoriell in ihrer Ursache und ob eine bestimmte Krankheit organisch oder psychosozial ist, ist selten eindeutig zu trennen (siehe Abbildung 9.1).

Zweifellos gibt es Erkrankungen (z. B. angeborene Herzerkrankungen, Geburtsdefekte, Strahlenkrankheit), bei denen die psychosozialen Faktoren eine zu vernachlässigende Rolle spielen, aber die Erkrankungen, mit denen der naturheilkundliche Behand-

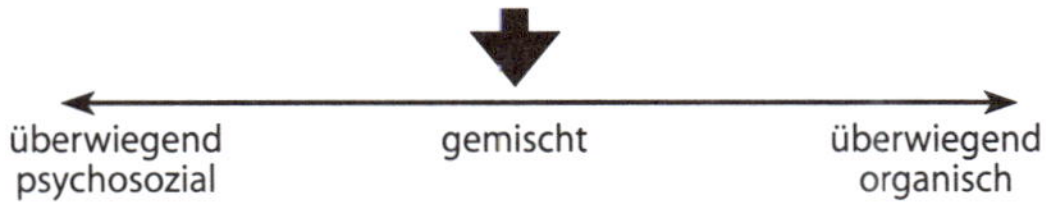


**Abbildung 9.1:** Spektrum der Ätiologie

ler wahrscheinlich zu tun hat, sind konstant von multifaktorieller Ursache. Doch anzuerkennen, daß psychosoziale Faktoren und Persönlichkeit zu einer Krankheitsdisposition beitragen, heißt nicht, den Wert von Chirurgie, Schulmedizin, Pflanzenheilkunde, Physiotherapie oder irgendeiner anderen Art zu schmälern, die ihren praktischen Wert längst gezeigt haben. Wir leben jetzt in einer Zeit der wirklich komplementären Medizin. Wie John Todd (1955) vor vier Jahrzehnten feststellte, bedeutet die Entdeckung, daß ein Magengeschwür erhebliche psychogene Aspekte hat, nicht, daß die Behandlung sich auf Psychotherapie beschränken sollte. Wenn sich erst eine ernste Erkrankung im Körper entwickelt hat, sind medizinische Behandlungen, die Ernährung und die Lebensweise alle angezeigt, den Patienten wieder relativ gesund werden zu lassen. Denn in einem gesunden Zustand lassen sich Änderungen der Persönlichkeit, um ein Ungleichgewicht im Leben zu korrigieren, leichter vornehmen.

Wenn es keine rein psychosomatischen Erkrankungen gibt, folgt daraus, daß der bloße Name einer jeglichen Krankheit – sei es Asthma, Hypertonie, Kolitis, Migräne oder irgend eine andere – nicht dazu dienen kann, auf dem Spektrum von Abbildung 9.1 eingeordnet zu werden. Bei einem Patienten mag das Asthma hauptsächlich streßbedingt sein, bei einem anderen in erster Linie allergisch. Das wieder eines anderen kann aus einer Atemwegserkrankung in der Kindheit herrühren, von der die Lungen noch geschwächt sind und das vierte kann das Ergebnis einer Zurückweisung durch die Mutter sein. In jedem einzelnen Fall gibt es keinen Ersatz dafür, daß Behandler und Patient als Forschungsteam zusammenarbeiten und die möglichen Krankeitsfaktoren ausgraben.

Psychosomatik wird oft fälschlicherweise als „eingebildete" Krankheit angesehen. Das ist wieder Teil unseres dualistischen Denkens, wo eine *strukturelle* Störung eines Organs als ein biomechanisches Problem betrachtet wird und außerhalb unserer Kontrolle; ein *funktionelles* Symptom hingegen (Reizkolon, chronisches Müdigkeitssyndrom, Kopfschmerzen und bestimmte Hautkrankheiten, deren organische Ursache unklar ist) gilt als „in der Einbildung"; deshalb werden „Willenskraft" oder „gut zureden" als Mittel vorgeschlagen. Doch eine streßbedingte oder eine persönlichkeitsbedingte Erkrankung ist eine echte Erkrankung. Ob eine organische Fehlfunktion gefunden werden kann oder nicht, hängt zum großen Teil von der Leistungsfähigkeit unserer jeweiligen Labortests und der Differenziertheit unserer jetzigen Konzepte des Krankheitsprozesses ab. Das bedeutet nicht, daß es keine Sekundärgewinne gibt, die die Krankheit unterhalten. Im Gegensatz zu psychopathischem Verhalten, chronischer Angst und Depression oder Drogenmißbrauch ist Krankheit ein sozial akzeptierter Weg, auf Probleme im Leben zu reagieren. In unserer Gesellschaft ruft sie Fürsorge, Aufmerksamkeit und Mitgefühl hervor, Süchte oder neurotisches Verhalten hingegen Anklage oder verächtliches Mitleid. Der ganzheitliche Behandler muß all diese subtilen Aspekte von Krankheit mit berücksichtigen, um multidimensional zu arbeiten. Dies erfordert, daß der Kliniker ziemlich viel Zeit mit jedem einzelnen Patienten verbringt, die derzeitige Situation und die Geschichte des Patienten gründlich erforscht, damit er den Patienten nicht als eine gestörte Verdauung, oder einen chronischen Kopfschmerzfall oder als verkrampfte Bronchien betrachtet, sondern als Menschen, der in eine soziokulturelle Umgebung eingebettet ist.

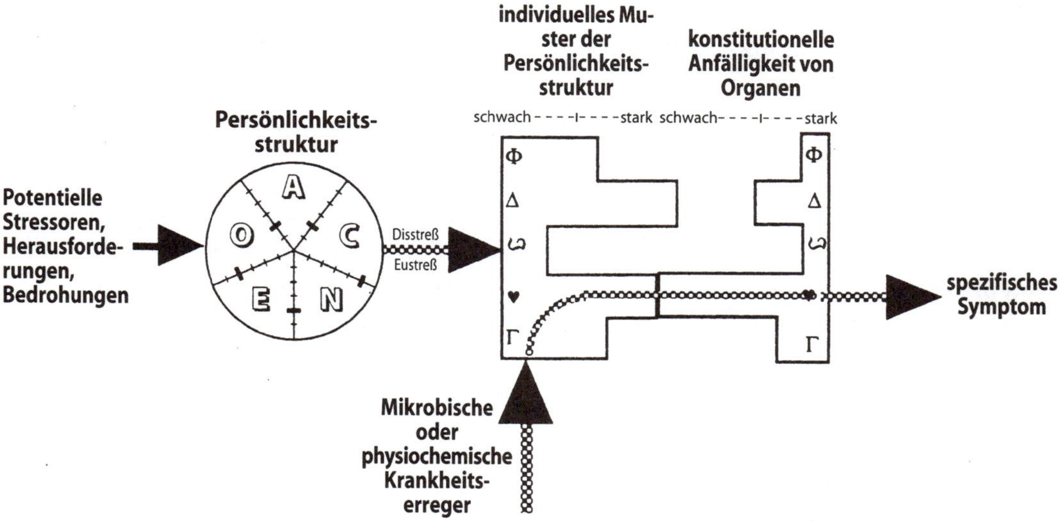


**Abbildung 9.2:** Mypothetische Mechanismen der Krankheitsätiologie. Die tatsächliche Manifestation einer Erkrankung ist immer multikausal und hängt von der Verbindung von auslösenden psychosozialen und pathologischen Faktoren ab und der konstitutionellen Anfälligkeit in bestimmten Organsystemen. Die fünf Organsysteme im Beispiel – Atemwege (Γ), Herz-Kreislauf (♥), Skelettmuskulatur (Ƨ), Verdauung (Δ) und Endokrinum (Φ) sind symbolisch dargestellt. Aspekte der Persönlichkeit (die fünf Faktoren A, C, N, O und E erklärt in Anmerkung 7) beeinflussen die Umwandlung potentieller Stressoren in tatsächliche Stressoren.

Bei *jeder* Krankheit müssen die drei **P**'s berücksichtigt werden: die **p**rädisponierenden Faktoren, diejenigen, die die Krankheit auslösen (**p**recipitating) und diejenigen, die die Krankheit unterhalten (**p**erpetuating). Das in Abbildung 2.3 in Kapitel 2 abgebildete biopsychosoziale Modell ist eine Möglichkeit, diese zahlreichen Faktoren zusammen in einem Bild zu sammeln. Abbildung 9.2 dagegen ist eine Möglichkeit, schlüssig darzustellen, wie diese Faktoren wirken. Jegliche spezifische Manifestation eines Krankheitssymptoms (z. B. Asthma) umfaßt wahrscheinlich eine Unmenge von miteinander verbundenen Prozessen und Prädispositionen. Auf der linken Seite in Abbildung 9.2 werden die Herausforderungen und Bedrohungen durch die jeweilige Persönlichkeitsstruktur eines Menschen beschrieben.[7] Das Ergebnis eines möglichen Stressors kann Disstreß oder Eustreß (Selyes Bezeichnung für die positive, erheiternde Wirkung von Herausforderungen) sein oder eine Kombination davon. Die ganz individuelle körperliche Streßreaktion eines Menschen ist in dem Vieleck als Erregung in fünf ausgewählten Organsystemen dargestellt. Gleichzeitig kommen externe pathogene Einflüsse in Form von Keimen, Trauma, Umweltgefahren etc. rechts unten ins System. Das gestrichelte Vieleck rechts stellt die konstitutionelle Anfälligkeit der Organe eines Menschen dar. Zu Krankheit kommt es *nur*, wenn ein physiochemischer Krankheitserreger auf ein chronisch belastetes (gestreßtes) System einwirkt und auf ein konstitutionell anfälliges Organsystem trifft (der Punkt, an dem sich die beiden Rechtecke treffen). Unter anderen Bedingungen entwickelt sich Krankheit nicht.[8]

## Die Hypothese psychosomatischer Komplexität

Es ist das Verdienst Alexanders, als erster psychoanalytisch, wie es in der frühen psychologischen Medizin üblich war, den Zusammenhang zwischen Persönlichkeit und Krankheit untersucht zu haben, auch wenn die Untersuchungen heute überwiegend historischen Wert haben. Eine solche Untersuchung zeigt die Fallstricke des Versuchs, die Persönlichkeit und besonders die Einflüsse der frühen Kindheit mit körperlichen Erkrankungen zu verknüpfen. Doch die Untersuchung zeigt auch die erstaunlich kreative Leistung, einen umfassenden theoretischen Rahmen für Persönlichkeit und Gesundheit zu finden. Die zentrale Idee des Psychoanalytikers war, daß für jeder der sieben untersuchten Erkrankungen ein bestimmter innerseelischer Kernkonflikt gefunden werden könne. Alexander war nicht so naiv zu glauben, daß das Bestehen eines speziellen unerlösten Kindheitskonflikts an sich schon für das Auftreten der Krankheit ausreicht. Vielmehr erkannte er, daß es nur zu einer Erkrankung kommen würde, wenn sowohl eine konstitutionelle Schwäche in dem erkrankten Organsystem *als auch* einige zum Ausbruch führende Umstände im Erwachsenenleben bestehen (wir würden sie Streß nennen), die den Kindheitskonflikt reaktivieren.

Tabelle 9.1 stellt in nicht psychoanalytischer Sprache die vermutete Art des pathogenen Konflikts in der Kindheitsgeschichte dar (wie er sich aus Interview mit Patienten ergibt) und wie der natürliche Ausdruck von Gefühlen bei einem solchen Hintergrund vermutlich blockiert wurde. Diese blockierten Gefühle werden mehr und mehr als Ursache für die schlechte Gesundheit angesehen.

Die Information in Tabelle 9.1 stammt aus gründlichen Interviews, die versuchten, das Selbstverständnis der Patienten festzumachen und ihre gewohnte Art, zwischenmenschliche Probleme zu lösen. Beachten Sie auch, daß die Information *nicht* auf tatsächlichen, detaillierten Untersuchungen über die Familiensituation des Patienten in der Kindheit beruht. In einigen Fällen kann der Patient tatsächlich eine solche Familiensituation in der Kindheit beschrieben haben wie Tabelle 9.1 angibt, doch allgemein wurde die Kindheitsgeschichte aus dem gegenwärtigen Verhalten des Patienten abgeleitet. Deshalb müssen wir sehr vorsichtig sein, die symbolischen Verbindungen zwischen der eigentlichen Erkrankung und der rekonstruierten pathogenen Geschichte zu interpretieren. Daher muß es als faszinierende, doch unbewiesene Hypothese betrachtet werden, Asthma mit der Kindheit zu verknüpfen, als Weinen mißbilligt wurde, bestimmte Hautkrankheiten (Neurodermitis) mit mangelndem Kontakt im Säuglingsalter, rheumatoide Arthritis mit einer Kindheit in der Zwangsjacke und Magengeschwüre mit Ernährungsproblemen in der Kindheit.

In Anbetracht dieser sehr plausiblen, fast verführerischen Formulierung müssen wir fragen, was schief gelaufen ist, so daß Mitte der 50er Jahre die psychosomatische Medizin Gefahr lief, in das Medizingrab verbannt zu werden zusammen mit anderen Modeerscheinungen wie Aderlaß und Mesmerismus, die einst Mode waren, nur um dann auf der Strecke zu bleiben. Vielleicht war ein grundsätzliches Problem, was Alexander selbst zugab, nämlich daß „ es leicht ist, psychologische Konfigurationen aus der unendlichen Fülle psychologischer Ereignisse auszuwählen und bei jedem Patienten nur das Muster zu entdecken, das man entdecken will."[9] Obwohl die Gruppe in Chicago dieses Vorurteil zu minimieren versuchte durch unabhängige Auswertung des Interviewmaterials, erforderte die zuverlässige Identifizierung dieser Muster immer noch einen geübten Analytiker. In vielerlei Hinsicht begrenzte dies die Allgemeingültigkeit der Arbeit, da der Allgemeinarzt

| **Störung** | **belastende Kindheitsgeschichte** | **blockiert den Ausdruck von:** |
|---|---|---|
| *Asthma* | Zurückweisende Mutter; Kind möchte losschreien nach dem Schutz der Mutter, doch traut sich nicht aus Angst vor Zurückweisung. | Verletzte Gefühle |
| *Bluthochdruck* | Aggressive Selbstbehauptung muß zurückgehalten werden, aus Angst, die Liebe der Eltern zu verlieren. | Gefühle der Feindseligkeit |
| *Rheumatoide Arthritis* | Tyrannische Eltern unterdrückten den muskulären Ausdruck – eine Art „Zwangsjacke"- Situation. | Flexibilität, wenn später gesunde Selbstbehauptung nicht gelingt. |
| *Zwölffingerdarmgeschwür* | Kind darf nicht ganz abhängig sein, deshalb wächst es auf mit Scham über Abhängigkeitsgefühle und wird extrem unabhängig. | Gefühle der Schwäche, Abhängigkeit, Bitte um Liebe |
| *Bestimmte Hauterkrankungen* | Reservierte Mutter gab wenig körperliche Intimität, Streicheln, Kuscheln. Hautausschläge fordern diesen Kontakt, während sie gleichzeitig die Botschaft „Wegbleiben" der Mutter wiederholen. | Körperkontakt |
| *Hyperthyreose* | Übertriebene Todesangst, weil das Kind früh in der Familie mit dem Tod konfrontiert wurde oder weil sein Überleben stark bedroht war, führt zu rascher Reife, um schnell erwachsen zu werden und der Schwäche der Kindheit zu entkommen. Der Erwachsene lebt evtl. gefährlich, um dem Tod zu trotzen. | Ruhe, Gelassenheit, Haltung von „nur sein, nichts tun". |
| *Kolitis ulcerosa* | Hohe Erwartungen der Eltern, daß das Kind mehr erreicht als seine Fähigkeiten sind oder seine natürlichen Neigungen. Später, als Erwachsener an dieser Aufgabe zu scheitern führt dazu, die „Hoffnung aufzugeben". | Erfolg *und* Scheitern als normale Bestandteile des Lebens akzeptieren. |

**Tabelle 9.1:** Kindheitsmuster und ihre emotionale Langzeitwirkung bei den sieben, von Alexander (1968) und seinen Kollegen am Chicago Institute of Psychoanalysis genau untersuchten Krankheiten. (Die ursprünglich psychoanalytische Terminologie wurde in Alltagssprache übertragen.)

sie nicht in seiner täglichen Praxis anwenden konnte. Und was sollte man mit der Tatsache anfangen, daß diese „pathogenen" Kindheitsgeschichten auch bei ganz gesunden Menschen häufig waren? Sogar in psychoanalytischen Fällen zeigt ein Patient mit einer bestimmten Erkrankung die Persönlichkeitsmuster, die einer anderen Krankheit zugeschrieben werden, oder noch schlimmer, zeigt keine der identifizierten pathogenen Muster. Da die psychoanalytische Theorie nur aus der Retrospektive abgeleitet wurde (Patienten waren bereits krank, als sie untersucht/studiert wurden), gab es keine Möglichkeit zu entscheiden, ob die festgestellten Persönlichkeitsmuster die *Ursachen* oder die *Ergebnisse* der Krankheit waren.

Damit das Temperament eine nützliche Information sein kann, muß der Behandler bestimmte krankhafte Persönlichkeitsmerkmale genauso sicher und zuverlässig identifizieren können wie niedrigen Blutzucker, eine Allergie auf Milchprodukte, Herzgeräusche oder einen Vitaminmangel. Selbst wenn das möglich wäre, liefert ein Erstellen der Ätiologie noch nicht automatisch eine eindeutige Richtung für die Behandlung. Wenige Patienten fühlen sich zu einer langen, anstrengenden, kostspieligen Psychoanalyse mit ungewissem Ausgang hingezogen. Wahrscheinlich ist die Lektion, die gelernt werden soll, daß am Ende keine noch so große Menge an Fallbeispielen, wie vielsagend sie auch sind, wie sie auch immer aufbereitet oder theoretisch zurechtgestutzt sind, herhalten können, eine sichere Basis zu bieten für spezielle Persönlichkeitsfaktoren für Gesundheit und Krankheit. Unsere wissenschaftlichen Gehirne im 20. Jahrhundert fordern eine Konsistenz und Zuverlässigkeit, die nur wiederholte Beobachtungen unter reproduzierbaren Bedingungen kontrollierter Untersuchungen bringen können. Das heißt nicht, daß experimentelle Härte *an sich* hervorragendes kreatives Denken ersetzen kann: letztlich welkte der psychoanalytische Ansatz am Stamm aus Mangel an vorhersagbarer Zuverlässigkeit und praktischem Nutzen; doch uns bleibt noch das Gefühl, daß die Psychoanalytiker mit dem Versuch, frühe Kindheitserlebnisse mit Erkrankungen im Erwachsenenalter in Verbindung zu setzen, einen äußerst wichtigen Bereich anrissen, zu dem die Medizin noch mit raffinierteren konzeptuellen Methoden zurückkommen muß.

## Typ A Verhalten und koronare Herzerkrankungen (KHK)[10]

In den späten 50er Jahren dieses Jahrhunderts führten zwei Kardiologen in San Francisco, Ray Rosenman und Meyer Friedman, den Begriff „Typ A Verhaltensmuster" ein, um eine Konstellation von Verhaltensweisen zu beschreiben – forscher Fahrstil, konkurrierend, feindselig, aggressiv und ungeduldig – die für ihre Patienten mit koronaren Herzerkrankungen (KHK) charakteristisch schien.

> Eine Typ A Persönlichkeit hat einen starken und wettbewerbsorientierten Drang nach Errungenschaften; ein übersteigertes Gefühl, daß die Zeit zu langsam vergeht, das Bedürfnis, sich zu beeilen und beträchtliche Aggressivität und Feindseligkeit anderen gegenüber. Typ A sind geradezu mit ihrer Arbeit verheiratet, versuchen oft, zwei Tätigkeiten gleichzeitig auszuführen und glauben, daß sie es selbst tun müssen, wenn etwas geschehen soll. Sie können es nicht ertragen, in Schlangen zu warten und spielen jedes Spiel, um zu gewinnen. Selbst wenn ihre Gegner Kinder sind, sind sie ungeduldig und feindselig. Schnell im Denken, schnelles Sprechen und abrupt in ihrer Gestik, sie wackeln oft mit dem Bein, klopfen mit ihren Fingern und blinzeln rasch. Zu eifrig, um ihre Umgebung wahrzunehmen oder sich für Schönes zu interessieren, tabellarisieren sie Lebenserfolg in der Anzahl geschriebener Artikel, laufende Projekte und erworbenen materiellen Besitz. Die Typ B Persönlichkeit (diejenigen, die nicht Typ A sind) ist hingegen weniger getrieben und relativ frei von solchem Druck.[11]

Rosenman und Friedman entwickelten ein strukturiertes 15minütiges Interview mit einigen Dutzend Fragen, um objektiv zu versuchen, das Vorhandensein dieses Musters abzuklopfen. Die Fragen waren inhaltlich und von der Art her, wie der ausgebildete Interviewer sie stellte, darauf angelegt, Feindseligkeit, Ärger und Gereiztheit hervorzurufen. Frage 13 wird z. B. zögerlich und innehaltend gestellt, als ob der Interviewer im Text verloren hätte:

> Fr. 13: Interviewer: Die meisten arbeitenden Menschen müssen morgens recht bald aufstehen. In Ihrem speziellen Fall ... ähm ... um welche Zeit ... äh... stehen Sie ... mmmh gewöhnlich auf?

Die Typ A Persönlichkeit kann nicht warten, bis der Interviewer die Frage beendet und führt sie ungeduldig für ihn zu Ende, manchmal mit der Bemerkung: „Himmel nochmal, machen wir endlich dieses verdammte Interview fertig!" Die Interviews werden aufgezeichnet und von unabhängigen Beurteilern eingeschätzt, die entscheiden, ob der Patient Typ A ist oder nicht. Das Urteil hängt hauptsächlich davon ab, *wie* die Fragen beantwortet werden, ob in aufbrausendem, ungeduldigem, feindseligen Tonfall oder freundlich, ohne Anzeichen von Feindseligkeit (Typ B).

In einer mittlerweile klassischen Untersuchung wurde das Interview mit mehr als 3000 gesunden Männern im Alter zwischen 39–59 durchgeführt und die Versuchspersonen wurden über einen Zeitraum von 8 1/2 Jahren hinweg beobachtet. Männer, die als Typ A identifiziert wurden, entwickelten mit doppelt so hoher Wahrscheinlichkeit koronare Herzerkrankungen als Typ B Männer, so stellt man fest. Außerdem war die Wahrscheinlichkeit bei Typ A Männern, die KHKs entwickelten, fünfmal so hoch, einen *zweiten* Myokardinfarkt zu bekommen wie die relativ wenigen Männer von Typ B, die auch KHKs hatten. Dieses zweifellos eindrucksvolle Ergebnis, das als Doppelblindversuch ermittelt wurde, löste eine Flut von Untersuchungen in den folgenden zwei Jahrzehnten aus. Typ A Verhalten war – so stellte es sich heraus – ein ebenso großes Risiko für KHKs wie KHKs in der Familie, Zigarettenrauchen, hohe Werte von LDL und Cholesterin im Blut und eine sitzende Lebensweise. In den 60er und 70er Jahren wurden weitere Studien dazu durchgeführt (auch eine wichtige europäische), die außerdem feststellten, daß der Typ A auch mit höherer Wahrscheinlichkeit Arteriosklerose und Bluthochdruck entwickelte, die als Vorläufer von KHK gelten. Als Hinweis auf mögliche physiologische Mechanismen wurde auch entdeckt, daß Typ A Personen relativ hohe Konzentrationen von Katecholaminen, Kortikosteroiden und Testosteron, Neurotransmittern und Hormonen hatten, die Fette in den Blutstrom mobilisieren, und so die Wahrscheinlichkeit der Bildung von Plaques (Arteriosklerose) erhöhen.

Die Verbindung zwischen der Typ A Persönlichkeit und körperlicher Erkrankung war vielleicht der erste unanfechtbare Beweis, daß psychologische Faktoren – besonders eine meßbare Konstellation von Persönlichkeitsmerkmalen[12] – wirklich ein Gesundheitsrisiko darstellen. Ja es war großenteils das Entdecken der Verbindung zwischen Typ A und KHK, die der raschen Entwicklung der Disziplinen Gesundheitspsychologie und Verhaltensmedizin die Tür öffneten und der modernen Psychologie erstmals direkt einen Platz in der Schulmedizin einräumte.

Ist Typ A ein unveränderliches Persönlichkeitsmerkmal oder kann es irgendwie modifiziert werden? Wenn ja, wird es diesen Menschen gelingen, ihre Ungeduld, Feindseligkeit und ihre Rivalität zu reduzieren und lernen, langsam zu tun, um so weniger anfällig zu sein für KHK? Wenn dem Typ A niedriges Selbstwertgefühl zugrunde liegt, wie vermutet wurde[13], dann muß ein ganzes Behandlungspaket typische Glaubenssätze wie diese in Frage stellen:

- Ich muß ständig meinen Wert beweisen durch Erfolg und gesellschaftlich anerkannte Leistungen.
- Ich glaube nicht daran, daß es universelle moralische Grundsätze gibt, die Fairneß, Gerechtigkeit und Redlichkeit gewährleisten.
- Ich glaube, daß die Ressourcen für Erfolg knapp und ungenügend sind.

Tabelle 9.2 zeigt einige Bestandteile eines typischen Behandlungsprogramms, das zahlreiche Techniken aus der Verhaltensmedizin nutzt (siehe Kapitel 6 und 7); dieses Programm wurde mit 600 KHK Patienten in San Francisco über drei Jahre hinweg durchgeführt.

| | |
|---|---|
| **Änderungen im Verhalten** | |
| *zwischenmenschliche Fähigkeiten erwerben* | aktives Zuhören lernen; üben, bestimmt zu sein ohne aggressiv zu sein; vermeiden, daß sich der Ärger bis zum Punkt der Explosion aufbaut. |
| *Raserei reduzieren* | vermeiden, mehr als eine Sache zu einer Zeit zu tun, wie Abendessen und dabei fernsehen oder lesen; vermeiden, so zu tun, als ob man jemand anderem zuhört, während man mit geschäftlichen oder persönlichen Angelegenheiten beschäftigt ist. |
| *Typ B Fertigkeiten üben* | Beobachten, wie Typ B Leute lächeln, sprechen, zuhören und auf frustrierende Situationen reagieren und selbst versuchen, sich wie Typ B zu verhalten. |
| **Änderung von Überzeugungen** | |
| *Einige Überzeugungen über Leistung prüfen* | Die Ansicht in Frage stellen, daß ich mich durch greifbare Leistungen beweisen muß; daß mehr besser ist; daß Typ A Verhalten für beruflichen Erfolg erforderlich ist. |
| *Verstärkung durch sich selbst* | Selbstkritik reduzieren, wenn mein Verhalten nicht ganz perfekt ist; mich selbst zu allen Tätigkeiten ermuntern, die einen Fortschritt darstellen, Typ A Verhalten zu reduzieren. |
| **Recycling von Emotionen** | |
| *Feindseligkeit transformieren* | Feindseligkeit durch Zuneigung ersetzen. Ärger und Reizbarkeit durch Mitgefühl, Verständnis und Vergebung ausgleichen. Versuchen, Zweifel wertzuschätzen. Überlegen, was eine liebevolle Reaktion auf eine schwierige Situation wäre (z. B. wenn man beleidigt wurde). |
| *Selbstbeobachtung* | Entwickeln Sie einen Typ B-Beobachter, der Sie darauf aufmerksam macht, wenn Sie Typ A Verhalten zeigen. |
| **Die Umgebung neu gestalten** | |
| *Persönliche Umgebung und am Arbeitsplatz* | Verändern Sie Ihren Arbeitsplatz, indem Sie mehr Verantwortung delegieren und sich nicht mehr freiwillig für alles melden, weil Sie glauben, es am besten zu können. Reduzieren Sie die Zeit, die Sie mit Menschen verbringen, die Ihre Feindseligkeit erregen oder mit denen Sie zusammen sind, um sie zu beeindrucken, so weit wie möglich. |

**Tabelle 9.2:** Bestandteile eines Behandlungsprogramms für Typ A[14]

Im Vergleich zur Kontrollgruppe ohne Behandlung und ohne medizinische Beratungsgruppe, hatten Patienten, die an einem Programm zur Reduktion von Typ A Verhalten teilnahmen, in den 3 Jahren der Studie erheblich weniger kardiologische Rückfälle. Auch hatten die Patienten, die die größte Änderung in ihrem Typ A Verhalten angaben, wie im Fragebogen ermittelt, nur ein Viertel der Rückfälle wie Patienten, die berichteten, daß sich ihr Typ A Verhalten wenig änderte. Ein interessantes Streiflicht der Studie war, daß einige Teilnehmer der Kontrollgruppe (diese Gruppe erhielt die Informationen über die KHK Risikofaktoren und Typ A Verhalten) Typ A Verhalten von sich aus reduzierten und entsprechend das Rückfallrisiko. Formelle Programme können also funktionieren und funktionieren und sind vielleicht auch für die meisten, aber nicht für alle KHK Patienten nötig.

Kann Typ A Verhalten auch durch einfachere, standardisierte Fragebögen zum Selbstausfüllen festgestellt werden, die jeder allgemeine Behandler nutzen könnte? Das strukturierte Interview erfordert einen Interviewer, der durch sein Temperament und durch ein spezielles Training in der Lage sein muß, Feindseligkeit bei den Patienten hervorzurufen. Das strukturierte Interview ist außerdem schon an sich unzuverlässig, denn wenn jemand seinen Typ feststellt, dann schränkt er seinen Reaktionen in weiteren Interviews ein. Das Konzept von Typ A ist mittlerweile so bekannt, daß es zu einem gesellschaftlichen Stigma wurde. Unglücklicherweise konnten die speziellen schriftlichen Tests für eine Selbstbeschreibung, die entwickelt wurden, um Rivalität, Ungeduld und aggressive Feindseligkeit zu messen, keine schlüssigen Ergebnisse liefern im Verhältnis zum Krankheitsvorkommen. Dieses Problem brachte Verhaltensforscher dazu, das allgemeine Konzept von Typ A Persönlichkeiten in bekannte Teilmerkmale aufzuteilen, die mit Standard-Persönlichkeitstests gemessen werden können. Dieses Vorgehen weist darauf hin, daß von den verschiedenen Aspekten von Typ A nur *Feindseligkeit* und Raserei in meßbarer Verbindung zu erhöhten KHK stehen.

Das Konzept der Typ A Persönlichkeit erwies sich zwar zweifellos als mächtiger Ansporn für die Akzeptanz der psychologischen Medizin, doch die Verbindung zu KHK ist nicht so einfach wie ursprünglich angenommen. 1. Typ A Persönlichkeiten haben zwar innerhalb von 8 1/2 Jahren nach dem Interview das höhere Risiko, an KHK zu erkranken; *wenn* sie jedoch an den Herzkranzgefäßen erkranken, sterben sie weniger häufig daran als die Typ B Persönlichkeit mit Koronarerkrankungen. 2. Der Großteil der positiven Untersuchungsergebnisse bezieht sich fast ausschließlich auf weiße, amerikanische Männer der Mittelklasse im Alter von unter 50 Jahren (sehr selten Europäer). Typ A Verhalten ist vielleicht für Angehörige von Minderheiten, Frauen oder älteren Männern kein Risiko für Koronarerkrankungen. (Im Alter von über 50 sind die Typ B Persönlichkeiten stärker gefährdet.) 3. Da 50–80 % der getesteten Männer in die Kategorie von Typ A fallen, gibt das strukturierte Interview über irgend etwas anderes Auskunft als über das herrschende, kulturell sanktionierte Bild des amerikanischen Mannes? Die amerikanische Kultur wurde als „'krasser Individualismus' beschrieben, eine Art äußerst autonome, selbstgefällige und manchmal narzißtische Perspektive, gelenkt von wirtschaftlichem, politischen und sozialem Eigeninteresse".[15] In einer anderen Kultur kann Typ A eine ganz andere Bedeutung und einen ganz anderen Ursprung haben und keinen oder wenig Bezug zu Krankheiten. 4. Das Stereotyp von Typ B ist „zurückgelehnt und entspannt", doch die Definition von Typ B als *nicht* Typ A liefert keine aussagekräftige Information über diese Menschen.

Ein bestimmter Anteil von Typ B Persönlichkeiten ist zweifellos depressiv und unterdrückt die Feindseligkeit, zwei Merkmale, die an sich schon mit erhöhtem Gesundheitsrisiko in Verbindung gebracht wurden. Ihr verflixtes Auftauchen in der Typ B Kategorie mag viele Studien erklären, die keine Unterschiede in der Krankheitsanfälligkeit zwischen Typ A und Typ B aufwiesen. 5. Eine gravierende Schwierigkeit bei der allgemeinen Messung von Typ A durch das strukturierte Interview ist, daß das Meßinstrument nicht das Ausmaß von Typ A angibt. Typ A ist ein äußerst ungenaues Meßinstrument.

All diese Überlegungen und die Vielschichtigkeit bedeuten wahrscheinlich für die Zukunft, daß sich die Forschung eher auf genauere Persönlichkeitsanalysen konzentriert und die gesundheitlichen Folgen der einzelnen Bestandteile von Typ A Verhalten und die speziellen, zugrundeliegenden Überzeugungen untersucht.

## Gibt es eine Krebspersönlichkeit?

Die Beobachtung, daß Krebspatienten negative Gefühle wie Ärger, Depression und Schuldgefühle unterdrücken, verdrängen und leugnen, ist längst als Ammenmärchen erwiesen.

> Die Idee klingt intuitiv richtig, daß es gesund ist, seinen Gefühlen freien Lauf zu lassen und sie deutlich zu zeigen: Wenn jemand einen tragischen Verlust erlitten hat, wird er oder sie zum Weinen aufgefordert und man nimmt an, daß emotionales Weinen den körperlichen Vorteil hat, den Körper von Giftstoffen zu reinigen.[16]

Untersuchungen über Lungenkrebs in den 60er Jahren belegten, daß Patienten ihre Gefühle nur wenig ausdrückten. Es machte sich die Auffassung breit, daß Krebs an sich eine Art körperlicher Ausdruck unterdrückter Emotion ist.

Die Untersuchungen über die Krebspersönlichkeit zeigt in extremer Form die Schwierigkeiten, zu bestimmen, ob die Persönlichkeit Ursache oder Ergebnis der Krankheit ist. Die Diagnose Krebs ist höchst emotionsgeladen und kann starke Emotionen auslösen, die von gesunden Menschen oder Patienten mit weniger ernsten Krankheiten selten erlebt werden. Unterdrückung, Verdrängung und Leugnen sind natürliche spontane Reaktionen auf so bedrückende Nachrichten. Die emotionale Wirkung einer ernsten Diagnose von der ursächlichen Rolle der Emotionen in der Krankheitsätiologie zu trennen ist wahrscheinlich unmöglich.

Selbst Studien, in denen Persönlichkeitstests unmittelbar vor der Diagnose durchgeführt wurden, garantieren nicht, die psychogenen Aspekte von Krebs herauszufiltern. Frauen wurden unmittelbar vor der Untersuchung auf verdächtige Knoten in der Brust einem Persönlichkeitstest unterzogen. Frauen, bei denen sich Brustkrebs herausstellte, zeigten eine erhöhte Tendenz, ihre Gefühle zu unterdrücken im Vergleich zu Frauen, deren Knoten sich als gutartig erwiesen. Es ist jedoch nicht unwahrscheinlich, daß Frauen, bei denen eine Krankheit diagnostiziert wurde, (bewußt oder unbewußt) gespürt haben, daß sie ernsthaft krank sind und entsprechend reagierten. Naturheilkundlichen Behandlern wird empfohlen, eine konservative Haltung einzunehmen und nicht davon auszugehen, daß hypothetische psychologische Faktoren bei einer lebensbedrohlichen Krankheit maßgeblich sind, bis eindeutig das Gegenteil bewiesen ist. Anders zu handeln bedeuten, den Patienten einem Risiko auszusetzen und Schuld auf eine bereits schwere emotionale Last aufzuhäufen oder den Patienten davon abzubringen, andere, vielleicht geeignetere Therapien zu probieren.

## Die Persönlichkeit mit Krankheitsneigung

Wie kann eine Persönlichkeit die Krankheitsanfälligkeit beeinflussen? Es gibt drei hauptsächliche Möglichkeiten:

- Persönlichkeitsmerkmale können die Reaktionen auf bedeutende Ereignisse im Leben (potentielle Stressoren) beeinflussen: Die Typ A Persönlichkeit setzt die Schwelle für die Streßreaktion herab und verstärkt die Intensität der Streßreaktion. Aber Typ A

Verhalten hat eine Affinität zu Konflikten und Streit. Umgekehrt gibt es Hinweise, daß andere Arten von „widerstandsfähigen" Persönlichkeitsmerkmalen mit niederem Krankheitsrisiko in Verbindung gebracht werden.

- Die Persönlichkeit kann für Krankheit prädisponieren, wenn sie zerstörerische Verhaltensweisen begünstigt wie unvernünftige Ernährung, Rauchen, maßloser Alkoholkonsum, Überarbeitung, ungenügend Ruhe und Erholung und eine sitzende Lebensweise.
- Die Persönlichkeit kann eine bestehende Krankheit verschlimmern oder verlängern. Die Diagnose einer ernsten Krankheit ist an sich schon eine starke Herausforderung und die persönliche Reaktion auf die Entdeckung einer lebensbedrohlichen Erkrankung oder einer schwächenden Krankheit, die möglicherweise zukünftige Aktivitäten begrenzen wird, wird natürlich den Krankheitsverlauf an sich beeinflussen.

Der Behandler muß all diese Möglichkeiten, wie die Persönlichkeit die Gesundheit positiv und negativ beeinflussen kann, berücksichtigen. Er muß sensibel sein für die möglichen Anteile der Persönlichkeit an dem derzeitigen Problem und muß sich der vorhandenen Ressourcen bewußt sein, die hier helfen könnten, die Persönlichkeitsfaktoren in Richtung Gesundheit statt Krankheit zu verbessern. Wenn man über die Persönlichkeit nachdenkt und darüber, ob sie eher zu Gesundheit oder zu Krankheit neigt, hilft es, sich daran zu erinnern, daß Persönlichkeit erlernt ist. Und was erlernt ist, kann verlernt werden. Nicht daß das leicht sein muß. Ja die Schwierigkeiten, solche Veränderungen trotz der üblichen Methoden des gesellschaftlichen Einflusses und der Überredung zu vollziehen, sind ein wichtiger Grund, warum hier in einem einzigen Nachschlagewerk für Behandler und Studenten der Naturheilkunde eine Sammlung derzeitigen Wissens über psychologische Medizin angeboten wird.

Es gibt auch einige ernsthafte Probleme bei der Methodologie der Persönlichkeitsforschung, die für den Behandler, der sich Informationen von praktischem Wert wünscht, konzeptuelle Schwierigkeiten darstellen. Nur allzu oft wird ein Charakterzug völlig unterschiedlich bezeichnet: z. B. aggressiv/Dominanz, Feindseligkeit, antagonistisch, ärgerlich. So kann eine vermeintlich neue Beziehung zu einer Krankheit nur alter Wein in neuen Schläuchen sein. Noch verwirrender ist vielleicht die Praxis, verschiedenen Charakterzügen den *gleichen* Namen zu geben, wie wenn Feindseligkeit – verwendet von einer Forschergruppe – ausgedrückter Ärger bedeutet, aber eine andere Gruppe das Wort verwendet, um empfundenen, aber vielleicht nie zum Ausdruck gebrachten Ärger zu bezeichnen. Solche irrtümlichen Gleichsetzungen sind der Grund für die vielen Widersprüchlichkeiten, wenn man Untersuchungen anstellt über Persönlichkeit und Krankheit.

Idealerweise sollten die grundlegenden Bereiche von Persönlichkeit auf einer rationalen Persönlichkeitstheorie basieren, die vermutlich einer solch willkürlichen Bezeichnung von Charakterzügen ein Ende setzen würde. Dummerweise hat sich die Persönlichkeit bislang einer solch vereinheitlichenden Theorie widersetzt. Ohne systematischen Rahmen versuchten Psychologen etwas Ordnung in das Chaos zu bringen durch den Versuch, die Persönlichkeit als eine Sammlung unabhängiger Eigenschaften in fünf Persönlichkeitsbereiche einzuteilen – s. Abbildung 9.3.[18] Diese fünf Bereiche basieren nicht auf einer Persönlichkeitstheorie und sind nicht vollkommen willkürlich. Sie sind vielmehr Gruppen, die sich ergeben, wenn Menschen Hunderte verschiedener englischer Begriffe für Charaktermerkmale in fünf Kategorien einteilen. Der Vorteil eines Modells wie in

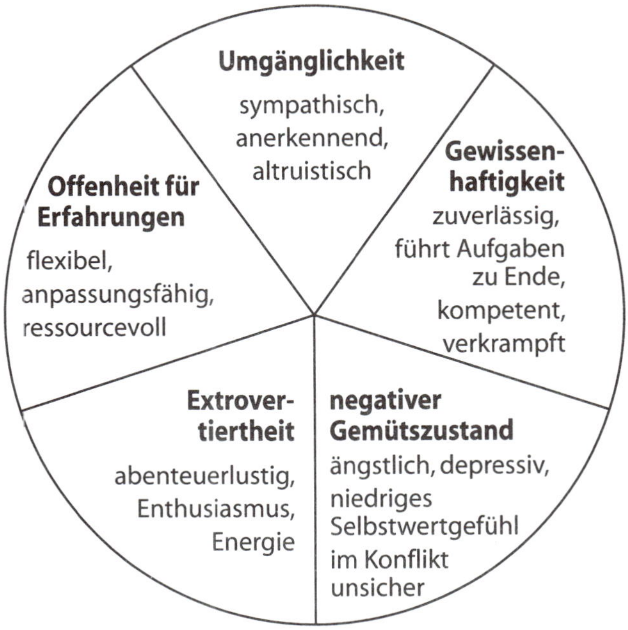


**Abbildung 9.3:** Das Fünf-Faktoren-Modell der Persönlichkeit (Die fünf gezeigten Segmente sind die Endpunkte von relativ unabhängigen Gegensatzpaaren.)

Abbildung 9.3 ist, daß es gestattet, viele verschiedene Verhaltensdispositionen, die bei der Untersuchung von Gesundheit und Krankheit verwendet werden, in einen einheitlichen, zusammenhängenden Rahmen einzubetten. Es ist beispielsweise nicht unvernünftig, Typ A als eine Zusammensetzung von wenig A, viel C, N und E zu betrachten. Aber es ist immer noch unklar, ob ein Modell wie in Abbildung 9.3 alle Bedeutungen erfassen kann, die in Persönlichkeitsmerkmalen wie Widerstandsfähigkeit, Alexithymie (das Unvermögen, Emotionen verbal zu bestimmen und auszudrücken), Optimismus, Kongruenz, frustriert in dem Bemühen, andere positiv zu beeinflussen, zwangsneurotisch, abhängig – die sich alle mindestens einer Untersuchung rühmen, in der sie als bedeutsam für die Gesundheit beschrieben werden. Eine Reihe von Studien zeigt besonders, daß Alexithymie mit einem erhöhten Auftreten von Atemwegserkrankungen, chronischem Schmerz und Hypertonie in Beziehung gesetzt wird. Ein Überblick über die medizinische und psychologische Literatur von 1945–1984 zielte auf fünf Persönlichkeitsmerkmale (Ärger, Feindseligkeit, Aggression, Depression und Extrovertiertheit), die untersucht wurden in Beziehung zu einer oder mehr der fünf Zielerkrankungen (KHK, Asthma, Magengeschwüre, rheumatoide Arthritis oder Kopfschmerzen). Nur prospektive oder retrospektive Untersuchungen, die quantifizierbare Variablen verwendeten (Fallbeispiele und anekdotische Berichte waren also ausgenommen) mit genügend Beispielen, um verläßliche statistische Tests zu liefern, wurden untersucht. Man versuchte festzustellen, ob der Großteil der Hinweise in diesen 30 Jahren die Ansicht unterstützte, daß Persönlichkeitsmerkmale auf die eine oder andere Art mit Gesundheitszielen in Verbindung stehen: 1. Gibt es einen Beweis für eine allgemeine Krankheitsneigung? Und/oder 2. Treten spezielle verschiedene Persönlichkeitsmerkmale in Verbindung mit verschiedenen Krankheiten auf?

Ein solcher Überblick und eine solche Analyse über viele Forschungsstudien heißt *Meta-Analyse.* Die Ergebnisse dieser Meta-Analyse zeigten, daß zwei der fünf Persönlichkeitsvariablen, Angst und Depression, mit allen fünf Krankheitskategorien in Verbindung standen. Ja sie zeigten, daß Feindseligkeit mit KHK und Asthma zusammenhing. Es gibt keine Beweise, daß diese Persönlichkeitsmerkmale bestimmte Persönlichkeiten mit Krankheitsneigung definieren, z. B. eine „arthritische Persönlichkeit" oder „eine für Koronarerkrankungen anfällige Persönlichkeit". Sicher bewiesen ist jedoch eine Persönlichkeit mit *allgemeiner* Krankheitsneigung – alle fünf Krankheiten werden mit Persönlichkeiten assoziiert, die zu negativen Gefühlen neigen. Im großen und ganzen scheinen die Daten viel zu widerspruchsfrei aus 101 Studien, um zu rechtfertigen, daß die Verbindung zwischen Persönlichkeit und Krankheit als Ammenmärchen abgetan werden könnte.[19] Die Wahrheit scheint viel näher bei der Ansicht zu liegen, daß die Persönlichkeit ähnlich wie die Ernährung funktioniert: Unausgewogenheiten und Unzulänglichkeiten in den Einstellungen wie in der Ernährung können einen Menschen für alle möglichen Krankheiten anfällig machen.[20]

### Gesundheitsfördernde Persönlichkeitsmerkmale

Im Gegensatz zur langen Liste möglicher schädlicher Persönlichkeitsmerkmale und psychologischer Charakteristika, die im Hinblick auf eine mögliche Verbindung mit Krankheit untersucht wurden, wurden bislang Persönlichkeiten, die widerstandsfähig gegen Krankheiten oder ungewöhnlich gesund sind, relativ wenig untersucht. Derzeit gibt es Information über eine wenige solche Persönlichkeitsbereiche: die Möglichkeit einer streßresistenten Persönlichkeit, die irgendwie Streß lindern oder ihm widerstehen kann, die optimistische Persönlichkeit und eine Ansammlung von möglichen gesundheitsfördernden Eigenschaften, die vielleicht am besten mit Umgänglichkeit (agreeableness) beschrieben werden.

Die Vorstellung von Widerstandsfähigkeit gegen Streß beruht auf der Idee, daß psychischer Streß im Grunde genommen eine Reaktion auf Herausforderungen, Bedrohungen und Veränderungen im Leben ist. So weit das zutrifft können wir uns gut vorstellen, daß Leute sehr unterschiedlich leicht Streßreaktionen auf potentielle Stressoren zeigen. Folglich könnten manche Menschen widerstandsfähig sein gegen die potentiell schädlichen Auswirkungen auf die Gesundheit von Bedrohungen, Herausforderungen und Verlusten, weil sie über bestimmte streßresistente Persönlichkeitsmerkmale verfügen. Solche Merkmale könnten wirken, indem sie entweder die physiologische Streßreaktion modulieren oder indem sie angemessene Verhaltensweisen zur Bewältigung der Situation aktivieren.

Die Psychologin Suzanna Kobasa und ihre Kollegen, die vor einem existentialistischen Standpunkt aus arbeiten, schlugen vor, daß solche Menschen widerstandsfähig gegen Streß oder *streßresistent* sind, weil sie über eine Kombination von drei Persönlichkeitsmerkmalen verfügen: innere Verpflichtung (commitment), Kontrolle und Herausforderung.[21] Die innere Verpflichtung bezieht sich auf die Überzeugung, daß die eigenen Erfahrungen und Handlungen einen Sinn haben und sie scheint dem Gefühl von Kongruenz (in Kapitel 7 beschrieben) sehr ähnlich, wenn nicht damit identisch. Kontrolle bezieht sich auf die Überzeugung, daß das eigene Handeln angesichts der unterschiedlichen Kontingenzen im Leben einen Unterschied macht. Das Gegenteil davon ist ein Gefühl von Hilflosigkeit oder eine Opferhaltung. Herausforderung bezieht sich auf die Fähigkeit, Veränderung als normal und interessant anzusehen, statt eine Bedrohung der eigenen Sicherheit. Resistenz wurde als *Puffer* gegen Streß angesehen. Wie die verschiedenen Persönlichkeitsmerkmale als Streßpuffer wirken, würden wir bei wenigen Stressoren keinen Unterschied in den gesundheitlichen Auswirkungen zwischen streßresistenen und nicht resistenten Menschen erwarten. Andererseits sagt das Pufferkonzept voraus, daß bei häufigem Streß die Resistenz dahingehend wirken sollte, daß Anspannung seltener zu einer Streßreaktion mit all ihren Folgen für die Gesundheit führt. Es wurden schriftliche Persönlichkeitstests durchgeführt, die innere Verpflichtung, Herausforderung und die empfundene Kontrolle messen sollten; diese Studie wurde mit männlichen Angestellten durchgeführt, die unter potentiellen Streßbedingungen arbeiteten. Tatsächlich stellte sich in dieser retrospektiven Untersuchung heraus, daß die Tests unterschieden zwischen den Angestellten, die in einem hohen Maß und die, die in geringem Maß erkrankten. Weitere prospektive Studien zeigten, daß die drei Eigenschaften der Widerstandsfähigkeit zusammen sowohl derzeitige als auch künftige Gesundheit vorhersagten unabhängig von der konstitutionellen Prädisposition, vom Vorherrschen von Typ-A Verhaltensmustern, von vorangegangenen Erkrankungen vor einer Krankheit oder dem Grad an sozialer Unterstützung.

Trotz dieser aussagekräftigen Resultate hat sich das Konzept der Streßresistenz als ein einheitliches Persönlichkeitsmerkmal, das Streß puffert, nicht einstimmig durchgesetzt. Ein ernsthaftes Problem ist, daß die Resistenzforschung selbst-berichtete Krankheiten verwendete, keine objektiven Untersuchungen. Deshalb ist es möglich, daß die drei Persönlichkeitsmerkmale in der Theorie der Streßresistenz nur das Ausmaß vorhersagen, in dem Menschen ihre körperlichen Symptome ernst genug nehmen, um sie Krankheit zu nennen. Wenn die drei Bestandteile von Resistenz einzeln untersucht werden, haben nur innere Verpflichtung und empfundene Kontrolle eine nennenswerte Auswirkung auf die Gesundheit und auch dann nicht statistisch mit bedeutenden Lebensereignissen, die das Konzept eines Streßpuffers vorhersagt (siehe Diskussion oben).

Die Vorstellung, daß es eine resistente Persönlichkeit gibt, die helfen könnte, mögliche Stressoren in Herausforderungen und Wachstumserfahrungen zu verwandeln ist anziehend. Sie geht wahrscheinlich auf ein Gefühl zurück, die allen Naturheilkundlern gemeinsam ist. Die streßresistente Persönlichkeit kann durchaus sehr kongruent sein, was für Antonovsky bedeutet, drei Merkmale aufzuweisen: 1. *Verständlichkeit*, ein Gefühl, daß Anforderungen und Lebensereignisse eine Bedeutung haben; 2. *Zuversicht*, ein Gefühl, daß Ressourcen verfügbar sind, um die jeweils anstehenden Anforderungen zu erfüllen; und 3. Eine Tendenz, Anforderungen als *Herausforderungen* zu betrachten.[22] Eine solche Kombination von Fähigkeiten, Einstellungen und Neigungen ermöglicht uns „eine Persönlichkeit, die zu Gesundheit neigt" zu entwickeln. Wie können wir die Entwicklung solcher Charakterzüge bei unseren Patienten, Kindern und der Gesellschaft allgemein entwickeln? Hier schiene das Forschungslabor gut geeignet, um dem Kliniker praktische Information zu bieten, aber die Literatur schweigt sich merkwürdig aus über eine solche Entwicklung, die entweder natürlich oder durch eine Art von Resistenztraining stattfindet.[23] In dem Maß, in dem unsere Aufmerksamkeit von der Orientierung auf Krankheit in die überwiegende Beschäftigung mit Wohlbefinden überzugehen beginnt, sollten wir zweifellos damit anfangen, in diese Richtung zu forschen.

Wenn wir uns der Vorstellung zuwenden, daß die optimistische Persönlichkeit im allgemeinen gesund ist, erinnern wir uns vielleicht daran, daß diese Idee auf Galen zurückgeht, dessen Sanguiniker der in der Säftelehre war, der nicht mit Krankheit assoziiert wird. Moderne Psychologen betrachten eine optimistische Persönlichkeit als jemand, der fest davon ausgeht, daß die Lebenssituationen wahrscheinlich gut ausgehen. Deshalb neigen Optimisten – indem sie positive Ergebnisse vorwegnehmen – im großen und ganzen dazu, Probleme zu lösen oder aktiv mit Herausforderungen und potentiellen Stressoren umzugehen. Diese aktive, angemessene Art der Optimisten sollte den Streß von Lebensereignissen verringern und deshalb zu weniger Erkrankungen und Krankheiten führen. Studien zeigen tatsächlich, daß eine hohe Punktzahl bei Optimismus in psychologischen Tests mit weniger angeführten körperlichen Erkrankungen einhergehen. Außerdem hatten werdende Mütter mit hohen Optimismus-Punktzahlen – im Gegensatz zu eher pessimistischen – weniger häufig Wochenbettdepressionen und optimistische Patienten mit Herzoperationen erholten sich nach der Operation besser; die Wahrscheinlichkeit, daß sie während der Operation einen Myokardinfarkt erlitten, war geringer.[24] Weniger kardiovaskuläre Reaktionen auf Streß können ein physiologischer Mechanismus sein, der der besseren Gesundheit der Optimisten zugrunde liegt. Eine Studie untersuchte, wie eine Reihe von unlösbaren (und deshalb potentiell frustrierenden) Problemen sich auf den Blutdruck auswirkt. Man stellte fest, daß der systolische Blutdruck der Optimisten sank, während sie an diesen Problemen arbeiteten. Bei Pessimisten stieg der Blutdruck hingegen. Es gibt weitere Anzeichen, daß sich Optimismus auch positiv auf die Immunfunktion auswirkt, denn Optimismus und Depression stehen in negativer Korrelation; emotionale Depression wird damit in Verbindung gebracht, daß die DNS Beeinträchtigungen des Immunsystems und der Lymphozyten schlechter ausgleichen kann.[25]

Einige Studien belegen, daß Menschen, die den Ruf haben freundlich zu sein, Auseinandersetzungen mit anderen zu meiden und die Zeit mit anderen genießen, weniger krank sind und eine bessere Immunfunktion haben.[26] Diese Kombination von Merkmalen scheint mit dem Bereich Umgänglichkeit im Modell der fünf Persönlichkeitsfaktoren in Abbildung 9.3 zumindest zu überlappen, wenn nicht damit identisch zu sein.

Eine nützliche Art, die Beweise für die gesundheitsfördernden Auswirkungen der Persönlichkeit zusammenzufassen ist mnemotechnisch: die fünf C's einer gesundheitsfördernden Persönlichkeit. Die folgenden Persönlichkeitsmerkmale oder Charakterzüge beginnen mit dem Buchstaben 'C', alle reduzieren nachweislich Gesundheitsrisiken oder fördern die Gesundheit direkt:

| | |
|---|---|
| Control | – Kontrolle: das Gefühl, daß man in der Lage ist, die Ereignisse in seinem Leben zu beeinflussen. |
| Commitment | – innere Verpflichtung: eine Neigung, sich ganz mit dem zu beschäftigen, was man gerade tut. |
| Challenge | – Herausforderung: eine Fähigkeit, Bedrohungen und Forderungen als Herausforderungen zu sehen oder umzudeuten. |
| Coherence | – Kongruenz: die Ansicht, daß das Leben einen Sinn hat, und die Fähigkeit, den Ereignissen im eigenen Leben Sinn zu geben. |
| Community | – Gemeinschaft: die Fähigkeit, einen geschätzten Platz in einer Gruppe von gleichgesinnten Menschen zu finden, die eine gemeinsame Vision haben. |

In dem Maß, wie naturheilkundliche Behandler solche Eigenschaften bei ihren Patienten unterstützen, aufrechterhalten und ermuntern können, werden sie feststellen, daß sie in der Lage sind, als positive Kraft für Gesundheit und Krankheitsvorbeugung zu wirken.

## Projekt 9

## Die eigene Persönlichkeit einschätzen

Untersuchen Sie Ihre eigene Persönlichkeit, ob Sie eher Typ A oder Typ B sind. Schreiben Sie einen kurzen, ausgewogenen Essay, in welcher Hinsicht Ihre Persönlichkeit gesundheitsfördernd und in welcher sie ein potentieller Risikofaktor für Krankheiten ist. In welchen Bereichen würden Sie gerne arbeiten, um die gesundheitlichen Vorzüge noch zu verstärken? Beschreiben Sie mit Hilfe des Körper-Seele-Tagebuch aus einem früheren Kapitel einige wichtige Beobachtungen über die Rolle Ihrer Persönlichkeit auf Ihre Gesundheit. Finden Sie, Selbstbeobachtung (z. B. dieses Tagebuch) ist nützlich, um sich Ihres eigenen Körpers und der Beziehung zu psychischen Faktoren bewußt zu werden?

### Kommentierte Bibliographie

**Totman, Richard:** *Social Causes of Illness.* London: Souvenir, 1987. Die ersten zwei Drittel dieses Buches sind eine hervorragende Einführung in die Psychosomatik und Psychogenese. Die Kapitel über Streß sind wichtig wegen ihrer klaren Konzeptualisierung. Ferner enthält das Buch eine hilfreiche Diskussion über Persönlichkeit und Krankheit. Die strukturelle Theorie des Autors ist vielleicht für den Behandler, der sich praktisches Handwerkszeug wünscht, weniger wertvoll.

**Wolman, Benjamin B.:** *Psychosomatic Disorder.* New York: Plenum, 1988. Eine kurze, geschichtliche Einführung in das Gebiet, mit Kapiteln über viele Krankheiten, bei denen, wie festgestellt wurde, psychische Faktoren eine wichtige ätiologische Rolle spielen. Die Behandlung ist etwas psychoanalytisch, aber es werden nützliche Fallbeispiele beschrieben.

# 10

## Psychologische Aspekte häufiger Syndrome

*Patienten verwandeln ihre Probleme in Krankheiten und ...
die Aufgabe der Ärzte ist es, die Krankheiten wieder in
Probleme zu verwandeln.*

MICHAEL BALINT [1]

Die vorangegangenen Kapitel behandelten die Rolle der Persönlichkeit und von Streß bei Krankheiten allgemein, unabhängig von einer speziellen Erkrankung. Doch die vielen Facetten psychologischer Krankheitsaspekte und ihre Behandlung wird am besten durch konkrete Beispiele gewürdigt. Die Kapitel 10 und 11 behandeln psychologische Aspekte von einem halben Dutzend Syndromen, die jedem Behandler vertraut sind. Bei einigen gibt es organische Läsionen (Hautkrankheiten, rheumatoide Arthritis), andere zeichnen sich durch rein funktionale Störungen aus (Asthma, Reizkolon). In einer dritten Gruppe (Kopfschmerzen, chronisches Müdigkeitssyndrom) ist in der Regel keine körperliche Fehlfunktion zu finden, doch das mag auf die derzeitigen Grenzen der medizinischen Diagnostik zurückzuführen sein. Bei keinem der sechs Syndrome ist die Ätiologie oder die Pathogenese völlig verstanden; es gibt folglich keine Heilbehandlungen und die allopathische Behandlung läuft darauf hinaus, die Symptomatologie mit Medikamenten in den Griff zu bekommen. Diese Medikamente haben oft schwerwiegende Nebenwirkungen und liefern den iatrogenen Beitrag zur Krankheit selbst.

Bei allen sechs Syndromen galten psychologische Aspekte von je her als relevant, doch die Annahme selbst einer teilweisen Psychogenese muß eingeschränkt werden wegen der bekannten Tatsache, daß immer die Tendenz besteht, wenn eine Krankheit nur unzureichend verstanden ist (wie die Tuberkulose vor einem Jahrhundert), dieses Loch in der Erklärung mit psychologischen Erklärungen zu stopfen.[2] Eine konservative Einstellung ist deshalb klug, die psychosoziale Faktoren in den Krankheitsprozeß nur dann einbezieht, wenn sie in diesem Fall eindeutig nachgewiesen sind, oder wenn sich Psychotherapie oder Verhaltenstherapie als eindeutig lindernd erwiesen haben. Nur dann kann psychologische Behandlung als legitime Ergänzung zum Naturheilverfahren betrachtet werden.

| | | | Psychische Dimensionen | | | |
|---|---|---|---|---|---|---|
| **Syndrom** | **Psycho-physiologie** | **spezielle Persönlichkeit** | **Zusammenhang mit Streß** | **Verhaltens-therapie für psych. Verh.** | **Spezielle Folgen der Krankheit** | **Wert therapeutischer Selbsthilfe-gruppen** |
| **Reizkolon** | verstärkte Darmtätigkeit? | X | Richtung der Ursache unklar | Anti-Streß-Training | wurde verwöhnt, wenn als Kind krank | Gruppen-therapie vielleicht nützlich |
| **Asthma** | reflexartige Verkrampfung der Bronchien auf einen Reiz hin | X | der Streß eines Anfalls schafft positive Feed-back-Schleife | Atem-übungen | Asthmaanfälle führen zu Panik | hat erzieherischen Wert |
| **Haut-krankheit** | | X | Streß kann verschlimmern | Biofeedback hilfreich? | Entstellung führt zu sozialer Ächtung | hilfreich, um Selbstwert zu steigern |
| **rheum. Arthritis** | vermutete Hyperaktivität des Immun-systems | ? | vermutet bei einem Typ | Strategien zum Umgang mit Schmerz | Behinderung führt zu Depression | |
| **Kopf-schmerzen** | Muskelver-spannung oder Erweiterung der Arterien | X | Spannungs-kopfschmerz | Biofeedback und Ent-spannung | | Schulung und Beratung |
| **chron. Müdigkeit** | vermutete Immun-suppression | | ausgebrannt sein? | Kontra-indiziert | virale Depression wird mit psychogener Depression verwechselt | wichtig, um Entfremdung zu bekämpfen |

**Tabelle 10.1:** Sechs häufige Krankheitssyndrome und ein Sechs-Punkte-Rahmen, um wichtige psychologische Parameter zu analysieren. (Ein leeres Feld bedeutet, daß keine Daten vorhanden oder sie nicht anwendbar sind; ein Fragezeichen bedeutet, daß der Status derzeit fraglich ist; der Buchstabe „X" bedeutet nicht erhärtet.)

Vor dem Hintergrund dieser Kriterien wird jedes der sechs Syndrome der linken Spalte von Tabelle 10.1 im Rahmen der sechs Punkte besprochen, die in der oberen Reihe angegeben sind. Dieser geläufige beschreibende Rahmen fördert einen Vergleich der Merkmale, die allen Syndromen gemeinsam sind. Er dient auch dazu, die große Verschiedenheit und Einzigartigkeit zu illustrieren, mit der psychologische Faktoren in die Krankheitsneigung, die Auslösung und die Krankheitsunterhaltung eingreifen können. In der Naturheilkunde können wir uns nicht mehr länger mit dem ungenauen Allgemeinplatz zufrieden geben, daß Körper und Seele bei jeder Krankheit sich wechselseitig beeinflussen. Vielmehr wollen wir bei jedem Fall wissen, wie, welche, wann und wo psychologische Faktoren im Krankheitsverlauf relevant sind. Deshalb beschreiben wir zuerst kurz das Syndrom, sein Auftreten und den üblichen Verlauf, sowie die derzeit übliche konventionelle medikamentöse Behandlung und fragen dann: 1. Durch welche psychophysiologischen Mechanismen könnten Persönlichkeitsmerkmale oder emotionaler Disstreß vermutlich diese Symptomatologie angenommen haben? 2. Liegen ein spezielles Persönlichkeitsmerkmal oder mehrere Persönlichkeitsmerkmale vor, die für eben dieses Syndrom prädisponieren? Sind entweder das Auftreten des Syndroms oder seine Verschlimmerung an streßvolle Ereignisse im Leben des Menschen gekoppelt? 4. Hat sich erwiesen, daß entweder Psychotherapie oder Verhaltenstherapie den Zustand verbessern? 5. Welche speziellen sozialen oder persönlichen Konsequenzen werden – entweder verstärkend (Aufmerksamkeit bekommen, gepflegt werden oder Verantwortung vermeiden) oder negativ (stigmatisierend, bestrafend, die Lebensqualität verringernd) mit der Krankheit assoziiert, die man berücksichtigen und mit Verhaltensmedizin angehen muß? 6. Sind Gruppentherapien mit Psychotraining oder therapeutische Selbsthilfegruppen für Patienten mit dieser Krankheit hilfreich? Tabelle 10.1 beschreibt den Rahmen der weiteren Besprechung.

## Reizkolon[4]

Ungefähr die Hälfte der Patienten, die über eine gestörte Verdauungsfunktion berichten und daraufhin zu einem Gastroenterologen überwiesen werden, haben keine erkennbar organische Ursache (Thornton, 1989). Eine teilweise Liste, worüber diese Patienten klagen, sind Dyspepsie, Übelkeit, Winde, Schmerzen im Abdomen, Reflux, Blähungen, Verstopfung und/oder Durchfall (schmerzhaft oder ohne Schmerzen). Das sind häufige Symptome, die jeder von Zeit zu Zeit hat, doch wenn jemand deshalb zum Arzt geht, heißt das, daß die Beschwerden so häufig auftreten oder so schlimm sind, daß sie für den Patienten unannehmbar wurden, der nun fachmännischen Rat sucht, um die Symptome zum Verschwinden zu bringen.

Obwohl solche Beschwerden in Wirklichkeit ein Spektrum an Störungen darstellen, deren Pathogenese und Ätiologie ganz unterschiedlich sein kann, wie durch Begriffe wie spastisches Kolon, Kolon irritabile, Schleimhautkolitis und neurogene Kolitis zum Ausdruck kommt, umfaßt der allgemeine Begriff Reizkolon (IBS irritable bowel syndrom) all diese funktionellen Verdauungsstörungen, für die veränderte Stuhlgewohnheiten mit Schmerzen im Abdomen charakteristisch sind.[5] Reizkolon ist eine chronische Erkrankung und tritt zwei- bis dreimal häufiger bei Frauen auf, mit häufigen Remissionen und Rückfällen, aber in vielen Fällen mit wenig Verschlechterung. Gewöhnlich wird die Diagnose erstmals im Alter zwischen 20 und 50 gestellt, obwohl auch eine juvenile Variante mit wiederkehrenden Schmerzen im Abdomen mit Übelkeit entdeckt wurde (Lask und Fosson, 1989). Ungefähr ein Drittel dieser Kinder haben auch im Erwachsenenalter ein Reizkolon, ein weiteres Drittel entwickelt wiederkehrende Kopfschmerzen oder Migräne und der Rest „wächst heraus“.

Die Ärzte verschreiben abschwellende Mittel, krampflösende Medikamente, Antazida und schwache Beruhigungsmittel, aber der Wirksamkeitsnachweis dieser Medikamente ist gering. Patienten mit Valium zeigen weniger Angst, aber ihre Darmfunktion bleibt unverändert.

***Mögliche physiologische Mechanismen.*** Jeder kennt die „Schmetterlinge im Bauch“, weichen Stuhlgang und einen empfindlichen Magen bei Angst. Ja sowohl Verstopfung als auch schmerzhafter Durchfall werden mit erhöhten Kontraktionen in bestimmten

Abschnitten des Darmes in Verbindung gebracht. Dennoch ist nicht sicher, ob diese Muster in der Motilität, die bei Patienten mit Reizkolon auftreten, sich grundlegend von normalen Kontraktionen unterscheiden (Thornton, 1989). Es scheint jedoch, daß Patienten mit Reizkolon eine niedrigere Schwelle für Schmerzempfindungen in den Eingeweiden haben, denn Patienten mit Reizkolon berichten schon früher von Schmerz als Kontrollpersonen, wenn ein Ballon in Rektum und Kolon eingeführt und aufgeblasen wird. Doch ihre Schmerzschwelle für Reize auf der Haut ist genauso wie bei den Kontrollpersonen. Patienten mit Reizkolon haben wahrscheinlich eine biologische Disposition, auf emotionale Reize mit verstärkter Darmtätigkeit zu reagieren.

***Persönlichkeit.*** Patienten mit Reizkolon zeigen leicht höhere Testergebnisse bei Depressionen, Angst und „Neurotizismus"[6]. Interessanterweise haben Menschen mit einem vergleichbaren Reizkolon, die sich nicht in medizinische Behandlung begeben, keine solchen Anzeichen. Allgemein lassen sich jedoch keine bestimmte Persönlichkeit oder gestörte Verhaltensmuster bei den Patienten feststellen. Besonders Anzeichen von Zwangsneurosen, wie von der psychoanalytischen Theorie vorhergesagt, treten nicht häufiger auf als sonst in der Bevölkerung (Whitehead und Schuster, 1985). Somatisierung von Erregungszuständen ist häufiger bei Patienten mit Reizkolon, was auf eine gesteigerte Beschäftigung mit den körperlichen Symptomen hinweist; aber ob das das Ergebnis einer anhaltenden Unfähigkeit ist, sich Erleichterung zu verschaffen oder die Ursache des Symptomenkomplexes bleibt strittig.

***Zusammenhang mit Streß.*** Retrospektive Daten zeigen, daß ungefähr die Hälfte der Patienten mit Reizkolon einen Zusammenhang zwischen Spannung und einer Verschlimmerung ihrer Darmbeschwerden merken. Die Hälfte (nicht unbedingt die selbe Hälfte) erinnert sich auch an einen emotionalen Verlust oder drohenden Verlust vor dem ersten Auftreten ihrer Symptome. Patienten berichten auch von mehr Streßereignissen in ihrem Leben als entweder Gesunde oder Patienten mit organischen gastrointestinalen Erkrankungen (z. B. Morbus Crohn, Kolitis ulcerosa). All diese Informationen sind jedoch subjektiv und unterliegen dem Wandel von retrospektiven Selbstaussagen und können bestenfalls als vielsagend betrachtet werden. Ja es ist durchaus möglich, daß die berichteten Verschlimmerungen unter Streß das allgemeine Ergebnis davon sind, eine chronische schmerzhafte Krankheit zu haben als ein Reizkolon zu verursachen.

***Psychotherapie/Verhaltenstherapie.*** Wenn ein Reizkolon durch emotionalen Disstreß ausgelöst oder unterhalten werden kann, dann sollten psychologische oder behaviorale Behandlungen die Symptome verringern. Eine schwedische Studie verglich medizinische Behandlung mit und ohne wöchentliche Einzeltherapiesitzungen über einen Zeitraum von drei Monaten.[7] Die medizinische Behandlung bestand aus den üblichen Medikamenten gegen Reizkolon plus Ratschläge zur Ernährung, über Rauch- und Trinkgewohnheiten sowie die Versicherung, daß ein Reizkolon nichts mit Darmkrebs zu tun hat. Die Psychotherapie konzentrierte sich auf die Streßauslöser und auf Strategien, mit Streß und zwischenmenschlichen Konflikten positiv umzugehen. Die Schmerzintensität und eine Reihe von Symptomen wurden in beiden Gruppen nach dreimonatiger Behandlung verringert, doch viel stärker in der Gruppe mit Psychotherapie. Außerdem zeigte die Gruppe mit Psychotherapie, was noch viel bedeutsamer ist, bei einer Untersuchung ein Jahr später weitere Verbesserungen; die Gruppe ohne Psychotherapie hingegen war auf ihr hohes Niveau von Symptomen vor der Behandlung zurückgefallen. Es gibt auch eindeutige Hinweise, daß Hypnotherapie – auf die Kontrolle der glatten Muskulatur gerichtet – zu einer bemerkenswerten und anhaltenden Verbesserung der Symptome führen kann. Entspannungstraining kann auch hilfreich sein, um den Schmerz und den Durchfall zu reduzieren. Biofeedback zur Selbstkontrolle entweder der Darmgeräusche oder der Darmtätigkeit hat sich als ergebnislos erwiesen. Daß es keine neueren Untersuchungen gibt, läßt vermuten, daß die Forscher zu dem Schluß gekommen sind, daß Strategien im Umgang mit Streß und Psychotherapie therapeutisch vielversprechender sind (Whitehead, 1982).

*Eindeutige Merkmale.* Das Konzept, daß ein Reizkolon eine durch operantes Konditionieren und stellvertretendes Nachahmen erlernte Störung ist, wurde kürzlich erweitert. Die Idee beruht auf den Daten über die Familiengeschichte und dem Beweis, daß mehr Menschen mit Reizkolon sich erinnern, daß ihre Eltern sie, wenn sie als Kind krank waren, mehr verwöhnten als sonst.

> Wenn man die Konsequenzen, die oft mit einer Krankheit einhergehen, verstärkt, dann können diese die Häufigkeit der abnormen, physiologischen Reaktionen wie Darmtätigkeit erhöhen, die wiederum den Beschwerden Vorschub leisten: Das ist die gleiche Art von Lernen wie beim Biofeedbacktraining: Menschen lernen, ihre physiologischen Reaktionen zu verändern wie die Sekretion von Magensäure oder das Ausmaß ihrer Magenaktivität.
>
> Viele Patienten mit Reizkolon hatten frühe Lernerfahrungen, bei denen Krankheit allgemein und Magen-Darm-Beschwerden im besonderen für besondere Aufmerksamkeit ausgesucht wurden. Einige wachsen auf und sind übermäßig mit ihrer Gesundheit beschäftigt und nutzen wahrscheinlich die Krankheitsbeschwerden unabsichtlich, um Aufmerksamkeit oder soziale Verstärkung von Familienmitgliedern oder von Freunden zu bekommen.[8]

Dieser neuartige Blickwinkel legt nahe, daß Familientherapie hilfreich sein kann, wobei mit dem Patienten ein Vertrag geschlossen wird, daß er über seine Symptome nur mit seinem Behandler spricht und mit den Familienmitgliedern der Vertrag geschlossen wird, daß sie alle seine Klagen zu Hause ignorieren. Es wird empfohlen, daß der Behandler mitfühlend, aber nicht nachgiebig sein soll zum Patienten und so nach dem Modell der Realitätstherapie (siehe Kapitel 8) arbeitet.

***Gruppentherapie/therapeutische Selbsthilfe.*** Es gibt einige Reizkolon-Gruppen, obwohl eine Therapiegruppe, die sich für sechs 90-Minuten-Sitzungen traf, eine leichte Besserung (30 %) ihrer Symptome berichtete. Die Sitzungen umfaßten herkömmliche Vorträge mit Gruppendiskussion über Themen wie Anatomie und Physiologie des Reizkolons, Ernährung, Stressoren im Leben und die Beziehung zwischen Persönlichkeit und Bewältigungsstrategien. Die Patienten lernten auch die progressive Muskelentspannung, führten Verhaltenstagebücher, wurden ermuntert, eine strenge Diät einzuhalten und nahmen weiterhin ihre Medikamente ein. Die relativ kurze Dauer (nur sechs Sitzungen) und das Fehlen eines wirklichen Gruppenprozesses aufgrund der eher schulischen Struktur mag die Wirksamkeit reduziert haben. Gruppen sollten künftig mehr Werkzeuge für ausgesprochene Gruppentherapie mit einschließen und sich über längere Zeiträume erstrecken, um zu testen, ob Patienten/Behandler-Gruppen bei diesem Syndrom wirklich nützlich sind.

***Schlußfolgerung.*** Das Reizkolon scheint eine Krankheit mit verschiedenartigen Beschwerden zu sein. In einigen Fällen kann erlerntes Krankheitsverhalten vorliegen, und wenn der Patient offen dafür ist, diese Möglichkeit in Erwägung zu ziehen, sind Programme zur Verhaltensänderung und Familientherapie angezeigt. Eine andere Gruppe von Patienten kann die sein, bei denen Symptome wie durch klassisches Konditionieren à la Pawlow auftreten, wie z. B. wenn die Symptome auftreten, wenn sich der Patient gerade fertigmacht für eine (streßvolle) Arbeit am Montag früh.

Viele, aber nicht alle Patienten mit Reizkolon neigen dazu, auf Stressoren hauptsächlich mit dem Darm zu reagieren. Für sie erweisen sich wahrscheinlich Programme zur Streßreduktion mit Selbstbehauptungstrainings, Anti-Streß-Programm, Entspannungsübungen und Meditation als wertvoll. Generell muß der Naturheilkundler jeden Fall gründlich untersuchen und versuchen, die möglichen Verhaltensursachen, die zum Bestehen der Symptome beitragen, zu isolieren. Ein Verhaltenstagebuch, in das der Patient die Zeiten, Häufigkeit und die Schwere der Symptome einträgt, irgendwelche damit in Verbindung stehenden Stressoren, die Beziehung zum Essen u.s.w. gibt dem Behandler weitere Hinweise für entscheidende therapeutische Maßnahmen.[9] Da für viele Menschen die Möglichkeit, daß psychische Faktoren zu ihrer Krankheit beitragen, bedrohlich oder schwierig ist, muß Patienten äußerst einfühlsam versichert werden, daß die Tatsache, daß Streß eine entscheidende Rolle spielt, nicht bedeutet, daß die Krankheit „nur in ihrem Kopf stattfindet" oder daß sie psychiatrische Behandlung brauchen.

## Asthma[10]

Asthma ist eine reversible Erkrankung der Atemwege, mit plötzlicher Engstellung der Luftwege (Bronchokonstriktion), wobei Schleim die Wände der Bronchien verlegt; dies geht mit Atemnot, Pfeifen, Husten und Sputum einher. Ungefähr 60 % der Betroffenen sind 16 oder jünger und 5 % aller Kinder haben Asthma (Steptoe, 1984). Jungen häufiger als Mädchen. Generell wird zwischen allergischem und nicht-allergischem Asthma unterschieden. Allergisches Asthma, das 60 % der Fälle bei Kindern im Alter zwischen 5 und 14 ausmacht, wird durch Allergene wie Hausstaub, Pollen, starke Luftverschmutzung und bestimmte Nahrungsmittel ausgelöst. Nicht allergischem Asthma hat keine Allergene als Auslöser und tritt gewöhnlich später im Leben auf. Beide Arten korrespondieren grob mit den zwei Mechanismen, von denen man annimmt, daß sie bei Asthma eine Rolle spielen. Der erste ist eine allergische Konstriktion der Bronchien mit erhöhtem IgE im Serum und Anaphylaxie. Der zweite ist die Überreaktion der Bronchien. Die Luftwege des Asthmatikers reagieren mit übertriebener Verengung auf Herausforderung durch verschiedene Reize, z. B. auf Schwefeldioxid, Histamine, Sport, Einatmen von kalter Luft und streßvolle Filmvorführungen (Steptoe, 1984). Die Messung des Schweregrades bei Asthma erfordert einen in der Hand gehaltenen Pneumometer, in den der Kranke tief atmet. Bei Laboruntersuchungen liefern Instrumente, die den Atemwiderstand der passierenden Luft angeben, genauere Ergebnisse.

In der Schulmedizin wir Asthma mit bronchienerweiternden Medikamenten behandelt. Bei akuten Anfällen werden β-adrenergene Medikamente (Epinephrine) verwendet, bei schweren, chronischen Fällen Inhalationen mit Kortison. Diese Medikamente haben schwere Nebenwirkungen und die Entwicklung von „aggressiven" chemischen Therapeutika wurde mit der erhöhten Krankheits- und Sterberate bei Asthma in der westlichen Welt während des letzten Jahrzehnts in Verbindung gebracht.

***Psychophysiologie.*** Es ist paradox, daß die Medikamente gegen Asthma genau die chemischen Stoffe sind (Steroide und Adrenalin), die bei Ärger, Angst und Depression ausgeschüttet werden, typische Begleiter der emotionalen Streßreaktion. Wenn Streß eine *erweiternde* Wirkung auf die Bronchien hat, wie kann er dann Asthma *hervorrufen*? Zum einen kann klinisch bestätigtes Asthma eine Reaktion sein. Zum anderen können Streßauswirkungen eine Reizung des Vagusnervs (Parasympathikus) hervorrufen. Es gibt Beweise dafür, daß Husten, Schreien und Lachen alle zu einer Vagusreizung führen und voll entwickelte Asthmaanfälle auslösen können bei anfälligen Menschen. Viele Beispiele von emotional ausgelöstem Asthma sind auf solche reflexartigen Bronchospasmen zurückzuführen. Angst freilich kann Asthma direkt verschlimmern durch die Hyperventilation mit einer Verengung der Bronchien durch die $CO^2$-Reduktion, statt durch emotionale Mechanismen.

***Persönlichkeit.*** Auf der Grundlage klinischer Eindrücke und wenn die Forscher nicht blind gegenüber der Diagnose waren oder bei fehlerhaften retrospektiven Studien, die die Ursache nicht von der Auswirkung unterscheiden können, wurden Asthmatiker als eine verwirrende und widersprüchliche Ansammlung von Persönlichkeitsmerkmalen beschrieben. Unsicherheit und Abhängigkeit sind häufig zu finden, aber bei den erschreckenden Asthmaanfällen von Jugendlichen und der natürlichen Sorge der Eltern um ihre Kinder, sind diese Anfälle fast sicher das *Ergebnis* der Erkrankung, nicht ihre Ursache. Im Vergleich zu anderen chronisch Kranken sind beim Asthmatiker keine Unterschiede in der Persönlichkeit festzustellen. „Sicher weist nichts darauf hin, daß einzigartige Faktoren der Persönlichkeit zur Entwicklung der Krankheit beitragen."[11]

Das ist eine Lektion für die Alternativ- und die Komplementärmedizin insoweit, als eindrucksvolle Daten, die einer gründlichen wissenschaftlichen Prüfung nicht standhalten, sehr irreführend sein und zu fehlgeleiteter Therapie führen können. Andererseits dürfen wir der wissenschaftlichen Analyse nicht erlauben, das Kind mit dem Bade auszuschütten. Die frühe Hypothese der „Asthma-Mutter" – ein Elternteil, der das Kind teils verwöhnt und teils tyrannisiert – wurde noch nicht wissenschaftlich untersucht. Es ist immer noch möglich, daß das Asthma des Kindes eine Reaktion auf eine teils unterdrückende, teils fürsorgliche mütterliche Atmosphäre ist.

***Verbindung zu Streß.*** Die frühe Literatur (z. B. Bastiaans und Groen, 1955) – basierend auf anekdotischen aber detaillierten Fallbeispielen – war voll von Hinweisen auf Streß sowohl als Auslöser für den ersten Asthmaanfall als auch für spätere. Eine bahnbrechende Studie aus dem Jahr 1969 zeigte, daß die wohltuende Wirkung davon, die Eltern in eine andere Umgebung zu schicken, nicht auf die veränderte Umgebung, sondern auf die Änderungen im psychologischen Umfeld zurückzuführen waren. Wenn die Forscher die *Familien* der Asthmakinder für mehrere Wochen in ein Hotel schickten, während das Kind unter der Obhut eines erwachsenen Betreuers zu Hause blieb, gingen die Asthmaanfälle stark zurück.

Neuere Untersuchungen messen emotionalem Streß bei Asthma keine so große Bedeutung bei (vgl. Alexander, 1982). Das kann teilweise darauf zurückzuführen sein, daß es heute strengere und zuverlässigere Messungen der Luftwege bei Asthma gibt, und darauf, daß wissenschaftliche Arbeit neuerdings meist in Patienten-*Gruppen* durchgeführt wird; die subtileren Charakterzüge, die die älteren klinischen Berichte vorzufinden behaupteten, werden hierbei durch gröbere, wenn auch genauere Instrumente, die den emotionalen Streß und die Persönlichkeit messen und quantifizieren, getrübt.

***Psychotherapie/Verhaltenstherapie.*** Verschiedene Techniken wurden ausprobiert in dem Versuch, die Lungenfunktion zu verbessern und die Medikamente zu reduzieren, da Asthmamittel gefährliche Nebenwirkungen haben. Entspannungstraining soll wenig positive Wirkung zeigen. Biofeedback, um die Spannung der Gesichtsmuskulatur zu reduzieren oder die Herzfrequenz zu verbessern, führt zu einer verbesserten Lungenfunktion. Diese Körpersysteme wurden für Biofeedback ausgewählt, weil sie über Reflexe die Spannung im Vagusnerv herabsetzen (Lehrer, Sargunaraj and Hochron, 1992). Zwerchfellatmung zu üben ist ebenfalls nützlich. Trotz dieser vereinzelten positiven Ergebnisse, bleibt bislang der Beweis für eine klinisch bedeutsame Verhaltensmodifikation der Lungenfunktion bei Asthma noch schwach (Ausnahme: Atemübungen).

***Eindeutige Folgen.*** Ein voll entwickelter Asthmaanfall mit dem Gefühl, nicht atmen zu können, ist schrecklich. Außer wenn sich der Betroffene (oft ein Kind) bewußt ist, daß ein Asthmaanfall an sich nicht lebensbedrohlich ist, kann die Atemnot bei Asthma eine Panikattacke auslösen. Die folgende Hyperventilation, wenn der Betroffene nach Luft ringt, verstärkt wahrscheinlich den Anfall, weil die niedrigere Kohlendioxid-Konzentration im Blut zu weiterer Verengung der Bronchien führt. Asthmakranke müssen auch wissen, daß der Reflexmechanismus im Kehlkopfbereich und in den Atemwegen, wie Weinen, Lachen und Schreien Asthmaanfälle auslösen können. Die hauptsächliche therapeutische Hilfe ist Aufklärung. Für den Behandler ist es entscheidend sicherzustellen, daß der Patient versteht und weiß, daß diese positiven Feedbackmechanismen, die seine Anfälle verschlimmern, unter seiner Kontrolle sind. Panikattacken können durch gut geübte Bauchatmung vermieden werden, die der Patient während eines Anfalls ausführt. Der ganzheitliche Behandler sollte Informationen anbieten, um dem Patienten zu helfen, Experte für seine Krankheit zu werden und so die Auswirkungen auf seine Lebensqualität so gering wie möglich zu halten.

***Selbsthilfegruppen.*** Vor langer Zeit beschrieben J. Bastiaans und J. Groen (1955) aus Amsterdam Asthma-Patientengruppen, die sowohl therapieren als auch aufklären sollten. Weil die Autoren vor dem traditionell psychosomatischen Hintergrund arbeiteten, wonach Asthma unterdrückte Emotionen bedeutet, strebten die Gruppenleiter (Arzt, Psychologe und Psychiater) danach, eine sichere Umgebung zu schaffen, in der die Patienten ihren Emotionen Luft machen konnten. Patienten teilten auch ihre Erfahrungen über die Auswirkungen von Faktoren wie Rauchen, Klima, Ernährung, Staub, Allergien und die Nebenwirkungen von Medikamenten mit. Die Leiter beantworteten medizinische Fragen und Fragen über die Ursache. Als die Gruppenmitglieder im Laufe der Zeit vertrauter miteinander wurden, wurde auf tiefergehende Themen eingegangen und es kamen starke Gefühle von Frustration und Groll zum Ausdruck, auch Wut auf die Ärzte wegen ihrer Unfähigkeit zu heilen. Einige Gruppen machten sich die Theorie zum Prinzip, daß Asthmaanfälle eine Wahlmöglichkeit darstellen, zwischenmenschliche Konflikte zu lösen: „Wir brauchen keine Anfälle haben, wenn wir das nicht wollen. Aber wenn wir sie haben, können wir sicher sein, daß uns etwas geärgert hat, wie unbedeutend das auch immer schien.“ [13] Die Patienten wurden aufgefordert, herauszufinden, was es war und es mit der betreffenden Person zu lösen; wenn das nicht möglich war, mußte es in der Gruppe besprochen werden.

Es handelte sich hier um Langzeitgruppen und sie sind ein frühes Beispiel für Gruppentherapie mit einer ganz neuen Auffassung. Obwohl kein Patient geheilt wurde, behaupten die Autoren, daß die Gruppe recht erfolgreich die Schwere und Häufigkeit von Anfällen reduzierte. Unglücklicherweise werden keine objektiven Zahlen berichtet. In der modernen Literatur über Asthma ist von solchen Gruppen wenig die Rede. Das ist bedauerlich, weil das nicht-urteilende und stärkende Klima solcher Gruppen sowohl der Aufklärung als auch der Therapie auf vielfältige Art dient. Die ideale Führung wäre ein Behandler, der mit all den medizinischen Aspekten der Krankheit und mit den Grundlagen der Psychotherapie sehr vertraut ist, plus ein Patient als zweiter Leiter. Letzterer wäre ein erfahrenes Gruppenmitglied, dessen Zustand sich beträchtlich verbessert hat durch die Anwendung der in der Gruppe verwendeten Techniken und Standpunkte.

## Hautkrankheit[14]

Drei Hautkrankheiten – atopisches Ekzem (Neurodermitis), Nesselsucht (Urtikaria) und Psoriasis – werden traditionell mit psychischen Einflüssen in Verbindung gebracht. Diese Darstellung richtet das Augenmerk auf Psoriasis und Ekzem. Psoriasis ist eine chronische, nicht ansteckende, hartnäckige, proliferierende Hauterkrankung, für die zusammenwachsende, gerötete trockene Stellen, die von grau-weißen Schuppen bedeckt werden, charakteristisch sind. Die Krankheit wird mit einer abnorm erhöhten Proliferationsrate der Epidermiszellen in Zusammenhang gebracht. Die betroffenen Stellen finden sich typischerweise an den Streckseiten der Glieder, dem unteren Rücken und der Kopfhaut. Wenn sich die Krankheit verschlimmert, werden die Schuppen schmerzhaft, weil die Haut trocken wird und juckt und dicke Schichten bildet, die aufbrechen und bluten. Von der Schuppenflechte sind nach Schätzungen ungefähr 2 % der Bevölkerung betroffen: „In einem vollen Doppeldeckerbus haben mindestens zwei Menschen diese Krankheit“ (Kaptein, 1990). Eine Vorhandensein in der Familie prädisponiert für die Erkrankung. 60 % der Fälle treten vor dem 30. Lebensjahr auf und ungefähr genauso viel erleben nie eine völlige Remission. Die medizinische Behandlung erfolgt mit angstlösenden Mitteln, und lokalen Kortisonsalben, um das Jucken und Schuppen zu verringern. Antidepressiva, Lithium und eine Reihe anderer Medikamente muß gemieden werden, denn die können an sich Dermatosen hervorrufen und so die ursprüngliche Krankheit verschlimmern.

Beim atopischen Ekzem ist die Haut chronisch entzündet, sie juckt (Pruritis) und ist gereizt. Wie bei Psoriasis wird die Erkrankung durch Kratzen schlimmer. Die Hautläsionen sind an den Beugeseiten der Arme und Beine und im Genick. Ungefähr 2 % der Bevölkerung leiden an Ekzemen, die üblicherweise in der Kindheit beginnen. Die allopathische Behandlung erfolgt über lokale Präparate (die oft Steroide enthalten) plus angstlösende Mittel. Milde Beruhigungsmittel können verschrieben werden, wenn Streß als Ursache eine Rolle spielt oder gegen die Angst des Patienten, daß die Läsionen ihn entstellen könnten.

***Psychophysiologie.*** Obgleich sich Emotionen auf der Haut widerspiegeln (Erröten aus Scham oder Demütigung, Gänsehaut bei Angst, Blässe bei Schrecken), sind die psychophysiologischen Mechanismen nicht ganz eindeutig. Einige Studien versuchten zu zeigen, daß Patienten mit Dermatosen schneller Juckreiz empfinden oder daß sie leichter konditionierte Reaktionen auf Berührungsreize zeigen (wie die Theorie der Hypersensibilität der Haut nahelegen könnte), doch bisher sind die Ergebnisse nicht überzeugend.

***Persönlichkeit.*** Die klassische psychosomatische Anschauung war, daß Hautläsionen die Körpersprache seien. Menschen, die ihre Gefühle nicht ausdrücken können, entweder aufgrund von Konflikten oder weil sie keine Sprache für Emotionen entwickelt haben (Alexithymie), somatisieren, da der verbale Weg blockiert oder mangelhaft ist. Der Patient von Hautärzten drückt – so glaubte man – seine Gefühle durch Hautläsionen aus.[15] Dummerweise ist der Beweis für diese vereinfachende Sichtweise recht schwach. Eine Studie bei mehr als 100 Psoriatikern stellte fest, daß keine speziellen Persönlichkeitsprofile existieren, auch keine häufige emotionale Konfliktsituation (Musaph, 1976). Es gibt keine Beweise für ein bestimmtes Persönlichkeitsbild bei Ekzemen, wenn die Erkrankung häufig auch mit einer persönlichen oder einer Familiengeschichte mit Allergie, Heuschnupfen, Migräne und Reizkolon einhergeht (Folks and Kinney, 1991; Kaptein, 1990). Es scheint, daß das gehäufte Auftreten bei Angst, Depression und negativer Erregung, die oft bei Patienten mit Ekzemen festgestellt wird, reflektiert, wie sehr zum Zeitpunkt der Beobachtung die Haut in Mitleidenschaft gezogen ist und deshalb die Folge, statt die Ursache der Erkrankung ist (Wessely, 1990). Das Thema klingt allmählich vertraut: was wir als Ursache ansahen, ist nur eine Auswirkung.

***Verbindung mit Streß.*** Die Fachleute sind sich nicht einig, ob Streß als Ursache bei der Entwicklung von Psoriasis oder von Ekzemen eine Rolle spielt. Die frühe Literatur der „Psychodermatologie" wies darauf hin, daß Trennungserlebnisse, schwerer emotionaler Schock oder Aufregung innerhalb von sechs Monaten nach dem Ausbruch bei fast der Hälfte der Ekzem-Patienten zu finden war im Vergleich zu nur 15 % bei einer Kontrollgruppe von Zahnarzt-Patienten. Doch die klinischen Interviews, die Informationen liefern sollten, gelten heute nicht als zuverlässige Methodologie, da die Vorliebe des Untersuchers für seine Hypothese die Ergebnisse beeinflussen kann. Einzelne Fälle berichten vom Ausbruch von Psoriasis unter Streß (erfolglose berufliche Veränderung, wachsende Familienprobleme), doch eine Zusammenfassung der Gruppenstudien (die als zuverlässiger gelten, wenn auch – wie wir gesehen haben – weniger einfühlsam) folgerte, daß es keinen schlüssigen Beweis für den *Ausbruch* von Psoriasis aufgrund von Streß oder psychischen Faktoren gibt (Gupta et al., 1987). Dennoch, emotionaler Disstreß kann Ekzeme eindeutig verschlimmern (Kaptein, 1990). Wie bei Asthma und dem Reizkolon richtet sich die Aufmerksamkeit weg von den psychischen Faktoren bei der *Ätiologie* der Hautkrankheiten hin zu den psychischen und behavioralen *Folgen* der Krankheit.

***Einzeltherapie/Verhaltenstherapie.*** In diesem Bereich sind nur wenige Arbeiten über Psoriasis bekannt. Heißt das, daß psychologische Interventionen nicht nützlich sind, um die Krankheit zu lindern, daß die Ärzte sich noch nicht die Zeit genommen haben, systematisch Datenmaterial zu sammeln, oder daß das Thema bei den Forschern keinen Anklang gefunden hat? Biofeedback in der Dermatologie wurde in einer Studie[16] angewandt mit der vernünftigen Erklärung, daß verringerte Wärmeentwicklung der Haut auch – über Gefäßverengung – den Hautmetabolismus herabsetzen und die Zellproliferation verlangsamen könne. Drei Psoriasis Patienten gelang es, die Hauttemperatur an einer befallenen Stelle um ungefähr 1° Celsius zu verringern und bei zwei Patienten verbesserten sich die Läsionen. Dummerweise verschlechterten sich die Läsionen innerhalb von vier Monaten wieder zu ihrem Ausgangszustand. Vereinzelte Berichte weisen darauf hin, daß das Wärmen der Hände oder Biofeedback auf dem Frontalis Muskel, vielleicht in Verbindung mit progressiver Muskelentspannung nützlich sein könnte, die offenen

Stellen zu verringern. Gelegentlich wurde Hypnose eingesetzt bei der Behandlung von Ekzemen, aber die Ergebnisse gelten als nicht überzeugend aufgrund von fehlendem Folgedaten der subjektiven Einschätzung von Verbesserung.

***Eindeutige Wirkungen.*** Entstellende Hauterkrankungen haben negative soziale Auswirkungen, die wiederum zu beträchtlichem emotionalen Distreß und zu niedrigem Selbstwertgefühl führen können. Patienten mit Ekzemen sagen, daß die Irritationen, das ständige Jucken und die tatsächlichen Flecken auf der Haut die schlimmsten Aspekte der Krankheit sind. Drei Viertel der Patienten berichten von Scham und Verlegenheit; Angst und Depression sind häufige Begleiter von Hauterkrankungen. Doch eigenartigerweise empfinden Patienten Verlegenheit über ihr Aussehen als einen schwerwiegenden Krankheitsfaktor, Hautärzte hingegen stufen diesen Faktor als am wenigsten wichtig ein (Kaptein, 1990). Der ganzheitliche Berater täte gut daran, sich mit den Bedenken des Patienten zu verbünden und psycho-behaviorale Möglichkeiten zu nutzen, die den Einfluß der Erkrankung auf das Selbstwertgefühl des Patienten dämpfen können.

Ein Ekzem juckt fast immer und da Kratzen eine kurzfristige Erleichterung bringt, wird es operant verstärkt. Doch da Kratzen, das in Streßsituationen noch zunimmt, die Läsionen leider noch verschlimmert, kann ein Teufelskreis in Gang gesetzt werden. Programme zur Verhaltensmodifikation, die entwickelt wurden, um das Kratzen zu reduzieren, bringen Patienten bei, die Auslösesituationen, in denen sie wahrscheinlich unbewußt zu kratzen anfangen, zu erkennen und das Kratzen durch inkompatible Verhaltensweisen (z. B. die Arme fest zusammenpressen oder einen Tagebucheintrag in ein Taschennotizbuch zu machen) zu ersetzen. Dadurch daß der Teufelskreis zwischen Jucken und Kratzen unterbrochen wird, können diese Techniken die dermatologischen Symptome und auch das Jucken erheblich verringern.

Psoriasis hat schwerwiegende Auswirkungen auf den Betroffenen. Patienten werden manchmal von Sexualpartnern zurückgewiesen, die an den Läsionen Anstoß nehmen, oder sie werden in gesellschaftlichen Situationen geächtet. Obwohl schwimmen in Meerwasser und Sonnenbaden therapeutisch sind, ist es vielen Patienten zu peinlich, die Läsionen in der Öffentlichkeit zu zeigen. Da 90 % der Patienten an geringem Vertrauen, Angst und Verlegenheit leiden und 50 % an Depressionen, muß die Gesundheitspsychologie Fähigkeiten und Einstellungen vermitteln, die das Selbstwertgefühl steigern, damit die Menschen unabhängig sind vom negativen Urteil anderer Menschen, das auf der oberflächlichen Erscheinung der Haut beruht. Doch nur um die Tücken von Krankheitsfolgen zu betonen, muß der eifrige aber unerfahrene Behandler daran erinnert werden, daß einige ältere Patienten mit einer langen Krankengeschichte keinen anderen Weg als ihre Läsionen kennen, sich emotionale Unterstützung und fürsorgliche Aufmerksamkeit zu verschaffen. Es könnte ein schwerer medizinischer Fehler sein, eine solche Krankheit zu heilen, wenn der Patient keine gesünderen Alternativen hat, sich Anerkennung zu verschaffen (Musaph, 1976).

***Gruppen.*** Wöchentliche Gruppen bieten gegenseitige Hilfe, Information und emotionale Unterstützung für Patienten mit Psoriasis, gemeinsam von einem Arzt (im Gruppenprozeß ausgebildet) und einem Patienten geleitet, und können das Selbstwertgefühl der Patienten unterstützen und Patienten dazu bringen, sich nicht mit ihrer Haut zu identifizieren. Die Gruppe fördert Diskussionen über die Wirkungen von Ernährung, Strahlung, Klima, neue Behandlungsweisen u.s.w. Aber auch emotionale Themen wie Verlegenheit,

Schwierigkeiten in Sexualbeziehungen und mangelndes Verständnis kommen auch zur Sprache. Eine Beurteilung drei Monate nach dem Ende einer Gruppe zeigte eine Reduzierung der Medikamente, von Scham und Schüchternheit und Verbesserungen in den zwischenmenschlichen Fähigkeiten und im allgemeinen Wohlbefinden.[17] Die Wichtigkeit der zwei Gruppenleiter wird betont. Diese Gestaltung scheint ein nützliches Modell zu sein, das Naturheilkundler für eine Reihe von Patientengruppen anwenden könnten, bei denen der soziale Einfluß der Krankheit ein Faktor für das allgemeine Wohlbefinden ist.

## Rheumatoide Arthritis[18]

Rheumatoide Arthritis (RhA) ist eine chronisch entzündliche Erkrankung, gekennzeichnet durch Anschwellen und Versteifen der Gelenke mit mäßigem bis starkem Schmerz. Einige Patienten (ungefähr 15 %) genesen innerhalb von zwei Jahren nach einer relativ leichten Symptomatologie. Eine zweite Gruppe von Patienten (weitere 15 %) entwickelt trotz Medikamenten eine Zerstörung und Deformierung der Gelenke. Die übrigen 70 % erleben ein unvorhersagbares Auf und Ab in der Symptomatologie mit langsamem, fluktuierendem Fortschreiten zur Erwerbsunfähigkeit. Fast 60 % der Patienten müssen innerhalb von 10 Jahren nach dem Ausbrechen der Krankheit aufhören zu arbeiten (Young, 1992). Obwohl die auffälligsten Symptome in den Gelenken sind, greift die Entzündung oft auf andere Körpersysteme über und zeigt so den systemischen Charakter von RhA. Zur Zeit sind weder die Ursache noch eine Heilung bekannt, obwohl sie, neben einer Reihe anderer chronischer Erkrankungen (Morbus Crohn, Colitis ulcerosa, Multiple Sklerose, systemischer Lupus erythematodes, juveniler Diabetes, Morbus Basedow und möglicherweise Polymyositis) als Autoimmunerkrankung klassifiziert wird. RhA befällt ungefähr 1 % der Bevölkerung, meist im Alter zwischen 20 und 49 Jahren. Dreimal häufiger vom Ausbruch im jungen Alter sind Frauen betroffen, im höheren Alter sind Männer und Frauen gleichermaßen betroffen.

Die allopathische Behandlung beginnt mit nicht-steroiden Schmerzmitteln gegen die Entzündung (Aspirin, Ibutrofen). Gleichzeitig werden langsam wirkende Mittel (2–6 Monate) (Goldpräparate, Penizilline) verschrieben, die keine Auswirkungen auf den Schmerz oder die Entzündung haben, aber bei einem nennenswerten Prozentsatz der Patienten das Fortschreiten der Krankheit unterdrücken. Corticosteroide (Prednison) werden oft verabreicht zur kurzfristigen Erleichterung, obgleich sie den langfristigen Krankheitsverlauf nicht zu beeinflussen scheinen. Alle diese Medikamente und auch die erst kürzlich entwickelten Arzneien haben schwere Nebenwirkungen und einige (Gold, Penizilline) sind hoch giftig. Diese Nebenwirkungen, neben der Unwirksamkeit der Medikamente in vielen Fällen, können ein Grund dafür sein, warum die Patienten die medikamentöse Therapie so wenig befolgen (Young, 1992).

***Psychophysiologie.*** Es wurde vermutet, daß chronisch unterdrückter Ärger bei Menschen, die von Natur aus die Veranlagung dazu haben, zu höherer Muskelspannung an den Gelenken führt. Dieser erhöhte Gelenkdruck wiederum könnte schließlich zu Schmerz und Entzündung führen (Solomon, 1970). Ja RhA Patienten haben eine ungewöhnlich hohe Spannung in Muskeln, die sich über die befallenen Gelenke fortsetzt, aber es ist durchaus möglich, daß diese Spannung das *Ergebnis* der Gelenkschmerzen ist und nicht ihre Ursache.

Die Tatsache, daß RhA eine systemische Erkrankung ist, legt einen zentraleren ätiologischen Mechanismus nahe, besonders eine zentrale Immunschwäche. Wir wissen

(Kapitel 4), daß Streß in Form von Depression, Angst und anderen anhaltenden negativen Emotionen zu einer reduzierten Immunfunktion führen kann, doch die genauen Wege zwischen einem möglichen Stressor und der Manifestation einer Autoimmunaktivität am Synoviagewebe bleiben äußerst vage. Wieder haben wir – wie wir schon bei Asthma sahen – die merkwürdige Anomalie, daß die Substanzen zur Unterdrückung der Symptome (z. B. Kortison) genau diejenigen sind, die die Immunsuppression auslösen und deshalb die Erkrankung verschlimmern sollten, wenn sie auf eine relative Immunschwäche zurückzuführen ist.

***Persönlichkeit.*** Frühe Arbeiten (Solomon 1970) sprachen vom Arthritis-Patienten als offenkundig ruhigem, gesetzten Menschen, der selten, wenn überhaupt je Ärger empfindet oder ausdrückt. Bei Rorschach Tests zeigt sich der Arthritiker als mangelhaft in der emotionalen Reaktion und mit verschlossener Persönlichkeit. Die Ergebnisse Persönlichkeit werden jedoch durch die Möglichkeit verkompliziert, daß es zwei recht unterschiedliche Gruppen von RhA Patienten gibt. Beim einen Typus tritt die Erkrankung rasch auf, ohne ererbte Disposition; die Symptome werden mit einem psychischen Konflikt in Verbindung gebracht, die Persönlichkeit ist nicht-expressiv und verschlossen. Bei einem zweiten Typus von RhA ist der Ausbruch schleichend, es gab bereits Fälle in der Familie, Verbindungen zu Streß fehlen und die Persönlichkeit ist gesund. In einem raffinierten Versuch, das Problem der Interpretation von retrospektiven Studien zu umgehen, bei denen nicht auszumachen ist, ob die Persönlichkeitsmerkmale Ursache oder Wirkung sind, bekam Solomon (1976) die Beschreibungen von RhA Patienten von ihren gesunden Geschwistern:

> Die Geschwister neigten dazu, Beschreibungen mit negativem Beiklang zu benutzen, wenn sie beschrieben, wie die Patienten als Kinder waren, d. h. vor dem Ausbruch der Arthritis. Wendungen wie beispielsweise „armes, kleines Mädchen", „fühlte sich immer unterlegen", „es hieß, sie ist unscheinbar", „war kränklich und nicht aktiv", „war schüchtern, besorgt und faul" u.s.w. wurden allgemein von den Geschwistern verwendet, wenn sie den Patienten als Kind beschrieben. (Solche Wendungen) *wurden kaum verwendet bei der Beschreibung der Patienten, wie ihre Geschwister als Kinder waren.*[20]
> (Kursivdruck hinzugefügt)

Trotz dieser vielsagenden frühen Arbeit konnten neuere Untersuchungen mit Kontrollgruppen und standardisierten Test zu den Persönlichkeitsmerkmale keine zuverlässigen Hinweise auf eine „arthritische Persönlichkeit" feststellen. In einer Studie wurden die Punktzahlen in Persönlichkeitstests von Patienten mit Multipler Sklerose, Magengeschwüren und Kreuzschmerzen mit denen von RhA Patienten verglichen. Die vier Patientengruppen waren im großen und ganzen ähnlich; es liegt nahe, daß alle bei Arthritis festgestellten Persönlichkeitsmerkmale auf eine „Persönlichkeit mit chronischer Krankheit" hinweisen, die sich wahrscheinlich herausbildet, wenn sie sich mit der Erkrankung *arrangieren* statt als ursächlicher Faktor für den Krankheitsausbruch. Dies wird durch Daten bekräftigt, die nachweisen, daß, je länger ein Mensch Arthritis hat, desto mehr Persönlichkeitsstörungen auftreten – wie zu vermuten ist (Anderson et al., 1985).

Wieder einmal beschleicht uns das Gefühl, daß entweder die ältere Literatur, die behauptete, es gebe spezielle Persönlichkeitsmerkmale, vom Vorurteil des Untersuchers und von Projektionen herrührte, oder daß die modernen standardisierten Test einfach nicht genau genug sind, um die Besonderheiten zu erfassen, die die frühen impressionistischen Fallbeispiele zu finden vorgaben. Freilich sind die standardisierten psychologischen Tests alles andere als fehlerlose Meßinstrumente, die manchmal auf eine Dysfunktion hinweisen, wo keine vorliegt. Fragebögen für Depressive, z. B., die typischerweise Fragen nach Müdigkeit und Schlafstörungen enthalten, sind ungeeignet, um eine psychische Depression bei RhA zu messen, da diese Punkte nur die Auswirkungen der Gelenkschmerzen sind, sicher nicht psychogene Depression.

***Psychologischer Streß.*** Da die meisten RhA Patienten ein langsames, schleichendes Einsetzen der Krankheit haben, das mit Müdigkeit und Abgeschlagenheit Monate vor den Gelenksymptomen einhergeht, ist es oft für die Patienten nicht leicht, bedeutsame Ereignisse im Leben mit der Krankheit in Verbindung zu bringen. Bei zwei Untersuchungen über jugendliche RhA Patienten waren die Punktzahlen bei den bedeutenden Lebensereignissen merklich höher als die der entsprechenden Kontrollgruppe. Scheidung der Eltern, Trennung oder Tod und die Geburt von Geschwistern waren die Schlüsselereignisse vor dem Auftreten von juveniler RhA (Anderson et al., 1985). Es gibt einige Hinweise, daß Streß (z. B. Ehestreit) die Symptome von RhA Patienten verstärken kann, aber im großen und ganzen ist die Streßliteratur im Zusammenhang mit RhA nicht sehr solide. Ja Streß allein als Ursache ist nicht zu finden, wenn RhA kein eindeutig definiertes Krankheitsbild hat, sondern vielmehr einen ähnlichen phänotypischen Ausdruck verschiedener Krankheiten mit unterschiedlicher Ätiologie darstellt.[21] Wieder einmal, *caveat docere:* jeden Fall einzeln betrachten.

***Psychotherapie/Verhaltenstherapie.*** Da Gesundheitspsychologen und Verhaltensmediziner erst seit jüngster Zeit mit Rheumatologen eng zusammenarbeiten, gibt es bislang nur wenige methodologisch gute Studien über eine psychologisch ausgerichtete Behandlung dieser Erkrankung (Young, 1992). Vielmehr haben sich Psychologen darauf spezialisiert, RhA Patienten zu helfen, Fähigkeiten zu entwickeln mit ihrem Schmerz, ihrer Behinderung und ihrer Entmutigung umzugehen. Eine Reihe kognitiv-behavioraler Programme mit Anti-Streß-Training und Strategien zur Schmerzbewältigung wirken erwiesenermaßen erfolgreich (Young, 1992) auf die Schmerzstärke und die Stimmung der Patienten und gegen Gefühle der Hilflosigkeit. Gelegentlich können solche Programme Verbesserungen der funktionalen Beeinträchtigung bringen neben positiven Veränderungen des Immunzustandes.

***Eindeutige Wirkungen.*** Die hauptsächlichen Auswirkungen von chronisch progressiver RhA sind zunehmender Schmerz, Behinderung, Abhängigkeit von anderen, gesellschaftliche Isolation und finanzieller Verlust. Sie alle können die Lebensqualität eines Menschen ernsthaft beeinträchtigen. Für den naturheilkundlichen Behandler ist es wichtig, im Gedächtnis zu behalten, daß kognitiv-behaviorale Programme in vielen Städten bereits bestehen, so daß die Frage von begleitender Behandlung vom Patienten-Behandler-Team erwogen werden kann. Da die Erwerbsunfähigkeit die Hauptursache für Depressionen bei dieser Krankheit ist, sollten psychologische Bewältigungsstrategien erwogen werden, die die Fähigkeit des Einzelnen optimieren, mit der Situation erfolgreich umzugehen.

## Projekt 10

## Eine therapeutische Selbsthilfegruppe planen

Der Leser ist aufgefordert, eine Selbsthilfegruppe für eine spezielle chronische Erkrankung oder ein Syndrom zu entwickeln. Stellen Sie sich vor, Sie sind ein Behandler mit einer Reihe solcher Patienten und stellen Sie sich weiterhin vor, Ihre Gruppe regelmäßig zu leiten zusammen mit einem Ihrer Langzeitpatienten, der offen über die Herausforderungen und den Umgang mit dieser Krankheit mit anderen, neueren Patienten sprechen kann.

Die Planung dieser Gruppe könnte Überlegungen umfassen, welchen Rahmen (Diskussion, auf Vorträgen basierend, Aufklärung über psychische Aspekte, etc.) die Gruppe haben soll, wie sehr der Gruppenprozeß gefördert werden soll, die optimale Zeitplanung für die Treffen, welches konzeptuelle und praktische Werkzeug genutzt werden soll für spezielle Probleme dieses Syndroms u.s.w.

Vielleicht ist es auch hilfreich, die erwarteten Vorteile und die Grenzen zu notieren, welche Art von Patienten eine solche Gruppe hilfreich finden könnte, und wie lange die Patienten im Durchschnitt teilnehmen.

# 11

# Psychologische Aspekte häufiger Symptome (II)

*Die Krankheitsbezeichnung ist für den Arzt ohne Bedeutung.*

SAMUEL HAHNEMANN

## Kopfschmerzen

Migräne und Kopfschmerzen aufgrund von Muskelverspannungen gehören zu den häufigsten Leiden, die die Menschheit kennt. Kopfschmerzen aufgrund von Muskelkontraktionen gelten allgemein als das Ergebnis von angespannter Kopfhaut und Nackenmuskulatur. Schmerz tritt in der Stirn, den Schläfen oder dem Hinterkopf und dem Nacken auf. Der Schmerz ist üblicherweise auf beiden Seiten des Kopfes und wird als Band-artig, eng oder Schraubstock-artig beschrieben. Dieser Spannungskopfschmerz dauert Stunden oder Tage lang an und beeinträchtigt häufig den Schlaf. Migräne tut dies in der Regel nicht; hier zeigt sich oft ein gehäuftes Auftreten in der Familie; die Ursache vermutet man im Gefäßsystem. Migräne tritt meist auf einer Seite auf. Migräne wird in drei Kategorien eingeteilt: die klassische (10 %), die allgemeine (85 %) oder als Clusterkopfschmerz. Bei der klassischen Migräne kommt es zu einer klar definierten Vorphase (Aura) mit Sehstörungen (z. B. glänzende Zickzacklinien, Lichtblitze, getrübte Wahrnehmung), Schwindel und vorübergehender Aphasie circa eine Stunde vor dem Auftreten. Darauf folgt die Schmerzphase mit mittleren bis starken pochenden Kopfschmerzen, die häufig mit Übelkeit oder Erbrechen einhergehen, Verwirrung, Tränen eines Auges und extremer Licht- und Geräuschempfindlichkeit. Normale Tätigkeiten sind während dieser Anfälle unterbrochen; die Anfälle treten typischerweise ein- bis viermal pro Monat auf und dauern von 4–24 Stunden (7 Stunden sind der Durchschnitt). Bei der allgemeinen Migräne gibt es keine Vorphase, sie dauert im Durchschnitt länger und der Schmerz kann während eines Anfalls von Seite zu Seite wechseln. Der relativ seltenen Cluster-Migräne geht ebenfalls keine Aura voraus; der heftige Schmerz dauert nur kürzer (20–60 Minuten), tritt aber über einen Zeitraum von 2–3 Monaten eins- bis zweimal täglich auf. Dann verschwinden die Anfälle unerklärlicherweise für 1–2 Jahre ebenso plötzlich wie sie auftraten.

Migräne ist eindeutig in einem ägyptischen Papyrus von 1550 v. Chr. beschrieben. In Großbritannien sind bis zu 20 % der Frauen und fast ebenso viele Männer betroffen (Adams et al., 1980). Im Alter von 7 Jahren leiden bereits 1 % der Schulkinder an Migräne, die im Alter von 4 Jahren erstmals auftrat. Kopfschmerzen allgemein werden in ihrer Häufigkeit nur von der gewöhnlichen Erkältung übertroffen. Ungefähr 35 % der Kopfschmerzpatienten erleben sowohl Migräne *als auch* Spannungskopfschmerz; manchen Leuten fällt es schwer, anzugeben, welche Art sie haben, was darauf hinweist, daß die diagnostischen Kategorien nicht so eindeutig sind wie es scheint.

Bei einem beträchtlichen Teil der Migränepatienten können Nahrungsmittel und Zusätze (Schokolade, Käse, Orangen, Zwiebel, Tee, Schweinefleisch, Fette, Natriumglutamat, Natriumnitrate), Alkohol (besonders Rotwein), flackerndes Licht oder Fernsehen die Anfälle auslösen. Migräne wird auch von oralen Kontrazeptiva negativ beeinflußt und bei vielen Frauen besteht ein Zusammenhang mit dem Menstruationszyklus. Schwangerschaften bringen Migräne oft zeitweise zum Verschwinden.

Mutterkorn-Alkaloide, können, wenn sie unmittelbar beim Ausbruch eines Anfalls gegeben werden, eine Migräne bei vielen Patienten stoppen, aber die Medikamente haben keine prophylaktische Wirkung und es besteht die Gefahr des Mißbrauchs. Wenn Ergotaminderivate nicht ansprechen, werden Betablocker (gewöhnlich zur Vorbeugung) oder Amitriptylin gegeben. Methylsergid, das das Serotonin im Gehirn hemmt, reduziert die Anfallshäufigkeit, kann aber recht toxisch sein. Spannungskopfschmerz wird mit freiverkäuflichen Schmerzmitteln oder in schweren Fällen mit Amitriptylin behandelt. Die gewohnheitsmäßige Einnahme dieser Schmerzmittel (z. B. sechs Aspirin oder mehr pro Tag) zur Linderung der Kopfschmerzen schafft einen Teufelskreis, der die Häufigkeit der Kopfschmerzen im Grunde verstärkt.

***Psychophysiologie.*** Migräne wird mit Veränderungen der intra- oder extrazerebralen Gefäße in Zusammenhang gebracht. Während der Vorphase verengen sich diese Arterien, was zu einer lokalen Reduktion von bis zu 20 % der Blutversorgung in beiden Hemisphären führen kann. An einem bestimmten Punkt tritt als Reaktion eine reflektorische Gefäßerweiterung in den Gehirnarterien auf, die mit dem Einsetzen des eigentlichen Anfalls und dem Schmerz einhergeht. Es wird vermutet, daß diese Reaktion das Ergebnis der Ausschüttung von Serotonin – ein Neurotransmitter – aus den Blutplättchen während der vorangehenden Phase der Gefäßverengung ist. Migränepatienten können stärkere Reaktivität im Gefäßsystem zeigen, besonders in den Temporalarterien. Da die Reaktion auf schädliche Stimuli (körperliche und psychische) bekanntlich Gefäßverengung ist, paßt der eigentliche Anfall ins das Konzept der Streßreaktion. Psychische Faktoren wie nicht ausgedrückter Ärger könnten das Gefäßsystem im Kopfbereich überreagieren lassen, was schließlich bei Menschen mit einer Veranlagung dazu zur Dysfunktion führen kann. Derzeit sind die Einflüsse solcher Mechanismen plausibel, aber hypothetisch. Wie bei Kopfschmerzen aufgrund von Muskelverspannungen ist die Ursache vermutlich in der Regel „Spannung“, obwohl allgemein unklar ist, ob es sich um körperliche oder emotionale Spannung handelt. Jedenfalls verlief die Suche nach erhöhter Spannung der Kopfhaut oder der Nackenmuskulatur während der Kopfschmerzen ergebnislos; eine neuere Theorie besagt, daß der Schmerz ein später auftretendes Ergebnis eines Ödems ist, das sich durch die häufige und intensiven Anspannung dieser Muskeln bildete.[2] Dies erklärt, wie ein Tag voller Spannung am Arbeitsplatz zu Kopfschmerzen später am Abend führen könnte, wenn der Betroffene entspannt zu Hause ist.

***Persönlichkeit.*** Bereits 1743 wurde Migräne dem Ärger zugeschrieben, besonders stummem und unterdrücktem; zu dieser Vermutung ergänzten psychoanalytische Psychosomatiker zwanghafte, rigide, perfektionistische, ehrgeizige und konkurrierende Persönlichkeitsmerkmale. Um 1970 wurde klar, daß viele Migränepatienten so nicht typisiert werden konnten, und daß der bei Kopfschmerzpatienten häufig festgestellte Neurotizismus wahrscheinlich „eine Folge des Risikos, plötzlich intensiven Schmerz zu spüren oder plötzlich zum Patienten zu werden" (Packhard 1987) war mit einer Krankheit, das sollte hinzugefügt werden, die höchst restistent war gegen das Beste, was die moderne Medizin zu bieten hat. Kopfschmerzen aufgrund von Muskelverspannungen werden unterdrückter Feindseligkeit, angstbedingter Anspannung, Depression und sexuellen Konflikten zugeschrieben. Ja, die moderne Forschung findet nur geringe oder gar keine Unterschiede in der Persönlichkeit zwischen den zwei Klassen von Kopfschmerzen. Wieder einmal ist die derzeitige Schlußfolgerung, daß es keinen eindeutigem Persönlichkeitstypus oder kein Persönlichkeitsprofil im Zusammenhang mit Migräne zu geben scheint.

***Verbindungen zu Streß.*** Eine retrospektive Studie von mehreren hundert Fällen von einseitigen Kopfschmerzen stellte fest, daß bei 67 % der Fälle Emotionen (allgemein definiert) mit dem Auftreten der Kopfschmerzen in Zusammenhang stehen. Andererseits ist noch unklar, wie Streß Migräne hervorruft und warum manche Anfälle erst geraume Zeit nach einer langen Streßperiode auftreten und nicht während der Zeit des Streß. Allgemein besteht Übereinstimmung, daß Kopfschmerzen aufgrund von Muskelverspannungen *ipso facto* Streßkopfschmerzen sind; ja das ist ein anderer Name für sie. Doch ihre Verbindung zu erlebtem Disstreß oder bedeutenden Ereignissen im Leben ist von einer einfachen 1:1 Relation weit entfernt.

***Psychotherapie/Verhaltenstherapie.*** Aufgrund der beschränkten Wirkung von Medikamenten und der langfristigen Eigenschaft von Analgetika, Kopfschmerzen zu verschlimmern, werden Kopfschmerzpatienten zunehmend zur psychologischen Behandlung überwiesen. Verhaltenstherapie in Form von progressiver Muskelentspannung, Hypnotherapie, Meditation und verschiedenen Formen von Biofeedback spielt bei der psychologischen Behandlung von Kopfschmerzen eine herausragende Rolle; diese Verfahren bilden einen typischen Teil des Repertoires von Kopfschmerzkliniken. Umgekehrt scheint die klienten-zentrierte oder die psychodynamische Therapie weniger erfolgreich. Kognitive Therapie zur Streßbewältigung, inklusive Selbstbehauptungstraining, scheint für Spannungskopfschmerz nützlich, für Migräne hingegen wenig oder gar nicht.[3]

Biofeedback für Migräne geht von der Theorie aus, daß das Warmwerden der Hände zu Gefäßerweiterung in der Peripherie führen kann. Im Gegensatz dazu funktioniert Biofeedback bei Spannungskopfschmerz durch die herabgesetzte Spannung im Frontalismuskel, die durch nachlassenden Widerstand in diesem Muskel mit dem Elektromyograph (EMG) gemessen wird.[4] Migränepatienten, die lernen können, die Temperatur in ihrer Hand auf mindestens 35°C zu erhöhen und Patienten mit Spannungskopfschmerz, die die EMG Spannung im Frontalismuskel reduzieren können, zeigen klinisch bedeutend seltener und leichtere Kopfschmerzen. Die Ergebnisse sind sogar noch besser, wenn die Biofeedback-Technik durch Entspannungsübungen ergänzt werden. Folgeuntersuchungen in einem Zeitraum von bis zu fünf Jahren belegen, daß bei der Mehrzahl der Patienten, bei denen es zu einer Besserung kam, diese anhielt. Es ist nützlich, diese

Ergebnisse denen einer Kontrollgruppe von Kopfschmerzpatienten gegenüberzustellen, die zwar ein Schmerztagebuch führten, aber nicht an Biofeedback teilnahmen und nach drei Jahren im wesentlichen keine Verbesserung ihrer Symptomatik zeigten (Blanchard 1992). Insgesamt sind die Behandlungen mit Verhaltenstherapie mindestens ebenso wirksam wie Medikamente und haben natürlich keine schädlichen Nebenwirkungen.

Weil Kopfschmerzen ein rein subjektives Phänomen sind und nicht wie die Verlegung der Atemwege bei Asthma, das Maß an Hautläsionen bei Ekzemen, Schäden an den Gelenken bei RhA oder selbst wie Durchfälle beim Reizkolon gemessen werden können, ist ein täglich geführtes Kopfschmerztagebuch unschätzbar für die Arbeit mit Kopfschmerzpatienten. Darin notiert der Patient selbst die Zeiten, die Häufigkeit, die Dauer und die Intensität des Schmerzes. Das Tagebuch gestattet dem Behandler und dem Patienten, auf die Streßauslöser (Nahrungsmittel, Klima, Situationen, Emotionen) einzugehen und die heilsamen Auswirkungen der Behandlungsmethoden zu verfolgen.

Ursprünglich wurde die Arbeit mit Biofeedback bei Kopfschmerzen in Kliniken durchgeführt, aber durch die Entwicklung von tragbaren, preiswerten elektronischen Geräten, können Patienten heute nur wenig Kontakt zur Klinik haben und ihr eigenes Biofeedback-Training zu Hause durchführen mit Hilfe von Audiokassetten und Trainingshandbüchern zum Erlernen. Vorausgesetzt, der Patient bleibt motiviert, scheinen die Ergebnisse des minimalen Kontakts zu Therapeuten überraschend gut (Blanchard, 1992). Die Wirksamkeit der zwei oben beschriebenen Arten von Biofeedback, Hypnotherapie und progressive Muskelentspannung läuft wahrscheinlich auf den gemeinsamen Nenner hinaus, daß der Patient bei beiden Arten Entspannung lernt. Es ist auch möglich, daß all diese Verfahren die Endorphinproduktion im Gehirn erhöhen, die bekanntlich zur Zeit eines Anfalls gering ist. Es gibt jedoch zwei Einwände gegen den generell eindrucksvollen Beitrag von Psycho- und Verhaltenstherapie bei Kopfschmerzen. 1. Migräne im Zusammenhang mit dem Menstruationszyklus kann recht resistent gegen diese behavioralen Interventionen sein. 2. Es gibt bislang *keinerlei* Hinweise, daß *irgend eine* dieser Techniken bei Cluster-Migräne wirkt, die sich als resistent erweist gegen alle bekannten psychobehavioralen Behandlungen.

***Fallbeispiel.*** Weil es keine Daten gibt über die direkten Folgen von Kopfschmerzen, ist ein anschauliches Fallbeispiel abgedruckt. (Siehe Fallbeispiel auf nächster Seite.)

## Fallbeispiel: Therapie bei Spannungskopfschmerz[5]

Linda, ein zehnjähriges Mädchen wird von ihrem Hausarzt zur Verhaltenstherapie geschickt wegen ihrer Kopfschmerzen, die in den letzten sechs Monaten erheblich schlimmer wurden. Der Schmerz fühlt sich an wie ein enges Band um den Kopf, stechend und pikend; er ist fast immer da, besonders schlimm gegen Ende des Nachmittags. Einmal oder zweimal in der Woche sind die Kopfschmerzen so schlimm, daß Linda nicht zur Schule gehen kann. Abgesehen von den Kopfschmerzen, die als Spannungskopfschmerzen beschrieben werden können, leidet Linda unter Migräne, die mit Übelkeit und Erbrechen einhergeht; sie tritt ungefähr einmal im halben Jahr auf. Linda hat auch Einschlafschwierigkeiten.

Offensichtliche psychische Probleme sind nicht bekannt. Die Therapie beginnt mit Entspannung und EMG Biofeedback-Training der Gesichtsmuskulatur. Linda macht begeistert mit. Nach 10 Sitzungen in einem Zeitraum von drei Monaten gingen die Kopfschmerzen von 21 auf ca. 10 morgens-nachmittags-abends pro Woche zurück. Linda kann immer zur Schule gehen und nimmt kaum noch Medikamente.

Mittlerweile ergab sich aus dem Kopfschmerztagebuch und aus Gesprächen mit Linda und ihren Eltern, daß Linda mit ihrem Bruder einige Probleme hat. Im folgenden Behandlungsabschnitt werden verschiedene Situationen in einem Rollenspiel durchgegangen, in denen Linda lernt, ihrem Bruder ruhig aber bestimmt klarzumachen, was sie will, was sie nicht will und was sie störend an ihm findet.

Es stellt sich auch heraus, daß es für Linda schwierig ist, Unsicherheit zu ertragen. Um diesen Zustand zu verbessern, macht Linda Übungen aus der kognitiven Therapie, während sie an ein Gerät angeschlossen ist, das die Spannung im Frontalismuskel mißt. Sie ruft sich bestimmte Situationen ins Gedächtnis und ersetzt jegliche Gedanken der Unsicherheit durch positive Affirmationen. Sie reduziert jede Steigerung der muskulären Spannung durch Bilder, die sie angenehm findet, wie im Wald spazieren zu gehen und die Eichhörnchen zu füttern.

Von da an verschwanden die Kopfschmerzen vollständig. Bei einer Nachuntersuchung ein Jahr nach dem Ende der Therapie hielt diese Besserung an.

***Selbsthilfegruppen.*** Der Wert von Selbsthilfegruppen für bestimmte Krankheiten wird zunehmend erkannt. Jede Krankheit hat ihre eigenen Herausforderungen und sozialen Folgen und Patienten können gegenseitig von ihren Erfahrungen lernen. Einige Vorteile sind: 1. Man stellt fest, daß man nicht alleine ist. 2. Man entdeckt, daß es andere gibt, die sich kümmern und die die eigenen Gefühle verstehen. 3. Man lernt neue Arten, mit den Beschwerden umzugehen. 4. Das Kräftegleichgewicht mit den Ärzten verändert sich und man erlangt den Status eines gleichberechtigten Partners in der Therapie. Viele dieser Vorteile sind die gleichen wie bei Einzelpsychotherapie (siehe Kapitel 8). Zusätzlich zu diesen persönlichen Aspekten kann die Gruppe den Mitgliedern auch die neuesten medizinischen und behavioralen Ressourcen für die Krankheit anbieten, sie mit anderen in Kontakt bringen, die die selbe Qual erleben, und die öffentliche Aufmerksamkeit für bestimmte Probleme erhöhen, die die Betroffenen dieser Krankheit erleben.

Von Patienten geleitete Selbsthilfegruppen für Kopfschmerzpatienten haben sich als recht wertvoll erwiesen.[6] Diese Gruppen werden üblicherweise von Laien geleitet, die erst von einem erfahrenen Leiter einer Gruppe angelernt werden. Für die Begleiter wurde ein Handbuch entwickelt und die Leiter treffen sich regelmäßig zum Austausch von Problemen und zur Weiterbildung. Die Gruppen treffen sich monatlich; üblicherweise nehmen 15 Personen daran teil. Einige Gruppen geben im Selbstverlag Zeitungen heraus mit Artikeln von Betroffenen und Fachleuten. Kopfschmerz-Selbsthilfe-Organisationen entstanden aus dem Wunsch heraus, Kopfschmerzpatienten zu informieren, sie zu schulen und zu unterstützen. Aber sie dienen auch dazu, die Öffentlichkeit über die Auswirkungen von Kopfschmerzen auf den Alltag aufzuklären und das Verständnis in Familien, bei Arbeitgebern und – bitte beachten – bei Ärzten zu erhöhen. Diese Gruppen an der Basis spielen eine unschätzbare Rolle bei der Aufklärung und als Fürsprecher für ihr spezielles Krankheitssyndrom.

## Chronisches Müdigkeitssyndrom (chronic fatigue Syndrome)

Chronisches Müdigkeitssyndrom (CMS) bezieht sich auf eine Gruppe von verschiedenen körperlichen Symptomen, die sich im allgemeinen aus einer akuten viralen Infektion entwickeln (Erkältungen, Virusgrippe, Drüsenfieber, infektiöse Mononukleose), die aus unbekannten Gründen nicht normal vergeht. Auch wenn die Erkrankung nicht neu ist, erklärt das fast epidemische Auftreten (oder Wiederauftreten) in der jüngeren Vergangenheit und die Uneinigkeit hinsichtlich der Ätiologie und der Pathogenese, die Vielzahl der Namen, mit der die Krankheit bezeichnet wird: Island Krankheit, myalgische Enzephalomyelitis (ME), chronische Müdigkeits-Immunschwächenerkrankung, Royal Free Disease, post-virale Erschöpfung, chronische Epstein-Barr-Infektion und post-infektiöse Neurasthenie. Das Leitsymptom ist andauernde oder wiederkehrende schwächende Müdigkeit oder leichte Erschöpfbarkeit, die mindestens 6 Monate besteht und sich trotz Bettruhe nicht bessert; verschlimmert wird sie durch Sport und sie ist ernst genug, die durchschnittlichen Tagesaktivitäten um 50 % oder mehr zu reduzieren.[7] Zudem, und möglicherweise pathogenomisch, fühlen sich CMS-Patienten krank als ob sie monate- oder gar jahrelang Grippesymptome hätten.

Auf den systemischen Charakter der echten CMS weisen weitreichende Auswirkungen hin, die im ganzen Körper festgestellt werden können. Diese variieren von Fall zu Fall, doch umfassen sie typischerweise Schmerzen in den Muskeln und Gelenken und oder Steife in den Gelenken, Schlafstörungen, gesteigerter Sensibilität gegenüber Licht, Geräuschen, Hitze und Kälte, Beeinträchtigung des Kurzzeitgedächtnisses und der assoziativen Erinnerung und Konzentrationsschwäche. Folglich sind auch die Fähigkeiten, Aufgaben auszuführen und Entscheidungen zu treffen mit Hilfe der letztgenannten intellektuellen Funktionen, gestört, manchmal gravierend. Das Ausmaß der Beeinträchtigung kann über die Fähigkeit zum Kopfrechnen ermittelt werden. Andere häufige Symptome sind chronische subfebrile Temperaturen, Halsentzündung, schmerzende Lymphknoten, Kopfschmerzen, multiple Allergien, kardiovaskuläre Störungen (Herzklopfen, Hypotonie) und Verdauungsstörungen, die an ein Reizkolon erinnern. Auch Depression tritt häufig auf. CMS kann relativ blande verlaufen oder stark beeinträchtigend sein. Frauen sind im Verhältnis 60:40 häufiger betroffen. Gegenwärtig ist keine Ursache und keine Abhilfe bekannt. Ungefähr 50 % der Patienten geht es nach zwei Jahren plötzlich besser, weitere 50 % des Restes geht es 4 Jahre nach dem Ausbruch bedeutend besser. Bei den verbleibenden 25 % tritt keine Besserung ein oder es treten jahrelang Rückfälle auf.[8] Derzeit ist trotz der Schwere mancher Fälle das Blutbild bei Laboruntersuchungen völlig normal, Muskeltests sind negativ und körperliche Schädigungen, die das Symptombild erklären könnten, sind nicht nachweisbar. Weitverbreitet ist hingegen die Auffassung, daß CMS eine Viruserkrankung ist und tatsächlich zeigt die Mehrzahl der Patienten einen erhöhten Titer des enteroviralen Proteins VP 1-Faktor, seine Bedeutung ist jedoch nicht gesichert. Es ist außerordentlich schwierig, das echte CMS von anderen Krankheiten mit Müdigkeit als Leitsymptom zu unterscheiden. Hin und wieder bezeichnet sich ungefähr ein Fünftel der Bevölkerung als chronisch müde[9], aber die Ursachen sind so unterschiedlich, daß Müdigkeit an sich nie eine Diagnose sein kann. Besonders Hypoglykämie, Candida und neurotische Depression zeigen viele CMS-Symptome.

Die allopathische Behandlung ist sehr unterschiedlich, denn noch 1991 gaben zwei Drittel der Allgemeinmediziner an, sie glaubten nicht an ein solches Syndrom[10]; dadurch bringen sie ihre Meinung zum Ausdruck, daß CMS keine richtige Erkrankung ist, da Labortests bislang keinen schlüssigen Beweis einer Gewebspathologie oder eines infektiösen Erregers erbracht haben. Im allgemeinen werden trizyklische Antidepressiva gegeben, die in einigen Fällen die Stimmung und die Schlaflosigkeit bessern, ohne den Krankheitsverlauf zu verändern; in vielen Fällen können Antidepressiva jedoch die grippeartige Symptomatologie verschlimmern. Ein großer Teil der Betroffenen verweigert die psychotropen Medikamente, da sie sich (zu Recht, wie wir sehen werden) nicht unter einer psychiatrischen Störung leidend empfinden. Ausgedehnte Ruhe scheint die einzig gut dokumentierte, langfristig wirksame Behandlung[11] zu sein, auch wenn manche Ärzte Ruhen ablehnen, weil es zur Gewohnheit werden könnte.

***Psychophysiologie.*** Wie dieses Syndrom viele Körpersysteme angreift, ähnelt es einer Art „gutartigem" AIDS; im Gegensatz zu AIDS aber sind die Auswirkungen, wenn auch lange anhaltend und schwächend, in der Regel reversibel, beschränken sich auf den Betroffenen selbst und führen in keinem Fall zum Tod. Viele Symptome erscheinen vergleichbar mit einer Immunsuppression, andere hingegen legen eine Fehlfunktion des Hypothalamus und des Großhirns nahe. Wie dem auch sei, bislang ist keine eindeutige Pathogenese nachgewiesen. Die verbreitetste Hypothese bei denen, die CMS als echte Krankheit betrachten, ist, daß es sich um eine Viruserkrankung handelt. Der Erreger braucht jedoch kein neuer Virus sein. Vielmehr könnten sich – aus bisher noch unbekannten Gründen – Viren, die üblicherweise in den oberen Luftwegen vorkommen, ihren Weg in tiefere Körperregionen (z. B. den Darm) bahnen, wo sie den Versuchen des Immunsystems, sie unschädlich zu machen, widerstehen.

Streß spielt insofern eine Rolle beim Ausbruch oder dem weiteren Verlauf von CMS, als er konstitutionell anfällige Menschen für Erkältungen, grippale Infekte und Mononukleose prädisponiert. Hernach könnten Persönlichkeitsfaktoren bei Menschen, die die ursprüngliche Virusinfektion nicht richtig auskurieren, weil sie trotz eindeutiger Krankheit weiterarbeiten, nicht auf ihre Ernährung und genügend Ruhe achten, eine Rolle spielen. Derart unvernünftiges Verhalten, das die normale Genesung hemmt, könnte dem Virus schließlich gestatten, von harmlosen Loci (obere Atemwege) zu zentralen Organen zu wandern wie Darm, Leber, Herz oder Gehirn. Störungen in der Hypophyse könnten die Nebennieren gefährden und so die Immunfunktion beeinträchtigen. Doch bis die Pathogenese von CMS klarer wird, muß diese Darstellung als Spekulation angesehen werden.

***Persönlichkeit.*** 1869 führte der amerikanische Neurologe George Beard den Begriff *Neurasthenie* (Nervenschwäche) ein als Bezeichnung für einen Symptomenkomplex mit Ermüdbarkeit als Leitsymptom, der CMS entweder stark ähnelt oder identisch damit ist.[12] Beards Beschreibung von Neurasthenie zu lesen, eine Diagnose, die Mitte des 20. Jahrhunderts praktisch verschwunden war, ist wie ein *déjà-vu*-Erlebnis, so präzise beschrieb er die zahlreichen komischen und bizarren Symptome, die in der neueren Literatur unter CMS/ME wieder aufgetaucht sind. Beard hielt Neurasthenie für eine „Burnout"-Erkrankung. Wenn ein Mensch, „der sich getrieben fühlt, zu denken, zu arbeiten und nach Erfolg zu streben, sich und seine Lebenskraft bis an die Grenze treibt, so erschöpft er letztlich sein System wie eine überspannte Batterie."[13] Über 100 Jahre später lauert dieses gleiche Persönlichkeitsmuster hinter dem Schimpfnamen „Yuppie-Grippe“. Der CMS-Patient übertreibt vielleicht nicht, sondern ist vielmehr ein Mensch mit starkem Loyalitätsgefühl, Hingabe und innerer Verpflichtung, der allzu lange in anspruchsvollen und höchst verantwortungsvollen Arbeitssituationen bleibt, ohne angemessene Pausen oder regelmäßig Urlaub zu machen, um seine Kräfte zu regenerieren. Ein solches Persönlichkeitsmuster könnte erklären helfen, warum in der viktorianischen Zeit und heute diese Erkrankung häufig bei Ärzten, Lehrern, Krankenschwestern und allgemein bei Menschen mit hoher Verantwortung für andere auftritt.

Wie Neurasthenie ursprünglich ein ganz spezifisches Symptom mit einer vermuteten organischen Grundlage darstellte, aber im Laufe der Zeit das Sammelbecken für unerklärte Müdigkeit jeglichen Ursprungs wurde, so läuft CMS heute Gefahr, mit Erschöpfungszuständen aller Arten und Ätiologien vermischt zu werden. Ob es eindeutige Persönlichkeitsmuster bei CMS gibt, ist sehr schwierig zu ermitteln, wenn der Begriff außerhalb klar definierter Grenzen lax verwendet wird. Beard definierte Neurasthenie als organische Erkrankung, deren neurophysiologische Ursache schließlich entdeckt würde. Das Unvermögen der Medizin, die vermeintliche Pathologie zu finden, bedeutete, daß zwangsläufig ungeklärte Müdigkeitssymptome zahlreicher Ursachen mit Neurasthenie in einen Topf geworfen wurden und so die ursprüngliche Diagnose konsequent abgewertet wurde. Eine ähnliche Aufweichung passiert wahrscheinlich mit CMS, wenn Virologen und Immunologen weiterhin keine organische Grundlage finden und wenn Behandler die Müdigkeitssymptomatologie nicht aufgrund ihrer Ätiologie unterscheiden können. Der ganzheitliche Behandler läuft hierbei weniger Gefahr, in Anbetracht seines umfassenden psychobiosozialen Augenmerks; aber es gibt sicherlich Grenzfälle, bei denen es schwierig ist, echte CMS von einer psychogenen Depression, Candida oder Hypoglykämie zu unterscheiden. Im Zweifelsfall ist es am besten, übervorsichtig zu sein, da sich im Anfangsstadium von CMS nicht auszuruhen wahrscheinlich die Krankheit verlängert.

In Anbetracht der diagnostischen Schwierigkeiten überrascht es nicht, daß derzeit keine systematischen Studien über Persönlichkeitsmerkmale bei CMS existieren, die über Berichte hinausgehen, daß die Hälfte der Patienten depressiv sind.[14] Wie bei anderen in diesem Kapitel besprochenen Symptomen werden Ursache und Wirkung durcheinandergeworfen, besonders bei CMS, denn eine virale Depression ist ein erstes Anzeichen der ursprünglichen Virusgrippe oder Mononukleose, und zudem verursacht die nachlassende Mobilität, das Sinken des Einkommens, weniger persönliche Beziehungen und eine allgemein geringere Lebensqualität die Bedingungen für eine sekundäre Depression im Zusammenhang mit der Erkrankung. Craig bemerkte 1912, daß Depression eine häufige Nebenwirkung von Neurasthenie war, aber er war sich im klaren darüber, daß die Depression sich in ihrer Erscheinung von den Major depressiven Störungen, die damals Melancholie genannt wurden, unterschied:

> Die Depression der Neurasthenie wird manchmal mit denen der Melancholie verwechselt; das aber sollte nicht passieren, da die ganze Geschichte anders ist und sich auch die Art der Depression unterscheidet.[15]

Depression ist häufig ein direktes und primäres Ergebnis vieler organischer Erkrankungen, darunter Multiple Sklerose, Parkinson und Morbus Cushing. Sie tritt auch auf bei Gürtelrose, Virusgrippe, Mononukleose, Hepatitis und vielen Fällen von Schilddrüsenunterfunktion; dann vergeht sie nur, wenn die Erkrankung vergeht.[16] Die Beurteilung der

Depression bei CMS ist methodologisch sehr schwierig, da die Depressionstests (z. B. Beck's Depression Inventory) Schlafstörungen, Libidoverlust, Anorexie – ganz abgesehen von Erschöpfung – als Maß der Depression verwenden. Dies sind aber alles primäre *Wirkungen* von CMS, nicht ihre Ursache.

***Psychotherapie/Verhaltenstherapie.*** Die früheste wirksame Verhaltenstherapie für Neurasthenie war die „Schlafkur", die von Beards Kollegen, S. Wir Mitchell, entwickelt wurde; sie enthielt mehrere Wochen absoluter Bettruhe.[17] Eine Zeit lang war die Schlafkur im letzten Jahrhundert äußerst populär und führte oft zur Heilung. Doch schließlich machte sich Ernüchterung breit, als Kritiker auf Patienten verwiesen, die monate-, sogar jahrelang ruhten ohne heilsame Wirkung. Das war freilich zu erwarten, wenn, wie es ja geschah, Neurasthenie zum diagnostischen Sammelbegriff für Müdigkeit unterschiedlicher Ätiologie wurde. Schlaf hätte nur denen genutzt, auf die die enge Definition von Beards ursprünglicher Beschreibung der Krankheit zutraf; diese umfaßte nicht einfach Mattigkeit, sondern die Ätiologie von „Burn-out". Umgekehrt wäre Schlaf in Fällen kontraindiziert, bei denen die Müdigkeit eine Folge anderer psychosozialer Ursachen war wie eine enttäuschte Liebesbeziehung, Durchfallen in Prüfungen, Tod des Partners, finanzieller Ruin oder unerfüllte Kreativität.

Wenn CMS (post-infektiöse Neurasthenie) als depressive Störung (z. B. Greenberg, 1990; Wessely, 1990) angesehen wird, dann wird ausgesprochen unpassenderweise Verhaltenstherapie vorgeschlagen, durch die die Patienten ermuntert werden, trotz ihrer Symptome zu ihrem normalen Tagesablauf zurückzukehren.[18] Die CMS Selbsthilfe-Literatur und Berichte von betroffenen Behandlern (Shepherd, 1989; MacIntyre, 1989; Millenson, 1992) stellen ganz klar, daß sich selbst anzutreiben geradezu ein Rezept für die Verlängerung der Krankheit ist oder vielleicht eine Genesung verhindert. Wirkliche CMS-Patienten nutzen den Schlaf nicht, um Verantwortung aus dem Weg zu gehen, weder heute (Shepherd, 1989), noch vor 120 Jahren (Craig, 1912).

Vielleicht erhalten Betroffene die beste Unterstützung von ehemaligen Erkrankten und von Betreuern, die die speziellen Merkmale der Krankheit extrem gut kennen. Aufklärung über die Krankheit, ihr wahrscheinlicher Bezug zu Überarbeitung und eine sichere Atmosphäre ohne Anforderungen für die Betroffenen herzustellen, damit sie sich ausruhen können ohne eine Spur von Schuldgefühl oder dem Gefühl, daß sie beim ersten Anzeichen der Besserung sich sofort wieder in die Arbeit stürzen müssen, ist von unschätzbarem Wert. Andererseits kann Psychotherapie, die sich auf die Symptome der Depression konzentriert und nicht erkennt, daß sie die primären und sekundären Folgen der Krankheit sind und *nicht* ihre Ursache, mehr schaden als nutzen.

***Besondere Folgen.*** Ungefähr die Hälfte oder mehr der CMS-Patienten bringen eine virale Erkrankung mit dem Ausbruch ihrer Krankheit in Zusammenhang; bei anderen entwickeln sich die typischen Symptome schleichend ohne eine eindeutige Manifestation einer vorangehenden Infektion. Weil Labortests bislang die organische Ursache für CMS nicht schlüssig nachwiesen, ist diese Krankheit eine Herausforderung für unsere westlichen Konzepte des Zusammenhangs zwischen Erkrankung und Krankheit. (Siehe Fußnote 1 in Kapitel 1; Anm. d. Ü.). Besonders CMS paßt oberflächlich betrachtet in die Beschreibung der psychiatrischen Kategorie von *Somatisierung:* körperliche Beschwerden, deren organische Grundlage entweder nicht nachgewiesen werden kann oder die sehr übertrieben beurteilt werden im Vergleich zu dem, was auf der Grundlage der medizinischen Befunde zu erwarten wäre.[19] Da Depression – genauer gesagt *Demoralisierung* oder *Verzweiflung* – häufig mit CMS einhergeht, kann eine unkritische Analyse derer, die sich mit CMS nicht gut auskennen, durchaus zu dem Schluß kommen, daß CMS nichts anderes ist als eine depressive psychiatrische Störung.

Eine wichtige Folge dieser Krankheit ist deshalb derzeit, daß Patienten Gefahr laufen, falsch diagnostiziert (nämlich mit einer psychiatrischen Störung) und falsch behandelt (und stigmatisiert) werden. Die Behandlung einer psychogenen Depression besteht aus psychotropen Medikamenten (Antidepressiva), schwächeren und stärkeren Beruhigungsmittel, elektrokonvulsiven Schocks und Psychotherapie. Das ist für CMS-Patienten höchst ungeeignet, deren hauptsächlicher Stressor, unabhängig von der ursprünglichen Ätiologie, eine schwächende Krankheit ist, für die es keine Heilung gibt, eine Krankheit mit unbekanntem Verlauf und unsicherer Prognose, die jeden Lebensbereich radikal unterbricht. Das Ende der Krankheit bedeutet auch das Ende der Depression. Viele bekannte Betroffene waren selbst Ärzte und sie haben sich energisch gegen eine psychiatrische Interpretation von CMS ausgesprochen. Ihren Veröffentlichungen und intensiven politischen Bemühungen von Selbsthilfe-Organisationen auf der ganzen Welt ist es in erster Linie zuzuschreiben, daß CMS nicht als achte unter die heiligen sieben psychosomatischen Krankheiten aufgenommen wurde mit all den trügerischen Erklärungen zur Psychogenese (siehe Kapitel 9). Unglücklicherweise werden CMS-Patienten von Ärzten skeptisch betrachtet, wird ihnen eine Invaliditätsrente verwehrt und mangelt es ihnen an Mitgefühl von Arbeitgebern und sogar Familienmitgliedern.

***Selbsthilfegruppen.*** Weil die Schulmedizin CMS nur sehr langsam als echte Erkrankung anerkennt, waren CMS-Selbsthilfegruppen auf der ganzen Welt die treibende Kraft, die Informationen über die Erkrankung sammelten, die Forschung vorantrieben und Behandlungen auswerteten. Diese Gruppen arbeiten, ähnlich der oben beschriebenen Selbsthilfegruppen bei Kopfschmerzen, erfolgreich und gegen beträchtlichen Widerstand der etablierten Medizin für die Rechte der Patienten, z. B. den Status der Erwerbsunfähigkeit in schweren Fällen und die Anerkennung von CMS als einer echten Erkrankung. Einige Behandler verwendeten spezielle Behandlungen (Megavitamintherapie, Darmspülungen) und leiteten ihre eigenen Patientengruppen. Weil CMS Patienten sowohl unter körperlicher Schwäche als auch unter mentaler Verwirrung leiden, sind sie noch immer Argwohn und Stigmatisierung ausgesetzt. Weil die ungewisse Genesungszeit sehr lang dauern kann und durchsetzt mit entmutigenden Rückschlägen, sollten die von einem Behandler geleiteten Selbsthilfegruppen bei dieser Erkrankung sehr nützlich sein.

## Allgemeine Schlußfolgerungen aus den sechs Symptomen

Wenn wir einen Schritt zurücktreten von unserem Versuch, eine detaillierte Analyse der psychischen Faktoren dieser sechs Krankheitssymptome zu erstellen und versuchen, die gemeinsamen Themen zu beurteilen, gültige Verallgemeinerungen, Standardtechniken für den allgemeinen Gebrauch herauszusuchen, sind die Ergebnisse ausgesprochen unklar und verwirrend. Die wissenschaftliche Literatur hinterläßt den Eindruck, daß dieser Bereich immer noch in den Kinderschuhen steckt. Selbst bei den am besten untersuchten Krankheiten ist unser Wissen begrenzt, gültige Verallgemeinerungen gibt es nur vereinzelt, dagegen sind viele einander widersprechende Berichte und Theorien zahlreich. Die wenigen gültigen Verallgemeinerungen scheinen negativ zu sein: ältere Berichte über spezielle Persönlichkeitsprofile für diese Symptome werden *nicht* bestätigt,

Streß kann bei *keiner* der Ätiologien eindeutig festgemacht werden, und Unterschiede in der Persönlichkeit, die zwischen Patienten und Gesunden bestehen, können *nicht* von den Auswirkungen getrennt werden, eine chronische, beeinträchtigende, schmerzhafte, hartnäckige, körperlich und gesellschaftlich einschränkende Erkrankung zu haben.

Doch wenn man alle Symptome betrachtet, scheinen bei einem oder mehreren Psychotherapie und Verhaltenstherapie im großen und ganzen therapeutisch wertvoll zu sein. Reizkolon kann durch Streßreduzierungsprogramme und Psychotherapie beträchtlich gelindert werden; langfristige Gruppentherapie und Verhaltenstechniken erwiesen sich bei Asthmatikern als nützlich, um die Verhaltensweisen in den Griff zu bekommen, die Anfälle verschlimmern; Kopfschmerzen sprechen besser auf Biofeedback mit progressiver Muskelentspannung an als auf Medikamente. Arthritis-Patienten reagieren positiv auf Programme zur Verhaltensmodifizierung bei Schmerzen; die Angst, das Schamgefühl und die Peinlichkeit, die Patienten mit Ekzemen und Psoriasis empfinden im Verhältnis dazu, wie andere ihre entstellenden Läsionen einschätzen, können durch Einzel- und Gruppentherapie gelindert werden; dadurch steigt das Selbstwertgefühl und die Unabhängigkeit vom Urteil anderer. Selbsthilfegruppen erfüllen viele der Funktionen der Psychotherapie für CMS-Patienten und unterstützen die eine Therapie, die sich bei dieser Krankheit als wertvoll erwiesen hat: Ruhe. Einfache Mittel zur Beobachtung wie ein Tagebuch des Patienten sind bei einer Vielzahl von Symptomen hilfreich.

Die Schwierigkeiten, frühere psychosomatische Theorien aus der Psychoanalyse über die Persönlichkeit bei speziellen Erkrankungen zu bestätigen, brachten die Forscher davon ab, psychische Faktoren für die Krankheitsätiologie finden zu wollen und hin dazu, behaviorale Konsequenzen der besonderen Krankheiten zu identifizieren. Diese Entwicklung ist empfehlenswert, weil Programme zur Verhaltensmodifikation tatsächlich die schlimmsten Aspekte einer chronisch schwächenden Krankheit lindern können, doch sie ist wahrscheinlich nicht unabhängig vom schulmedizinischen Rahmen, in dem diese Erkrankungen auftreten, und in dem Forschung stattfindet. Weil diese Symptome als „von unbekannter Ätiologie und ohne bekannte Heilung“ gelten, konzentriert sich die Schulmedizin auf ihre Handhabung, nicht auf Heilung. Die Komplementär- und Alternativmedizin nimmt bei den sechs Erkrankungen eine optimistischere Haltung ein. Viele Patienten mit diesen Erkrankungen sprechen auf Änderungen in der Ernährung und der Lebensweise gut an, andere auf Heilpflanzen, wieder andere auf Physiotherapie und andere auf eine Fülle anderer Naturheilverfahren. Der Beweis für die Wirksamkeit dieser natürlichen Mittel ist nicht immer die Wissenschaft im Labor, sondern die Patientenberichte einzelner Behandler und die von über Generationen weitergegebene Weisheit, die im heute mißbilligten Begriff „Volkswissen“ zum Ausdruck kommt. Doch nicht nur die Kraft/Macht der Naturheilverfahren und der Heilmittel, die das Vertrauen in die Naturheilkunde ausmachen. Vielmehr ist es die ganzheitliche Philosophie, die die meisten Krankheiten und Erkrankungen als die direkte Auswirkung eines Ungleichgewichts in der Umgebung, den Gewohnheiten und oder der Lebensweise eines Menschen betrachtet (siehe Kapitel 1), das prinzipiell korrigierbar ist. Ein wichtiger Teil der Arbeit des Behandlers ist die Detektivarbeit: in enger Zusammenarbeit mit dem Patienten die pathologischen Ungleichgewichte herausfinden und dann, mit Hilfe natürlicher Mittel und der eigenen inneren Verpflichtung des Patienten, sich zu ändern, im Vertrauen auf die natürliche Heilkraft, *vis mediatrix naturae*, dieses Gleichgewicht – die Gesundheit – wiederherstellen.

Aufgrund der optimistischeren Ansicht der Naturheilkunde, daß diese sechs Symptome und andere chronische Erkrankungen prinzipiell oft reversibel sind, sind psychische Faktoren in der Ätiologie für Naturheilkundler noch von entscheidendem Interesse. Es ist deshalb sehr wichtig zu verstehen, wie der hier vorgestellte wissenschaftliche Beweis unsere Anschauung darüber einengen kann oder auch nicht; die Anschauung nämlich, inwieweit Streß und Persönlichkeit eine maßgebliche Rolle spielen bei der Prädisposition, dem Austreten und der Unterhaltung körperlicher Erkrankungen. Wie in den vorangehenden Abschnitten häufig dargelegt, fehlt der retrospektiven Forschung, die die Persönlichkeitsmerkmale der Menschen betrachtet, die bereits krank sind, einfach *grundsätzlich* eine Lösungsmöglichkeit, um bei der Beobachtung von Persönlichkeitsmerkmalen und körperlichen Störungen zu beurteilen, was Ursache und was Auswirkung ist. Ähnlich kommt es zu gravierenden methodologischen Schwierigkeiten, wenn Streßereignisse im Leben mit Krankheiten in Beziehung gesetzt werden, *nachdem* der Mensch bereits krank ist. Was groß angelegte Gruppenuntersuchungen angeht, denen es nicht gelang, eine spezielle Persönlichkeit für die jeweiligen Symptome zu finden, ist wichtig zu betonen, daß solche Ergebnisse nicht ausschließen können, daß *im Einzelfall* ein krankhaftes Persönlichkeitsmerkmal ein Schlüsselfaktor für den Ausbruch einer bestimmten Krankheit dieses Menschen gewesen sein kann. Die ganzen negativen Gruppenuntersuchungen können nur zeigen, daß im Rahmen der angewandten Persönlichkeitstests keine speziellen Hinweise auftauchen, die auf die Mehrzahl der Krankheitsfälle zutreffen.

Andererseits geht die moderne Forschung eher in die Richtung, die eher spekulativen Behauptungen der frühen Psychosomatiker zu widerlegen, die dachten, daß Verdauungsstörungen zwangsneurotischen Persönlichkeiten zuzuschreiben wären, Asthma der Abhängigkeit und Unsicherheit, Gelenkserkrankungen einer rigiden Persönlichkeit, Kopfschmerzen unterdrücktem Ärger und Hauterkrankungen der Alexithymie. Solche Ansichten waren selbstverständlich das psychosomatische Gegenstück zum unglaubwürdigen Konzept einer einzelnen Ursache in der Medizin für eine einzelne Erkrankung.

Um die Grenzen von Gruppenuntersuchungen und der Statistik ganz zu erfassen, die verwendet wird, um sie zusammenzufassen, stellen Sie sich eine hypothetische Studie über 20 Migränefälle vor. Stellen Sie sich weiter vor, der Versuchsleiter will wissen, ob Migräne bei Frauen im Zusammenhang mit dem Monatszyklus steht. Deshalb macht er eine Studie über diese 20 Patientinnen, notiert die Häufigkeit der Kopfschmerzen zu unterschiedlichen Zeiten im Zyklus jeder Frau; nach einigen Monaten stellt er wiederholt Beobachtungen an und stellt fest, daß Migräne zu jedem Zeitpunkt im Zyklus dieser Gruppe von 20 Frauen auftreten kann; an keinem Punkt verstärkt. Der Forscher kommt deshalb zu dem Schluß, daß die Migräne keine Beziehung zum Menstruationszyklus hat und veröffentlicht die Daten und seine Folgerung in einer medizinischen Fachzeitschrift.

Einzelne Frauen, die sehr wohl wissen, daß ihre persönliche Migräne mit ihrer Periode zusammenhängt, lesen einen Zeitungsartikel, der diese Untersuchung beschreibt und sind verwirrt: Wie kann die Wissenschaft etwas – wie sie selbst sehr genau wissen – Falsches feststellen? In der westlichen Welt des 20. Jahrhunderts hat die Wissenschaft das Prestige von Religion. Dennoch zog der Untersucher eine fehlerhafte Schlußfolgerung, weil er aus den Kopfschmerzen von 20 Frauen den Durchschnitt bildete, die gleiche Art von Durchschnitt, dem alle Gruppenstudien unterliegen. Stellen Sie sich beispielsweise vor, daß bei der Hälfte dieser 20 Frauen die Kopfschmerzen tatsächlich keinen Bezug zur

Menstruation haben. Aber angenommen bei den anderen 10 Frauen *besteht* ein Zusammenhang, aber nicht der gleiche Zusammenhang. Denn bei den einen tritt die Migräne gewöhnlich in der Mitte des Zyklus auf, bei anderen zu Beginn der Menstruation und bei anderen am Ende der Periode. Obwohl nun bei diesen Frauen in der Tat eine Verbindung zum Zyklus zu finden ist, konnte der Forscher, der den Einzelfall nicht gründlich betrachtete, diese nicht feststellen. Denn er zählte alle Daten zusammen und erhärtete dann sein Ergebnis weiter, indem er den Durchschnitt mit den 10 anderen Fällen ermittelte, bei denen kein Bezug zur Menstruation vorlag. Hier könnte sogar eine andere Erkrankung mit dem gemeinsamen Symptom migräneartige Kopfschmerzen vorliegen.

Streß und Persönlichkeit könnten wichtige ätiologische Faktoren in vielen Fällen der sechs Erkrankungen sein; weil aber jede Krankheitskategorie heterogen ist und eine Familie von Krankheiten umfaßt, der Zusammenhang aber nur über ein gemeinsames Symptom besteht, vermischen Gruppenstudien unterschiedliche Arten von Erkrankungen miteinander. Nur eine Analyse und Behandlung des Einzelfalls kann zeigen, ob eine Streßreduktion, das Entwickeln von gesünderen Persönlichkeitsmerkmalen und Bewältigungsstrategien im jeweiligen Fall nützlich sein können. Die primären Symptome sind vielleicht nicht der beste Indikator, wie sehr ein Einzelfall mit Streß im Zusammenhang steht. Diese Art des Beweises, die derzeit Mode ist, ist einerseits zu ungenau (Gruppen von Fällen werden zu Vergleichszwecken in einen Topf geworfen, individuelle Unterschiede werden dabei außer acht gelassen); andererseits zu oberflächlich (Ergebnisse retrospektiver Tests bei Depression wurden z. B. mit einer primären körperlichen Symptomatik vermischt).

Genau dieses Ermitteln des statistischen Gruppendurchschnitts, individuelle Unterschiede zu vernachlässigen und heterogene Erkrankungen mit ähnlichen Symptomen in einen Topf zu werfen (bei allen sechs besprochenen Erkrankungen besteht die Gefahr) führte einige Wissenschaftler dazu, darauf zu drängen, daß im klinischen Rahmen Einzelfälle gründlich untersucht werden. Die Methodologie, einen Einzelfall gründlich zu betrachten, verschiedene Therapien selektiv auszuprobieren und die Ergebnisse genau zu verfolgen, steht seit vielen Jahren zur Verfügung.[20] Doch die medizinische Wissenschaft zeigte starken Widerwillen, sie ausgiebig zu nutzen, vielleicht weil solche Studien nicht sehr „kosteneffektiv" wären, weil die Durchführung länger dauern würde und wahrscheinlich weil dafür beträchtliche Intuition und Findigkeit nötig sind. Wir müssen uns erinnern, daß medizinische Forschung schließlich in einer industrialisierten Konsumgesellschaft durchgeführt und von ihr unterstützt wird, die schnelle, billige und universelle Lösungen fordert, die für eine Massenproduktion standardisiert werden können. In der Medizin einer solchen Gesellschaft sind die Behandler die „Provider" und die Patienten die „Konsumenten".

In diesem Licht betrachtet ist ganzheitliche Medizin viel mehr als nur eine Reihe komplementärer und alternativer Heilverfahren. Sie bildet die ganzheitliche Stimme der Andersdenkenden innerhalb der Medizin, die die Ungleichgewichte, die durch die Fragmentierung unserer Kultur und durch die Aufsplitterung des Lebens entstanden, wieder neu verbinden wollen. Die Medizinforschung ist gegen ganzheitliche Kritik nicht immun. Ja die Art der hier vorgeschlagenen klinischen Beispiele von Einzelfällen sollte den ganzheitlichen Behandler ansprechen, der, wenn schon nichts anderes, jeden Fall gründlich untersuchen, dem einzelne Patienten aufmerksam folgen und dabei verschiedene Behandlungsweisen ausprobieren soll, bis eine wirksame, oder eine wirksame Kombination oder eine Abfolge gefunden ist. Die Schulmedizin bemängelte die fehlende Forschung in der Alternativmedizin und stigmatisiert sie oft als „unwissenschaftlich", aber hier fehlen meist die Gelder, um großangelegte statistische Gruppenuntersuchungen durchzuführen. Andererseits steht die Erforschung von Einzelfällen dem naturheilkundlichen Behandler sehr offen; denn sie erfordert nur, daß die Symptome präzise und zuverlässig gemessen werden, daß der Behandlungsplan so beschrieben ist, daß er von anderen wiederholt werden kann und daß die kompletten Aufzeichnungen der Fälle und die Folgedaten aufgehoben werden. Bedauerlicherweise haben Behandler oft so viel zu tun, daß sie nicht bereit sind, extra Zeit auf eine für die Forschung erforderliche so präzise Beobachtung der Symptome, auf die genauen Aufzeichnungen und eine systematische Nachbetreuung zu verwenden.

Wenn wir nur eine Verallgemeinerung aus den sechs Symptomen mitnehmen wollen, so sind es die Komplexität, Heterogenität und die Feinheiten, wie psychische Faktoren körperliche Erkrankungen beeinflussen können. Es ist eindeutig an der Zeit für die ganzheitliche Medizin, über den einfältigen Gemeinplatz, daß die Seele den Körper beeinflußt, hinauszugehen. Lassen wir den dubiosen Dualismus der oft wiederholten Binsenweisheit beiseite und antworten wir übereinstimmend: „eindeutig, aber wie?" Streß und Persönlichkeit können Faktoren in der Krankheitsätiologie sein, nach denen der größte Streß die Dysfunktion ist, die durch die Krankheit selbst hervorgerufen wird. Manche Krankheiten, wie das Reizkolon, können in der Tat operant verstärkt sein. Andere mögen mit einem Trauma oder einer Infektion begonnen haben, dann aber durch Persönlichkeitsfaktoren verschlimmert oder unterhalten werden, die die Oberhand gewinnen und die Krankheit aufrechterhalten, lange nachdem der Auslöser verschwunden ist. In anderen Fällen war der ursprüngliche Faktor vielleicht Streß, aber die Krankheit bleibt weit über den auslösenden Stressor hinaus bestehen aufgrund von neuen Faktoren, die sich aus den Folgen davon, krank zu sein, ergeben. Auch dann ist die zeitliche Relation zwischen Streß und Krankheit nicht notwendigerweise leicht. Manchmal werden Menschen krank *nachdem* ein Stressor wieder vorüber ist. Dies sind nur einige Beispiele, wie emotionale Parameter auf ein Krankheitsentstehen einwirken kann; in bestimmten Fällen können diese psychischen Aspekte kombiniert oder vertauscht sein oder ineinandergreifen.

Aufgrund unseres heutigen Wissens können wir davon ausgehen, daß jedes Symptom in Verbindung mit der individuellen konstitutionellen Prädisposition eines Menschen auftritt, auf Streß mit einem bestimmten Organsystem zu reagieren, z. B. mit Hypermotilität des Darms, mit Überempfindlichkeit der Haut, mit Hyperaktivität der zerebralen Gefäße oder was auch immer. Doch ein bestimmtes Symptom oder eine Ansammlung von Symptomen werden immer das Ergebnis einer Fülle von Faktoren sein, bei jedem Fall etwas andere. Zweifellos kann die Bedeutung des Asthma oder Ekzem eines Menschen sich von der eines anderen Menschen, der am gleichen Symptom leidet, drastisch unterscheiden. Folglich werden auch die geeigneten Heilverfahren für diese Patienten höchst unterschiedlich sein. Unter diesen Umständen täten wir gut daran, grobe Verallgemeinerungen zu vermeiden und uns auf den Einzelfall zu konzentrieren und dabei offen zu sein für die Möglichkeit, daß alle der in diesem Kapitel besprochenen Einflüsse wirken können. Viel Information, die uns heute zur Verfügung steht, ist bestenfalls vielsagend und dient in erster Linie dazu, den ganzheitlichen Behandler aufmerksam zu machen auf die Möglichkeit von subtilem Streß und von Persönlichkeitsaspekten, die bei jedem Symptom und bei jedem Patienten beachtet werden müssen.

## Projekt 11

# Die psychischen Dimensionen eines Symptoms einschätzen

Wählen Sie ein Symptom aus, das nicht in den Kapiteln 10 oder 11 besprochen wurde, und beschreiben sie kurz die Krankheit, die Epidemiologie und die übliche allopathische Behandlung; gehen sie es anhand der sechs in Tabelle 10.1 besprochenen Bereichen durch.

Dieses Projekt profitiert wahrscheinlich von einem gewissen Grad an Arbeit in einer öffentlichen Bibliothek, eine Fähigkeit, die sich jeder moderne Naturheilkundler aneignen muß. Medizin ist schließlich eine sich entwickelnde Kunst; laufend entwickeln sich/werden neue Techniken entwickelt und alte Standpunkte werden modifiziert oder aufgegeben, je nachdem wie ihre klinische Wirkung eingeschätzt wird. Spezielle medizinische Bibliotheken haben computerisierte Datenbanken (MEDLINE und PSYCHLIT), die Inhaltsangaben von Dutzenden von Artikeln über eine ausgewählte Diagnose oder eine Behandlungsweise bieten. Doch die meisten Artikel sind vom allopathischen Standpunkt aus geschrieben und andere sind für das Interesse des allgemeinen Behandlers zu technisch. Doch zu lernen, die Spreu vom Weizen zu trennen, in den medizinischen Jargon einzudringen und das Wertvolle zum Patienten zurückzubringen ist Teil der sozialen Rolle der Komplementärmedizin, die Medizin zu entmystifizieren.

# 12

## Die Sprache der Krankheit

*Der Sinn der Krankheit ist warnen – lebe nicht weiter wie geplant.*

GEORG GRODDECK, 1925

*Theorien, daß Erkrankungen durch mentale Zustände verursacht und durch reine Willenskraft geheilt werden können, sind immer ein Indiz dafür, wie viel über körperliche Aspekte einer Erkrankung nicht verstanden ist.*

SUSAN SONTAG, 1978

*Krankheit hat keine Bedeutung an sich, aber ich kann ihr einen Sinn verleihen.*

DONNA TALMAN, 1991

Zu sagen, daß Krankheit eine Sprache spricht, heißt, daß Krankheit eine Bedeutung hat. In traditionellen Kulturen galt Krankheit immer als bedeutungsvoll; jede Krankheit fiel gewöhnlich in eine von drei Kategorien: 1. Bestrafung für eine Sünde; 2. das Ergebnis eines magischen Zaubers eines Gegners; 3. das Ergebnis äußerer Einflüsse und Geister. Zudem glauben viele Eingeborenenvölker, daß Krankheit durch den „Verlust der Seele" verursacht wird und eine der Hauptaufgaben der Schamanen ist es, eine Reise in die „andere" Welt zu unternehmen, nach der Seele des Kranken zu suchen und sie zurückzubringen. Die Ausbildung der Schamanen zielt darauf ab – durch psychotrope Substanzen, Schlaf- und Nahrungsentzug, Traumdeutung und hypnotische Induktionen – andere Bewußtseinszustände und außerkörperliche Erfahrungen herbeizuführen, damit er mit der Geographie, den Regeln und Gefahren des Gebietes vertraut wird.[1] Durch magische Rituale, Zaubersprüche und Gesang vertreibt der Schamane böse Geister aus dem Körper, versöhnt Götter, die Strafe verlangen und Opfer fordern und vertreibt die Dämonen, die durch die Eifersucht und das Übelwollen einer dritten gekränkten Partei angerufen wurden. Wie die weisen Hexen im Europa des Mittelalters sind Schamanen oft vertraut mit der Anwendung von Heilpflanzen, heilenden Lehmwickeln und können Knochen richten und durch Handauflegen heilen.

Was sollen wir damit anfangen? Unsere wissenschaftliche Anschauung verweist solche traditionellen Vorstellungen von Krankheit und Heilung in das Reich der Phantasie und des Aberglaubens. Gewappnet mit den magischen Waffen moderner Medikamente, bricht die wissenschaftliche Medizin auf, um mit den Kräften der Krankheit zu kämpfen, die sie sich als Eindringlinge von außen vorstellt, als fremde Bakterien, Viren und andere Mikroben, die unser genetisch schwächstes Organ finden und auf unsere Zerstörung aus sind. Diese Medizin scheint von unseren Krankheiten keinen Sinn zu verlangen. Jede mögliche Bedeutung der Symptomatologie wird allein durch die Art des Krankheitsprozesses erklärt, der die Dysfunktion erzeugt, die wir Anzeichen und Symptome der Erkrankung nennen. Die Erkrankung selbst wird als Zufallsereignis betrachtet, das eben durch die Virulenz der Erreger und unsere ererbte Konstitution bestimmt ist. Diese westliche wissenschaftliche Sichtweise von Krankheit mußte aber weichen angesichts der chronischen degenerativen und Autoimmunerkrankungen, die nur schlecht in dieses Modell passen, und angesichts des überwältigenden Beweises, der in diesem ganzen Buch zusammengefaßt ist, daß Streß, emotionale Faktoren und die Lebensweise ebenso Risikofaktoren bei Erkrankungen sind wie die infektiösen Eindringlinge von außen.

Doch die Krankheitsursachen in den größeren psychobiosozialen Rahmen von Gesundheit und Krankheit zu stellen, bedeutet nicht an sich schon, daß eine Erkrankung eine inhärente Bedeutung hat, die über das breite Spektrum einer ganzheitlichen Analyse hinausgeht. Sogar die schamanistische Weltsicht könnte in einem erweiterten ganzheitlichen Rahmen konzeptualisiert werden; z. B. lang anhaltende, unerlöste Schuld aufgrund einer gesellschaftlich oder moralisch mißbilligten Handlung ist eine starke, negative Emotion und als solche ein zuverlässiges Anzeichen von Streß, mit allen Implikationen wie geschwächtes Immunsystem und der Entwicklung einer psychophysiologischen Störung. Wenn der ganzheitliche Behandler psychotherapeutische Techniken wie Psychodrama, Katharsis, Hypnose, aktives Zuhören, bedingungslose Akzeptanz u.s.w. anwendet, dann praktiziert er etwas schamanistischen Ritualen Ähnliches. Sogar der Zaubertrank, der Dämonen austreiben soll, findet sein Äquivalent im Placebo des Arztes, das jedem Behandler sehr vertraut ist. Die Vorstellung, daß Krankheit eine Strafe für kleinere Sünden sein kann, gilt als selbstverständlich, denn nicht nur Kinder führen Erbrechen herbei, wenn sie etwas Üppiges in sich hineingestopft haben oder sich an Schokolade und Eis überessen haben. Wir akzeptieren gewöhnlich eine Verkühlung oder sogar eine Erkältung als mögliche Konsequenz, wenn wir ohne Schirm in den Regen kamen oder zuließen, ausgelaugt zu werden. Zugegeben, das sind nur kleinere Vergehen, aber die Vorstellung, daß schlimmere Sünden zu schlimmeren Krankheiten führen könnten ist auch im wissenschaftlichen Rahmen nicht fremd, der den moralischen Beigeschmack von „Sünde" nimmt und nur die empirischen Folgen für die Gesundheit dokumentiert, wenn jemand „die Naturgesetze zu verletzt."[2]

Doch der Sinn von Krankheit geht tiefer und erschöpft sich nicht in diesen Versuchen, Krankheit in den Rahmen von Ursache und Wirkung einzubetten, auf den wir uns bislang verließen. Bedeutung einer Krankheit läßt sich letztlich nicht vom vierten großen Ursachengesetz der Schamanen trennen, dem „Verlust der Seele". Verlust der Seele bedeutet den Kontakt mit dem Faden und Sinn unseres Lebens zu verlieren, vom Pfad der inneren Harmonie abkommen, der für jeden von uns als Individuum richtig und wahr ist, unsere innere Natur verletzen. Wie komplex, veränderlich und undeutlich diese Natur auch sein mag, letztlich deutet sich ihre Realität durch das an, was sich uns in unserem Alltagsleben als harmonisch und unharmonisch erweist. Die Bedeutung einer Krankheit zu erforschen heißt unweigerlich, in den Bereich vom Sinn des Lebens einzudringen, die Existenz und die Art des höheren Selbst zu hinterfragen, das sich irgendwie durch uns manifestieren will.

Aus dieser Perspektive stellen viele Erkrankungen ein Signal dar, daß wir vom Pfad der Harmonie mit uns selbst abkommen, oder daß wir als kollektive Spezies vom Pfad der Harmonie mit dem großen Ganzen abkommen, das unsere soziale und materielle Umgebung umfaßt, den Planeten Erde selbst. Wenn wir die Bedeutungen von Krankheit erforschen, und wenn wir Versuche betrachten, die Sprache der Krankheit zu entziffern, betreten wir das Reich jenseits der Wissenschaft. Dieses Reich ist nicht unbedingt unwissenschaftlich, denn die Philosophie von heute ist die Quelle der Wissenschaft von morgen. Aber es ist sicher kein Gebiet, in dem kontrollierte Experimente mit Doppelblindversuchen von Belang sind, bei denen die eine Gruppe die Bedeutung A, eine andere Gruppe die Bedeutung B und wieder eine andere keine Bedeutung für die Erkrankung XY testet. Andererseits scheinen einzelne Fallbeispiele häufig faszinierende psychospirituelle Disharmonien im persönlichen Leben des Patienten zu enthüllen, die sich, wenn sie angesprochen werden, sich für die Heilung als nützlich erweisen.[3] Weil aber die symbolische Bedeutung, die mit dem Patienten in tiefgehender Arbeit entdeckt wird, einzigartig und idiosynkratisch bleibt, und es unmöglich ist, sie auf Krankheitskategorien und verschiedene Patienten zu generalisieren, dürfen wir nicht erwarten, daß ein allgemeingültiges Lexikon der Krankheitsbedeutungen entwickelt werden kann. Die drei Zitate als Einleitung des Kapitels spiegeln das Meinungsspektrum wider, wie Krankheit auf einer symbolischen oder psychospirituellen Ebene interpretiert werden kann, und jede Aussage zählt gleich viel. Krankheit hat die Bedeutung, die Sie ihr geben.

Warum aber sollte der ganzheitliche Behandler versuchen, irgend etwas daraus zu machen? Dafür gibt es drei gute Gründe: 1) die Bedeutung ist oft bei der Diagnose und der Prognose einer Erkrankung wertvoll; 2) einen Sinn in einer Krankheit zu finden kann sich als Quelle für Optimismus und Hoffnung für den Patienten erweisen; 3) Interpretationen in Form von möglichen Disharmonien im Leben weisen auf neuartige Bereiche hin, wo man nach Krankheitsursachen suchen kann, nämlich inwieweit einige grundlegende körperliche, emotionale oder spirituelle Bedürfnisse des Patienten nicht erfüllt sind.

## Historische Vorläufer

Wir finden zwar provokative Hinweise auf Krankheitsbedeutungen in den Schriften von Hippokrates, Galen, Hildegard von Bingen, der Mystikerin und Ärztin des 12. Jahrhunderts, Paracelsus und der europäischen Medizin des 18. Jahrhunderts, doch die moderne Geschichte der Krankheitsbedeutung beginnt, wie so vieles in der Psychologie, mit Sigmund Freud. In den 80er Jahren des letzten Jahrhunderts, als Freud mit Dr. Josef Breuer zusammenarbeitete, begann er eine systematische Studie über Patienten, die an Lähmungen, fehlenden Schmerzempfindungen, Sprech- und Sehstörungen litten und an anderen körperlichen Symptomen, für die keine anatomische Ursache zu finden war.

Breuer und Freud arbeiteten mit Hypnose und Träumen und fanden, daß eine solch unerklärte *hysterische*[4] Symptomatologie oft mit nicht erkannten (unbewußten) Konflikten und verbotenen Wünschen in Verbindung stand, oft sexueller Natur, die häufig in der frühen Kindheit des Patienten seine Wurzeln hatte. Die Heilung solcher Patienten geschah durch Gespräch und emotionales Loslassen (Katharsis). Um Hysterie zu erklären, entwickelte Freud die Ansicht, daß die Symptome eine *Konversion* eines unbewußten Konfliktes in ein symbolisches, körperliches Symptom darstellten, das die Angst vor dem verbotenen Wunsch band und enthielt.

Die postulierte Gesetzmäßigkeit auf der Ebene des Unbewußten und die erfolgreiche Behandlung auf der neuen rationalen Grundlage machte diese Arbeit zu einem Meilenstein in einem Bereich, der bis dahin als jenseits der Grenzen der erlaubten experimentellen Wissenschaft galt. Freuds Konversionstheorie machte auf die Möglichkeit aufmerksam, daß viele unerklärte hysterische Symptome und Verhaltensweisen ihre genau definierte Ätiologie haben könnten; lange vergessene Ereignisse aus der Vergangenheit des Patienten zu beleuchten, würde diese Symptome erklären. Die Spezifität der Konversionstheorie ließ vermuten, daß ein natürlicher Katalog von Konversionen und Korrespondenzen – etwas wie eine Klassifizierung von Tieren und Pflanzen in Arten und Spezies – für seelische Erkrankungen möglich sein könnte. Die Vorstellung einer sexuellen Grundlage bei einer Krankheit war natürlich eine harte Nuß, da sie nahelegte, daß die viktorianische Moral ungesund sein könnte und deshalb medizinisch und wissenschaftlich untersucht werden sollte. Die Implikationen dieser Entdeckung erschreckte Breuer so sehr, daß er sich aus weiterer Forschung mit Freud zurückzog, den er damit den Weg für die Psychoanalyse allein bahnen ließ.

Kurz darauf beschloß Freud selbst, seine Aufmerksamkeit auf die intellektuellen und affektiven („mentalen") Störungen zu richten, die aus unbewußten Konflikten und unerfüllten Kindheitsbedürfnissen entstanden und überließ die Konversion in körperliche Symptome anderen. Diese Arbeit wurde von Georg Groddeck aufgenommen, einem Arzt aus Baden-Baden, der in den 20er Jahren eine Reihe von Fällen in seinem Klassiker *Die Bedeutung der Krankheit* veröffentlichte. Groddecks Fälle sind bemerkenswert, weil sie über die rein funktionale Somatisierung, die für eine hysterische Konversion charakteristisch ist, hinausgeht in den Bereich der Gewebspathologie. In einem bekannten Fall berichtete Groddeck, wie er eine Frau mit generalisierten Ödemen aufgrund von Herzschwäche behandelte. Das geschwollene Gewebe gab sofort nach, als die Frau Dr. Groddeck bei einer Behandlung von ihren ungeheuren Schuldgefühlen erzählte, weil sie heiratete, nachdem sie sich selbst gelobt hatte, Nonne zu werden. Es war dieses gespeicherte Schuldgefühl, das aus ihrem Glauben entstand, daß sie bestraft werden müsse, weil sie ein Gelübde gebrochen hatte, was offensichtlich ihre Herzinsuffizienz verstärkte. Sobald diese Gefühle in der akzeptierenden Beziehung zu ihrem Arzt ans Licht kamen, begann sich ihr Zustand sofort zu bessern; sie schied riesige Mengen an Urin aus und verlor in einer Woche über 30 Kilo Gewicht. Groddecks Fall bleibt auch nach 65 Jahren ein exzellentes Behandlungsmodell durch die Entdeckung der symbolischen Bedeutung (in diesem Fall „Konflikt des Herzens").

In einer Reihe von Briefen an Freud berichtete Groddeck zahlreiche Fälle von organischen Störungen in verschiedenen Körpersystemen, bei denen er eine symbolische Komponente finden konnte, der den Krankheitsprozeß logisch erklärte; wenn dieser bewußt verstanden und angenommen wurde, beschleunigte das die Behandlung. Obwohl Groddecks Methode psychoanalytisch war und die Symbole, die er untersuchte,

Freudianisch und sexuell waren, so stellte er doch praktisch genau die Fragen, die die moderne Arbeit zur Krankheitsbedeutung jetzt untersucht. Bei Groddeck finden wir folgende zukunftsweisende Ideen:

- Wir können zwar mit allgemeinen Bedeutungen für spezielle Krankheiten arbeiten mit Hilfe zahlreicher symbolischer Systeme wie Mythologie, Psychoanalyse oder die Sprache emotionaler Metaphern, doch letztlich kann nur der Patient selbst die Bedeutung seiner eigenen Krankheit erklären.
- Die Suche nach Sinn ist für den Menschen universal: wir scheinen ein angeborenes Bedürfnis zu haben, eine Bedeutung für verwirrende Ereignisse um uns herum (wie in unserem Fall Erkrankungen) zu finden und sie so zu erklären. Wie die Natur ein Vakuum verabscheut, so verabscheut der Mensch Sinnlosigkeit.
- Was auch immer die besondere Bedeutung einer Krankheit ist, die unveränderliche Botschaft ist immer die gleiche Warnung: „Lebe nicht so weiter wie du es vorhattest" (oder bisher lebtest).
- Krankheit kommt nicht von außen; sie ist kein Gegner, sondern etwas, das der Organismus hervorbrachte.[5]

In dieser medizinischen Philosophie ist Krankheit ein Produkt einer Lebenskraft in uns, die nur in ihrer Wirkung erkennbar ist. Diese Lebenskraft drückt sich durch Symptome aus, die darauf abzielen, Ungleichgewichte zu korrigieren.[6] Groddeck nannte diese mysteriöse Lebenskraft das „IT"; aber Groddecks IT ist nichts anderes als das, was anderswo Seele, höheres Selbst, wirkliches Selbst, die Lebenskraft, Geist, Gott genannt wird und wenn es mit unseren Träumen verbunden wird, der Traumkörper. Wie wir diese Instanz auch immer nennen, wie immer wir darüber denken, wenn Erkrankungen symbolisch interpretiert werden sollen, muß eine Art transzendentaler Kraft postuliert werden als Quelle der Botschaften, die die Symptome tragen.

Die psychoanalytischen Psychosomatiker der 50er Jahre sahen in den Zusammenhängen dieser ursprünglichen Einsichten die unwiderstehliche Möglichkeit, spezifische dysfunktionale Persönlichkeitsmerkmale zu entdecken, die sich symbolisch im Körper ausdrücken; so erklärten sie ungewöhnliche chronische Krankheiten, die sich dem zunehmend mechanistischen und auf die Pathologie hin orientierten Rahmen der westlichen Schulmedizin ständig entzogen. Doch wie in Kapitel 9 betont, trotz dieser akribischen Untersuchungen der psychischen Ursachen von Erkrankung, gelang es diesem großartigen Versuch nicht, seine These der spezifischen psychischen Ursache-Wirkung Ätiologien zu beweisen. Erkrankung bleibt allgemein multidimensional, sowohl in ihren Ursachen als auch in ihrer Bedeutung. Mit dem Versuch, das Besondere auf ein allgemeines Gesetz zu reduzieren, versuchten die Psychosomatiker, Psychogenese zur Wissenschaft zu machen. Wenn sie auf Groddecks Warnung gehört hätten, daß es bei einem speziellen Symptom oder Syndrom keine allgemeine Bedeutung gibt, hätten sie vermuten können, daß das Problem der symbolischen Bedeutung nicht so leicht mit einer Reihe von typischen Persönlichkeitsmerkmalen, die mit den einzelnen Erkrankungen korrelieren, gelöst werden kann. Heute klatschen wir ihnen Beifall für ihre Bemühungen; sie lehrten uns, die Komplexität des Krankheitsprozesses zu respektieren. Aber ihre heroische Hypothese eines allgemeinen Lexikons von universell anwendbaren Bedeutungen haben wir aufgegeben. Es wäre recht leicht, wenn sich die Krankheitsbedeutung als so einfach erwiesen hätte, wie sie gehofft hatten.

Der Zusammenbruch der psychoanalytischen Psychosomatik hinterließ ein Vakuum in der Forschung nach der Krankheitsbedeutung. Als das Feld erst einmal von den rangniedrigsten Medizinprofessoren (Psychiatern) aufgegeben war, wagten sich wenn überhaupt, dann nur wenige wieder in das radioaktive Gewässer der Krankheitsbedeutung. Doch ein Mangel an Untersuchungsmethoden klärt kaum die fundamentalen Fragen und Themen der frühen Psychoanalytiker und besonders nicht ihre Hinweise, daß Krankheit oft ein spirituelles Leiden sein könne. Die Alternativmedizin wie Homöopathie, Pflanzenheilkunde und Naturheilkunde hatte immer für eine Verbindung zum Vitalismus plädiert; andere Verfahren, wie Akupunktur, Polarity und Fußreflexzonentherapie gehen von einem energetischen Konzept aus, das über eine mechanistische Vorstellung des Körpers hinausgeht. Die in den letzten 20 Jahren gewachsene Stärke und Bedeutung dieser traditionellen Therapien und der zunehmende Beweis, daß unsere Gefühle, Einstellungen und Überzeugungen Krankheiten eindeutig beeinflussen, öffnete die Tür für die Konzepte des New Age zur Krankheitsbedeutung.

## Die Bedeutung der Bedeutung

Eine systematische Erforschung, wie Bedeutung und Krankheit zusammenhängen können, beginnt mit grundlegenden Definitionen. Der Begriff „Bedeutung von Krankheit“ birgt eine trügerische Einfachheit, die über die Komplexität dieser Begriffe – „Krankheit“ und „Bedeutung“ hinwegtäuscht. Krankheit wird oft zufällig als Synonym für Erkrankung betrachtet (s. Anm. d. Ü. Kap. 1; Anm. d. Ü.), ein häufiger Irrtum, der die psychische Ebene mit der biologischen vermischt.[7] Erkrankung äußert sich auf der körperlichen Ebene in der physiologischen oder biochemischen Pathologie einer Körperfunktion oder Struktur. Meine Körpertemperatur beträgt 40,5° C, Senkungsgeschwindigkeit 44, Leukozyten 50.000; ungewöhnliche Kalziumablagerungen in den Gelenken, zirkulierende Antikörperkomplexe gegen Antigene, die von Salmonella brucellosis hervorgerufen werden, Degeneration des Sehnervs, systolische Herzgeräusche, das Fehlen von Insulin nach Zuckergenuß, eine vergrößerte Leber, Computertomographie- und Kernspintomographie-Aufnahmen, die meßbar von der Norm abweichen, Verlust von Knochendichte u.s.w. Während die wissenschaftlichen Instrumente und unsere Beobachtungsmöglichkeiten immer besser wurden, was uns erlaubt, eine Vielzahl von sonst nicht beobachtbaren Krankheitsprozessen zu unterscheiden, hängt das Krankheitsgeschehen kaum von der modernen Wissenschaft ab. Hippokrates beispielsweise konnte Dutzende von Abweichungen beschreiben, darunter sehr präzise Beobachtungen von malignen Tumoren.

Krankheit ist im Gegensatz dazu unser *Erleben* einer Dysfunktion – die Wehwehchen in ihren unzähligen Kombinationen und Dimensionen, Brennen innen und an der Oberfläche unseres Körpers, Unbehagen, an einer Stelle oder allgemein, der Schrecken, aufzuwachen und festzustellen, daß wir Gliedmaßen nicht bewegen können, Erschöpfung und Mattigkeit, Übelkeit, Sodbrennen, Schwindel, die Panik, unseren Körper nicht kontrollieren zu können, die Angst, an einer Erkrankung zu sterben und sich einfach krank fühlen, daneben, nicht wie wir uns sonst fühlen.

Der kanadische Arzt David Jenniges behauptet, daß die Aufgabe des Arztes darin besteht, sich der körperlichen Pathologie zuzuwenden und alles andere, was noch gegen die Krankheit zu tun ist, anderen zu überlassen, die qualifiziert sein könnten: dem Klerus, Psychotherapeuten, spirituellen Heilern, Freunden und der Familie. Doch das bestätigt den Arzt nur als medizinischen Mechaniker und bedeutet, die große Kluft, in die die moderne Medizin geraten ist, gutzuheißen: nämlich einen Menschen als eine hoch komplexe Maschine zu behandeln, die einen Defekt hat oder kaputt ist. In der ganzheitlichen Medizinphilosophie (die sich ziemlich mit der Philosophie der klassischen Homöopathie deckt) gibt es zahlreiche *Ebenen,* auf denen sich eine Erkrankung äußert. Die Ebene, auf der sich „Krankheit" ausdrückt, ist die emotionale (affektiv) und die kognitive (mental), aber sie ist ebenso wichtig wie die körperliche und es wäre ein Fehler, einen Menschen aufzuteilen, indem man jede Ebene der Erkrankung einem Spezialisten überträgt.

Die Unterscheidung zwischen Pathologie und Krankheitsempfinden ist jedoch wertvoll, weil sie uns hilft, uns daran zu erinnern, daß Gesundheit und Krankheit zwar Polaritäten sind, Gesundheit und Erkrankung aber nicht notwendigerweise. Unser Körper trägt gewöhnlich einige bedeutende Krankheitserreger in sich, aber nur selten gewinnen sie die Oberhand. Dossey (1991) beobachtete, daß einige bedeutende Heilige und Weise bösartigen Erkrankungen erlagen, die wir gewöhnlich mit ernster Krankheit verbinden; doch im Krankheitsverlauf erlangten sie ihre Gelassenheit, ihren Gleichmut und ihre Balance – mit einem Wort ihre Gesundheit, ihre Ganzheit – wieder, indem sie die körperliche Degeneration seelenruhig akzeptierten. Im allgemeinen treibt uns die Krankheit zum Arzt und die Krankheit wollen wir loswerden. Nur weil die Medizin ihr Augenmerk auf die Erkrankung richtet, sind wir überzeugt, daß die beiden zwangsläufig Hand in Hand gehen müssen.

„Bedeutung" im Zusammenhang mit Erkrankung und Krankheit heißt im wesentlichen die Teleologie der Symptomatologie zu erforschen. Wenn wir fragen, was ein Symptom bedeutet, fragen wir im Grunde nach seiner möglichen Absicht. Warum kommen wir überhaupt dazu, eine solche Frage zu stellen? Weil der biopsychosoziale Rahmen als *allgemeines* Modell von Ursache und Wirkung in der Medizin nicht immer genau ein bestimmtes Auftreten einer Erkrankung erklären kann. Wir verstehen z. B., daß eine bestimmte Erkrankung im allgemeinen von einer unpassenden Lebensweise in Verbindung mit einer konstitutionellen (ererbten) Organschwäche herrührt, doch wir sind immer noch verblüfft, was an dieser Lebensweise unpassend ist und wir auch über das „warum ich, warum jetzt?" Unsere allgemeinen Gesetze sind nicht detailliert genug, daß wir verstehen können, warum ich ein chronisches Müdigkeitssyndrom entwickelte und Sie nicht; oder warum Donna Talman systemischen Lupus erythematodes entwickelte und Treya Wilber Brustkrebs. Wenn eine Erkrankung durch unsere Wissenschaft nicht zu erklären ist, suchen wir ihre Bedeutung anderswo, oft in symbolischen Begriffen.

Die transpersonale Philosophin Ken Wilber identifizierte die wichtigsten Bedeutungskategorien, die die verschiedenen Religionen und Philosophien Erkrankungen traditionellerweise zuschreiben.[8]

***Christlicher Fundamentalismus:*** Krankheit ist im wesentlichen eine Strafe Gottes für eine Art von Sünde. Je schlimmer die Krankheit, desto unaussprechlicher die Sünde.

***New Age:*** Krankheit ist eine Lernaufgabe. Sie geben sich selbst diese Erkrankung, weil sie etwas Wichtiges enthält, das Sie aus ihr lernen müssen, um in Ihrem spirituellen Wachstum und Ihrer Entwicklung weiterzukommen. Die Seele verursacht Krankheit und heilt sie auch wieder.

***Schulmedizin/Wissenschaft:*** Krankheit ist eine körperliche Störung, die von einem oder einer Reihe von Faktoren verursacht ist, z. B. von Viren, einer Verletzung, einer genetischen Disposition oder Umweltfaktoren. Bedeutung würde die Erkrankung auf ihren kausalen Hintergrund verweisen, der in einem bestimmten Fall nachweisbar sein kann oder auch nicht.

***Karma:*** Krankheit ist das Ergebnis von nicht gerade rühmlichen Handlungen in der Vergangenheit, die jetzt in Form einer Erkrankung zum Tragen kommen. Der Krankheitsprozeß stellt die Reinigung von dieser vergangenen Missetat dar.

***Pop-Psychologie:*** Wie Woody Allen sagt: „Ich werde nicht wütend, ich entwickle Tumore." Mit anderen Worten, zurückgehaltene oder unterdrückte Emotionen verursachen Krankheit.

***Ganzheitlich:*** Krankheit ist das Ergebnis von körperlichen, emotionalen, mentalen und spirituellen Faktoren, von denen keiner ignoriert werden darf. Behandlung und die Bedeutung können einen oder alle dieser Faktoren mit einschließen.

***Existentialistisch:*** Krankheit ist, wie das Leben selbst, ohne Bedeutung. Dementsprechend kann sie jede persönliche Bedeutung annehmen, die ich ihr geben will als meine authentische Antwort/Reaktion, sie als Teil meiner Endlichkeit zu akzeptieren.

Um Wilbers Liste zu vervollständigen, sollten wir anfügen:

***Familientherapie:*** Die Symptome, die ein Familienmitglied zeigt, dienen dazu, das ganze Familiensystem intakt zu halten, obwohl das Symptom für den Symptomträger dysfunktional ist. Die Behandlung muß sich auf die ganze Familie richten, niemals das kranke Familienmitglied allein.

Wir neigen vielleicht dazu, einige der oben vorgeschlagenen Deutungen als entweder prinzipiell nicht verifizierbar oder bestenfalls als moralisches Urteil zurückzuweisen, andere hingegen regen uns vielleicht an, in neue, über die herkömmlichen Risikofaktoren für Erkrankungen hinausgehende Bereiche vorzudringen, sogar in solche Bereiche, die über die psychologischen, Umwelt- oder genetischen Deutungen der ganzheitlichen Medizin hinausgehen. Wie sollen wir das Auftreten einer Erkrankung beurteilen, deren Ursache wir im biopsychosozialen Feld nicht genau festmachen können? Sollen wir es als Zufallsereignis betrachten, das nicht mehr Bedeutung hat als das Elend des Hiob, etwas, das uns zufällig zu diesem Zeitpunkt zustieß aufgrund von willkürlichen Kombinationen von genetischen und/oder Umweltereignissen, die wir nicht kontrollieren können? Oder ist es *nützlich*, über die symbolische Bedeutung von Erkrankung/Krankheit Fragen zu stellen? Sagt sie uns etwa etwas über ein Leben (oder unser kollektives Leben), das aus dem Gleichgewicht mit der Natur ist? Könnte dieses Leiden eine dringende Botschaft sein, in der Form eines körperlichen Symptoms, von einem Teil von mir, der besser weiß als ich, was ich brauche?

Das sind *teleologische* Fragen, die Art von Fragen, die wir gewöhnlich stellen, wenn wir die Bedeutung hinter alltäglichem, absichtsvollen Handeln von Menschen suchen. Die Antworten darauf finden sich zwangsläufig in den *Motiven:* wonach wir suchen und was wir vermeiden. Wie aber können wir dieses teleologische Prinzip auf Krankheitssymptome anwenden? Niemand strebt bewußt nach Erkrankung und vermeidet Gesundheit. Was könnte eventuell die Absicht sein, wenn es zu schrecklichem Leid und tragischen Einschnitte in unserem Leben kommt, die Erkrankung und Krankheit mit sich bringen? Selbst wenn eine Erkrankung eine so bizarre Absicht hätte, wer oder was könnte sie genau ins Leben rufen? Da versagt Sprache. Wir sind gezwungen, uns vorzustellen, daß wir in vielfältige Persönlichkeitsanteile aufgespalten sind, von denen einer einen anderen mit Symptomen bestraft.

Wie können wir die teleologische Fragen beantworten über die Bedeutung, die eine Absicht oder ein Ziel zu verlangen scheint? Richtig, wir sehen manchmal, wie Leute selbstzerstörerisch handeln, aber wenn jemand den Schmerz einlädt, dann betrachten wir das als Perversion des normalen Prozesses und haben einen Namen dafür (Masochismus), und erklären diesen Prozeß mit einem Verweis auf eine Geschichte, in der Liebe und Aufmerksamkeit nur dann da waren, wenn man sich selbst verletzte. Sowohl unsere Intuition als auch unsere Erfahrung sagen uns, daß niemand absichtlich die relativ geringen Beschwerden einer leichten Erkrankung Krankheit hervorbringt, geschweige denn die immensen Qualen und das Leiden einer ernsten, lebensbedrohlichen Erkrankung. Was geht da vor? Sich vorzustellen, daß „wir" eine Rolle dabei spielen, absichtlich eine Krankheit hervorzurufen, läßt vermuten, daß ein Teil von uns am besten weiß, was der Rest von uns braucht. Trotz unserer Abneigung gegen Erkrankungen führt dieser allwissende Teil von uns eine Symptomatologie herbei in dem Versuch, uns darauf zu verpflichten, eine verlorengegangene Balance wiederherzustellen und zu einem harmonischen Leben zurückzukehren. So gesehen ist eine Erkrankung eine Botschaft eines Teils von uns an einen anderen und ihr Sinn hat mit unserer eigenen Transformation zu tun.

### New Age in der Medizin

Wohin die Engel der Wissenschaft nicht zu treten wagten, dort treten die New Age Trainer und Gurus kühn hin. In den 80er Jahre dieses Jahrhunderts begann die Information in Büchern über die Verbindung zwischen Seele und Körper bei Erkrankung und Krankheit zu explodieren. Viel davon sind oberflächliche Neuformulierungen des positiven Denkens – was Sie glauben, das können Sie auch ins Leben rufen – eine Ansicht, die Ken Wilber (1991) zu recht als irrig und gefährlich bezeichnete. Die Workshops z. B., die lehren, daß Krebs durch Groll verursacht wird, daß Armut unsere eigene Wahl ist und daß Unterdrückung von uns selbst herbeigeführt wird, lenken die Aufmerksamkeit ab von der tatsächlich materiellen Ebene, der Umwelt, der gesetzlichen, politischen und sozioökonomischen Ebene, wo dringend an der Veränderung dieser Zustände gearbeitet werden muß, die diese Situation erzeugen und aufrechterhalten. Diese extreme New Age Philosophie „Sie erschaffen sich Ihre eigene Realität" ist in Wirklichkeit eine Entschuldigung für unsere ungerechte Gesellschaft, ihre übertriebene Individualität und ihren arroganten Imperialismus, der die Ressourcen des Planeten verschlingt. Diese Überzeugungen „haben alle Anzeichen der infantilen und magischen Weltanschauung der narzißtischen Persönlichkeitsstörung mit Grandiosität, Omnipotenz und Narzißmus".[9] Die Vorstellung, daß Gedanken nicht nur die Realität beeinflussen, sondern die Realität erzeugen, ist das direkte Ergebnis des Unvermögens, Gedanken und Gegenstände zu trennen, das grundlegende Prinzip der Magie und eine Romantisierung der Denkweise sehr kleiner Kinder.

Wenn wir das Wertvolle aus den New Age Konzepten extrahieren wollen, müssen wir uns erinnern, daß die Komplexität menschlichen Lebens nicht auf eine simple Formel reduziert werden kann. Wir müssen auch sehr sorgfältig die ausgesprochen nützliche

Ansicht, daß wir eine gewisse persönliche Verantwortung für das haben, was wir im Leben anziehen, von den moralisierenden Urteilen und den Vorwürfen trennen, die unsere Kultur zu Unrecht mit dieser Verantwortung verstrickt. Jemandem, der bereits an einer Krankheit leidet, auch noch Vorwürfe zu machen, trägt nicht zur Heilung bei. Bedingungslose fürsorgliche Akzeptanz ist ebenso wichtig wie jedes andere Naturheilverfahren. Wollen wir uns auch an Groddecks Warnung erinnern, daß nur der Patient selbst die wirkliche Bedeutung seiner Krankheit erkennen kann. Wenn wir die Multidimensionalität von Erkrankung und die menschliche Komplexität respektieren, können wir uns die wertvollen transpersonalen Einsichten des New Age Ansatzes zu eigen machen und immer noch im biopsychosozialen Rahmen verankert sein.

## Symbolische Anatomie

Abbildung 12.1 sieht vage aus wie eine Abbildung aus einem Lehrbuch der Anatomie, aber schauen Sie genauer hin. Sie stellt die symbolischen Bedeutungen vieler Organe und Strukturen nach Louise Hay und dem deutschen spirituellen Psychologen Thorwald Dethlefsen dar. Wenn Sie diese Zuordnungen genauer untersuchen, werden Sie feststellen, daß es sich um drei Arten von Aussagen handelt, die zunehmend abstrakter und dünner werden. Bei der ersten Art von Aussagen wird ein Körperteil oder ein Organ einer symbolischen Bedeutung zugeschrieben, die dem metaphorischen und idiomatischen Sprachgebrauch eng verwandt ist. Die Beine werden also mit *Fortbewegung* assoziiert (und Beinprobleme weisen auf Probleme hin, zum nächsten Entwicklungsabschnitt weiterzugehen); der Rücken ist sowohl ein symbolisches als auch ein tatsächliches *Unterstützungssystem,* und Rückenprobleme haben entsprechend beide Bedeutungen; der Magen ist das Organ für die Verdauung von Nahrung und von *Erfahrungen,* Probleme können hier beide Ebenen widerspiegeln.

Es gibt einige faszinierende Hinweise, daß sich viel von unserer Sprache tatsächlich aus dem Körpererleben entwickelt hat; d. h. wir lernten erst Bezeichnungen für Körperteile und -funktionen und begannen dann, sie metaphorisch auf abstraktere Ereignisse und Vorstellungen zu übertragen.

> Unsere ganze Sprache ist psychosomatisch. Praktisch alle Worte und Ausdrücke, mit denen wir psychische Zustände und Prozesse beschreiben, sind von unseren Körpererfahrungen abgeleitet. Wir können nie etwas verstehen oder erfassen, das wir nicht körperlich mit unseren Händen erfassen oder worauf wir nicht mit unseren Füßen stehen können.[11]

Eine zweite Art von Aussagen ist noch viel dürftiger und schreibt emotionale Zustände Körpersystemen zu, z. B. Schuld dem mittleren Rücken, Angst dem Magen und dem Dünndarm, Ärger der Leber und dem Hals und Liebe dem Herz. Die logische Grundlage für diese Zuweisungen ist fast rein intuitiv, denn Emotionen unterscheiden sich nicht sehr von einander was ihre Physiologie betrifft; d. h. wenn Sie nur die körperlichen Veränderungen betrachten, sind Ärger, Angst und Freude erstaunlich ähnlich.

Abbildung 12.1 zeigt noch eine andere, noch komplexere Art von Bedeutung, die von klinischen Eindrücken herrührt. Die Abbildung zeigt, daß einige Systeme mit Beziehungsproblemen (Nieren) in Zusammenhang stehen sollen, mit Bedrohung unserer Individualität und unseres Selbstbildes (Haut) und andere mit Schwierigkeiten mit Kreativität (Schilddrüse). Das Grundprinzip für diese Verbindungen beruht im wesentlichen auf Analogie und ist nicht immer einfach nachzuvollziehen. Die drei Ebenen der symbo-

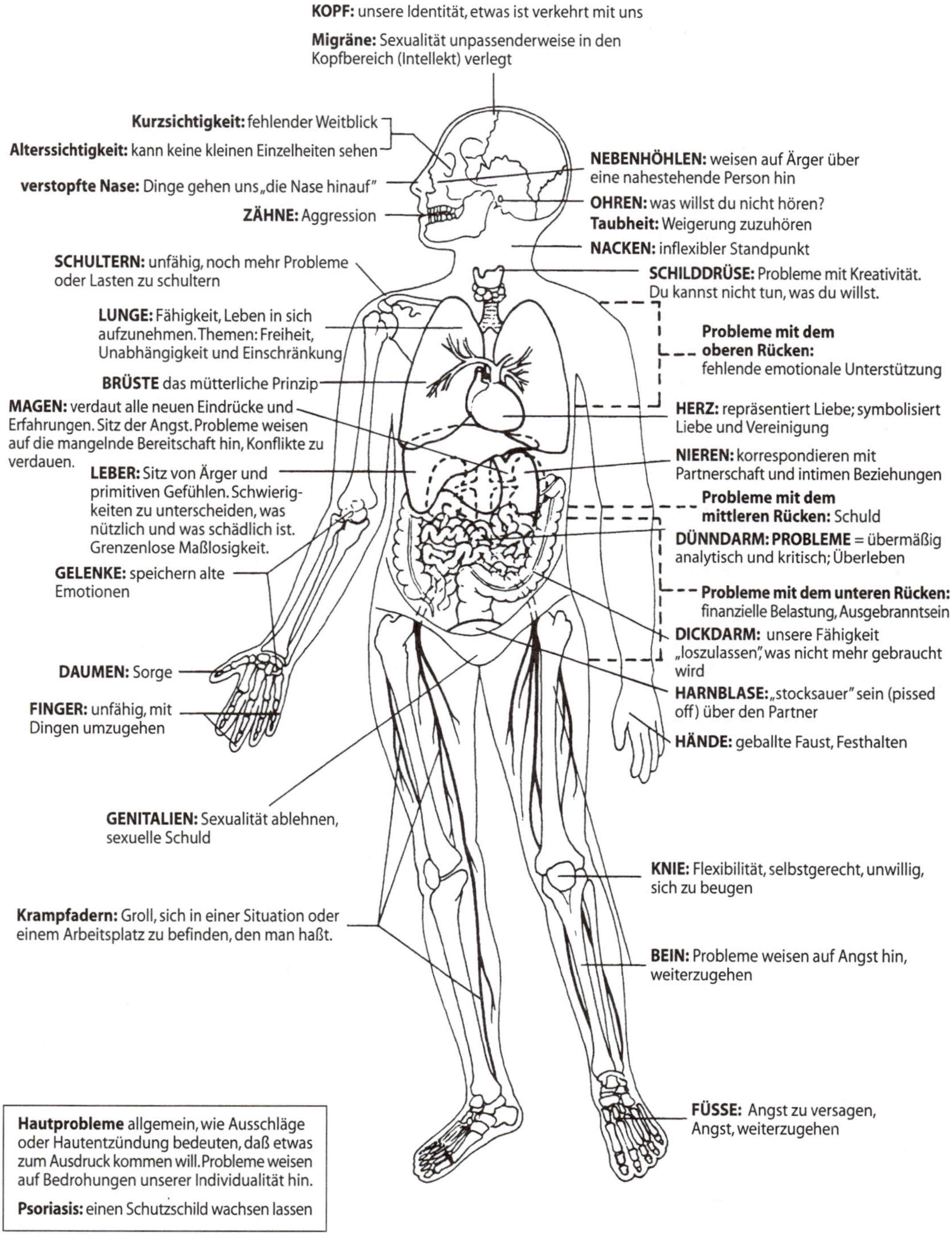


**Abbildung 12.1:** Symbolische Anatomiekarte[10]

lischen Bedeutungen könnten treffend *metaphorisch, emotional* und *analog* genannt werden. Welchen Wert hat so eine symbolische Anatomie- und Physiologietafel? Sicher sind keine dieser impressionistischen Beobachtungen durch wissenschaftliche Studien bestätigt worden, noch ist das für die Zukunft wahrscheinlich. Die in Tabelle 12.1 dargestellten Zuordnungen sind am besten als *Vorschläge* zu betrachten, wie der Behandler das ganze Bild einer Erkrankung eröffnen könnte. Sie helfen, den gewohnheitsmäßigen Blick des Arztes zu erweitern, daß Erkrankung rein zufällig stattfindet und eine rein mechanische, körperliche Fehlfunktion ist. Wenn man also in Erinnerung behält, daß der Patient letztlich entscheidet, bieten die Karten Hinweise, wo man anfangen könnte, nach einer Bedeutung zu suchen. Selten ist eine einzige, eindeutige, feste symbolische Zuordnung zu finden, weil die Bedeutung von Krankheit flüchtig, multidimensional und individuell ist. Wie der frühere Jungianischer Analytiker Arnold Mindell bemerkte, eines Tages können uns unsere Magenschmerzen auf ein Problem mit unserer Mutter hinweisen, am nächsten Tag können uns die gleichen Magenschmerzen auf ein Problem mit unserem Vater hinweisen. Am dritten Tag könnte die Botschaft sein: „Iß Pflaumen" (biologische, natürlich).

**Tabelle 12.1:**

| | |
|---|---|
| **AIDS** | Reaktion auf das massive kollektive Opfern von Leben in diesem Jahrhundert: politische Unterdrückung, Zerstörung des Regenwaldes und von Tierarten, das Leben in Seen und Flüssen töten, Nukleartests, saurer Regen. *(Myss, 1988).* |
| | Verstärkte Isolation zwischen den Menschen aufgrund von elektronischer Kommunikation. Dadurch, daß Promiskuität und Sexualität von Liebe getrennt wurden, wurde der Mensch ein reines Lustobjekt. Das Immunsystem versucht dieses Unvermögen auszugleichen, unsere Grenzen aufzugeben (wie es bei wirklicher Intimität geschieht), mit verheerenden Auswirkungen. *(Dethlefsen & Dahlke, 1983).* |
| **Krebs** (17,2 %) | Unfähigkeit, die nächste Lebensphase zu beginnen und spirituell zu wachsen aufgrund von übermäßigen Ängsten, Schuldgefühlen, Selbstverleugnung. Anhaltende Störung mit der natürlichen eigenen Entwicklung führt zu abnormalem Zellwachstum. *(Myss, 1988)* |
| | Krebs ist eine pervertierte Form der Liebe, Liebe für das kleine Selbst. Unfähigkeit zu sehen, daß wir Teil des Ganzen sind und in unserer Weigerung, Wachstum und Egozentrik zu beschränken, überbevölkern wir unseren Planeten, unsere Umwelt, und zerstören ihn dadurch selbstmörderisch. In tödlicher Sympathie denkt auch die Krebszelle nur an sich selbst und ihr eigenes Wachstum und zerstört so den ganzen Organismus. *(Dethlefsen & Dahlke, 1988).* |
| **Alzheimer** | Verbindung mit dem Zusammenbruch der Familieneinheit und der Auflösung der familiären Bande der Sicherheit, die früher ganz natürlich von der Geburt zum Tod reichten. Eine Gesellschaft, die die Weisheit der Alten wenig schätzt, führt zu einer ganz neuen Dimension von Streß in bezug auf den Alterungsprozeß. Die Furcht vor Zurückweisung, davor, in den goldenen Jahren, wenn einem solche vergönnt sind, seinen Selbstwert beweisen zu müssen, ist die eigentliche Ursache für das Bedürfnis, unbewußt und abhängig zu werden. *(Myss, 1988)* |
| | Wunsch zu sterben. Unfähigkeit, das Leben so zu sehen, wie es ist. *(Hay, 1984)* |

| | |
|---|---|
| **Koronare Herzerkrankung** (38,3 %) | Unser Bedürfnis, Liebe zu geben und zu nehmen ist blockiert. Versagensängste und die Wut über Versagen werden unterdrückt. Unfähigkeit, emotionalen Anforderungen gerecht zu werden oder Enttäuschungen in persönlichen Beziehungen auszudrücken kann zu Herzruptur führen. *(Myss, 1988)*<br>Unfähigkeit, unserem Herz zu folgen, Gefühle und Intellekt auszubalancieren; hartherzig. Aggression zurückhalten; sich nicht erlauben, Emotionen auszudrücken. Schließlich „bricht" das gehärtete Herz in einem „Anfall" aus, das uns damit endlich zum Fühlen zwingt. *(Dethlefsen & Dahlke, 1983)* |
| **Schlaganfall** (10,8 %) | Dominantes und übermäßiges Bedürfnis, die materielle Umgebung und andere zu kontrollieren. Wachsendes Mißtrauen anderen gegenüber führt zu Ängsten um die körperliche Sicherheit und zum Bedürfnis, immer alles im Griff zu haben. Dieser angehäufte, nicht losgelassene Streß führt schließlich zu einer Explosion und zum Versagen des Gehirns. *(Myss, 1988)*<br>Aufgeben. Widerstand. Lieber sterben als sich ändern. Ablehnung des Lebens. *(Hay, 1984)* |
| **Diabetes** (2 %) | Groll darüber, für eine andere Person (bei juvenilem Diabetes oft ein Elternteil) oder sich selbst verantwortlich sein zu müssen. Jemand davon abhalten oder dabei unterstützen, Verantwortung für sich selbst zu übernehmen. Diese fremde Energieanforderung erschöpft die körperlichen Energiereserven (die Bauchspeicheldrüse). *(Myss, 1988)*<br>Unerfüllter Wunsch nach Liebe in Verbindung mit der Unfähigkeit, sie anzunehmen und vollständig aufzunehmen. Nicht gelernt haben, sich selbst zu lieben. *(Dethlefsen & Dahlke, 1983)* |

**Tabelle 12.1:** Symbolische Tabelle von Erkrankungen. Aus Platzgründen habe ich einige der Interpretationen der Autoren gekürzt. Die Prozentzahlen beziehen sich auf die Todesfälle in den USA im Jahr 1983.

Das Konzept der symbolischen Anatomie ist um teleologische Erklärungen für wirkliche Erkrankungen in Tabelle 12.1 erweitert; hier sind einige symbolische Interpretationen als Muster angeführt, die sechs Symptomen zugeordnet werden. Diese sechs Symptome beinhalten vier Erkrankungen, die in den Industrienationen 70 % der Todesfälle ausmachen. AIDS und Alzheimer, die derzeit viel Aufmerksamkeit erregen, sind ebenfalls mit angeführt.

Das Material in Tabelle 12.1 ist das Ergebnis von drei verschiedenen Theoretikern; jeder von ihnen hat einen anderes Grundprinzip für seinen therapeutischen Ansatz. Für die intuitive Diagnostikerin Carolyne Myss ist das Ziel der Arbeit, Interpretationen zu verwenden, um spezifische Anspannungen, die die Zerstörung des physischen Körpers verursachen, zu finden und loszulassen. Ziel des deutschen Psychologen, Thorwald Dethlefsen, Interpretationen in die Therapeutik mit hineinzunehmen, ist, den eigenen Schatten zu erkennen und ihn vollständig anzunehmen, denn das wird das Symptom überflüssig machen. Für Louise Hay liegt die Wurzel aller Krankheiten in dem Unvermögen, sich ausreichend wertzuschätzen; deshalb ist zu lernen, sich selbst zu lieben, der Schlüssel zu Heilung.

Wieder einmal ist es für den Behandler außerordentlich wichtig, die in Tabelle 12.1 angebotenen Interpretationen nur als mögliche Richtlinien zu verwenden, die prinzipiell helfen können, das Bewußtsein für Möglichkeiten zu öffnen, die über die üblichen Fragen bei der Erstanamnese hinausgehen. Es ist unwahrscheinlich, daß ein bestimmter Fall genau in die Interpretationen von Tabelle 12.1 paßt und viele werden sich grundlegend unterscheiden. (Bitte beachten Sie auch, daß die drei Theoretiker selbst sich im allgemeinen nicht auf eine gemeinsame Interpretation dieser Erkrankungen einigen.) Individuelle Deutung bleibt ein viel kraftvolleres Prinzip als diese verallgemeinernden Bilder: eine Geschwulst in meinem Knie bedeutet fast sicher etwas anderes als eine Geschwulst in Ihrem Knie. Shealy und Myss (1988) formulieren es treffend:

> Die emotionalen, psychischen und spirituellen Spannungen zu verstehen, die einer Krankheit zugrunde liegen, ist immer ein komplexer Prozeß. Es ist nicht wie ein Spiel, in dem die Punkte verbunden werden müssen, in dem Augenprobleme zu verknüpfen sind mit dem Wunsch, nicht klar zu sehen, Ohrprobleme mit dem Wunsch, jemand oder etwas aus seinem Leben auszublenden und Beinprobleme Schwierigkeiten ausdrücken, auf eigenen Füßen zu stehen. Eine symbolische Analyse ist nicht so einfach und nicht so offenkundig. *Die Menschen sind kompliziert und ihre persönliche Geschichte und ihre emotionalen Muster sind höchst individuell und komplex.*[12] [ Kursivdruck hinzugefügt]

Dethlefsen und Dahlke, die einige der faszinierendsten Entsprechungen zwischen Krankheit und ihrer symbolischen Bedeutung aufzeigten, betrachten die Standardillustrationen nur als ein Mittel, eine neue Sichtweise zu lehren, die es einem ermöglichen wird, die eigenen Interpretationen zu entwickeln:

> Ein bestimmtes Thema oder Problem kann sich in vielen Organen und Systemen äußern. Es gibt kein festes Zuordnungsschema, wonach ein bestimmtes Thema ein spezielles Symptom für seine Ver-körper-ung wählen muß.[13]

Trotz aller Einschränkungen können Abbildung 12.1 und Tabelle 12.1 dazu dienen, ein neues Verständnis von Krankheit zu eröffnen, das wir vorher nicht erwogen, wie die globalen oder kollektiven Aspekte von Erkrankungen, die über unseren üblichen Fokus auf eine Person hinausgehen – mein Körper, mein Problem. Die Interpretationen, die Myss für AIDS und Alzheimer gibt und die für Krebs von Dethlefsen und Dahlke schlagen Verbindungen zwischen persönlichen körperlichen Reaktionen und kollektiven Leiden vor. Selbst wenn wir vielleicht nicht verstehen, wie ein individueller Organismus einige dieser kollektiven Ungleichgewichte im größeren Rahmen ausdrücken kann, ist das Einbeziehen sozialer, gesellschaftlicher und ökologischer Ungleichgewichte sehr wichtig, denn es zwingt den Behandler, die Möglichkeit ins Auge zu fassen, daß eine bestimmte körperliche Erkrankung zu heilen einen gesellschaftlichen Wandel erfordert. Wir wollen ganzheitliche Medizin praktizieren, wie ganzheitlich wagen wir zu sein?

## Symbolische Bedeutung: Ersatz, Ergänzung oder Katalysator für die Behandlung

Patienten gehen zu Ärzten, weil sie ihre unerwünschten Symptome loswerden wollen – die ständigen Kopfschmerzen, die wiederkehrenden Bauchschmerzen und die Übelkeit, diese störende Wucherung, die lästigen und erschreckenden Asthmaanfälle, die zunehmende Steifheit in einem arthritischen Finger, den Schmerzen in der Brust auf halber Höhe. Nach der symbolischen Bedeutung unserer Gebrechen zu suchen heißt, das Reich der Transformation und der Verantwortung zu betreten, in dem es heißt, daß unsere körperliche Erkrankung Informationsträger für einen anderen (psychospirituellen) Bereich ist. Sicher nicht jeder unserer Patienten und vielleicht nicht einmal ein kleiner Prozentsatz von ihnen ist in einer Situation im Leben, wo er bereit ist, solch eine problematische Suche zu beginnen. Patienten, die sich an alternative Behandler wenden, tun dies hauptsächlich, weil Schulmediziner ihnen nicht helfen konnten. Helfen bedeutet fast immer „helfen, ihre Symptome auszurotten". Es ist richtig, daß sie zu dem Zeitpunkt, wenn sie kommen, vielleicht bereit sind, sich mehr auf ihre eigene Heilung einzulassen, offener für die Idee, daß Streß, Einstellungen und die Lebensweise gesundheitliche Risikofaktoren sein könnten. Aber es ist noch ein weiterer Schritt, um den Patienten in den Bereich der persönlichen Transformation zu bringen, der so eng mit der Erforschung der symbolischen Krankheitsbedeutung verknüpft ist.

Wir wissen jedoch, daß ein rein problem-orientierter Ansatz mit naturheilkundlichen Mitteln oft eine persönliche Transformation in Gang setzt, ohne ausdrückliche symbolische Interpretation der Symptome. „Manche stehen mit neuen Einsichten von der Akupunkturliege auf: „Ich bleibe nur krank", sagte eine depressive Frau, „damit ich meinen Mann dazu bringe, sich um mich zu kümmern."[14] Wenn ein Homöopath das Mittel findet, das den Symptomen des Patienten entspricht (das Simillimum), wird sich der Krankheitsprozeß wahrscheinlich von selbst mit oder ohne bewußtes Verstehen entfalten; das Augenmerk auf die Krankheitsbedeutung zu richten könnte ebenfalls zu diesem bewußtem Verstehen führen. Heilung kann geschehen durch das emotionale Loslassen, das durch das Mittel in Gang gesetzt wurde. Dieses Loslassen kann zu einem neuen Gleichgewicht der Lebenskraft führen, die auch ausdrückliche Psychotherapie oder ein bewußtes Hinabsteigen in die symbolische Bedeutung schließlich herbeiführen können. Trotzdem muß der Patient in der Homöopathie letztlich die Arbeit machen, wenn auch durch das Simillimum unterstützt.

> Ein Mensch muß die Emotionen durchleben, wenn das Mittel sie an die Oberfläche bringt, aber er erkennt nicht unbedingt sofort den Ursprung dieser Emotionen. Die Erfahrung hat freilich praktische Auswirkungen insofern, als sich das Leben ändert, der Patient sich erholt und wahrscheinlich anders lebt und denkt.[15]

Ja, wenn es dem Patienten nicht gelingt, den durch das Mittel in Gang gesetzten Prozeß zu integrieren, die Themen zu verstehen und die erforderliche Transformation zu vollziehen, dann kommen die Symptome wahrscheinlich wieder.

Auch wenn es selten erwähnt wird, erscheint es klar, daß pflanzliche Mittel in stofflicher Dosierung, Aromatherapiemassagen, Akupunktur und Akupressur und sicher die Blütenessenze und die Affirmationen, die üblicherweise damit verschrieben werden, alle eine tiefgreifende Transformation auf der emotionalen und spirituellen Ebene in Gang setzen können. Sogar eine Ernährungsumstellung hin zu mehr frischem Gemüse, weniger rotem Fleisch, gefärbte Nahrungsmittel und solche mit Konservierungsstoffen und Zusätzen zu vermeiden und Vollwertkost zu essen statt der raffinierten, devitalisierten löst eine Bewußtseinsänderung aus. Man beginnt darüber nachzudenken, wo die Nahrung herkam und was sie durchlief, bevor sie auf unserem Teller landete. Viele Behandler ziehen es vor, sich aus dem Prozeß herauszuhalten und ihre natürlichen Mittel und Verfahren wirken zu lassen, um die Veränderungen auf verschiedenen Ebenen herbeizuführen. Die Suche nach der symbolischen Bedeutung kann, besonders bei einer ernsten chronischen Erkrankung, eine lebenslange Reise sein und tiefgehende Arbeit an sich selbst erfordern.[16] Doch eine symbolisch oder psychologische Bedeutung taucht auch oft ganz natürlich im Verlauf der Arbeit von Behandler und Patient auf, wenn sie für die Idee offen sind, daß Krankheit eine Botschaft beinhalten kann. Selbst wenn das so ist, darf eine Bedeutung dem Patienten nie aufgedrängt werden.

> Ich empfehle Transformation nicht mehr für jeden. Ich habe festgestellt, daß es ein natürliches inneres Timing gibt und daß Menschen nur geholfen werden kann, soweit es dieses Timing zuläßt. Jedes Urteil oder jeder Zwang weiterzugehen müssen aufhören. Jetzt ist es für mich natürlich, Menschen so zu akzeptieren und zu achten, wie sie sind. Menschen, die nicht bereit dafür sind, können nicht zu stärkeren transformativen Energien hingeführt werden, selbst wenn klar ist, daß sie das von den Kräften befreien könnte, die ihre Krankheit bilden.[17]

Ungeachtet solcher Warnungen und Erwägungen ist es tatsächlich oft möglich, Bedeutungen für relativ unbedeutende Beschwerden vorzuschlagen und die Vorteile des folgenden Heilungsprozesses zu leben, die mit solchen Erkundungen einhergehen können. Akne-Patienten neigen dazu, an ihren Pickeln „herumzumäkeln" (pick at) und laut der Beraterin Barbara Levine sind das Menschen, die sich häufig im Leben für etwas Unangenehmes ausgesucht fühlen (pick on). In einer Studie wurden Patienten durch Psychotherapie ermuntert, ihr Opferbewußtsein aufzugeben, zu verstehen, wie genau diese Überzeugung eine sich-selbst-erfüllende Prophezeiung ist, die andere Menschen tatsächlich dazu einlädt, sie so zu behandeln, wie sie es vorhersahen. Die Ergebnisse dieser Therapie waren sehr ermutigend: 30 von 38 Patienten in dieser Untersuchung ging es erheblich besser innerhalb von 8 Wochen; die Hautunreinheiten vergingen bei der Hälfte der Teilnehmer langfristig, der Rest erlebte eine Besserung um 80–90 %.[18]

Wenn wir an der symbolischen Bedeutung arbeiten, ist es wichtig zu verstehen, daß wir in Wirklichkeit nur an einem anderen Aspekt oder *Kanal* des Krankheitsprozesses arbeiten. Wir können an der Bedeutung eines Symptoms arbeiten, während wir gleichzeitig problem-orientiert mit unseren anderen Naturheilverfahren arbeiten. Selbst wenn wir Angst davor haben, daß unsere Hauterkrankung etwas mit einer Seite von uns zu tun hat, die wir uns nicht der Welt zeigen trauen; oder daß unsere chronische Müdigkeit teilweise ein Bedürfnis unseres Körpers nach Ruhe ist und unser Bedürfnis, einfach zu sein, nachdem man viele Jahre ziel- und leistungsorientiert war; oder daß unser Immunsystem einen Teil von uns widerspiegelt, der uns haßt und schimpft so wie wir sind; wir werden diese Krankheitsbilder mit den geeigneten Naturheilverfahren „behandeln".

## Verantwortung, Tadel und Strafe in der Medizin

Eine symbolische Bedeutung körperlicher Symptome heraufzubeschwören, impliziert, daß wir zumindest teilweise Urheber unserer eigenen Erkrankungen sind. Wenn wir aber für sie verantwortlich sind, müssen wir dann nicht auch für sie *getadelt* werden? An einer lebensbedrohlichen Erkrankung zu leiden ist schlimm genug, das letzte, was ein Patient braucht, ist dafür auch noch getadelt zu werden. Die Tendenz in unserer Kultur, Verantwortung mit Tadel zu assoziieren ist ein triftiger Grund, niemals und unter keinen Umständen jemandem eine psychologische Bedeutung aufzuzwingen, sei es ein Familienangehöriger, ein Freund, ein Bekannter oder ein Patient. Abgesehen von der Tatsache, daß der Mensch mit dem Symptom die eigentliche Autorität für die Bedeutung ist, muß ein Mensch offen für die Vorstellung sein, daß seine Krankheit eine Bedeutung *hat.* Viele sind dafür nicht offen und sie werden von hervorragenden Fachleuten und Kommentatoren stark unterstützt. Die Jungianische Analytiker Guggenbühl-Craig und Micklem beispielsweise betrachten die Suche nach der Krankheitsbedeutung bestenfalls als vergebliches Suchen nach psychosomatischen Erklärungen, die im Grunde mit wissenschaftlichen Methoden nicht verifizierbar sind. Und sie gehen in ihrer Kritik noch weiter:

> Das störende Merkmal ist nicht der Aspekt der Phantasie ... sondern die alles durchdringende Moralpredigt. All diese wunderschönen, modernen symbolischen Erklärungen sind genau wegen ihres Moralisierens schädlich. Kranke Menschen ... müssen nicht nur leiden, sondern sie werden auch noch dazu gebracht, sich schuldig zu fühlen: ihre Erkrankungen sind völlig selbstverschuldet; sie haben in ihrer psychischen Entwicklung versagt; sie haben ihre Gefühle unterdrückt oder sie nicht genügend zum Ausdruck gebracht; sie waren zu freundlich oder nicht freundlich genug.[19]

Susan Sontag hat vehement dafür plädiert, daß Krankheit nie metaphorisch betrachtet werden solle und daran erinnert, wie leicht eine Erkrankung psychologisch interpretiert werden kann, wenn wir nichts von den medizinischen Grundlagen verstehen. „Nichts ist strafender als einer Erkrankung eine Bedeutung zu geben – denn diese Bedeutung ist zwangsläufig moralisierend. Jede Erkrankung mit unklarer Ursache, für die es keine wirksame Behandlung gibt, läuft Gefahr, mit Bedeutung überfrachtet zu werden."[20] Die Erkrankungen in Tabelle 12.1 sind genau diejenigen, die Susan Sontag meint; die causa der meisten ist wahrlich unklar und die Behandlungspläne sind derzeit weniger wirksam als uns lieb ist.

Deshalb sollte die Suche nach der Bedeutung einer Krankheit als *Ergänzung* betrachtet werden, nicht als Alternative für eine funktionale Analyse der inneren und äußeren biopsychosozialen Ursachen. Auch darf diese Suche niemals moralisierend sein. Obgleich unsere Kultur dazu neigt, Verantwortung mit Tadel zu verknüpfen, ist dies eine völlig unbegründete Assoziation. Zu sagen, daß wir eine gewisse Verantwortung für das Auftreten eines Phänomens haben, heißt anerkennen, daß unser Zutun, viel oder wenig, eine entscheidende Komponente dieses Phänomens ist. Uns dann für unsere Rolle in diesem Prozeß zu tadeln, heißt ein zusätzliches moralisches Urteil von außen zu fällen „und das war schlecht und sollte deshalb verurteilt und entsprechend geahndet werden."

Der naturheilkundliche Behandler muß über solche landläufigen Urteile hinausgehen und unfehlbar nicht-urteilend bleiben. Was an Material auch immer zutage tritt, muß mit der selben Mischung aus Abstand und neugierigem Interesse betrachtet werden, mit dem ein Botaniker die Osmose an einer Pflanzenmembran beobachtet oder mit dem ein Physiker Nebelspuren in einer Teilchenkammer beobachtet. Bei ihrer Suche nach der Bedeutung von Brustkrebs, an dem sie schließlich starb, prägte Treya Wilber den Begriff *leidenschaftlichen Gleichmut*, um die geistige Verfassung zu beschreiben, die man bei der Suche nach der symbolischen Krankheitsbedeutung braucht. Bei drei bewegenden autobiographischen Reisen in das Thema Krankheit und Bedeutung[21] stellt sich als gemeinsames Thema heraus, daß *die Suche nach der Bedeutung* ebenso wichtig ist, wenn nicht sogar wichtiger als die eigentliche Entdeckung. Vergleichen Sie diese Aussage mit der entgegengesetzten Ansicht, daß Krankheit an sich ohne Bedeutung ist, daß sie ein „bedeutungsloser Angriff ist, ein Desaster geringeren oder größeren Ausmaßes, der ein offensichtlich unerwartetes Opfer unverdient trifft."[22]

Doch schon allein die Überzeugung, daß Krankheit an sich *keine* Bedeutung hat, ist eine Möglichkeit, der Erfahrung Sinn zu geben. Wilber entdeckte nie „die Bedeutung" ihrer Krebserkrankung, aber die Suche danach auf allen Ebenen – körperlich, emotional, spirituell – war die heilende Kraft in ihrem Prozeß. Die „negative Bedeutung" ganz anzunehmen – daß diese Erkrankung nicht unsere Schuld ist, weil wir lediglich Teilchen von Materie und Bewußtsein im riesigen Universum sind mit begrenzter persönlicher Macht über die meisten Ereignisse in uns und um uns – kann außerordentlich tröstlich sein.

Schließlich erreichen wir eine Art Grundlage, daß die Tendenz, im Chaos der Ereignisse eine Bedeutung zu suchen Teil unserer angeborenen menschlichen Natur ist. Bedeutung erweist sich als eines dieser intrinsisch menschlichen Motive hoch oben in Maslows Bedürfnis-Pyramide, die Wohlbefinden und Selbstverwirklichung fördert. Angesichts des Streß einer ernsten, unerklärten Krankheit bleibt *Kongruenz* (sense of coherence) – daß die Welt irgendwie sinnvoll ist, und daß man die Bedeutung der eigenen Existenz finden kann – eine bemerkenswert tröstliche, inspirierende und heilende Ressource. Aufgrund seiner Erfahrung mit Tausenden von Patienten behauptet Dr. Larry Dossey:

> Jeder ernsthaft Kranke wird eine Bedeutung finden oder erfinden, um die Geschehnisse zu erklären. Das ist einfach unsere Natur und *ich habe nie eine Ausnahme zu dieser Verallgemeinerung erlebt.*[23] [Kursivdruck ergänzt]

Aber wir werden nicht immer eine Bedeutung hinter einer Krankheit finden. Wir finden vielleicht eine Bedeutung, die uns irgendwie alles klar sehen läßt, eine Bedeutung, die psychologisch wichtig sein mag oder auch nicht; vielleicht finden wir keine Bedeutung; oder vielleicht finden wir ein Kaleidoskop voll sich wandelnder Bedeutungen, die eine Ebene nach der anderen auftauchen, wie die Schalen einer Zwiebel. Es ist letztlich die Suche nach Bedeutung und die daraus resultierende Selbsterkenntnis, die Behandlung hier in einem Text rechtfertigt, der die praktischen psychologischen Werkzeuge für Heilung erklärt.

## Prozeß-orientierte Psychologie

Diejenigen von uns, die sich zur Arbeit an/mit der symbolischen Krankheitsbedeutung hingezogen fühlen, brauchen ein paar praktische Werkzeuge dafür. Wir wollen einige Techniken und offene Einstellungen, die uns wahrscheinlich, wenn nicht universelle Bedeutungen, so doch bestimmte Arbeitsweisen an die Hand geben; diese können nützliche Zusätze zu unseren klassischen Naturheilverfahren sein. Eine einfache Technik ist, unsere Patienten zu fragen, was sie wegen der Erkrankung im Leben nicht mehr tun können, und was sie jetzt tun müssen. Dieses Verfahren (ausführlicher in Projekt 12 beschrieben) beruht auf der Annahme, daß unsere Erkrankung im Moment besser weiß als wir, was wir brauchen und unseren Körper dazu brachte, uns das zu verschaffen. Dieser Ansatz, erstmals von Dethlefsen und Dahlke (1990) eingeführt, betrachtet Erkrankungen als freundschaftliche Verbündete, die willkommen geheißen werden müssen für das, was sie uns zu lehren haben; diese Auffassung steht in deutlichem Widerspruch zu unserer üblichen Strategie, die Erkrankung so schnell wie möglich auszurotten und Fragen später zu stellen. Sie hat den Vorzug, unser Interesse darauf zu lenken, so viel wie möglich über uns selbst und unsere Erkrankung zu lernen, was dem Patienten das wertvolle Gefühl von Kontrolle vermitteln kann. Aber wir können mit den praktischen Werkzeugen, Techniken und therapeutischen Einstellungen, die *prozeßorientierte Psychologie* genannt werden (POP) noch tiefer einsteigen; sie wurde vom früheren Jungianischen Analytiker und Arzt Arnold Mindell und seiner Forschungsgruppe entwickelt, die über 15 Jahre in Zürich war und seit kurzem in Portland/Oregon arbeitet.[24]

Die prozeßorientierte Psychologie behandelt körperliche Symptome als Einstieg in zugrundeliegende psychische Prozesse, und bildet so die Brücke zwischen psychotherapeutischen und körperlichen Heilungsschulen. Das Symptom wird jedoch nicht als Problem betrachtet, dessen Ursache oder Auswirkung nicht ausgerottet oder losgelassen werden muß. Im Gegenteil, das Symptom wird respektvoll als Freund und Überbringer weiser Botschaften vom wahren Selbst angesehen, dessen Bedürfnisse teilweise übersehen wurden. Das Symptom selbst wird als Experte verehrt, der die Weisheit ver-körpert, die sich im „Prozeß" eines Menschen ausdrücken will.

Das Konzept der Interaktion zwischen Körper und Seele in der Medizin stellt einen Versuch dar, diese beiden Aspekte – den psychischen/psychologischen und den körperlichen – wieder zusammenzubringen, nachdem er körperliche Medizin und Psychotherapie aufgespalten wurde. Doch die Beibehaltung eben der Begriffe Körper und Seele legt eine Trennung nahe, die die POP nicht kennt. In der Terminologie der POP gibt es nur einen fortlaufenden Prozeß, der sich durch verschiedene Repräsentationssysteme ausdrücken will. Das sind u.a. Phantasien und Träume, unser Verhalten im Alltag, unsere Beziehungen, unsere Rolle als Mitglied eines gesellschaftlichen Kollektivs und natürlich unser Körper. Diese unabhängigen Systeme sind als *Kanäle* bekannt. Die Vorstellung, den Körper oder die Seele zu heilen, wird von der POP ebenfalls nicht recht anerkannt. Vielmehr gleicht der Prozeß eines Menschen einem fahrenden Zug:

> Heilung und Erkrankung sind Haltestellen an der Bahnlinie. Sie können an diesen Haltestellen aussteigen oder wieder in den Zug einsteigen... Wenn Sie mit dem Prozeß arbeiten, interessieren Sie sich für den ganzen Lebensprozeß und das bedeutet, daß Sie sich nicht nur für eine Haltestelle interessieren. Sie wollen die ganze Strecke fahren. Ihr Prozeß kann Ihnen alles, was Sie brauchen, zur rechten Zeit geben. Wenn Sie lernen, dem Prozeß zu folgen, ohne auf eine Station hin zu zielen oder ein Ziel sich auszurichten, dann werden sie ein Individuum. Ihr Leben wird reicher und Sie lernen, ihre Projektionen zu reduzieren und ihren Schmerz zu integrieren.[25]

Hier sehen wir, daß in der POP die Zustände (die Erfahrungen an den Stationen) zu integrieren wichtiger ist als an einer bestimmten Station anzukommen.

Das sich ständig wandelnde Fließen eines Flusses oder eines Baches, das sich nie genau wiederholt, ist eine geeignete Metapher für das Paradigma des Prozesses. Wenn wir einen Bach betrachten, nehmen wir mit Hilfe unseres Wahrnehmungsapparates und unseres Gedächtnisses Muster von Strudeln, Wellen, Kräuselungen und Spritzer wahr. Diese Zustände existieren nicht aus sich selbst heraus. Vielmehr sind sie unsere Konstruktionen, mit denen wir die sich wiederholenden Muster im sich ständig wandelnden Prozeß zu erfassen suchen; diese Muster abstrahieren wir aus der fließenden Bewegung, wenn sie im Fließen entstehen und wieder vergehen.

Menschliches Verhalten und menschliche Erfahrung fließen ebenfalls wie ein Fluß. Auch hier abstrahieren wir aus Bequemlichkeit Zustände – Persönlichkeitsmerkmale, Stimmungen, Einstellungen, Überzeugungen – denen wir Namen und Form geben. Diese Tendenz, die Welt der Ereignisse, Krankheit und Gesundheit eingeschlossen, als statische Zustände aufzufassen (Erkrankungen, Syndrome, neurotische und psychotische Zustände) ermöglichen das Identifizieren wiederkehrender Muster. Diese Identifikation wiederum gestattet uns, vergangene und gegenwärtige einzigartige Ereignisse mit einander in Beziehung zu setzen; das ist die Basis von Diagnose und von wirksamer Behandlung, ganz zu schweigen von normaler Kommunikation. Dennoch muß eine solche Kategorisierung per definitionem eine Fülle von Einzelheiten außer Acht lassen, die im Fluß des Verhaltens und der Erfahrungen eines jeden Patienten individuell und einzigartig sind. Die prozeßorientierte Psychologie ist bestrebt, die Aufmerksamkeit hinter die gewohnheitsmäßigen Kategorien und Zustände auf die Ereignisse von Moment zu Moment zu richten, die im Erlebensfluß auftauchen. Das Grundprinzip dieser Prozeßbeobachtung besteht einfach darin, daß es bedeutsame therapeutische Auswirkungen hat, Verhalten und Erfahrungen fließen und sich relativ frei entfalten zu lassen unbehindert von den üblichen Urteilen aufgrund von Kategorisieren, Konzeptualisieren und Interpretieren.

Die therapeutischen Werkzeuge der Prozeßarbeit sind die vertrauten, die von vielen Psychotherapierichtungen verwendet werden; einige davon sind in Kapitel 8 beschrieben. Es sind Techniken und Tricks, die von Gestalttherapeuten, Bioenergetik-Therapeuten, Jungianischen Analytikern, Reichianischen Bodyworkern, Hypnotherapeuten, Kunsttherapeuten angewandt werden, doch mit eindeutig anderer Einstellung. Der Prozeßbegleiter nutzt diese Methoden nicht, um ein Symptom oder ein Problem loszuwerden, sondern um es zu *verstärken.* Dahinter steht das wichtige Prinzip der bedingungslosen Akzeptanz, das beschrieben wurde als: „was geschieht ist richtig und sollte ermuntert werden."[26] Diese Einstellung steht in starkem Kontrast zu unserer üblichen Haltung gegenüber einer Symptomatologie, nämlich daß ein Symptom pathologisch ist und verändert werden muß. Mit einem Wort, der prozeßorientierte Therapeut muß sich, selbst wenn er sich dauernd auf seine Intuition verläßt, um den Prozeß des Klienten weiterzuführen, tunlichst davor hüten, seinem Klienten irgend welche Ziele aufzuoktroyieren, jedenfalls keine anderen Ziele als das, möglichst viel vom Prozeß an die Oberfläche zu bringen, damit die Energie beobachtet und integriert werden kann. Doch wie wir am folgenden Beispiel sehen werden, ist die Arbeit des Therapeuten von der eines passiven, distanzierten Beobachters weit entfernt.

***Die Bedeutung eines Symptoms finden.*** Kürzlich meldeten sich meine Rückenschmerzen wieder, die in die letzten sechs Monaten zu einem Warnsystem im Hintergrund geworden waren. Ich konnte nicht ausmachen, wo ich ihre Warnung überhört, etwas zu Schweres gehoben oder mich selbst gedrängt hatte, zu viel zu tun, wie so oft in der Vergangenheit. Ein oder zwei Tage lang beklagte ich mich über die Ungerechtigkeit, daß der Schmerz wieder da war, obwohl ich doch in letzter Zeit so aufmerksam war. Schließlich merkte ich, daß ich mich durch die Klagen in die Rolle eines machtlosen Opfers begab, wo doch mein Körper eine machtvolle Botschaft für mich hatte, wenn ich nur bereit war, auf ihn zu hören. Aus der Sicht der POP ist Schmerz der Beginn großer Achtsamkeit. Obwohl ich sicher war, alle Botschaften vorher gehört zu haben, entschloß ich mich, mit den Schmerzen zu arbeiten und zuzuhören, worauf sie mich aufmerksam machen wollten. Ich bat meine Partnerin Anne, mir zu helfen.

Wie wir aus der genauen Analyse des Transkripts weiter unten sehen werden, war die Botschaft, daß ich von Menschen mehr fordern sollte; das war schwer zu akzeptieren, da ich viel daran setze, nicht fordernd zu sein. Nach dieser Erkenntnis beschloß ich, ein Experiment durchzuführen und von Anne mehr zu fordern. Sie fand es eine große Erleichterung und fühlte sich nun wiederum in der Lage, zu meinen Anforderungen ja oder nein zu sagen. Dadurch, daß sie eine bestimmte Information über meine Bedürfnisse und Wünsche erhielt, auf die sie nach ihrer Wahl reagieren konnte, erlebte sie ein deutliches Gefühl der Befreiung. Mir wurde geholfen, in meinem persönlichen Prozeß einen Schritt weiter zu gehen durch die Erkenntnis, daß es nützlich ist, mich stärker auch als fordernden Menschen wahrzunehmen. Ich erkenne jetzt, daß ich „fordernd sein" aus meiner Identität abgespaltet hatte, aber dennoch darauf bestanden hatte, daß Anne und andere meine Forderungen ahnen. Wenn ihnen das nicht gelang, fühlte ich mich oft gereizt. So hat die Arbeit, durch meine Rückenschmerzen veranlaßt, auch bei einem Prozeß in der Beziehung geholfen.

Körperliche Symptome in einen Prozeß verwandeln. Die Hauptmethode, um ein Symptom zu entschlüsseln ist Verstärkung (amplification). Das Erleben des Symptoms wird verstärkt, so daß mehr von seiner verborgenen Bedeutung entdeckt werden kann. Ein körperliches Symptom wird üblicherweise als Gefühl oder im propriozeptiven Kanal wahrgenommen; deshalb muß es auch in diesem Kanal verstärkt werden. Bevor es verstärkt werden kann, muß es so vollständig wie möglich sinnesspezifisch erlebt werden.

> Wenn ich aufhöre, mein Unbehagen zu vermeiden und ganz ruhig werde, um das Symptom genauer zu erleben, wird das, was ich vage als Kreuzschmerzen beschrieben hatte, zu einer Empfindung, die mehr an einer bestimmten Stelle sitzt, genau unter meinem Hüftknochen hoch oben im Gesäß, wo ich ein scharf umgrenztes Gefühl von ständig anhaltendem Druck spüre.

Sobald die Empfindung vollständig proprioperzeptiv wahrgenommen wurde, wird sie verstärkt, bis sie beinahe unerträglich ist. An diesem Punkt wechselt der Kanal in der Regel spontan in den Kanal, der mehr Informationen über das Symptom liefert.

> Wenn ich das Gefühl des anhaltenden, lokalisierten Drucks verstärkt habe, demonstriere ich mit meinem Finger das Gefühl, wie jemand einen Finger genau an diesem Punkt in meinen Körper drückt. Es mit meinem Finger zu zeigen ist der Beweis dafür, daß ich ganz spontan in die Bewegung oder den kinästhetischen Kanal übergewechselt habe.

Ein wichtiger Aspekt dieser Arbeit besteht darin, sich mit dem *Symptomverursacher* identifizieren zu können.

> Um die Erfahrung des Schmerzverursachers zu haben, drücke ich meinen Finger in Annes Gesäß an der selben Stelle und mit dem selben Druck und der selben Ausdauer, als deren Opfer ich mich empfinde. Jetzt habe ich die Möglichkeit zu spüren, wie diese Energie und Information eigentlich beschaffen sind, die von meinem Bewußtsein abgespalten sind und sich deshalb im Symptom manifestieren. Ich begebe mich auf die Beziehungsebene, bohre mit meinem Finger und erlaube mir, mich noch stärker mit dem Schmerzverursacher zu identifizieren. Ich finde mich selbst wieder, wie ich ihr sage, daß ich nur versuche, sie zu warnen. Dann tauschen wir Rollen. Anne wird der Schmerzverursacher; sie greift meine Worte auf und sagt mir, daß sie nur versucht, mich zu warnen. Ich, wieder als Opfer, bestehe darauf, daß ich keine weiteren Warnungen brauche. Ich schütze mich bereits ausreichend – körperlich ohnehin! Wir tauschen wieder Rollen. Als sich Anne – als Opfer – beschwert, sie brauche keine Warnungen mehr, stelle ich fest, daß mir die Energie fehlt, weiter zu drücken.

Prozeßarbeit geht immer davon aus, daß das, was geschieht, genau richtig ist, wie es ist. Was hingegen erforscht werden muß, ist, *wie oder auf welche Weise es richtig ist.*

> Irgendwie muß es richtig sein, daß mir jetzt die Energie fehlt, ihren Körper weiterhin zu piken. Wir merken, daß wir jetzt auf eine andere Spur setzen müssen. Anne – jetzt in der Rolle der Therapeutin – vermutet, daß das Bohren an sich wichtig ist. Um wieder genau herauszufinden, wie es wichtig sein könnte, fordert sie mich auf, es wieder zu verstärken

und diesmal die Betonung auf den pickenden Finger zu richten. Ich werde der Finger-Zeiger und in dieser Rolle stelle ich Forderungen in allen Bereichen unserer Beziehung an sie. Jetzt haben wir die energetische Information, die vorher in meinem Symptom verborgen war, freigesetzt. Mein persönlicher Prozeß und der unserer Beziehung sind weitergekommen/vorangekommen. Mein Symptom wird in seiner jüngsten Rolle nicht mehr gebraucht und meine Rückenschmerzen vergehen innerhalb von 24 Stunden.

## Krankheit als Beginn der Heilung

Das Beispiel, ein körperliches Symptom in einen Prozeß zu verwandeln, zeigt den Wert, eine Krankheit als Beginn des Heilungs- oder Balancierungsprozesses zu behandeln. Beachten Sie, daß es nicht darum ging, einem Regelwerk oder einer Tabelle mit Bedeutungen zu folgen (wie die, die in früheren Abschnitten dieses Kapitels dargestellt wurden); diese hätten womöglich dem sich entfaltenden Prozeß eine falsche und von außen kommende Interpretation aufgedrängt. In gewisser Weise waren die Rückenschmerzen nicht so sehr eine Metapher für das, was aus dem Gleichgewicht war, als vielmehr der Schlüssel für die Energie, die in dem Moment für Integration und ein neues Gleichgewicht nötig war.

Das Symptom zu entschlüsseln, öffnete eine Tür zu einem Teil, der bis dahin verborgen war, eine Schattenseite, die zum Ausdruck kommen wollte, aber bis dahin an den *Grenzen* meines Seins lag. In jedem Moment sind wir uns nur bestimmter Aspekte, Motive, Einstellungen und bestimmter Anteile unserer selbst bewußt. POP nennt diese Information, mit der wir uns am stärksten identifizieren und die wir verbal am leichtesten ausdrücken können unseren *Primärprozeß* (primary process). Aspekte von uns, die weiter von unserem Bewußtsein entfernt sind, die aber dennoch nach Ausdruck drängen, werden als Information bezeichnet, die im *Sekundärprozeß* (secondary process) wirkt. Die meisten dieser Sekundärprozesse widersprechen im allgemeinen unserer derzeitigen Vorstellung von uns selbst, deshalb tendieren wir dazu, sie abzuspalten, selbst wenn wir ihretwegen wertgeschätzt werden. Daher wird die Gesamtheit dieser Sekundärprozesse üblicherweise mit C. G. Jungs Konzept des *Schattens* gleichgesetzt. Bei der Arbeit mit meinem unteren Rücken ist der Primärprozeß, nicht fordernd zu sein. Damit identifiziere ich mich. Meine Rückenschmerzen sind ein Signal eines Sekundärprozesses, der verlangt, daß ich fordernder bin, eine Eigenschaft, die meiner Selbstwahrnehmung sehr fern liegt, obwohl ich wahrscheinlich von anderen hin und wieder als fordernd erlebt werde.

Um die Botschaft(en) des Symptoms zu integrieren, müssen wir einen Weg finden, wie wir ihre Energie von einer passiven in eine aktive Kraft verwandeln können. Aber in dem Moment, wenn wir dem Schatten eines Sekundärprozesses gegenüberstehen, finden wir uns genau an der Grenze oder am *Rand* dessen wieder, was wir in unserer Beziehung und in der Welt zu tun und zu sein bereit sind. Dieser Rand zwischen dem Primärprozeß und dem Sekundärprozeß ist eine Herausforderung für unsere Identität und fordert uns auf, unsere Grenzen zu erweitern. In diesem Sinne versuchen alle Symptome, unsere Grenzen zu erweitern. Ich kannte mich nicht als fordernd und wollte auch gar nicht daran denken. Es war mir bequemer, diese Polarität abzuspalten und im Unbewußten zu lassen bis dieses Verhalten eine Störung des Status Quo hervorrief, die mich für neues Potential empfänglich machte. Viel Prozeßarbeit findet an diesen Rändern statt – sich ihrer bewußt zu werden, mit Hilfe der verschiedenen oben beschriebenen Techniken zu entdecken, was uns auf der vertrauten Seite hält und dann, wenn wir dazu bereit sind, über sie hinauszugehen. Manchmal dauert es lange, bis ein vorher entdeckter Rand überschritten werden kann. Oft muß der Rand immer und immer wieder überschritten werden, bis die Energie des Symptoms ausreichend integriert ist.

***Das chronische Symptom.*** Nach Mindell ist eine chronische Erkrankung oft ein lebenslanges Problem, ein Teil des Individuationsprozesses eines Menschen, der die Form von verschiedenen Botschaften annehmen kann, die die Seele durch diese Erkrankung ausdrückt. Ein chronisches Symptom dient oft als Metapher für ein lebenslanges Problem. In der Arbeit mit meinen Rückenschmerzen wurde mir dieser schmerzhafte Druck als Freund vertraut, der mich warnte, mich nicht dazu zu drängen, zu viel zu tun oder zu schwer zu heben. Doch bei der jüngsten Begegnung mit ihm, hatte sich die Botschaft geändert in: „Fordere mehr von Leuten!" Freilich können die beiden Botschaften miteinander verknüpft sein. Die naheliegende Verbindung hier könnte sein, daß ich mich nicht immer als derjenige sehen muß, der alles tun muß. Im allgemeinen kann ein chronisches körperliches Problem wechselnde Informationen über verschiedene psychische Probleme enthalten; so können beim einen Mal Themen mit der Mutter bei Magenproblemen festgestellt werden, beim nächsten Mal kann der Vater auftauchen. Die Dynamik der Bedeutung erleichtert es, die Gefahren des eindimensionalen psychosomatischen Ansatzes zu vermeiden, der speziellen Symptomen bestimmte Persönlichkeitstypen zuzuschreiben versucht. Wenn man chronischen Symptomen gestattet, die Hier-und-Jetzt-Information aus den Tiefen des ständigen Prozesses eines Menschen auszudrücken, dann bedeutet das nicht notwendigerweise, daß das Unbehagen verschwindet, oder wenn doch, dann vielleicht nicht für immer. Das Wichtige, was zu geschehen scheint, ist:

> Wenn Sie wirklich an die Wurzeln eines Prozesses kommen, dann können Ihre Projektionen integriert werden und Sie nehmen Ihre Erkrankung völlig anders wahr. Wenn Sie Glück haben, kommt es vielleicht zu Heilung. Wenn Sie noch mehr Glück haben, beginnen Sie zu wachsen. Selbst wenn Ihre chronischen Symptome nicht verschwinden, dann werden sie vielleicht zu freundlichen Verbündeten, die Sie in eine neue Phase der Existenz drängen, in der Sie sich als ganze und kongruente Person inmitten eines reichen und sinnvollen Lebens verhalten.[27]

## Schlußfolgerung

Von den antiken, religiös-magischen Ursprüngen unserer Medizin bis hin zu Groddeck und Mindell in diesem Jahrhundert, bleibt die Bedeutung von Krankheit flüchtig, höchst persönlich, widersprüchlich und übernatürlich. Als ergänzende teleologische Anschauung zu unserer allgemeinen wissenschaftlichen Praxis erweitert die Symbolik von Erkrankungen unseren Blick nicht nur über die Grenzen hinaus, sondern auch die akzeptierten Grundregeln unserer Wissenschaft. Von einigen als Phantasie abgelehnt, von anderen als Ersatz von Wissen verachtet, von einigen wenigen als ultimative Grundlage für Verständnis gepriesen, bleibt die Bedeutung von Krankheit wahrscheinlich ein immer fruchtbarer Boden für müßige Spekulation und brillante Erkenntnisse. Caveat emptor (der Käufer sei vorsichtig)!

# Projekt 12

## Die Botschaften des Körpers entschlüsseln

In diesem Projekt konzentrieren Sie sich auf ein körperliches Symptom und erforschen seine derzeitige Bedeutung. Wir verwenden die vier von Dethlefsen und Dahlke (1983) vorgeschlagenen Regeln, um die Bedeutung unseres Symptoms zu erkunden und auszudehnen.

Wählen Sie zunächst eine derzeitige Beschwerde, einen Schmerz, Steifheit oder ein dauerhafteres Symptom oder Syndrom. Wenn Sie kein eigenes Symptom herbeizaubern können, können Sie das eines Freundes, Bekannten oder Patienten wählen. In diesem Fall müssen Sie aber sicherstellen, daß sie die Erlaubnis dazu haben und sein/ihr aktives Interesse, eine Bedeutung für das Symptom zu suchen. Es ist besonders wichtig, daß Sie nicht die Symptombedeutung für Menschen suchen, die nicht offen sind für die grundlegende Idee, daß ihren körperlichen Symptomen eine symbolische Bedeutung zugrunde liegen könnte.

Sie müssen daran denken, daß Ihre durchschnittlichen Freunde und Nachbarn sich nicht im geringsten für Psychologie interessieren. Abgesehen davon, daß sie neurotisches Verhalten als inakzeptable, schwache und moralisch verwerfliche Art, auf Lebensprobleme zu reagieren, betrachten, verdächtigen sie auch Psychologen und Psychotherapeuten ein bißchen „daneben“ zu sein. Und, wie Arnold Mindell bemerkte, steckt in ihrem Urteil ein Körnchen Wahrheit:

> Nicht alle Psychologen sind vertrauenswürdig; Psychologie ist keine perfekte Wissenschaft, und damit sie funktioniert ist Teamarbeit nötig. [Doch] das Faszinierendste [an diesen Freunden und Nachbarn] ist, daß sie sich für ihr Innenleben zu interessieren beginnen, wenn sie von Krankheiten geplagt werden.[28]

Seien Sie also vorsichtig, wenn Sie mit der Bedeutung anderer arbeiten und „unter keinen Umständen sollten Sie Ihre Interpretation ihrer Symptome anderen Leuten aufdrängen.“[29]

***1. Regel:*** Wenn Sie das Symptom gewählt haben, vergessen Sie alle eindeutig bekannten oder vermuteten funktionalen Beziehungen. Das Symptom kann durch eine Verletzung entstanden sein oder Sie sind sich vielleicht sicher, daß es mit Ihrer Ernährung oder Lebensweise zu tun hat oder eine Infektion ist – das spielt keine Rolle. Die Funktionsanalyse ist kein Ersatz für eine Interpretation des Symptoms; alles, was zählt, ist, daß es existiert.

***2. Regel:*** Finden Sie die genaue Zeit heraus, als das Symptom/die Symptome (falls Sie eine ganze Reihe davon untersuchen) auftrat/en. Erforschen Sie die Lebenssituation, Gedanken, Phantasien, Träume, Ereignisse und die Neuigkeiten, die den zeitlichen Rahmen des Symptoms bilden.

In welcher Stimmung waren wir? Kam es zu Veränderungen in unserem Leben? Wir müssen vorsichtig sein, damit wir nicht etwas übersehen, was bei oberflächlicher Betrachtung recht trivial wirkt, aber in Wirklichkeit sehr bedeutsam war. Da das Symptom als eine Manifestation von etwas nicht Offensichtlichem gilt, ist die Bedeutung des Kontextes wahrscheinlich auch nicht offensichtlich. Achten Sie bei dieser Erforschung auf das, was Ihnen als erstes in den Sinn kommt – lassen Sie es nicht als trivial oder irrelevant bei Seite. Belegen Sie das Symptom auch nicht voreilig mit einer vorgefaßten Theorie. Seien Sie offen für eine subtile und überraschende neue Bedeutung, die unter der Oberfläche liegen kann.

***3. Regel:*** Denken Sie über die metaphorische Bedeutung des Symptoms nach. Sehen Sie in Abbildung 12.1 (Karte der symbolischen Anatomie) wegen Hinweisen nach. Wenn Sie mit einem Partner arbeiten, hören Sie auf die psychosomatischen und metaphorischen Zuordnungen in der Sprache. Denken Sie daran, daß Wörter oft doppeldeutig sind: herzlos, vollgestopft, es hängt mir zum Hals raus, „er nervt mich“, dickhäutig u.s.w.

Abstrahieren Sie dann das Prinzip von der Symptomatologie und wenden Sie dieses Muster auf der psychischen Ebene an. Wenn Sie einen Treffer landen, haben Sie vielleicht ein Gefühl des Wiedererkennens, ein „Aha!“-Erlebnis.

***4. Regel:*** Stellen Sie die Doppelfrage und dringen Sie recht tief in sie ein:

(i) Wovon hält mich das Symptom ab?

(ii) Wozu zwingt mich das Symptom?

Jedes erzwungene Verhalten ist eine obligatorische Veränderung in unserem Leben und muß deshalb ernst genommen werden. Das Symptom hält uns davon ab, etwas zu tun, was wir wahrscheinlich gerne tun und zwingt uns andererseits dazu, etwas zu tun, woran wir nie dachten. Wenn es außerhalb von uns eine mysteriöse Macht gibt – den Symptomverursacher –, der unsere Fäden so ziehen wollte, was würde diese Macht von uns wollen? Was könnte eventuell seine Absicht sein?

Wenn Sie die vier Regeln angewandt haben, versuchen Sie, die Botschaft, die das Symptom verkörpert, in Ihr Bewußtsein zu integrieren. Haben Sie etwas Neues entdeckt? Wären Sie bereit, das neue Wissen, das über Ihren Schatten sein könnte – die Seite von Ihnen, die Sie nicht vollständig akzeptieren – in Ihr Leben zu bringen und ihr erlauben, sich zu manifestieren? Würden Sie sich trauen, dieses Seite von sich in Handlungen auszudrücken und in Ihrer Art zu sein, um es auf dem Schatten Ihres Seins zu erlösen?

Nehmen Sie sich Zeit, diese Arbeit in Ihrem Körper-Seele-Tagebuch zu notieren und ergänzen Sie eine kurze Erörterung des Themas: „Krankheit, ein Weg zu Selbsterkenntnis und Ganzheit.“

## Kommentierte Bibliographie

**Borysenko, Joan:** *Minding the Body, Mending the Mind.* Reading, Massachusetts: Addison-Wesley, 1987. Dt. Feuer in der Seele; Bauer Verlag, Freiburg 1995. Ein wichtiges Korrektiv zum allzu vereinfachten positiven Denken. Viele praktische Werkzeuge, um die persönliche Kontrolle und das emotionale Gleichgewicht zu steigern. Nützlicher Abschnitt über den Mythos über negative Emotionen.

**Dethlefsen, Thorwald** und **Rüdiger Dahlke:** *The Healing Power of Illness.* Übersetzt von Peter Lemesurier. Shaftesbury, Dorset: Element, 1990. Dt. Krankheit als Weg; Bertelsmann Verlag, München 1983. Die Bedeutung von Symptomen und ihre Interpretation. Körperliche Erkrankung wird als Botschaft und Signal des nicht ausgedrückten Schattens angesehen, dessen Absicht darin besteht, uns auf die Ganzheit von Körper, Seele und Geist hin zu lenken.

**Dossey, Larry:** *Meaning and Medicine.* New York: Bantam, 1991. Nützliche Fallbeispiele, die die heilende Kraft illustrieren, die persönliche Bedeutung einer Erkrankung zu finden.

**Duff, Kat:** *The Alchemy of Illness.* New York: Pantheon, 1993; **Donna Talman:** *Heartsearch.* Berkeley: North Atlantic, 1991; **Ken Wilber:** *Grace and Grit.* Boston: Shambhala, 1991. Mut und Gnade; Scherz Verlag, München 1992. Diese ausgezeichneten autobiographischen Fallbeispiele muß jeder lesen, der in einem helfenden Beruf tätig ist. Drei verschiedene Krankeitsaufzeichnungen (chronisches Müdigkeitssyndrom, systemischer Lupus erythematodes, Brustkrebs) und jede Aufzeichnung zeigt die unendliche Komplexität und die Eigenheiten der Erkrankung und wie die Suche nach der Bedeutung schließlich zu einer spirituellen Transformation durch das Leiden führt.

**Groddeck, Georg:** *The Meaning of Illness.* New York: International Universities Press, 1977. Diese Neuausgabe beinhaltet Groddecks klassische Schriften aus den 20er Jahren.

**Hay, Louise:** *You Can Heal Your Life.* London: Eden Grove, 1984. Dt. Gesundheit für Körper und Seele; Heyne Verlag, München 1989. Eine Sammlung von Denkmustern und emotionalen Zuständen, zu denen sie führen, werden ungefähr 400 körperlichen Leiden zugeordnet. Das Patentrezept für sie alle ist: „lerne, dich selbst zu lieben."

**Kidel, Mark** und **Stephen Rowe-Leete:** *The Meaning of Illness.* London: Routledge, 1988. Eine Sammlung von Artikeln von einer Dartington Konferenz zu diesem Thema. Die Beiträge umfassen ein breites Spektrum von Standpunkten und helfen, die Grundthemen aufzuzeigen, die sich ergeben, wenn man Erkrankungen eine Bedeutung beimißt.

**Levine, Barbara H.:** *Your Body Believes Every Word You Say.* Lower Lake, Kalifornien: Aslan, 1991. Einige interessante Beispiele von metaphorischen Körpersymptomen und wertvolle Möglichkeiten (Visualisierungen, Affirmationen) mit ihnen zu arbeiten.

**Mindell, Arnold:** *Dreambody.* New York: Arkana, 1982. **Arnold Mindell:** *Working with the Dreaming Body.* New York: Arkana, 1986; Dt. Der Leib und die Träume, Junfermann Verlag, Paderborn 1987. **Joseph Goodbread:** *The Dreambody Toolkit.* London: Routledge & Kegan Paul, 1987. Die drei Bücher sind eine Einführung in die prozeßorientierte Psychologie. Sie gehen ein auf die Rolle des Körpers bei der Selbstdarstellung, bieten Techniken, um Körpersymptome zu verstärken als Signale des Höheren Selbst und die Philosophie, Ziele und Praktiken dieser Psychologierichtung, die ihre Wurzeln in der Jungschen Psychologie und dem Taoismus hat.

**Shealy, C. Norman** und **Carolyn M. Myss:** *The Creation of Health.* Walpole, New Hampshire: Stillpoint, 1988. Dt. Auch Du kannst Dich heilen; Laredo Verlag, Chieming 1994. Die emotionalen Muster hinter Krankheiten untersuchen und transformieren mit Hilfe von psychotherapeutischen Werkzeugen und spirituellen Richtlinien. Detaillierte Fallbeispiele über die Verbindungen zwischen symbolischen Ursachen und Krankheitsentwicklung, werden beschrieben zusammen mit der Diskussion über intuitive Diagnosen.

**Sontag, Susan:** *Illness as Metaphor.* New York: Farrar, Straus und Giroux, 1977. Dt. Krankheit als Metapher, Fischer Verlag, Frankfurt/M. 1996[7]. Darstellung von Gefahren, wenn man versucht, Erkrankungen einfache psychologische Deutungen zuzuordnen.

**Webster, Lynn:** *Dream-work.* London: Dryad, 1987. Ein wertvoller Einstieg, wie man Träume nutzen kann, um all seine unterschiedlichen Aspekte zu integrieren.

# 13

## Partnerschaft zwischen Patient und Behandler: Die therapeutische Allianz

*Der Arzt war schon immer ein Mensch zwischen zwei Welten. Er kümmert sich um den physischen Körper und um das Innere des Menschen ... er ist Meister der körperlichen und geistigen Aspekts des Lebens... Ein authentischer Arzt ist sowohl Heiler als auch Wissender.*

JOSEPH NEEDLEMAN[1]

### Die Grundlage der Arzt-Patient-Beziehung[2]

Platon nannte die Medizin „die Wissenschaft von der Liebe zum Körper". Ganz offenkundig vereint der ideale Arzt in seiner Person Technik und Fürsorge untrennbar. Der moderne Arzt – Schulmediziner oder Alternativmediziner – kann zwar auf eine eindrucksvolle Sammlung von high-tech-Instrumenten, Geräten und Vorrichtungen für Diagnose und Therapie zurückgreifen, doch die uralten Elemente, die auf die mitfühlende, fürsorgliche Seite der Gleichung gehören, sind die selben geblieben. Daß die Fürsorge durch die Verwissenschaftlichung der westlichen Medizin in diesem Jahrhundert überschattet wird, ist in erster Linie der Grund für die Renaissance der traditionellen Heilverfahren. Pflanzenheilkunde, Naturheilverfahren und verschiedene Arten von energetischer Medizin mit ihren Wurzeln in China, Tibet und bei den Indianern erleben einen kräftigen Aufschwung. Zudem ziehen viele relativ neue Therapien wie Angewandte Kinesiologie, Osteopathie, Chiropraktik, Homöopathie, Fußreflexzonentherapie und Aromatherapie ständig neue Behandler, Lernende und Patienten an. Da sich die orthodoxe Medizin auf den Körper als Maschine und die Krankheitspathologie konzentriert, neigt sie dazu, der Fürsorge nur eine geringe, unterstützende Rolle zuzuschreiben und überläßt sie mehr oder weniger den Krankenschwestern und dem Hilfspersonal. Da ihnen die Autorität des Arztes fehlt, die sowohl die Kultur ihm zuschreibt als auch seine eigene angeborene Autorität als Experte für Erkrankung und Körper, können diese Menschen, egal wie gut ihre Absicht ist, die vollständige Funktion einer voll entwickelten Patienten-Behandler-Beziehung nicht erfüllen.

Es ist klar, daß im ganzen Verlauf der überlieferten Medizingeschichte mit ihren zahlreichen Modeerscheinungen bei den Behandlungsformen das, was immer geheilt hat, die Beziehung zwischen dem Patienten und dem Behandler war. Aus unserer heutigen Sicht können wir auf die Medizin vor der Aufklärung über Asepsis und Hygiene zurückblicken, vor die Theorie der Zellpathologie und der Entdeckung der Erreger und wundern uns, wie die ganze Zeit hindurch die Praxis der Medizin nicht nur Bestand hatte, sondern mit wenigen wirksamen Therapien sogar blühte. Zweifellos hat die Tatsache, daß die meisten Krankheiten sich selbst regulieren und unbehandelt von selbst wieder vergehen etwas mit der Dauerhaftigkeit des Berufes zu tun. Doch das allein ist es nicht, denn im Laufe der Jahrhunderte sind viele Berufe aufgetaucht und wieder verschwunden je nach Nachfrage. Der Arzt-Priester, der Schamane und der Hexendoktor blieben in den traditionellen Kulturen herausragende Persönlichkeiten, denn zu Zeiten, wenn unser Körper in einer Krise ist und wenn wir krank sind, wenden wir uns an jemand anderen um Hilfe. Eine entscheidende Konsequenz der Identifikation mit dem Körper bedeutet, daß, wenn der Körper unerklärlicherweise erkrankt, wir wahrscheinlich in Panik geraten, weil unsere Identität bedroht ist. Bei einer Erkrankung verlieren wir das vertraute Gefühl von Kontrolle über unseren Körper, unsere körperliche und mentale Kraft ist verringert/ geschwächt und wir werden unsicher, ob wir unsere Autonomie und persönliche Kontrolle wiedererlangen können. Deshalb suchen wir jemand anderen, der mit solchen Zuständen vertraut ist und uns beruhigen kann, das, was wir erleben erklären, und es mit einem Namen versehen kann, und uns hoffentlich durch die Unsicherheit und die existentielle Dunkelheit führen kann.

Das Patient-Behandler Verhältnis ist ein Jungscher Archetypus – er kommt in allen Kulturen vor, verändert seine Form, um sich an das spezielle soziokulturelle Netz der Gesellschaft, in die er eingebettet ist, anzupassen, und enthält zwangsläufig bestimmte, gleichbleibende Elemente: einer, der gut Bescheid weiß und gesund ist, widmet sich einem, der nicht Bescheid weiß und krank ist. Die ersten Ärzte, von denen wir wissen, waren in der Tat Priester und auch der moderne Behandler hat priesterliche Attribute der Zurückhaltung, bestimmte Kräfte und Zugang zu einer Welt, die andere nur sehr vage kennen. Weil der Patient die Gründe seiner Beschwerden nicht kennt und glaubt, daß der Arzt das Wissen und die Macht hat, Erleichterung zu verschaffen, wurde das immer mit einer Abhängigkeit des Patienten vom Arzt assoziiert, der vermutlich weiß und erklären kann. Wie Dr. Thomas Preston so gewandt darstellte, wird dieser Archetypus jedem von uns in unseren Kindheitsjahren eingepflanzt, wenn Prägung leicht stattfinden kann. Die Ehrfurcht der Eltern vor dem Arzt überträgt sich auf das Kind:

> Der Eifer, mit der die Anweisungen des Arztes ausgeführt werden gibt ihnen Vorrang vor den elterlichen. Der Arzt darf als einziger die Regeln und Tabus der Familie verletzen, das Schlafzimmer betreten und den Körper des Kindes berühren in einer Atmosphäre, in der sich alles seinen Wünschen unterordnet. Der Arzt steht über den Familiengesetzen indem er der Mutter anordnet, dies und das zu tun, während andere Haushaltstätigkeiten aufhören in Ehrerbietung gegenüber seiner Anwesenheit.[3]

So betrachten wir in unseren jungen Jahren den Arzt als allmächtig und, irgendwie durch seine magische Fähigkeit zu heilen, mehr als lebensgroß. Da wir das Genesen von unseren Kinderkrankheiten mit diesem Übermenschen verbinden, lernten wir alle Genesung mit seinen Diensten zu verknüpfen. Diese Assoziationen, echt oder unecht, je nachdem, verstärken und erhalten die Beziehung des hilflosen Kindes zum allmächtigen Heiler, die Beziehung, in die wir als Erwachsene beim Ausbruch von Erkrankungen wahrscheinlich regredieren.

Doch kurz vor dem 21. Jahrhundert bricht diese Verbindung zwischen dem allmächtigen Arzt und dem abhängigen Patienten zusammen. Die Verwissenschaftlichung des Arztberufs und die vorrangige Beschäftigung des Mediziners mit körperlicher Physiologie und Pathologie ist – so wertvoll sie für Infektionskrankheiten und Verletzungen sein mag – für chronische Erkrankungen weit weniger geeignet und hilfreich, die jetzt, bei einer alternden Bevölkerung immer häufiger auftreten. Der Arzt als hochentwickelter „Körpermechaniker" kann auch bei Beschwerden aufgrund von Streß und der funktionellen Erkrankungen wenig Hilfe bieten, die insgesamt von einem Drittel bis vielleicht zu 90 % der Fälle ausmachen, die ein Allgemeinarzt zu Gesicht bekommt.[4]

Das allopathische, schulmedizinische Modell von Krankheit und Gesundheit beruht auf der Grundlage, daß die Erkrankung, – d.h. pathologische Strukturen zu entfernen – auch die Krankheit heilen sollte. Genau darin bestand der Erfolg dieses Modells, einen Rahmen zu liefern für die Behandlung von Infektionskrankheiten, die im letzten Jahrhundert die Todesursache Nummer eins waren; das drängte die Fürsorge des Arztes – die Beziehung zwischen Arzt und Patient – ins Abseits. Wenn die Therapeutika wirken, dann wird die Beziehung nur eine Art, sicherzustellen, daß der Patient mitarbeitet und sich an die Behandlung hält, sei sie nun Antibiotika, Steroid- oder Insulinspritzen oder chirurgische Eingriffe.

Da nun das Modell nach und nach seine Grenzen zeigt, gewinnen die fürsorglichen Elemente der Beziehung wieder an Bedeutung. Und das nicht nur, weil wir wenigstens ganz gern eine fürsorgliche Beziehung voller Mitgefühl als Ersatz hätten, falls die moderne Medizin die Erkrankung nicht beheben kann. Tatsache ist, daß die Beziehung zwischen Patient und Arzt an sich eine sehr starke „Arznei" ist, aber eine, deren Pharmakologie, Nebenwirkungen und Dosierung im wesentlichen unerforscht bleiben. Selbst die Herstellung dieses Mittels ist in seiner Qualitätskontrolle nicht konstant; einige glauben, daß es nicht mehr ist als gesunder Menschenverstand und freundlicher Beruhigung (reassurance; Beruhigung, Versicherung, wohl auch im Sinne von beschwichtigen; Anm. d. Ü.); andere dagegen glauben, daß dieses Mittel besondere, erlernbare Fertigkeiten und Einstellungen enthält. Die Beziehung zwischen Patient und Behandler scheint genau die Krankheiten, bei denen die schulmedizinischen Verfahren trotz all ihrer technologischen Raffinesse machtlos sind, vielfach positiv zu beeinflussen.

Dieses Kapitel will einige Merkmale der Arznei „Arzt" beleuchten und ihre Eignung und allgemeine Wirkung in bezug auf Heilung darstellen. Dabei werden wir noch einmal – gründlicher als bisher – unser Grundkonzept der humanistischen Medizin untersuchen müssen, die Unterschiede zwischen Heilen und Kurieren, was es bedeutet, „den Menschen zu behandeln", nicht nur die Erkrankung und wie sich das wiederum auf unser Menschenbild auswirkt. Weil das Gespräch sowohl das Mittel für die psychobiosoziale Diagnose ist als auch der Beginn einer rationalen Therapie, die die psychobiosozialen Elemente enthält, werden wir die Kommunikationsfertigkeiten des Behandlers und seine Gesprächstechniken gründlich betrachten. In der Praxis ist die Qualität der Beziehung zwischen Patient und Behandler für uns in der Naturheilkunde so wichtig, weil ein so wichtiger Teil unserer Therapeutika sich um Änderungen der Lebensweise dreht (Ernährung, Sport, Streßreduzierung), die die Selbstverantwortung des Patienten erfordern. Solche Änderungen werden durch eine enge Beziehung zwischen Arzt und Patienten stark unterstützt. Da das Placebo, lange Zeit eine eigentümliche medizinische Anomalie, manchmal als die Grundlage dessen genommen wird, was in der Alternativmedizin wertvoll ist, müssen wir das Thema Placebo genau untersuchen, um zu entscheiden, ob es (wie es die allopathische Medizin üblicherweise sieht) ein Ärgernis ist, oder ob es ein echter Beweis der Beziehung zwischen Behandler und Patient ist und deshalb gefördert und, wo immer möglich, bewußt eingesetzt werden soll.

## Derzeitige Unzufriedenheit mit der Schulmedizin

Der Archetypus des allwissenden Arztes und des hilflosen Patienten ist in der Tat nur eine von drei grundlegenden Patient/Arzt (P/A) Erscheinungsformen. Ein umfassenderes Schema finden Sie in Tabelle 13.1

| Patient/Arzt Verhältnis | Rolle des Arztes | Rolle des Patienten | Analogie in der Familie | geeignet für |
|---|---|---|---|---|
| aktiv – passiv | den Patienten „behandeln" | relativ untätig | Eltern/Kind | akute Verletzung, Koma, Delirium, Notfälle |
| Führung – Zusammenarbeit | gibt dem Patienten Ratschläge, was er tun soll | zusammenarbeiten, oder „befolgen" | Eltern/Teenager | Infektionen, Geschlechtskrankheiten, Mangelkrankheiten |
| Gleichberechtigte Partnerschaft | unterstützt den Patienten, sich selbst zu helfen | nimmt als gleichberechtigter Partner teil | Erwachsener/ Erwachsener | die meisten chronischen Krankheiten, die mit eindeutig psychischen Komponenten |

**Tabelle 13.1:** Die drei Erscheinungsformen der Beziehung zwischen Patient und Arzt[5]

Ich glaube, es ist angemessen zu sagen, daß wir in der Alternativmedizin im großen und ganzen dazu tendieren, eine eher gleichberechtigte Partnerschaft zu ermuntern; deshalb wählte ich den Begriff in der Überschrift dieses Kapitels. Doch ich glaube, es ist wichtig zu verstehen, daß die Mehrzahl der Patienten, die sich der Komplementärmedizin zuwenden, dies tut, weil sie in erster Linie eine eher gleichberechtigte Partnerschaft suchen. Das legt nahe, daß keine dieser drei Formen *die* richtige für alle Patienten und alle Situationen ist. Die Kinderärztin und Professorin für Verhaltensmedizin Dr. Naomi Remen erinnert uns daran, daß wir in der großen Not einer plötzlich ausgebrochenen Erkrankung und in bestimmten Krankheitsphasen es *wollen* und brauchen, daß sich jemand um uns kümmert. In solchen Zeiten ist eine vorübergehende Abhängigkeit vom „wissenden Experten" nicht ungesund, vorausgesetzt sie hält nicht länger an als nötig. Wie ein Jugendlicher seine Eltern braucht, damit sie ihn führen, ihn ermuntern und hin und wieder konfrontieren, so ist auch der Patient mit einer akuten Infektionskrankheit wahrscheinlich am besten bedient mit einem Fachmann, der die Ätiologie und die Prognose dieser Erkrankung gut kennt und wirksam raten kann, was der Patient für seine vollständige Genesung tun sollte. Was eine solche Beziehung erfordert, *ist* die Zusammenarbeit und das Befolgen der ärztlichen Anweisungen. Schwierig wird es – und wieder einmal sind chronische Krankheit und Psychosomatik lehrreiche Prototypen – wenn ein solcher Zustand nicht mehr angemessen ist. Der Arzt, dem es so vertraut ist, eine aktive

Rolle zu spielen oder zu führen, hat vielleicht große Schwierigkeiten, die Gangart zu wechseln und die Rolle eines gleichberechtigten Partners neben dem Patienten einzunehmen. Aber auch Patienten, die gewohnt sind, daß der Arzt die Antwort weiß, sind verwirrt, wenn der Arzt sagt: „es gibt nichts mehr, was wir für Sie tun können."

Die ganzheitliche Medizin wird sich von diesem starren, zweidimensionalen Modell verabschieden müssen. Vermutlich werden Arzt und Patient am besten bedient sein mit einer neuen Medizin, die den Patienten auffordert, die Rolle zu spielen, die er zu übernehmen bereit ist. Ärzte sagen oft, daß Patienten nichts über ihre Krankheit wissen wollen, aber die Tendenz geht eindeutig in die andere Richtung: im allgemeinen wollen Patienten mehr wissen. Aufgrund des Interesses der Naturheilkunde daran, daß der Patient seine Lebensweise ändert, wozu schließlich viel Selbstverantwortung erforderlich ist, und daß der Patient viel dazu beiträgt, muß unsere Beziehung zwischen Patient und Behandler wirksame Maßnahmen anbieten, die den Patienten unterstützen, die Fähigkeiten zu entwickeln und das Selbstvertrauen, um Experte für die eigenen Erkrankungen zu werden. Der Behandler muß dann ausgebildet sein, dem Patienten zu helfen, die Ursachen gründlich zu erforschen – Lebensweise und psychische Ursachen – und er muß ihn bei der schwierigen Aufgabe, die nötigen, anstehenden Änderungen in der Lebensweise vorzunehmen, unterstützen. Das ist in wirklich eine neue Art von Medizin, obwohl die Beziehung zwischen Patient und Behandler zweifellos zu bestimmten Zeiten in der Geschichte immer wieder so funktioniert hat, ohne daß dies genau definiert wurde. Wir sind einfach an einem Punkt angekommen, an dem wir die Arznei „Arzt" so detailliert beschreiben müssen, daß wir es ausdrücklicher und zuverlässiger in vielen Krankheitssituationen anwenden können.

Zweifelsohne ist das Verhältnis zwischen Patient und Arzt eine Quelle großer Unzufriedenheit im modernen Medizinbetrieb. Verschiedenen Studien in Nordamerika stellten fest, daß bis zu 65 % der Patienten mit ihren Ärzten unzufrieden sind.[6] Folgende Gründe wurden dafür angeführt:

- mangelnde Wärme und Freundlichkeit des Arztes
- Unvermögen, die Bedenken und Erwartungen der Patienten mit einzubeziehen
- Verwendung von unbekannten Fachbegriffen
- nicht genügend angemessene Erklärungen über die Diagnose und die Krankheitsursache.

Ich konnte keine Studien über die relative Zufriedenheit mit alternativen Behandlern finden, aber es scheint klar, daß der rapide Anstieg der Komplementärmedizin im letzten Jahrzehnt teilweise auf diese Unzufriedenheit mit der Schulmedizin zurückgehen muß. Andererseits sind nicht alle alternativen Behandler gegen diese Kritik gefeit. Denn auch wir verwenden oft unbekannte Begriffe (Qi-Energie, Nahrungsmittel werden in yin und yang eingeteilt, Geistheilung, die Theorie daß wir uns aufgrund einer gestörten Darmfunktion selbst vergiften, Irisdiagnose, Chakraanalyse, das Balancieren der feinstofflichen Energien), die wir unseren Patienten nicht immer ausreichend erklären. Ich vermute jedoch, daß alternative Behandler auf die ersten beiden der vier erwähnten Beschwerden gründlich eingehen, ein wichtiger Grund für unsere derzeitige Hochkonjunktur. Viele Naturheilkundler geben in der Regel umfassendes Informationsmaterial über die Behandlung und detaillierte Literatur über Syndrome heraus, einige stellen Hausaufgaben.

Es gibt reichlich Literatur[7] die durchgehend belegt, daß die jungen Medizinstudenten ihre Ausbildung ebenso idealistisch und voll humanistischer Werte und dem Wunsch, menschliches Leid zu lindern, beginnen wie die alternativen Behandler. Doch da die Betonung an medizinischen Fakultäten auf Biochemie, Anatomie, Physiologie und Mikrobiologie liegt, zu Lasten von Ethik, Psychologie, medizinischer Anthropologie und Medizinphilosophie, gehen ihre ursprünglichen Werte allmählich in der Ausbildung in der Krankheitspathologie unter. Selbst wenn psychosoziale Einflüsse Lippenbekenntnisse sind, konzentriert sich der Lehrplan auf die „eindeutigen Wissenschaften" und es gibt nur wenige Kurse, in denen der junge Arzt Kommunikationfähigkeiten lernt und wie er humanistische Werte in seine Praxis einbringen kann. Er ist überarbeitet, wird häufig bei seinem Medizinalpraktikum von seinen Vorgesetzten unterdrückt und nur wenig unterstützt, sich Zeit zu nehmen, „mit den Patienten zu reden".

## Die Aufgabe des Arztes

Was ist eigentlich die Aufgabe des Behandlers? Oberflächlich einfach, die Gesundheit wiederherzustellen, oder, falls das nicht möglich ist, den Patienten dabei zu unterstützen, möglichst viel Lebensqualität zu sichern. Doch diese Aussage ist trügerisch. Erstens ist, wie viele feststellten, Gesundheit nicht die Abwesenheit von Erkrankungen, wie gemeinhin angenommen wird. Ja wir unterstrichen im letzten Kapitel, daß Gesundheit und Erkrankung unabhängig voneinander sein können. Remen (1980) überschrieb ein Kapitel sogar mit: „Wie Sie auf gesunde Art krank sind". Die Wurzel von „health" stammt vom altdeutschen Verb *haelen,* was heil oder ganz bedeutet. Gesundheit hat zu tun mit dem Gefühl von Lebendigkeit, Eifer, von Ganzheit. Eindeutig handelt es sich dabei um Erleben und das Gegenteil ist nicht Erkrankung (disease), sondern Krankheit (illness, d.h. das Gefühl, krank zu sein, Anm. d. Ü.). Da manche Ärzte es als ihre Aufgabe betrachten, einfach Erkrankungen zu behandeln, haben sie sich dagegen entschieden, sich um die Krankheiten zu kümmern (illness). Wieder einmal sehen wir, warum in diesem Vakuum die Alternativmedizin blüht. Die Menschen wollen, daß Ärzte ihre Aufgabe ernst nehmen, aber dafür muß der Arzt den ganzen Menschen behandeln, da der ganze Mensch die Krankheit hat und nicht die Leber, die Gallenblase, Gelenke oder ein anderer Körperteil.

Doch es ist sehr leicht, griffige Wendungen wie „den ganzen Menschen behandeln" zu gebrauchen, ohne jedoch zu klären, was dies in der medizinischen Praxis bedeutet. Der Medizinphilosoph Joseph Needleman (1985) spielte auf die Komplementärmedizin an in seinem Plädoyer, daß der Arzt Wissen und Fertigkeiten in der Heilkunst haben solle. Um den ganzen Menschen zu behandeln, müssen wir erst wissen, was ein Mensch ist. Ja, wir wissen alle intuitiv, was wir mit Mensch meinen und wir alle haben eine Ahnung, was es bedeuten könnte, den Menschen ganzheitlich zu behandeln. Doch die Aufgabe der Wissenschaft ist teilweise, unsere Intuition zu verfeinern und systematisches Wissen und Konzepte, die wir in bestimmten Fällen anwenden können, zu entwickeln, und dieses Wissen anderen zu vermitteln. Wenn ich die allzu starke Verwissenschaftlichung der modernen Medizin verurteile, verurteile ich damit nicht die Wissenschaft im allgemeinen, denn ich glaube, wie Drs. Needleman und Cassell, und der medizinische Ethnobotaniker Andrew Weil, daß wirkliche Medizin eine raffinierte Mischung aus Kunst und Wissenschaft ist. Tatsache ist jedoch, daß die Schulmedizin heute, nicht so sehr durch ihre Überbetonung der Wissenschaft gelähmt wird, sondern durch die Tatsache, daß ihre Philosophie – im Gegensatz zum Zustand ihrer Kunstfertigkeit – an das altmodische mechanistische Modell des letzten Jahrhundert geknüpft ist. Die mechanistische Betrachtungsweise von Materie kann die Fortschritte der Relativitätstheorie dieses Jahrhunderts nicht anerkennen; die Entdeckung nämlich, daß der Untersuchungsgegenstand selbst in der Physik nicht unabhängig vom Beobachter ist, noch viel weniger in der Medizin und in der ganzheitlichen und teleologischen Anschauung der Wissenschaften, die sich mit dem Leben befassen. Außerdem ignoriert die medizinische Praxis weiterhin beträchtliche Fortschritte in den Sozialwissenschaften – besonders in der Psychologie und der Verhaltensforschung – die zeigen, daß Verhalten und Erfahrung ihre eigenen unabhängigen Gesetze haben, die, obwohl sie in der Neurophysiologie und der Neurochemie übereinstimmen, dennoch auf ihrer eigenen (ganzheitlichen) Analyseebene entdeckt und erweitert werden müssen.

Was bedeutet nun das Gesagte für einen Behandler, den ganzen Menschen zu behandeln? Zum einen sicher, den Patienten im breiten Rahmen der biopsychosozialen Ätiologie zu sehen, die wir im ganzen Buch betonen. Gewebspathologie ist einfach eine unzureichende und kurzsichtige Ansicht von Krankheitsentstehung. Aber abgesehen von der Ätiologie bedeutet personen-zentrierte Medizin auch, daß die Behandlung die persönlichen Bedürfnisse und Werte eines Menschen berücksichtigt, seine Stellung in der Gesellschaft und seine Beziehungen zu den ihm Nahestehenden (significant others). Wenn unerfüllte Bedürfnisse für Krankheit prädisponieren können, wie kann sich dann der Behandler fernhalten, die einzigartigen Bedürfnisse und Werte eines Patienten zu verstehen? Und das geht sicher nicht, wenn der kranke Mensch nur als erkranktes Objekt behandelt wird.

Eindeutig müssen wir ebenso viel von Persönlichkeit (personhood) verstehen wie von Anatomie und Physiologie. Es ist bekannt, daß wir einen Patienten, der sagt: „Es scheint, daß ich nicht aufhören kann zu rauchen" nicht genauso objektiv untersuchen und behandeln wie eine Bauchspeicheldrüse, die sagt: „Es scheint, als könne ich nicht so viel Insulin produzieren wie der Körper bräuchte". Im letztgenannten Fall bieten wir alle wissenschaftliche Kenntnisse über den Blutzuckermechanismus und die Stoffwechselstörung auf, die die Biochemie und die Neuroendokrinologie derzeit zu bieten haben. Im ersten Fall tadeln wir wahrscheinlich den Patienten nur, oder, noch schlimmer, lassen unsere Frustration an ihm aus. Doch Persönlichkeitsaspekte wie die Hierarchie der Motive (beschrieben in Kapitel 3), bestimmte individuelle moralische Werte, der Wunsch, kreativ zu sein, erfüllende Beziehungen zu haben, die Konflikte zu zeigen zwischen den eigenen Bedürfnissen und dem Wunsch, anderen zu gefallen, durch Furcht und Angst von den eigenen Sehnsüchten abgehalten zu werden, sind ebenso Teil der Anatomie eines Menschen wie die Gallenblase Teil der Anatomie des Körpers ist. In den Worten von Dr. Eric Cassell:

> Verantwortungsgefühl, die Fähigkeit, Beziehungen einzugehen, Neugier, das Bedürfnis nach Kontrolle, das Bedürfnis, geliebt und gebraucht zu werden, Verlegenheit, Scham, Würde, Ehre und viele andere Attribute sind alle universell bei Menschen zu finden, in unterschiedlichem Ausmaß und in unterschiedlicher Ausdrucksform.[8]

Wenn diese komplexen Aspekte eines Menschen wirklich mit der Gesundheit zusammenhängen, wie im ganzen Buch gezeigt, dann müssen sie vom Arzt berücksichtigt werden. Cassells Zitat erinnert uns, daß diese Eigenschaften von Menschen ebenso Teil eines Menschen sind wie die anatomischen Merkmale; ich denke er hat recht, wenn er andeutet, daß der biopsychosoziale Rahmen, der hilft, unseren Blick für die Kausalität zu erweitern, uns in der Tat nicht ausreichend darüber informiert, all diese Persönlichkeitsaspekte in unsere Therapie mit einzubeziehen. Letztlich müssen wir jeden Fall einzeln betrachten und eine Diagnose stellen, die eindeutig menschliche Faktoren und persönliche Eigenschaften, die im Leben dieses Menschen gelten, mit beinhaltet. Dummerweise unterscheidet sich eine so detaillierte Diagnose recht grundlegend von der Art von Diagnosen, die wir in der Medizin kennen, egal ob sie auf der Pathologie beruhen oder auf psychiatrischen Diagnosekriterien. Nötig ist nichts anderes als eine Wissenschaft vom Menschen. Der Fortschritt in der ganzheitlichen Medizin hängt nicht nur von der Entwicklung dieser Wissenschaft ab, sondern wird auch einen erheblichen Beitrag zu ihr leisten.

## Eine Krankheit (illness) diagnostizieren versus eine Erkrankung (disease) diagnostizieren

Für den Patienten ist eine Krankheit oft ein unheimliches Erlebnis. Etwas scheint mit dem Körper schief gelaufen zu sein: er ist nicht mehr der vertraute Diener, der automatisch funktioniert ohne Achtsamkeit oder Aufmerksamkeit zu verlangen. Das Gefühl, daß wir unseren Körper bei Krankheit nicht mehr unter Kontrolle haben, unterstreicht die Überzeugung in traditionellen Kulturen, daß bei einer Erkrankung der Körper besessen ist. Aber sogar in unserer modernen Zeit erfordert Krankheit eine Erklärung: Wir wollen wissen, was schief gelaufen ist, einen Namen für die Funktionsstörung finden, um unsere Angst zu lindern und in vertrautes Gebiet zurückzukehren.

Die Erkrankung zu benennen ist eine wichtige Funktion der Diagnose, denn das Benennen macht das Unbekannte bekannt. Auch ist die Diagnose für den Arzt wie für den Patienten eine Beruhigung, denn ein Behandlungsplan kann im allgemeinen nicht durchgeführt werden, wenn die Diagnose nicht gestellt ist. Dies ist alles gut und schön, wenn die Diagnose wirklich den Pathomechanismus beschreibt, d. h. wenn sie sowohl dem Patienten als auch dem Behandler mehr als nur eine Bezeichnung ist.

Zu einer Diagnose gelangt man freilich in der Komplementärmedizin ganz anders. Erstens diagnostizieren Ayurveda-Ärzte oder Behandler der verschiedenen östlichen Medizinrichtungen in einem völlig anderen konzeptuellen Rahmen, wenn sie die Zunge oder den Puls zu Rate ziehen. Der Homöopath hat ein einzigartiges Diagnosesystem. Außerdem gibt es zahlreiche andere Diagnoseverfahren wie Muskeltest, Allergietests, Irisdiagnose, Fußreflexdiagnose, Haaranalyse, Radionik, Pendel und andere. Einige davon nutzen die Anatomie und Physiologie, andere hingegen lokalisieren eine Fehlfunktion und ein Ungleichgewicht innerhalb eines völlig anderen Konzepts. Eine andere große Gruppe von Behandlern vermeidet es insgesamt, die Disharmonie zu benennen. Da sie ihre Behandlung als Unterstützung sehen, den Organismus insgesamt ins Gleichgewicht zu bringen, interessieren sie sich nicht für eine bestimmte pathologische Aspekte in Anatomie oder Physiologie. Als Phytotherapeut verlasse ich mich persönlich auf die allopathische Diagnose, die der Patient gewöhnlich mitbringt. Ich weiß, daß die Ausbildung der Schulmediziner, was die körperliche Diagnose anbelangt, weit besser ist als meine; wenn ich also keinen Grund habe, am Hausarzt und den verschiedenen Fachärzten zu zweifeln, die er in der Regel konsultierte, bevor er zu mir kam, dann nehme ich im allgemeinen die allopathische Diagnose als Ausgangspunkt.

Teil der Aufgabe eines jeden Arztes ist, eine vierteilige Diagnose über die körperliche Beschwerde des Patienten zu erstellen. Stellen Sie sich vor, es kommt ein Patient mit bestimmten Symptomen: Schmerzen im Oberbauch, Verdauungsstörungen, Aufstoßen,

Reflux und ein unangenehmes Völlegefühl in der Brust. Nach der körperlichen Untersuchung, die diverse andere Möglichkeiten ausschließen soll, kommt man schließlich zur Diagnose: *Hiatushernie.* Das ist der erste Schritt, die Bezeichnung, die dem Patienten und dem Arzt ein gewisses Maß an Erleichterung verschafft, denn sie bringt das Problem in bekanntes Terrain.

Der zweite Teil der Diagnose ist die *körperliche Untersuchung.* Ein Teil des Magens hat sich durch die Öffnung des Zwerchfells gedrückt, durch das die Speiseröhre in den Magen eintritt.

Als drittes hat eine Hiatushernie, da sie in der Vergangenheit häufig vorkam und die Wirkung verschiedener zweckmäßiger Behandlungen untersucht sind, sowohl eine gängige Behandlung (eine Reihe von Möglichkeiten) und eine statistische Prognose.

Oft werden diese drei Aspekte alle in einer typischen Diagnose angegeben, doch ein viertes, kausales Element ist immer enthalten. Entwickelte sich diese Erkrankung aus Überarbeitung, schlechter Ernährung, aus einem Trauma oder einer Anspannung, aufgrund des Alterns, erblicher Einflüsse oder weshalb? Wie Cassell (1976) darlegte, schwingen diese vier Aspekte – das Benennen, die anatomische/physiologische Erklärung, die Behandlung und die Ursache – wenn auch nur implizit in jeder Diagnose mit. Selbst bei der einfachen Aussage des Arztes: „Sie haben einen Virus" gestattet uns unser Soziokultureller Hintergrund, die fehlenden Informationen zu ergänzen, der übliche Verlauf, Resistenz gegenüber Antibiotika u.s.w.

Aufgrund der verschiedenen Vorteile – und das sind viele – einer solch unkomplizierten körperlichen Diagnose ist es verständlich, daß die Medizin versuchte, dieses einfache Vier-Punkte-Modell auf alle Krankheiten auszudehnen. Deshalb hat die Psychiatrie Bezeichnungen geschaffen für extreme mentale Zustände – katatone, hebephrene und paranoide Schizophrenie, manisch-depressive Psychose, Hysterie, Zwangsneurose, Depression, Identitätsstörung, Angstneurose u.s.w. Zudem hält die Suche nach möglichen neurophysiologischen Entsprechungen für diese Bezeichnungen an; wieder ein Versuch, körperliche Erklärungen zu finden. Unglücklicherweise sind die psychiatrischen Kategorien wenig mehr als Namen für Symptome, und so also nur Bezeichnungen. Außerdem haben diese psychiatrischen Begriffe nur zu beträchtlichen Stigmata geführt, im Gegensatz zur Diagnose Hiatushernie oder Gallensteine, wurden sie zu Begriffen der Schande, die den Patienten entmenschlichen. Sie sind deshalb für den naturheilkundlichen Behandler nur begrenzt hilfreich, außer vielleicht als Möglichkeit, sehr schwierige Patienten zu identifizieren, die er, wegen mangelnder Erfahrung mit extremen Zuständen, an einen Psychotherapeuten verweisen kann.

Wenn jedoch stimmt, daß bei einem nennenswerten Teil der Patienten – vielleicht bei einem Drittel oder gar mehr, die wegen körperlicher Beschwerden zum Allgemeinmediziner gehen – Streß bei der Prädisposition oder der Unterhaltung der Krankheit eine Rolle spielt, und wenn ein anderer beträchtlicher Anteil von Patienten Lebensprobleme in körperliche Beschwerden umwandelt als „Eintrittskarte" zu professioneller Hilfe, dann ist mit Sicherheit anzunehmen, daß viele Patienten des Naturheilkundlers wahrscheinlich eine Diagnose brauchen, die die psychischen Faktoren mitberücksichtigt.

Doch was kann der Behandler tun, wenn es keine nützlichen Diagnosekriterien gibt? Wie kann er ohne eine richtige Diagnose einen vernünftigen Behandlungsplan aufstellen? Zum Glück ist die Situation nicht völlig unlösbar. Durch ein umfassendes ganzheitliches Gespräch kann der Behandler den Fall in den Brennpunkt rücken. Dabei klassifiziert er die Krankheit nicht nach den üblichen Kategorien, die dann in einem Handbuch für wirksame Behandlung und Prognose nachgeschlagen werden können, sondern fügt in Zusammenarbeit mit dem Patienten die Geschichte hinter der Krankheit Stück für Stück zusammen.

Lassen Sie mich drei kurze Beispiele dieser Art von Diagnose von Balint (1964) geben. In Fall 2 kam ein Kind, das ein Jahr lang häufig Mandelentzündung, Erkältungen, Grippe, Husten, Bronchitis und Schreianfälle hatte. Im Gespräch mit der Mutter, konnte der Arzt schließlich feststellen, daß „die eigentliche Krankheitsursache nicht beim Jungen lag, sondern in der Mutter-Kind-Beziehung, die sich nicht frei entwickeln konnte, weil die Mutter sie, in ihrer ängstlichen Unsicherheit, überbürdete, indem sie die Freiheit des Jungen stärker einschränkte, als es für ein gesundes Kind erträglich war."

Fall 11, ein 54jähriger Mann mit Schmerzen im Abdomen, Durchfall, Schwindel, Angst vor Menschenansammlungen, Angst davor, ins Kino oder zum Friseur zu gehen. Gallensteine wurden herausoperiert, doch das erleichterte die Symptome nur zeitweilig. Die vollständige Diagnose dauerte einige Jahre, weil sich der Arzt ergebnislos auf eine körperliche Diagnose konzentrierte. Es stellte sich heraus, daß der Patient „seine Arbeit nie mochte, obwohl er nicht sicher weiß, was er statt dessen hätte tun wollen." Ein Hinweis auf eine mögliche Behandlungsrichtung war: „ein geborener Musiker, der Geige spielte ohne Noten lesen zu können."

Fall 13, eine Frau litt an schlimmen Rückenschmerzen, vermuteter Bandscheibenvorfall, doch durch körperliche Untersuchung und Röntgenaufnahmen nicht bestätigt. Kopfschmerzen und Schlaflosigkeit, nachdem sie ihren Kopf nicht stark in einem Bus angestoßen hatte. Alle körperlichen Untersuchungen sind ergebnislos. Hier enthielt die Diagnose – wie sich herausstellte – Schuldgefühle ihrem geschiedenen Ehemann gegenüber vor dem (zweifelhaften) Hintergrund, daß er psychotisch wurde und daß sie ihren Liebhaber heiratete. Eine weitere Facette der Ursache war Wut auf ihre Tochter, die mit einem Mann zusammenlebte, den die Mutter nicht mochte.

Beachten Sie, daß in diesen drei Fällen nicht versucht wird, irgendwelche Bezeichnungen wie neurotisch, hysterisch, depressiv oder ähnliches zu verwenden. Vielmehr wurde der Arzt ermuntert, die zentralen Fäden der Lebensprobleme jedes Patienten, die sich als körperliche Symptome äußerten, zusammenzufügen. Das bedeutete für die Ärzte eine geraume Zeit lang viel Arbeit.[9] Das Ergebnis in jedem Fall war eine Diagnose in Form einer Aussage in einfacher Sprache ohne irgendwelche „psychologischen" Interpretationen. Was diese Ärzte feststellten, war nur drei von einer unendlichen Möglichkeit an Themen und Variationen.

Wenn wir jetzt fragen, welche Art von Behandlung diese Patienten brauchen, muß die allgemeine Antwort eine Art psychologische, nicht biochemische Medizin sein. In der Schulmedizin fühlt sich der Behandler oft sehr eingeschränkt mit der psychischen Betreuung, die er anzubieten hat. Das allgemeine Angebot ist Mitleid, Beruhigung, Ratschläge, Konfrontation mit der Realität und Interpretationen. Im allgemeinen sind diese Mittel des „gesunden Menschenverstandes" wirkungslos, und, schlimmer noch, schädlich für die Beziehung zwischen Patient und Behandler. Ärzte sind meist überrascht und bestürzt, wenn der Beruhigung, daß es für die Symptome keine körperliche Erklärung gibt, nicht Erleichterung und Genugtuung folgen. Mitleid und Ratschläge zur Lebensweise bekommt der Patient auch von Freunden und Nachbarn, und er hat recht, vom Arzt etwas Besseres zu verlangen. Auch Interpretationen sind selten von therapeutischem Nutzen, außer, wenn der Patient von sich aus auf sie kommt. Konfrontationen können manchmal nützlich sein, wenn der Boden entsprechend vorbereitet ist, aber selbst dann besteht die eigentliche Arbeit darin, „den Boden vorzubereiten“, d. h. die Techniken der Beratung und Psychotherapie (beschrieben in Kapitel 8) anzuwenden.

Das typischerweise dürftige Repertoire des Allgemeinmediziners in psychologischer Medizin beruht teilweise auf dem Nachdruck, für jede Krankheit eine körperliche Pathologie zu finden. Wenn der Arzt eine findet, hat er einen zweckmäßigen Therapieplan. Wenn er aber keinen hat, hat er oft nur wenig anzubieten. Diese Patienten stellen einen großen Prozentsatz derer dar, die sich schließlich von ihren allopathischen Ärzten ab- und sich der Komplementärmedizin zuwenden.

Der alternative Behandler kann ihnen wahrscheinlich in zweifacher Hinsicht helfen. Wenn wir bereit sind, uns die Zeit zu nehmen, die Geschichte aufmerksam anzuhören und weil wir offen sind für psychosoziale Elemente in der Ätiologie, werden wir feststellen, daß das Gespräch an sich nicht nur Diagnose, sondern auch schon Therapie sein kann. Dadurch, daß der Behandler dann seine ganze, fürsorgliche Aufmerksamkeit der Person widmet, nutzt er seine Konzentration, Präsenz und Aufmerksamkeit für eine gute Beziehung zwischen Patient und Behandler; auf dieser Grundlage kann die heilende Kraft der Natur, die *vis mediatrix naturae* des Hippokrates, zu wirken beginnen.

Die Widmung, Aufmerksamkeit oder die Präsenz des Behandlers wurde von einigen[10] als die eigentliche Grundlage für Heilung bezeichnet. Sie ist sicher ein häufiger Faktor bei allen erfolgreichen Therapien und verdient gründlichere Betrachtung. Freilich wendet jeder Naturheilkundler spezielle Techniken und Therapieverfahren aus seinem Bereich an und ist vielleicht recht überrascht zu erfahren, daß die Beziehung zwischen Patient und Behandler selbst schon ebenso wirksam sein kann wie das Therapieverfahren. Ja, die Verfahren können gerade auf der Grundlage einer starken Beziehung gut wirken. Um diese Aussage jedoch besser zu verstehen, müssen wir uns dem schillernden Phänomen Placebo zuwenden, oder was treffender das Pfand oder das Symbol der Beziehung zwischen Patient und Behandler bezeichnet werden sollte.

## Placebo: Dauerhaftes Merkmal therapeutischer Allianz

Das Wort *Placebo* stammt vom Lateinischen „ich werde einen Gefallen erweisen“. Das Wort wurde ins Englische übernommen und bezeichnete einen bestimmten Abendmahlsgottesdienst, bei dem Schmeichelei mitschwang, der also nicht ganz echt war. Im frühen 19. Jahrhundert wurde das Wort in der Medizin häufig verwendet und bezeichnete Substanzen, die mehr gegeben wurden, um dem Patienten einen Gefallen zu erweisen als daß sie nützten.[11] Im klassischen Sinn ist Placebo ein imitiertes Medikament – eine Zuckerpille, die so aussieht wie ein pharmakologisch wirksames Mittel. Dieses Placebo wird verabreicht, um einen Patienten zu besänftigen, wenn der Arzt vermutet, daß die Erkrankung rein funktional ist und er nicht mehr länger Medikamente mit schwerwiegenden Nebenwirkungen oder solche, die zu Sucht führen können, geben will. Mit dem Aufkommen der wissenschaftlichen Medizin und dem medizinisch-industriellen Komplex werden Placebos auch in Forschungsstudien eingesetzt, um eine Basis zu bieten, auf der neue Medikamente oder neue Behandlungsansätze verglichen werden können. Obwohl das klassische Placebo vermutetermaßen unwirksam ist, übt es doch beträchtliche therapeutische Wirkung aus. Deshalb muß ein neues Medikament oder eine neue Behandlung durchgängig immer wieder wirken, mehr als der Placeboeffekt, um von klinischem Wert zu sein.

Ja, das klassische Placebo ist nur ein spezieller Fall der Macht der Beziehung zwischen Patient und Behandler, die das Wohlbefinden des Patienten beeinflußt. Es ist der

Glaube des Patienten, echte Medizin zu bekommen, die die Placeboreaktion auslöst. Und dieser Glaube stammt teils aus der persönlichen Beziehung zwischen Arzt und Patient und teils aus Autorität, die der Arzt und seine Mittel in der Gesellschaft genießen. Das Placebo ist das Gegenstück zum Tanz des Hexendoktors und den Gesängen der Schamanen.

Daß der Placeboeffekt weit über Zuckerpillen hinausgeht, zeigt sich an der hohen Zahl von früher anerkannten therapeutischen Verfahren, Substanzen und „Behandlungen", die sich einst großer Beliebtheit erfreuten, jetzt aber aufgegeben und diskreditiert in den staubigen Annalen der Medizingeschichte liegen. Es gibt sogar Menschen, die die Geschichte der Medizin nur als die Geschichte des Placeboeffekts betrachten.[12] Sicher erscheinen uns heute die „Kuren" der Vergangenheit bizarr. In diese Liste gehören unter anderem Entschlackung, Aderlaß, Schneiden und Schröpfen, Quaddeln, Arsen, Quecksilber, Kuhdung, Urin und Leichenstaub. Verschiedene Operationen, darunter Ligatur der inneren Brustarterie bei Angina und Glomektomie bei Asthma gelten heute als völlig wertlos. Die meisten Mandeloperationen, Blinddarm- und Gebärmutteroperationen, die „fakultativ" durchgeführt werden, sind bestenfalls Placebooperationen und schlimmstenfalls die Ursache iatrogener Erkrankungen. Alle obsoleten und angezweifelten Verfahren und „Methoden" wurden einst enthusiastisch empfohlen, durch eine Autorität gebilligt und, zumindest eine Zeitlang, scheinbar wirksam. Doch alle sich ergebenden nützlichen Folgen waren bestimmt der Placeboeffekt.

Was liegt dem Placeboeffekt zugrunde, was verleiht ihm seine Macht? Dr. Andrew Weil betrachtet ihn als Produkt von drei miteinander verzahnten Überzeugungen: 1. Der Glaube des Patienten an die Methode. 2. Der Glaube des Behandlers an die Methode. 3. Der Glaube des Patienten und des Behandlers aneinander, d. h. die Kraft ihrer Beziehung.[13] Ich habe vor, den Rest des Kapitels zu zeigen, daß der Placeboeffekt ein reines Beispiel für die Kraft der Beziehung zwischen Patient und Behandler ist, unbeeinflußt von Faktoren der Behandlung. Doch ein paar Mythen und Irrtümer über Placebos müssen erst ausgeräumt werden. Folgenden fünf Mißverständnissen begegnet man häufig: 1. Der Placeboeffekt ist nicht so stark oder so umfassend einsetzbar wie die „objektive" Wirkung von Behandlungen. 2. Alle Placebowirkungen beruhen auf „unspezifischen" Faktoren. 3. Placebos wirken nur bei sehr leicht beeinflußbaren Menschen oder solchen mit niedriger Intelligenz. 4. Placebos beschränken sich auf „als ob"-Tabletten. 5. Placebos wirken nur bei funktionellen Störungen und beweisen deshalb auf gewisse Weise, daß eine Krankheit funktionell oder eingebildet ist.

Placebos haben starke und weitreichende Auswirkungen. Obwohl Uneinigkeit darüber besteht, ob sie auch die klinischen Befunde beeinflussen können (Spiro, 1986), sind sich die meisten Kommentatoren einig, daß sie unter optimalen Bedingungen, sowohl den Krankheitsprozeß als auch seine Symptomatologie, d. h. die Erkrankung und die Krankheit beeinflussen kann. Es zeigte sich, daß Placebos

> starke postoperative Schmerzen lindern können, Schlaf herbeiführen können oder geistige Wachheit, sowohl die Symptome als auch die objektiven Anzeichen chronischer Erkrankungen drastisch reduzieren, Warzen und anderes Wachstum zurückbilden können u.s.w.[14]

Andere Krankheiten, die, wie sich gezeigt hat, durch Placebos beeinflußt werden, sind Seekrankheit, Kopfschmerzen und Husten; an pathologischen Prozessen rheumatoide und degenerative Arthritis, das Blutbild, Atemfrequenz, die Vasomotorik, Magengeschwüre, Heuschnupfen und Bluthochdruck.[15] In Form von Tabletten können Placebos auch viele der überlichweise unerwünschten Nebenwirkungen der Medikamente hervorrufen, wie z. B. Übelkeit, Kopfschmerzen, Hautausschläge, allergische Reaktionen und sogar Sucht.

Diese unerwünschten Nebenwirkungen von Placebos sind ein besonderer Fall des umgekehrten Placeboeffekts, *Nocebo* genannt, mit der Bedeutung schädlich statt wohltuend. Voodoo-Todesbeschwörungen und verschiedene anekdotische Beweise von Patienten, die fälschlicherweise glaubten, man hätte ihnen gesagt, ihr Zustand sei hoffnungslos, und die kurz darauf starben, sind Zeugen des Noceboeffekts. Ein Arzt, der einem Patienten eine düstere Prognose pessimistisch eröffnet und den Ausgleich zwischen Diagnose und der Betonung der einzigartigen Stärken und Ressourcen des Patinnen als spirituellem Wesen nicht schafft, übt wahrscheinlich einen starken, möglicherweise schädlichen Noceboeffekt aus. Der Noceboeffekt kann in Studien eindeutig festgestellt werden, wenn die normale Wirkung von echten Mitteln drastisch nachläßt, wenn die Patienten fälschlicherweise Glauben gemacht werden, sie erhalten Placebos.[16]

Es ist nicht ein spezieller Persönlichkeitstypus anfällig für Placebos, und die Wirkung korreliert nicht mit der Hypnotisierbarkeit. Wenn überhaupt, dann steigt die Placeboreaktion leicht an mit der Intelligenz statt umgekehrt.[17]

Bis vor kurzem galt der Prozentsatz von schweren Schmerzfällen, bei denen Placebos Linderung verschafften, als bei ungefähr einem Drittel, ein bescheidener Wert, der anderen Behandlungen mit $^{2}/_{3}$ reichlich Platz läßt. Die neuere Forschung, die nicht nur die Schmerzlinderung, sondern die Verbesserung bei einer Menge anderer Symptome untersuchte, weist darauf hin, daß die Zahl eher bei 70 % liegt.[18] Diese Studien umfassen Behandlungen gegen Asthma, Herpes simplex und Zwölffingerdarmgeschwür, die zunächst als wirkungsvoll galten, später aber als wertlos aufgegeben wurden. Offensichtlich verstärken Behandlungen, die der Arzt für wirksam hielt, obwohl sie es nicht waren, den Placeboeffekt; dieses Ergebnis stimmt überein mit dem dreiteiligen Glaubenssystem und unterstreicht die Wirkung des Placebos.

Diese experimentellen Erkenntnisse belegen nicht nur die Macht des Glaubenssystems über Heilung, das aus der Beziehung zwischen Patient und Behandler entsteht, sondern sie machen auch deutlich, daß die Ansicht, ein Placebo sei auf „unspezifische" Faktoren zurückzuführen, bestenfalls irreführend ist. Sogenannte unspezifische Faktoren sind u.a. die Aufmerksamkeit des Arztes, das Interesse und sein Sich-Kümmern, die Erwartung an die Ergebnisse der Behandlung von seiten des Patienten und des Arztes, das Ansehen, die Kosten und der Eindruck der Behandlung.[19] Dies alles sind natürlich wichtige Parameter, die seit Urzeiten in vielen Kulturen zur Macht der Beziehung zwischen Patient und Arzt beitrugen. Eine gute Beziehung ist recht spezifisch: jeder kann sie erkennen, und die Fähigkeiten und Einstellungen, die sie ausmachen, können gelehrt werden, wie der nächste Abschnitt über Gesprächsführung zeigen wird.

Im allgemeinen werden Placebos gefördert, wenn es sich um aktive Substanzen handelt oder um Operationen mit direkten Auswirkungen auf Anatomie und Physiologie. Das trifft auf alle abgewerteten Behandlungen und widerlichen Mittel in der Geschichte zu. Ihre direkte und gewöhnlich unangenehme Wirkung sind wahrnehmbar; Operationen hinterlassen Narben und Schäden. Behandlungen und Medikamente, die diese wahrnehmbaren direkten Auswirkungen haben, werden *aktive Placebos* genannt, im Gegensatz zu den klassischen, relativ wirkungslosen Zuckerpillen-Placebos. Wenn die damit einhergehenden Überzeugungen optimal sind und mit der Wirkung der Behandlung zusammen auftreten, stellen wir fest, daß der Placeboeffekt wirklich beeindruckend ist. Da er sich aus der Beziehung zwischen Patient und Arzt und allem psychosozialen Drum Herum, in das die Beziehung eingebettet ist, ergibt, können wir daraus schließen, daß an all dem nichts Unspezifisches ist. Die wirkungslose Pille, oder die fingierte Behandlung, von denen der Arzt weiß, daß sie vorgetäuscht sind, übt wahrscheinlich den geringsten Placeboeffekt aus, doch sogar das wirkt in 33 % der Fälle aufgrund des Vertrauens des Patienten und der Autorität des Arztes. Deshalb ist das Placebo alles andere als ein medizinisches Kuriosum, ein Ärgernis oder ein Schwindel, sondern ein Symbol für die therapeutische Allianz zwischen Patient und Behandler.

Die starke Heilkraft der Beziehung zwischen Patient und Arzt zu heilen zwingt uns, genau zu prüfen, wie viel von dieser Kraft unserer alternativen Therapien auf die Kraft einer starken Beziehung zurückzuführen ist, die viele ganzheitliche Behandler aufbauen, weil sie sich auf den Menschen und nicht nur auf die Erkrankung konzentrieren. Die Schulmedizin erkennt, wie wir wissen, alternative Verfahren und Methoden nur widerwillig als etwas anderes an als Placebos.[20] Ein Teil der Skepsis gegen die Alternativmedizin beruht auf dem Fehlen von Doppelblindversuchen, die die Wirkung einer Behandlung jenseits der Patienten-Arzt-Beziehung statistisch zuverlässig belegen. Bei Doppelblindversuchen werden Patienten mit einer bestimmten Krankheit typischerweise in zwei Gruppen eingeteilt, mit möglichst gleichem sozio-ökonomischem Status, Alter und anderen, erwartungsgemäß für das Behandlungsziel relevanten Variablen. Die Patienten beider Gruppen werden genau gleich untersucht, bekommen die gleichen Erklärungen, Anweisungen etc., aber die in der einen Gruppe bekommen die tatsächliche Medizin oder Behandlung; die Kontrollgruppe hingegen bekommt eine fingierte Behandlung oder eine Placebotablette. Das Verfahren wird Doppelblindversuch genannt, weil idealerweise weder der Arzt noch der Patient weiß, ob jemand das Placebo oder das wirkliche Medikament/ die wirkliche Behandlung erhalten hat. Eine solche Technik ermöglicht prinzipiell irgendwelche Wirkungen der Behandlung jenseits der Arzt-Patient-Beziehung festzustellen.

Warum sind so wenige Naturheilverfahren im Doppelblindversuch geprüft worden? Zuerst einmal erfordert wissenschaftliche Forschung Geld und bis vor kurzem gab es praktisch keine staatlichen Gelder für die Alternativmedizin. Und es geht nicht um kleine Beträge. Eine Heilpflanze (z. B. Mutterkraut bei Migräne oder Knoblauch bei Bluthochdruck) den umfangreichen Tests und Studien zu unterziehen, die für neue chemische Mittel nötig sind, kostet ein paar Millionen Dollar. Aber es gibt noch andere Schwierigkeiten. Wie könnten Dickdärme in einer Doppelblindstudie beurteilt werden? Was genau könnte als „fingierter Dickdarm“ dienen, den weder Arzt noch Patient von einem echten unterscheiden könnten? Könnten ein Behandler, der mit Bachblüten arbeitet, oder ein Homöopath das selbe Gespräch führen, wenn sie wissen, daß der Patient eine 50:50 Chance hat, ein Placebo zu bekommen statt des von ihm verschriebenen Mittels? Die Komplementärmedizin wird zweifellos ihre eigenen Strategien und Methoden entwickeln müssen, um ihre Verfahren und Heilweisen zu bewerten und dabei dem Vorgehen anderer neuer Wissenschaften folgen.[21]

Die Skepsis der Schulmedizin gegenüber der Alternativmedizin soll einen verächtlichen Kommentar über die Wertlosigkeit unserer Heilweisen ausdrücken und wird von uns geschluckt. Wenn wir aber merken, daß das Placebo, das alles andere als die Imitation etwas Wirklichen ist, tatsächlich Beweis der Kraft einer heilenden Beziehung ist, dann könnten wir ein wenig aus unserer Defensive kommen und stolz sein auf das Urteil. Ja, die Resultate der Beziehung wirken zusammen mit denen einer aktiven Behandlung und beeinflussen so die positiven Ergebnisse beim Klienten. Daraus folgt, daß der Behandler alles in seiner Macht stehende tun sollte, um die Beziehung, sonst als Placebo bekannt, zu stärken. Stellen Sie sich einen Moment lang vor (um ganz extrem den Advokatus Diaboli zu spielen), daß ein beachtlicher Anteil unserer Therapieverfahren sich langfristig nur als Vehikel erweist, unsere Überzeugungen über Krankheit und Gesundheit positiv zu ordnen und als Vehikel, unsere Aufmerksamkeit auf die Lebensprobleme des Patienten zu richten und darauf, bei einem leidenden Patienten fürsorglich und präsent zu sein. Wie bedeutsam ist es, ob unsere Verfahren durch die Beziehung zwischen Patient und Behandler wirken oder einen eher biologischen Mediator? Die erste und oberste Verpflichtung des Arztes ist, menschliches Leiden zu lindern. Wenn er das tut, indem er den Patienten Kraft gibt und ihnen hilft, ihrem Leben Sinn zu verleihen, und als Zeuge für den Schmerz und die tiefsten Ängste eines anderen Menschen fungiert jemand auf seinem Weg begleitet, dann ist es so. So ein Behandler übt den Heilberuf gut aus.[22]

## Das biopsychosoziale Gespräch

Das diagnostische Gespräch ist der Dreh- und Angelpunkt jeder Art von körperlicher oder psychosozialer Therapie. Beeinflußt durch die mechanistische Philosophie der Wissenschaft im 19. Jahrhundert hat das medizinische Gespräch im eigentlichen Sinne, wie wir wissen, Objektivität zur heiligen Kuh erklärt. Ein solches Gespräch besteht aus der Suche nach den Anzeichen und Symptomen, um durch Ausschluß zu einer eindeutigen Diagnose zu kommen. Das Gespräch wird geführt ähnlich, wie ein Geologe ein Stück Stein auf seine Mineralien hin untersucht, oder ein Botaniker eine Pflanze, um sie in Art und Spezies einzuordnen. Es stimmt, daß der Patient bei einer ärztlichen Untersuchung bewußt sein muß, um Fragen zu beantworten, aber darüber hinaus hat er wenig Anteil. Ja, der „kooperative" Patient ist einer, der nichts anderes tut als auf eine standardisierte Reihe von Routinefragen des Arztes zu antworten.

Diese Art von objektivem medizinischen Gespräch ist zwar hilfreich, um die Fakten der Erkrankung zu erfahren, genügt aber nicht, um die Krankheit als Ganzes mit all ihren vielschichtigen psychobiosozialen Dimensionen zu erfassen. Abgesehen vom Kräfteungleichgewicht, das den Patienten in eine abhängige, entmenschlichende Rolle eines Objekts drängt, verhindert ein solches Gespräch die Entwicklung einer authentischen Beziehung zwischen Patient und Arzt, was genau für eine biopsychosoziale Diagnose nötig ist. Nur im Kontext der Beziehung kann die Krankheitsgeschichte so auftauchen, daß der Behandler ihr Wesen erfassen und daher einen wirksamen Behandlungsplan vorschlagen kann.

Die klassische medizinische Untersuchung ist fast ausschließlich eine physiologische und anatomische Untersuchung, die für den Menschen als biologischen Organismus angemessen ist. Doch eine vollständige biopsychologische Untersuchung ist, wie Balint und Balint (1961) so treffend bemerkten, im wesentlichen eine Untersuchung einer menschlichen Beziehung. Im Gegensatz zu einer klinischen oder anderen wissenschaftlichen Untersuchung hängt ihr Erfolg von den fundierten Beiträgen beider Teilnehmer ab.

Eine Folge dieses Bedürfnisses nach Kommunikation in beide Richtungen ist, daß jegliche Hoffnung auf eine „medizinische Routineuntersuchung" von Anfang an ausgeschaltet werden muß; denn die Untersuchung ist in Wirklichkeit eine Interaktion, deren Richtung teilweise vom Patienten vorgegeben wird. Die beiden Arten von Untersuchungen, über die wir sprechen, lassen sich am besten als die zwei Enden eines Kontinuums betrachten, das in Abbildung 13.1 graphisch dargestellt wird.

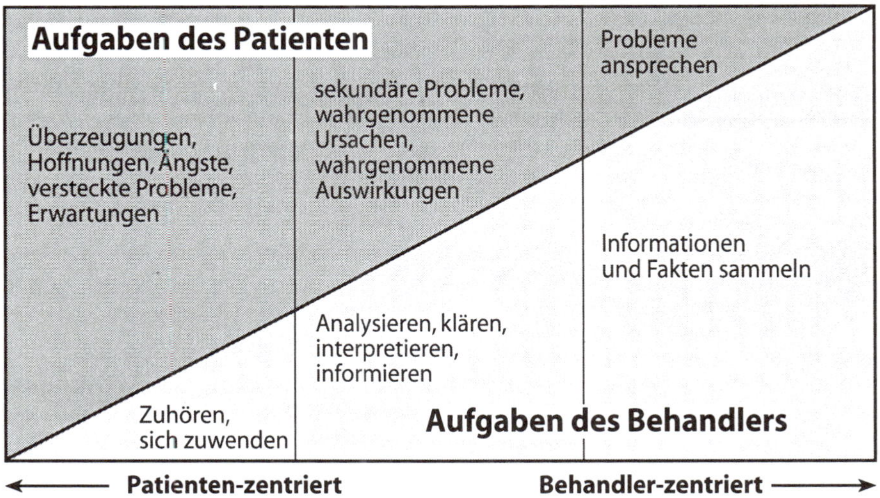


**Abbildung 13.1:** Das Kontinuum des Gesprächsstils[23]

Die ganz rechte Spalte in der Abbildung, Behandler-zentriert, stellt das Standardgespräch in der Medizin dar; fast die ganze Initiative geht vom Arzt aus (entsprechend der großen hellen Fläche unterhalb der diagonalen Linie und die sehr kleine Fläche für den Patienten über der Diagonalen). Je Patienten-zentrierter das Gespräch wird (nach links hin), desto gleichberechtigter wird die Interaktion schließlich, wenn der Patient seine Krankheitsgeschichte erzählt und größtenteils das Gespräch in Gang setzt, während der Behandler hauptsächlich zuhört und empathisch kommentiert. Abbildung 13.1 deutet darauf hin, daß der Behandler wählen kann, in diesem Kontinuum sich vor und zurückzubewegen, je nachdem, was die Sitzung oder das Stadium des Behandlungsprozesses erfordert.

Wir sollten noch einmal hervorheben, daß die psychosozialen Aspekte des Gesprächs keine Bezeichnungen für Standardbehandlungen liefern werden. Das Resultat ist vielmehr ein ganzheitliches Bild oder eine ganzheitliche Geschichte, die am besten in einfachen Aussagen beschrieben wird. Diese Äußerungen beschreiben in nicht-theoretischen Begriffen die Lebensprobleme des Patienten und umfassen wahrscheinlich Themen wie Konflikte zwischen den Bedürfnissen des Patienten und denen anderer Menschen in seinem Leben, den Grad persönlicher Erfüllung in Bereichen wie Arbeit, Kreativität, Familie und Beziehungen, zwischenmenschliche Fähigkeiten oder ein Mangel daran, ebenso wie Ängste und Unsicherheiten, die den Patienten davon abhalten, zu tun, was er gerne täte. Während des Gesprächs achtet der Behandler auf mögliche Ungleichgewichte und potentielle Gefahren für die Gesundheit aus dem breiteren biopsychosozialen Feld. Beachten Sie, daß eine Erkrankung in einem solchen Patienten-zentrierten Gespräch und einer solchen Diagnose nicht außer Acht gelassen wird. Abgesehen davon, daß körperliche Symptome als „Eintrittskarte" in das Sprechzimmer des Behandlers dienen, sind sie eine der unzähligen Facetten der Krankheit, die angesprochen und beurteilt werden müssen. Im biopsychosozialen Gespräch ist die Pathologie nicht mehr länger das einzige Augenmerk.

Die Komplexität eines solchen Gesprächs bedeutet, daß kein standardisiertes Vorgehen vorgeschlagen werden kann, das für alle Behandler in allen Situationen hilfreich ist. (Projekt 13 empfiehlt Richtlinien, die den Behandler hinweisen auf Fähigkeiten,

Wissen, Orientierungen und die persönliche Arbeit, die er an sich durchführen muß, um eine starke Beziehung zwischen Patient und Behandler aufzubauen, um so Diagnose und Therapie zu unterstützen. Das Gespräch wird ein tiefer Kontakt mit einem Mitmenschen und der Behandler muß für eine solche Begegnung bereit und willens sein.

> Eine aufrichtige Öffnung des sehr persönlichen Lebens eines Patienten mit allem Unglück, oberflächlichen und tiefen Ängsten, enttäuschten Hoffnungen, wenigen und oft kostbaren Freuden ist eine zutiefst bewegende Erfahrung. Auch ist die Hilfe, an die man denkt oder die man anbietet, oft für das eigentliche Bedürfnis hoffnungslos unzulänglich.[24]

Der Behandler, der wenig Lebenserfahrung hat oder die Schwierigkeiten einer professionellen helfenden Beziehung (oder beides) nicht kennt, wird, wenn er den tiefen existentiellen und praktischen Problemen eines Patienten begegnet, mit seinen eigenen Gefühlen der Ohnmacht, Nutzlosigkeit oder Ungerechtigkeit konfrontiert. Zweifellos hält die Angst vor solchen Gefühlen viele Behandler davon ab, ein offenes Gespräch anzubieten, das den Patienten ganz enttarnt, weil sie es vorziehen, innerhalb der Grenzen ihres therapeutischen Verfahrens zu bleiben.

> Größere Nähe zum Patienten zu fördern bringt uns stärker mit ihren Erfahrungen in Kontakt. Wir können nicht empathisch ihrer Beschreibung von Schmerzen zuhören, ohne ihn selbst zu fühlen. Außerdem sind ihre Themen oft mit unserer eigenen unerlösten Trauer in Resonanz oder erinnern uns an unsere unverheilten Wunden. Ohne starke Zentrierung würden wir uns leicht hineinziehen lassen oder vom Leiden überwältigt werden und wir würden mit unserer Unfähigkeit, diesen Zustand zu beheben, konfrontiert.[25]

Psychologische Medizin ist nicht für alle. Aber Behandler, die mit aufmerksamer Fürsorge, Geduld und festem Halt in ihren spirituellen Ressourcen tiefer gehen wollen, werden erstaunt sein, wie die *vis mediatrix naturae* – die natürliche Heilkraft im psychischen wie im körperlichen Bereich wirkt. Manchmal genügt es, Probleme einem fürsorglichen und mitfühlenden Zuhörer zu erzählen, damit der Patient mit seinen persönlichen Stärken, spirituellen Reserven und heilenden Ressourcen in Kontakt kommt. Diese potentielle Kraft des bloßen Zuhörens ist der Grund dafür, warum Kommunikationsfähigkeiten, die Respekt, Fürsorge, Achtung, aufrichtige Begegnung und Empathie fördern, in der Ausbildung ganzheitlicher Berater so betont werden.

Bei einer klassischen medizinischen Untersuchung führt der Behandler die Untersuchung durch (ganz rechts in Abbildung 13.1), aber in einer kompletten biopsychosozialen Untersuchung muß der Behandler die Untersuchung mit dem Patienten so durchführen, daß die *Symptome vom Patienten untersucht werden.*[26] Das ist eine revolutionäre Abkehr vom Standardverfahren in der Medizin. Doch das Unvermögen des Patienten, das ganze Krankheitsbild zu sehen – das eine Reihe körperlicher Beschwerden umfassen kann und sich über Jahre erstreckt – kann die Krankheit weiter unterhalten. Patienten müssen ihre Symptomatologie genauso verstehen, wie dieser Text Studenten und Praktikern zu vermitteln suchte. Bei dieser Art von Medizin genügt es nicht, wenn der Arzt allein den Patienten versteht; unvorbereitete Informationen, die an den Patienten ausgegeben werden wie Beruhigungsmittel, wirken kaum.

Im breitgefächerten Gespräch, das gleichzeitig diagnostisch und therapeutisch ist, obliegt dem Behandler die archetypische Rolle des Lehrers, *docere.* Jeder Behandler teilt seine Ansicht über die Erkrankung und Krankheit seinen Patienten mit. Ob er das explizit tut mit Diagrammen, Erklärungen und Bibliotherapie oder durch Auslassungen, er lehrt allemal. Der Naturheilkundler, der das ganze biopsychosoziale Feld untersucht, tut es durch die Art seiner Anliegen und seiner Interessen, wonach er sucht und nicht zuletzt durch seine Behandlungsempfehlungen, die so oft mit Veränderungen der Lebensweise im Bereich Ernährung, Sport und Umgang mit Streß einhergehen. All diese Erwägungen zeigen, daß psychologische Medizin am besten in einer gleichberechtigten Partnerschaft zwischen Arzt und Patient praktiziert wird; auf dieser Basis werden die Behandlungspläne in enger Absprache mit dem Patienten erstellt. Der Behandler ist ein Experte für gesundes Leben und Krankheitsprävention oder sollte es zumindest sein. Wenn seine Kenntnisse auch die biopsychosozialen Bereiche in bezug auf Gesundheit und Krankheit mit einschließen, ist er in einer hervorragenden Position, seinen Patienten als wirksamer Berater für Wohlbefinden rundum zu fungieren. Doch trotz aller Kenntnisse und Fähigkeiten des Behandlers, letztlich weiß der Patient über sich selbst am besten Bescheid, über seine Lebensthemen, seine Befangenheit, Grenzen und Stärken. Der Patient mit körperlichen Symptomen kommt vielleicht aus einer Verwirrung, Unsicherheit und Angst heraus. Aufgrund des Austauschs im Gespräch mit dem Patienten wird der Behandler Informationen und eine Diagnose anbieten und einen Behandlungsplan empfehlen. Trotzdem ist es letztlich der Patient, der die Entscheidung treffen muß, ob er sich auf den Behandler einläßt oder nicht. Dies ist die Art von Partnerschaft, die die ganzheitliche Medizin meiner Meinung nach kultivieren muß.

## Kommunikationsfähigkeiten um die Beziehung zu fördern und das aktive Mitmachen bei der Behandlung zu verbessern

In Kapitel 8 wurden ein paar grundlegende Einstellungen für Helfer aus verschiedenen Ansätzen der Psychotherapie und Beratung vorgestellt. Jetzt beschreiben wir das Kernstück grundlegender Kommunikationsfähigkeiten, die der Behandler nutzen kann unabhängig von seiner psychotherapeutischen Methode. Großenteils stammen diese Fertigkeiten aus einem Ansatz für das Lernen in der Psychotherapie, Mikrocounseling oder *Mikrotraining* genannt, das von Professor Allen E. Ivey und seinen Kollegen an der University of Massachusetts entwickelt wurde.

Mikrotraining versucht die verbalen und nonverbalen Fähigkeiten erfolgreicher Berater und Therapeuten in einfache Einheiten zu zerlegen, die dann jedem beigebracht werden können, der professionell helfen will. Das Mikrocounseling stellt als grundlegende Fähigkeiten, die vielen therapeutischen Richtungen zugrunde liegen, *sich zuwenden und zuhören* fest (attending and listening). Mikrocounseling erklärt genau, was jede Einheit beinhaltet und arrangiert sie dann so, daß der Student (1) über die Fähigkeiten liest, sie (2) ein einem 5minütigen simulierten Gespräch mit einem Klienten übt, das auf Video aufgezeichnet wird. Der Supervisor und der Student schauen dann (3) das Video an und suchen nach Beispielen, wann die Fähigkeiten erfolgreich angewandt wurden. Danach (4) findet ein zweites kurzes Gespräch statt.

Eine angemessene Einführung in Kommunikationfähigkeit im Mikrocounseling beginnt mit der allgemeinen Beobachtung, daß Anfänger viele Fehler in ihrer Kommunikation machen. Sie schneiden oft die Interaktionen mit ihren Klienten ab, indem sie geschlossene Fragen[27] stellen, lang und umständlich reden, Kommunikationshindernisse (siehe Kapitel 8) aufbauen und sich in Zeiten des Schweigens deutlich unbehaglich fühlen. Die meisten dieser Probleme gehen auf die einfache Tatsache zurück, daß Neulinge nicht wissen, wie sie Kommunikation fördern können und kein Verhaltensrepertoire haben, auf das sie sich verlassen können, wenn es zu unangenehmen Situationen oder zu Lücken kommt.

Mikrocounseling identifiziert das Sich-Zuwenden (attending) als die grundlegende Fähigkeit für Beratungen. Sich-Zuwenden ist die Basis des Zuhörens, das wiederum der Türöffner ist, der eine Atmosphäre von fürsorglichem Interesse schafft und so den Klienten ermuntert, seine Sorgen auszudrücken. Sich Zuwenden ist einfach einem anderen Menschen aufmerksam zuhören. Es besteht hauptsächlich aus den folgenden drei identifizierbaren Fähigkeiten: (1) Blickkontakt mit dem Sprecher, (2) eine entspannte Haltung, die Interesse ausdrückt und (3) die Fähigkeit, dem Sprecher verbal zu folgen durch aktives Zuhören, Umschreiben oder Zusammenfassen des Gesagten.

Beim Mikrotraining wird jede der drei Grundfähigkeiten des aufmerksamen Zuhörens getrennt gelehrt und in 5minütigen, auf Video aufgezeichneten Gesprächen geprobt/geübt. Danach besprechen der Auszubildende und der Supervisor die Aufnahme und geben Feedback darüber, wo der Auszubildende die Fähigkeiten gut angewandt hat. Augenkontakt ist recht selbstverständlich. Auch die entspannte Haltung beim Zuhören bedarf keines Kommentars.

Vielleicht die beste Möglichkeit, einige der Alternativen zu zeigen, wie verbales „Folgen“ sein kann, ist, einen kleinen Abschnitt aus einer Äußerung einer Patientin herzunehmen, die ihre Schwierigkeiten darlegt, sich an einen gesunden Ernährungsplan zu halten, auf den sie sich mit dem Behandler einigte. Tabelle 13.2 zeigt die Erklärungen der Patientin auf der linken Seite und fünf verschiedene Arten, wie der Berater den Aussagen der Patientin rechts „folgen“ könnte und dabei Zuhören demonstriert.

**Aussage der Patientin**

Es ist sehr schwierig, mich an den Diätplan zu halten, den wir aufstellten. Ich mußte in den letzten paar Wochen fast jeden Abend länger im Büro bleiben. Wenn ich nach Hause komme, bin ich meist so müde und habe so viel Hunger, daß ich mich nicht dazu aufraffen kann, Essen zu kochen, dessen Zubereitung ich nicht kenne. Deshalb wärme ich mir nur ein paar Reste auf oder mache mir ein Käsebrot oder mache mir eine tiefgefrorene Pizza in der Mikrowelle warm. Manchmal war ich sogar dazu zu müde und hielt auf dem Heimweg an einem Fast-food Lokal. Ich weiß, daß ich das nicht tun sollte, aber ich habe scheinbar wirklich nicht die Energie, mich aufzuraffen, mir nach einem ganzen Arbeitstag ein gesundes Essen zu kochen.

**Verschiedene Arten zu „folgen“**

***Paraphrasieren/Umschreiben:*** Wenn ich Sie richtig verstehe, fühlen Sie sich einfach zu müde, sich selbst ein gesundes Essen zuzubereiten, wenn Sie den ganzen Tag gearbeitet haben.

***Widerspiegeln der Gefühle:*** Sie scheinen ein bißchen frustriert zu sein und sich auch ein wenig schuldig zu fühlen, weil Sie sich nicht an den gesunden Ernährungsplan halten konnten, den wir ausarbeiteten.

***Einladung, mehr zu sagen:*** Gerade Überstunden machen, weil... Neue Rezepte, wenig vertraut und... Nur so viel Energie und dann...

***Nonverbale Unterstützung***[28]: Kopfnicken = „Machen Sie weiter, Sie sind auf dem richtigen Weg." Kreisbewegungen mit dem Kopf = „Fahren Sie fort, das erscheint interessant." Verwirrter, komischer Blick mit gerunzelter Stirn = „Ich verstehe nicht, bitte führen Sie das genauer aus." Hm,mh = „Erzählen Sie weiter, ich bin interessiert."

***Direkte Fragen:*** Um welche Zeit kommen Sie nach Hause? Wie oft machen Sie Überstunden? Gibt es eine Möglichkeit, diese Überstunden abends zu reduzieren?

**Tabelle 13.2:** Verschiedene Arten, wie ein Arzt auf die Aussagen von Patienten reagieren könnte[29]

Wie Tabelle 13.2 veranschaulicht, könnte der Behandler den *Inhalt* der Kommunikation für den Patienten zusammenfassen. Oder er könnte *die Gefühle widerspiegeln*, die hinter den Worten liegen und die teilweise durch verschiedene nonverbale Hinweise mitgeteilt werden, z. B. durch den Tonfall des Patienten, Gesten oder die Haltung. Manchmal genügt es, einen Teil eines Satzes des Patienten zu wiederholen, um ihn so zu ermuntern, tiefer zu gehen. Ein einfaches Kopfnicken, Handbewegungen und eine hochgezogene Augenbraue signalisieren Interesse und eine Aufforderung zum Weitersprechen. Und schließlich kann der Behandler auf direkte, offene Fragen zurückgreifen.

Alle diese Kommunikationsfähigkeiten des aufmerksamen Zuhörens sind unkompliziert und können von jedem gelernt werden, der interessiert ist, andere besser kennenzulernen. Manche stellen vielleicht die Künstlichkeit in Frage, wie eine komplexe menschliche Interaktion in eine Reihe stilisierte Reaktionen aufspalten läßt, die aus einem „Seesack von Fähigkeiten" genommen sind. Ich kann auf diese Kritik nicht besser antworten als die Begründer dieses Ansatzes:

> Unserer Erfahrung nach beginnen Menschen manchmal auf künstliche, überlegte Art und Weise. Doch wenn das Sich-Zuwenden erst einmal in Gang gekommen ist, wird die Person, der man zuhört, immer lebendiger und dies wiederum wirkt sich auf den aus, der sich zuwendet, der sehr schnell das absichtliche Zuwenden vergißt, und es natürlich tut.[30]

Mit anderen Worten, wir sind linkisch, wenn wir anfangs eine Fremdsprache sprechen, die wir in der künstlichen Klassenzimmersituation lernten; im Land bei Muttersprachlern wird der Inhalt dann schnell wichtiger als unsere Bemühung, die richtigen Verben und Substantive zu finden. Wir beginnen, „in der Sprache zu denken" und genau so geht es dem Berater mit Übung und Erfahrung.

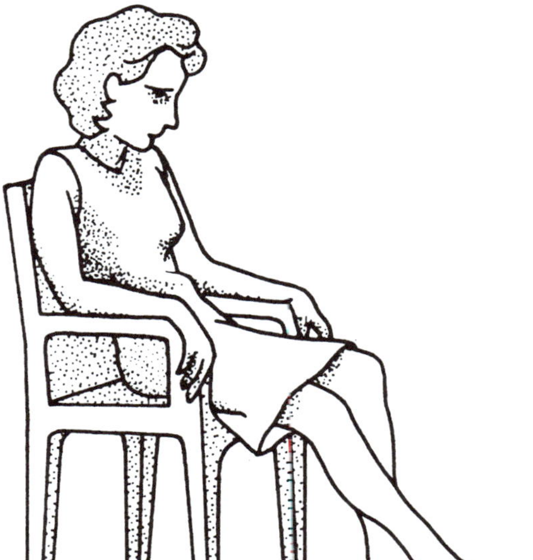

**Abbildung 13.2:**
Nonverbale Kommunikation[31]

Viele Anfänger haben Schwierigkeiten mit Schweigen oder Lücken, zu denen es bei jedem Gespräch kommt. Ja Schweigen ist ein natürlicher Teil jeder Kommunikation zwischen zwei Menschen, denn wenn man aufmerksam zuhört oder ein Video über ein Gespräch anschaut, merkt man, daß *Inseln* des Dialogs mit Perioden des Schweigens abwechseln. Der Anfänger muß lernen, mit diesen vertraut zu werden und darf nicht sein eigenes Bedürfnis, nämlich das Gespräch in Gang zu halten, intervenieren lassen. Schweigen gibt dem Zuhörer und dem Sprecher wichtige Gelegenheiten, über das im Moment Gesagte und Erfahrene nachzudenken. Es bietet dem Behandler auch die Möglichkeit, aufmerksam die nonverbalen Hinweise oder die stumme Sprache des Sprechers wahrzunehmen. Auch wenn wir der Patientin in Abbildung 13.2 nie begegnen, allein durch den Anblick erfahren wir eine Menge über sie.

Ganz allgemein muß der Interviewer lernen, auf die nonverbale Sprache des Patienten zu achten. Hier sind einige häufige Beispiele:[32]

- Ein Stirnrunzeln oder erstaunter Blick kann mangelndes Verstehen oder Erstaunen über Sie und Ihre Idee reflektieren.
- Ein Blick kann bedeuten „Ich bin aufmerksam", „Etwas an Ihnen ist angenehm oder unangenehm", „Ich stelle das in Frage".
- Eine sehr starre Haltung kann ein Anzeichen von körperlichem oder emotionalem Mißbehagen sein, Mangel an Aufnahmefähigkeit, eine defensive Haltung.
- Erröten, Schwitzen oder Blässe im Gesicht kann zeigen, wie ein Mensch auf das Gespräch reagiert: mit Peinlichkeit, Angst oder Schock.
- Ein Lächeln kann Wärme, Freude oder Aufrichtigkeit ausdrücken; oder, wenn es nicht mit den Worten des Sprechers übereinstimmt, kann es eine Art zu sagen sein: „Ja, aber ich meine nein."

Wenn die Grundfähigkeiten, dem verbalen und nonverbalen Verhalten des Sprechers zu folgen, mit echter Fürsorge, mit Respekt, Interesse und wahrer Anerkennung für den anderen durchgeführt werden, ist das wirkliche *Empathie*, der Kern jeder helfenden Beziehung. Empathie kann verstanden werden als die Fähigkeit des Behandlers, sich selbst zeitweise in die Lage des Patienten zu versetzen. Dafür muß man als erstes dem anderen zuhören können. Empathie wird häufig mit Mitleid verwechselt, aber die kontrastierenden Reaktionen in Tabelle 13.3. machen die Unterschiede deutlich.

| **Empathie** | **Sympathie** |
|---|---|
| Aus Ihren Äußerungen, daß Sie Überstunden machen mußten und dann müde und erschöpft nach Hause kamen, kann ich ersehen, wie schwierig es für Sie ist, das Programm zur gesunden Ernährung einzuhalten, das wir aufgestellt haben. | Es ist wirklich schade, daß Sie sich nicht an Ihre neue Diät halten konnten, als Sie Überstunden machten. |
| Ich merke Ihren starken Wunsch, sich eine neue und gesunde Ernährung anzugewöhnen und auch ihre Enttäuschung darüber, daß es jetzt so schwierig zu sein scheint, sich daran zu halten. | Es tut mir sehr leid, daß es wegen Ihrer Arbeit so schwer für Sie war, sich an die neue Ernährung zu halten. |

**Tabelle 13.3:** Vom Behandler ausgedrückte Empathie versus Sympathie

Freilich gibt es Zeiten, wenn Sympathie äußerst hilfreich sein kann, aber zu häufig hat es einen leichten Beigeschmack davon, Machtlosigkeit und ein Opferbewußtsein zu verstärken. Sorgfältige Empathie andererseits ist immer stärkend, da sie ein Verständnis für und die Akzeptanz der Gefühle des Sprechers repräsentiert. Deshalb drückt die Grundfähigkeit, sich zuzuwenden (siehe Tabelle 13.2 und 13.3), wirksames Zuhören aus und ist die Grundlage elementarer Empathie.

Doch es gibt noch eine tiefere Empathie, die über das Zuhören hinausgeht. Offensichtlich wird Empathie am tiefsten empfunden, wenn der Behandler Teile seiner Selbst aufdecken kann, indem er seine eigenen Gefühle während des Gesprächs mitteilt und indem er Interpretationen anbietet und wirklich bestrebt ist, dem Patienten zu helfen,

Lösungswege für die Probleme zu finden. Mit anderen Worten berührt die Fähigkeit des Behandlers, sich selbst als Mensch zu zeigen in Verbindung mit dem Wunsch, einem anderen mit seinen Therapieverfahren zu unterstützen, den Patienten und vertieft die therapeutische Beziehung.[33]

Ein wichtiger Beitrag zur Empathie ist die Fähigkeit des Beraters, Wärme und positive Anerkennung auszustrahlen. Wie macht ein Zuhörer das? Entscheidend für dieses Konzept ist das Geschick des Therapeuten, den Patienten zu unterstützen, seine eigenen positiven Ressourcen, seine Strategien zur Problemlösung und seine zwischenmenschlichen Fähigkeiten ans Tageslicht mit einzubringen. Mit anderen Worten der Behandler muß lernen, die positiven Seiten eines Patienten zu sehen und dem Patienten das zurückspiegeln, was er hört und sieht. Das ist ein Teil von dem, was wir in der ganzheitlichen Medizin darunter verstehen, dem Patienten zu helfen, den inneren Heiler zu finden.

In der Sprache der Verhaltenstheorie heißt das, sich selektiv auf die positiven Aussagen zu konzentrieren und diese zu verstärken. Ausdrücklich positive Wertschätzung zu geben wird auch *Streicheleinheiten* genannt, die Bestandteile menschlicher Anerkennung sind.[34] Ja es ist immer möglich, in jedem Menschen etwas Positives zu finden und diesen Bereich beim Widerspiegeln der Gefühle zu betonen. Der Behandler kann dies tun, indem er von der Annahme ausgeht, daß es Hilfe gibt für Menschen und indem er an dem Glauben festhält und darauf vertraut, daß jeder die Fähigkeit besitzt, sich zu verändern und eine Krankheit, wie grausam sie oberflächlich auch erscheinen mag, in ein Heilerlebnis zu verwandeln.

Einige weitere Gesprächsfähigkeit im Mikrocounseling der Mittelstufe, die bei Gesprächen eingesetzt wird, ist (1) Klarheit und *Konkretheit* (2) hilfreiche *Konfrontationen* und (3) *Interpretationen* anzubieten. Viele von uns neigen dazu, sich vage und allgemein auszudrücken. Wenn ein Patient sagt: „Ich trinke jeden Tag ein paar Tassen Kaffee", hilft es, wenn der Behandler diese Aussage nicht so vage stehen läßt, sondern nach der genauen Anzahl der Tassen fragt. Ein paar könnten ein Dutzend sein, wie sich bei einem meiner Klienten herausstellte. Ähnlich muß der Behandler bei der Beschreibung von zwischenmenschlichen Beziehungen, Schwierigkeiten am Arbeitsplatz oder zu Hause u.s.w. ausreichend nach den Details fragen, um eine Diagnose stellen zu können, die die Grundvoraussetzung für eine Behandlung ist.

Eine Konfrontation muß hilfreich sein, d. h. nicht-urteilend. „Wenn Sie weiterhin zwei Packungen Zigaretten am Tag rauchen, bekommen Sie wahrscheinlich Lungenkrebs" ist wenig hilfreich. Der Patient kennt die Statistik ebenso gut wie wir. Hilfreiche Konfrontationen sind oft möglich, wenn der Behandler Widersprüche, Inkongruenzen und Diskrepanzen in den Werten oder Bedürfnissen des Patienten objektiv sehen und dann fürsorglich darauf eingeht. Weil unsere Kultur dazu neigt, andere wegen eigener Schwierigkeiten zu tadeln, ist es nützlich, einen Patienten damit zu konfrontieren, zu welchem Grad er eine Rolle spielt, die Ereignisse in seinem Leben anzuziehen, und so seine Selbstverantwortung stärker mit einzubeziehen. Patienten zu helfen, wie Gefühle von Glaubenssätzen abhängen, ist eine andere Art wichtiger Konfrontation, die der Behandler nutzen kann.

Auch wenn Interpretationen Bilder der Psychoanalyse heraufbeschwören, handelt es sich dabei nur um eine bestimmte Art von Interpretationen. Grundsätzlich ist eine Interpretation die Einführung eines neuen, anderen Bezugsrahmens, in dem eine Reihe von Beobachtungen, Gefühlen oder Verhaltensweisen gesehen werden. Wenn Therapeuten

Interpretationen anbieten, präsentieren sie ihren Klienten eine neue, vielleicht allgemeinere oder umfassendere Möglichkeit, ein Problem zu betrachten. Die Interpretation ist eine Art erweiterte Umschreibung, die mehrere Aussagen in einem neuen Rahmen zusammenführt. Oft kann auch eine Metapher, die die Aussagen sinngemäß erfaßt, diesen Zweck erfüllen; sie bietet zudem den Vorteil, daß der Patient die Mehrdeutigkeiten und das Potential des Bildes ausschmücken kann und dabei selbst seine Heilkraft entdeckt. Wie gesagt gehen Interpretationen, die den eigenen Rahmen des Klienten zu weit übersteigen, oft daneben, nicht weil sie falsch sind, sondern weil sie nicht zu einer neuen Einsicht des Klienten führen, wenn sie zu einem Zeitpunkt angeboten werden, bevor der Patient selbst den Punkt erreicht hat. Wann immer es möglich ist, versucht der Berater den Patienten dahin zu führen, seine eigenen Interpretationen zu machen, denn dann sind Wirksamkeit und Dauerhaftigkeit gewährleistet.

Abgesehen von den beschriebenen Kommunikationsfähigkeiten ist der Behandler gut beraten, das Setting des Gesprächs sorgfältig zu arrangieren. Abbildung 13.3 zeigt drei Sitzpositionen an einem Tisch, die den Kommunikationsprozeß subtil beeinflussen.[35] AB1 ist die typische Sitzposition, die für eine autoritäre und abhängige Beziehung zwischen Behandler und Patient geeignet ist. Position AB2 schafft tatsächlich sechsmal mehr Interaktion als AB1 und dreimal mehr als AB3. Das gänzliche Fehlen eines Schreibtisches verringert normalerweise die wahrgenommene Autorität des Behandlers, wenn er dies nicht anderweitig ausgleicht, z. B. durch das Tragen eines weißen Mantels.[36]

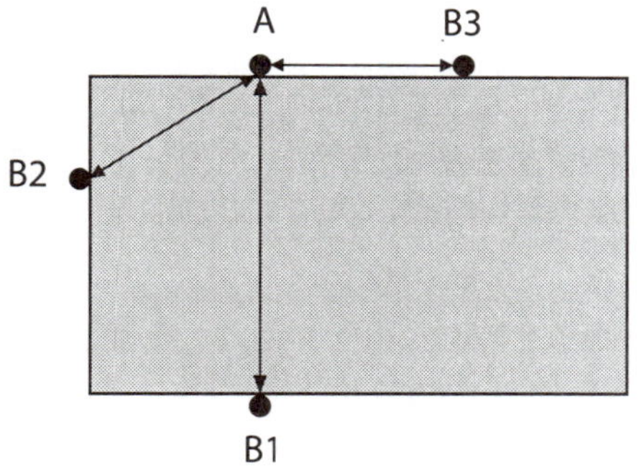


**Abbildung 13.3:** Drei Möglichkeiten für Patient und Behandler, an einem Tisch zu sitzen.

## Den inneren Heiler finden

Ist die heilende Kraft der Beziehung zwischen Patient und Behandler nicht weniger magisch und mysteriös als der Tanz von Schamanen, die Zauber des Hexendoktors, die Wasser von Lourdes? Irgendwie bietet die therapeutische Allianz zwischen dem Patienten und dem Behandler eine treibende Kraft in Richtung Ganzheit. Doch nicht der Behandler heilt, sondern die Beziehung. Zugegeben, der Behandler kann vielleicht die körperliche Aspekte einer Erkrankung mit irgend einer natürlichen oder allopathischen Medizin oder Behandlung kurieren. Solches Kurieren kann die Krankheit heilen oder auch nicht.

Den ganzen Text hindurch betonte ich das Aufdecken der Krankeitsursachen, und unterstrich, daß diese weit verstreut im ganzen biopsychosozialen Feld zu finden sein können. Die Krankheitsursachen zu entdecken ist der erste Schritt zu einem wirksamen Behandlungsplan. Außerdem kann gemäß Balints Konzept, daß der Patient sich selbst untersucht, der Arzt zwar vermuten, interpretieren und raten, doch es ist der Patient selbst, der diese Ursachen letztlich erkennen und die Veränderungen vornehmen muß, die die Krankheit erfordert.

Ein kranker Patient, der verwirrt und erschreckt ist, ist jedoch oft nicht in der Verfassung, diese Arbeit zu beginnen. Deshalb muß der ganzheitliche Behandler mit einer Unterstützung beginnen und mit dem allgemeinen Punkt, daß der Patient fähig sein wird, seine spirituellen und persönlichen Ressourcen einzusetzen – Stärke, Mut,

Entschlossenheit, seinen Lebenswillen, seine Fähigkeit, einen Sinn in der Krise zu erkennen und zu finden, den Mumm/das Rückgrat, Probleme in Herausforderungen zu verwandeln. Aus der sich entwickelnden Beziehung heraus muß der Behandler in der Lage sein, eine Vision zu entwerfen vom Patienten als ganzem, geheilten Menschen. Diese Vision kann bedeuten, daß die Erkrankung geheilt ist oder auch nicht. Wie ein Photograph, der viele Aufnahmen macht von einem Menschen und dann die aussucht, die sein Wesen am besten zum Ausdruck bringen, so muß auch der Arzt den gesunden Teil jedes Patienten zu erkennen lernen und sich mit ihm verbünden, entsprechend seiner Gesundheitsvision. Das erfordert die Fähigkeiten und eine Haltung von Zuhören, Empathie, Fürsorge und Authentizität neben dem Wissen um den Körper und einem wirkungsvollen Verfahren. Außerdem muß der Behandler seine eigenen Ansichten über das Leben und Lebensweise klären, bevor er einen anderen Menschen bei der tiefen Transformation unterstützen kann, die eine chronische oder lebensbedrohliche Krankheit erfordern. Der Behandler muß wahrhaft ein Wissender sein, jemand, der selbst Narben hat und verwundet ist, kann mit anderen beherzt ein Stück des Weges gehen.

In gewisser Weise, die noch zu identifizieren ist, arbeiten Naturheilverfahren *mit dem Patienten, der an sich selbst arbeitet.* Auf allopathische Art verwendet, können weder Heilpflanzen, noch chemische Stoffe, noch Akupunkturnadeln oder Operationen heilen. Vor dem Hintergrund der Allianz zwischen Patient und Arzt, die es sich zur Aufgabe gemacht haben, die Ursachen des Ungleichgewichts zu finden und anzugehen, ist die Botschaft eines Placebo, daß Myriaden von verschiedenen Wirkstoffen und Verfahren den Heilungsprozeß beschleunigen können. Doch letztlich ist Heilung das Ergebnis der Kraft, die in uns allen wohnt, die natürliche Heilkraft. Die Aufgabe des Behandlers besteht teilweise darin, die Hindernisse aus dem Weg zu räumen, damit diese Heilkraft ungestört wirken kann und teilweise für den Patienten da zu sein und sich ihm zuzuwenden während der Zeit, in der diese stärkende Kraft wirkt. In den beredten Worten des Nobelpreisträgers Dr. Albert Schweitzer:

> Jeder Patient trägt den Arzt in sich. Die Patienten kommen zu uns und wissen es nicht. Wir sind dann am besten, wenn wir dem jedem Patienten innewohnenen Arzt eine Chance geben, an die Arbeit zu gehen.[37]

Wem das gelingt, der braucht sich über die engen Grenzen eines bestimmten Verfahrens oder einer momentanen medizinischen Modeerscheinung keine Gedanken zu machen. Verbunden mit großartiger Tradition in der Medizin, die seit Menschengedenken ungebrochen ist – der der Heilkunst – kann er zu recht Arzt genannt werden.

## Projekt 13

# Ein biopsychosoziales Gespräch führen

Jeder erfolgreiche Behandler findet eine Art, mit Patienten zu interagieren, die sowohl eine fürsorgliche, helfende Beziehung fördert als auch den biopsychosozialen Kontext ermittelt, in dem das Problem liegt.

- Wie würden Sie sich selbst emotional und mental beschreiben?
- Wie fühlen Sie sich hinsichtlich ihrer Merk- und Konzentrationsfähigkeit?
- Erzählen Sie mir über Ihre Beziehungen.
- Wie steht es mit Ihrer Libido? Ist sie stark, schwach, mittel?
- Haben Sie, oder glauben Sie, Sie hatten eine Mißbrauchsgeschichte – psychischer, körperlicher, sexueller, emotionaler Mißbrauch ?
- Gibt es Spiritualität in Ihrem Leben?
- Gibt es etwas, was ich Sie nicht gefragt habe?

Solche Fragen können den Patienten ermuntern, relevante Themen zu untersuchen, die über die aktuelle körperliche Beschwerde hinausgehen, doch dafür entscheidend sein können.[38]

Die Society for Research and Education in Primary Care Internal Medicine hat umfassende Richtlinien aufgestellt, die Medizinstudenten helfen sollen, ein medizinisches Gespräch durchzuführen, das nicht nur die Basis der körperlichen Diagnose bildet, sondern auch dem Zweck dient, eine humanistische Beziehung zwischen Patient und Arzt herzustellen.[39]

Dieses Patienten-zentrierte Interview betrachtet den Patienten als einzigartige Person mit einer persönlichen Geschichte und zielt darauf ab, Vertrauen und Zuversicht aufzubauen, und die Grundlage zu schaffen für eine enge Beziehung zwischen Patient und Arzt. Es klärt die Symptome und Bedenken des Patienten, stellt viele Hypothesen aus dem ganzen biopsychosozialen Spektrum der Krankheitsdimensionen auf und überprüft sie und schafft eine Basis für eine dauerhafte Beziehung.

Viele der genutzten Fähigkeiten sind in Kapitel 8 und 13 beschrieben. Aber viele andere Orientierungen und Wissensgebiete sind auch in einer Reihe von Tabellen aufgenommen, die schrittweise die grundsätzlichen Gesprächsziele darlegen. Sie sind hier in etwas abgeänderter und gekürzter Form vorgestellt, die für den naturheilkundlichen Behandler geeignet ist. Diese Richtlinien umfassen:

- Die Elemente und die Struktur eines Patienten-zentrierten Gesprächs ausarbeiten
- einen integrierten (körperliche und psychologische Medizin) Ansatz für klinisches Denken und die Fürsorge für Patienten
- die Entwicklung humanistischer Werte von Seiten des Arztes.

Projekt 13 lädt den Studenten oder den Behandler der Naturheilkunde dazu ein, das eigene therapeutische Verfahren anzuwenden und die Richtlinien der Tabelle unten auszuprobieren, um ein Patientengespräch zu führen (oder das Gespräch mit einem simulierten Patienten), mit dem Versuch, so viele Punkte wie möglich anzusprechen.

## Wissen

- Offene und geschlossene Fragen erkennen.
- Die verschiedenen Stadien eines Gesprächs verstehen:

  Eröffnung, Beschreibung der eigentlichen Beschwerde, Lebensumstände, den ganzen biopsychosozialen ätiologischen Bereich nach potentiellen Ursachen und Prädispositionen absuchen, geeignete Untersuchung des Körpersystems, Abschluß.
- Die multifunktionalen Ziele des Gesprächs verstehen:

  Grundlage für die körperliche und biopsychosoziale Diagnose, Rapport aufbauen, Rahmen, um den Behandlungsvertrag zu besprechen, Möglichkeit für ehrliche „Ich-du"-Kommunikation (I-thou), Rahmen, um die Fähigkeiten zur Beeinflussung von Gesundheit und Wohlbefinden nachzuahmen, Schulungsraum für Patienteninformation über Gesundheit und Erkrankung.
- Sich des eigenen nonverbalen Verhaltens bewußt sein und des des Patienten.
- Die Merkmale einer helfenden Beziehung und bedingungsloser positiver Anerkennung definieren.
- Die drei Arten der Beziehung zwischen Arzt und Patient verstehen und zeigen, welche der drei Rollen Sie gerade spielen.

## Fähigkeiten

- Den Patienten unterstützen, seine Krankheitsgeschichte zu erzählen, mit der genauen Symptomatologie und gleichzeitig die allgemeinen Lebensumstände ausmachen, in denen die Symptome auftreten.
- Interesse am und Verpflichtung für den Patienten ausdrücken durch verbale und nonverbale Kommunikation:

  ***Verbal:*** dem Patienten erlauben, seine Krankheitsgeschichte zu erzählen, offene und geschlossene Fragen in einem ausgewogenen Verhältnis anwenden, Gefühle spiegeln, Inhalt umschreiben, Klärung suchen, empathisch sein, positive Wertschätzung zeigen.

  ***Nonverbal:*** den Raum für sich selbst und die Patienten so arrangieren, daß das Machtgefälle minimiert wird, nicken, berührt sein, mit der Körpersprache Interesse ausdrücken, das nonverbale Verhalten des Patienten widerspiegeln, ruhige Aufmerksamkeit und Schweigen gut einsetzen.
- Verhalten, das die Kommunikation behindert, vermeiden:

  ***Verbal:*** zu viele Fachbegriffe, falsche oder zu frühe Beruhigung und Ratschläge, häufiges Unterbrechen, „da ist alles in Ordnung, das bilden Sie sich nur ein".

  ***Nonverbal:*** desinteressierte Haltung, wenig Blickkontakt, ständiges Notizenmachen, verschlossene Haltung.
- Mögliche Hindernisse für das Gespräch erkennen und wenn nötig ausgleichen: Taubheit, sprachliche oder kulturelle Unterschiede, starke Angst, mögliche versteckte Themen.
- Die Stärken des Patienten definieren und nutzen. Erfahrungen des Patienten mit Behandlungen feststellen und mit einbeziehen.
- Einen Vertrag aushandeln, der die Eigenständigkeit, Selbstverantwortung und die Fähigkeit des Patienten, als gleichberechtigter Partner zu handeln unterstützt. Einen Behandlungsplan mit dem Patienten zusammen erstellen und das Verständnis und die volle Zustimmung des Patienten überprüfen. Offen bleiben für die nonverbalen Hinweise des Patienten auf Zustimmung oder Widerspruch. Knüppeln Sie den Patienten nicht in einen Behandlungsplan.

## Einstellungen

- Begegnen Sie dem Patienten respektvoll und nicht-urteilend.
- Achten Sie die Autonomie und Individualität des Patienten.
- Zeigen Sie sich bereit, mit dem Patienten als Partner zusammenzuarbeiten und Diagnosen, Behandlungsverläufe und Entscheidungen mitzuteilen.
- Zeigen Sie sich offen dafür, mit und von Patienten mit unterschiedlichem Hintergrund und unterschiedlichem persönlichem Stil zu lernen.

**Tabelle 13.4:** Richtlinien für ein Patienten-zentriertes Gespräch

Wenn Sie das Gespräch im Rahmen der Richtlinien von Tabelle 13.4 durchführen und die verschiedenen förderlichen Einstellungen und Fähigkeiten vorleben, lehren Sie durch das Rollenmodell Patienten diese Werte. Die Fähigkeit, mit Patienten mit sehr verschiedenem persönlichen und soziokulturellen Hintergrund Rapport aufzubauen bedeutet, diese Richtlinien auf Ihre persönliche Art anwenden. Echtheit ist absolut notwendig für einen starken Rapport mit Patienten. Auch die eigene persönliche Entwicklung von humanistischen Einstellungen und die eigene innere Arbeit des Behandlers nimmt im Rahmen des Patienten-zentrierten Gesprächs Raum ein. Einige Bereiche, in denen der Behandler das Potential für sein persönliches Wachstum untersuchen könnte, sind nachfolgend beschrieben:

- Akzeptieren und Wertschätzen der eigenen persönlichen Stärken und Schwächen, Offenheit und Neugier den eigenen Einstellungen, Überzeugungen und Erwartungen gegenüber, die die Vorzüge und Grenzen, Werturteile und Gefühle in der Arbeit mit Patienten darstellen. Lernen, solche Gefühle zwar zu empfinden, sie aber nicht auszuagieren.
- Sich der eigenen Streßreaktionen und Unsicherheiten bewußt sein. Die eigenen Anzeichen von Streß und Streßsymptome erkennen und Methoden der Streßreduktion ausprobieren.
- Eigene Reaktionen auf Patienten wahrnehmen wie Übertragung und Gegenübertragung. Erkennen, wenn die eigenen Gefühle in Wirklichkeit Teil der Krankheit des Patienten sind.
- Die Fähigkeit, dem Patienten die Teilnahme am Behandlungsprozeß zu gestatten und Geduld zu entwickeln, wenn Patienten sich weigern, Teile des Behandlungsplans zu akzeptieren oder es ihnen nicht gelingt, vereinbarte Aufgaben wie Änderung der Lebensweise durchzuführen.
- Bewußtheit über das Wesen des Leidens und die Ziele der Medizin.

Indem wir jemand anderen unterstützen, helfen wir im Grunde uns selbst. Medizin praktizieren ist ein spiritueller Weg für die, die ihn dazu machen wollen. Der weise Behandler bleibt offen, neugierig, gespannt und experimentell in seiner Einstellung der Arbeit gegenüber und lernt sowohl aus Fehlern als auch von Erfolgen und läßt sich davon nicht beeindrucken. Es ist der verwundete Heiler mit Narben, der an der richtigen Stelle ist, andere auf ihrer Reise zu begleiten. Krankheit ist ein Vehikel, und die fürsorgliche Aufmerksamkeit und die Präsenz des Behandlers sind Katalysatoren für Heilung, deren Kraft letztlich in jedem einzelnen Menschen liegt.

## Kommentierte Bibliographie

**Balint, Michael:** *The Doctor, His Patient and the Illness.* New York: International Universities Press, 1964; Dt. Der Arzt, sein Patient und die Krankheit, Klett Cotta Verlag, Stuttgart, 1996. **Michael Balint** and **Enid Balint:** *Psychotherapeutic Techniques in Medicine.* Springfield, Illinois: C. C. Thomas, 1961. Dt. Psychotherapeutische Techniken in der Medizin; Klett Cotta Verlag, Stuttgart, 1990. Diese zwei Bücher wurden zwar vor über 30 Jahren von zwei Analytikern geschrieben, doch sie bleiben eine Goldgrube für Fallbeispiele in psychologischer Medizin. Mit bemerkenswert wenig Fachsprache wird Psychotherapie – sorgfältig zu unterscheiden von der Beruhigung und den Ratschlägen nach dem „gesunden Menschenverstand" – als wesentliche therapeutische Fähigkeit dargestellt, die jeder Arzt lernen und in seiner täglichen Arbeit nutzen kann.

**Cassell, Eric J.:** *The Healer's Art.* Philadelphia: J. B. Lippincott, 1976. Ein hervorragender Internist untersucht genau, was es für einen Arzt bedeuten würde, „den ganzen Menschen zu behandeln." Für Cassell war Medizin schon immer und wird auch immer zum Teil eine *moralische* Disziplin sein, die sich untrennbar mit Werten beschäftigt und deshalb, was die Fürsorge für die Patienten angeht, Wissenschaft und Technologie in ihre Schranken verweist.

**Ivey, Allan E.** und **Jerry Authier:** *Microcounseling.* 2. Aufl., Springfield, Illinois: C. C. Thomas, 1978. Dt. Microcounseling, Verlag Rosenberger, Leonberg, 1985[2] Bemerkenswert wegen des neuartigen und systematischen Ansatzes, elementares Mitgefühl und Kommunikationsfähigkeiten zu lehren – sich zuwenden, zuhören, Gefühle spiegeln, den Inhalt paraphrasieren, Interpretation –, die für ein psychosoziales Gespräch nötig sind. Eine wertvolle Einstiegslektüre für Behandler, die genau wissen wollen, was zu tun ist, wenn sie grundlegende psychologische Medizin praktizieren.

**Needleman, Joseph:** *The Way of the Physician.* Harmondsworth, Middlesex: Penguin, 1985. Medizinphilosophie als transzendente Kunst, in der der Arzt, wenn er mit Leben und Tod zu tun hat, Wissen und Verfahren mit einer umfassenderen Vision über Sinn und Zweck verbinden muß, wenn er über das „Kurieren" hinausgehen will zu einem Archetypus, der Heilung unterstützt.

**Preston, Thomas:** *The Clay Pedestal.* Seattle, Madrona, 1986. Eine Untersuchung der Wurzeln der westlichen Medizin, sowohl vom kulturellen Blickwinkel der letzten 2500 Jahre, aber auch, wie sie sich für jeden einzelnen von uns darstellt von unseren ersten Begegnungen an mit dem „allwissenden" Arzt in unserer Kindheit. Die Grenzen des schulmedizinischen Modells hängen mit den nötigen Veränderungen zusammen, die in der Beziehung zwischen Arzt und Patient anstehen.

**Remen, Naomi:** *The Human Patient.* Garden City, New York: Anchor/Doubleday, 1980. Eine Kinderärztin und hervorragende Vertreterin der „Seele-Körper-Medizin" argumentiert, daß Gesundheit nicht nur die Abwesenheit von Erkrankung ist, sondern eine *Fähigkeit,* kreativ mit körperlichen und psychosozialen Veränderungen umzugehen. Für Dr. Remen ist das Praktizieren nicht zu trennen von der Ansicht des Behandlers über die menschliche Natur, und Gesundheit kann nicht durch Eingriffe in die menschliche Physiologie garantiert werden, die eine körperliche Pathologie korrigieren sollen.

# 14

# Fallbeispiele psychologischer Medizin

*Hier sehen wir einen wichtigen Unterschied zwischen der psychologischen und der klinischen Medizin. In der körperlichen Medizin wird die Untersuchung fast ausschließlich vom Arzt durchgeführt; vom Patienten wird verlangt, der Untersuchung zuzustimmen und ein klein wenig mit dem Arzt zusammenzuarbeiten. Es ist richtig, in der psychologischen Medizin ist es auch der Arzt, der das Symptom untersucht, aber die Untersuchung wird mit dem Patienten gemeinsam durchgeführt, mit dem Ziel, die Symptome vom Patienten untersuchen zu lassen.*

MICHAEL UND ENID BALINT[1]

## Einführung

Die Prinzipien der psychologischen Medizin können durchaus über das Studium von Büchern erlernt werden, doch diese Prinzipien an Patienten aus Fleisch und Blut anzuwenden ist etwas ganz Anderes. Es gibt keinen Ersatz für praktische Erfahrung, die idealerweise zunächst von einem geübten und erfahrenen Mentor beaufsichtigt wird.

Doch müssen Behandler oft unter weniger idealen Bedingungen beginnen. Der Patient ist vielleicht da und klagt über körperliche Beschwerden, deren organische Grundlage unklar oder nicht zu existieren scheint, oder der Patient kommt mit einem Symptomenkomplex, der eindeutig mit Streß oder Persönlichkeitsmerkmalen zusammenhängt. Der Behandler muß nun ins kalte Wasser springen, in dem Wissen, daß eine fürsorgliche, interessierte Haltung des nicht-urteilenden Zuhörens beim Gespräch an sich schon therapeutisch sein kann, und er ist sicher in dem Wissen, daß die *vis mediatrix naturae* auf der mentalen wie auf der körperlichen Ebene wirken wird, wenn die Hindernisse für Heilung erst einmal gelockert sind.

Fallbeispiele zeigen, wie die Techniken und therapeutischen Einstellungen von den Meistern ihres Fachs angewandt werden, und nützen so dem Behandler, der sich fragt, wie er vorgehen soll. Ich habe für dieses letzte Kapitel einige ausgewählt – vom Original abgedruckt – um zu zeigen, wie die Grundideen in die Praxis umgesetzt werden können. Ich hätte gerne Fälle aus Praxen der Alternativ- und Komplementärmedizin wiedergegeben, um wichtige Themen der psychologischen Medizin darzulegen, doch die Suche der veröffentlichten Literatur ergab wenig oder nichts für die Fälle, in denen es sich um eine körperliche Beschwerde handelt, die psychologisch analysiert und behandelt wurde. Deshalb mußte ich Fälle aus der Schulmedizin und der Hauptrichtung der Psychologie nehmen. Fünf der Fälle (zwei von Dr. Naomi Remen, zwei von Dr. Martin Rossman und einer von Dr. Larry Dossey) sind persönliche Erzählungen der Autoren; eine (von Dr. Julian Slowinski) ist eine detaillierte Beschreibung des multimodalen Ansatzes bei einer post-traumatischen Streßstörung und wieder ein anderer Fall (von Dr. Michael Balint) stammt aus einem Seminargespräch zwischen dem Arzt und seinen Kollegen, das über einen Zeitraum von zwei Jahren stattfand. Das letzte Beispiel (von Dr. Melvyn Werbach) zeigt das sehr wichtige Prinzip, daß nicht jedes Syndrom, das überwiegend mental zu sein scheint, notwendigerweise psychischen Ursprungs ist.

Fälle, bei denen die Beschwerde körperlich ist und die in erster Linie psychologisch angegangen werden, sind recht selten in der neueren psychologischen und psychiatrischen Literatur. Während der Blütezeit der psychoanalytisch-orientierten Psychosomatik gab es viele solche Fälle; doch weil diese älteren Fälle in der Sprache der klassischen Psychoanalyse beschrieben sind, sind sie nur von begrenztem Nutzen für den durchschnittlichen Naturheilkundler, der wahrscheinlich nicht auf dieser theoretischen Basis arbeitet.

Diese alten Fälle aus dem Blickwinkel fast eines halben Jahrhunderts später zu lesen ist eine schaurige Erfahrung. Die stellen den Versuch dar, mit den psychoanalytischen Kategorien der Psychopathologie einer objektiven klinischen Diagnose nachzueifern; dabei degradieren sie den Patienten unweigerlich zu einer Art Objekt. Zuerst sind sie darauf aus, die Symptome in abstrakten theoretischen Begriffen zu erklären und zu interpretieren, von denen viele wenig mehr sind als reine Bezeichnungen (die schnell zu einem moralischen Urteil führten) für das zu erklärende dysfunktionale oder problematische Verhalten. Zweifellos war diese Betonung der Theorie teilweise eine Folge mangelnder wirkungsvollen Interventionen für eine Verhaltensänderung, zusammen mit wenig Übereinstimmung zur damaligen Zeit darüber, welche Bedingungen für Wachstum und emotionale Gesundheit nötig und tauglich sind. Im Gegensatz dazu verwenden die neuen Ansätze, der humanistische, der transpersonale, der existentialistische und der behaviorale, Beschreibungen des Verhaltens und Erlebens in einfacher Sprache. Bei ihren mehr personen-orientierten Erzählungen wurden Interpretation und Theorie durch pragmatische Techniken ersetzt und durch die besondere Atmosphäre der Akzeptanz, was sich als wirkungsvoll erwiesen hat, um konstruktive Veränderungen und Wachstum herbeizuführen. Gleichzeitig kann man sich nur fragen, wie sich diese Fälle wohl in 40 Jahren lesen werden. Werden sie und ihr konzeptueller Rahmen als „überladen" mit Vorurteilen und Theorie angesehen werden und von einem so kurzsichtigen Standpunkt zeugen, daß sie nicht wiederzuerkennen sind und praktisch nur von historischem Wert als Zeugnis für das Denken des 20. Jahrhunderts?

# Fall 1

## **Lastwagen oder Motorrad** (von Dr. Naomi Remen – 1980)[2]

Mein erster Eindruck von Harold war, daß er kaum ein Mensch zu sein schien, kaum lebendig schien. 13 Jahre alt, 160 cm groß, 115 kg, er war massig und träge, ließ sich von Krankenschwestern in einem Rollstuhl in mein Sprechzimmer bringen ohne die geringste Mühe, sich selbst anzustrengen. Er saß da, starrte auf seinen Schoß und blickte nicht auf, als ich von seiner Mutter seine Krankengeschichte aufnahm.

Harold hatte auf der Farm seiner Eltern in Nordkalifornien eine gewöhnliche Jugend verbracht und er war bis zur Pubertät vollkommen gesund. Im Jahr darauf hatte er 68 Kilo zugenommen. Er war gründlich untersucht worden und alle seine Befunde waren normal. Verschiedene Ärzte hatten vergeblich versucht, ihn auf Diät zu setzen. Er war bettlägerig und von seinen Altersgenossen vollkommen isoliert.

Nachdem ich diese Informationen von seiner Mutter erhalten hatte, wandte ich mich an Harold, der sich 20 Minuten lang nicht bewegt hatte und nicht gesprochen hatte, und fragte ihn: „Warum hast du zugelassen, daß du hierher gebracht wurdest?" Harold blickte auf. Sein Gesicht war – wie auch sein Körper – passiv und schwer, aber seine Augen waren lebendig und blitzten vor Wut. Als wir einander anstarrten, spürte ich die Kraft seiner Wut mit Respekt und Erleichterung. Hier war Energie, die genutzt werden konnte.

Nach ungefähr einer Minute, in der Harold und ich einander musterten, sagte er: „Ich möchte, daß Sie mich dazu bringen, abzunehmen." Seine Stimme war tief und kräftig – nicht die Stimme seines Körpers, sondern die Stimme seiner Augen. Sein Ton war herausfordernd. Irgendwie mußte ich mit dem Teil, der so stark und zornig in diesem Jungen war, in Kontakt kommen und schauen, ob er statt Gegner all meiner Pläne oder Diäten zu sein als Mitarbeiter für die Problemlösung zu gewinnen war.

Ich entschied mich für eine Gestalt Technik. Ich nahm einen Stuhl, stellte ihn vor Harold hin und sagte: „Stell dir vor, dein ganzes Fett ist dort auf diesem Stuhl auf einem Haufen." Er schaute verdutzt und zum ersten Mal nicht ärgerlich. In der Hoffnung, daß er noch jung genug für Phantasien war, sagte ich: „Kannst du dein Fett hier sehen?" Er nickte. „Gut. Jetzt sprich mit ihm." Harold fing an zu lachen. „Was soll ich sagen?" „Sag ihm, was du nicht an ihm magst."

Nach kurzem Schweigen begann er zu sprechen. Unendlicher Groll strömte aus ihm heraus. Sein Fett hielt ihn davon ab, Freunde zu haben, davon, in die Schule zu gehen. Es machte ihn häßlich. Es machte ihm schwer, zu laufen und sogar zu atmen. Als er aufhörte, bat ich ihn, seinem Fett zu sagen, was er an ihm schätzte. Harold war schockiert. „Schätzen?" Diesmal dauerte das Schweigen länger. Dann sagte er langsam, daß sein Fett ihn von unangenehmen Arbeiten befreite. „Und...?" „Und ich muß nichts tun, was ich nicht tun will." „Und...?" „Ich muß es nicht versuchen und könnte es nicht, wenn ich es versuchte."

„Harold", fragte ich, „wer hat da gesprochen?" „Ich, warum." „Ist das Ich, das da gesprochen hat, dick oder dünn?" „Ich weiß es nicht... nein, warten Sie... mein Fett ist dort drüben. Dieses Ich ist dünn." „Gut." Ich rückte meinen Stuhl neben seinen, so daß wir Schulter an Schulter saßen und auf den leeren Stuhl blickten, auf dem er sich sein Fett vorstellte. „Was sollen das dünne Du und ich mit diesem Fett machen?" Er lachte entzückt. „Lassen Sie uns einen Plan machen!"

Wir begannen, die Möglichkeiten zu besprechen. Wie viele Jugendliche entdeckte er, daß er daran gewöhnt war, daß Erwachsene wichtige Entscheidungen für ihn trafen, statt sich Alternativen zu überlegen, Rat zu suchen und für sich selbst zu wählen. Die Entscheidung über sein Fett war vielleicht die erste von vielen solchen Entscheidungen, die er in seinem Leben treffen würde. Er schaute fasziniert. Ich fügte hinzu, daß erwachsene Entscheidungen sorgfältigen Nachdenkens bedürfen und schlug vor, daß er heimgehen und in einem Notizbuch all die Vorteile und die Nachteile davon, dick und dünn zu sein aufschreiben solle und außerdem alles, was er esse, damit er es für sich selbst wüßte. Ich bat ihn, während er nächsten zwei Wochen bis zu seinem nächsten Termin das alles zu bedenken und sich zu entscheiden, ob er jetzt abnehmen wolle und es mich bei seinem nächsten Besuch wissen zu lassen.

Harold stand auf und gab mir die Hand. Wieder spürte ich den Respekt vor diesem Ärgerlichen Mann, den ich immer noch in seinen Augen sehen konnte. Ich saß noch eine Weile im Untersuchungszimmer und beendete meine Notizen. Als ich aufstand, um zu gehen, sah ich den leeren Rollstuhl, in dem Harold hereingebracht worden war – und ich merkte, daß er den Raum aus eigener Kraft verlassen hatte. Es war einfach so geschehen, daß ich mich fragte, ob er es überhaupt bemerkt hatte.

Zwei Wochen später war Harold mit seinem Notizbuch und seiner Entscheidung wieder da. Ja, er wolle abnehmen. Ich sagte ihm, daß ich ihm einen Ernährungsberater nennen würde, den er konsultieren könne, dann könne er anfangen.

In den nächsten zwölf Monaten nahm Harold 50 Kilo ab. Er begann, sich für Ernährung zu interessieren und wurde ein beachtlicher Koch. Er notierte all sein Essen sorgfältig, der Ernährungsberater und ich unterstützten ihn bei seinen Entscheidungen und halfen ihm, zwischen den weisen und den unvernünftigen Nahrungsmitteln zu unterscheiden. Täglich notierte er in seinem Tagebuch das Gespräch zwischen seinem „dicken Selbst" und seinem „dünnen Selbst". Gelegentlich wies ich darauf hin, wie geschickt sein dickes Selbst das dünne Selbst ausgetrickst hatte und wie ressourcevoll sein dünnes Selbst beim Essen mit der Familie war. Er erkannte allmählich, daß Geschick und Ressourcenreichtum zwei seiner Haupteigenschaften waren.

Im Laufe des Jahres hörte Harold auf, abzunehmen. Die Wochen vergingen und ich wurde immer unruhiger. Durch die Streßsituation wurde Harold still und zog sich zurück. Ich verfiel in ein altes Muster von Streß und Versagen und fühlte mich schuldig, zu „versagen" und Harold nicht zum Abnehmen zu verhelfen. Ich begann, seine Besuche zu fürchten, obwohl ich mich vorher immer darauf gefreut hatte.

Am Morgen eines seiner Termine dachte ich auf dem Weg zur Arbeit über Harold nach. Da ich nie dick war, merkte ich, daß ich nicht wußte, was es für mich bedeuten würde. Wie würde es sich anfühlen, meine körperlichen Grenzen viel weiter außen zu haben als jetzt? Ich entschloß mich, das ganz bewußt auszuprobieren. Während der Fahrt ließ ich mein Gefühl für meine Grenzen sich ausdehnen, bis sie die Größe und die Form meines Autos angenommen hatten. Während ich die Straße entlang fuhr mit dieser neuen Gestalt, verspürte ich ein plötzliches Gefühl falscher Stärke – dick ist stark – und verwechselte meine Körpergröße mit einem psychischen Zustand.

Ich erinnerte mich auch an einen Cartoon, den ich ungefähr 20 Jahre vorher gesehen hatte, auf dem ein Duckmäuser hinter das Lenkrad seines Wagens stieg und sich in einen aggressiven, entschlossenen und energischen Fahrer verwandelte. Als er dann wieder aus seinem Auto ausstieg, wurde er wieder der kleine Duckmäuser. Ich fragte mich, ob es zu dieser Transformation kommen könne, weil der kleine Mann plötzlich die Erweiterung seiner Grenzen spürte. Machen das dicke Menschen? Könnte Harolds Fett das für ihn bedeuten?

Harold kam rechtzeitig zu seinem Termin; ärgerlich, mürrisch und wenig gesprächig. Er trug neue Jeans und als ich eine Bemerkung darüber machte, antwortete er mit zittriger Stimme, daß er sie kürzlich kaufen mußte und daß sie vier Nummern kleiner waren als die letzten. Zum ersten Mal hörte ich diese Angst. An dem Punkt, als er aufgehört hatte, abzunehmen, war sein Gewichtsverlust schon deutlich geworden. Vielleicht war Umfang für ihn Stärke.

Ich begann, ihm von meinem Erlebnis am Morgen zu erzählen. Ich erzählte von Kaspar Duckmäuser und von der Illusion, daß Umfang Stärke bedeutet und gab ihm verschiedene ähnliche Umstände, als ein Mensch einen körperlichen Zustand mit einem psychischen verwechselt hatte (z. B. unfähig zu sein, ein Kind zu empfangen damit, unfähig, dem Kind eine Mutter zu sein). Ich sagte: „Ich frage mich, ob es irgendwo in dir einen Fahrerteil gibt, der gewohnt ist, einen Dreiachser zu fahren und der sich unwohl fühlen würde, wenn sein Lastwagen kleiner würde. Der Lastwagen wird kleiner und kleiner. Bald hat er die „Größe" – ich zögerte, suchte nach einem Bild und meine Intuition gab mir eines – „eines Motorrades". Und das war's.

Harold blickte plötzlich nach innen und sagte mit großer Heftigkeit: „Sind Sie jemals sonntags auf der A 1 gewesen, wenn all die großen Autos dort Stoßstange an Stoßstange stehen und sich nicht bewegen und da ist ein Dandy auf einer Maschine und fährt mit 70 km/h die weiße Linie entlang und macht ihnen allen eine lange Nase? Ist es das nicht? Stark sein heißt nicht dick sein. Das ist es! Stark sein heißt sich bewegen können." Ich fragte: „Und?" Harold antwortete: „Und entscheiden können, wohin man fahren will und dahin fahren." Dann lächelte er. Ich war tief berührt. „Harold," fragte ich „wer hat in letzter Zeit gegessen?" Er sagte: „Der Lkw-Fahrer." „Warum?" „Weil er nichts von Motorrädern verstand."

Harold kam zwei Wochen später wieder und hatte über 2 Kilo abgenommen. Seine ersten Worte waren: „Hier, ich habe ein Bild von mir mitgebracht, um es Ihnen zu zeigen." Er legte einen Schnappschuß von einem verlassenen, verrostetem Auto, das auf einem Feld lag auf meinen Schreibtisch. Daneben legte er einen anderen Schnappschuß des Motors. Diesmal war es auf Pflöcke aufgebockt. Es schien funktionstüchtig zu sein und war leuchtend blau angestrichen.

Ich sah ihn verwirrt an und er sagte: „Hier, so sehe ich wirklich aus – ich verändere etwas – die Veränderung bin ich."

Zur Zeit geht Harold in die Schule und kommt einmal im Jahr zu mir. Kürzlich schickte er mir ein Bild von sich auf seinem neuen Motorrad.

### *Dr. Remens Anmerkungen*

Die klassische Behandlung von Adipositas dieser Art im Jugendalter ist ein ausgedehnter Krankenhausaufenthalt und eine aufgezwungene Diät. Dies mag für den Gewichtsverlust erfolgreich sein, doch die Methode ist kostspielig, sowohl im Hinblick auf Geld als auch im Hinblick auf menschliche Zeit und Energie. Harold hat abgenommen. Die Hilfe, mit seinen Stärken und seinen persönlichen Ressourcen in Kontakt zu kommen und Verantwortung zu übernehmen, befähigte ihn, noch etwas zu gewinnen: ein Gefühl für seine Fähigkeit, die Qualität und die Fülle seines Lebens durch seine Wahl zu formen.

## Fall 2

### **Wessen Asthma?** (von Dr. Larry Dossey – 1984)[3]

Ted Frank war auf seinem beruflichen Höhepunkt, ein 48jähriger Anwalt mit einer renommierten Kanzlei. Seine Kanzlei war, wo angesehene Anwälte in Dallas ihre Kanzlei haben sollten, in einem Hochhaus in der Innenstadt – das Ansehen der Kanzlei entsprach der Höhe des Stockwerks, auf dem sie sich befand. Ted war ein Star in seiner Firma, aber er war unglücklich mit seiner Arbeit – gelangweilt von den Aufgaben, nur wenig erfreut, selbst wenn sich die Dinge nach seinem Wunsch entwickelten, und, was am schlimmsten war, verärgert darüber, wie seine Mitarbeiter die Firma leiteten. Er zog seine „Ertrag's mit Grinsen"-Philosophie mit ruhiger Langeweile und stiller Feindseligkeit einige Jahre lang durch, funktionierte beruflich mit eindeutiger Kompetenz, doch wurde er über sein Los immer mehr ernüchtert.

Dann entwickelte er zum ersten Mal in seinem Leben Asthma – völlig unerwartet, ohne eine Krankengeschichte mit Asthma oder irgendwelchen Allergien in der Kindheit und ohne Familiengeschichte. Zuerst versuchte er, das Problem zu ignorieren. Doch das Keuchen und die Atemnot wurden schlimmer und begannen, seine Aktivitäten einzuschränken. Er konnte nicht mehr mit seinen Mandanten sprechen ohne hörbar zu pfeifen und das Pfeifen tagsüber wurde allmählich zu nächtlichem Pfeifen. Als er nicht mehr schlafen konnte, gab er nach. Er ging zum Arzt, eines der wenigen Male in seinem Leben.

Sein Arzt konnte nichts feststellen. Ja körperlich schien er in guter Verfassung zu sein – vom Asthma abgesehen. Er bekam eine Reihe Asthmamedikamente und wurde zu einem Allergologen überwiesen, wo er auf eine Fülle von Allergenen getestet wurden, die bekanntermaßen Asthma auslösen. Die Tests waren keine Hilfe; und obwohl seine Medikamente variiert wurden, bestand das Asthma weiterhin, wenn auch weniger stark. Sechs Monate lang wurden verschiedene Medikamente ausprobiert und wieder abgesetzt, wenn sie nicht halfen. Da jedes Medikament an der Toleranzgrenze dosiert war, erlebte er nur die schädlichen Nebenwirkungen – Nervosität, Angst, Schlaflosigkeit – ohne offenkundigen Nutzen. Als er schließlich eine nennenswerte Dosis von Kortisonpräparaten nahm, beschloß er, eine andere Richtung einzuschlagen.

Er hatte von einer Spezialklinik für Allergien gehört. Die Patienten wurden für einen beträchtlichen Zeitraum, manchmal monatelang hospitalisiert und sorgfältig von allen Umweltchemikalien, wie denen in Wasser und Lebensmitteln, isoliert. Sogar die Bettlaken und die Bettbezüge wurden gründlichst untersucht (synthetische Fasern waren nicht erlaubt) ebenso die Tapeten, Fußböden und Decken, aus Angst, daß chemische Lösungsmittel, die beim Herstellungsprozeß verwendet wurden, das Asthma auslösen. Spezielle Vollwertnahrung wurde verwendet, alle ohne chemische Zusätze. Die Krankenschwestern, die im Isolationsbereich arbeiteten, durften keine Kosmetika und kein Parfüm benutzen, und sogar die Luft, die in die Zimmer gelangte, war mit großen Kohlefiltern gereinigt, um die Unreinheiten zu entfernen. Das Programm zielte auf „völlige ökologische Kontrolle und Isolation von der Umwelt" ab. Dann, wenn das Asthma weg war, wurden verschiedene bekannte, häufig vorkommende Substanzen eine nach der anderen wieder zugelassen. Wenn das Asthma dann wieder aufflammte, nach der Einführung eines speziellen Lebensmittels, einer Seife, eines bestimmten Kleidungsstücks, konnte daraus geschlossen werden, daß das die auslösende Substanz ist. Wenn diese Substanz oder dieser Gegenstand dann wieder entfernt wurden, dann ging man davon aus, daß das Asthma nicht wieder auftreten würde.

Die ganze Logik und das Prinzip des Programms betörten Ted Frank und er begab sich begeistert in die Abteilung, die dem Krankenhaus angeschlossen war. Er folgte jeder Anweisung, so wie er sich auch mit dem Recht beschäftigte – achtete auf jedes Detail – und war entzückt, als die zuständigen Ärzte den totalen Erfolg vorhersagten.

Es gab nur ein Problem: es funktionierte nicht. Einen Monat später wurde Ted vom Krankenhaus in die reale Welt mit unreiner Luft, verdorbenem Essen und chemisch behandeltem Wasser – einige Tausend Dollar ärmer und immer noch keuchend. Die zwingende Logik des Isolations-Programms erschien nun unecht und er fühlte sich, als sei er in die Irre geführt worden. Er hatte seine eigene Logik entwickelt, warum dieser Ansatz mißlungen war, eine Idee, über die er mit niemandem sprach, nicht einmal mit dem wohlmeinenden Arzt, der versucht hatte, ihn zu heilen. Ted kam zu dem Schluß, daß der Ansatz des Ökologie- und Umweltprogramms naiv war, weil er „Ökologie" und „Umwelt" als etwas Materielles betrachtete, etwas Äußerliches, etwas „da draußen". Keinerlei Beachtung wurde inneren Zuständen, Emotionen, Einstellungen, Gefühlen geschenkt – der Welt des Bewußtseins. Widerwillig war er zu dem Schluß gekommen, daß es zwei Milieus gibt, ein inneres und ein äußeres – und daß in seinem Fall das innere Milieu, sein Bewußtsein, wichtiger war als die äußere Welt, was sein Asthma anbelangte. Sein Beweis dafür? Hauptsächlich eine Ahnung, aber auch eine Reihe von Fehlschlägen, von Ansätzen, die sich auf sein Asthma als das Ergebnis eines Angriffs aus der Außenwelt konzentrierte. Ted fühlte zutiefst, daß dieser Ansatz falsch war.

Er betrachtete es nicht als Zufall, daß seine offizielle Diagnose „Asthma im Erwachsenenalter" zu einer Zeit emotionalen Aufruhrs kam, der mit seiner wachsenden Verdrossenheit mit seiner Arbeit und seinen Kollegen zusammenhing. Er konnte einfach den Schlüssen seiner verschiedenen Ärzte nicht zustimmen, daß die Ursache seiner Krankheit im Außen liegen soll. Vielleicht, so folgerte er, gab es auch eine Gültigkeit für eine objektiv verursachte Krankheit, aber für ihn war das nicht alles. Er glaubte, seine Angst und sein inneres Chaos spielten auch eine Rolle – waren vielleicht nicht die ganze Erklärung, aber dennoch wichtig. Es schien ihm vereinfachend, zu tun, was die verschiedenen Ansätze versucht hatten – seinen Körper zu behandeln oder ihn körperlich völlig von aggressiven Auslösern zu isolieren. Er war erstaunt, daß sich nie ein Arzt, eine Krankenschwester oder ein Lungenfacharzt nach seinem psychischen Zustand erkundigt hatten.

Ted Frank spürte eine Verbindung zwischen seinem Körper und seiner Seele, die seine Ärzte nicht beachteten. Wenn diese Verbindung entzweit war und nicht wieder hergestellt wurde, so spürte er, wären auch all seinen weiteren Bemühungen, sein Asthma in den Griff zu bekommen, erfolglos. Auf seine übliche analytische, logische Art machte er sich an seine eigene Untersuchung dieser unentrinnbaren Verbindung und begann, verschiedene Bücher über psychosomatische Konzepte und die Körper-Seele-Verbindung bei verschiedenen Krankheiten zu lesen.

Als er in meine Praxis kam, war er – obwohl Laie – Experte für Asthma. Er brachte sogar eine Literaturliste mit, um die Aufrichtigkeit seines Versuchs und seine tiefen Überzeugungen zu demonstrieren. Sein Kompendium umfaßte weit mehr Bücher als in einer Literaturliste an einer medizinischen Fakultät zum Thema psychosomatische Medizin stehen könnte. Sein Eifer und seine Aufrichtigkeit überzeugten mich, daß er außerordentlich engagiert war, wieder gesund zu werden und bereit, selbst viel Energie in den Prozeß zu investieren. Von diesem Zeitpunkt an, brachte er jedesmal ein neues Buch, wenn er zu mir kam, um es im Wartezimmer zu studieren. Ich fragte mich, was er als nächstes bringen würde und was ich aus dieser neuesten Veröffentlichung lernen könnte.

Er hatte sich von seiner Firma getrennt und seine eigene Kanzlei in einer Kleinstadt 50 km von der Hauptstadt eröffnet. Weil er beschlossen hatte, mit den emotionalen Umwälzungen im Zusammenhang mit seiner Arbeit ins reine zu kommen, sah er den Umzug als notwendig und als ebenso therapeutisch an wie seine Medikamente, die er noch gegen sein Asthma nahm. Bei seinem ersten Besuch erklärte er, daß er Biofeedback lernen wollte, eine Entscheidung, die er nach der Lektüre mehrerer Bücher zu diesem Thema getroffen hatte. Er war vernarrt in die Möglichkeit, seine Asthmaanfälle durch Willenskraft und bewußt kontrollieren oder beenden zu können. Mit der ihm eigenen Energie und dem Enthusiasmus schien er völlig überzeugt, daß er das könnte.

Ich genoß unsere Gespräche. Er hatte kein starres Glaubenssystem, das durchbrochen werden mußte, keine „nein, Herr Doktor, Sie machen mich gesund"-Anschauung. Er war der Überzeugung, daß er bei seinem Asthma die Hand im Spiel hatte und er war noch sicherer, daß er bei der Kontrolle die Hand im Spiel hatte. Außerdem erfaßte er die psychophysiologischen Prinzipien grundlegend und korrekt. Wir hatten sofort Rapport und einen Zusammenhalt miteinander, die spürbare Magie, die dem Arzt-Patienten-Verhältnis meiner Erfahrung nach Wunder verleiht.

Wir besprachen seine Krankengeschichte und ich untersuchte ihn gründlich, wir überprüften seine derzeitigen Medikamente und nahmen einige Änderungen vor. Dann unterhielten wir uns darüber, warum er in meinem Biofeedback-Labor Versuchsperson sein wollte. Ich erinnerte ihn an das, was er bereits wußte: bei der Behandlung von Asthma sind die Biofeedback-Ergebnisse nicht einheitlich, die Ergebnisse sind gemischt und die gründlichsten Studien stehen noch aus. Ja, es gibt reichlich anekdotische und nicht dokumentierte Fälle, bei denen ein Erfolg zu sehen war, aber der grundsätzliche Nachweis für die Wirksamkeit steht noch aus. Zugegeben, wir wissen seit Jahren, daß Emotionen bei Asthma eine Rolle spielen können und wir wissen auch, daß Asthma keine homogene Erkrankung ist. Es gibt sicher einige Unterarten von Asthma, von denen einige bestimmt in unterschiedlichem Maß durch Emotionen beeinflußt werden. Ich meinte, ein völliges Offenlegen des derzeitigen Standes war wichtig, um irgend welche Illusionen und falschen Hoffnungen über die Wirksamkeit von Biofeedback auszuräumen. Er hatte sehr viele ungenaue Erwartungen über die Behandlung in der Vergangenheit und brauchte nicht noch mehr davon.

Wir entschieden beide, daß er ein geeigneter Kandidat für das Biofeedbacktraining sei. Der Biofeedback-Therapeut, mit dem er zusammenarbeitete, war interessanterweise ein geprüfter Atemtherapeut und kannte die der Krankheit zugrundeliegenden physiologischen Prozesse sehr gut. Sie paßten gut zusammen und er lernte die Grundlagen des Biofeedbacktrainings recht schnell.

Er lernte, die innere Anspannung zu erkennen, wie sich emotionaler Streß in seinem Körper anfühlt und entwickelte eine noch festere Überzeugung, daß sein psychischer Zustand sein asthmatisches Pfeifen beeinflußte. Sein Asthma begann nachzulassen.

Aber nicht völlig. Obwohl seine Fähigkeiten, seinen Körper tief zu entspannen im Labor zugänglich waren, hatte er, wie fast alle Biofeedback-Versuchspersonen zu Beginn des Trainings, Schwierigkeiten damit, diesen Zustand außerhalb der Laborumgebung „im richtigen Leben" aufrecht zu erhalten. Teds Asthma brach immer wieder aus zu vorhersagbaren Zeiten, gewöhnlich solchen mit emotionaler Anspannung. Doch die Besserung war unverkennbar und er spürte, daß er auf dem richtigen Weg war. Immer wieder bekräftigte er seine Überzeugung von der Verbindung zwischen Körper und Seele, die ihn in erster Linie zum Biofeedback gebracht hatte.

Er übte recht diszipliniert seine Fähigkeiten weiterhin Zuhause und im Labor. Seine Bücherliste, die er mir weiterhin mitteilte, wurde immer ausgeklügelter. Er entwickelte allmählich eine reflektierte und grundlegende Weisheit über seine Krankheit. Teds logisch-intellektuelle Forschungen und seine Erfahrungsexkursionen in das Reich der Körperseele mit Hilfe von Biofeedback verbanden sich auf unbegreifliche Weise zu etwas, das als spirituelles Herangehen an das Problem beschrieben werden kann.

Krankheit bekam für ihn eine neue Bedeutung. „Mein Asthma ist ein Teil von mir", sagte er und wir sprachen oft über sein Herangehen an sein Problem, die ihn zu dieser Formulierung brachten. Seine frühen Behandlungsversuche betonten Erkrankung als übelwollender Eindringling von außen, ein Dieb in der Nacht, der einen kalt erwischt. Diese Ansichten stimmten nur schlecht mit seinen inneren Beobachtungen überein, wie seine Emotionen seine Symptome beeinflußten. Er konnte einfach der Vorstellung nicht zustimmen, daß die Erkrankung „da draußen" war. Ja, die therapeutischen Ansätze, die diese Philosophie vehement vertraten, hatten gänzlich versagt. Seine Aussage: „Ich kann es nicht hinauszwingen" spiegelte ein Verständnis wider, daß Krankheit nicht mit irgend einer Technik rachsüchtig ausgerottet werden kann, aus dem Grund, weil sie ein Teil von einem ist. Seine Krankheit zu hassen bedeutet, sich selbst zu verabscheuen, das wußte er. Wegen der Verbindung zwischen Körper und Seele kann man sich nicht nur auf die Physiologie konzentrieren ohne Auswirkungen auf die Psyche hervorzurufen; und genau diese Verbindung war bei den rein körperlichen Ansätzen, die er anfänglich gewählt hatte, ignoriert worden. Sein Verständnis, daß kein Unterschied bestand zwischen seinem Asthma und ihm selbst, brachte ihn zu einer neuen therapeutischen Strategie: „Meine Haltung ist jetzt spielerischer." Indem er die Beziehung zwischen sich und der Krankheit erkannte, überwand er die erbitterte Notwendigkeit, sein Problem zu „besiegen", es in Vergessenheit zu bringen, sich davon zu reinigen. Schließlich tauchte ein neues, ontologisches Verständnis auf: „Ich versuche, mit der Welt in Einklang zu kommen."

### *Dr. Dosseys Analyse: Körper-Seele-Einheit – mehr als eine Metapher*

Ted Franks Bewußtsein erwuchs aus einer Begegnung mit Krankheit. Seine Erfahrung gibt einen Abriß, der Tatsache, daß Unglück, sogar schreckliche körperliche Erkrankungen, in Bewußtseinserweiterung gipfeln können. Dies ist eine uralte Beobachtung, aber wir vergessen sie, wenn wir blind Krankheit als Feind kategorisieren. Wir merken oft nicht, daß eine Erkrankung eine wirkliche Gelegenheit für Wachstum und Transzendenz darstellen kann und daß wir, wenn wir kategorisch gegen eine Erkrankung Krieg führen, auch gegen einen Teil unserer Selbst ankämpfen.

Diese Beobachtungen gehen über Metaphern hinaus. Das Verständnis einer inneren Verbindung, der Körper-Seele-Einheit, sind demonstrierbare Ereignisse, deren Realität im Arztlabor demonstriert werden kann. Besonders Asthma ist eine Krankheit, die anschaulich die Ungenauigkeit zeigt, diese Erkrankung als etwas zu betrachten, als ob sie eine körperlose Einheit wäre, als ob sie keine Verbindung zur Psyche hätte. Schon der Name der Krankheit stammt vom griechischen Wort *azein*, was bedeutet „schwer atmen". Das Wort impliziert ein Ersticken, eine treffende Beschreibung der Erfahrung von akutem Asthma. Hinshaw, eine Kapazität für Erkrankungen im Thoraxbereich, drückte die Verbindung zwischen Psyche und Leib bei Asthma so aus:

> Angst ist sowohl die Ursache als auch die Folge von Asthma. Eine Behandlung, die die Angst dämpft, sei es pharmakologisch oder psychologisch, ist eine gute Behandlung.[4]

Nicht nur Angst kann Asthma auslösen, auch ein einfacher Glaubenssatz. Mehrere Experimente mit Kindern und Erwachsenen haben gezeigt, daß allein die Vorstellung für einen Asthmatiker, daß er ein Allergen einatmet (in Wirklichkeit aber kein echtes), einen Anfall auslösen kann.

Die Einheit von Körper und Seele, wie in Asthmafällen wie Ted Frank dargestellt, ist keine mystische Erfindung wie Aussagen über die „Einheit" ja in der Medizin oft betrachtet werden. Obwohl viel von diesem Mechanismus erst noch erarbeitet werden muß, so wird doch vermutet, daß Emotionen, die über das Nervensystem wirken, Veränderungen an den Innenwänden der Bronchien verursachen, die sie anfälliger machen für Krankheitserreger und Allergene.[5] Zusätzlich zur Wirkung von Emotionen auf die Lungen, werden die Emotionen wiederum durch das Einsetzen des asthmatischen Prozesses beeinflußt – ein Teufelskreis. Angst und Besorgnis sind, wie Hinshaw darstellte, Teil von Asthma.

Ted Frank lernte diese Assoziationen empirisch, und machte sich daran, sie zu ändern. Er war zu dem Schluß gekommen, wie auch manche Forscher, daß es nur sinnvoll war, es bei der Behandlung von Asthma nur mit Entspannungstechniken zu versuchen, da ja so viele Variablen mit einer Reihe von Entspannungstechniken so entscheidend modifiziert werden können (z. B. Blutdruck, Herzfrequenz, die galvanische Hautreaktion, Muskelspannung und bestimmte Aspekte des Atemtraktes). Das Ergebnis? Ted selbst hatte die Ergebnisse von vielen Forschern wiederholt: mit und ohne Biofeedback kann die Anwendung von Entspannungstraining bei Asthmatikern sowohl zur kurzfristigen als auch zur langfristigen Verbesserung der Lungenfunktion beitragen. Bei seinen Versuchen, sein Asthma willentlich zu bessern, war Ted auf sicherem Boden.

Ted Franks Asthma illustriert die Dummheit, Krankheit nur im Sinne einer einfachen Ursache-Wirkung verstehen zu wollen. Je mehr wir über das komplizierte Wechselspiel von Seele und Körper verstehen, wie ein psychisches Ereignis einer Kaskade von physiologischen Ereignissen vorausgehen oder ihr folgen kann, desto mehr geraten wir in Schwierigkeiten in einer endlos wirkenden Kette von Geschehnissen bei menschlicher Krankheit. Wegen dieser Komplexität haben einfache kausale Erklärungen für die meisten menschlichen Erkrankungen viel von dem Ansehen, die sie einst hatten, verloren. Nur wenn wir Krankheit als Teil der ganzen Welt betrachten, der inneren wie der äußeren Landschaften, können wir die klinische Komplexität, die in Problemen wie Asthma innewohnt, erfassen.

Ted Frank fungierte als sein eigenes Körper-Seele-Versuchslabor. Seine Erkenntnis: „Mein Asthma ist Teil von mir" schien ein untertriebener Ausdruck der Einheit von Psyche und Soma, die nicht nur Asthma durchdringt, sondern alle wichtigeren Erkrankungen der heutigen Zeit.

## Fall 3

### **Post-traumatische Streßstörung** (von Dr. Julian Slowinski – 1985)[6]

Sally D. war eine 30jährige unverheiratete Angestellte, die das Opfer eines von ihr nicht provozierten Überfalls wurde, während sie eine Straße in der Stadt entlang ging. Ihr Angreifer boxte und stach sie mit einem Messer mehrmals ins Gesicht, die Waffe durchbohrte ihre Wange und ihre Zunge. Der Mann floh, doch er wurde später von der Polizei gefaßt. Sally wurde in der Notfallambulanz behandelt und erhielt plastische Chirurgie und eine Nachbehandlung bei einem Neurologen, da ein Gesichtsnerv durchtrennt worden war. Das ganze Drumherum des Gerichtsverfahrens dauerte über ein Jahr und war recht anstrengend. Sally mußte einige Male aussagen und ihrem Angreifer im Gerichtssaal gegenübertreten. Sie wurde außerdem von Leuten belästigt, die vermutlich Freunde des Angreifers waren.

Sally wurde über zwei Jahre nach dem Vorfall in Therapie überwiesen, hauptsächlich aufgrund ihres labilen Zustandes, der ihre Freunde und Kollegen beunruhigte. Sie war nie vorher bei einem Therapeuten. Sie trat als ängstliche, traurige und müde aussehende Frau auf. Sally war nicht geschminkt, einfach gekleidet und trug kurze Haare, die ihre insgesamt ängstliche Erscheinung noch verstärkten.

Sally klagte über Schlafschwierigkeiten und wiederkehrende Alpträume über ihren Überfall. In den zwei Jahren seitdem hatte sie Vermeidungsverhalten angenommen, das ihre Freiheit stark einschränkte. Sie hatte panische Angst davor, allein zu sein und wurde als Folge davon immer von Freunden oder ihrer Familie begleitet, wenn sie in der Öffentlichkeit war. Sie wurde zur Arbeit gebracht und wieder abgeholt. Sally verließ nicht allein das Büro und machte nicht Mittag, wenn sie nicht in Gesellschaft von Kollegen war. Wohlmeinende Familienmitglieder, Freunde und Kollegen hielten das Vermeidungsverhalten durch ihre Besorgtheit aufrecht. Sally berichtete, daß ihr nie jemand gesagt hatte, sich *nicht* zu fürchten. Sie mied Menschenmengen und schnitt sich selbst von Aktivitäten ab, die ihr früher gefallen hatten. Seit ihrem Überfall hatte sie 20 Kilo abgenommen. Ihre zwischenmenschlichen Beziehungen waren durch Spannung, Ängstlichkeit und passives Verhalten gekennzeichnet, worauf Wutausbrüche folgten. Sie wurde extrem abhängig von ihrem Freund, der sie unterstützte, wie auch besorgte Freunde und Familienmitglieder. Sally berichtete, daß ihre Persönlichkeit und ihr Verhalten vor dem Überfall direkt im Gegensatz zu ihrem jetzigen Zustand waren. Sally füllte einen Fragebogen zu ihrer Lebensgeschichte aus und einen über ihr Selbstbewußtsein. Ihr Multimodales Profil (Tabelle 14.1) zeigte ihre Hauptbeschwerde wie auch die übrigen Sorgen, auf die ebenfalls in der Therapie eingegangen wurde.

| **Modalität** | **Problem** | **vorgeschlagene Behandlung** |
|---|---|---|
| *Verhalten* | Angst, allein zu sein vermeidet Menschenmengen und Fremde | Desensibilisierung mit Hilfe von Visualisierungen und reale Erfahrungen; |
| | allgemein nicht selbstbewußt | Selbstbehauptungstraining |
| | Wutausbrüche | Bibliotherapie |
| *Affekt* | Furcht, Panik, Ängstlichkeit | Beruhigung, Training, mit der Angst umzugehen |
| | Depression | mit Sally eine eventuelle Einnahme von Medikamenten besprechen vernünftiger Einsatz von Verstärkern |
| | Angst vor Zurückweisung | Selbstgespräch korrigieren |
| | negative Gefühle über sich und andere | rationale Erörterung Rollenspiel |
| | Ärger | rationale Diskussion |
| | Schuldgefühle wegen „allem" | Bibliotherapie |
| | einsam | Beziehungen aufbauen |
| | unerlöste Schuldgefühle wegen dem Tod des Vaters | Dialog mit dem leeren Stuhl |
| *Empfindung* | körperliche Beschwerden; | Entspannungstraining |
| | Magen-, Verdauungsbeschwerden, Kopfschmerzen | Bauchatmen, Arztbesuch |
| | wenig Interesse an Sex | |
| | Spannung Mattigkeit | Entspannung und verschriebene Bewegung |
| *Vorstellung/Imagination* | Alpträume vom Überfall (oft) und Bilder davon, überfallen zu werden | Desensibilisierung |
| | negatives Selbstbild: sieht sich als unattraktiv | Selbstgespräch korrigieren |
| | Hypersensibilität wegen der Narbe im Gesicht | positive Bilder |
| | störendes Bild vom Tod des Vaters | Desensibilisierung Dialog mit dem leeren Stuhl |
| *Kognition/Denken* | Negative Aussagen über den Selbstwert | kognitive Neustrukturierung Bewältigungsstrategien visualisieren |
| | Braucht die Anerkennung anderer | Selbstbewußtseinstraining |
| | sieht sich selbst in der stereotypen Rolle der passiven und folgsamen Tochter und Frau („Abstreifer") | |
| | unerfüllte Wünsche nach beruflichem Weiterkommen und Fortbildung | Berufsberatung |

| **Modalität** | **Problem** | **vorgeschlagene Behandlung** |
|---|---|---|
| | Angst, keinen Partner zu finden | Beziehungen aufbauen<br>Rational emotive Therapy |
| | perfektionistische Glaubenssätze über Leistung | Desensibilisierung |
| | Denken, daß Menschen ihr schaden wollen | Rational Emotive Therapy |
| *Zwischenmenschliche Beziehungen* | passiv und nachgiebig auf Kosten des Selbstwertes | Selbstbewußtseinstraining |
| | meidet Männer und Fremde | Desensibilisierung<br>Üben positiver Visualisierung |
| | oft flüchtige Begegnungen mit Kollegen | Rollenspiel,<br>Selbstbehauptungstraining |
| | nicht durchsetzungsfähig gegenüber Familienmitgliedern | Selbstbehauptungstraining |
| | Sekundärgewinn von besorgten Personen | die Prinzipien der Verstärkung erklären und zur Mitarbeit gewinnen |
| Drogen/Biologie | Schlafstörungen | Überweisung an einen Arzt |
| | Gewichtsverlust/wenig Appetit | |
| | Zigarettenrauchen | Programm zum Aufhören mit dem Rauchen |
| | häufig erkältet | |
| | Bewegungsmangel | Sportprogramm |

**Tabelle 14.1:** Sallys Multimodales Profil

Sallys Multimodales Profil enthüllte viel mehr als die Diagnose post-traumatische Streßstörung vermuten läßt. Während ihre Symptome die klassischen Merkmale eines später aufgetretenen Streßsyndroms zeigten, ergab Sallys Einschätzung auch eine im Grunde schüchterne, nicht selbstbewußte Frau mit negativen Gefühlen über sich selbst. Sie schleppte eine Unmenge von kognitiven Imperativen mit sich herum, die das Ergebnis und das Überbleibsel einer strengen, traditionell ethnischen Erziehung waren, die ihr Verhalten und ihre zwischenmenschlichen Beziehungen beeinträchtigten. Ihre Familiengeschichte ergab, daß ihre Rolle als Kind zu Hause darin bestand, den kränklichen Vater zu betreuen; sie selbst wurde von ihren Geschwistern beschützt. Seit dem Tod ihres Vaters 10 Jahre vor der Behandlung hatte sie unerlöste Gefühle, die sofort Widerstand und Tränen hervorriefen, als das Thema in der Therapie angesprochen wurde. Außerdem lebte Sally schon lange in einer Beziehung, die ihre Bedürfnisse für die Zukunft nicht befriedigte. In ihrem Beruf fühlte sie sich zwar respektiert und erfolgreich, war aber frustriert darüber, sich nicht weiterbilden zu können.

***Behandlung.*** Sally erkannte sowohl die Chronizität als auch die Schwere der Symptome des verzögerten Streßsyndroms, doch sie wollte, daß sich die erste therapeutische Intervention auf ihre zwischenmenschlichen Schwierigkeiten am Arbeitsplatz richtete. Sallys Launen verärgerten ihre Kollegen so sehr, daß sie mehrere ernste Abmahnungen ihres Vorgesetzten bekam.

Aus der Sicht des Therapeuten diente die erste Intervention verschiedenen Zwecken: es wurde rasch Rapport hergestellt, die Ergebnisse waren leicht meßbar und die angewandten Techniken konnten bei vielen gleichen Symptomen des verzögerten Streßsyndroms wieder genutzt werden.

Ja die Behandlung richtete sich gleichzeitig auf verschiedene Bereiche. Entspannungstraining wurde begonnen und zeigte sofort positive Ergebnisse. Die Einschätzung zeigte, daß Sally sehr geschickt war beim Visualisieren und das Üben von geeignetem Verhalten wurde in dieser Modalität begonnen; Sally visualisiert, wie sie Alltagsszenen im Beruf angemessen bewältigte. Dies legte den Grundstein, dazu überzugehen, Visualisierungen auch bei ihren Vermeidungsverhaltensweisen und Ängsten, die sie entwickelt hatte, einzusetzen. Üben von Verhalten und ein rationales Gespräch darüber, wie sie mit problematischen Leuten am Arbeitsplatz umgehen könnte, brachte rasche, positive Ergebnisse und stärkte Sallys Vertrauen, mit ihren schlimmeren Ängsten umzugehen. Der Besuch beim Arzt ergab, daß Gesundheitszustand und ihre körperlichen Beschwerden beobachtet wurden und daß zur Zeit des Therapiebeginns keine medizinischen Interventionen nötig waren.

Detaillierte BASIC I.D. Einschätzung zweiter Ordnung, die sich auf Sallys Reaktionen auf Angst und ihr daraus resultierendes Vermeidungsverhalten richteten, brachten wertvolle klinische Hinweise.[7] Sallys erstes Anzeichen davon, ängstlich zu werden, wenn sie mit Fremden oder in der Öffentlichkeit war, war ein Spannungsgefühl im Magen. Diese Empfindung löste Gedanken in ihr aus, daß die Menschen ihr schaden würden. Dann würde sie schneller laufen und verschiedene Vermeidungsverhalten an den Tag legen. Sobald Sally dann sicher zu Hause oder im Büro war, wurde sie wütend auf sich selbst wegen ihres Verhaltens. Dann begannen der negative innere Dialog und die negativen Gefühle. Schließlich wurde Sally wütend auf andere und glaubte, daß sie ihren Ärger an ihren Kollegen ausließ. Es wurde eine spezielle Behandlung verschrieben, um Sally zu unterstützen, jeden Schritt ihrer Reaktionsabfolge zu bewältigen.[8] Entspannung, verbessertes Selbstgespräch und Selbstbeobachtung wurden empfohlen. Abgestufte Desensibilisierungsübungen wurden begonnen, die Sally öffentlichen Plätzen und Fremden gegenüber aussetzten.

Als Sally Fortschritte machte, wurden auch eine Reihe von immer schwieriger werdenden realen Übungen in Begleitung des Therapeuten in überfüllten Plätzen in der Innenstadt durchgeführt. Sally ging nun um die Mittagszeit belebte Straßen entlang, die sie zwei Jahre lang gemieden hatte. Abgestufte Aufgaben, die u. a. die Abhängigkeit von ihren Freunden und ihrer Familien abbauen sollten, führte sie auch erfolgreich aus. Ausgewählte „Bibliotherapie" ging mit der Therapie einher und half, mit kognitiven Verdrehungen und irrationalen Interpretationen von Ereignissen umzugehen. Als Sally ihre Angst vor Menschen und der Öffentlichkeit immer besser in den Griff bekam, begann auch die Desensibilisierung in der Realität mit ihrem Therapeuten. Sie gingen in die Tagesklinik, die psychiatrische Abteilung und die Behindertenbetreuung, wo der Therapeut Dienst hatte.

In den Sitzungen wurde immer wieder mit Visualisierung gearbeitet, um erfolgreich mit den schmerzlichen Bildern des traumatischen Ereignisses umzugehen. Die Tatsache, daß Sally schließlich frei über den Vorfall reden konnte, war für sie der Durchbruch. Zu dieser Zeit traten die Alpträume merklich seltener auf. Sally übte täglich weiter, ihre Ängste in den Griff zu bekommen, indem sie sich ihnen sowohl real aussetzte als auch in Visualisierungen. Sie konnte immer besser innere und äußere Reize unterscheiden, die früher mit unangemessenen Reaktionen verknüpft waren. Als Sallys Vertrauen wuchs, stellte sie eine Verbesserung quer durch die BASIC I.D. Modalitäten fest. Frühere körperliche Beschwerden waren nicht mehr von Bedeutung. Vegetative Anzeichen und Symptome der Depression ließen nach und vergingen schließlich völlig. Ihre zwischenmenschlichen Beziehungen verbesserten sich, als Sally neue Fähigkeit zur Selbstbehauptung von ihren Freunden und Kollegen unterstützt wurde. Es war ein wichtiges Erlebnis, als Sally Zeugin wurde, wie eine Frau auf der Straße überfallen wurde und sie dem Opfer zu Hilfe kam, nachdem der Täter geflohen war. Statt sich wegen des Vorfalls zu ängstigen und aufzuregen nutzte Sally die Gelegenheit in der Therapie, konstruktiv mit ihrem Ärger über ihren eigenen

Angriff umzugehen. Als sie mit ihrer Therapie schon ziemlich weit war, berichtete sie eines Tages, daß sie ihren Angreifer eines Tages auf der Straße gesehen habe. Sie sagte, daß sie darüber nicht aufgebracht sei, sondern daß „er ihr nur leid tue".

Sally gab selbst zu, daß sie merkte, wegen der verbliebenen Narbe auf ihrer Wange extrem befangen zu sein und Abwehrverhalten und negative Denkweisen entwickelt zu haben, die ihren Umgang mit anderen Menschen beeinträchtigten. Durch Verhaltensübungen, Übungen, in denen sie Peinlichkeiten riskierte, durch rationale Gespräche und Flooding Techniken[9] ging Sallys Überempfindlichkeit wegen ihrer Narbe im Gesicht erheblich zurück.

Sobald Sallys hauptsächliche Beschwerden im Zusammenhang mit den Folgen des Traumas gut auf die Behandlung angesprochen hatten, wurden die weiteren Probleme angegangen, die sich aus ihrem Modalitätsprofil ergaben.

Sally überwand ihren anfänglichen Widerstand und schaffte es, ihre Konflikte zu konfrontieren, die mit der Erinnerung an die Krankheit und den Tod ihres Vaters verbunden waren. Die Technik des leeren Stuhls und Visualisierungsübungen waren therapeutisch erfolgreich, denn so erlebte Sally ein Reihe negativer Erfahrungen und affektiver Assoziationen, denen sie vorher ausgewichen war, und konnte sie loslassen.

Dann konzentrierte sich Sally auf die zwischenmenschliche Ebene. Nach reiflicher Überlegung beendete sie eine lang bestehende Beziehung, die nicht ihren Bedürfnissen entsprach und die, in ihrer Vorstellung keine Zukunft versprach, die sie sich wünschte. Ähnlich ging Sally auch immer selbstbewußter und geschickter mit Familienmitgliedern um, von denen sie vorher aufgrund ihrer wenig selbstbewußten Verhaltensweisen abhängig war.

Als sie ein besseres Selbstgefühl entwickelte, konzentrierte sich Sally auf ihre körperliche und persönliche Erscheinung. Sie begann sich zu schminken, änderte ihre Frisur und kaufte modischen Kleidung. Ihr Aussehen verbesserte sich erheblich und Sally beschloß, das Zusammensein mit anderen zu genießen und vergrößerte ihren Freundeskreis. Sie faßte auch Pläne, sich beruflich zu verbessern und informierte sich dafür über geeignete Fortbildungen.

### *Dr. Slowinskis Anmerkungen*

Sallys Fall schildert ihre Fortschritte in 30 Sitzungen in multimodaler Therapie über einen Zeitraum von sechs Monaten. Anfangs fanden zwei Sitzungen pro Woche statt, um eine Beurteilung zu erstellen und Interventionen zu unternehmen in Sallys gestreßtem psychischen Zustand.

Eine multimodale Analyse von Sallys Zustand gestattete dem Therapeuten, gleichzeitig in mehreren Modalitäten zu intervenieren. Flexibilität war nötig, denn Sally litt nicht nur unter den ständigen Folgen der traumatischen Streßstörung, sondern auch unter situationsbezogenen Schwierigkeiten in ihrem Berufs- und ihrem persönlichen Leben. Sally war eine sehr kooperative Patientin, die spezielle Vorschläge und Aufgaben zwischen den Sitzungen eifrig befolgte. Sallys Mitarbeit spiegelt grundsätzlich vielleicht ihre persönliche Art des Befolgens (compliance) wider, doch ihre innere Verpflichtung zur Behandlung wirkte sich sehr zu ihren Gunsten aus, da sie rasch Fortschritte machte. Es ist ein Jammer, sich vorzustellen, daß Sally trotz ihrer großen Probleme zwei Jahre lang nicht in Therapie ging. Es schien so, als würde ihr häusliches Netzwerk zur Unterstützung funktionieren, solange sie passiv und abhängig blieb. Doch schließlich konnte das System nicht mit ihrem Ärger und ihrer Depression umgehen und so war sie gezwungen, sich nach einer Behandlung umzutun.

Wie bereits erwähnt sprach Sally rasch auf die ersten therapeutischen Interventionen an, besonders auf das Entspannungstraining und die Angstbewältigung. Die Techniken vermittelten ihr Fertigkeiten gleich einer „Munition", um ihren täglichen Streß zu bewältigen. Visualisierungstechniken halfen Sally außerordentlich. Sie wurden eingesetzt als eine Art von Verhaltensübung, und halfen ihr, erfolgreich mit ihrer Angst vor Öffentlichkeit umzugehen. Außerdem waren sie wichtig, um wirkungsvoll mit den Erinnerungen an ihren Überfall umzugehen; weil sich der Prozeß gegen ihren Angreifer in die Länge zog, wurden diese Erinnerungen zu Unbehagen. Desensibilisierungsübungen in der Realität erwiesen sich als wertvolle Ergänzung zur Arbeit mit inneren Bildern und Entspannungstraining, um die zahlreichen Vermeidungsverhaltensweisen zu überwinden, die sie entwickelt hatte. Gleichzeitig wurde auf die Denkweisen geachtet, die Sallys unangebrachte Verhaltensweisen aufrechterhielten. Ein großer Teil der Therapie richtete sich auf die Überprüfung ihrer falschen Überzeugungen und auf die Anwendung von kognitiven und rational-emotiven Techniken.

Sobald Sally bei den Hauptursachen ihrer Angst Fortschritte machte, waren auch in allen anderen Modalitäten rasche Fortschritte zu beobachten. Die Anzeichen und Symptome der Depression ließen nach, die Alpträume traten seltener auf, und ihr Umgang mit anderen Menschen verbesserte sich. Körperliche Beschwerden verschwanden fast. Sallys neues Vertrauen gestattete ihr, ihren Widerstand, sich mit den Themen im Zusammenhang mit dem Tod ihres Vaters zu beschäftigen, aufzugeben. Die Gestalttherapietechnik (der leere Stuhl) eröffnete ihr die Möglichkeit, mit ihrer Wut angemessen umzugehen, und half ihr, sehr alte, schmerzliche Erinnerungen aufzulösen.

Sallys Therapie dauert noch an. Wir konzentrieren uns jetzt auf Pläne für die Zukunft und auf weitere Anpassungen an die Änderungen im täglichen Leben und in ihren Beziehungen, die sich aus ihrem verbesserten Verhalten und ihrer Offenheit ergeben. Immer wieder wird auch darauf geachtet, Ereignisse noch einmal zu betrachten, die das ursprüngliche Trauma in Erinnerung rufen, damit Sally gerüstet ist, in Zukunft mit angstauslösenden Situationen umzugehen. Dies gibt ihr einen „emotionalen Feueralarm", die ihre angemessenen Verhaltensmuster und emotionalen Reaktionen unterstützt.

Sallys Fall ist bestimmt nicht einzigartig was eine ganze Ansammlung von Symptomen nach einem Trauma angeht, doch es zeigt die Wirksamkeit der multimodalen Therapie bei einer speziellen Art von Diagnose. Die multimodale Beurteilung und -Therapie bot eine Reihe spezifischer und systematischer Interventionen, die sowohl den therapeutischen Erfordernissen entsprachen als auch ihren eigenen Erwartungen.

## Fall 4

### **Der innere Ratgeber** (von Dr. Martin Rossman – 1984)[10]

Eine Technik, die wir außerordentlich wertvoll fanden, ist der Dialog mit dem „inneren Ratgeber", wie wir ihn nennen, ein weises und fürsorgliches Wesen in unserer Vorstellung. Katholiken lernen, daß sie einen Schutzengel haben, der ihnen in Zeiten der Not zu Hilfe kommt. Geister und geistige Führer sind Teil eines Glaubenssystems einer erstaunlichen Anzahl von Menschen in dieser Kultur. Wie die zwei Fälle weiter unten belegen, kann der Ratgeber nicht nur eine Hilfe sein im psychischen und spirituellen Bereich, sondern auch in bezug auf den Körper. Jung verwendete eine Variante dieses Ansatzes, den er in *Mysterium Conjunctionis* beschrieb als inneres Gespräch mit einem anderen Unsichtbaren.[11]

Es ist wichtig, die Reaktion des Patienten auf den Ratgeber und seine Interpretation zu evozieren, um ihn erfolgreich nutzen zu können. Falls der Nimbus des Spirituellen jemandem unangenehm ist, sei auf ein neurologisches Modell hingewiesen; hier wird der Ratgeber als Möglichkeit eingeführt, die Aktivität der rechten Gehirnhälfte anzuregen, damit sie neue zweckdienliche Information liefern kann. In *Healing Yourself*[12] ist ein undogmatisches Modell dieses Phänomens beschrieben, das den meisten Glaubenssystemen entspricht. Wenn der Patient jedoch bestimmte spirituelle Anschauungen über den Ratgeber hat, müssen diese Überzeugungen respektiert werden, da wir wirklich nicht genau wissen, wofür dieses Phänomen steht.

Wie der Mechanismus des inneren Ratgebers auch immer funktioniert, er hat sich als eine nützliche Einführung in die Arbeit mit inneren Bildern erwiesen. Wenn sich Menschen erst einmal vertrauensvoll entspannen und sich selbst an einem ruhigen Ort vorstellen können, werden sie ermuntert, in ihrem Bewußtsein ein Bild auftauchen zu lassen, das große Weisheit und Fürsorge verkörpert. Diese Figur kann dem Patienten vertraut oder fremd sein, ein alter Mann oder eine alte Frau, eine religiöse Gestalt, ein Kind, ein Tier, eine Pflanze, eine Lichtkugel oder nur das Gefühl einer weisen unsichtbaren Wesenheit. Das Bild braucht nicht visuell zu sein, auch wenn das meist der Fall ist. Wenn der Ratgeber erscheint, soll der Patient ihn einladen, es sich bequem zu machen und mit ihm reden und ihm Fragen stellen über sein Problem oder seine Krankheit. Die Patienten sollen sich gestatten, für die Antworten, die sie erhalten, offen zu sein, ob das durch Gedanken ist, durch auditive Vorstellungen, in mimischer Darstellung oder als Symbole. Das Gespräch wird so lange geführt, bis ein eindeutiger Kontakt oder eine Lösung mindestens eines Aspekts des Problems erreicht ist. Den Menschen wird empfohlen, diese Erlebnisse mit dem Ratgeber in einem Tagebuch festzuhalten; sie sollen Einsichten, Gefühle und Fragen notieren, die für das Problem relevant erscheinen.

***Fall 4.A:*** Eine 29jährige Frau, die als Sekretärin arbeitete, klagte über starke Spannungskopfschmerzen, die seit 10 Jahren mehrmals in der Woche auftraten. Entspannungstraining brachte eine gewisse Erleichterung, doch ihre Kopfschmerzen hielten weniger häufig und weniger schlimm einige Wochen lang an. Eines Tages kam sie mit schlimmen generalisierten Kopfschmerzen, die sie seit der vergangenen Nacht hatte. Ich bat sie, sich zu entspannen und ihr Inneres um einen Ratgeber zu bitten, ein Wesen, das ihr helfen könnte, die Kopfschmerzen zu verstehen und was sie dagegen unternehmen könne. Sofort kam ihr das Bild eines Vogels in den Sinn. Sie sagte, er war wie einer, den sie im Alter von 9 Jahren gehabt hatte und der gestorben war, weil sie nicht wußte, wie sie ihn füttern mußte. Der Vogel in ihrer Vorstellung hingegen war freundlich und als sie ihn über ihre Kopfschmerzen befragte, begann er, überall an ihrem Kopf zu picken. Die Botschaft, die sie bekam, war, daß sie die Leute zu sehr an sich herummäkeln ließ. Tags zuvor hatte sie gehört, wie ein Kollege, ein Mann, dem sie geholfen hatte, einen Job in ihrem Büro zu bekommen, sie hinter ihrem Rücken bei ihrem Chef und anderen Büroangestellten verleumdet hatte. Sie wurde sehr wütend, aber statt ihrem Ärger Ausdruck zu verleihen, wurde ihr übel und sie ging mit Kopfschmerzen nach Hause. Sie fragte den Vogel dann, was sie tun solle – er sagte ihr, sie solle sich behaupten, dem Mann ins Gesicht sagen, daß er mit den Verleumdungen aufhören und sich entschuldigen solle. Sie visualisierte, wie sie das tat (die Vorstellung war sehr beängstigend für sie) und sie war überrascht zu sehen, wie der Mann sich schüchtern entschuldigte und an Größe schrumpfte. Sie lachte, als sie das sah und stellte zu ihrer Überraschung fest, daß ihre Kopfschmerzen verschwunden waren. Am nächsten Tag konfrontierte sie den Mann im wirklichen Leben und stellte verblüfft fest, daß er sehr ähnlich reagierte, wie sie es in ihrer Vorstellung vorausgesehen hatte. In einem späteren Gespräch mit dem Vogel sagte er ihr, daß sie nicht hätte überrascht sein müssen über die Reaktion des Mannes, weil sie schon die ganze Zeit über gewußt hatte, daß er diese Art von Mensch war und sie hatte ihn für die Stelle vorgeschlagen wegen der Meinung anderer über ihn, die sie sich zurechtgelegt hatte. Sie stellte fest, daß ihre eigene

Einschätzung anderer Menschen zutraf, doch sie hatte sie ignoriert und hatte sich mit Menschen eingelassen aufgrund der Meinung anderer. Folglich war sie in ihren Beziehungen und in Situationen am Arbeitsplatz ständig enttäuscht worden. Durch den weitergeführten inneren Dialog wuchsen ihr Selbstrespekt und ihre Selbstbehauptung und ihre Kopfschmerzen traten seltener auf und waren weniger stark. Zudem konnte sie immer erfolgreicher reagieren, wenn die Kopfschmerzen auftraten.

***Fall 4.B:*** Eine 30jährige Rechtsanwältin mit verschiedenen schweren Allergien klagte über ständige Müdigkeit, Blähungen und Bauchkrämpfe, Hautausschläge und verstopfte Nebenhöhlen. Ein Allergietest hatte ergeben, daß sie auf beinahe jedes getestete Inhalations- und Lebensmittel allergisch war. Mehrere Jahre mit Veränderung der Umgebung, Rotationsdiät, Desensibilisierung und Psychotherapie halfen nur wenig, wenn überhaupt. Eine Reihe von Akupunktursitzungen war nur in gewissen Maße hilfreich. Ihr Ratgeber war eine dünne, biegsame Frau, die sich Laura nannte. Als sie gefragt wurde, ob sie etwas über die Allergien der Patientin wisse, antwortete Laura: „Du hast einen leichten Druck."[1] Weder die Patientin noch ich verstanden diese rätselhafte Antwort und wir baten Laura um mehr Information. Sie weigerte sich jedoch, mehr zu sagen, aber bot in ihrer ausgestreckten Hand ein Prisma an, das einen Strahl weißes Licht in die sieben Spektralfarben aufteilte. Das gab sie der Patientin, dann verschwand sie. Die Patientin wurde angehalten, sich wieder mit Laura zu treffen und sie um mehr Hinweise zu bitten und auch recht offen zu sein für mögliche Bedeutungen dieses Bildes, die ihr während der nächsten paar Tage einfallen können. Drei Tage später rief sie an und teilte aufgeregt mit, daß sie ein paar alte Bücher durchblätterte und eines fand, in dem die schädlichen Auswirkungen auf das Immunsystem von Licht, das nicht das ganze Spektrum umfaßt, bewiesen wurde. Der Autor betonte die mögliche Rolle, die dies für Allergien und andere Krankheiten spielen könnte. Die Patientin befragte ihre Ratgeberin, die die Bedeutung des Bildes bekräftigte. Sie riet der Patientin, sich täglich möglichst eine Stunde in der Sonne aufzuhalten und all ihre Glühbirnen zu Hause und im Büro durch Vollspektrumlampen zu ersetzen. Nach drei Wochen berichtete die Patientin, daß es ihr um 95 % besser gehe und eine Nachsorge 1 1/2 Jahre später zeigte, daß es ihr immer noch gut ging.

## Dr. Rossman Schlußfolgerungen

Informationen vom inneren Ratgeber müssen ausgewertet werden, bevor sie in die Praxis umgesetzt wird. Wir raten unseren Patienten nicht, ihre Verantwortung an ihren inneren Ratgeber abzugeben, ebenso wenig wie wir sie ermutigen, sie jemand anderem zu übertragen. Wir sagen den Menschen hingegen, daß sie nicht alles tun müssen, was der innere Ratgeber empfiehlt, sondern es sorgfältig abwägen sollen. Wenn der Rat vernünftig zu sein scheint und das Risiko kalkulierbar ist, ermuntern wir die Leute, danach zu handeln und zu schauen, wie es funktioniert.

Die Beziehung mit dem Ratgeber ist dauerhaft und nach und nach wird ein Mensch vielleicht verschiedene Ratgeber entwickeln, jeden in einem anderen Fachbereich. An diesem Punkt ermuntere ich die Menschen, sich das ganze Unbewußte als einen Ratgeber vorzustellen, der in verschiedenen Formen erscheinen und unterschiedliche Botschaften mitteilen kann. So kommen die Leute zu einer bewußten Einstellung, die, wie Jung sagt„„dem Unbewußten erlaubt, zu kooperieren, statt in die Opposition getrieben zu werden."[13]

---

1) Wortspiel im Englischen: 'light' ist leicht und Licht.

# Fall 5

## **Rat und Beruhigung** (von Dr. Michael Balint – 1964)[14]

Man ist sich im allgemeinen darüber einig, daß mindestens ein Viertel bis ein Drittel der Arbeit von Allgemeinärzten schlicht und ergreifend Psychotherapie ist. Einige Forscher sagen bis zur Hälfte oder sogar mehr, doch wie hoch die Zahl auch ist, bleibt die Tatsache bestehen, daß die derzeitige Medizinerausbildung den Behandler für mindestens ein Viertel seiner Arbeit nicht angemessen ausbildet.

Selbst wenn viele Behandler das Bedürfnis verspüren, psychische Probleme besser zu verstehen und sich dringend mehr therapeutische Fertigkeiten wünschen, akzeptieren sie nur widerwillig die berufliche Verantwortung in dieser Hinsicht. Der am häufigsten vorgebrachte Grund ist, daß sie schon so, wie es jetzt ist, zu viel zu tun haben und daß es ihnen unmöglich ist, mit einem Patienten Woche für Woche eine Stunde Zeit zu verbringen. Dieses Argument klingt zwar einleuchtend, entbehrt aber einer soliden Grundlage. Es stimmt, daß es mehr Zeit in Anspruch nimmt, eine anständige psychotherapeutische Beziehung aufzubauen und aufrechtzuerhalten als ein Rezept auszustellen. Langfristig jedoch kann es dem Arzt und dem Patienten viel Zeit sparen.

Bei den meisten sogenannten psychischen Fällen wird in der Praxis fast mechanisch ein Beruhigungsmittel verschrieben, wenn der Patient nicht depressiv ist, und irgend welche Aufputschmittel, wenn er depressiv ist. Wenn das nicht wirkt, werden Spezialisten zu Rate gezogen, die gewöhnlich die Berichte „bestätigen", daß organisch alles in Ordnung ist.

Auf seine eigenen Ressourcen zurückgeworfen verschreibt der Arzt oft verschämt irgend ein Placebo und erteilt Ratschläge oder ein paar „beruhigende", aufmunternde Worte. (Es ist ein häufiger Witz zu fragen: „Beruhigen – aber wen?") Dann gibt es auch einige Vertreter der Psychologie des „gesunden Menschenverstandes", die dem Patienten raten, Urlaub zu machen, seine Arbeitsstelle zu wechseln, sich zusammenzunehmen, die Dinge nicht zu ernst zu nehmen, von zu Hause wegzugehen, zu heiraten, ein Kind zu bekommen, oder keine Kinder mehr zu bekommen, sondern Verhütungsmittel zu nehmen etc. Keine dieser Empfehlungen ist zwangsläufig falsch, aber der Trugschluß dahinter ist der Glaube, daß ein erfahrener Arzt über genug Psychologie des gesunden Menschenverstandes verfügt, um die psychischen oder Persönlichkeitsprobleme seines Patienten zu behandeln ohne überhaupt den Versuch zu unternehmen, eine ordentliche Diagnose zu stellen. Aber kleinere chirurgische Eingriffe bedeuten z. B. nicht, daß ein Arzt ein bewährtes Tranchiermesser oder das Werkzeug eines Zimmermanns nimmt und kleine Operationen durchführt. Im Gegenteil, er muß die Gesetze der Sepsis und Asepsis sorgfältig beachten, er muß die Verfahren zur Lokalanästhesie und Vollnarkose recht genau kennen und muß erfahren sein im Umgang mit Skalpell, Pinzette und Nadel, den Werkzeugen des professionellen Chirurgen. Genau das gleiche trifft auf die Psychotherapie in der Praxis von Allgemeinärzten zu. Die Anwendung von empirischen Methoden aus dem täglichen Leben sind in der professionellen Psychotherapie genauso begrenzt, wie das Tranchiermesser und der Schraubenzieher in der Chirurgie.

Um den begrenzten Nutzen der Ratschläge und Beruhigung nach dem gesunden Menschenverstand zu demonstrieren, möchte ich einen Fall zitieren, bei dem diese Methode angewandt wurde und sonst nichts. Trotz der scharfen Kritik des Seminars ging Dr. S. nicht über die herkömmlichen Grenzen der Medizin hinaus: die Geschichte aufnehmen, eine körperliche Untersuchung durchzuführen, wenn er es für nötig hielt, seine Patienten zu „beruhigen" und allgemeine, onkelhafte Ratschläge zu erteilen, wie es seine Art ist. In dieser Hinsicht erlebte Frau B.

niemals Psychotherapie und wurde nie psychologisch untersucht. Die vielen gut beobachteten Einzelheiten ihrer Geschichte ermöglichten es dem Seminar jedoch, einen guten Einblick in die Mechanismen und die Probleme ihres Falls zu bekommen. Deshalb konnten wir das Auf und Ab ihrer Krankheitsgeschichte verfolgen, ihren Arzt wegen seiner Techniken kritisieren und verständnisvoll den begrenzten Erfolg, den er erzielte, würdigen. Im Mai erwähnte Dr. S. [der behandelnde Arzt]

> Frau B. ist 24 Jahre alt; ich kenne sie seit ihrem 17. Lebensjahr, als sie eine Appendikostomie wegen einer Darmentzündung hatte. Sie ist die einzige Tochter einer sehr neurotischen Frau, die sie stark an der Kandare hatte. Vor einigen Jahren riet ich der Patientin, mehr auszugehen, zum Tanzen zu gehen etc. Sie beherzigte meinen Rat und lernte bei einer Tanzveranstaltung ihren Mann kennen. Sie leben jetzt bei ihrer Mutter, die sich mit ihrem Schwiegersohn nicht sehr gut verträgt. Das Paar versuchte auszuwandern, aber beim Mann wurde ein Schatten auf der Lunge festgestellt. Die Tuberkuloseklinik konnte zuerst nichts finden, doch eine der zahlreichen Proben war positiv und er wurde in ein Sanatorium geschickt. Nach vier Monaten wurde er entlassen und zwei Wochen später kam das Ehepaar zusammen zu mir. Sie hat nervöse Symptome, Herzklopfen, Schlaflosigkeit und manchmal Durchfall. Sie fragte mich, ob es ratsam wäre, daß sie ein Kind bekämen, aber der Mann sagte, er wolle kein Kind, da seine Stelle nicht sicher genug war, da sie kein Haus hatten und nicht wußten, ob sie auswandern würden, wie sie es vorhaben, sobald es sein Gesundheitszustand erlaubt. Heute morgen rief die Mutter des Mädchens an und sagte, daß es ihrer Tochter nervlich sehr schlecht ginge. Die Patientin kam daraufhin zu mir und sagte, daß sie von der Vorstellung besessen sei, von einer Frau in einen Mann verwandelt zu werden und daß sie die ganze Zeit bete, daß das nicht geschehe. Sie hatte von einem solchen Fall in der Zeitung gelesen. Sexualität mit ihrem Mann ist selten. Ich untersuchte sie, versicherte ihr, daß mit ihren Geschlechtsteilen alles in Ordnung sei und daß es für sie keinen Anlaß zur Sorge gebe. Sie war glücklich, als sie das hörte und sagte, sie werde nicht mehr daran denken. Ihr Mann ist ein recht seltsamer Kauz, er hat keine Freunde, ist faul. Er möchte sechs Monate warten und sicherstellen, daß mit seiner Lunge alles in Ordnung ist und dann auswandern. Sie sind seit zwei Jahren verheiratet und er besteht darauf, keine Kinder zu haben; sie verwenden Verhütungsmittel.

Im Seminar wurde Dr. S. wegen zwei Punkten kritisiert. Er wurde darauf hingewiesen, daß die Patientin zu „beruhigen", daß mit ihr „alles in Ordnung" sei, nur eine sehr kurzfristige Wirkung zeigen werde. Zugegeben, seine unverzügliche Untersuchung linderte die Ängste der Patientin, aber das war nicht unbedingt ein wünschenswertes Resultat. Er intervenierte therapeutisch ohne vorher eine korrekte Diagnose gestellt zu haben. Er verbündete sich mit Frau B.s Ängsten, wahrscheinlich nur kurzfristig, aber er verpaßte eindeutig die Gelegenheit, mehr über ihre Probleme herauszufinden und die Gründe für ihre Ängste. Dr. S. führte die immer verfügbare Ausrede von jetzt nicht genug Zeit haben an und versprach, beim nächsten Besuch der Patientin gründlicher zu sein. Eine Woche später berichtete er:

> Ich wurde zu dem Mädchen gerufen, das mit Kolitis im Bett lag. Sie sagte mir, daß sie nach der Untersuchung gedacht hatte, sie sei überzeugt davon, ihr Geschlecht nicht zu ändern, aber seitdem habe sie ihre Meinung wieder geändert und sei nun nicht mehr so sicher. Die Mutter der Patientin sagte mir, daß ihre Tochter ihre Genitalien immer mit ihren vergleichen wolle, um sicherzugehen, daß sie normal sei, aber daß sie (die Mutter) dies nicht erlaube. Offensichtlich reichte meine Untersuchung nicht aus, um das Mädchen zu versichern, wie ich gehofft hatte.

Das Seminar und besonders der Seminarleiter wiesen Dr. S. triumphierend darauf hin, wie kurzfristig seine Versicherung nur wirkte, daß ein „Angebot"[16] der Patientin mit einer körperlichen Untersuchung zu widerlegen nur dazu führte, daß sie ein neues „Angebot" lieferte in Form einer Kolitis und daß es schließlich ratsam für ihn sei, entweder selbst eine psychologische Untersuchung durchzuführen oder Frau B. an einen Psychiater zu verweisen. Wieder eine Woche später hörten wir von Dr. S.:

> Frau B. kam letzten Donnerstag zu mir und sagte, daß es ihr viel besser gehe; sie denke aber immer noch gelegentlich, daß sie sich in einen Mann verwandeln könne. Sie ist sehr depressiv; ihr Mann geht nie mit ihr aus. Wir vereinbarten, daß sie am folgenden Montag kommen solle. Sie macht jetzt eine Ausbildung in Stenographie und Maschinenschreiben und geht zur Schule. Am Montag kam sie mit ihrem Mann, sagte, daß sie sehr depressiv sei; daß sich dies aber auch leicht ändere – manchmal ist sie äußerst depressiv und dann fühlt sie sich sehr heiter. Sie drohte sogar mit Selbstmord, doch weder ihr Mann noch ihre Mutter nehmen sie ernst. Ihre Depression führt sie auf fehlende Freunde und einen Mangel an Vergnügen zurück. Da es der Patientin besser ging und ich sehr beschäftigt war, bat ich sie, in zwei Wochen wiederzukommen.

Das „Angebot" Kolitis wurde offensichtlich nicht angenommen, deshalb bot Frau B. als drittes eine Depression an und einige leichte Selbstmorddrohungen. Auch dieses dritte Angebot machte nicht viel Eindruck. Mutter, Ehemann und Arzt nahmen es gleichermaßen nicht ernst. Dr. S. gab dann vor dem Seminar zu, daß er versuchte, Zeit zu schinden. Da das Ehepaar vorhatte, auszuwandern, wäre es nicht ratsam, damit zu beginnen, die Probleme von Frau B. gründlich zu erforschen, denn das könne zu äußerst emotionalen Reaktionen führen, die man in der verfügbaren Zeit nicht bewältigen könne. Da an diesem Argument etwas Wahres war, mußte es akzeptiert werden, aber Dr. S. wurde wieder gewarnt, daß etwas Unerwartetes geschehen könne.

Der nächste Bericht kam Anfang Juli, ungefähr 7 Wochen nach dem ersten:

> Obwohl sie mir glaubt, wenn ich ihr sage, daß sich ihr Geschlecht nicht verändert, glaubt sie manchmal dennoch daran und sie muß deshalb zu Gott beten. Falls es zu der Geschlechtsumwandlung kommt, glaubt sie vielleicht, daß das eine Art Strafe ist, weil sie zu ihren Eltern als Kind nicht brav war. Sie sagte, daß sie im Alter von fünf Jahren mit einem anderen Mädchen spielte und daß sie dabei gegenseitig ihre Genitalien berührten. Später merkte sie, daß das falsch war und erzählte ihrer Mutter davon. Bevor sie mir irgend etwas erzählt, spricht sie mit ihrer Mutter darüber, die gewöhnlich sagt, daß das nicht wichtig ist und daß keine Veranlassung besteht, mit mir darüber zu sprechen. Ihre Mutter ist immer noch sehr streng mit ihr. Die Patientin sagte, sie würde gerne nach Übersee gehen, um von ihr weg zu kommen, doch es sei ein wenig zu weit und sie würde lieber irgendwo hingehen, wo sie ihre Mutter besuchen könne, wenn sie das wolle. Ihre allgemeine Depression ist in letzter Zeit viel besser, aber es überkommt sie immer wieder der Zweifel, ob sich ihr Geschlecht nicht doch ändern könne. Sie sollte in einer Woche wiederkommen. Sie sagt, daß sie gerne zu mir komme, denn hernach fühle sie sich immer aufgemuntert, weil ich ihr zuhöre.

Dr. S. fügte dann hinzu:

> Die Patientin spricht nicht viel von ihren Vater. Er hatte einmal einen Bandscheibenvorfall und war zwei Wochen lang im Bett und im Januar litt er an Teerstuhl, wovon er sich rasch erholte. Er ist Vertreter und viel unterwegs. Seine Frau beherrscht ihn und sagt ihm, was er zu tun hat.

Endlich fand Dr. S. die Zeit, seiner Patientin „zuzuhören". Abgesehen davon, daß sie ihre Zweifel wegen der Geschlechtsumwandlung wiederholte, äußerte sie einige wichtige Punkte. Wir bekamen eine Vorstellung davon, wie eng die Beziehung zwischen Mutter und Tochter ist, die so weit ging, daß eine verheiratete Frau im Alter von 24 Jahren ihrer Mutter alle Einzelheiten ihres Sexuallebens erzählen mußte und sie sogar um Rat fragen mußte, worüber sie mit ihrem Arzt sprechen darf und worüber nicht. Daß diese Beziehung nicht nur einseitig war, d. h. nur durch die dominierende Mutter verursacht war, zeigte sich am Wunsch der Tochter, ihre Genitalien mit denen ihrer Mutter zu vergleichen, um sich so zu beruhigen. In Verbindung mit den sexuellen Spielen mit einem anderen Mädchen im Alter von fünf Jahren zeigte dies eindeutig eine sehr ambivalente Bindung an ihre Mutter. Die Zwangsvorstellung und die Angst, ihr Geschlecht zu ändern wurden so verständlich als eine phantastische Methode, dem Konflikt der Ambivalenz zu entkommen und erklärten auch, warum sie es als Strafe empfand. Wenn dieser Gedankengang nur annähernd stimmt, können wir verstehen, warum eine „allgemeine Beruhigung" – die nicht einmal etwas mit ihren wirklichen Problemen zu tun hatte – keine große Wirkung zeigen konnte.

Eine Woche später kam es zu einer dramatischen Entwicklung. Dr. S. erzählte uns:

> Vor ein paar Tagen erhielt ich ein dringendes Telefongespräch von der Mutter des Mädchens, daß das Mädchen einen Streit mit ihrem Mann gehabt und Gift genommen habe. In Wirklichkeit hatte sie nur sechs Aspirin und eine Schlaftablette genommen. Als ich eintraf, waren Mutter, Vater und Tochter zusammen in einem Zimmer und sprachen über den Streit. Einige Minuten später kam der Ehemann des Mädchens ins Zimmer und sagte, daß die Angelegenheit nicht in der Öffentlichkeit besprochen werden solle; deshalb gingen Vater und Mutter hinaus. Die Tochter schimpfte ihren Mann dann, weil er ihr kein Kind machte und drohte mit der Scheidung. Ich sagte dem Ehemann, daß es ein Grundrecht jeder Frau sei, ein Kind zu haben; wenn seine Frau sich scheiden lasse, sei es seine Schuld. An diesem Morgen kam die Patientin viel fröhlicher herein. Sie sagte, sie hätten drei Nächte hintereinander miteinander geschlafen; sie habe es sehr genossen, weil sie nicht verhüteten. Doch nach dem Geschlechtsverkehr sagte der Mann, wenn sie ein Kind bekämen, würde er es nicht mögen, weil es im Weg wäre und unerwünschte Kosten verursache; nun ist sie darüber beunruhigt. Trotzdem hat sie noch hin und wieder die Vorstellung, daß sich ihr Geschlecht ändern könne, eine Frage, die ich nicht beantwortete.

Fast alle Ärzte wandten sich gegen Dr. S., weil er vorzeitig Ratschläge erteilte, bevor er überhaupt die Situation einschätzte. Dr. S. sagte, daß ein Allgemeinarzt in einem solchen Notfall berechtigt war, seine Persönlichkeit ins Spiel zu bringen; er könne nicht einfach dasitzen und auf Ergebnisse warten, er müsse etwas tun und ob es zum Vorteil der Patientin ausgehe oder nicht, bleibe abzuwarten. Der Notfall wurde zugegeben, aber es wurde darauf hingewiesen, daß die Dringlichkeit teilweise auf Dr. S.s Hinhaltetaktik zuzuschreiben war, die immer gute Gründe fand, in einem bestimmten Moment nicht genauer nachzufragen.

Mitte August berichtete Dr. S.:

> Seit dem letzten Bericht sah ich sie zweimal. Sie und ihr Mann kommen jetzt gut miteinander aus, sie haben regelmäßigen und befriedigenden Geschlechtsverkehr und freuen sich darauf, ein Kind zu haben. Die Patientin hat eine Stelle als Sekretärin angenommen und ihre Stenotypistenprüfung bestanden. Es geht ihr viel besser und sie ist mit allem zufrieden, obwohl ich sie noch nicht völlig davon überzeugen konnte, daß sie ihr Geschlecht nicht ändern wird. Sie fragte mich mehrmals, ob es möglich sei, daß es sich seit meiner Untersuchung geändert haben könne, aber ich weigerte mich, weitere Untersuchungen vorzunehmen, da dies einen Prestigeverlust für mich bedeuten könnte und das Mädchen ebenfalls denken könnte, ich sei unsicher.

Widerwillig räumte das Seminar ein, daß der Rat für den Ehemann, das Recht seiner Frau auf ein Kind zu akzeptieren vielleicht doch nicht so schlecht war. Dr. S. war sicher bis zu einem gewissen Grad erfolgreich, aber wie und warum, das wußte niemand. Noch weniger war über den Preis dieses Erfolges bekannt und wer ihn bezahlen müsse. Deshalb riet man Dr. S., sich nicht allzu zufrieden auf seinen Lorbeeren auszuruhen, sondern die weitere Entwicklung zu beobachten.

Im Oktober erfuhren wir, daß das junge Paar eine Wohnung fand ein paar Kilometer von der Mutter entfernt und daß sie zu Dr. S. gekommen waren, um sich zu verabschieden. Die sexuelle Beziehung war befriedigend, aber das Mädchen hatte „immer noch gelegentlich die dumme Idee, daß sich ihr Geschlecht ändern könne, aber sie konnte diese Gedanken sofort verbannen."

Im Mai des folgenden Jahres hörten wir wieder über Frau B.:

> Ihre Mutter kam gestern und sie war sehr nervenaufreibend und voller Wehwehchen. Sie sagte, ihre Tochter sei nicht glücklich in ihrer ersten Wohnung und sie sei umgezogen, wo sie sich jetzt recht wohlfühle. Außerdem arbeitet sie und ist schwanger, aber sie will ihre Mutter überhaupt

> nicht sehen. Darüber ist die Mutter sehr traurig, um so mehr als Frau B. droht, daß sie auch nicht will, daß ihre Mutter das Kind sieht. Vielleicht hat das Mädchen es jetzt nicht mehr nötig, sich nicht wie eine richtige Frau zu fühlen.
>
> Ich frage mich jetzt, ob dies alles der übermächtigen Mutter zuzuschreiben war, die die ganze Zeit für die Tochter sprach, und die alle sexuellen Begegnungen zwischen der Tochter und ihrem Mann erfahren mußte? Was ließ das Mädchen über ihren eigenen Zustand so wenig überzeugt sein? Jetzt ist sie nicht nur schwanger, was beweist, daß sie eine Frau ist, sondern sie ist auch unabhängig von ihrer Mutter.

Sechs Monate später erhielt Dr. S. einen Brief von Frau B., in dem sie mitteilte, daß das Baby ohne Komplikationen gekommen sei und daß sie nie besser aussah. Sie hatten die Idee, auszuwandern, verworfen und würden in einigen Wochen in ein Haus ziehen, das auf dem Land für sie gebaut werde.

Dr. S. rief dann die Mutter an und

> gratulierte ihr; sie war sehr überrascht, daß ich von dem Baby wußte. Sie teilten ihr nichts mit, sie hatte von jemand anderem auf Umwegen erfahren, daß ihre Tochter schwanger war. Sie hatte ihre Tochter vorgestern besucht und war eine Stunde bei ihr geblieben. Die Tochter und der Mann sagen, daß sie nichts mit ihr zu tun haben wollen und ihr nicht erlauben werden, das Baby anzufassen. Die Mutter bot an, eine Woche zu ihrer Tochter zu kommen, wenn sie aus dem Krankenhaus kommt, aber sie lehnten das kategorisch ab. Sie brachen den Kontakt zur Mutter völlig ab.

Die neurotischen Konflikte waren nicht gelöst, sondern nur verschoben. Aber die Schlichtung war eindeutig da und unbestreitbar hatte Dr. S. dabei eine große Rolle gespielt. Dieses Fallbeispiel zeigt, daß Methoden des gesunden Menschenverstandes erfolgreich sein können, aber nicht, weil sie dem „gesunden Menschenverstand" entsprechen. Sie stellen Schüsse ins Dunkel in eine möglicherweise richtige Richtung dar. Es kann sogar sein, daß sie in die Nähe des Ziels kommen.

Wir fragten, wer den Preis für den Erfolg des Arztes zahlen würde. Die jüngsten Ereignisse schienen nahezulegen, daß es Frau B.s Mutter wäre, aber es ging noch weiter. Drei Monate später hörten wir von Dr. S.:

> Die Mutter des Mädchens verstauchte sich den Knöchel, kurz nachdem ihre Tochter sie verlassen hatte und jetzt hat sie sich das Handgelenk gebrochen. Ich denke, das ist sehr interessant. Sie brach sich das rechte Handgelenk, das ihre Tochter treffen sollte. Sie war voller Haß; sie ist jetzt ein Nervenbündel.

## *Dr. Balints Analyse und Besprechung des Falls*

Eine Frau in der engen und höchst ambivalenten Beziehung ist in die Weiblichkeit und Mütterlichkeit entkommen, die andere hat ihr Handgelenk gebrochen und wurde äußerst neurotisch. Was waren die Chancen der jungen Frau, so gesund zu bleiben, wie sie zu sein schien, und der älteren Frau, sich von dem schweren Trauma zu erholen, das sie erlitt? Das weiß niemand und jetzt dürfte es für jeden Arzt unmöglich sein, diese Chancen in ihrer Beziehung zueinander zu beurteilen, weil die zwei Frauen getrennt waren und zu verschiedenen Ärzten gingen. War die gegenwärtige Situation günstiger für eine Therapie als die, in der Dr. S. die körperliche Untersuchung durchführte und Frau B. „beruhigte" oder war es umgekehrt? War es im Anfangsstadium die richtige Entscheidung nicht „tiefer einzusteigen"? So weit wir es bis jetzt beurteilen können halfen Dr. S. und seine Ratschläge der jungen Frau, sich von ihrer Mutter zu befreien, auf deren Kosten. War dieser Preis fair oder hätte ein angemessenerer ausgehandelt werden können, wenn Dr. S. da eingestiegen und „tiefer gegangen" wäre, statt eine körperliche Untersuchung durchzuführen und seine Patientin zu „beruhigen"?

*Trotz unseres beinahe pathetischen Mangel an Wissen über die Dynamik und die möglichen Konsequenzen von „Beruhigung" und „Ratschlägen" sind diese beiden vielleicht die am häufigsten verwendeten medizinischen Behandlungen.* Mit anderen Worten, sie sind die häufigsten Formen, in denen die Arznei „Arzt" verabreicht wird. Es ist leicht, mir vorzuwerfen, ich sei ein Unruhestifter, der in etwas ganz Einfachem und Menschlichen ungeahnte Gefahren sieht. Was ist schließlich natürlicher als mit einem Patienten in seiner Not Mitgefühl zu haben, und zu versuchen, ihm zu zeigen, daß viel von seiner Not keine körperliche Ursache hat? Außerdem ist der Patient nach unserer aufrichtigen Beruhigung oft erleichtert und hernach entwickeln sich die Dinge in eine wünschenswerte Richtung. Wie die Alltagspraxis zeigt, sind diese beiden Aussagen richtig – in gewisser Weise.

Wenn wir den Beginn und das Ende der Geschichte betrachten, können wir nur zutiefst beeindruckt sein von den Geschehnissen. Da war eine junge Frau, unglücklich, unter der Fuchtel ihrer dominierenden Mutter, die von ihrem Mann kaum eine Hilfe oder Unterstützung oder gar normale sexuelle Zuneigung erhielt, die in ihrer Verzweiflung an die Scheidung und an Selbstmord dachte und sich schließlich in die fixe Idee verstieg, daß sie nicht wußte, ob sie ein Mann oder eine Frau war. Am Ende der Geschichte hören wir von ihr als glücklicher Mutter, die eine leichte Geburt hatte, die sich von ihrer Mutter gelöst hat und sich darauf freut, Herr des Hauses und ihres eigenen Lebens zu werden. Zweifellos trug Dr. S.s Therapie der Beruhigung und Ratschläge beträchtlich zu diesen eindrucksvollen Veränderungen bei, d. h. sie war hilfreich und wirksam. Das ist das Argument meines Gegners und ich gebe bereitwillig zu, daß das so weit alles stimmt.

Aber es ist nur ein oberflächliches Bild, das uns nichts darüber sagt, was wirklich geschehen ist oder warum es geschehen ist. Wenn wir die anderen Einzelheiten betrachten, die wir dank Dr. S.s offenen Berichtes verfolgen können, löst sich das überzeugende Argument dieses Fallbeispiels im Nebel von zur Zeit unbeantwortbaren Problemen auf; und Dr. S.s einfache und unkomplizierte Therapie scheint zufällig ins Schwarze getroffen zu haben. Ja, wenn sich nicht ein distanzierter Beobachter sich unbeliebt macht und das Augenmerk darauf lenkt, könnte man leicht vergessen, daß ein Schuß – die körperliche Untersuchung und die folgende Versicherung – komplett daneben gingen. Andererseits war der andere Schuß – der Rat an das Ehepaar, ein Kind zu bekommen – ein Bombenerfolg.

Auch das ist typisch für diese Situation. Fehlschläge werden unterdrückt und vergessen, mit Erfolgen wird stolz triumphiert. Ich würde den Leser gern daran erinnern, daß beide therapeutische Maßnahmen – die Beruhigung über das Geschlecht der Frau und die Rat, daß sie ein Kind bekommen soll – Gemeinplätze waren. Die eine zeigte keine Wirkung, die andere war exzellent. *Deshalb lautet die Frage nicht, wie viel gesunder Menschenverstand erforderlich ist, sondern wie man ihn besser nutzen kann.* Die Antwort muß weitere Forschung erbringen; nur so können zuverlässige Informationen über diese wichtigsten Probleme gewonnen werden. Ich möchte wiederholen, obwohl das recht augenfällig ist, daß diese Forschung nur von Allgemeinärzten durchgeführt werden kann; niemand anders und bestimmt kein Facharzt hat solchen Zugang zu Patienten. Antworten auf derartige Fragen bekommt man nur in einer engen und ständigen Beziehung mit dem Patienten, die Essenz der Allgemeinarztpraxis.

## Fall 6

**Der engagierte Arzt** (von Dr. Naomi Remen – 1980)[18]

Im folgenden Fall ist ein Mann mit einem Teil von sich identifiziert, den er später den engagierten Arzt nennen wird, dessen Werte, Prioritäten und Zielen mit den Bedürfnissen seines Körpers im Konflikt standen. Die Technik, die seine Internistin anwandte, um ihn über die Identifizierung hinauszubringen, ist recht neu und wird später besprochen.

Die Sekretärin von Dr. Paul R. rief an, um mitzuteilen, daß er ein paar Minuten später zum Termin mit mir kommen werde. Als ich den Hörer auflegte, merkte ich, daß ich mich an diesem Nachmittag nicht auf Pauls Besuch gefreut hatte. Es entwickelte sich gerade eine Krise und einige Entscheidungen standen an.

Paul war seit acht Monaten bei mir in Behandlung. Als ich auf ihn wartete, dachte ich an seine ersten Besuche und erlebte wieder meine Bestürzung über seine Geschichte: fünf Wochen heftiger Magenschmerzen mit Gewichtsverlust und Erbrechen. Die körperliche Untersuchung, die Laborergebnisse und die Röntgenaufnahmen ergaben als eindeutige Diagnose Magengeschwür – an der Magenwand, nahe dem Übergang zum Dünndarm.

Gemeinsam hatten wir die Standarddiät für Magengeschwür besprochen und wie wichtig Ruhe und die Medikamente sind. Es war, alles in allem, ein sehr befriedigender erster Besuch. Paul war selbst Arzt und verstand seinen körperlichen Zustand und die erforderliche Behandlung besser als ein Durchschnittspatient. Wir konnten gut miteinander reden, die Hauptpunkte waren angesprochen und ich erwartete rasche Ergebnisse.

Anfangs schien Paul ein idealer Patient zu sein. Er hielt seine Diät ein, nahm seine Medikamente gewissenhaft und ruhte sich häufiger aus als gewöhnlich. Unglücklicherweise erwies sich seine Zusammenarbeit bei der Behandlung als von kurzer Dauer. Er war beruflich sehr aktiv und widmete sich stark seinen Patienten. Ich hatte nicht gemerkt, wie schwierig es für ihn sein würde, angemessene Ruhepausen einzulegen und an seine Medikamente und seine Diät zu denken. Er sagte, er „tue sein Bestes", aber es war einfach nicht immer möglich. Seine Anzahl an Patienten war enorm – er arbeitete hart, hatte einen ausgezeichneten Ruf, und er schien nicht in der Lage zu sein „nein" zu sagen und neue Patienten abzuweisen. Trotz seiner Arbeitsbelastung verbrachte er einen großen Teil seiner Zeit damit, mit den Angestellten und dem Pflegepersonal zu streiten, um sie zu noch mehr Einsatz für seine Patienten anzutreiben. „Die Krankenhausverwaltung... Bürokratie... Ineffizienz... belastende Formulare... das ist alles nur dazu da, um kranke Menschen zu schikanieren und meine kostbare Zeit zu vergeuden" rief er gereizt.

Nach dem ersten Monat erschien er nicht zu Terminen und ich war beunruhigt, weil er nicht mit mir in Kontakt blieb. Ich bat meine Sekretärin, ihn an unsere Termine zu erinnern, aber das half nichts. Die paar Male, als er da war, schien er die Bedeutung der Medikamente, der Diät, der Ruhe und das Meiden von emotionalem Streß und von Anspannung perfekt zu verstehen. Doch er handelte nicht nach diesem Verständnis.

Trotz stundenlanger Gespräche war ich nicht zu Paul durchgedrungen, obwohl ich ihn einmal sogar bat, sich um sich selbst zu kümmern. Ich denke, er schätzte meine Bemühungen und versuchte, mich zu besänftigen, indem er mir versprach, er würde sich ändern, obwohl ich vermute, wir beide wußten, daß er es nicht tun würde. Gestern kam es zur nicht unerwarteten Krise und Paul blutete zum ersten Mal offensichtlich aus seinem Magen. Wie nicht anders zu erwarten, zeigten neue Röntgenaufnahmen, daß sich der Ulcuskrater trotz monatelanger Therapie nicht verändert hatte. Ich hatte alles getan, was ich wußte. Vielleicht wäre er jetzt bereit, anders zu handeln, nachdem er eine der ernsten Konsequenzen seines Verhaltens erlebt hatte. Ich erwog, ihn ins Krankenhaus zu überweisen und komplett ruhigzustellen. Als ich auf den lebenden Beweis vor mir blickte, war ich gezwungen, der Tatsache ins Auge zu sehen, daß Paul ein hartnäckiges Magengeschwür hatte und daß eine Operation möglicherweise der nächste Schritt war.

Meine Gedanken über seinen Zustand wurden unterbrochen, als Paul ankam und sich für seine Verspätung entschuldigte. Ich zeigte ihm die Aufnahmen. Er schaute sich schweigend seine Röntgenbilder an und schien nicht überrascht. Sein Gesicht war ausdruckslos. Ich schlug vor, er solle für ein paar Tage ins Krankenhaus gehen; vielleicht könnte mit den strengsten medizinischen Maßnahmen eine Operation vermieden werden. Er lehnte das kurzerhand ab, er könne sich jetzt nicht freinehmen, er habe in seiner Praxis sehr viel zu tun und seine Patienten bräuchten ihn. Ich war schockiert. Wie konnte er es sich leisten, sich in Anbetracht der Konsequenzen nicht die Zeit zu nehmen? Es war das einzig Vernünftige, die einzige Alternative zu einer größeren Operation. Als Arzt muß er das nur zu genau wissen.

Plötzlich wurde mir klar, daß mein Kollege nicht in der Lage zu sein schien, im Hinblick auf sein eigenes Problem verantwortungsbewußt zu handeln, obwohl er bei den Gesundheitsproblemen anderer so fürsorglich ist. Es kam mir so vor, als hätte er den Ernst seines körperlichen Zustandes aus den Augen verloren; er reagierte auf die Bedürfnisse seiner Patienten, nicht auf seine eigenen.

Paul schien in einer Art gefangen zu sein, in einer bestimmten Rolle, Haltung seinem Körper und seinen Bedürfnissen gegenüber. Selbst sein medizinisches Wissen um die Folgen seines Handelns reichte nicht aus, um sein Verhaltensmuster zu ändern. Ich entschloß mich, einen neuen Ansatz auszuprobieren, damit er seine körperlichen Bedürfnisse besser wahrzunehmen lernt.

„Paul", sagte ich, „der Grund, warum Ihr Geschwür nicht verheilt ist, ist, weil Sie nicht selbst zu Ihrer eigenen Fürsorge beigetragen haben."

„Das verstehe ich nicht" sagte Paul mit Gefühl, „ich tue mein Bestes."

„Naja," fuhr ich fort, „vielleicht gibt es da einen Teil in Ihnen, der nicht teilgenommen hat, der nicht sein Bestes tut. Ein Teil, der zu Ihrem Magen sagt: „Ja, ich möchte gesund sein, aber nicht zu deinen Bedingungen."

Pauls Skepsis und seine Ungeduld mit dieser philosophischen und introspektiven Wendung der Ereignisse war deutlich an seinem Gesicht abzulesen. Doch es schien mir wichtig, weiterzumachen. Wie unglücklich, daß die einzige Sprache, die Pauls Magen hatte, die des Schmerzes war. Obwohl sie sehr gewandt war, konnte Paul sie nicht deutlich genug hören und danach handeln. Wenn Pauls Magen nur direkt mit ihm reden könnte. Ich fragte ihn, ob er bereit sei, etwas zur Klärung der Angelegenheit auszuprobieren. Als er zustimmte, bat ich ihn, seinem Magen davon zu erzählen, wie es ihm mit dessen Verhalten ging.

Er schaute ungläubig, sah aber meine Entschlossenheit, seufzte und sagte: „Also Magen, ich bin über dein Verhalten verärgert; du bist mir im Weg und das nehme ich dir übel." „Sagen Sie es noch einmal, Paul," sagte ich. Er wiederholte seinen Satz und sprach diesmal sehr emotional.

„Schließen Sie jetzt Ihre Augen und stellen Sie sich vor, Sie werden Ihr Magen. Leihen Sie ihm Ihre Stimme und erlauben Sie ihm, Ihnen zu antworten." Er lehnte sich auf seinem Stuhl zurück und schloß seine Augen. Nach ein paar Minuten des Schweigens sagte er: „Ich bin auch verärgert. Paul beschwert sich über den Schmerz, aber ich bin derjenige, der leidet. Paul, ich möchte, daß Du Dich um mich kümmerst."

Paul öffnete seine Augen und sagte: „Das tue ich so gut ich kann."

Das Gespräch ging weiter und Paul sprach abwechselnd aus der Perspektive seines Magens mit geschlossenen Augen und mit offenen Augen aus seiner eigenen. Das Gespräch ging ungefähr so:

**Magen:** „Das stimmt nicht, Paul. Du hast dich nicht um meine Bedürfnisse gekümmert."

**Paul:** „Was? Habe ich nicht schon fast mit dem Rauchen aufgehört? Nehme ich nicht jedesmal Maalox, wenn du wehtust? Ich trinke sogar koffeeinfreien Kaffee und hasse ihn."

**Magen:** „Du nennst das kümmern, weil du dich kümmerst, wenn ich dir wehtue? Wenn ich dir nicht wehtäte, würdest du dich nie um mich kümmern. Die Hälfte der Zeit würdest du sogar vergessen, mir etwas zu Essen zu geben."

**Paul** (mit seiner üblichen Heftigkeit): „Ich hasse es, wie du mir im Weg stehst. Wegen dir kann ich mich nicht entfalten. Meine Patienten brauchen mich und ich kann mit diesem ganzen Schmerz nicht gut arbeiten."

**Magen:** „Dich entfalten! Ich möchte mich auch entfalten und ich möchte nach meiner Fasson leben. Ich habe dir jetzt acht Monate lang weh getan und ich werde dir weiter wehtun, bis du mich bemerkst und dich um mich kümmerst."

Darauf folgte langes Schweigen.

**Arzt:** „Klingt wie eine Sackgasse".

**Magen:** „Nein, ich sitze am längeren Hebel."

**Arzt:** „Was meinst du damit?"

**Magen:** „Naja, ich kann die Dinge forcieren und bluten. Dann werde ich ins Krankenhaus gehen müssen und dort werde ich wirkliche Aufmerksamkeit bekommen. Dort wird sich irgend jemand wirklich um mich kümmern, auch wenn es Paul nicht tut."

Ich konnte über den triumphierenden Tonfall in der Stimme von Pauls Magen nur lächeln. „Paul", sagte ich, „warum finden Sie nicht heraus, was Ihr Magen mit dieser Aussage sagen will, daß Sie sich nicht um ihn kümmern?"

**Paul:** „Was meinst du damit, Magen?"

**Magen:** „Ich will damit sagen, daß du dich nicht um mich kümmerst. Du bist so sehr damit beschäftigt, ein engagierter Arzt zu sein. Du kümmerst dich um deine Patienten, ihre Babys, die Ärzte in der Ausbildung, die Krankenschwestern, die Verwalter. Aber Paul, die ganze Zeit, in der wir hier saßen und über mich sprachen, dachtest du an Sally Thompsons Kaiserschnitte. Verstehst du nicht? Ich blute. Ich habe Schmerzen. Ich möchte, daß du dich um meine Schmerzen kümmerst."

An dieser Stelle wandte ich mich direkt an Pauls Magen. „Was brauchst du, Magen?"

**Magen:** „Ich brauche es, daß Paul sich so um mich kümmert, wie er sich um seine Patienten kümmert. Paul, ich möchte, daß du meine Bedürfnisse verstehst. Ich möchte, daß du aufhörst, wegen jedem kleinen Piep gereizt zu sein; das zwingt mich nur dazu, mehr Säure auszuschütten. Ich möchte, daß du aufhörst, mir aus dem Weg zu gehen. Ich brauche mehr Ruhe und ich brauche Frieden. Ich brauche Rücksicht und Mitgefühl. Ich bin krank und ich verdiene es, Paul."

**Paul:** „Ich höre ihn. Er will Ruhe. Er möchte, daß ich mir seiner Bedürfnisse bewußt bin. Er möchte, daß ich mich um ihn kümmere."

**Arzt:** „Stimmt das, Magen?"

**Magen:** „Ja, ich möchte, daß du dich um mich kümmerst, Paul. Du gibst mir Maalox nicht, weil du dich um mich kümmerst, sondern damit ich dir nicht im Weg bin, damit du dich um andere Menschen kümmern kannst."

**Paul:** „Ja, das kann ich verstehen."

**Arzt:** „Wirklich, Paul?"

**Paul:** „Ja, ich weiß, was er meint. Ich war unfair zu ihm. Ich habe keine Rücksicht auf ihn genommen. Ich hatte so viel zu tun, daß ich mich nicht um seine Bedürfnisse gekümmert habe."

**Arzt:** „Sagen Sie das noch einmal, aber sagen Sie diesmal: ich habe keine Rücksicht auf mich genommen; ich habe mich nicht um meine Bedürfnisse gekümmert.'"

**Paul:** „Ich habe mich nicht um mich gekümmert. Ich brauche all das auch. Ich verdiene all das auch."

Ich sagte: „Paul, Sie müssen sich um sich selbst kümmern." Paul schaute mich mit Tränen in den Augen an und sagte mir, daß er tatsächlich Hilfe bräuchte und daß er meinen Rat, sofort ins Krankenhaus zu gehen annehmen werde. Die Anordnungen waren leicht zu treffen. Pauls Partner sprangen bereitwillig ein und übernahmen die Verantwortung für Pauls Patienten. Ich war zufrieden, weil ich Paul helfen konnte, seine Gefahr zu erkennen und sein Handeln in eine Richtung zu lenken, die diese Gefahren vermeidet.

## *Dr. Remens Besprechung*

Während seiner Krankheit begann Paul, seine Prioritäten und seine Lebensweise erneut zu überprüfen, was ihn letztlich dazu brachte, klügere Entscheidungen zu treffen hinsichtlich bestimmter eigener Bedürfnisse und Wege zu finden, sie im Verlauf seines hektischen Arbeitstages zu berücksichtigen. Menschen, die im Gesundheitswesen arbeiten, werden oft gebeten, solche Neubewertungen bei ihren Patienten vorzunehmen. Die Krankheit macht freilich oft die ersten Vorschläge, und der Arzt hilft dem Patienten, darauf zu hören und entsprechend zu handeln. Trotz seines medizinischen Wissens war Paul mit dem Engagierten Arzt identifiziert und konnte nicht auf seine eigenen Bedürfnisse reagieren. Die Identifikation mit seinem Magen, wenn es auch kurz war, machte ihm die Bedürfnisse seines Körpers klar. Indem er sich mit dem schmerzhaften Teil *identifizierte, disidentifizierte* er sich vom Engagierten Arzt *zum ersten Mal* und konnte diesen Aspekt seiner Persönlichkeit von außen betrachten, aus der Sicht seines Magens, einem Teil von sich, der unter seinen Händen litt. Dann war er frei, Entscheidungen zu treffen und Prioritäten zu setzen auf der Basis von umfassenderen Werten als denen des Engagierten Arztes, mit dem er so stark identifiziert war. Aus dieser neuen Perspektive, konnte er Möglichkeiten finden, die Ziele des Engagierten Arztes zu erreichen, nämlich sich um andere zu kümmern und gleichzeitig Pläne zu fassen, sich um seinen Magen zu kümmern, damit er sich weiterhin seinen Patienten widmen kann.

Indem eine Erkrankung Schmerz oder Schwäche verursacht, lenkt sie die Aufmerksamkeit eines Menschen direkt auf einen bestimmten Körperteil und seine Bedürfnisse. Einige Menschen leisten anfangs Widerstand dagegen, dem Teil Aufmerksamkeit zu schenken und handeln geradewegs so, als ob sie sich mit diesem kranken Teil nichts zu tun haben wollten. Hinter diesem Widerstand kann Angst liegen vor dem, was man sehen könnte, wenn man hinschaut oder einfach Ärger, daß der eigene Körper nicht mehr jedem Befehl gehorcht. Die Menschen zu bitten, ihre Aufmerksamkeit ganz bewußt auf den schmerzhaften Teil zu richten, ja in ihrer Vorstellung sogar zu diesem Teil zu werden, kann diesen Widerstand überwinden. Diese Technik erklärt nicht nur die Bedürfnisse des Teils, sondern kann auch in manchen Fällen umfassendere Themen in bezug auf die Einstellung zum Leben und den Lebensstil klären.

Gelegentlich gehen die Bedürfnisse des Teils und bestimmte unerfüllte Bedürfnisse des Menschen Hand in Hand. Wenn dies der Fall ist, liefert ein Verständnis für die Bedürfnisse des entfremdeten Teils eine Einsicht über größere Bedürfnisse, die ebenfalls entfremdet sind. Dadurch gewinnen manche Menschen wertvolle Erkenntnisse darüber, was in ihrem Leben fehlt und dann können sie Schritte unternehmen, um es sich zu verschaffen.

Die Vielschichtigkeit der menschlichen Persönlichkeit ist hilfreich für einen Arzt, eine Krankenschwester, einen Bruder, einen Freund oder Ehefrau von jemand ist, der seine Krankheit ständig ignoriert und sich so verhält, daß es ihm schadet. Solche Menschen verweigern Hilfe, sind stur oder sogar irrational. Oft verlieren wir vielleicht die Geduld und ziehen uns zurück. Wenn wir den Menschen nicht als unvernünftig betrachten, sondern als darum bemüht, sein gewohntes Identitätsgefühl aufrechtzuerhalten auf Kosten des Wohlbefindens, können wir oft eine Einstellung gewinnen, die hilfreicher und ergiebiger ist. Ein Arzt findet es unter solchen Umständen nützlich, direkt zu sagen: „Sie wissen ja, es gibt einen Teil in Ihnen, der gegen Ihre eigenen Interessen arbeitet. Wie kann ich Ihnen helfen?"

Jeder Persönlichkeitsaspekt kann spezielle Ziele und Prioritäten haben, die mit den körperlichen Bedürfnissen eines Menschen im Widerspruch stehen. Sich mit einem solchen Teil zu identifizieren hat oft die Wirkung, die Person davon abzuhalten, mit ihrer Erkrankung oder ihren Symptomen in Beziehung zu treten und so die nötigen Schritte zu unternehmen, sich selbst zu helfen.

Der erste Fall in diesem Kapitel ist ein Beispiel dafür. Harolds dickes Selbst wollte nicht abnehmen und hatte nicht die Eigenschaften und die Stärken, die er innerlich besaß. Er mußte sich von seinem Fett disidentifizieren und mit ihm in *Beziehung* treten – statt es *zu sein* – bevor er seine volle Stärke mobilisieren und wirksam handeln konnte.

Wenn dieser Schritt nicht gemacht ist, schaden sich die Menschen andauernd selbst, dadurch, daß sie ihren körperlichen Zustand ignorieren oder sie werden unfähig, nützliche Lehren aus dem Geschehen zu ziehen. Oft ist es der wirksamste Weg, Menschen aus dieser Situation herauszuhelfen, wenn man sich auf die fehlende Beziehung zwischen der Person und ihrem Problem konzentriert und nicht auf die Identifikation, die vielleicht dahintersteht. Einfach mit Menschen daran zu arbeiten, ihre Beziehung zu ihrer Erkrankung zu klären, kann sie in die Lage versetzen, sie besser in ihre alte Lebensweise zu integrieren oder eine neue und für beide Seiten befriedigendere Lebensweise zu entwickeln. Während man die Beziehung eines Menschen zu seiner Erkrankung oder seinem Problem verbessert, wird der Teil des Menschen, der eine Beziehung vermeidet, dem Therapeuten bekannt und offenkundig. Obwohl es gewöhnlich nicht nötig ist, darauf hinzuweisen, werden sich manche Menschen dessen spontan bewußt, so wie Paul.

Die Beziehung eines Menschen zu einer Erkrankung verläuft üblicherweise in Stadien. Zuerst wird die Erkrankung vielleicht geleugnet und der Mensch vermeidet es, mit ihr in Beziehung zu treten. Der betroffene Körperteil wird ignoriert und seine Bedürfnisse nicht berücksichtigt, fast so, als ob er verstoßen ist. Gewöhnlich dauert diese Art von Beziehung nicht lange; aufgrund der nachfolgenden Ereignisse kann Krankheit fast nie beliebig lang ignoriert werden.

Die Verdrängung kann dann dem Stadium weichen, in dem das Symptom widerwillig hingenommen wird. Die Einstellung des Menschen zum jeweiligen Körperteil oder ihrer Krankheit läßt sich dann durch die Aussage charakterisieren: „Ich nehme dich wahr, aber ich gebe dir kein Pardon." Zu Beginn war Pauls Beziehung zu seinem Magengeschwür so. In diesem Stadium handeln Menschen oft so, daß sie sich selbst verletzen, indem sie z. B. schwere Gegenstände heben, wenn sie Rückenbeschwerden haben oder vergessen, ihre Medikamente zu nehmen. In dieser Zeit sind Gefühle wie Groll oder Ärger über den Körper im Vordergrund, wenn auch nicht ganz bewußt, bis sie mit verschiedenen psychologischen Techniken untersucht werden.

Nach einem gewissen Zeitraum in einer konfliktbeladenen Beziehung gehen viele spontan in eine Beziehung der Akzeptanz mit Harmonie über. An dieser Stelle kann eine Erkrankung fast zu einem Partner werden und die Einstellung eines Menschen kann charakterisiert werden als: „Ich nehme dich überall mit hin. Ich berate mich mit dir über deine Bedürfnisse und ich gehe meinen Aktivitäten nach. Manchmal nehme ich Rücksicht auf deine Bedürfnisse und gehe eher von einer Party oder nehme einen Tag Urlaub. Manchmal erwarte ich, daß du meine Bedürfnisse respektierst, wenn ich es mit meiner Ernährung nicht so genau nehme oder zu einer wichtigen Gelegenheit wie einem Jahrestag."

Schließlich wird diese Partnerschaft verschwinden und die Erkrankung wird vollständig ins Leben des Menschen integriert. Die Bedürfnisse des Körpers werden nicht mehr länger bewußt berücksichtigt, sondern unbewußt, so wie sich ein großer Mann automatisch bückt, wenn er durch eine niedrige Tür geht. Die benötigte Behandlung wird nur ein weiterer Teil des Lebens und ein Mensch wird sich Insulin spritzen oder einen Verband ans Bein anlegen, genauso wie er Zähne putzt oder sich rasiert.

Paul bekam durch die Visualisierung Hilfe auf seinem Weg zu einer solchen Beziehung mit seinem Magengeschwür. Im Moment ist die Imagination eines Kranken kein Vorteil, da sie oft unnötige Ängste, Furcht und Sorgen hervorruft. Vielleicht stellt er sich künftige Ereignisse unrealistisch oder beängstigend vor, imaginiert schmerzhafte Ergebnisse, die nie eintreten oder die Zurückweisung durch andere, zu der es nie kommt. Doch unter zielgerichteter Anleitung kann Imagination ein Mittel sein, innere Konflikte zu lösen und eine bessere Beziehung zur Wirklichkeit zu bekommen.

## Fall 7

### Mentale Symptome bedeuten nicht immer psychisch bedingt

(von Dr. Melvyn Werbach – 1986)[19]

Lindas Krankheit begann eines Morgens ohne Vorwarnung, als sie beim Aufwachen plötzlich eine merkwürdige, kühle Empfindung in einem Teil ihres Gesichts wahrnahm, die leicht schmerzhaft war. Die Empfindung war bald vorüber, aber kam zu einer anderen Zeit wieder und trat allmählich immer häufiger auf, wurde schlimmer und breitete sich aus. Schließlich zog sie ihren Internisten zu Rate. Er überwies sie an einen Neurologen, der bei der ersten Untersuchung nichts fand, was ihre Symptome hätte erklären können. Dann ordnete er eine ganze Reihe von Untersuchungen an, darunter Röntgen des Schädels, EEG (Aufzeichnen der Gehirnwellen) und eine Computertomographie; doch bei keiner konnte etwas Ungewöhnliches festgestellt werden. Da sie auch eine Krankengeschichte von Kopfschmerzen hatte, die migräneartig zu sein schienen, beschloß er, ihr Kyproheptadine zu geben, ein Histamin- und Serotonin-Antagonisten. Diese Medikamente halfen gegen ihre Kopfschmerzen, hatten aber keinerlei Auswirkungen auf ihre Schmerzen im Gesicht.

Als der Neurologe Lindas Krankengeschichte aufnahm, stellte er fest, daß sie beträchtlichen Streß hinter sich hatte. Ihre Tochter hatte nicht nur die gleichen Kopfschmerzen wie sie, sondern war in der letzten Zeit auch bewußtlos geworden und hatte einen Anfall. Nach dem Anfall ihrer Tochter waren Lindas Schmerzen im Gesicht schlimmer und sie litt auch unter Appetitlosigkeit. Der Neurologe kam zu dem Schluß, es handle sich bei ihren Gesichtsschmerzen um ein „Konversionsproblem", d. h. sie drückte unbewußt ihre Gefühle durch die vorgestellten sensorischen Veränderungen in ihrem Gesicht aus.

Linda war mit dieser Diagnose nicht zufrieden, deshalb wandte sie sich an einen anderen Arzt. Er glaubte, ihre kühle Empfindung sei auf Krämpfe der Blutgefäße zurückzuführen und er verschrieb Niacin. Dummerweise wirkte Niacin nicht. Ein weiterer Arzt wurde konsultiert und auch ihm gelang es nicht, etwas zu finden, was ihr Erleichterung verschaffte. Nach vierjähriger Suche begann sie eine Akupunkturbehandlung. Zuerst stellte sie eine erhebliche Besserung fest, doch nach 50 Sitzungen fand sie sich an ihrem Ausgangspunkt wieder.

Nach sechs Jahren wandte sich Linda an einen anderen Neurologen, der, wieder einmal, keinen Hinweis auf eine organische Ursache für ihren Schmerz finden konnte. Er glaubte, er könne ihr nichts anbieten, da er überzeugt war, daß sie keine organische Erkrankung habe, und schlug vor, sie solle zu mir zur Beratung kommen.

Ich lernte Linda als angenehme, intelligente Frau in der Menopause kennen, die weder ängstlich noch depressiv zu sein schien, aber eindeutig frustriert war über das Unvermögen der Ärzte, eine wirksame Behandlung zu finden für ein mittlerweile schweres Schmerzsyndrom. Mittlerweile war ihr Schmerz beinahe unerträglich geworden. Auf einer Skala von 1 bis 10, auf der 1 ein leichtes Unbehagen und 10 einen unerträglichen Schmerz darstellt, war ihr Schmerz nach ihren Aussagen bei neun. Es handelte sich um einen Dauerschmerz fast im ganzen Gesicht, in ihren Ohren und über Teilen ihres Nackens. Die Schmerzen konnten zu jeder Zeit ohne Vorwarnung auftreten, täglich oder nur wenige Male im Monat. Sie waren unabhängig von Hitze, Kälte, emotionalem oder körperlichem Streß oder den Jahreszeiten. Sie hatte weiterhin gelegentlich Migräne, aber die war seltener, seit sie Propanol nahm.

Ich forschte nach einer möglichen psychischen Ursache, das ihr Symptom erklären könnte. Sie war sehr kooperativ, aber wir konnten keine Hinweise in ihrer Geschichte finden, außer der Tatsache, daß ihr Mann drei Jahre vorher einen Herzinfarkt gehabt hat, weshalb sie sich um seine Gesundheit sorgte. Sie stellte fest, daß sie oft einen Anfall von Gesichtsschmerzen bekam, kurz nachdem er zur Arbeit ging; diese Tatsache könnte darauf hinweisen, so glaubte sie, daß ihre Sorgen über seine Gesundheit mit ihrem Syndrom zusammenhängen könnten, auch wenn das Einsetzen der Schmerzen etwas zusammenhanglos zu sein schien mit dem, woran sie im Moment dachte.

Trotz dieser Information war ich nicht überzeugt davon, daß der Schmerz eine psychische Ursache hatte. Linda schien psychisch zu gesund, als daß sie ein solches Schmerzsyndrom entwickeln könnte wegen der Unfähigkeit, mit der Herzerkrankung ihres Mannes umzugehen. Ich führte mit ihr einen psychologischen Test durch (MMPI), der meinen Eindruck bestätigte. Ihr psychologisches Profil war im wesentlichen normal und ihre Ichstärke oder ihre allgemeinen Bewältigungsstrategien lagen weit über dem Durchschnitt.

Ich stellte mir dann die Frage, ob ihr Schmerz irgend eine Art Überreaktion sein könnte, bei der normale Strukturen zu stark aktiviert werden von einem nicht identifizierten Reiz und so den Schmerz verursachten. Um diese Möglichkeit zu prüfen, schloß ich sie an Monitore für physiologische Reaktionen an, stellte aber keine Überreaktion fest. Da die Tests während einer schmerzfreien Zeit durchgeführt wurden, bat ich sie, mich während einer Schmerzphase anzurufen und sofort einen Termin zu vereinbaren, damit ich sehen konnte, ob dann eine Überreaktion auftrat. Das tat sie und wieder stellte sich kein Hinweis auf eine zu starke physiologische Aktivität heraus, die einen so starken Schmerz hätte erklären können.

Dann versuchte ich es kurz mit Elektroakupunktur. Daraufhin traten die Schmerzen nicht mehr so großflächig auf, die Häufigkeit und die Stärke wurden jedoch nicht beeinflußt. Ich war überzeugt, daß ich etwas übersah, aber was? Schon früher war ich auf die Geschichte ihrer Allergien eingegangen, die negativ war. Als wir jetzt aber nach zusätzlichen Hinweisen in ihrer Geschichte suchten, erzählte Linda, daß ihre Haut vor zwei Jahren einen juckenden Ausschlag zeigte, der verging, sobald sie ihre Multivitaminpräparate absetzte.

Vielleicht war Linda empfindlich gegen Lebensmittel! Sie stellte auch fest, daß ihr Syndrom kurz nach dem Herzinfarkt ihres Mannes schlimmer wurde. Sie dachte früher, daß das vielleicht am Streß lag, und erinnerte sich jetzt, daß sie hernach aufhörten, morgens ein Frühstücksei zu essen, um ihr Cholesterin zu reduzieren. Statt dessen aßen sie täglich eine Schale Müsli. Konnte irgend etwas an diesem Getreide den Schmerz verursachen?

Wir beschlossen, sie solle fünf Tage fasten und nur Quellwasser trinken. Um 10 Uhr morgens am ersten Fastentag bekam sie ihre Schmerzen im Gesicht, die immer schlimmer wurden, bis es ganz schlimm war und ihr übel wurde. Im Verlauf des Tages entwickelte sich, was sie als die schlimmste Migräne ihres Lebens beschrieb, die vier Tage lang anhielt. Am zweiten Tag bekam sie Muskelschmerzen in den Oberschenkeln und Waden, die langsam vergingen. Am vierten Tag hatte sie einen zweiten Anfall von Gesichtsschmerzen, der leichter war, aber den ganzen Tag über anhielt. Am fünften Tag fühlte sie sich, abgesehen vom Hunger, wohl. Linda hatte die klassischen Entzugserscheinungen einer Nahrungsmittelunverträglichkeit erlebt.

Wir begannen langsam, Essen wieder einzuführen. Sie hatte keine Symptome, bis einige Stunden nach Weizen, als der typische Gesichtsschmerz wieder auftrat. Wir nahmen Weizen aus ihrer Ernährung und ergänzten nach und nach alles andere, ohne weitere Schmerzepisoden.

Seitdem hat Linda üblicherweise keine Schmerzen im Gesicht. Gelegentlich tritt zwischen 30 Minuten und 4 Stunden nach einer Nahrungsaufnahme ihr Schmerzsyndrom auf. Wenn dies passiert, versucht sie die genauen Bestandteile des Essens herauszufinden. Zwangsläufig stellt sie fest, daß Weizen enthalten war.

### *Dr. Werbachs Anmerkungen*

Lindas Fall zeigt die Dummheit, anzunehmen, daß Symptome, bei denen man keine körperlichen Veränderungen nachweisen kann, zwangsläufig psychischen Ursprungs sind. Statt dessen können sie eine stoffliche Ursache haben, die Routineverfahren nicht aufzeigen können. Ja noch schlimmer, die Aussage, daß ein Symptom psychisch ist, hat in unserer Gesellschaft einen so negativen Beigeschmack, daß oft Bemühungen in der Behandlung gar nicht unternommen werden und von Krankenkassen nicht bezahlt werden.

## Zusammenfassung und Schluß

Die acht Fälle zeigen eine Vielzahl an Techniken und unterschiedlichen Einstellungen zur psychologischen Medizin. In den zwei Beispielen von Dr. Remen spielen Dialoge aus der Gestalttherapie und Visualisierungen eine wichtige Rolle, ebenso das Klima der Selbstannahme, die der Therapeut (als Lehrer) spielt. Dr. Slowinskis Fall verdeutlicht die Gründlichkeit einer akribischen Verhaltensanalyse neben vielen Bereichen, die wirklich jeden relevanten Aspekt des Lebens des Patienten umfassen. Sind die Verhaltensdefizite oder die emotionalen Unsicherheiten beschrieben, können präzise Techniken angewandt werden, um dem Patienten zu helfen, dieses Defizit oder die Unsicherheit abzubauen. In den beiden Fällen von Dr. Rossman offenbarte die Visualisierungstechnik des „inneren Arztes" die entscheidende diagnostische Information, die zur Lösung führte. Offensichtlich wissen Patienten oft mehr über ihre Krankheiten als sie sich bewußt sind. Dr. Dosseys Fall veranschaulicht die tiefgreifenden Änderungen in der Lebenseinstellung, zu der es kommen kann, wenn der Mensch zu dem Schluß kommt, daß seine Krankheit ein Lehrer sein kann oder sogar ein spiritueller Pfad. Offensichtlich kann der Behandler bei diesem Prozeß Hebamme sein, wenn es sich ergibt. Dr. Balints Geschichte und die anschließende Diskussion von Dr. S.s Fall mit seinen Kollegen ist bemerkenswert, weil sie die Merkmale von Ratschlägen aufs Geratewohl zeigt, wenn jemand beiläufig Ratschläge erteilt und beruhigt, die beiden Standards von Behandlern, die die Feinheiten der psychologischen Medizin noch nicht bemerkt haben und den Grad, bis zu dem ein Kliniker sie wohl oder übel praktiziert, ob er oder sie sich dessen bewußt ist oder nicht.

Wie jede andere Behandlung erfordert psychologische Medizin Fertigkeit, Einfühlungsvermögen, Wissen und Gespür. Viele Profis, die es besser wissen sollten, glauben, daß psychologische Medizin nur eine Sache des gesunden Menschenverstandes sei. Wenn das so wäre, wäre es einfach! Der letzte Fall von Dr. Werbach ist ein wichtiges Gegenstück zur Überpsychologisierung der Medizin. Nur weil eine Symptomatologie einen starken emotionalen oder mentalen Inhalt hat, ist das keine Garantie dafür, daß ein Fall unbedingt in erster Linie psychisch bedingt ist oder hauptsächlich psychologische Medizin erfordert. Wie jeder erfolgreiche ganzheitliche Behandler weiß, muß die Behandlung konservativ und die Diagnose vorläufig sein, bis die Ursachen eines Problems enthüllt sind. Im großen und ganzen ist die psychologische Medizin nur eine Dimension eines Falls, eine Fertigkeit im Behandlungsrepertoire des ganzheitlichen Behandlers. Oft vernachlässigt und manchmal als selbstverständlich hingenommen, sowohl zu selten als auch zu oft angewandt, muß der ganzheitliche Behandler seine Aufmerksamkeit auf die emotionale Schiene bei Erkrankung und Krankheit richten als eine Dimension jedes Falles – die Beachtung braucht oder auch nicht. Ich hoffe, daß die in diesem Text vorgestellten Prinzipien dem Naturheilkundler etwas entgegenkommen und ihm Vertrauen einflößen, die nötigen Beurteilungen vorzunehmen und in seinen Behandlungsplan die Elemente der psychologischen Medizin aufzunehmen, die ihm geeignet erscheinen.

# Anmerkungen zu den Kapiteln

## Kapitel 1

1 W. R. Houston: „The Doctor himself as a Therapeutic Agent“, *Annals of Internal Medicin* 11 (1938): 1416-25.

2 Aus J. Calnan, *Talking with Patients* (London: William Heinemann, 1983), mit freundlicher Genehmigung des Autors.

3 Der Begriff „Ganzheitlichkeit“ (*holism*) wurde 1926 von Jan Smuts eingeführt als Gegenmittel zum Reduktionismus in der Wissenschaft. Siehe J. C. Smuts, *Holism and Evolution* (London: Mcmillian & Co., 1926).

4 A. F. Tredgold: *Psychological Medicine* (Baltimore: Williams and Wilkins, 1945).

5 Diese Verwendung ist nicht beispiellos. Siehe z. B. M. Balint und E. Balint, *Psychotherapeutic Techniques in Medicine* (Springfield, Illinois: C. C. Thomas, 1961); J. J. Strain, *Psychological Interventions in Medical Practice* (New York: Appleton-Century-Crofts, 1978).

6 Siehe z. B. D. Ullman, *Discovering Homeopathy* (Berkeley: North Atlantic, 1991); M. Werbach, *Nutritional Influences on Illness: A Sourcebook of Clinical Research,* 2. Aufl. (Tarzana, Kalifornien: Third Line Press, 1993); D. Hoffman, *Successful Stress Control: The Natural Way* (Rochester, Vermont: Inner Traditions International, 1987); L. Hammer, *Dragon Rises, Red Bird Flies* (Barrytown, New York: Station Hills Press, 1991); H. Beinfield and E. Korngold, *Between Heaven and Earth* (New York: Ballantine Books, 1991).

## Kapitel 2

1 M. Werbach: *Third Line Medicine: Modern Treatment for Persistent Symptoms* (Tarzana, Kalifornien: Third Line Press, 1986).

2 Das Wort *Paradigma* wird hier verwendet, um auf Weltanschauungen hinzuweisen, die weite Bereiche von Theorie und Praxis umfassen. Z. B. war die Auffassung, daß die Erde eine flache Scheibe ist, über der sich alle Planeten und Sterne drehen das geozentrische Paradigma und beeinflußte Religion, Wissenschaft, Landwirtschaft und die Philosophie. Es wurde schließlich vom kopernikanischen Paradigma abgelöst, in dem die Erde und die Planeten Himmelskörper sind, die um die Sonne kreisen, die selbst wiederum einer von Billionen von Sternen in der Galaxie der Milchstraße ist. Dieses neue Paradigma gab den Anstoß für verschiedene moderne Wissenschaften, wie wir sie heute kennen, und es zwang sogar die Religion, ihre Ansicht über den Menschen zu revidieren. Mehr über Paradigmen in der Wissenschaft ist zu finden in dem Klassiker von T. Kuhn, *The Structure of Scientific Revolutions* (Chicago: University of Chicago Press, 1962).

3 Ohne den Wert chemischer Medikamente zu schmälern soll festgestellt werden, daß eine Reihe dieser häufigen Infektionen schon seltener auftrat vor der Einführung von Antibiotika und Immunisierungen. Dieses seltenere Auftreten von Infektionskrankheiten war mindestens ebensosehr auf bessere allgemeine Gesundheitsmaßnahmen zurückzuführen, die die Unterernährung beseitigten, eine wirkungsvolle Kanalisation und überfüllte Wohnsituationen korrigierten.

4 Iatrogen: von der Medizin hervorgerufen, oder was üblicherweise unerwünschte Nebenwirkungen von Medikamenten oder medizinischen Behandlungen genannt wird.

5 Die Medizinrichtungen in den östlichen Kulturen haben immer schon mentale Zustände in die Diagnose und die Behandlung mit einbezogen. Da das Hauptaugenmerk dieses Textes auf der Medizintradition des Westens liegt, würde eine detaillierte Beschreibung dieser Systeme zu weit führen.

6 J. M. F. Camp: *The Healer's Art: The Doctor through History* (New York: Taplinger, 1977).

7 Die Begriffe, die wir für Galens vier Temperamente benutzen - „cholerisch", „sanguinisch", „melancholisch" und „phlegmatisch" - wurden Mitte des 9. Jahrhunderts von dem arabischen Arzt Johannitius eingeführt.

8 Abgedruckt in G. C. Davison und J. M. Neale, *Abnormal Psychology,* 3. Aufl. (New York: John Wiley & Sons, 1982), mit freundlicher Genehmigung von The New York Public Library.

9 Wie gezeigt z. B. in der Etymologie des Wortes Therapeutikum vom Griechischen *therapeuein,* pflegen. Es unterstreicht die Rolle des Arztes in der Antike als Begleiter oder Helfer des natürlichen Heilungsprozesses, den Hippokrates die *vis mediatrix naturae, natürliche Lebenskraft,* nannte.

10 Ausgesprochen wie batch. (Hinweis des Autors an die englischen und amerikanischen Leser. Anm. d. Ü.).

11 E. Bach: *Heal Thyself* (Saffron Walden, England: C. W. Daniels, 1931), 10.

12 In dem Versuch, sexistische Sprache zu reduzieren, ist in Kapiteln mit gerader Ziffer dieses Buches der Behandler weiblich und der Patient männlich; umgekehrt ist es in den Kapiteln mit ungeraden Ziffern. (Im Deutschen nicht übernommen. Hier steht die grammatikalisch männliche Form für beide Geschlechter. Anm. d. Ü.)

13 Bach: *Heal Thyself,* Kapitel 1 und 2.

14 So grundlegend Bachs Lehre für unser Verständnis von Krankheit auch ist, dürfen wir sie doch nicht zu einem Patentrezept erheben: Krankheit ist ein multifaktorielles Geschehen. Bach lenkte unsere Aufmerksamkeit nur auf einen entscheidenden, lange vernachlässigten Faktor, einer, der immer berücksichtigt werden muß, und einer, der in der psychologischen Medizin zentral ist.

15 R. S. Blacklow: *MacBryde's Signs and Symptoms,* 6. Aufl. (London: J. B. Lippincott, 1983), 277.

16 Ebd. 284

17 Ironischerweise war Selye selbst Arzt.

18 Nach G. L. Engel, „The Clinical Application of the Biopsychosocial Model", *American Journal of Psychiatry* 137 (1980): 535-44, verwendet mit der freundlichen Genehmigung des Verlags. Weitere Einzelheiten über den systemischen Ansatz und seine Anwendung in der Psychologie und Medizin siehe G. E. Schwartz, „Testing the Biopsychosocial Model: The Ultimate Challenge Facing Behavioral Medicine?" *Journal of Consulting and Clinical Psychology* 50 (1982), 1040-53; und W. T. Powers, „A Systems Approach to Consciousness", in *Psychobiology of Consciousness,* Hrsg. R. J. Davidson und J. M. Davidson (New York: Plenum Press, 1980).

19 F. Capra: *The Turning Point* (New York: Simon & Schuster, 1982), 266-7.

20 G. L. Engel: „Towards a New Medical Model: A Challenge for Biomedicine", *Science* 196 (1977): 129-36; und Engel: „Clinical Application of Biopsychosocial Model".

21 Ich habe absichtlich die maskuline Form für den Arzt in diesem Kapitel verwendet, um zu unterstreichen, daß 80 % der Ärzte in der westlichen Welt Männer sind.

22 Hoffentlich wird diese mechanistische Anschauung zunehmend eine Karikatur der allopathischen Medizin. Mehr und mehr Ärzte fördern die Autonomie und Verantwortung des Patienten anstelle der älteren paternalistischen Anschauung. Ja viele allopathische Ärzte sehen heutzutage Krankheit als untrennbar von der Umgebung, in der sie besteht. Siehe z. B. E. Cassell, *The Healer's Art* (Philadelphia: J. B. Lippincott, 1976); J. Needleman, *The Way of the Physician*

(Harmondsworth, Middlesex: Penguin, 1985); L. Dossey, *Meaning and Medicine* (New York: Bantam, 1991); und viele andere Hinweise in späteren Kapiteln.

23 Samuel Hahnemann: *The Organon of Medicine*, 6. Auflage, übersetzt von W. Boericke (1852; Neudruck, Calcutta: Bhattarcharya, 1960).

24 H. Coulter: „Homeopathic Medicine“ in *Ways of Health*, Hrsg. D. S. Sobel (London: Harcourt Brace, 1979), 296.

25 Das Wort Doktor stammt vom lateinischen Wort *docere*, lehren.

26 Ein psychologisches Spiel ist ein Konzept des Psychoanalytikers Eric Berne in seinem Buch, *Games People Play* (New York: Grove Press, 1964), um auf Transaktionen zwischen Menschen hinzuweisen, die auf verborgenen unbewußten Motiven beruhen.

## Kapitel 3

1 I. Shah: *The Subtleties of the Inimitable Mulla Nasrudin* (Harmondsworth, Middlesex: Penguin, 1987).

2 Dieser Abschnitt ist eine freie Paraphrase von G. Ryle, *The Concept of Mind* (Harmondsworth, Middlesex: Penguin, 1949).

3 Ein Hinweis dafür ist, daß wir das Wort „mind“ in einem Satz leicht ohne Bedeutungsänderung durch einfachere Entsprechungen ersetzen können. Z. B. „Sie ist eine Wissenschaftlerin“ = sie geht Probleme wissenschaftlich an; „Es kam mir in den Sinn“ = mir kam der Gedanke; „Ich achte darauf“ = „Ich lenke meine Aufmerksamkeit darauf“; „Wenn sie sich entscheiden“ (when they make up their mind); „Mein Kopf versteht das nicht“ = „ich verstehe das nicht“ etc.

4 Hysterie: körperliche Symptome wie Lähmung, sensorische Einschränkungen und motorische Fehlfunktionen ohne eine nachweisbare organische Pathologie als Grundlage. Heutzutage wird eine solche Symptomatologie als *Somatisierung* bezeichnet.

5 Das Es war eine Art Kanalisation im Untergrund, durch die dumpfe, aufgestaute Kräfte stürzten, die von den löchrigen Rohren und Kanaldeckeln eines unvollkommenen Über-Ichs davon abgehalten wurden, in die Welt auszubrechen. In der Zwischenzeit fungierte das Ich als eine Art überlastete und fehlerhafte Kläranlage, deren Aufgabe es war, dieses lüsterne Abwasser keimfrei zu machen, bevor sie ihm erlaubte, in die Welt hinauszufließen.

6 Oft fälschlich *Behaviorismus* genannt. Ich vermeide den Begriff Behaviorismus, weil er von Verhaltenstheoretikern selbst selten verwendet wird, sondern von Kritikern, die im allgemeinen mit den Fachbegriffen und den Feinheiten der Theorie nicht vertraut sind.

7 Dabei wird die Maschine uns mehr und mehr in unseren Verhaltens- und Wahrnehmungsfähigkeiten ähneln. Es besteht jedoch keine Gefahr, daß sie uns überholen wird, da wir schließlich als ihre Erfinder was die Logik der Entwicklung unseres Wunderkindes angeht immer einen Schritt voraus sein werden.

8 Mit dieser Betonung ist die kognitive Psychologie ein Gegenmittel zum extremen Environmentalismus der Verhaltenstheorie und zum extremen Determinismus der klassischen Psychoanalyse.

9 A. Ellis: *Inside Rational-Emotive Therapy* (San Diego: Academic Press, 1989).

10 A. H. Maslow: *Motivation and Psychology*, 2. Aufl. (New York: Harper and Row, 1970).

11 S. R. Wilson: „The ‘Real Self’ Controversy“, *Journal of Humanistic Psychology* 28 (1988): 39-65.

12 A. H. Maslow, zitiert in M. Daniels: „The Myth of Self-actualization“, *Journal of Humanistic Psychology* 28 (1988): 7-38.

13 B. Schwartz: *The Battle for Human Nature* (London: W. W. Norton, 1986).

14 Abgedruckt mit freundlicher Genehmigung von Brilliant Enterprises, 117 W. Valerio St., Santa Barbara, Kalifornien 93101.

## Kapitel 4

1 G. R. Elliott und C. Eisdorfer: *Stress and Human Health* (Berlin: Springer Verlag, 1982).

2 Der Wert eines Reizes auf einen Organismus kann als seine *Valenz* beschrieben werden, eine Zahl, die angibt, wie angenehm (+) oder unangenehm (-) der Reiz ist. Valenzen können durch entsprechende behaviorale und möglicherweise neurophysiologische Verfahren gemessen werden. Siehe E. Rolls, „A Theory of Emotion and Consciousness, and Ist (1. Buchstabe i, 2. Buchstabe t, 3. Buchstabe s, doch das kann ich meinem Computer nicht beibringen, ständig schaltet sich die Rechtschreibkorrektur ein, Anm. d. Ü.) Application to Understanding the Neural Basis of Emotion" in *The Cognitive Neurosciences,* Hrsg. M. S. Gazzinaga (Cambridge, Massachusetts: MIT Press, 1995), 1091-1106.

3 R. S. Lazarus und S. Folkman: *Stress, Appraisal, and Coping* (New York: Springer, 1984).

4 S. E. Hobfoll: „Conservation of Resources: A New Attempt at Conceptualizing Stress", *American Psychologist* 44 (1989): 413-524.

5 Vielen Dank an Jonas Roth für diese Illustrationen.

6 G. F. Mahl: „Relationship Between Acute and Chronic Fear and the Gastric Acidity and Blood Sugar Levels in *Macaca mulatto* Monkeys", *Psychosomatic Medicine* 14 (1952): 982 -90.

7 W. J. Mason: „A Historical View of the Stress Field", *Journal of Human Stress* 1 (1975): 6-12 (Teil I), 22-36 (Teil II).

8 Die Konzentration der Abbauprodukte verschiedener Hormone wurden entweder im Plasma gemessen, das in mehreren Abständen als Blutprobe entnommen wurde oder aus Urinproben.

9 J. W. Mason: „Emotions as Reflected in Patterns of Endocrine Integration", in *Emotions - Their Parameters and Measurement,* Hrsg. L. Levi (New York: Raven Press, 1975), 143-81.

10 G. Everly: *A Clinical Guide to the Treatment of the Human Stress Response* (New York: Plenum Press, 1989), 34-9.

11 S. A. Corson: „Pavlovian and Operant Conditioning Techniques in the Study of Psychosocial and Biological Relationships", in *Society, Stress and Disease,* Bd. 1, Hrsg. L. Levi (London: Oxford University, 1971), 7-21.

12 J. W. Mason et al.: „Selectivity of Corticosteroid and Catecholamine Response to Various Natural Stimuli", in *Psychopathology of Human Adaptation,* Hrsg. G. Servan (New York: Plenum Press, 1976), 147-71.

13 J. R. Millenson: *Principles of Behavioral Analysis* (New York: Macmillan, 1967), 451-5.

14 Mason: „Emotions Reflected in Patterns"; Corson „Pavlovian and Operant Conditioning Techniques".

15 Mason: „Historical View of Stress", 24.

16 In diesem Zusammenhang sollte erwähnt werden, daß bewußtlose Tiere und Patienten die endokrinen Veränderungen des Allgemeinen Anpassungssyndroms nicht zeigen. Siehe J. C. Norton, *Introduction to Medical Psychology* (New York: Macmillan, 1982), 203.

17 Dieser Abschnitt und sein Beweis stammen aus D. Oken, „Musculoskeletal Disorders" in *American Handbook of Psychiatry,* Bd. 4, Hrsg. M. F. Reiser (New York: Basic Books, 1981), 726-66, auf das der Leser für die genauen Zitate verwiesen sei.

18 J. I. Lacey, „Somatic Response Patterns and Stress" in *Psychological Stress,* Hrsg. M. H. Appley und R. Trumbull (New York: Appleton Century Crofts, 1967), 14-37; I. Goldstein Balshan et al., „Study in Psychophysiology of Muscle Tension, I: Response Specificity", *Archives of General Psychiatry* 11 (1964): 322-30.

19 I. D. Balshan: „Muscle Tension and Personality in Women", *Archives of General Psychiatry* 7 (1962): 436-48.

20 A. C. Guyton: *Human Physiology and Mechanisms of Diseases,* 5. Aufl. (Philadelphia: W. B. Saunders, 1992) bietet eine lesenswerte Darstellung.

21 Siehe den Bericht/Überblick von R. Ader und N. Cohen, „Conditioning and Stress", *Annual Review of Psychology* 44 (1993): 53-85.

22 M. Stein und A. H. Miller: „Stress, the Immune System, and Health and Illness", in *Handbook of Stress,* Hrsg. L. Goldberger und S. Breznitz (New York: Macmillan, 1993), 127-41.

23 Für die wichtige Literatur, siehe S. Maier, L. R. Watkins und M. Flesler, „Psychoneuroimmunology: The Interface between Behavior, Brain and Immunity" *American Psychologist* 49 (1994): 1004-17.

24 Spezielle Zitate sind zu finden in J. K. Kiecolt-Glaser und R. Glaser „Psychoneuroimmunology: Can Psychological Interventions Modulate Immunity?" *Journal of Consulting and Clinical Psychology* 60 (1992): 569-75; R. Ader und N. Cohen, „Psychoneuroimmunology: Conditioning and Stress", *Annual Review of Psychology* 44 (1993): 53-85; R. Glaser und J. K. Kiecolt-Glaser, *Handbook of Human Stress and Immunity* (San Diego: Academic Press, 1994).

25 R. J. Booth und K. R. Ashbridge: „A Fresh Look at the Relationship between the Psyche and the Immune System: Teleological Coherence and Harmony of Purpose", *Advances* 9, Nr. 2 (1993): 4-23.

26 J. K. Kiecolt-Glaser und R. Glaser: „Stress and Immune Functions in Humans", in *Psychoneuroimmunology,* 2. Aufl., Hrsg. R. Ader, D. L. Felton und N. Cohen (San Diego: Academic Press, 1991), 849-67.

27 Mitogene sind pflanzliche Proteine, die unspezifisch Lymphozyten dazu bringen können, auf ihre Art auf ein spezielles Antigen zu reagieren. Ein Mitogen ist also eine Art immunologischer Grundbaustein.

28 Maier, Watkins und Flesler: „Psychoneuroimmunology".

29 Ibid.

30 R. Glaser et al.: „Stress-related Immune Suppression: Health Implications", *Brain, Behavior and Immunity* 1 (1987): 7-20.

31 Mason: „Historical View of Stress Field".

32 Dieser Fragebogen ist vom Original übernommen und mit freundlicher Genehmigung von *Nursing Times* abgedruckt, wo er erstmals in der Ausgabe vom November 1991 erschien.

## Kapitel 5

1 Der Originalbericht stammt von T. H. Holmes und R. H. Rahe und steht in *Journal of Psychosomatic Research* 11 (1967): 213-18.

2 Die neuere Forschung weist jedoch darauf hin, daß es keine Beziehung zwischen diesen Ereignissen und den üblichen zerstörerischen Auswirkungen von Streß besteht, wenn die „unerfreulichen" Aspekte der Anpassung an ein positives Ergebnis ausgeglichen werden. Siehe S. E. Hobfoll, „Conservation of Resources: A New Attempt at Conceptualizing Stress", *American Psychologist* 44 (1989): 513-24.

3 B. S. Dohrenwend und B. P. Dohrenwend, Hrsg.: *Stressful Life Events: Their Nature and Effects* (New York: Wiley, 1974).

4 G. Brown: „Meaning, Measurement and the Stress of Life Events" in B. S. Dohrenwend und B. P. Dohrenwend, *Stressful Life Events,* 217-43.

5 Siehe Kapitel 1 von J. P. Henry und P. M. Stephens, *Stress, Health, and the Social Environment* (Berlin: Springer-Verlag, 1977).

6 Ibid.

7 Siehe die Besprechung des Konzepts der Widerstandsfähigkeit gegen Streß in Kapitel 9.

8 A. D. Kanner et al.: „Comparison of Two Modes of Stress Measurements: Daily Hassles and Uplifts Versus Major Life Events", *Journal of Behavior Medicine* 4 (1981): 1-39.

9 S. E. Taylor: *Health Psychology* (New York; McGraw-Hill, 1991), 224.

10 S. Cobb: „Social Support as a Moderator of Life Stress", *Psychosomatic Medicine* 38 (1976): 300-14.

11 Siehe Kapitel 18 in G. S. Everly, Jr.: *A Clinical Guide to the Treatment of the Human Stress Response* (New York: Plenum Press, 1989).

12 M. Frankenhauser: „Experimental Approaches to the Study of Catecholamines and Emotion", in *Emotions: Their Parameters and Measurement,* Hrsg. L. Levi (New York: Raven Press, 1975), 22-35.

13 R. Karasek et al.: „Job Decision Latitude, Job Demands, and Cardiovascular Disease", *American Journal of Public Health* 71 (1981): 694-705.

14 Viele retrospektive Studien sind auch beschrieben in D. O'Neill, *Doctor and Patient* (Philadelphia: J. B. Lippincott, 1955).

15 Ibid., 101.

16 Ibid., 117.

17 Ibid., 132.

18 Ibid., 133.

19 R. Freidman und L. K. Dahl: „The Effect of Chronic Conflict on the Blood Pressure of Rats with a Genetic Susceptibility to Experimental Hypertension", *Psychosomatic Medicine* 37 (1975): 412-16; R. Freidman und L. K. Dahl, „Psychic and Genetic Factors in the Etiology of Hypertension" in *Stress and the Heart,* Hrsg. D. Wheatley (New York: Raven, 1977) 137-56.

20 Aus Freidman und Dahl „Psychic and Genetic Factors" wiedergegeben mit freundlicher Genehmigung des Verlags.

21 Zwei andere Gruppen (nicht abgebildet in Abb. 5.1), eine von jeder Art wurden 13 Wochen lang ebenso behandelt, aber erhielten keine Schocks und entwickelten keine Hypertonie.

22 S. Cohen und G. M. Williamson: „Stress and Infectious Disease in Humans", *Psychological Bulletin* 109 (1991): 5-24.

23 R. S. Lazarus und S. Folkman: *Stress, Appraisal, and Coping* (New York: Springer, 1984).

24 E. L. Diamond: „The Role of Anger and Hostility in Essential Hypertension and Coronary Heart Disease", *Psychological Bulletin* 92 (1982): 410-33; H. Weiner, *Psychobiology and Human Disease* (Amsterdam: Elsevier, 1977); J. Sommers-Flanagan und R. P. Greenberg, „Psychosocial Variables and Hypertension", *Journal of Nervous & Mental Diseases* 177 (1989): 14-24.

25 N. Cousins: *Anatomy of an Illness* (London: W. W. Norton, 1979). Es sollte betont werden, daß Cousins Behandlung auch riesige Mengen von intavenösem Vitamin C enthielt.

26 J. Borysenko: *Minding the Body, Mending the Mind* (New York: Bantam, 1987).

27 E. Light und B. Lebowitz: Hrsg., *Alzheimer's Disease Treatment and Family Stress: Directions for Research* (Washington, D. C.: Government Printing Office, 1988).

28 J. I. Kiecolt-Glaser et al.: „Spousal Caregivers of Dementia Victims: Longitudinal Changes in Immunity and Health", *Psychosomatic Medicine* 53 (1991): 345-62.

29 Siehe Cohen und Williamson: „Stress and Infectious Disease" für die Zitate genauer, in diesem Abschnitt besprochenen Studien.

30 Siehe Kiecolt-Glaser: „Spousal Caregivers of Dementia Victims" für einen Überblick über die Literatur, die die Folgerungen dieses Absatzes untermauert.

31 Ibid.

32 S. V. Kasl, A. S. Evans und J. C. Niederman: „Psychosocial Risk Factors in the Development of Infectious Mononucleosis", *Psychosomatic Medicine* 41 (1979): 445-66.

33 Cohen und Williamson: „Stress and Infectious Disease".

34 Die Ideen dieses Abschnitts stammen aus Kapitel 3 von K. R. Pelletier, *Mind as Healer, Mind as Slayer* (New York: Dell, 1977), auf das der Leser verwiesen sei für die Zitate aus der Originalliteratur.

35 Detaillierte Informationen finden sich bei G. T. Lewith und D. Aldridge, Hrsg., *Clinical Research Methodology for Complementary Therapies* (London: Hodder & Stoughton, 1993); und D. H. Barlow und M. Herson, *Single Case Experimental Designs* (New York: Pergamon, 1984.

36 Copyright 1976 bei Dr. Thomas H. Holmes, Department of Psychiatry and Behavioral Sciences, University of Washington School of Medicine, Seattle, Washington 98195. Abgedruckt mit der Genehmigung der Univerity of Washington Press.

## Kapitel 6

1 K. R. Gaarder und P. S. Montgomery: *Clinical Biofeedback: A Procedural Manual for Behavioral Medicine* (Baltimore: Williams & Wilkins, 1977); abgedruckt mit freundlicher Genehmigung der Herausgeber.

2 Diese Tabelle wurde aus Daten zusammengestellt, die veröffentlicht sind in F. Adrasik, D. Coleman und L. H. Epstein, „Biofeedback: Clinical and Research Considerations" in *Behavioral Medicine: Assessment and Treatment Strategies,* Hrsg. D. M. Doleys, R. L. Meredith und A. R. Ciminero (London: Plenum Press, 1982); D. Shapiro und R. S. Surwitt, „Biofeedback" in *Behavioral Medicine: Theory and Practice,* Hrsg. O. F. Pomerleau und J. P. Brady (London, Plenum Press, 1979); D. I. Mostofsky und Y. Loyning, Hrsg., „The Neurobehavioral Treatment of Epilepsy" (Hillsdale, New Jersey: Erlbaum Associates, 1993).

3 J. Achterberg: *Imagery in Healing: Shamanism and Modern Medicine* (Boston: Shambala, 1985).

4 Ibid.

5 B. A. Hannay: *Mental Images: A Defence* (London: Gerge Allen & Unwin, 1971).

6 O. C. Simonton, S. Simonton und J. Creighton, *Getting Well Again,* (Los Angeles: Tarcher, 1978); O. C. Simonton, S. Matthews-Simonton und T. F. Sparks, „Psychological Intervention in the Treatment of Cance" *Psychosomatics* 21 (1980): 226-7, 231-3.

7 Mehr Details in M. Rossman, „Imagine Health! Imagery in Medical Self-Care" in *Imagination and Healing,* Hrsg. A. A. Sheikh (Farmingdale, NY: Baywood, 1984), 231-58. Weitere Erläuterungen finden Sie in Kapitel 14 dieses Buches.

8 J. R. Cautela und L. McCullough: „Covert Conditioning" in *The Power of Human Imagination,* Hrsg. J. L. Singer und K. S. Pope (New York: Plenum Press, 1978), 227-54.

9 R. S. Hall, J. A. Anderson und M. P. O'Grady: „Stress and Immunity in Humans: Modifying Variables" in *Handbook of Human Stress and Immunity,* Hrsg. R. Glaser und J. Kiecolt-Glaser (San Diego: Academic Press, 1994), 183-215. In einigen Fällen benutzten Patienten andere Metaphers, wie z. B. die Vorstellung vom Krebs als Unkraut in einem Blumengarten, das gejätet wird.

10 Simonton, Matthews-Simonton und Sparks: „Psychological Intervention in the Treatment of Cancer".

11 Hall, Anderson und O'Grady: „Stress and Immunity in Humans".

12 J. Schneider et al.: „Guided Imagery and Immune System Function in Normal Subjects: A Summary of Research Findings", in *Mental Imagery,* Hrsg. R. G. Kunzendorf (New York: Plenum Press, 1991), 179-91. Bei Verletzungen stoßen Zellen einen chemischen Stoff aus, der veranlaßt, daß die zirkulierenden Neutrophilen klebrig werden und sich dann an die Wände der Blutgefäße anheften. Sie quetschen sich dann durch die Poren dieser Gefäßwände und wandern an die Stelle der Verletzung, wo sie gierig Bakterien und Zellreste verschlingen.

13 Hall, Anderson und O'Grady: „Stress and Immunity in Humans". Wir wissen, daß die Aktivität der NK Zellen das künstliche Tumorwachstum bei Mäusen beeinflußt.

14 D. Meichenbaum: „Why Does Using Imagery in Psychotherapy Lead to Change?“ in *Power of Human Imagination,* Hrsg. J. L. Singer und K. S. Pope (New York: Plenum Press, 1978), 388.

15 Hall, Anderson und O'Grady: „Stress and Immunity in Humans“, 191.

16 R. B. Stuart, „Behavioral Control of Overeating“, *Behavioral Research and Therapy* 5, (1967): 357-65.

17 Dieser Abschnitt stammt großenteils aus M. L. Russell, *Behavioral Counseling in Medicine* (New York: Oxford University Press, 1986).

18 Nach Russell, ibid.

19 Definiert als rhythmische, kraftvolle Aktivität, die mindestens 30 Minuten ausgeführt werden kann und die die Herzfrequenz auf 65–75 % des dem Alter entsprechenden Maximum erhöht.

20 Nach Russell, *Behavioral Counseling in Medicine.*

21 Ibid.

22 D. C. Turk, P. Salovey und M. D. Litt: „Adherence: A Cognitive-Behavioral Perspective“ in *Compliance: The Dilemma of the Chroically Ill,* Hrsg. K. E. Gerber und A. M. Nehemkis, (New York: Springer, 1988).

23 M. Weintraub: „Intelligent Non-compliance and Capricious Compliance“ in *Patient Compliance,* Bd. 10, Hrsg. L. Lasagne (Mt. Kisco, New York, Futura, 1976).

24 R. W. Hanson: „Physician-patient Communication and Compliance“ in *Compliance: the Dilemma of the Chronically Ill,* Hrsg. K. E. Gerber und A. M. Nehemkis, (New York: Springer, 1988).

25 L. H. Epstein und B. J. Masek: „Behavioral Control of Medicine Compliance“, *Journal of Applied Behavioral Analysis* 11, (1978): 1-9.

## Kapitel 7

1 Leicht abgewandelt von M. Feuerstein, E. E. Labbe und A. R. Kuczmierczyk, *Health Psychology* (London: Plenum Press, 1986), 247.

2 Weitere Einzelheiten über diesen dritten Bewältigungsmechanismus finden Sie in: P. Carrington, *Releasing: The New Behavioral Science Method for Dealing with Pressure Situations* (New York: Morrow, 1984).

3 Abb. 7.1, 7.2 und 7.3 sind übernommen von A. P. Chesney und W. D. Gentry, „Psychosocial Factors Mediating Health Risk: A Balanced Perspective“, *Preventative Medicine* 11 (1982): 612-17. Abgedruckt mit der freundlichen Genehmigung des Herausgebers und der Verfasser.

4 Behandler, die sich über die kurze Darstellung der Grundprinzipien und der Methodologie hinaus interessieren, die in diesem Abschnitt dargestellt sind, sollten ein Handbuch für Entspannungstraining zu Rate ziehen, z. B. D. A. Bernstein und T. D. Borkovec, *Progressive Relaxation Training* (Champaign, Illinois: Research Press, 1973).

5 D. A. Bernstein und B. A. Given: „Progressive Relaxation: Abbreviated Methods“ in *Principles and Practice of Stress Management,* 2. Aufl., Hrsg. R. L. Woolfolk und P. M. Lehrer (New York: Guilford, 1993).

6 P. Carrington: „Modern Forms of Meditation“, in *Principles and Practice of Stress Management,* Woolfolk und Lehrer.

7 Das TM Mantra wird von einem geprüften TM Lehrer bestimmt.

8 Paul Brunton's: *In Search of Sacred India* (New York: Dutton & Co., 1935) ist ein nützliches Buch, das man Patienten empfehlen kann, deren Skepsis an Engstirnigkeit grenzt.

9 C. Patel: „Yogic Therapy“ in *Principles and Practice of Stress Management,* Woolfolk und Lehrer.

10 M. Lee, E. Lee und J. Johnstone: *Ride the Tiger to the Mountain* (New York: Addison-Wesley, 1989).

11 D. C. Turk, D. Meichenbaum und M. Genest: *Pain and Behavioural Medicine* (London: Guilford Press, 1983), 332-3. Abgedruckt mit freundlicher Genehmigung des Verlags.

12 Ein persönliches Gespräch von Dan Bensky.

13 R. Melzack und P. Wall: „Pain Mechanisms: A New Theory", *Science* 150 (1965): 971-9.

14 R. L. Karol et al.: „A Therapist Manual for the Cognitive-Behavioral Treatment of Chronic Pain", JSAS *Catalog of Selected Documents in Psychology* 11 (1981): 15-6.

15 F. O. Schmitt: „Molecular Regulators of Brain Function: A New View", *Neuroscience* 13 (1984): 991-1001; C. B. Pert et al., „Neuropeptides and Their Receptors: A Psychosomatic Network", *Journal of Immunology* 135 (1985): 820-6; C. B. Pert, „The Wisdom of the Receptors: Neuropeptides, the Emotions, and Bodymind", *Advances* 3 (1986): 8-16.

16 R. Melzack: „The McGill Questionnaire", *Pain* 1 (1975): 277-99. Hier abgedruckt mit freundlicher Genehmigung des Herausgebers und Verfassers.

17 P. D. Wall und R. Melzack, Hrsg.: *Textbook of Pain*, 2. Aufl. (London: Churchill Livingstone, 1989).

18 T. X. Barber: „Hypnosis, Deep Relaxation, and Active Relaxation", in *Principles and Practice of Stress Management,* Woolfolk und Lehrer. Die Ellipsen weisen nicht auf ausgelassenes Material hin, sondern auf absichtliche Pausen des Therapeuten, die dazu dienen, die mentalen und körperlichen Prozesse des Patienten zu verlangsamen.

19 Obwohl Hypnotherapie hier im Zusammenhang mit Schmerzkontrolle vorgestellt wird, ist sie eventuell hilfreich für Patienten, die in Trance gehen können, um Probleme im Zusammenhang mit Streß allgemein zu lindern.

20 A. Antonovsky: *Health, Stress and Coping* (London: Jossey-Bass, 1979), 10. Siehe auch A. Antonovsky, „Pathways Leading to Successful Coping and Health" in *Learned Resourcefulness,* Hrsg. M. Rosenbaum (New York: Springer, 1990), 31-63; und A. Antonovsky, „The Structural Sources of Salutogenic Strengths", in *Personality and Stress: Individual Differences in the Stress Process,* Hrsg. C. I. Cooper und R. Payne (New York: Wiley, 1991).

21 Barber: „Hypnosis, Deep Relaxation, and Active Relaxation", 162.

## Kapitel 8

1 Behandler, die nach östlicher Medizin arbeiten, lernen, emotionale und psychische Faktoren in ihre Diagnose und Behandlung mit einzubeziehen. Je nach ihrer Orientierung werden sie die hier dargestellten westlichen Prinzipien der psychologischen Medizin als wertvolle Ergänzung ihrer eigenen Arbeit im Rahmen der Energiearbeit finden oder nicht.

2 Carl Simonton zitiert in F. Capra, *Uncommon Wisdom* (New York: Simon & Schuster, 1988), 201.

3 Der Westen trennte vor einiger Zeit die Allgemeinmedizin von der psychologischen Medizin; die meisten traditionellen Medizinsysteme, z. B. die tibetische Medizin, Ayurveda und die chinesische Medizin machten diese Unterscheidung nie.

4 E. F. Borgatta und W. W. Lambert, Hrsg.: *Handbood of Personality Theory and Research* (Chicago: Rand-McNally, 1968).

5 T. Gordon: *Leader Effectiveness Training* (New York: Wyden Books, 1977).

6 M. Balint: *The Doctor, His Patient and the Illness* (New York: International Universities Press, 1964).

7 Rogers ersetzte den Begriff „Patient" durch „Klient" um die nicht hierarchische Struktur der personen-zentrierten Beratung zu unterstreichen.

8 C. R. Rogers und J. K. Wood: „Client-centered Theory: Carl R. Rogers", in *Operational Theories of Personality,* Hrsg. A. Burton (New York: Brunner/Mazel, 1974), 227.

9 Ibid., 234-5. Dieser Fall ist mit freundlicher Genehmigung des Herausgebers abgedruckt. Der fortlaufende Kommentar stammt von mir.

10 W. Glasser: *Reality Therapy* (New York: Harper and Row, 1965).

11 Glasser wählte die Verbformen statt der üblicheren Adjektive, um zu betonen, daß diese Emotionen tatsächlich von den Menschen gewählt werden und nichts sind, was ihnen von außen auferlegt wird. Erinnern Sie sich an die Erklärung der kognitiven Psychologie, daß unsere emotionalen Strategien, wenn bestimmte Überzeugungen einmal gewählt sind, praktisch vorhersagbar auf den Plan gerufen werden, um bei externen Ereignissen zum Einsatz zu kommen.

12 Außer natürlich, wir haben die Kraft und sind bereit, durch körperliche Überlegenheit Zwang auszuüben; oder die Überlebensbedürfnisse eines anderen zu kontrollieren. Diese Methoden sind als Unterdrückung und Manipulation bekannt; obwohl sie leider noch von einigen Eltern, Lehrern, der Industrie und in Zwangsregimen häufig benutzt werden, ist gewaltsame Kontrolle immer nur zeitweise und zerstört unweigerliche menschliche Beziehungen.

13 Verhaltenstherapie umfaßt *systematische Desensibilisierung* (d. h. Gegen-Konditionierung von Entspannungsreaktionen auf angstauslösende Stimuli), *Erlernen von Fähigkeiten* durch Verhaltenstraining und Modellieren, *Verstärkungskontingenzen*, die die angemessenen und sich-selbst-erfüllenden Verhaltensweisen des Patienten stärkt, und *Selbstsicherheitstraining*.

14 Die genauen Anweisungen für den Patienten ähneln den Richtlinien für die Fragen des Therapeuten im Text, sind aber weniger technisch formuliert. Sie sind zu finden in A. A. Lazarus, *The Practice of Multimodal Therapy* (London: McGraw, Hill, 1981), 17-18, 76. Anschauliche Fälle (Tabelle 8.2 ist ein modifiziertes Beispiel) der BASIC I. D. Evaluierung und des Behandlungsplans finden sich in A. A. Lazarus, Hrsg. *Casebook of Multimodal Therapy* (London: Guilford Press, 1985), und A. A. Lazarus, Hrsg. *Multimodal Therapy* (New York: Springer, 1976).

15 R. May und I. Yalom: „Existential Psychotherapy" in *Current Psychotherapies*, Hrsg. R. Corsini und D. Wedding (Itasca, Illinois: Peacock, 1989), 364-5.

16 Ibid., 377.

17 E. van Deurzen-Smith: *Existential Counselling in Practice* (London: Sage, 1988).

18 M. Rosenberg: *From Now On: Without Blame* (St. Louis: Community Psychological Consultants, 1977).

## Kapitel 9

1 Siehe z. B. E. H. Ackerknecht, „The History of Psychosomatic Medicine", *Psychological Medicine* 12 (1982): 17-24; Z. J. Lipowski, „Psychosomatic Concepts in Historical Perspective" in *Proceedings of the 15th European Conference on Psychosomatic Research*, Hrsg. J. H. Lacey und D. A. Sturgeon (London: John Libbey, 1986).

2 Diese wurden, etwas scherzhaft als die „heiligen sieben" psychosomatischen Erkrankungen bekannt. Doch, wie dieses Kapitel weiterhin beschreibt, gibt es *keine* psychosomatischen Krankheiten in dem Sinn, daß Krankheit rein psychogenen Ursprungs ist. Andererseits ist *jede* Krankheit in dem Maße psychosomatisch, wie psychosoziale Einflüsse Teil der ganzheitlichen, multikausalen Matrix jeder Krankheit sind.

3 Z. J. Lipowski: „The Holistic Approach to Medicine" in *Psychosomatische Medizin and Liaison Psychiatry*, Hrgs. Z. J. Lipowski (New York: Plenum, 1985).

4 Lipowski: „Psychosomatic Concepts in Historical Perspective".

5 Oder das Gegenteil, wie in dem seltener verwendeten Begriff „somatopsychisch", der die Auswirkungen von körperlichen Fehlfunktionen auf Emotionen und Verhalten beschreibt.

6 Lipowski: „Holistic Approach to Medicine".

7 Die Buchstaben A, C, N, E und O stehen für die fünf grundlegenden Bereiche der Persönlichkeit: einverstanden (agreeable) versus gegnerisch, gewissenhaft (conscientious) versus unzu-

verlässig, neurotisch (neurotic) versus selbstsicher, extrovertiert (extroversion) versus introvertiert, offen (openness) versus verschlossen für Erfahrungen. Im Prinzip kann jegliches Persönlichkeitsmerkmal als eine bestimmte Kombination dieser fünf ermittelt werden.

8 Der Lernende, der mehr über die konzeptuelle Entwicklung der Psychosomatik erfahren will, kann folgende Artikel zu Rate ziehen: J. J. Groen, „Emotional Factors in the Etiology of Internal Diseases", besonders Kapitel 1, 2 und 21 in *Psychosomatic Research,* Hrsg. J. J. Groen (New York: Pergamon, 1964); Z. J. Lipowski, „Psychosomatic Medicine: An Overwiew" in *Modern Trends in Psychosomatic Medicine,* 3. Aufl., Hrsg. O. Hill (Boston: Butterworths, 1976); Lipowski, „Holistic Approach to Medicine", B. Lask und A. Fosson, *Childhood Illness: The Psychosomatic Approach* (Chichester: Wiley, 1981); J. W. Todd, „The Psychosomatic Concept in Medicine", in *Modern Trends in Psychosomatic Medicine,* Hrsg. D. O'Neil (London: Butterworths, 1955).

9 F. Alexander, T. M. French und G. H. Pollock: *Psychosomatic Specificity,* Bd. 1 (Chicago: University of Chicago Press, 1968), 9.

10 Die Information in diesem Abschnitt stammt aus verschiedenen Artikeln und Originalforschung. Die folgenden Angaben verweisen den interessierten Leser auf die Quellen: R. Totman, *Mind, Stress and Health* (London: Souvenir, 1990); G. Davison und J. M. Neale, *Abnormal Psychology,* 5. Aufl., Kapitel 8 (London: John Wiley, 1990); C. E. Thoresen und L. H. Powell, „Type A Behavior Pattern: New Perspektives on Theory, Assessment, and Intervention", *Journal of Consulting and Clinical Psychology* 60 (1992): 595-604; J. J. Ray, „If A-B Does not Predict Heart Disease, Why Bother with It?" *British Journal of Medical Psychology* 64 (1991): 85-90; J. Rodin und P. Salovey, „Health Psychology", *Annual Review of Psychology* 40 (1989): 533-79.

11 Davison and Neale: *Abnormal Psychology,* 208.

12 Friedman und Rosenman nannten Typ A einen „Aktion-Emotion-Komplex" und vermieden peinlich, ihn als Persönlichkeitsmerkmal zu bezeichnen, vielleicht weil sie nicht wollten, daß ihre Arbeit mit Alexanders früheren psychoanalytischen Hypothesen über die Psychosomatik identifiziert wurde. Dennoch wurde nie gezeigt, wie Typ A sich operativ von einer Reihe von Persönlichkeitsmerkmalen unterscheidet. Siehe J. Suls und J. D. Rittenhouse, „Personality and Physical Health: An Introduction" *Journal of Personality* 55 (1987): 155-67.

13 Thoresen und Powell: „Type A Behavior Pattern", 597.

14 V. A. Price und M. Friedman: „Modifying Type A Behavior and Reducing Coronary Recurrence Rates" in *Proceedings of the 15th European Conference on Psychosomatic Research,* Hrsg. J. H. Lacey und D. A. Sturgeon (London: Libbey, 1986).

15 Thoresen und Powell: „Type A Behavior Pattern", 597.

16 Totman: *Mind, Stress and Health* (London: Souvenir, 1990), 84.

17 T. W. Smith und P. G. Williams, „Personality and Health: Advantages and Limitations of the Five-factor Model", *Journal of Personality* 60 (1992): 395-423.

18 R. R. McCrae und O. P. John: „An Introduction to the Five-factor Model and ist (i-t-s) Applications" in R. R. McCrae, Hrsg., „The Five-factor Model: Issues and Applications" [special issue], *Journal of Personality* 60 (1992): 175-215.

19 Wie vorgeschlagen z. B. in M. Angell, „Disease as a Reflection of the Psyche", *New England Journal of Medicine* 312 (1985): 1570-72.

20 H. S. Friedman und S. Booth-Kewley: „The 'Disease-prone Personality': A Meta-analytic View of the Construct", *American Psychologist* 42 (1987): 539-55.

21 S. C. Kobasa: „The Hardy Personality: Toward a Social Psychology of Stress and Health", in *Social Psychology of Health and Illness,* Hrsg. G. S. Sanders und J. Suls (Hillsdale, New Jersey: Erlbaum, 1982), 3-32; J. G. Hull, R. R. Van Treuren und S. Virnelli, „Hardiness and Health: A Critique and Alternative Approach", *Journal of Personality and Social Psychology* 53 (1987): 518-30; S. C. Ouellette, „Inquiries into Hardiness" in *Handbook of Stress,* Bd. 2, Hrsg. L. Goldberger und S. Breznitz (New York: Macmillan, 1993), 77-96.

22 A. Antonovsky: „Pathways Leading to Successful Coping and Health" in *Learned Resourcefulness*, Hrsg. M. Rosenbaum (New York: Springe, 1990), 31-63.

23 E. Orr und M. Westman: „Does Hardiness Moderate Stress, and How? A Review", in Rosenbaum, *Learned Resourcefulness*, 64-94.

24 Smith and Williams: „Personality and Health", 395-423; M. F. Scheier und C. S. Carver, „Dispositional Optimism and Physical Well-being", *Journal of Personality* 55 (1987): 169-210.

25 Scheier und Carver: „Dispositional Optimism and Physical Well-being".

26 Ein Komplex von Persönlichkeitsmerkmalen „zwangloses Zuneigungs-Motiv" genannt. Siehe Smith und Williams, „Personality and Health".

## Kapitel 10

1 C. G. Stephens: „Reflections of a Post-Flexnerian Physician" in *The Task of Medicine*, Hrsg. K. L. White (Menlo Park, Kalifornien: Kaiser Foundation, 1988), 177.

2 S. Sontag: *Illness as Metaphor* (New York: Farrar, Straus, Giroux, 1977); M. Angell, „Disease as a Reflection of the Psyche", *New England Journal of Medicine* 312 (1985): 1570-72.

3 P. R. Williamson: „Support Groups: An Important Aspect of Physician Education", *Journal of General Internal Medicine* 6 (1991): 179-80.

4 Die Information in diesem Abschnitt stammt aus Artikeln von S. Thornton, „Irritable Bowel Syndrome" in *Practice of Behavioral Medicine*, Hrsg. S. Pearce und J. Wardle (Oxford: BPS Books, 1989); W. E. Whitehead und M. M. Schuster, „The Treatment of Functional Gastrointestinal Disorders" in *The Psychosomatic Approach to Illness*, Hrsg. R. L. Gallon (Oxford: Elsevier, 1982); B. Lask und A. Fosson, *Childhood Illness: Psychosomatic Approach* (New York: John Wiley, 1989); W. E. Whitehead, „Behavioral Medicine Approaches to Gastrointestinal Disorders", *Journal of Consulting and Clinical Psychology* 60 (1992): 605-12.

5 Genauere Merkmale für das Reizkolon beschreibt Whitehead, „Behavioral Medicine Approaches to Gastrointestinal Disorders".

6 Allgemein vermeide ich lieber diesen pejorativen Begriff und verwende das neutralere Equivalent „negativer Affekt" (die „N" Persönlichkeit ist in Kapitel 9 beschrieben), aber dieser Bereich umfaßt niedrigen Selbstwert, negatives Selbstbild, ambivalentes Handeln, Abhängigkeit vom Urteil anderer, pessimistische Einstellung, ein Gefühl der Hilflosigkeit und Hoffnungslosigkeit.

7 J. Svendlund und I. Sjödin: „A Psychosomatic Approach to Treatment in the Irritable Bowel Syndrome", in *Proceedings of the 15$^{th}$ European Conference on Psychosomatic Research*, Hrsg. J. H. Lacey und D. A. Sturgeon (London: Libbey, 1986).

8 Whitehead und Schuster: „Treatment of Functional Gastrointestinal Disorders", 206-7.

9 Weitere Details finden sich bei Thornton, „Irritable Bowel Syndrome".

10 Dieser Abschnitt stammt aus Artikeln von J. Bastiaans und J. Groen, „Psychogenesis und Psychotherapy of Bronchial Asthma", in *Modern Trends in Psychosomatic Medicine*, Hrgs. D. O'Neill (London: Butterworths, 1955); A. Steptoe, „Psychological Aspects of Bronchial Asthma" in *Contributions to Medical Psychology*, Bd. 3, Hrsg. S. Rachman (Oxford: Pergamon, 1984); A. B. Alexander, „Behavioral Medicine in Asthma", in *Adherence, Compliance and Generalization in Behavioral Medicine*, Hrsg. R. B. Stuart (New York: Brunner-Mazel, 1982); F. M. Lehrer, D. Sargunaraj und S. Hochron, „Psychological Approaches to the Treatment of Asthma", *Journal of Consulting and Clinical Psychology* 60 (1992): 639. 43.

11 Alexander: „Behavioral Medicine in Asthma", 38.

12 K. Purcell et al.: „The Effect on Asthma of Children of Experimental Separation from Family", *Psychosomatic Medicine* 31 (1969): 144-64.

13 Bastiaans und Groen: „Psychogenesis and Psychotherapy of Bronchial Asthma", 236.

14 Die Information dieses Abschnitts stammt aus A. A. Kaptein, „Skin Disorders“, in *Behavioral Medicine: Psychological Treatment of Behaviour Disorders,* Hrsg. A. A. Kaptein et al. (London: John Wiley, 1990); D. G. Folks und F. C. Kinney, „Role of Psychological Factors in Dermatologic Conditions“, *Psychosomatics* 33 (1992): 45-54; S. C. Wessely, „Dermatological Complaints“, in *Somatization: Physical Symptoms and Psychological Illness,* Hrsg. C. Bass (Oxford: Blackwell, 1990); H. Musaph, „Psychodermatology“, in *Modern Trends in Psychosomatic Medicine,* Bd. 3, Hrsg. O. Hill (London: Butterworths, 1976); M. A. Gupta, A. K. Gupta und H. F. Haberman, „Psoriasis and Psychiatry: An Update“, *General Hospital Psychiatry* 9 (1987): 157-66.

15 K. W. van der Schaar und M. Couperus: „A Psychosomatic Study of Skin Disease in Ten Adolescent Girls“, in *Proceedings of 15th European Conference on Psychosomatic Research,* Lacey und Sturgeon.

16 Ibid.

17 M. Bremer-Schulte et al.: „Group Therapy of Psoriasis. Duo Famila Group Treatment as an Example“, *Journal of the American Academy of Dermatology* 12 (1985): 61-6.

18 Die Information in diesem Abschnitt stammt aus Artikeln von L. D. Young, „Psychological Factors in Rheumatoid Arthritis“, *Journal of Consulting and Clinical Psychology* 60 (1992): 619-27; K. A. Anderson et al., „Rheumatoid Arthritis: Review of Psychological Factors Related to Etiology, Effects, and Treatment“, *Psychological Bulletin* 98 (1985): 358-87; G. F. Solomon, „Psychophysiological Aspects of Reumatoid Arthritis and Autoimmune Disease“ in *Modern Trends in Psychosomatic Medicine,* Hill.

19 R. Rimon: „Psychosomatic Aspects of Rheumatoid Arthritis“, *Psychiatrica Fennica Supplement* (1981): 97-101.

20 Solomon: „Psychophysiological Aspects of Rheumatoid Arthritis“, 196.

21 Ibid.; H. Weiner: *Psychobiology and Human Disease* (New York: Elsevier, 1977).

22 A. O'Leary et al.: „A Cognitive-behavior Treatment for Rheumatoid Arthritis“, *Health Psychology* 7 (1986): 527-44.

## Kapitel 11

1 Dieser Abschnitt bezieht Informationen aus Artikeln von H. E. Adams, M. Feuerstein und J. L. Fowler, „Migraine Headache: Review of Parameters, Etiology, and Intervention“, *Psychological Bulletin* 87 (1980): 217-37; E. B. Blanchard, „Psychological Treatment of Benign Headache Disorders“ *Journal of Consulting and Clinical Psychology* 60 (1992): 537-51; H. van der Helm-Hylkama, „Headache“, in *Psychological Treatment of Somatic Disorders,* Hrsg. A. A. Kaptein et al. (New York: John Wiley, 1990); R. C. Packard, „Life Stress, Personality Factors and Reactions to Heachache“ in *Wolff's Headache and Other Head Pain,* 5. Aufl., Hrsg. D. J. Dalesio (New York: Oxford University Press, 1987).

2 A. van Boxtel und P. Goudswaard: „Absolute and Proportional Resting EMG Levels in Chronic Headache Patients in Relation to the State of Headache“, *Headache* 24 (1984): 259-65.

3 Blanchard: „Psychological Treatment of Benign Headache Disorders“.

4 Biofeedback bei Migräne wurde in den 70er Jahren ganz zufällig in unabhängigen Experimenten bei der Menninger Foundation entdeckt. Eine Versuchsperson, eine Frau, die regelmäßig unter Migräne litt, entdeckte, daß ein bevorstehender Anfall verschwand, wenn es ihr gelang, die Temperatur in ihren Fingern zu erhöhen.

5 Aus van der Helm-Hylkama: „Headache“ 75. Abgedruckt mit freundlicher Genehmigung des Verlags.

6 J. Klapper, J. Stanton und M. Seawell: „The Development of a Support Group for Headache Sufferers“, *Headache* 32 (1992): 193-6.

7 G. P. Holmes: „Defining the Chronic Fatigue Syndrome", *Review of Infectious Diseases* 13 (1991): 53-5; E. G. Dowsett et al., „It's Called Myalgic Encephalomylitis - A Persistent Enteroviral Infection", *Postgraduate Medical Journal* 66 (1990): 326-30.

8 Dowsett: „It's Called Myalgic Encephalomylitis".

9 J. Hooge: „Chronic Fatigue Syndrome: Cause, Controversy, and Care", *British Journal of Nursing* 1 (1992): 440-6.

10 Ibid.

11 C. Shepherd: *Living with ME: A Self-help Guide* (London: Heinemann, 1989); A. MacIntyre, *M. E.: Postviral Fastigue Syndrome: How to Live with It* (London: Unwin, 1989); J.: Millenson, „M. E.: An Alternative View", *ME Action Campaign Interaction* (Jan./Feb., 1992).

12 D. B. Greenberg: „Neurasthenia in the 1980s: Chronic Mononucleosis, Chronic Fatigue Syndrome and Anxiety and Depressive Disorders", *Psychosomatics* 31 (1990): 129-37; S. Wessely, „Old Wine in New Bottles: Neurasthenia and 'ME'", *Psychological Medicine* 20 (1990): 35-53.

13 G. F. Drinka: *The Birth of Neurosis: Myth, Malady, and the Victorians* (New York: Simon and Schuster, 1984).

14 C. Ray: „Chronic Fatigue Syndrome and Depression: Conceptual and Methodological Ambiguities", *Psychological Medicine* 21 (1991): 1-9; Hooge, „Chronic Fatigue Syndrome".

15 M. Craig: *Psychological Medicine* (London: J. & A. Churchill, 1912).

16 Ray: „Chronic Fatigue Syndrome and Depression".

17 Wessely: „Old Wine in New Bottles".

18 S. Butler et al.: „Cognitive Behavior Therapy in CFS", *Journal of Neurology and Neurosurgery in Psychiatry* 54 (1991): 153-8.

19 Z. J. Lipowski: „Somatization and Ist (wieder der Computer, der kein i-t-s schreibt, sondern es ständig „verbessert" Anm. d. Ü.) Clinical Application", *American Journal of Psychiatry* 145 (1988): 1358-68; H. Fabrega, „The Concept of Somatization as a Cultural and Historical Product of Western Medicine", *Psychosomatic Medicine* 52 (1990): 653-72.

20 M. Hersen und D. H. Barlow: *Single Case Experimental Design Strategies for Studying Behavioral Change* (New York: Pergamon, 1976).

## Kapitel 12

1 L. Webster: *Dream-work* (London: Dryad, 1987).

2 Zusammengefaßt z. B. in H. Lindlaur, *Philosophy of Natural Therapeutics* (Maidstone, Kent: Maidstone Osteopathic Clinic, 1975). Die Naturheilkundigen des 19. Jahrhunderts meinten natürlich „gegen die natürlichen Gesundheitsgesetze verstoßen", denn ein Naturgesetz erlaubt definitionsgemäß keinen Verstoß.

3 Siehe z. B. die Fallbeispiele in K. Duff, *The Alchemy of Illness* (New York: Pantheon, 1993); D. Talman, *Heartsearch* (Berkeley: North Atlantic, 1991); und K. Wilber, *Grace and Grit* (Boston: Shambhala, 1991).

4 Die eigentliche Bedeutung von Hysterie ist eine Umwandlung in körperliche Symptome, die nichts mit der üblichen Konnotation, leicht zum Dramatisieren, zu Tränen und Szenen neigen, zu tun hat.

5 G. Groddeck: *The Meaning of Illness* (New York: International Universities Press, 1977), 197.

6 Ibid., Kapitel 6.

7 D. Jennings: „The Confusion between Disease and Illness in Clinical Medicine", *Canadian Medical Association Journal* 35 (1986): 865-70.

8 Die hier aufgezählten Bereiche (außer Familientherapie) sind gekürzt und abgeändert aus Wilber, *Grace and Grit.*

9 Ibid., 266.

10 Nach einem Hinweis von M. Kidel, „Illness and Meaning“, in *The Meaning of Illness,* Hrsg. M. Kidel und S. Rowe-Leete (London: Routledge, 1988) und zusammengefaßt aus Interpretationen von L. Hay, *You Can Heal Your Life* (London: Eden Grove, 1984) und T. Dethlefsen und R. Dahlke, *The Healing Power of Illness,* übersetzt von P. Lemesurier (Shaftsbury, Dorset: Element, 1990).

11 Dethlefsen und Dahlke: *The Healing Power of Illness,* 78.

12 N. Shealy und C. Myss: *The Creation of Health* (Walpole, New Hampshire: Stillpoint, 1988), 23.

13 Dethlefsen und Dahlke: *The Healing Power of Illness,* 83.

14 R. F. Rosenthal und J. S. Gordon: *The Healing Partnership* (Washington, D. C.: Aurora, 1991), 9.

15 Karl Robinson zitiert in R. Leviton, „What Does Illness Mean?“ *Yoga Journal* (Nov./Dec. 1991):50.

16 Siehe die autobiographischen Darstellungen von Duff, *Alchemy of Illness,* Talman, *Heartsearch* und Wilber, *Grace and Grit,* als Beschreibung, welche langen und anstrengenden Reisen sie unternehmen, um die Bedeutung einer chronischen Krankheit zu finden.

17 R. Moss: *The I that is We* (Berkeley: Celestial Arts, 1981), 105.

18 B. Levine: *Your Body believes Every Word You Say* (Lower Lake, Kalifornien: Aslan, 1991).

19 A. Guggenbühl-Craig und N. Micklem: „No Answer to Job: Reflections on the Limitations of Meaning in Illness“, in *Meaning of Illness,* Kidel und Rowe-Leete, 144.

20 S. Sontag: *Illness as Metaphor* (New York: Farrar, Straus und Giroux, 1977).

21 Duff: *Alchemy of Illnesss;* Talman, *Heartsearch,* Wilber, *Grace and Grit.*

22 Guggenbühl-Craig und Micklem: „No Answer to Job“, 150.

23 L. Dossey: *Meaning and Medicine* (New York: Bantam, 1991), 19.

24 Der restliche Abschnitt ist mit kleineren Änderungen von einer vorher unveröffentlichten These von Susan Holden übernommen, „The Pearl of Sensation“ (Durham University, 1992) und ist hier mit ihrer freundlichen Genehmigung abgedruckt.

25 A. Mindell: *Dreambody* (New York: Arkana, 1982), 32.

26 J. Goodbread: *The Dreambody Toolkit* (New York: Routledge & Kegan Paul, 1987), 10.

27 Mindell: *Drembody,* 69.

28 Ibid., 16.

29 Dethlefsen und Dahlke: *Healing Power of Illness,* 89.

## Kapitel 13

1 J. Needleman: *The Way of the Physician* (Harmondsworth: Penguin, 1985).

2 Obwohl wir mit „physician“ jemand bezeichnen, der staatlich geprüft, autorisiert oder befugt ist, Medizin auszuüben, ist die Grundbedeutung des Wortes „jemand, der in der Heilkunst geübt ist“ (*Webster's 3rd International Dictionary*) (gilt nur für den englischen Begriff 'physician'; Anm. d. Ü.). Wie dieses Kapitel zeigt, ist es die Beziehung, die heilt; deshalb ist der ein „physician“, der eine heilende Beziehung aufbauen kann, und diese Fähigkeit ist im ganzen Spektrum von Behandlern, orthodoxen oder anderen zu finden.

3 T. A. Preston: *The Clay Pedestal* (Seattle: Madrona, 1986), 67.

4 M. Balint: *The Doctor, His Patient and the Illness* (New York: International Universities Press, 1964); J. Borysenko, „Removing Barriers to the Peaceful Core“, in *Healers on Healing,* Hrsg. R. Carlson und B. Shield (Los Angeles: J. P. Tarcher, 1989).

5 Übernommen von T. S. Szasz und M. H. Hollander, „A Contribution to the Philosophy of Medicine: The Basic Models of the Doctor-patient Relationship“, *Archives of Internal Medicine* 97 (1956): 585-92.

6 P. S. Jenson: „The Doctor Patient Relationship: Headed for Impasse or Improvement?“ *Annals of Internal Medicine* 95 (1981): 769-71.

7 E. J. Cassell: „Preliminary Explorations of Thinking in Medicine“, *Ethics in Science & Medicine* 2 (1981): 1-12; T. Mizrahi, *Getting Rid of Patients* (New Brunswick, New Jersey: Rutgers Press, 1986); L. Dossey, *Beyond Illness* (Boston: New Science Library, 1984).

8 E. J. Cassell: *The Healer's Art* (Philadelphia: J. P. Lippincott, 1976), 117.

9 Die Ärzte waren Allgemeinmediziner, die generell an psychologischer Medizin interessiert waren und sich einmal pro Woche mit Michael Balint, einem Psychoanalytiker, zu einem Gespräch am runden Tisch trafen, um ihre Problemfälle zu besprechen.

10 J. Needleman: *The Way of the Physician* (Harmondsworth, Middlesex: Penguin, 1985); D. H. Johnson, „Presence“, in *Healers on Healing,* Carlson and Shields.

11 A. Weil: *Health and Healing* (Boston: Houghton Mifflin, 1983), Kapitel 19.

12 Vergleiche H. Spiro: *Doctors, Patients, and Placebos* (New Haven, Connecticut: Yale University Press, 1986).

13 Weil: *Health and Healing,* 226.

14 Ibid., 109.

15 N. Cousins: *Anatomy of an Illness* (New York: W. W. Norton, 1979), 58.

16 P. Suefeld: „Subtractive Placebo“, *Behavioural Research and Therapy* 22 (1984): 159-64.

17 Vergleiche Spiro: *Doctors, Patients, and Placebos;* Weil, *Health and Healing.*

18 A. H. Roberts et al.: „The Power of Nonspecific Effects in Healing: Implications for Psychosocial and Biological Treatments“, *Clinical Psychology Review* 13 (1993): 375-91; J. A. Turner et al., „ The Importance of Placebo Effects in Pain Treatment and Research“, *Journal of the American Medical Association* 271 (1994): 1609-14.

19 Turner: „Importance of Placebo Effects“, 1609.

20 Z. B. Spiro: *Doctors, Patients, and Placebos,* 75.

21 M. Sidman: *Tactics of Scientific Research* (New York: Basic Books, 1960).

22 E. J. Cassell: „The Nature of Suffering and Goals of Medicine“, *New England Journal of Medicine* 306 (1982): 639-45.

23 Abgeändert aus P. Tate, „Doctor's Style“ in *Doctor/Patient Communication,* Hrsg. D. Pendleton und J. Hasler (New York: Academic Press, 1983) und verwendet mit freundlicher Genehmigung des Verlages.

24 Balint: *The Doctor, His Patient and the Illness,* 125.

25 S. Matthews, A. L. Suchman und W. T. Branch: „Making 'Connexions': Enhancing the Therapeutic Potential of Patient-clinician Relationship“, *Annals of Internal Medicine* 118 (1993): 973-7.

26 Mehr Information und Fallbeispiele über diese heikle Aufgabe vergleiche M. Balint und E. Balint, *Psychotherapeutic Techniques in Medicine* (Springfield, Illinois: C. C. Thomas, 1961).

27 Geschlossene Fragen sind solche, die die Antwort auf ja/nein beschränken. Z. B. „Treiben Sie Sport?“ oder „Wie viele Geschwister haben Sie?“ Offene Fragen erlauben mehr Antworten: „Gab es zu dieser Zeit noch andere Familienprobleme?“ oder „Könnten Sie noch etwas mehr darüber sagen?“ oder „Vielleicht könnten Sie mir eine Idee davon vermitteln, welche Art von Sport Sie üblicherweise in der Woche treiben?“

28 Vergleiche C. L. Bowden und A. G. Burstein, *Psychosocial Basis of Medical Practice,* 2. Aufl. (Baltimore: Williams & Wilkins, 1979), 37.

29 Übernommen von M. L. Russell, *Behavioral Counseling in Medicine* (New York: Oxford University Press, 1986), 44.

30 A. E. Ivey und J. Authier: *Microcounseling,* 2. Aufl. (Sprinfield, Illinois: C. C. Thomas, 1978), 52.

31 Aus M. J. O'Brien: *Communication and Relationships in Nursing* (St. Louis: C. V. Mosby, 1974), 61 und abgedruckt mit freundlicher Genehmigung des Verlags.

32 Ibid. in abgekürzter Form.

33 S. Jourard: *The Transparent Self* (New York: Van Nostrand Reinhold, 1971).

34 E. Berne: *Games People Play* (New York: Grove, 1964).

35 Siehe P. Pietroni: „Non-verbal Communication in the General Practice Surgery“, in *Language and Communication in General Practice,* Hrsg. B. Tanner (London: Hodder and Stoughton, 1976).

36 Tate: „Doctor's Style“, 75-85.

37 Zitiert in Cousins, *Anatomy of an Illness,* 68.

38 Diese sieben Fragen werden routinemäßig von Dr. Leanna J. Standish in ihrer naturheilkundlichen Praxis gestellt und ich bin dankbar für ihre Genehmigung, sie hier abzudrucken.

39 M. Lipkin, T. E. Quill und R. J. Napodano: „The Medical Interview: A Core Curriculum for Residencies in Internal Medicine“, *Annals of Internal Medicine* 100 (1984): 277-84.

## Kapitel 14

1 M. Balint und E. Balint: *Psychotherapeutic Techniques in Medicine* (Springfield, Illinois: C. C. Thomas, 1961), 49.

2 Aus N. Remen: *The Human Patient* (Garden City, New York: Anchor/Boubleday, 1980), 1-7. Hier abgedruckt mit freundlicher Genehmigung der Autorin.

3 Aus L. Dossey: *Beyond Illness* (Boston: Shambhala, 1984), 148-54. Hier in leicht abgewandelter Form abgedruckt mit freundlicher Genehmigung des Verfassers.

4 H. C. Hinshaw: *Diseases of the Chest,* 3. Aufl., (Philadelphia: W. B. Saunders, 1969), 332.

5 C. W. Moorefield: „The Use of Hypnosis and Behavior Therapy in Asthma“, *American Journal of Clinical Hypnosis* 13 (1970): 162-8.

6 Aus Julian W. Slowinski: „Three Multimodal Case Studies“ in *Casebook of Multimodal Therapy,* Hrsg. A. A. Lazarus (New York: Guilford Press, 1985), 101-7. Hier abgedruckt mit freundlicher Genehmigung des Verlages.

7 Ein BASIC I. D. zweiter Ordnung besteht darin, jeden Punkt des Profils einer detaillierteren rekursiven Mikroanalyse im Sinne der sieben BASIC I. D. Bereiche zu unterziehen.

8 „Befehle abfeuern“ bezieht sich auf eine typische Sequenz von Modalitäten, die in einem Problemverhalten oder einer problematischen Emotion gipfeln. Diese Sequenz zu ermitteln ist wichtig, da die therapeutischen Interventionen darauf abzielen, sie zu unterbrechen.

9 Nicht alle der von Dr. Slowinski verwendeten Techniken (aufgeführt in Tabelle 14.1) wurden in vorangehenden Kapiteln besprochen. Ziehen Sie bitte für weitere Informationen die Originalquellen heran und die Hinweise in Kapitel 6; ebenso die Hinweise auf die Verhaltenstherapie in Kapitel 8.

10 Aus M. Rossman, „Imagine Health! Imagery in Medical Self-Care“, in *Imagination and Healing,* Hrsg. A. A. Sheikh (Famingdale, New York: Baywood, 1984), 244-7. Hier abgedruckt mit freundlicher Genehmigung des Autors und des Verlags.

11 C. G. Jung: *Mysterium Conjunctionis* (Pinceton: Princeton University Press, 1970), 497.

12 Ein gestaffeltes Lernprogramm für Entspannung und Visualisierungsfähigkeiten entwickelt von Drs. Rossman und Remen. Dieses Programm (ein Arbeitsbuch und ein Set von sechs Kassetten mit dem Titel *Healing Yourself: A Step-by Step Program for Better Health through Imagery*) können im Gesundheitsbereich Tätige und andere von der Academy for Guided Imagery, P. O. Box 2070, Mill Valley, Kalifornien 94942, beziehen.

13 C. G. Jung: *Practice of Psychotherapy* (Princeton: Princeton University Press, 1975).

14 Aus M. Balint: *The Doctor, His Patient and the Illness* (New York: International Universities Press, 1964), 107-17. Hier in leicht abgewandelter Form abgedruckt mit freundlicher Genehmigung des Verlages.

15 Dieses Seminar bestand aus einem Dutzend Allgemeinmedizinern und zwei Psychiatern (Dr. Balint war einer von ihnen), die sich über einen langen Zeitraum einmal wöchentlich trafen. Ein Hauptziel des Seminars bestand darin, die Ärzte zu befähigen, genaue psychologische Diagnosen zu stellen und ihnen das Vertrauen zu geben, an den psychischen Aspekten ihrer Fälle zu arbeiten, wenn sie das wollten. Ein weiteres Ziel bestand darin, eine Forschungsgrundlage zu schaffen, was wirksam ist in der psychologischen Medizin und was nicht.

16 Patienten „bieten" häufig ein Symptom nach dem anderen in dem (unbewußten) Versuch, den Behandler dazu zu bringen, sich die zugrundeliegenden Lebensprobleme anzuhören.

17 Das heißt *aktiv zuhören.*

18 Remen, *The Human Patient,* 59-67. Abgedruckt mit freundlicher Genehmigung der Autorin.

19 Aus M. R. Werbach: *Third Line Medicine* (Tarzana, Kalifornien: Third Line Press, 1986), 164-7. Abgedruckt mit freundlicher Genehmigung des Autors. Dieses Buch ist nur über Third Line Press, 4751 Viviana Dr., Tarzana, CA 91356 zu beziehen.

# Index

## C

## D



## E

## F



## G


Gefühlswörter 139

## H

## L

## M

## N



## O



## P

## Q, R



## S

## T



Tagebuch, siehe Verhaltenstagebuch

## U

## V